开福年鉴

KAIFU YEARBOOK

2020

《开福年鉴》编纂委员会
开 福 区 档 案 馆 编

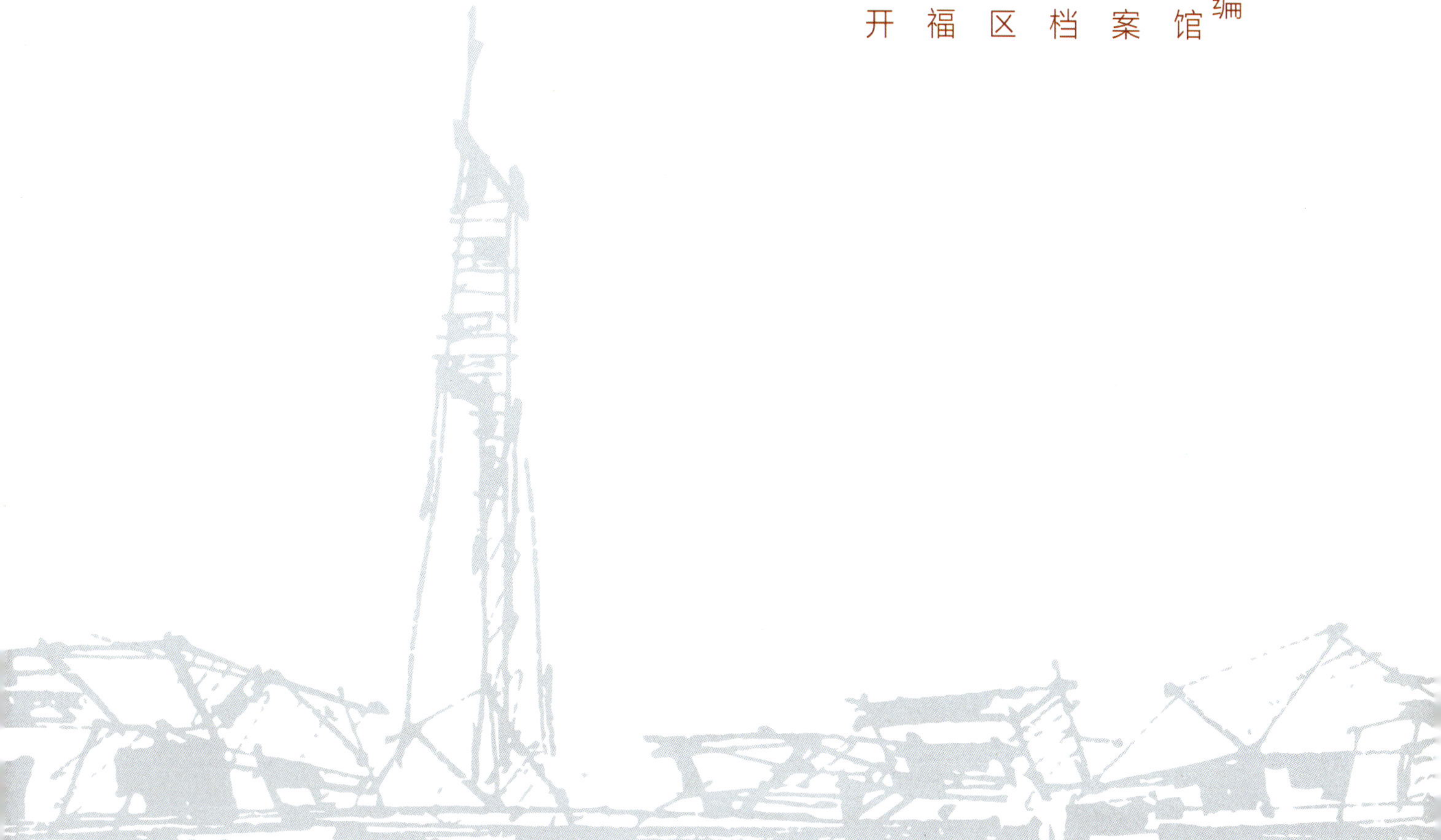

方志出版社
Publishing House of Local Records

图书在版编目（CIP）数据

开福年鉴. 2020 /《开福年鉴》编纂委员会，开福区档案馆编. — 北京：方志出版社，2020.12

ISBN 978-7-5144-4711-8

Ⅰ.①开… Ⅱ.①开… ②开… Ⅲ.①区（城市）–长沙–2020–年鉴 Ⅳ.①Z526.44

中国版本图书馆CIP数据核字（2021）第008656号

开福年鉴（2020）

编　　者：《开福年鉴》编纂委员会
　　　　　开福区档案馆
责任编辑：齐　笑
出 版 者：方志出版社
　　　　　地址　北京市朝阳区潘家园东里9号（国家方志馆4层）
　　　　　邮编　100021
　　　　　网址　http://www.zgfzcb.cn
发　　行：方志出版社图书经销中心
　　　　　电话（010）67110500
经　　销：各地新华书店
印　　刷：湖南立信彩印有限公司
开　　本：889×1194　1/16
印　　张：28.5
字　　数：861千字
版　　次：2020年12月第1版　2020年12月第1次印刷
印　　数：001~650册

ISBN 978-7-5144-4711-8　定价：258.00元

《开福年鉴》编纂委员会

《开福年鉴》编辑部

编辑说明

一、《开福年鉴》坚持以马克思列宁主义、毛泽东思想、邓小平理论、“三个代表”重要思想、科学发展观、习近平新时代中国特色社会主义思想为指导，坚持辩证唯物主义和历史唯物主义的立场、观点和方法，记述全区自然、政治、经济、文化、社会等方面概貌和发展情况。

二、本年鉴采用分类编辑法，设类目、分目、条目3个层次。正文设概况、条目、附录、资料、图表等，以条目为主体，书中插排彩色专版。

三、本年鉴对框架结构进行适当调整，比如：将“中共开福区委员会”类目下“纪律检查与行政监察”分目调整为“区纪委·区监委”类目；在“群众团体”类目中增设“开福区文学艺术界联合会”分目等。

四、《开福年鉴（2020）》所载内容均由各部门、各单位专人撰写、领导审核，年鉴编辑部工作人员加工整理后再反馈原单位核对，最后由编委会和出版社审核定稿。记述时限为2019年1月1日至12月31日。

五、本年鉴统计资料由区统计局提供，个别单位有些数据由于统计口径和统计时间等原因，与统计公布的数据不完全一致，引用时请以开福统计公报为准。

六、本年鉴所列机构领导名录包括各街镇、区直机关、事业单位副科以上（含副科）实职领导干部，部分单位内设（二级机构）、民主党派负责人，均以2019年12月31日任职为准，有任免的分别予以注明，名录最终由开福区委组织部审定。

七、本年鉴资料中排插的图片均由区委宣传部和各相关部门提供并审核。

开福区行政区划图

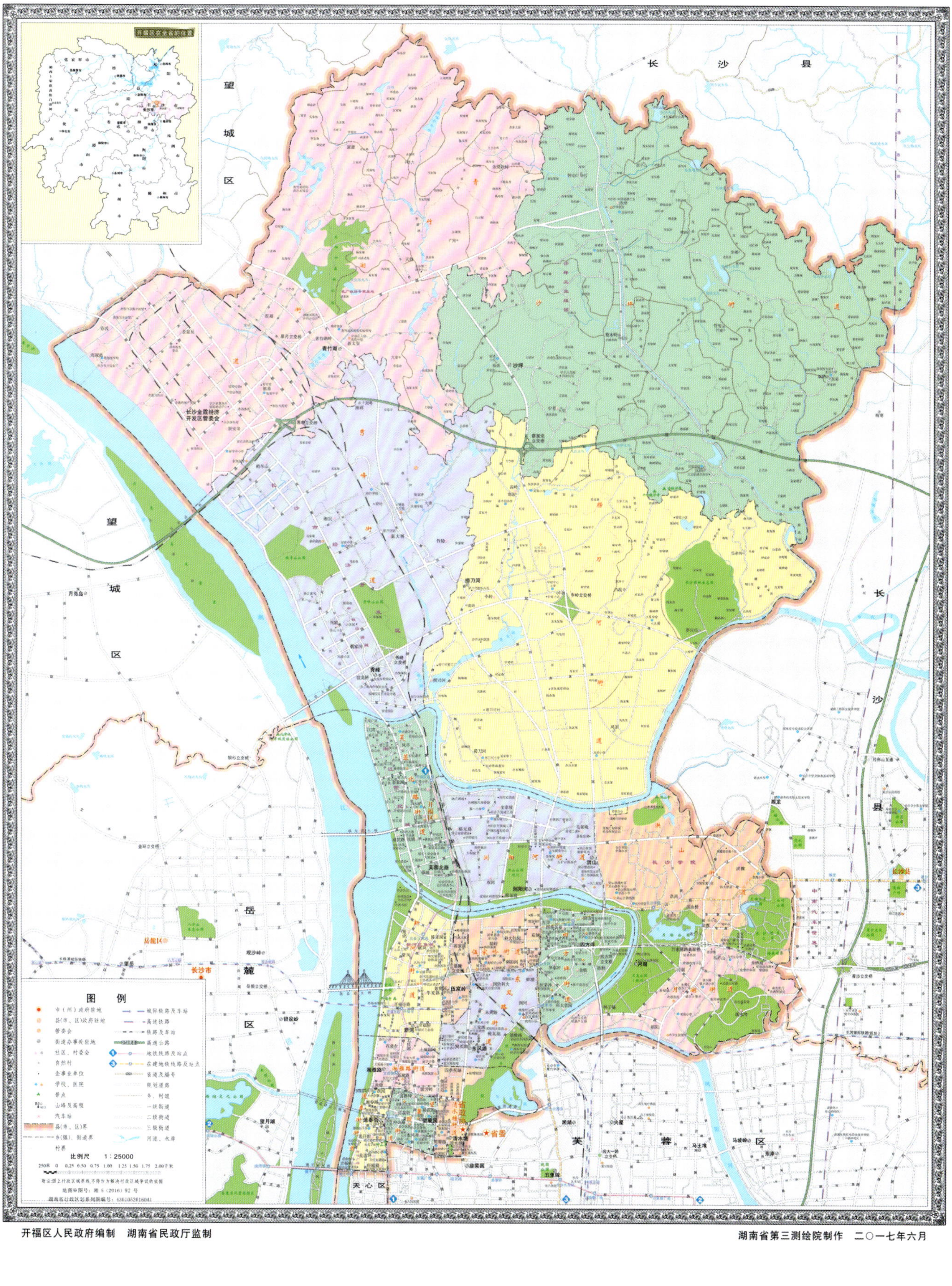

开福区人民政府编制　湖南省民政厅监制

湖南省第三测绘院制作　二○一七年六月

推进项目建设

10月15日，大飞机地面动力学联合实验室在金霞经开区揭牌

（区委宣传部　供图）

4月23日，区重大产业项目集中开工仪式在金霞经开区举行

（区委宣传部　供图）

9月26日，荷兰夸特纳斯（长沙）国际食材集采集配加工中心开工

（区委宣传部　供图）

6月19日，湖南省首个汽车滚装码头投入试运行　　（区委宣传部　供图）

中欧班列成为长沙开放新动力

（区委宣传部　供图）

马栏山视频文创产业园成立于2017年12月，园区规划面积15.75平方千米。2019年，新增企业168家。马栏山视频文创产业园区以数字视频创意为龙头，以数字视频金融服务、出版服务、软件研发为支撑的视频产业集聚区，是全国重要的数字视频产业生态集聚区，全国首家国家级广播电视产业园区、国家文化和科技融合示范基地、中国创新创业典型示范基地

（区年鉴编辑部　供图）

湖南新亚胜光电产业园为内地规模最大、设备最先进的LED产业园，建立5条全自动高速SMT生产线及5条智能化高速LED显示屏生产线，年产能5亿元

（新亚胜　供图）

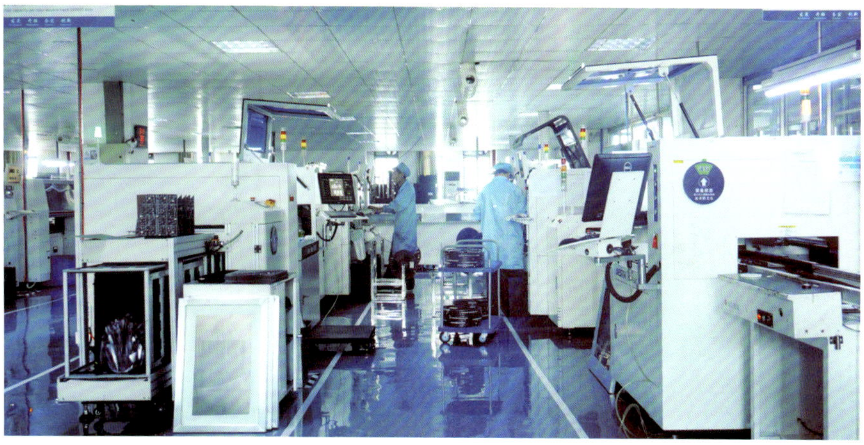

湖南新亚胜光电股份有限公司车间内景

（新亚胜　供图）

10月29日，老百姓大药房集团总部乔迁至金霞经开区

（老百姓大药房集团公司　供图）

老百姓大药房集团公司内景

（老百姓大药房集团公司　供图）

优化营商环境

5月27日，开福区在长沙首创“全生命周期楼宇企业服务”。提供工商注册、会计代理、法律咨询等16项业态600余项服务

（区委宣传部 供图）

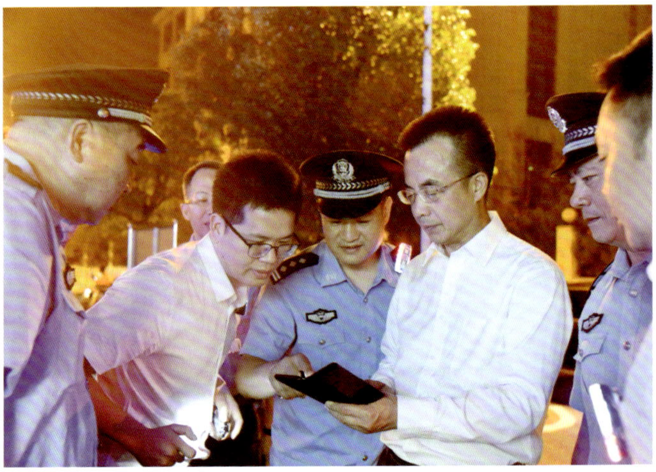

9月26日，区委书记曹再兴（右二）率队与交警上街巡逻，对交通环境进行实地调研 （区委宣传部 供图）

1月24日，区政府负责人调研走访企业

（区委宣传部　供图）

5月30日，区政府与邮储银行长沙市分行共同组织召开2019年邮储银行政银企对接会

（区工商联　供图）

4月17日，中国科学院张仁和（前左二）院士一行到开福区调研

（区宣传部　供图）

3月20日，金霞经开区召开“营商环境优化年”工作推进会。2019年金霞兑现企业帮扶资金1.02亿元　　　　　　　　（区委宣传部　供图）

加强污染防治

11月13日，区委、区政府领导现场调研生态环保工作（区委宣传部　供图）

执法人员现场督促检查建筑工地洒水降尘及渣土运输工作（区委宣传部　供图）

9月5日，区政府召开污染防治攻坚战暨河长制工作调度会（区委宣传部　供图）

3月15日，新河街道紫凤社区开展“保护母亲河我们在行动”志愿者服务（区委宣传部　供图）

沙坪街道汉回村全面开展乡村环境提质，对村内渠道、小微水体、湿地等全方位进行水生态治理，图为整治前后。

（沙坪街道　供图）

6月5日，市、区领导给区水系微模型浇入清水，寓意净化全区水系，同时启动“六五”环境保护宣传活动

（生态环境局　供图）

10月24日，开福区环境监察大队对金霞加油站开展现场执法，对油气回收装置VOCs排放情况进行现场检测

（生态环境局　供图）

6月5日，“最美蓝天卫士”陈琳琳讲述美丽开福环保卫士故事

（区委宣传部　供图）

区蓝天办检查印刷企业VOCs收集处置情况

（区委宣传部　供图）

8月28日，开福区在富兴时代广场开展“全民参与垃圾分类、同心建设美丽开福”活动

（区委宣传部　供图）

大力改善民生

9月20日，开福区委、区政府在湘江风帆广场举办庆祝中华人民共和国成立70周年合唱比赛

（区文体旅局 供图）

4月17日，开福区教育局举办“家校互通·厚德同行”品质教育开放周活动　　（区委宣传部　供图）

1月23日，区委宣传部在沙坪街道举办文化科技卫生“三下乡”暨移风易俗树文明新风活动

（区委宣传部　供图）

7月22日，开福区“北富杯”篮球赛在长雅中学开赛

（区文体旅局　供图）

2019年，区公共工程建设中心打造主要供城市园林、环卫等一线工人休息、用餐，同时也对广大市民开放，提供休憩空间的城市驿站

（区委宣传部　供图）

环卫工人在城市驿站休息

（区委宣传部　供图）

2019年，城市有机更新项目——潮宗街历史文化街区改造后的楠木厅

（区委宣传部　供图）

改造后的长沙首条历史步道——西园北里

（区委宣传部　供图）

对口精准扶贫

开福区脱贫攻坚工作主要对口帮扶城步苗族自治县和龙山县内溪乡。2017至2019年，财政安排产业项目帮扶资金8341.3万元。每年互派12名干部、专业技术人员挂职，开展党政扶贫干部、专业人员培训9次，举办人才交流活动12次。组织现场招聘活动5次，实现就业1500余人。医疗结对建档立卡36户，村企、院、校结对26个，开展各类活动20余次，捐赠物资资金186万余元，帮助8000余贫困户增收，全面消除建档立卡贫困户

6月21日，城步县企业家刘星（右一）推介苗家土特产品
（区委宣传部　供图）

11月25日，开福区长雅中学到城步县第三民族中学开展送教活动。图为师生在示范课上　（区教育局　供图）

由开福区政府投资援建的南山牧业清溪牛场草料库及产业道路（区委宣传部　供图）

9月17日，区卫健局组织医务人员在城步县长安营镇开展义诊，为当地农民送医送药（区卫健局　供图）

5月6日，为促进贫困县群众就业增收，区人社局在城步县开展就业技能培训（区人社局　供图）

7月6~19日，开福区在浙江大学举办对口帮扶脱贫攻坚专题培训班（区委宣传部　供图）

学习班学员在浙江现场观摩（区委宣传部　供图）

目　录

Contents

特　载

SPECIAL PUBLICATION

围绕产业项目建设年，全力推进重点项目建设

一、“产业项目建设年”活动推进情况

项目建设。推进重大项目建设。79个市级重大项目全年完成投资230亿元，为年度计划的130%；4月、9月分别举行重大项目集中开工仪式，夸特纳斯、万纬、家家红等一批项目实现开工建设。省重大产业项目马栏山视频文创产业园完成重大项目投资33.2亿元，为年度计划的151%，中广天择、绿地V岛等一批产业项目稳步推进。加快征地拆迁。全年铺排棚改征收项目17个，其中续建项目5个，新建项目12个，完成城市棚改2878户，16万平方米；新启动农村土地征拆项目31个，征地面积180.67公顷，动迁人口1939人，拆迁房屋644户。持续开展闲置土地“支帮促”工作，盘活项目11个。

招商引资。79个重点产业项目实现过会、签约、摘牌或入驻，其中投资过亿元项目25个，投资额180亿元，大悦城、中南国家数字出版基地、绿地V岛等项目加快实施。楼宇企业方面，2019年，全区引进企业556家，其中租购面积500平方米及以上企业55家；文化创意方面，马栏山视频文创产业园新增企业648家，累计新注册落户企业812家；智能物流装备制造产业方面，新引进智能物流装备制造产业项目总投资44.85亿元，其中总投资额10亿项目2个；医药物流方面，引进德荣医疗等项目20个，总投资20.75亿元；新零售方面，紧盯新零售等新兴业态，引进森贝总部项目、澳优乳业跨境新零售项目、湖南考拉精选电子商务有限公司项目。

创新升级。强化人才支撑。编制急需紧缺人才目录；开展高层次人才走访交流和分类认定申报工作，认定各类高层次人才85人。发放高校毕业生租房和生活补贴1304万元、留学归国人员租房和生活补贴72万元、职业技能晋级奖励74.2万元；兑现人才交流、培训补贴48万元；兑现优秀企业家、科技带头人、优秀经理人等奖励168万元。高频次举办现场招聘会、春风行动、扶贫招聘会等活动，打造“开启幸福号”就业品牌。稳步推进区级科技计划项目。组织实施2019年区级科技计划项目，立项29个扶持420万元；指导推荐高铁时代等43家企业申报长沙市2019年第二批科技计划项目；中民筑友、普菲克、新亚胜3家单位获市级科技重大专项立项，各获得连续3年每年100万元的扶持资金；指导推荐中民筑友有限公司申报湖南省100个重大科技创新项目，正在按计划稳步实施；指导推荐中民筑友、文盾信息等59家企业申报省级研发经费奖补项目，获得省级研发奖补1463万元。加快创新创业平台建设。新增市级以上“双创”平台7家，指导湖南山河生物医学技术中心对照国家级孵化器认定标准做好培育工作。加强产学研合作。争取5名市级科技特派员驻点开福区企业对接帮扶，并组织10名科技专家和管理人员成立一支区级科技专家服务团，开展帮扶工作；湖南文盾信息技术有限公司创建省级院士工作站，湖南天剑海洋工程设备有限公司创建市级院士工作站。

产业培育。加快市场主体培育。全区新增“四上”企业109家，新增市场主体1.88万户，增长20.8%，总数突破10万户。繁荣和发展夜间经济，以加快消费升级、突出文产优势、打造特色品牌为重点，建设一批具有开福标识度、多业态融合发展的夜间经济场景。加速企业上市步伐。推荐6家优质企业申报湖南省2019年拟上市企业库，新增体运通、德荣医疗、埃索凯、鑫远环保、友谊5家企业，10家优质企业纳入长沙市2019年度拟上市企业库。实施高新技术企业强基工程。全区有105家企业申报2019年高新技术企业，其中90家通过公示，12家企业申报长沙市科技创新小巨人企业。高新技术产业增加值增长15%以上。开展智能制造升级改造。评选18家区级智能制造企业，5家企业获评市级第六批智能制造试点企业，全区市级智能制造试点企业数量20家。推广科技企业应用场景开发。筛选30家科技型企业产品进行重点开发推广，完成大数据招商系统、文盾文库等8例应用场景开发。

9月26日，荷兰夸特纳斯（长沙）国际食材集采集配加工中心项目开工仪式在金霞经开区举行　（区委宣传部　供图）

二、重大项目推进情况

省、市重大项目。全年申报省重点项目3个，年度计划投资27亿元，全年完成投资39.3亿元，完成年度计划的145.6%。老百姓大药房物流枢纽与电商基地项目实现运营开业，旺东物流开展堆场施工，马栏山视频文创产业园“三纵三横一环”路网形成，绿地V岛、创意设计总部基地、兴旺科技、聚恒集团总部基地等项目启动建设，中广天择、众创园、月湖文创小镇等项目稳步推进。79个市级重大项目，全年完成投资230亿元，完成年度计划的130%。

区级重大项目。全区203个项目全年完成投资405.7亿元，完成年度计划的122%。政府投资项目方面，长阴路匝道、滨河北路、纸笔塘路东段等一批市政项目、福鑫苑农安房、福竹园农安房、太平路棚改、城市有机更新等一批社会民生项目及城管提质提档类项目启动建设；双河北路、汤家湖路、中青路北延线等市政项目、标准化学校建设、双河湾农民安置房、国有驻区企业职工生活小区提质改造等民生项目及排口整治、农安房雨污分流等生态环保类项目完成建设。社会投资项目方面，“三金”片区涵养能力进一步增强。金融商务区新启动华润置地项目建设，富兴二期、华远华时代、湘商经协招商楼、湘江宾馆等项目稳步推进；金鹰文化区新启动绿地V岛、兴旺科技等产业项目5个，中广天择、芒果总部大厦、月湖文创小镇等项目主体施工顺利，马栏山文创园“三纵三横一环”路网骨架形成，人才港、人才公寓等项目稳步推进。金霞经开区新启动正大农牧产品基地、罗莎蛋糕、夸特纳斯等一批重点产业项目，国科城、老百姓、绿色安全食品等项目完成建设。

（区发展和改革局）

优化营商环境，提升服务效能

2019年是“营商环境优化年”，为深入贯彻落实中央、省、市营商环境工作决策部署，开福区紧扣营商环境“便利化、法治化、国际化”目标，年初出台《“营商环境优化年”行动方案》（简称“开福16条”），作为全年工作的“行动纲领”。经过一年的努力，“理念更新、办事更快、成本更低、市场更活、服务更优”的“五更”营商环境日趋形成。

1.理念更新，尊重企业家、厚待投资者、服务纳税人。树牢“企业的成功就是政府的成功”理念，浓厚“尊重企业家、厚待投资者、服务纳税人”氛围，以更加开放包容的姿态，纳天下贤才为开福出力、聚广袤资源为开福所用。尊重人才，服务企业。企业的发展关键在人，为帮助企业引进和留住人才，开福区率先在全市发布《2019年开福区紧缺急需人才目录》，包含岗位信息2626条；全年受理3134名高校毕业生租房和生活补贴、151名留学归国人员租房和生活补贴、361名职业技能晋级奖励申请，累计发放人才补贴2604万元，认定34名高层次人才。2019年，举办各类现场招聘会52场，累计服务企业2000余家，提供岗位2.5万个，服务求职者2万余人。梳理政策，惠及企业。对全区24个惠企政策进行梳理，形成《开福区经济发展奖励政策文件汇总清单》，并在区政府网站公示；在此基础上，重新修订《开福区经济发展奖励办法》，将原所有的奖励政策整合归纳为招商引资奖、投资建设奖、企业入驻奖、综合贡献奖、产业发展奖、人才扶持奖6大类22个奖项，运用财政杠杆，助推企业发展。政策兑现，厚待企业。通过企业积极申报、部门审核认定、财政统一拨付，2019年5月兑现301家企业337个奖项9311.44万元，政策兑现奖励资金同比增长42.6%，惠及企业数同比增长27%，单个企业最高奖励金额752.3万元，奖励政策不折不扣兑现到位，提振市场和企业信心。

2.办事更快，花最少的时间、跑最少的路、交最少的材料。以“放管服”改革为抓手，以互联网、大数据为支撑，最大限度减申报材料、减审批环节、减办事时间，让企业和群众办事“最多跑一次”在开福成为常态。推行网上办理。依申请类政务服务事项“网上办”事项786项，网上办比例为99.1%。压缩审批时限。事项办理流程平均精简率20%，办理时限缩短50%。如施工许可证核发，由7个工作日缩短至3个工作日；工业建设项目施工许可实现45个工作日内完成，其他社会投资项目70个工作日内办结。2019年，区住建局施工许可核准23件，施工、监理等招标文件告知性备案148件次，城镇污水排入排水管网许可证核发7件次。优化办事流程。推行区属投资项目“多规合一”在线审批平台，平台上审批事项9项，原合计审批时限为54个工作日，现审批时限合计缩减为18个工作日，其中非重大和非限制类企业投资项目备案全面放开，由原来7个工作日缩减为1个工作日。同时在企业申报材料上，由原先的6项申报材料精简为只需填报一张备案申请表格。精简审批材料。审批事项申请材料精简12%。取消办理施工许可证需提交的资金到位证明，施工、监理合同备案，建筑节能设计审查备案等材料。

3.成本更低，减轻企业税费负担，解决企业融资难题。最大限度减轻企业税费负担，解决企业融资难题，扶持企业发展壮大，将开福打造为最优惠的政策洼地，最蓬勃的产业高地。

降低企业用电成本。4月，对高岭商贸城、佳海工业园两地电费过高的问题进行调查处理，电费由1.25元下调到0.9元每千瓦时（下降26%），有1300多家企业及商铺从中受益；从6月25日起，针对开福区电网一般工商业及其他用电目录电价降低5.08分/千瓦时，最高限价由每度0.9011元/千瓦时调整为0.8503元/千瓦时，每年可为企业节约6%的用电成本。降低企业用工成本。从5月1日起，将城镇职工基本养老保险单位缴费比例降至16%，原审批备案实施费率过渡试点的118家企业仍按14%的费率过渡试点政策执行。2019年，开福区城镇职工基本养老保险实际减征5700.63万元，企业社会保险缴费负担有实质性下降。降低企业税收成本。通过“报、网、端、微、屏”开展多样化政策宣传，先后辅导纳税人8万余户次，发放资料5.8万份，一般纳税人宣传辅导面100%。对享受减税降费优惠的纳税人税种、项目、减免金额等6项指标，进行建档立卡和科学分类，实行“一对一”“一类一策”“专家式”等个性化服务。2019年，全区落实减税降费政策新增减税25亿元，惠及纳税人30余万户（人）次。降低企业融资成本。2019年，引进6家金融区域总部机构，全区汇集金融总部机构70余家，税收规模50万元以上的金融机构77家。举荐区内融担、小贷公司申报省、市级专项资金55万元，引导邮政储蓄银行为三羊担保授信5000万元。兑现省、市、区企业上市资金70万元，推荐企业申报贷款贴息28万元。开展政策宣讲、银企对接和培训19场，组织80家机构为422家企业提供融资服务，上门为6家重点拟上市企业提供专项服务。据不完全统计，2019年，开福区银行新增中小企业贷款10亿元。

4.市场更活，更加开放包容，对所有企业一视同仁。秉持“不管湘商、客商，来到开福就是‘福商’，无论国企、民企，扎根开福就是‘福企’”的理念，不分国企、私企，对所有企业一视同仁。推行公平竞争审查。对存量政策文件进行清理，凡是妨碍统一市场和公平竞争的各种规定、政策，一律予以清理，清理不符合公平竞争原则的政策文件7个；要求新出台的政策文件，必须进行公平竞争审查，不得妨碍全国统一大市场的形成，不得歧视非公有制企业。落实《市场准入负面清单》制度。全面落实国家发改委制定的《市场准入负面清单》制度，组织各部门开展自查，严格实行清单以外的行业、领域和业务非禁即入、非禁即准，畅通非公企业市场准入途径。商事主体存量突破10万户。开福区将企业开办时间压缩至1个工作日，将个体工商户的开办时间压缩至0.5个工作日，并实行新办企业首枚公章刻制免费。截至2019年年底，开福区市场主体存量为101234户，其中企业45023户，个体56211户。2019年，新增市场主体19853户，其中企业10760户，个体9093户；注销市场主体8619户，其中企业2473户，个体6146户。楼宇经济发展迅速。2019年，开福区在全市率先开展专业特色楼宇评定，提升楼宇的“专业度”和“集聚度”，率先在新湖南大厦、泊富国际广场、华尔街中心三个楼宇项目试点设立楼宇企业综合服务站，为楼宇企业提供“全生命周期楼宇企业服务”。2019年，全区建成5000平方米以上楼宇154栋，总建筑面积609.87万平方米，工商注册在辖区楼宇内的企业7060家。2019年，全区楼宇去库存21.48万平方米，其中写字楼去化20万平方米，商业去化1.48万平方米，写字楼去化面积较2018年同比减少10.11%（2018年写字楼去化面积22.25万平方米）。全区楼宇新引进企业580家，工商注册、税务登记均在开福区的547家；500平方米及以上的企业58家（面积10.46万平方米）。2019年全区税收过千万元楼宇41栋、过五千万元至亿元楼宇3栋、过亿元楼宇11栋。

1月17日，开福双创颁奖及政策扶持资金兑现

（区委宣传部　供图）

5.服务更优，高效的政务服务，有序的投资环境，安全的法治保障。提升政务服务水平是“放管服”改革的重要方面，2019年，区领导多次专题调度“放管服改革”“一件事一次办”“六个清单梳理”等事项，有力推动全区政务服务水平的提高。提升政务服务水平。开福区投入1000万元，对区政务服务大厅一、二、三楼进行整改优化，创新“综合窗+专厅”模式，提升政务服务环境；推进“四个一”（一张表、一张网、一个厅、一次办）、“四个办”（网上办、就近办、减证办、帮代办），打造“一件事一次办”开福名片，提升政务服务水平。2019年，全区首批100件“一件事一次办”受理事项26.79万件。提升法治保障水平。建立涉企案件“快立、快审、快执”绿色通道，强化涉企案件繁简分流和速裁工作，2019年，全区审结涉企业的合同类纠纷及股权类纠纷案件9282件，其中包括金融借款纠纷1792件，信用卡纠纷案件1486件，劳动争议纠纷案件857件，物业合同案件1293件。依法审慎采取财产保全、行为保全等强制措施，最大限度减少司法活动对企业正常生产经营活动的不利影响，让企业家专心创业、放心投资、安心经营。严厉打击侵犯企业和侵害企业家合法权益的犯罪，批捕16人，起诉25人，起诉侵犯知识产权犯罪3件9人。

（区优化营商环境协调事务中心）

大事记

RECORD OF EVENTS

开福区大事记

1月

3日 政协长沙市开福区第五届委员会第四次全体会议开幕，政协委员、列席人员和邀请参加大会人员420人参会。

4日 开福区第五届人民代表大会第四次会议开幕。大会应到代表217人，实到代表207人。

4日 金霞经开区举行招商项目集中签约暨政银企结对服务仪式，现场有20个产业项目集中签约，投资总额达123亿元。

5日 区五届人大四次会议闭幕。

5日 区政协五届四次会议闭幕。

9日 历史步道连升街步道建成，全长1.3千米。

16日 “致敬，我们的2018—2019开福区教育系统‘厚德开福，幸福人生’教师迎新春才艺展演”活动举行。

17日 区“千人帮千企百日大行动”政策奖励资金集中兑现暨第三届创新创业大赛颁奖典礼兑现大会，累计为企业兑现各类奖励扶持资金1.2亿元，惠及141家企业。同时，为区第三届创新创业大赛获奖项目进行颁奖。

18日 湖南医疗大健康产业创新与发展研讨会在世纪金源大酒店举行。金霞经开区与德荣医疗集团达成签约。

23日 中国（长沙）跨境电子商务综合试验区启动仪式在金霞保税物流中心举行。金霞保税物流中心被授予“中国（长沙）跨境电子商务综合试验区重点园区”牌匾。

同日，网购保税进口1210业务模式开启。长沙市民胡女士在“第E仓”电商平台上完成网购保税1210业务模式的“湖南第一单”。

23日 中国侨联副主席李卓彬一行到区困难归侨李艳群家中进行走访慰问。

24日 区委宣传部组织中央、省、市主要媒体召开区情新闻媒体汇报会。

25日 全区“村庄大清扫，洁净迎新春”主题活动在沙坪街道分会场启动。

25日 第八届“青春梦 开福梦”2018年度团系统系列评选现场评审会举行。

25日 新河街道北辰楼宇集群党委“党群服务中心”揭牌仪式暨2019年“迎春送福到楼宇”主题党日活动举行。

29日 芙蓉北路街道金泰路社区组织开展“光荣之家”荣誉牌悬挂启动仪式暨退役军人代表座谈会。

30日 省政协主席李微微带队到开福区调研民政设施建设等工作情况。

2月

11日 区委书记沈裕谋带队开展新春走访慰问活动，走访金霞保税电商大厦海外人士外贸产业（长沙）基地、长沙统一企业有限公司、秀峰街道竹隐社区、新华人寿湖南分公司、长沙顶呱呱企业管理有限公司等企业、社区。

12日 区委副书记、区长刘拥兵主持召开2019年第1次区长办公会，就优化营商环境有关工作进行专题研究。

13日 长沙召开产业项目建设年暨营商环境优化年工作推进大会，优化营商环境 推进项目建设。

18日 区营商环境优化年工作推进大会召开。

19日 “我们的中国梦——湖湘文化进万家”暨“幸福开福·闹元宵”开福区文化惠民新春系列活动举行。

21日 全省社区矫正及安置帮教年度工作电视电话会议召开，区委常委、政法委书记黎明代表开福区做《坚持问题导向，创新方式方法，加快推进社区矫正工作实现新发展》典型经验交流发言。

22日 区人民调解员协会第一次会员大会召开，选举产生第一届协会负责人、理事及监事。标志着全省首家区级人民调解协会正式成立。

26日 湘西州龙山县委常委、副县长张红民一行到区对接精准扶贫工作。

28日 区委书记沈裕谋带队赴北京招商。

3月

1日 区委书记沈裕谋到北京召开信访工作调度会议。

4日 区“讲好人、学好人、做好人”主题宣讲活动启动。

5日 区政府与国网长沙供电公司签订《关于开福区

电网建设推进协议》，按照合作协议，国网长沙供电公司计划投入50亿元，用于全面加快开福区城市电网建设。

6日 区深化机构改革动员大会召开，区机构改革进入全面实施阶段。

6日 浙江省委组织部常务副部长张学伟一行到区考察城市基层党建工作。

5日 区企业股改动员大会召开。

7日 由区城投实施的区交通综合业务管理指挥楼项目封顶。

8日 区2019年“春风行动”大型招聘在万达广场举行，140家企业参与并提供就业岗位3000余个，213人现场达成就业意向。

11日 福州市鼓楼区政协主席李瑞琨一行到区调研区域经济发展工作。

12日 区组织机构改革调整干部集体谈话举行。区委常委、组织部长晏成方宣布机构改革职务异动情况。

12日 省民政厅党组书记、厅长唐白玉率队到区调研民政工作。

13日 开福区19家新组建机构进行集中挂牌。新组建机构为：长沙市开福区工业和信息化局、长沙市开福区司法局、长沙市开福区农业农村局（长沙市开福区林业水利局）（长沙市开福区扶贫开发办公室）、长沙市开福区文化旅游体育局、长沙市开福区卫生健康局、长沙市开福区应急管理局（长沙市开福区防汛抗旱指挥部办公室）、长沙市开福区市场监督管理局（长沙市开福区知识产权局）、长沙市开福区医疗保障局、长沙市开福区行政审批服务局、长沙市开福区城市人居环境局、长沙市开福区住房和城乡建设局（长沙市开福区人民防空办公室）、长沙市开福区退役军人事务局、长沙市开福区民族宗教事务局、长沙市开福区数据资源中心、长沙市开福区物流与口岸服务中心、长沙市开福区金融事务中心、长沙市开福区现代服务业发展中心（长沙市开福区文化创意产业服务中心）、中共长沙市开福区委网络安全和信息化委员会办公室（长沙市开福区互联网信息办公室）、长沙市开福区城市管理和综合执法局。

14日至15日 区人大常委会党组书记、主任许振勤率队赴上海考察智能物流装备制造榜单企业。

20日 金霞经开区产业发展暨优化营商环境工作推进大会召开。会议首次将会场搬进园区企业厂房，揭晓并颁发“营商环境奖”“最佳成长奖+上市培育奖”“金霞工匠”“科技带头人”“优秀企业家”“优秀经理人”等奖项。

28日 开福区政府与华融湘江银行战略合作协议签订暨开福支行开业庆典仪式在福天兴业举行。

28日 马栏山视频文创产业园在北京举行马栏山时间·VTIME专场招商推介会，梅兰芳艺术基金会马栏山国艺复兴项目等五大项目签约落户马栏山。

4月

6日 省“大棚房”问题专项清理整治行动“回头看”联合工作组到区对“大棚房”问题专项行动开展情况进行核查。

9—10日 由区委宣传部承办的“走读湖南 网络大V开福行”活动举行。

11日 重庆市渝中区人大常委会副主任戴启常一行到区考察大健康产业发展和文旅产品打造情况，实地察看湘雅医院和北辰动漫产业园。

13—14日 “中国梦·福汇新河”2019长沙第六届“凤凰海”琼花艺术节在新河街道举办。

15日 四川省绵阳市人大常委会办公室相关负责人一行到江湾社区学习考察基层人大代表活动室建设情况。

16日 湖南跨境电商对接会在深圳举行，金霞保税物流中心网购保税进口1210业务和省跨境电商生态产业园被重点推介。

17日 著名水声物理科学家、中国科学院院士张仁和到区调研海洋装备成果产业化工作。

17日 省委党校第115期处干班一行约50人到区教学调研司法行政工作。

19日 区政府与湖南省妇幼保健院启动共建“健康开福”战略合作框架协议签约仪式。

19日 江西省代表团到区参观考察城市驿站建设情况。

19日 长沙市关工委系统“腾飞中国、辉煌70年”爱国主义教育主题宣讲活动启动仪式在开福区第一小学举行。

19日 开福区“专业特色楼宇认定”启动仪式举行。

20日 由区政府、中国（长沙）马栏山视频文创产业园主办的“2019·幸福向北”马栏山上芒果汽车全民跑暨开福区全民健身节启动仪式举行。

22日 “共创马栏山智慧V谷”5G战略签约仪式在马栏山视频文创产业园举行，园区携手中国联通湖南分公司、湖南快乐阳光互动娱乐传媒有限公司（芒果TV）、华为技术有限公司联手共建5G“智慧V谷”。

23日 市人大常委会党组书记、主任程水泉率市人大常委会组成人员视察区防洪工程和湿地保护工作。

23日 2019年开福区重大产业项目集中开工仪式在金霞经开区举行。

23日 瑞康医药集团湖南有限公司乔迁盛典暨医药健康论坛举行。

28日 开福区劳模（工匠）风采展在区政府主楼二楼大厅展出。

30日 开福区鹅秀消防站主体结构完成封顶。

5月

8日 施璐德国际工程（湖南）有限公司开业仪式在新湖南大厦举行。

9日 第三届“中国福”城市文化交流活动开幕式在清水塘中共湘区委员会旧址举行。

9日 副区长朱江到湘西土家族苗族自治州龙山县内溪乡调研精准扶贫对口帮扶工作。

10日 “厚德载物”暨“厚德开福”主题论坛与好人事迹巡讲巡演举行，中国“福”城市的代表们现场交流发言。

13日 国开行湖南省分行、青岛市分行以及青岛市市南区来区考察交流老城区有机更新工作。

16日 区出台整治形式主义官僚主义为基层减负9条举措（简称“9条”），剑指会风、文风、检查考核、网络政务过滥过空等乱象。

15—17日 区对口帮扶工作联络组赴城步，察看帮扶产业项目完成情况和2019年帮扶产业项目施工进度，并就相关工作进行沟通对接。

19日 夸特纳斯·长沙国际食材集采集配加工中心项目签约仪式举行。

20日 为期5天的第十五届中国（深圳）国际文化产业博览交易会落下帷幕。马栏山视频文创产业园与虎牙直播、深圳市文化创意行业协会、懒人听书、夜听等进行签约。

24日 “乡贤齐聚话普法，凝心聚智谋振兴”2019年全区农村法治宣传月启动仪式举行。

24日 “红色经典我演绎 革命精神我传承”长沙市红色经典表演大赛首场分赛暨庆祝“六一”国际儿童节活动举行，区9所中小学编排的红色经典节目上演。

28日 省委巡视办巡察指导处处长王继东一行到区开展巡察工作调研，听取区巡察工作情况汇报。

29日 区退役军人服务中心挂牌成立。

30日 江西萍乡市党政代表团一行到马栏山视频文创产业园考察。

6月

5日 区委副书记、区长刘拥兵会见城步苗族自治县县委副书记、县长杨博理一行，双方就2019年精准扶贫项目、土地增减挂钩等帮扶事宜进行洽谈交流。

6日 全省“不忘初心、牢记使命”主题教育工作会议开福区分会场会议召开。

12日 省级老领导到马栏山视频文创产业园考察。

13日 区人大常委会党组书记、主任许振勤率区人大主任会议成员调研区住房和城乡建设局工作，视察月湖人防宣传教育基地以及润和国际城项目施工现场

14日 区发改局、教育局联合在新竹小学开展“绿色发展 节能先行”2019年全国节能宣传周启动仪式，推动两型、节约能源、公共机构垃圾分类进机关、进社区、进学校、进商圈、进企业。

14日 区人社局组织举办开福区与城步苗族自治县贫困劳动力劳务协作转移就业工作对接会，与相关企业签订劳务协作战略协议，引导和鼓励更多贫困劳动力来长沙就业。

18日 “拼在产业 赢在环境”2019开福区总部经济集中签约暨营商环境推介活动举行。现场15个项目集中签约，引入资金30亿元。

18日 长沙新港汽车滚装码头迎来首条航线，湖南省首个汽车滚装码头投入试运行。

21日 2019年开福区“文化和自然遗产日”、开福区对口扶贫专场活动暨“舌尖上的中国”巡展湖南站启动仪式举行。

25日 退役军人事务部办公厅主任王志明率队到区调研退役军人服务工作。

25日 区教育局赴城步苗族自治县开展教育对口帮扶工作。向城步县家庭经济困难学生捐赠现金10万元，周南秀峰等学校与城步苗族自治县七所中小学签订对口帮扶协议。

25日 中国（长沙）马栏山视频文创产业园部省共建推进工作会议在北京举行，现场签署部省深度合作三项协议。

27日 由商务部、湖南省政府共同主办的第一届中国—非洲经贸博览会在长沙圣爵菲斯大酒店开幕。

27日 2019湖南与央企对接合作大会在长沙举行。开福区政府与中国石油天然气股份有限公司天然气销售湖南分公司签署战略合作项目。

28日 中外运“走进非洲，互联互通”产品推介及客户沙龙活动在珠江花园酒店举行。

7月

1日 中国共产党长沙历史馆正式开馆，对社会公众免费开放。

8日 市政协党组书记、主席文树勋率市政协主席会议成员到区专题视察城北交通物流通道建设情况。

9日 区“拥军优抚一卡通”首发仪式举行，区退役军人事务局与长沙银行签署“拥军优抚协议”。

12日 开福区赴城步县“对口帮扶 精准扶贫”专场招聘会在城步县就业局大厅举行，21家企业参加，提供岗位1500余个。

15日 第十三届全国人大代表、华润集团湖南区域工委书记丁小兵到区开展个人持证视察，围绕“加强市场监管、优化营商环境”的主题召开座谈会，听取相关工作情况汇报。

16日 “寻根之旅”夏令营湖南营联欢活动文艺演出暨海内外中华儿女同唱《我爱你中国》快闪活动在烈士公园举行，用红歌快闪的方式，抒发爱国情怀，凝聚侨心侨力。

17日 省政协党组书记、主席李微微率省政协党组理论学习中心组（扩大）主题教育读书班到区开展“不忘初心，牢记使命”主题党日活动。

18日 市委常委、统战部部长谭小平率各区县（市）委常委、统战部长，新阶层代表人士等50余人，到区观摩马栏山众创园E星实践创新基地，探索新媒体统战力量参与美丽乡村建设的新模式。

19日 联合国人类居住规划署与区签署“城市更新指导项目”协议，就合作指导潮宗街历史文化街区有机更新项目相关事宜达成一致。

19日 长沙市好人故事绘发布仪式暨“擦亮文明名片 优化营商环境”好人交流与网络文明传播活动举行，现场发布张卫社、杨士泉、袁亮坤3位中国好人动漫作品，并启动文明长沙“漫画文明”新媒体专栏。

21日 “聚才筑梦 相约开福”区2019年紧缺急需人才目录发布会暨中高端人才专场招聘会举行。涵盖高新技术、文化创意、现代服务、生物医药、IT/互联网/电子商务等11个产业领域，2626个岗位。

26日 由国家财政部综合司副司长胡忠勇带队的国家城镇老旧小区改造工作调研组到区调研老旧小区改造工作。

29日 2019夏季金霞企业中高级与技术营销人才RPO招聘会暨人才培育合作签约仪式举行，29家企业参加，提供岗位109个，岗位需求人数400余人，超过600余名人才参加。

8月

5日 中国民族贸易促进会会长蓝军一行到区现场考察潮宗街片区有机更新工作，并举行座谈，就潮宗街片区整体策划、招商运营等工作进行商洽。

8日 国家口岸办巡视员白石率队到湘调研铁路站场运营情况，实地考察长沙国际铁路港、金霞保税物流中心、长沙新港和中部（湖南）进出口商品展示交易中心。

6—8日 区委副书记、区长刘拥兵带队赴北京开展招商工作，分别对接中国航天运载火箭技术研究院和航天科工三院以及中粮大悦城三家央企。

15日 杭州市江干区人大常委会到区考察代表活动室建设相关工作，实地查看江湾社区代表活动室，召开座谈会进行交流。

16日 国开行总行党委委员、副行长周清玉一行到区考察有机更新工作，视察吉祥巷片区同仁里、茶馆巷及潮宗街片区有机更新项目。

19日 望麓园街道营盘街社区组织开展垃圾分类比拼活动，20多组亲子家庭参加。

20日 邵阳市隆回县政协主席彭松青率队到区考察调研委员工作室创建、委员履职管理及街道政协联络处工作，察看江湾社区委员工作站和沙坪社区委员工作室。

22日 市委副书记、市长、湖南湘江新区党工委书记胡忠雄实地调研中欧班列建设运营、霞凝港三期建设工作。

23日 “学习新思想 礼赞新中国 奋进新时代”区庆祝中华人民共和国成立70周年主题理论微宣讲“长沙崛起 我在现场”专题赛在金霞经开区举行。

25日 肇庆市党政代表团考察马栏山视频文创产业园。

28日 “全民参与垃圾分类，同心建设美丽开福”生活垃圾分类“五进”集中宣传晚会举行，全区设置1个主会场、3个分会场。

9月

12日 全区负责干部大会召开，市委常委、组织部部长张宏益出席并讲话，市委组织部常务副部长刘汇宣布省委的干部任命决定：曹再兴任开福区委委员、常委、书记。

4日 区非洲猪瘟防控工作调度会召开，就加强防控工作进行部署。

5日 区委书记曹再兴调研金霞经开区商飞飞机起降系统试验平台项目，了解项目手续办理、拆迁腾地、商务洽谈等工作进展情况。

6日 “我和我的祖国——开福区宗教界‘五进五好’爱国诗词大会”活动在开福寺举行，全区八大宗教场所的8支代表队参赛。

6日 由区委组织部主办的“盛世翰墨·开福区庆祝中华人民共和国成立70周年书画展”开幕，110余幅书画作品进行为期3天的展览。

9日 区委书记曹再兴专题调度区委第八轮常规巡察工作，听取四个巡察组工作情况汇报。

9日 长沙市地方志编纂委员会相关负责人一行到区调研地方志编纂工作，听取区地方志编纂工作的开展情况汇报，并就下阶段工作进行交流对接。

10日 全区“不忘初心 牢记使命”主题教育正式启动。

10日 区人武部组织召开区人武部党委第一书记命令宣布大会。市委常委、警备区政委曹友华出席会议并宣布区委书记曹再兴担任区人武部党委第一书记。

11日 中国联通下一代互联网宽带业务应用国家工程实验室马栏山研究院揭牌成立。

16日 区政府与湖南日报社就区级融媒体中心建设正式签订合作协议，推进媒体创新发展，巩固舆论阵地。

17日 区直机关工委组织举办“我和我的祖国 共筑中国梦”红色历史知识竞赛，以知识竞赛的形式强化“不忘初心、牢记使命”主题教育，庆祝中华人民共和国成立70周年。

18日 区委“不忘初心、牢记使命”主题教育读书班开班。

20日 开福区“庆祝中华人民共和国成立70周年”纪念章发放启动仪式举行，区领导为10名纪念章获得者代表颁发纪念章。

20日 由区委宣传部、区文旅体局承办的“城北欢歌祖国颂”庆祝中华人民共和国成立70周年合唱比赛在风帆广场举行，16个街道选送的合唱代表团1000人参演。

23日 区“对口帮扶 精准脱贫”就业技能第二期培训班在城步县儒林镇、丹口镇同时开班。培训为期5天，100名建档立卡贫困劳动力参加。

24日 中国（长沙）马栏山视频文创产业园在上海举行招商推介会，笑果文化、绿地控股等14个项目签约落户马栏山。

25日 区政府与长沙市第一医院院地协同发展战略合作框架协议签约仪式举行，明确清水塘街道社区卫生服务中心托管等五大方面的合作内容。

25日 区委组织部在区老干部大学东风路校区举行“庆祝中华人民共和国成立70周年”纪念章颁发仪式，现场向16位离休老同志颁发纪念章。

26日 荷兰夸特纳斯集团（长沙）国际食材集采集配加工中心开工仪式在金霞经济开发区举行。项目选址在金霞经开区高岭组团，规划占地面积9.98公顷，拟投资1.6亿美元。

26日 荷兰·湖南投资促进恳谈会举行。市商务局、金霞经开区分别作招商推介。

29日 区委书记曹再兴率队走访慰问全国道德模范和身边好人。

29日 芒果马栏山广场开工暨拟入驻企业项目签约仪式举行，签约10个项目。

30日 省会各界向烈士敬献花篮仪式在烈士公园举行。

10月

9日 区“众企当河长、水美耀开福”巡河护河活动启动，18位志愿者、12位企业家现场接受授牌，成为“公众河长”和“企业河长”。

10日 2019全国“美丽河湖”网络主题采访活动在长沙滨江文化园正式启动。人民网、新华网等14家中央新闻网站记者组成的采访团一行对长沙小微水体管护、浏阳河流域综合治理、湘江长沙段综合治理情况进行现场采访。

14日 区委书记曹再兴调度马栏山视频文创园项目推进情况，察看绿地V岛、兴旺通讯总部、湖南创意设计总部等6个在建产业项目。

15日 大飞机地面动力学联合实验室签约揭牌暨湖南飞机起降系统研发平台启动仪式在金霞经开区举行。

16日 省委“不忘初心、牢记使命”主题教育第一巡回指导组到区调研，实地察看潮宗街片区有机更新项目现场并召开座谈会。

16日 全省司法行政系统“智慧矫正”现场推荐会在区召开，区司法局作经验发言。

23日 区校园安全监管指挥中心正式启用，对区内300所中小学、幼儿园、民办培训机构展开全域全天候的安全防护监控和应急调度，并在数据平台展开全面安全培训教育、风险评估分析和预警，为学生安全保驾护航。

25日 区政协党组书记、主席熊建伟率主席会议成员、部分政协委员及专家医疗团队等30余人赴湘西龙山县茨岩塘镇开展对口扶贫工作，与50名贫困学生实施精准助学结对帮扶。

29日 老百姓大药房集团总部乔迁暨18周年庆典在金霞经开区举行。

29日 2019年“全国安全用药月”湖南启动仪式在老百姓大药房集团总部举行。

29日 辽宁省本溪市明山区人大常委会到区考察财经委作用发挥、民营经济高质量发展、乡村振兴等工作，实地考察汉回村，召开座谈会进行交流。

11月

1日 长沙人民防空警报试鸣日活动在月湖人防宣教基地举行，提升市民群众的防空防灾意识和能力。

2日 省委常委、常务副省长谢建辉到马栏山视频文创产业园调研，查看湖南创意设计总部大厦、绿地项目建设，了解草莓V视、聚恒文化、华为马栏山视频产业云、马栏山国际版权交易中心、节目购视频版权交易平台等项目落地、产业集聚情况

5日 省关工委主任杨泰波一行到区调研关工委工作，察看区“五老”助学队活动阵地建设，并进行座谈交流。

6日 区召开“街道吹哨、部门报到”现场推进会，芙蓉北路街道 “街道吹哨、部门报到”打造成为长沙基层治理的品牌。

7日 省政务管理服务局局长向世聪一行到区政务服务中心调研，了解市场准入窗口管理运行及“一件事一次办”落地情况。

7月起 全省村党组织书记、村民委员会主任参加基本养老保险可享受财政补贴。补贴的标准为每人每年2000元，最高不超过每人每年3000元。

9日 区委书记曹再兴察看通泰街街道西长街水产畜禽市场关停搬迁和潮宗街有机更新工作。

11日 中央统战部六局相关负责人一行到马栏山众创园调研开福区统战新的社会阶层人士实践创新基地建设情况。

12日 区委书记曹再兴带队调研金霞经开区工业制造业发展情况，走访长沙统一、乐莎食品、长重机器等企业，了解企业经营状况及发展诉求。

15日 长沙市“满天星”文明共建主题活动在望麓园街道运达国际广场前坪举行。观摩相关门店“门前三包”责任落实情况。

15日 省纪委组织部相关负责人一行到区检查考核纪检监察干部全员培训工作情况。

15日 “开启幸福新时尚 争当分类巧能手”开福区2019年垃圾分类劳动竞赛活动举行，现场通过垃圾分类理论知识笔试和实操等形式开展竞赛，16支队伍48人参赛。

19日 湖南省物联网行业第四届高峰论坛在区举行。

19日 青海省政协党组副书记、副主席王晓勇一行到区数据资源中心调研考察网络信息化建设工作，了解智慧开福综合治理云平台运用情况。

20日 中央退役军人事务工作领导小组办公室秘书局相关负责人一行到区调研退役军人工作。

22日 IEF2019湖南·马栏山国际数字娱乐嘉年华开幕式在湖南国际会展中心举行。

25日 区新的社会阶层人士联谊会成立大会在马栏山众创园召开。

27日 山东省齐河县行政审批服务局一行到区学习交流，就改革中遇到的重点难点问题和工作经验等进行交流座谈。

30日 2019中国新媒体“看见马栏山”分享盛典在马栏山视频文创产业园开幕。

12月

2日 大湾区企业走进金霞跨境电商重大项目签约暨园区顾问、招商顾问聘请活动在金霞经济开发区举行。

2日 由区卫健局承办的第77期“长沙幸福家庭公益大讲坛”走进长沙学院活动举行，普及艾滋病防治知识。

7日 潮宗街历史文化街区共同营造社揭牌成立仪式在通泰街街道连升街社区举行。

10日 安徽省六安市委常委、统战部部长陈韶光率队到区学习考察社区统战工作和新的社会阶层代表人士统战工作，实地察看江湾社区、马栏山众创园E星实践创新基地。

11日 全市重大产业项目建设流动观摩会启动。同日下午，观摩团走进金霞经济开发区观摩，了解老百姓大药房物流枢纽与电商基地项目建设情况。

11日 省委常委、常务副省长谢建辉到区督查安全生产工作，察看黄兴北路金满地商业街消防安全责任落实、日常消防管理等工作情况。

16日 长沙海关牵头对长沙国际铁路港海关监管区二期进行检查验收认为基本符合运行条件，待长沙海关批文后正式启动封关运行。

17日 “全国网络大V开福行”活动座谈会在马栏山视频文创产业园召开。

19日 三级（全国、省、市）人大代表开福区联组开展会前集中视察活动，视察长沙医药健康产业。

20日 区北辰文创园海归人才创客基地暨湖南留学人员创业园北辰文创基地挂牌成立，为海归人才到区创新创业做好服务，实现人才集聚与产业发展双向互动。

26日 省政协主席、党组书记李薇薇率队到区调研民营企业发展情况，察看湖南诺贝尔摇篮教育科技有限责任公司，并走访看望委员。

26日 长沙市生态环境局开福分局挂牌成立。

26日至27日 副区长张胜良率队赴城步县调研对口扶贫工作，察看了解金紫乡卫生院建设工程和相关产业道路等“携手奔小康”项目建设情况，并提前谋划铺排2020年工作计划。

28日 2020长沙新年音乐会在长沙音乐厅举行，以中外经典曲目为主旋律，为省会干部群众送上高雅艺术盛宴。

31日 开福区2019年度“最美退役军人”发布会举行。

（整理：张晓阳）

4月23日，长沙重大产业开福区项目开工

（区委宣传部　供图）

开福概况

A SURVEY OF KAIFU

自然地理

【区域位置】长沙市开福区是国家长株潭城市群“两型社会”建设试点的重要地区，也是长沙推进“大城北”战略的核心区域。它位于长沙市北部，傍湘江下游东岸，处浏阳河、捞刀河汇合之东南部。地域范围为北纬28° 11′55″～28° 23′35″，东经112° 54′07″～113° 04′39″。东部由北向南，与长沙市长沙县、芙蓉区相邻；南部由东向西，依次与长沙市芙蓉区、天心区接壤；西部濒湘江，由南向北，依次与长沙市岳麓区、望城区隔江遥对；北部由西向东，依次与长沙市望城区、长沙县搭界。区人民政府驻长沙市芙蓉北路1段588号，电话区号0731，邮政编码410008。距长沙市人民政府驻地5.7千米。辖区东西直线距离17.2千米，南北直线距离21.5千米。2019年，全区总面积188.3平方千米，其中陆地面积162.3平方千米，占86%；水域面积26平方千米，占14%。农村面积85平方千米，建城区面积103.3平方千米。耕地面积2794.47公顷，林地面积3750.6公顷，森林面积3005公顷，林木绿化率36.7%。

【地形地貌】开福区总体地质特征是：地层出露齐全，花岗岩、变质岩、红岩、红土广布，地质构造复杂。各个地质历史时期的地层与其所属的长沙市及相邻搭界的区县地层紧密相关，最古老的地层形成于远古代约10亿年前。开福区总体地貌特征是：地势较为平缓，地貌类型有岗地、丘陵、平原三大类型，地表水系发达。开福区处于湘中丘陵向洞庭湖平原过渡地带，西濒湘江，地势南高北低，由东南向西北倾斜。地形岗丘绵延，谷地起伏，丘陵、丘地与农田相间，地形破碎，切割强烈。东北部为平原岗地，地势平缓，高差小。丘陵分布于捞刀河街道、秀峰街道一带，平原主要分布于浏阳河、捞刀河及其支流两岸。境内最高峰三宫殿，位于青竹湖街道新源社区，海拔234.8米；最低点山窑潭西北，位于捞刀河街道凤羽村，海拔28米。

【水文·气候】开福区境内河道属长江流域。境内最大的河流为湘江，从南至北流经境内通泰街街道、湘雅路街道、新河街道、芙蓉北路街道、秀峰街道、青竹湖街道，流域面积180平方千米，主要支流有浏阳河、捞刀河、沙河、白沙河。主要河道有一级河湘江，流经开福区长度19.67千米；二级河浏阳河、捞刀河、沙河3条，流经开福区总长度29.7千米；三级河白沙河，流经开福区长度11.29千米。全区河流总长度60.66千米，河网密度0.32千米/平方千米，总水面积23.5平方千米。境内河涧纵横，湖塘密布，有年嘉湖、青竹湖、楚家湖、月湖等10湖，最大为年嘉湖，面积47.85公顷。山塘4600处，水面积513万平方米。开福区境内防洪大堤75千米，有11个千亩以上堤垸，其中万亩堤垸3个。

开福区属亚热带季风型湿润气候，其特点是气候温和、四季分明、热量充足、雨水集中、春温多变、严寒期短、暑热期长。1951—2019年多年平均气温17.2℃，1月平均气温4.8℃（冬季均温10.6℃），极端最低气温-12℃（1972年2月9日）；7月平均气温28.7℃～29.4℃（夏季均温29.5℃），极端最高气温41.2℃（2003年8月2日）。最低月均气温0.3℃（1964年2月），最高月均气温31.6℃（2003年7月）。平均气温年较差23.3℃～24.4℃，最大气温日较差23.8℃（2004年2月14日）。生长期年平均244～247天，无霜期年平均281天，最长达325天，最短为224天。年平均日照时数1771.01小时，年总辐射7377.98千焦/平方厘米。0℃以上持续期362.2~365天（一般为1月19日至次年1月16日）。年平均降水量1361．6毫米，年平均降雨日数为152天，最多达225天（1965年），最少为121天（2011年）。极端年最大雨量2102.9毫米（1969年），极端年最少雨量932.8毫米（2011年），降雨集中在每年3月至8月，6月最多。春季从3月到5月中下旬，为期约70天，春季天气阴雨潮湿，降水量占全年的40%以上。夏季从5月中下旬到9月下旬，为期约132天，季节长，天气热，是夏季的突出特点。秋季从9月下旬到11月中旬，将近60天，是全年最短的一季。冬季从11月下旬到次年3月上旬，为期约3个半月，月平均气温大都在6.1℃以上，比较湿冷，降雪较少，有时会发生冰冻天气。冬季的降水量约占全年的16%，是一年中降水量最少的季节。主要气象灾害有洪涝、高温、干旱、低温阴雨、冰雹、大风、寒潮、雷暴等。2019年，平均气温17.9℃，年内最高气温38.9℃，最低气温-2℃，年均降水量1643.7毫米。

【自然资源】开福区境内地下矿藏主要有非金属矿磷和石英砂。磷矿储量未探明，矿区位于青竹湖街道金霞新村；石英砂，主要分布于沙河流域一带。区域内土壤成土母质多样，以第四纪红土、河流冲积物为主；土壤种类多样，以红壤、水稻土为主。土壤多属酸性或中性，土质疏松肥沃，适宜多种农作物生长。区域内动物属亚热带林灌、草地—农田动物群，野生动物多为适应耕地和居民点的类群，林栖鸟类较为少见，田间捕食昆虫、鼠类和两栖爬行动物丰富。植被以亚热带常绿阔叶林为主，区域内有树种资源80科、421种，新培育的绿化树种有36科、80余种。主要林木有松、杉、香樟、楠木、茶、油茶、柑橘、桂、银杏、玉兰等。

历史文化

【传统文化】开福区因千年古刹开福寺而得名，是“楚汉名城”和湖湘文化重要发祥地，也是中国四大名绣之一湘绣的发源地。境内主要以湘菜为主，过汉族的所有节日。开福寺每年都举行新春祈福庙会，市民和游客能在开福寺庙会看戏、赏灯、猜灯谜、舞龙狮、品美食、玩杂耍。汉回村回族民俗文化是开福区境内一大特色，它是长沙市唯一汉族和回族老百姓混居的自然村落，有数百年历史，形成特殊的“村落文化”，其回族的文化特征依然鲜明。回族人结婚一般要经过做媒、订婚、结婚、回门4个程序，要对“八字”，不办酒席，不收礼金，不择吉日。结婚仪式，必须男女双方自愿，父母不得包办。回族有开斋节、古尔邦节、圣纪节三大节日。开斋节又名尔德节，伊斯兰教教历每年9月封斋，时间为30天，斋戒期满，即为开斋节；古尔邦节又叫宰牲节或忠孝节，时间从开斋节之日算起，往后推70天；圣纪节又叫昌路德节，这个节日是伊斯兰教教历每年3月12日。湘绣起源于民间刺绣，吸取苏绣和粤绣的优点而发展起来，有2000多年历史。湘绣针法以参针为特色，着色富于层次，绣品若画，可表现物象的立体形态和晕染效果。金球湘绣公司作品《伟人毛泽东》《中国第二次载人航天飞行标志》《中国航天员中心标志》《福》搭乘“神六”，伊飞湘绣公司作品《飞天绣》搭乘“神九”，伊飞湘绣公司作品《伟人的梦想》搭乘“神十”宇宙飞船飞天并顺利返回。

【史迹遗存】开福区历史悠久，文物古迹众多。截至2019年年底，开福区有不可移动文物点124处，其中全国重点文物保护单位2处、湖南省文物保护单位14处、长沙市文物保护单位44处，其余为一般不可移动文物，具有代表性的有开福寺、湘雅医院早期建筑群、朝宗古街、船山学社、清水塘中共湘区委员会旧址等。

【风景名胜】开福区是文化旅游大区，风景名胜较多。全区有A级景区6家、星级酒店8家、星级农庄7家、旅行社71家。其中AAAA景区3家（世界之窗、海底世界、湖南省博物馆），AAA景区3家（长沙园林生态园、沙坪湘绣小镇、汉回景区）；五星级酒店3家（圣爵菲斯、运达喜来登、潇湘华天），四星级酒店3家（延年世纪、黄金海岸、华悦），三星级酒店2家（留芳、随园）；五星级农庄7家（和道源、大明、河村非洲文化园、良家庄、海天、园林生态园、山鹰潭）。

湖南省博物馆是湖南省最大的综合性历史艺术博物馆。湖南省AAAA级景点，陈列有长沙马王堆汉墓出土被称为“世界第八大奇观”的西汉女尸。长沙世界之窗是华中地区最大的文化主题公园，也是首批全国AAAA级旅游景区之一。长沙海底世界集观赏、休闲、娱乐、科普于一体，国家AAAA级景区。清水塘中共湘区委员会旧址暨毛泽东、杨开慧故居，1921年10月，毛泽东在此建立中共湖南支部，1922年5月，成立中共湘区委员会，国家红色旅游经典景区之一。

建置·区划

【建置沿革】秦汉以来，今开福区地域属长沙县。原城墙内属长沙县城，县署设城北连升街，城墙外属明道都。1914年，废都甲，设乡镇。明道都改为明道镇。1933年长沙设市，市县分治。1934年，长沙市划分为4个区，今开福地域所含的城北属第四区。1938年，第四区改名为兴汉镇。1938年11月“文夕大火”后，长沙市被撤销，仅恢复长沙县城北、城南两镇，兴汉镇属城北镇管辖。1942年，恢复长沙市后，城区恢复城北镇。1943年，城北镇改为城北区。1944年1月，镇乡改区，长沙市分为内四区、外四区，城北区限中山路以北、兴汉门以南、经武门以西至湘江边一带。至1949年8月，城北区辖11保193甲，面积1.7平方千米。1949年8月5日，长沙解放，城北区建立区级人民政权。基层组织仍沿用保甲制。

1951年9月，成立城北区人民政府。1951年11月，开展民主建政运动，成立7个街道人民代表会议办事处。1954年9月，撤销街道人民代表会议办事处，成立街道办事处，为区政府派出机构。其时，城北区共辖9个街道办事处：戥子桥、炮队坪、民主东街、留芳岭、彭家井、荷花池、文星桥、文昌阁、上大垅。1955年，改区人民政府为人民委员会，区名去掉“城”字。1958年，北区辖民主东街、文昌阁、炮队坪、上大垅、三公里、北站路6个街道。1960年，全市实行人民公社化，北区改称清水塘人民公社，将郊区的伍黑路、综合农场并入，辖上大垅、炮队坪、三公里、红色及伍黑路分社和综合农场。1961年，又复名城北区，9月，撤销城市人民公社，恢复所辖街道。1962年，伍黑路分社、综合农场划归郊区。1964年7月，新设浏阳河街道办事处，全区共辖6个街道，1968年，改区人民委员会为区革命委员会。各街道相应改为革命领导小组。1980年11月，恢复区人民政府。1986年，全区辖6个街道，92个居民委员会。1992年，增设黑石渡、新河两个街道办事处。1993年，郊区福安乡胜利村成建制移交北区管理。截至1995年年底，北区面积14.3平方千米，辖民主东街、望麓园、清水塘、北站路、上大垅、伍家岭、新河、黑石渡8个街道办事处及胜利村，114个居民委员会。

1996年4月，长沙市区划调整，在原北区基础上，划入长沙县、原望城县、原郊区所属的大片农村地区及原西区所属的部分街道，成立开福区人民政府，面积扩至188.3平方千米。全区辖11个街道142个居民委员会、1个镇和2个乡48个村、2个农（渔）场11个分场。

【行政区域】1998年4月，福安乡、红色渔场合并为四方坪街道。1999年3月，马厂分场从综合农场划出，设置为金霞路街道。2000年9月，霞凝乡更名为新港镇，撤销如意街、西长街2个街道合并设置西长街街道。2003年6月，捞刀河镇划出5个村，新港镇划出2个村，设置青竹湖镇。2006年3月，长沙国营综合农场划入原黑石渡街道2个居民组，更名为洪山街道。2006年9月，撤并西长街、通泰街新成立通泰街街道办事处；撤并民主东街、望麓园新成立望麓园街道办事处；撤并上大垅、黑石渡新成立东风路街道办事处，本次区划调整后，开福区辖10个街道、3个镇。2013年9月，原捞刀河镇撤销，新成立捞刀河街道和沙坪街道；原新港镇撤销，新成立新港街道和秀峰街道；原洪山街道析置为洪山、浏阳河、月湖3个街道，本次区划调整后，开福区辖16个街道、1个镇。2015年11月，开福区乡镇区划调整后，撤销青竹湖镇和新港街道，合并成立青竹湖街道。截至2019年年底，开福区辖2区2园1局1中心（金霞经济开发区、开福高新技术产业开发区、青竹湖生态科技产业园、长沙园林生态园、洪山管理局、金霞保税物流中心）16个街道。街道为望麓园、清水塘、湘雅路、伍家岭、新河、东风路、通泰街、四方坪、芙蓉北路、洪山、月湖、浏阳河、秀峰、捞刀河、沙坪、青竹湖16个街道。各街道共辖社区居委会98个，村民委员会9个。

人口·民族

【人口】2019年，全区年末常住人口为69.08万人，其中城镇人口67.67万人，占总人口比重（常住人口城镇化率）为97.8%。年末户籍人口总数51.5万人，比2018年末增加9400人，增长1.86%。其中男性人口24.7万人，占47.96%，女性人口26.8万人，占52.04%。2019年，出生人口5374人，人口自然增长率为5.01‰，符合政策生育率98.85%，出生婴儿男女性别比为108：100，计划生育免费技术服务到位率100%。

【民族】开福区境内人口以汉族为主，有土家族、苗族、回族、侗族、瑶族、满族、白族、蒙古族、维吾尔族、土族、壮族、布依族、佤族、朝鲜族、彝族、畲族、黎族、拉祜族、藏族、傣族、仡佬族、锡伯族、普米族、高山族、纳西族、达斡尔族、赫哲族、哈尼族、哈萨克族、羌族、独龙族、撒拉族32个少数民族；超过300人的少数民族有土家族、苗族、回族、侗族、瑶族5个民族。

【方言】开福区地处长沙城区北部及北郊，境内使用方言属长沙方言。长沙方言是汉语七大方言之一的湘方言中的次方言新湘方言的代表。与现代汉语普通话比较，语言方面有着自己独成系统的声母、韵母和声调系统，其主要特点是有阴平、阳平、上声、阴去、阳去、入声6个声调。

经济社会发展

【综述】2019年，全区实现地区生产总值1006亿元，同比增长7.3%。在地区生产总值中，第一产业实现增加值1亿元，同比下降15%；第二产业实现增加值144亿元，同比增长2.8%；第三产业实现增加值861亿元，同比增长8.2%。全区三次产业结构为0.1：14.3：85.6；在地区生产总值累计增幅中，第一、二、三产业分别拉动0、0.4、6.9个百分点；三次产业对地区生产总值增长的贡献率分别为-0.2%、5.9%、94.3%。全区完成一般公共预算收入129.9亿元，同比下降0.04%。其中税收收入完成112.9亿元，同比下降1.13%，税收占一般公共预算收入的比重为86.9%。完成地方一般公共预算收入45.05亿元，同比增长12.67%。其中，区级税收28.05亿元，同比增长15.81%；非税收入15.77亿元，同比增长7.85%，区级税收占地方一般公共预算收入的比重为62.26%。全社会固定资产投资同比增长10.3%，社会消费品零售总额同比增长10%，居民人均可支配收入58334元。2019年，新增市场主体1.98万户，全区市场主体总量突破10万户，为10.12万户；新增“四上”企业109家，10家企业纳入省市拟上市（挂牌）企业库。2019年，获评国家知识产权强县工程试点区，作为长沙样本接受国家发改委营商环境测评；开福区成功入选2019年城区综合竞争力百强区。

【农业和农村经济】2019年，全区完成农林牧渔总产值2.05亿元，同比下降15.2%。其中，完成农业产值1.4亿元，同比下降1.1%；完成林业产值104万元；完成牧业产值4600万元，同比下降43.8%；完成渔业1300万元，同比下降18.3%。全年粮食种植面积2120公顷，粮食总产量1.34万吨。生猪出栏1.53万头，家禽出笼6.85万羽，水产品产量825吨。

【工业和建筑业】2019年，全区完成规模以上工业总产值156.35亿元，同比增长6.8%，较2018年同期上升0.5个百分点；实现规模以上工业增加值54.07亿元，同比增长8%。龙头企业支撑作用明显，全年工业总产值过亿元的企业22家，完成工业总产值73.8亿元，占全部规模工业总产值的73.4%。股份制经济占据主导地位，全年股份制企业完成工业总产值81.6亿元，占全部规模工业总产值的81.1%。全年新增规模工业企业13家。

全区具有资质以上等级的总承包和专业承包建筑企业87家，完成建筑业总产值393.64亿元，同比增长1.5%；实现建筑业增加值97.3亿元，同比下降0.1%；房屋施工面积1378.8万平方米，同比增长20.6%；房屋竣工面积473.58万平方米，同比增长7.2%。

【固定资产投资】2019年，全区固定资产投资比上年增长10.3%，增速同比回落1.7个百分点。其中，产业投资192.4亿元，同比增长46.9%。全区房地产开发投资186.7亿元，同比增长30.4%；商品房销售面积147.97万平方米，同比下降18.3%，其中住宅销售面积109.24万平方米，同比下降24.5%；商品房销售额167.3亿元，同比下降18.7%。

【国内贸易】2019年，全区完成社会消费品零售总额811.2亿元，同比增长10%。增速同比下降1.0个百分点，排名长沙市内五区第二。其中限额以上企业零售额219.4亿元，比2018年增长9.8%；限额以下企业及个体户零售额比2018年增长10.1%。按行业分组，批发业零售额同比增长11.8%；零售业零售额同比增长9.6%；住宿业零售额同比增长5.0%；餐饮业零售额同比增长10.6%。全区限额以上批发零售企业累计实现零售额居前四的类别为石油及制品类、汽车类、中西药品类、粮油食品类，分别实现零售额92.2亿元、27.7亿元、28.3亿元和26.9亿元，分别增长2.5%、7.8%、16.9%和26.5%，对社会消费品零售总额增长贡献率分别为3.1%、2.7%、5.5%、7.6%。中西药品销售、粮油销售、网络汽车销售成为开福区的行业特色。

【对外经济和旅游】2019年，全区全年进出口总额（海关口径）25.18亿美元，同比增长91.3%，其中出口总额23.9亿美元，同比增长107.5%；进口总额1.28亿美元，同比下降22.3%。全年实施内联引资项目99个，其中新投产项目93个。全年实际到位省外境内资金161.9亿元，同比增19.5%；外商直接投资实际到位资金3046万美元，同比下降29.4%，其中区属1134万美元，同比增长157%。外经合作完成2.71亿美元。

全年接待国内外旅游者1579.9万人次，完成旅游总收入190.7亿元。其中接待国内旅游者1565.8万人次，国内旅游收入186.13亿元；接待入境旅游者14.1万人次，入境旅游收入4.57亿元。

【金融】2019年，全区金融业实现增加值127.3亿元，同比增长9.3%，完成金融业税收23.43亿元，同比增长29.76%，占全区税收总收入比重20.74%。截至2019年年底，全区引进20余家全国性和省级金融总部，汇集300余家金融分支机构和新型金融机构，其中税收规模50万元以上的金融机构77家。涵盖银行、保险、证券、期货、基金、融资租赁、融资担保、小额贷款、资产管理、企业集团财务、金融中介服务、消费金融等10多种金融业态。

【教育和科学技术】2019年，全区有区属中学10所（含九年一贯制学校3所），在校学生1.78万人；小学54所（含教学点），在校学生3.96万人；幼儿园161所，其中公办园31所，局属公办园20所，在园幼儿3.35万人。小学适龄儿童入学率100%，小学升初中入学率100%。全区投入学生免费入学和资助经费7144.13万元，全区所有义务教育阶段11.78万人次学生全部享受免杂费入学，执行公办教育收费标准的10.8万人次学生全部享受“一费制”（含课本费、教辅资料费和作业本费）全免入学。全年接收外来务工人员子女1万名，占全区中小学生人数的19%，全部享受免杂费、免“一费制”入学。全年补助83人次农村家庭经济困难寄宿学生生活费。全年新建和启动新建学校4所（其中楼盘配套学校4所），扩建学校2所，并对37所中小学进行运动场提质建设、校园文化建设和维修改造。

全区新增高新技术企业64家，全区实现高新技术增加值295.7亿元，占GDP比重29.4%；人均科普经费1.8元。全年专利申请总数3576件，同比增长2.1%；专利授权1978件，同比增长10.9%，其中发明专利授权786件，同比增长16.3%。

【文化、体育和卫生】2019年，全区拥有群众艺术表演团队146个，文化馆1个，街道文化站16个，示范性社区（村）综合文化服务中心82个，公共图书馆19个。公共文化服务不断完善，建成31个农家书屋，区图书馆图书总藏量70.5万册。全年开展全民健身项目100余次，全民健身运动参加人数20余万人。

全区有各类医疗卫生机构448个，新增44个，其中一级及以上医院28个，疾病预防控制机构3个。卫生技术人员1.44万人，床位9128张。

【环境保护和安全生产】2019年，全年空气质量优良率为74.8%，其中沙坪点位空气质量优良率为75%，伍家岭点位空气质量优良率为72.5%。湘江饮用水源保护区水质稳定达标，3个监测断面地表水达标率100%，区域环境噪声稳定达标。

全年发生安全生产事故7起，各类安全生产事故死亡10人，其中道路交通事故死亡6人、工信行业事故死亡3人、其他行业事故死亡1人。亿元GDP生产安全事故死亡率0.0099人。

北辰三角洲“滨江文化园”（区委宣传部 供图）

【人民生活和社会保障】2019年，全区居民人均可支配收入58334元，比2018年增长8.8%。居民人均消费支出33933元，比2018年增长4.9%。在居民消费分类中，食品烟酒类人均消费10525元，同比增长2.3%；衣着人均消费2157元，同比增长2.4%；居住人均消费6656元，同比增长10.4%；生活用品及服务人均消费2239元，同比增长6.8%；交通通信人均消费2552元，同比增长10.1%；教育文化娱乐人均消费6086元，同比增长4.1%；医疗保健人均消费3343元，同比增长0.2%；其他用品和服务人均消费375元，同比增长12.9%。

全区年末城镇登记失业率为2.45%；全年新增城镇就业人员8990人，失业人员再就业6064人，就业困难人员就业2746人，农村劳动力转移就业350人；城镇零就业家庭实现动态就业援助100%。参加企业职工基本养老保险人数11.9万人，基本养老金社会化发放率100%；参加城乡居民养老保险人数4.3万人。

全区年末拥有敬老院1家，床位75张，入住老人72人；民办养老机构13家，床位1524张，入住老人562人。拥有各类社区服务设施227个，街道社区服务中心16个，社区公共服务中心90个。全年发放城乡居民最低生活保障金3617.32万元，居民得到政府最低生活保障8.18万人次，其中城市居民最低生活保障5.83万人次，农村居民最低生活保障2.35万人次。城市和农村低保对象月人均发放保障金分别为468元和377元。

（整理：易厚德）

中共长沙市开福区委员会

KAIFU CPC COMMITTEE

综　述

【概况】2019年，长沙市开福区委员总揽全局，区“四大家”班子齐心协力、精诚团结、奋发进取，全区上下埋头苦干、真抓实干，聚力打赢产业建设、污染防治、民生改善、全面从严治党四场硬仗，“升级发展 成就北富”取得新实效。2019年3月，全区完成机构改革。改革后，开福区委设置区委机构9个，其中纪检监察机关1个，工作机关8个。区纪律检察委员会与监察委员会合署办公，实行一套工作机构、两个机关名称；区委办公室加挂区直机关工作委员会、区档案馆牌子；区委组织加挂非公有制经济组织和社会组织工作委员会、老干部局、公务员局牌子；区委宣传部加挂新闻出版局（版权局）、精神文明建设指导委员会办公室牌子；区网络安全和信息化委员会办公室加挂互联网信息办公室牌子。

【经济建设】2019年，开福区全年实现地区生产总值1006亿元，同比增长7.3%；全区完成社会消费品零售总额811.2亿元，同比增长10%，固定资产投资增长10.3%，规模以上工业增加值增长6.8%；全区完成地方一般公共预算收入129.9亿元，同比下降0.04%、税收占比86.9%。入选2019年中国城区综合竞争力百强区。以“产业项目建设年”“营商环境优化年”为抓手，全年铺排重大产业项目83个、完成投资335亿元，新引进过10亿元项目8个、过亿元项目25个。金霞经开区新引进湖南医药、重庆医药等项目17个，医药物流完成销售额过200亿元，占全市1/2、全省1/3；国家跨境电商综试区新签约引进百事泰、环金科技等总部企业5个；中欧班列全年发运411列，发运量跃居全国城市第五。马栏山视频文创产业园“三纵三横一环”路网骨架基本形成，全年新注册企业600余家。金融商贸区新引进金融总部机构6家，全区税收过亿元楼宇11栋。营商环境作为样本区成功接受国家发展改革委测评，市场主体突破10万户，年均增速30%。完成城市棚改征拆2878户、16万平方米、腾地19.8公顷；实现农村拆迁腾地200公顷。

【生态建设】2019年，开福区以打好蓝天、碧水、净土“三大保卫战”为重点，认真抓好中央生态环保督察“回头看”反馈问题的销号，持续开展污染防治攻坚。严格落实“六控”“十严禁”要求，蓝天保卫战成果进一步巩固。严格落实“河湖长制”，浏阳河、捞刀河水质稳定在Ⅲ类以上。深入实施乡村振兴战略，稳妥推进农村集体产权制度改革，扎实推进“五治”，小微水体治理“檀木岭经验”获全市推广，完成改厕1216座，清理整治“大棚房”问题25个，打造新源社区、竹安村2个市级乡村振兴示范村，农村人居环境持续改善。

【社会建设】2019年，开福区投入民生资金65.8亿元，占一般公共预算支出的85.4%。全年新改扩建中小学校15所、新增优质学位4620个，公办和普惠性幼儿园占比提升至87%，入园难、入园贵问题有效缓解。城镇登记失业率控制在3%以内。完成朝正美苑、双河湾等安置房分房工作，累计分房9356套、4586户。安排资金4000万元，对口帮扶城步县、龙山县等地，带动8000余人脱贫。落实“五帮扶”措施，为3000户困难户提供帮助；区领导带头，发动891个基层党支部与1078户城市特殊困难户结对帮扶。开展扫黑除恶专项斗争，按时办结中央督导组交办线索135条，查处天胜社区原主任利用职权敲诈勒索等涉黑涉恶案件16起、244人。严格落实安全生产责任制，总体形势平稳向好；开展“四联四帮”，全面落实退役军人服务管理“16条措施”；化解征拆遗留问题88户，成功退出省信访工作重点县市区行列，连续15年保持全省“平安区县”称号。

【党的建设】2019年，开福区认真落实省委全面加强基层建设“1+5”文件及市委配套措施，在全市率先全面推行“街道吹哨、部门报到”工作机制，解决湘江世纪城交通微循环等基层治理难题68个。出台《关于进一步激励基层干部新时代新担当新作为的十条措施》，面向社区（村）党组织书记、街道事业编制人员、选调生选拔副科级领导干部12名。落实意识形态工作责任制，全区意识形态领域继续保持向善向好、整体安全有序。推进厚德开福建设，全区“中国好人”30人。始终保持正风肃纪高压态势，开展“四治四提”“提篮子、打牌子”“红包礼金”等专项整治，全年立案126件，给予党纪政务处分113人。

2019年，开福区经济高质量发展的基础还不牢固，支柱产业不强，缺少具有引领性的大项目和龙头企业，部分产业较为低端、粗放，税收贡献率偏低，长效财源培植和产业转型升级任务较重；交通物流发展离市委、市政府要求还有较大差距；园区基础设施配套还跟不上产业发展的需求。风险隐患依然存在，大气污染防治有待进一步加力，信访基数仍然较大，一些地方、一些领域安全生产责任落实不到位、隐患排查不到位、问题整改不到位。干部队伍抓经济、抓产业、抓财源的意识和能力有待进一步提升。

重要会议

【区委常委会会议】2019年，开福区委召开常委会会议26次。

1月6日，审议开福区机构改革有关方案。

1月17日，传达学习上级文件精神，听取开福区项目建设工作总结讲评暨动员大会筹备工作情况汇报及审议2018年度开福区产业发展、项目建设、污染防治、民生实事工作先进评选奖励方案，研究2018年经济发展奖励兑现工作，听取第三届“中国福”城市文化交流活动筹备工作情况汇报。

1月25日，听取并研究信访工作，研究2018年度开福区产业发展、项目建设、污染防治、民生实事工作先进评选奖励名单，审议华夏幸福·开福产业新城项目备忘录，传达学习中央、省、市纪委全会精神并提请同意召开中共长沙市开福区第五届纪委第四次全会并审议全会报告，听取2018年绩效考核奖金方案的汇报，听取2018年财税目标管理考核情况的汇报。

2月14日，审议《开福区“营商环境优化年”行动方案》，传达学习《中国共产党纪律检查机关监督执纪工作规则》文件精神，听取全区禁毒工作情况汇报，听取全区扫黑除恶专项斗争工作情况汇报，听取长沙市第二十一次劳动模范、先进工作者候选人推荐工作情况汇报。

3月11日，传达学习中央巡视湖南和上轮省委巡视重点问题整改工作调度会议精神并研究贯彻落实意见，听取全区政法工作汇报，审议2018年度全区绩效考核结果，研究干部人事问题。

3月21日，研究《开福区深入推进“产业项目建设年”活动实施方案（送审稿）》，听取安全生产工作情况汇报，传达学习湖南省委常委、长沙市委书记胡衡华在开福区调研座谈会上的讲话精神，传达学习中办文件精神，学习贯彻《习近平关于狠抓落实做好督查工作论述摘编》。

4月4日，传达学习湘办发电〔2019〕34号文件精神（中共省委办公厅关于认真学习贯彻习近平总书记重要批示精神切实做好森林防火的通知）并研究贯彻落实意见，听取开福区森林防火、防汛备汛工作情况汇报，传达学习“两会”精神，传达学习全市网络意识形态专题研讨班会议精神并研究贯彻落实意见，研究部署“迎接中央扫黑除恶督导”工作，听取党务部门工作情况汇报（区委办、区委组织部、区委统战部），研究2018年经济发展奖励兑现工作（第二批），传达学习《中共长沙市委印发〈关于加强党的政治建设十条措施〉的通知》文件精神，研究《开福区基层党建和意识形态工作问题的整改方案》，研究宣传思想文化工作。

5月7日，通报“5·2”事故并部署下阶段安全生产工作，审议《关于着力整治形式主义官僚主义为基层减负的实施方案》，听取信访工作情况汇报并研究信访工作，传达学习习近平总书记在重庆考察脱贫攻坚时的重要讲话精神并研究贯彻落实意见，研究关于进一步规范社区员额管理工作，传达学习《中国共产党重大事项请示报告条例》，传达学习习近平总书记在中央机构编制委员会第一次会议上的重要讲话精神。

5月22日，传达学习上级文件精神并听取青年工作汇报，传达全国公安工作会议精神及市委常委会议研究部署中央扫黑除恶督导组反馈意见整改工作精神，听取全区扫黑除恶及禁毒工作情况汇报，研究营商环境工作，研究政府债务风险防控化解工作，传达学习湖南日报晨风评论文章《让“马栏山”成为全国媒体融合新地标——三论集中精力抓好经济新的增长点》，传达市委年轻干部座谈会精神并研究部署下阶段工作，传达学习《党政领导干部选拔任用工作条例》，审议区政协增补委员建议人选名单。

6月14日，传达学习习近平总书记在推动中部地区崛起工作座谈会上的重要讲话精神，传达学习习近平总书记在“不忘初心、牢记使命”主题教育工作会议上的重要讲话精神及省委书记杜家毫在全省“不忘初心、牢记使命”主题教育工作会议上的讲话精神，研究国庆70周年系列活动方案，听取并研究朝正美苑安置分房相关工作，研究《开福区驻外招商人员管理办法》，审议区委议事协调机构组成人员名单，研究干部人事问题。

6月28日，传达学习湖南省委办公厅通报，传达学习全市基层党组织书记座谈会议精神，传达学习习近平总书记对垃圾分类工作作出的重要指示精神并研究贯彻落实意见，听取半年度经济工作情况汇报，研究街道武装部长人事任免。

7月12日，传达学习上级文件精神，传达学习湖南省委办公厅《关于建立容错纠错机制激励干部担当作为的办法（试行）》（湘办发〔2019〕15号）文件精神，并研究贯彻举措，听取区近期防汛工作汇报，听取区纪委监委相关案件汇报。

7月15日，研究呈报干部任免事项。

8月1日，传达学习习近平总书记在中央和国家机关党的建设会议上的重要讲话精神，传达学习《中共中央关于印发中国共产党宣传工作条例的通知》，传达学习上级文件精神，研究中央扫黑除恶专项斗争督导反馈意见整改工作，审议菲斯罗克光纤陀螺系列产品项目相关协议，审议区政协增补委员建议人选名单，审议分批开展街道党政正职政治建设考察工作的方案。

8月29日，研究开福区卫生健康工作，研究开福区教师队伍建设等教育工作，听取全区防范化解政府债务风险工作情况汇报，听取区委“不忘初心、牢记使命”筹备工作情况汇报并审议《开福区关于贯彻落实省委在“不忘初心、牢记使命”主题教育中开展专项整治联动工作方案（送审稿）》。

9月5日，研究呈报干部任免事项。

9月12日，听取关于开展全区“不忘初心、牢记使命”主题教育工作有关情况的汇报，听取信访工作汇报并研究部署国庆70周年特护期信访工作，传达学习中央有关文件精神，传达学习湖南省委办公厅有关文件精神，研究2019年半年度绩效考核及奖金发放工作，审议《进一步规范领导干部离长外出请示报告事项的通知（送审稿）》。

9月30日，传达学习习近平在中央党校中青年干部培训班开班式上重要讲话精神，传达学习中央、省、市有关食品安全重要文件精神，并研究贯彻落实意见，听取污染防治工作情况汇报，听取2019年度预算调整及财政相关工作情况汇报，听取关于开展全区公务员职务与职级并行工作的情况汇报，听取关于对全区软弱涣散村（社区）党组织进行排查及排查结果的情况汇报，听取华南光电长沙智能光电信息产业基地项目落户金霞经开区的情况汇报，研究干部人事工作。

10月16日，传达学习2019年三季度长沙市委、长沙市政府经济形势分析会议精神，并研究开福区贯彻落实意见，审议《开福区“街道吹哨、部门报到”工作实施方案（送审稿）》。

10月29日，传达上级文件精神，传达学习全市“产业项目建设年”“营商环境优化年”工作暨产业链建设工作推进讲评会会议精神并听取全区“产业项目建设年”“营商环境优化年”工作情况汇报。

11月14日，传达学习中共十九届四中全会精神，传达学习习近平等国家领导人关于优化营商环境工作的重要论述，传达学习市委统一战线工作领导小组专题会议精神，研究开福区实施乡村振兴战略相关工作，审议湖南医药集团总部及智能物流产业园项目核心商务条款、审议医药物流产业发展规划及招商策略，研究干部人事工作。

11月28日，传达学习上级文件精神，研究审议区人大代表、政协委员、区人大常委会委员、区政协常务委员人事异动人选名单，听取区人大、政协“两会”相关筹备工作情况汇报，听取开福区违建别墅清查整治工作情况汇报，听取开福区闲置土地支帮促工作情况汇报并审议《开福区进一步开展闲置土地支帮促工作方案（送审稿）》，听取关于贯彻落实《中共湖南省委关于全面加强基层建设的若干意见》及省市配套文件的情况汇报，审议区委常委班子民主生活会检视剖析

1月17日，开福“双创”颁奖及政策扶持资金兑现　（区委宣传部　供图）

材料。

12月13日，传达学习全市重大产业项目流动观摩会精神。

12月19日，听取信访工作情况汇报，传达学习《省安委办关于印发〈谢建辉、陈飞、许显辉同志在全省安全生产紧急暨交通问题顽瘴痼疾整治工作电视电话会议上的讲话的通知〉》（湘安办明电〔2019〕52号）文件精神并研究贯彻落实意见，审议《关于进一步激励基层干部新时代新担当新作为的十条措施（送审稿）》，传达全省建设新时代文明实践中心试点工作推进会精神并听取开福区新时代文明实践中心工作主要情况汇报，听取2020年度预算编制工作汇报，听取“双联”暨城市困难职工脱困解困、新时代产业工人队伍建设改革工作情况汇报，审定相关案件，研究干部人事工作。

12月27日，传达学习中央相关文件精神，传达学习中央、省、市委经济工作会议精神并研究贯彻落实意见，审议《2020年开福区重大项目投资计划申报表（送审稿）》，研究《关于开福区2019年国民经济和社会发展计划执行情况与2020年国民经济和社会发展计划草案的报告》（征求意见稿），听取事业单位公务用车制度改革工作情况汇报，研究人才工作。

12月31日，听取区人大常委会、政协、法院、检察院工作报告及“两会”相关工作情况汇报，审议《中共长沙市开福区委第五届十五次全体会议暨经济工作会议方案》《区委五届十五次全体会议暨经济工作报告》《中共长沙市开福区委关于贯彻落实市委十三届八次全会精神大力推动产业高质量发展的实施方案》，传达学习上级文件精神。

区委办公室

【概况】区委办公室为中共长沙市开福区委员会工作机构，内设政策研究室、督查室、秘书科、机要保密科、信息科、行政事务管理科、法规室、档案工作管理科、综合调研室9个科室，核定机关行政编制19名，工勤编7名；设有二级机构机关党员教育服务中心，核定事业编5名，档案馆，核定事业编6名；另有区委直属事业单位区接待服务中心，核定事业编5名。2019年，开福区委办公室围绕全区中心工作，开展专题调研30余次，发表经验文章20余篇，起草区委领导领导讲话稿200余篇，上报党委信息200余条。全年组织召开区委常委会会议26次。推进重点攻坚、统筹实施和试点示范3大类28项改革任务，全面推进城市基层党建引领基层治理等5大重点攻坚改革，在全市率先推行“街道吹哨、部门报到”工作机制，探索推进港区一体化、老城区有机更新2项基层探索改革。开展督查活动260余次，督办交办问题300余个。完成会议会务、考察观摩等各项接待80批次3800余人次，其中中央、省部级领导接待16批次214人次。2019年，开福区委办公室获全市党委信息工作第一名、全省信息工作先进单位、全省机要密码工作先进单位。

【政研工作】2019年，开福区委办公室坚持把以文辅政作为第一要务，围绕区委中心工作，开展专题调研30余次，撰写一批对区委决策具有较高参考价值、对部门工作有较强指导作用的调研文章；在省、市各级媒体和刊物上发表经验文章20余篇，起草区委领导讲话稿200余篇。加强信息报送，上报党委信息200余条，重大紧急信息无一迟报漏报。

【秘书工作】2019年，开福区委办公室严格来文管理，确保全程留痕，一文一登，全年收办上级公文、传真、电文1000余份（其中密件196份），收办区级签呈310份。全年组织召开区委常委会会议26次。会议精简提质，保障区委大型会议及议事协调会议120余场，区委大型会议同比减少52.9%，实际发文减少42.24%。

【改革工作】2019年，开福区委办公室完善深化改革工作体制机制，推进重点攻坚、统筹实施和试点示范3大类28项改革任务，全面推进城市基层党建引领基层治理等5大重点攻坚改革，在全市率先推行“街道吹哨、部门报到”工作机制，探索推进港区一体化、老城区有机更新2项基层探索改革，严格对标推进机构改革，各项改革任务圆满完成。在《长沙通讯》发表《以改革创新助推高质量发展》，宣传推介全区改革工作。“蓝天保卫战”方面，细化责任分解、定期调度跟进、集中开展整治，密集督查督办，突出抓好严控区污染防治工作。

【督查工作】2019年，开福区委办公室围绕上级党委决策部署和区委中心工作，开展督查活动260余次，督办交办问题300余个；归口办理省市区主要领导批示件130余件、问政

12月3日，区委书记曹再兴（右一）在青竹湖街道调研　（区委宣传部　供图）

湖南留言230余件，办复率100%；牵头迎接省市重点工作督查20余次，向省市报送工作情况30余次，做到事事有回音、件件抓落实、督查出成效。

【接待工作】2019年，开福区委办公室严格遵守中央八项规定及实施细则精神，围绕区委政府中心工作，提升接待服务水平，全年完成会议会务、考察观摩等各项接待80批次3800余人次，其中中央、省部级重宾领导接待16批次214人次，保障荷兰夸特纳斯代表团、韩国IEF集团等重要外宾考察访问。

【机关党建】2019年，开福区委办公室开展区直机关“不忘初心、牢记使命”主题教育，组织55个基层党组织、1830余名党员干部深入学习习近平新时代中国特色社会主义思想和中共十九届四中全会精神，安排150名基层党支部书记主题教育专题轮训，向各基层党组织派出22名主题教育指导员。举行“我和我的祖国·共筑中国梦”红色历史知识竞赛，在市、区两级比赛中均获一等奖。全年发展党员22名，办理预备党员转正17名。

【对台工作】2019年，开福区委办公室抓好宣传教育、面对面服务、学习交流等工作，协助罗莎蛋糕、统一集团公司、台湾合作金库银行等多家企业妥善解决相关问题，为2户台胞子女解决入学问题。

【档案管理】2019年，开福区委办公室推动档案管理工作信息化、标准化、规范化建设，全年入档进馆档案6626卷，接待群众查阅档案2689人次、卷宗3523卷次，完成区志修订、年鉴编撰及省市年鉴组稿等工作。

（王盛林）

组　织

【概况】开福区委组织部是开福区委工作部门，负责党建、干部、人才、绩效和老干部工作。2019年机构改革，老干部工作和公务员工作划入组织部，核33个编制，其中20个行政编、12个事业编（含4个参公编）、1个工勤编，实有干部职工33人，设办公室、组织科（含两新工委、基层办、研究室）、干部科（含公务员科）、人才科、绩效办、老干科（含离退委、关工委、老干部活动中心）6个业务科（办、室）。2019年，区“四大家”班子成员分领域分层级走访全区83个科级领导班子和107个社区（村），通过精准选题、用心做题、攻坚破题，形成调研报告200余篇，查摆整改专项整治问题47个，化解征拆遗留个案问题72户。全面落实以党建为引领做好退役军人服务管理16条措施。发动891个基层党支部与1078户城市特困户结对帮扶，并推动形成长效机制，获《人民日报》推介。成立小区党组织172个，建设小区邻里中心31家、零距离服务点65个，解决小区物业服务、矛盾纠纷、垃圾分类等民生问题357个。建成楼宇党群服务中心10家，组建“帮代办”队伍812人，配套“全岗通”服务窗口272个。建立先锋工作室36家，选派32名区级党建指导员联系指导116家两新组织、小区和网格党支部，逐级选派党建指导员240名，实现联系指导全覆盖，党建指导员邓学东获评“全国离退休干部先进个人”；连续6年公开招聘专职党务工作者，将队伍规模保持在100人左右，并从中培育社区主职4名、副职20名。全年调整干部3批次179人，提拔59人。

【基层党建】2019年，开福区委组织部加强政治建设，抓实主题教育。始终把加强政治建设放在首位，以“不忘初心、牢记使命”主题教育为契机，推进学习教育、调查研究、检视问题、整改落实。区委常委班子带头深入学习习近平新时代中国特色社会主义思想和党的十九届四中全会精神，定期举办“升级发展大讲堂”，分专题分领域学习习近平总书记对湖南工作的重要指示精神，进一步增强“四个意识”、坚定“四个自信”、做到“两个维护”。通过打造百个讲习基地、组建百人讲师队伍、开展百场巡回演讲，创新“五学”“九个一”工作法，推进主题教育全覆盖，涌现出“红色摇篮”党建声音馆等一批学用典型，相关做法获省委、市委主题教育简报重点推介。坚持主动担当，聚焦“最难啃的骨头”搞调研、抓整改，区“四大家”班子成员分领域分层级走遍全区83个科级领导班子和107个社区（村），通过精准选题、用心做题、攻坚破题，形成调研报告200余篇，查摆整改专项整治问题47个，化解征拆遗留个案问题72户，落实以党建为引领做好退役军人服务管理16条措施，发动891个基层党支部与1078户城市特困户结对帮扶，并推动形成长效机制，获《人民日报》推介。创新体制机制，激活基层治理。认真落实省市加强基层建设“1+5”文件及配套举措，以街道管理体制改革为契机，创新党建引领基层治理体制机制，在全市率先全面推行“街道吹哨、部门报到”工作，推动重心下移、权力下放、力量下沉，解决湘江世纪城交通微循环、幼儿园私改公、西长街搬迁等68个基层治理难题，解决民生诉求1000余个。从2017年起，创新开展“服务零距离、安全零事故、环境零污染、治安零发案、居民零上访”“五零”社区（村）创建工作，实行“一年一评”，2019年，共评选“五零”社区（村）创建先进单位30个。全面推行民警进社区（村）兼职工作，鼓励和支持民警兼职社区（村）副书记或副主任，便于掌握社情民意，进一步凝聚创建合力。构建党建引领多方共治的小区治理架构，成立小区党组织172个，建设小区邻里中心31家、零距离服务点65个，引导优秀党员按程序进入小区业委会、监事会，小区业委会党员占比50.1%。通过建立健全联席会议、居民议事等制度，小区党组织引领业委会、监事会、物业企业及党员志愿者共建共治，解决小区物业服务、矛盾纠纷、垃圾分类等民生问题357个。完善党建引领为民服务体系，建成楼宇党群服务中心10家，组建“帮代办”队伍812人，配套“全岗通”服务窗口272个，释放70%的社区服务力量走进楼栋网格服务群众，打造为民服务“15分钟办事圈”。加大工作保障，夯实基层基础。推动“人、财、物”在基层聚合，全年安排党建专项经费4000万元，建立社区运转经费增长机制，安排党组织服务群众专项经费，社区年均运转经费100万元。建立以奖代投专项资金调拨机制，结合党支部“五化”示范点评选、“五零”社区（村）创建等工作，给予示范党支部、“五零”社区（村）创建先进单位、党群服务中心、社区社会组织“三基”建设及邻里中心建设等支持，2019年下拨580万元。建强党务骨干队伍，加强社区党组织书记县级备案管理，落实员额管理制度，社区专职工作人员年均收入8.9万元；发挥五老等骨干党员作用，建立先锋工作室36家，选派32名区级党建指导员联系指导116家两新组织、小区和网格党支部，推动逐级选派党建指导员240名，实现联系指导全覆盖，党建指导员邓学东获评“全国离退休干部先进个人”；连续6年公开招聘专职党务工作者，将队伍规模保持在100人左右，并从中培育社区主职4名、副职20名。以“五化”党支部建设为抓手，举办党建业务、党性锻炼等培训班11期，培训党员4000余人次。2019年，评定区级示范化“五化”党支部100家，9家获评市级示范化“五

4月11日，组织部召开基层党组织工作会议　　（区委组织部　供图）

化”党支部，传化公路港党支部获评全省非公经济组织先进党组织。

【干部管理】2019年，完成机构改革和相关人员转隶工作，对全区党政机构、人大、政协机构、街道、事业单位机构设置和职能配置进行调整优化，对机构改革后的领导班子配优配强。运用2018年急难险重一线优秀干部调研结果，全年调整干部3批次179人，提拔59人，其中从急难险重一线提拔干部53人，占提拔干部数量的89.8%。结合省市安排和全区发展需要，面向村（社区）党组织书记、街道事业编制人员、选调生择优选拔12名街道班子成员或区直单位副科级领导干部。激发干部担当作为。成立政治建设考察工作组，对全区16个街道的党政正职开展政治建设考察和班子建设调研，拟定《关于进一步激励基层干部新时代新担当新作为的十条措施》，建立健全正向激励体系，激励干部担当作为。抓好干部日常管理。坚持干部提拔“凡提四必”，抓好领导干部重大事项即时报告工作，做实干部提醒函询诫勉工作，完成2019年村（社区）主职招录公务员的资格审查及考察工作。开展多渠道全覆盖的干部培训，组织科级干部培训班等党校主体班次15期；组织赴国内知名高校、培训基地举办能力素质提高班9期共培训600余人，培训涵盖城市基层党建、优化营商环境、污染防治等方面内容。抽调50余名领导干部支持区委巡察组、重点项目指挥部、市产业链办公室等工作，做好驻上海、广州等招商处干部配备及市内互派干部工作，选派第二批驻点帮扶龙山县内溪乡工作队，做好长沙县路口镇上杉市村及城步县的干部联点及驻点扶贫工作。

【绩效考核】2019年，开福区委组织部聚焦省、市绩效考核任务，突出考优考实考准，对标对齐，为基层减负增效。下发《2019年市区绩效考核工作目标体系》，厘清市考指标牵头单位和协作单位的责任，对街道考核体系重点进行优化，在对标市考指标任务的基础上，增加“五零”社区创建、街道体制改革、征地、其他工作、特色工作等5项考核指标。减少结果导向，尽量减少过程考点、定性评价。避免层层考核，为重点任务的考核腾出空间。围绕绩效考核重点、节点、难点等方面，采取收集部门工作情况、召开座谈会、实地走访等方式广泛调研，掌握一手材料，对相关指标进行预警分析，抓好重要时点的督查调度。

【人才工作】2019年，开福区委组织部高标准开展专业引才。引入智联招聘湖南分公司，深入辖区企业走访调研，为企业量身打造开福区首份紧缺急需人才目录。举办《开福区2019年紧缺人才目录》发布会暨中高端人才专场、中高技术营销人才RPO、医药物流专场等60余次各类招聘会，100多家企业参加，3500余人达成劳动合作协议。举办“楼宇有个圈”青年自助共享项目、青年人才“助梦计划”分享会等各种专题活动，持续服务青年人才，鼓励支持青年才俊在开福区落地生根。截至2019年年底，全区有343位人才申报各类高层次人才认定，成功认定83人。兑现奖励补贴。2019年，发放高校毕业生租房和生活补贴1304.12万元、留学归国人员租房和生活补贴72.07万元、职业技能晋级奖励74.2万元；兑现人才交流、培训补贴48万元；优秀企业家、科技带头人、优秀经理人等奖励168万元。高质量服务各类人才。开展“开福区十佳工匠和百优技能能手”评选活动，在汽车修理和湘绣两个行业，全区2人入选全市十大“十行状元”，12人入选全市“百优工匠”。组织高层次人才及其家属进行综合体检，组织高层次人才和部分企业高管赴国内知名高校参加创新创业研修学习班，对9家科技企业进行专项培训补助，加快建设人才公寓，在全市率先制定家政服务标准，通过政府购买服务，为高层次人才定制生活服务，相关工作在省、市多家媒体报道推介。

【老干部及“关协”工作】2019年，开福区委组织部组织“五老”开展“政治补钙、厚德育人”和“讲好人、学好人、做好人”进学校、进社区主题宣讲活动，全年在全区中小学和社区宣讲112场，参与听课师生和居民群众7.52万人次。坚持一街一特色，一社区一品牌，创设“课后来吧”“科普大篷车”“卢爹帮帮团”“夕阳红护校队”“小荷开心课堂”“五老”助学队等特色品牌，积极助力于儿童友好城市创建，为青少年开设菜单式的课堂，进行家庭式辅导。通过争取上级支持、社会募捐、“一对一”帮扶等各种方式为贫困儿童撑起希望的风帆，截至2019年年底，累计捐赠资金252.7万元，扶助困难青少年5000余人次，被《中国火炬》“中国文明网”“新湖南”《长沙晚报》等媒体报道150余次。

6月6日，开福区在万达商圈启动优化营商环境十六条措施进楼宇商圈行动
（区委组织部　供图）

【推行城市社区“全岗通”制度】2019年，长沙市开福区在全市率先出台《开福区城市社区“全岗通”工作制度（试行）》的通知，在93个城市社区全面推行“全岗通”制度，变“集中坐班”为“窗口轮班”，变“一人一事”为“一专多能”，变“坐等上门”为“主动上户”，让更多社区工作人员走进楼栋网格，在居民家门口办公。精简社区公共服务中心现有办事服务窗口，统一设置2~3个“全岗通”综合服务窗口，窗口轮岗值守。按照“全科接待”要求，实行“首问接待，一口负责”。编制“一口讲清”办事指南，明确社区政务服务事项、办事流程和办事条件，社区工作人员业务能力由“单一型”向“全能型”发展，做到“精通本岗、知晓它岗、一专多能、全岗都通”。以前，一旦窗口专人因事不在岗，居民办事、咨询就无人受理。现在一个窗口就可提供各项服务，居民到任一窗口都可办理所有事项。随着“全岗通”的推行，缩减社区窗口坐班人员数量，释放出70%的社区服务力量，让社区能够腾出更多精力进驻网格、下沉小区、走街串巷，收集群众诉求，实现“街道吹哨、部门报到，民有所呼、贴身服务”。

【基层党支部“一对一”帮扶1078户城市特殊困难家庭】2019年，在“不忘初心、牢记使命”主题教育中，长沙市开福区委实行县级领导干部带头示范，发动全区基层党支部“一对一”联系帮扶城市特殊困难群体，确保全面小康路上一个都不掉队。在拉网式摸排走访中，开福区借助党支部和党员力量走街入户，共计摸排城市特殊困难群体1078户。按照“兜底线、保基本、可持续”要求，全区每名县级领导带头联系帮扶至少1户城市困难家庭，每个基层党支部结对帮扶至少1户困难群众。全区891个基层党支部和32名“四大家”班子成员、68名人大代表、102名政协委员，分别点对点联系帮扶1078户城市特殊困难家庭，确保“不漏一户、不掉一人”。帮扶工作按“三个一”要求推进，即每月了解帮扶对象生活情况至少1次，每季度上门走访帮扶对象家庭至少1次，为帮扶对象家庭解决就业、安居、学业等方面实际问题至少1个，确保帮扶工作做细做实。

【“街道吹哨、部门报到”现场推进会召开】11月6日，长沙市开福区召开“街道吹哨、部门报到”现场推进会。长沙市委常委、市委组织部部长张宏益，开福区委书记曹再兴等领导、区重点民生部门负责人和16个街道工委书记参加会议，并现场观摩江湾社区、福城社区公共服务中心以及江湾小学人行天桥建设项目。2019年，开福区针对城市基层治理中存在横向部门协作意识不强、纵向基层力量不足、管理执法衔接不紧、社会参与程度不高等亟须解决的问题，在全市率先全面推行“街道吹哨、部门报到”工作。围绕为街道社区赋权、职能部门下沉、机构设置增效，建立民生诉求收集机制、街道社区问题处置机制、“吹哨”“应哨”响应机制和考核保障机制。明晰街道社区“吹哨”、区直部门“应哨”的权责范围、工作流程。推动形成多途径、全覆盖查找“哨源”，上下联动、协同推进破解难题，简约高效、“双向互考”的基层管理体制。2019年，全区各街道社区“吹哨”457次，先后统筹协调50个区直部门“应哨”，共同解决各类民生诉求1000余个。

【“百场报告进基层，携手奋进新时代”主题宣讲活动启动】7月12日，长沙市开福区“百场报告进基层，携手奋进新时代”主题宣讲活动在沙坪街道沙坪社区启动。长沙市关工委常务副主任、长沙市金牌讲师团团长刘耀杰，长沙市委老干部局老教处处长罗健宁，区委组织部常务副部长任功胜，开福区政协原主席、区关工委主任刘正林，区委组织部部务会成员、离退休工委专职副书记陶劲凯，区关工委副主任、办公室主任唐晓云出席活动。活动由长沙市老干局副局长唐安石主持，开福区关工委委员、“五老”金牌讲师团成员、“五老”助学队队员以及沙坪街道160余名党员干部群众参加活动。刘耀杰及3位来自基层的“五老”讲师团成员邓学东、余柳英、陈湘江，分别以不同形式向大家展开初心与使命、托举居民幸福梦、新时代新变化等方面的宣讲。

【工作调研】11月5日，湖南省关工委主任杨泰波、秘书长黄孝亮一行到开福区调研关工委工作。长沙市关工委主任董学生，开福区委书记曹再兴，区委常委、组织部部长晏成方，区关工委主任刘正林等领导参加调研。杨泰波一行实地察看开福区“五老”助学队活动阵地建设，并进行座谈交流。杨泰波对开福区关工委工作表示充分肯定，认为政治站位高，大爱情怀浓，工作亮点纷呈、特色鲜明。

（陈思含）

宣　传

【概况】2019年，全区宣传思想文化工作持续推进，各条线的工作取得显著成就。明确各街道宣传委员，把意识形态责任落实到具体的人。举办中心组学习15次、开展微宣讲300余场。建成区融媒体中心，开福区融合传播格局初步形成，稳妥做好舆情处置，全年未发生一起重大舆情事故。服务支持马栏山视频文创园建设，文化产业稳步发展，完成文化产业全口径税收13.89亿元，申报各级文化产业项目95个。开展一系列庆祝中华人民共和国成立70周年群文活动，创作一批优质的文艺节目，全年开福区获“五个一工程奖”数量居全市首位。

【意识形态】2019年，区委宣传部明确各街道宣传委员配备职数，下发《关于明确兼（专）职宣传委员的通知》。印发《关于建立区委意识形态工作专项巡察人员队伍的通知》，抽调41名政治素质高、业务能力强的党员干部，组建区委意识形态工作专项巡察队伍。制定《关于在巡察中加强意识形态工作责任制落实情况监督检查的实施方案》。组建意识形态专项检查组，入驻9个街道、10个重点部门开展意识形态专项检查3次，个别谈话93人，发现并交办问题23个，督促责任制在基层落细落实。每季度开展一次阵地风险隐患排查，发现并处置风险隐患81个。针对具体问题召开联席会议，确保一个问题一次会议一个对策。举办开福区意识形态工作学校思想阵地培训班，建立校领导联系师生谈话谈心制度，牢牢把控学校思想阵地。加强对社科理论类报告会、讲座论坛的备案审查，全年备案审查21次。

【理论教育】2019年，区委宣传部以中国共产中共十九大精神和习近平新时代中国特色社会主义思想为主题，举办中心组学习15次，发放各类理论书籍3万余册，打造开福区升级发展大讲堂学习品牌，开福区中心组学习工作在全市理论教育培训会上作典型推介。开展开福区“百人宣讲团百场巡讲”活动，成立10支宣讲队，深入机关、学校、社区、企业、农村宣讲300余场次，听众2万余人；在星辰在线上开设“开福声音”专栏，推动网上宣讲。建立健全全区“学习强国”学习架构，优化学习组织，稳定学习管理人员队伍。开展学习达人评选、幸运读者抽奖等活动，推动“学习强国”在基层普及使用。在“学习强国”省级平台上稿290余篇，国家总平台投稿14篇，总平台投稿数量在全市内五区排名第一。区委理论学习中心组成员撰写《加快“四个融合”激发媒体新活力》《关于中欧班列（长沙）提质增效的对策研究》《后植优势创新升级全力推动高质量发展》《戏曲传承谱新篇 文化之花遍地开——长沙市开福区开展“戏曲进校园”活动传承传统文化》等调研文章50余篇，发挥调研信息总结经验、服务决策、推动工作的作用。

【新闻宣传】2019年，区委宣传部围绕区委、区政府“升级发展、成就北富”的战略目标和产业项目建设、营商环境优化、城市有机更新、庆祝中华人民共和国成立70周年、“不忘初心、牢记使命”主题教育、打赢蓝天碧水保卫战、扫黑除恶等全区重点中心工作，积极主动策划新闻报道，在中央、省、市主要媒体投稿4481条，其中央媒报道150篇，《湖南日报》《长沙晚报》头版109篇、整版15个。持续

12月，区委宣传部组织中共十九届四中全会精神宣讲，区委宣传部全体干部职工参加
（区委宣传部　供图）

聚焦深化行政审批制度改革、“三金”片区建设、生态环境保护等工作热点，推出一批重量级稿件，如在《经济日报》上推出的《湖南长沙开福区：“一件事一次办”走心更暖心》，在《经济导报》上推出整版报道《长沙开福：中国中部文创产业的摇篮》，在《新华每日电讯》上推出《“平民英雄”周海明:从“生命守护”到“生态守护”》，在《湖南日报》头版头条推出《“空中开发区”拔节生长——长沙市开福区发展楼宇经济纪实》等；策划开展第三届“中国福”城市文化系列宣传活动等。建成开福区融媒体中心，制作推出《中国湘绣之乡沙坪的美丽路径》短视频等融媒体产品。加强与《新湖南》技术平台对接，完善区融媒体中心技术平台开发和“新开福”APP提质升级，并于10月28日进入试运营阶段。稳妥做好舆情处置，全年未发生一起重大舆情事件。

【文明创建】2019年，区委宣传部深化“五大创建”，做好全国文明城市年度测评各项工作。开展“满天星”文明共建活动，发动全区各驻区单位、文明单位、党员干部参与文明创建。开福好人馆接待市民群众参观25万人次。聘请各级身边好人为“道德辅导员”，开展“讲好人、学好人、做好人”活动，巡讲50余场次；落实礼遇帮扶道德模范、身边好人政策。培育社会组织20个，全区有各类志愿服务组织213支。承办全省清明祭英烈、“长沙市第七届道德模范”颁奖仪式、“长沙市好人故事绘”发布仪式，主办“未成年人传承红色基因”“我们的节日”等主题活动220余场次。开展“微心愿”“户帮户 亲帮亲”志愿服务活动，征集微心愿6205个，实现微心愿价值64万余元。长沙市爱康残疾人就业服务中心被评为全国助残先进集体，周海明荣获第七届全国道德模范提名奖，袁亮坤被评为全国岗位学雷锋标兵。2019年，全区2人荣登“中国好人榜”，4人荣登“湖南好人榜”，11人荣登“长沙好人榜”，3人荣获“湖南省新时代好少年”，9人荣获“长沙市新时代好少年”。推动全区新时代文明实践所、站建设，在全区8个街道开展试点，在全区57个社区设立新时代文明实践站，成立红白理事会109家，开展移风易俗劝导760人次。开展《长沙市文明行为促进条例》学习宣传活动200余场次。

【文化产业】2019年，全区文化产业实现全口径税收13.89亿元，占GDP比重12.3%。文化产业市场主体数量不断增加，文化产业集聚化程度不断提高。完善“两图两池两库两报告”（文化产业发展现状图、文化产业发展全景图，人才池、资金池，项目库、客商库，招商报告和产业分析报告），全面摸清全区文化产业底数。组织区内100余家文化企业参与优化营商环境宣讲会。在第十五届深圳文博会上，开福区中南出版传媒集团股份有限公司、芒果超媒股份有限公司和湖南电广传媒有限公司3家文化企业进入第十一届“全国文化企业30强”行列；传统湘绣行业蓬勃发展，推陈出新，在深圳文博会长沙馆4个金奖中占据3席。组织省、市文化产业发展专项资金申报工作，全区文化产业向各级申报的项目95个，从市级争取到扶持奖励资金1700万元，为全市数量最多，成功率最高。推动金鹰卡通、沙坪湘绣城等优质文创项目落地。

【文化事业】2019年，区委宣传部组织开展庆祝中华人民共和国成立70周年系列群众文化活动，获“五个一工程奖”在全市数量最多，电影《正正的世界》被评选为湖南省“五个一工程”奖，花鼓音乐剧《少年毛泽东》、广播剧《改革开放40年》等6个作品被评选为长沙市“五个一工程”奖；长沙市戏曲进校园总决赛中开福区四方坪小学获第一名。在“欢乐潇湘”全省群众文艺展演中，《鸡儿鸭儿》获特等奖第一名，《盛世中华好日子》获得特等奖，《母亲的故事》获一等奖。成立关公文化促进会，壮大文艺队伍。开福区文联举办第三届“中国福”城市文化交流书画摄影展、网络大V开福行、“壮丽70年，强盛新开福”美术书法摄影比赛和展览等活动。组织十二届全国书法展投稿，有3人6件作品入展，居全国区县前列。

【新闻出版】2019年，区委宣传部对全区出版、印刷、电影、版权四大行业的企业代表进行走访、调研和检查，对相关部门和街道分解安全生产的职责，全面完成市级交办的任务。全区有印刷企业146家，大型影院14家，大型书店2家，农家书屋31家，2019年版权登记数513件。印刷业窗口接待群众咨询40余次，办理5本印刷经营许可证、1本零售经营许可证，2本经营许可证正在审核办理中。举办第七届公益电影放映月和电影惠民活动，为基层困难群众、流动党员等发放电影票2000张。组织开展“红书签，爱满星城”全民阅读公益活动，发放1.6万元的阅读卡。

【“讲好人、学好人、做好人”主题宣讲活动启动】3月4日，长沙市开福区“讲好人、学好人、做好人”主题宣讲活动在北雅中学礼堂启动。32位“中国好人”“湖南好人”“长沙好人”和道德模范组成学雷锋志愿宣讲团，深入到开福区40所中小学校和社区，2019年完成40场志愿宣讲，讲好人事迹、述好人心声、传好人精神、树好人榜样，传播正能量。在启动仪式上，中国好人邓学东、余柳英分别以《不忘初心践行“三为”》《不忘初心托起居民幸福梦》为主题，做首场故事宣讲。“助人为乐中国好人”邓学东，76岁，13年来，他用志愿服务撒播夕阳余热，把“为国尽忠、为职尽责、为家尽孝”的厚德开福精神传递给生命旅程中的每一个身边人。他坚持为党发声，组织党建宣讲310场，用接地气的方式传递党的声音，听课人数超过1万人；他关爱身边群众，组织开展一系列惠民志愿服务，先后看望慰问困难群众800人，4000余人次享受义务就医福利；他组织开展精准扶贫活动30余次，捐款金额150万余元。

1月23日，区文化科技卫生“三下乡”活动在沙坪街道檀木岭村举行

（区委宣传部　供图）

【庆祝中华人民共和国成立70周年主题系列微宣讲活动】2019年7月至10月，由开福区委宣传部举办的庆祝中华人民共和国成立70周年主题系列微宣讲活动在全区各部门、各街道开展。微宣讲系列活动以“学习强国”平台上“每日金句”为重点内容；以“6+1”理论微宣讲竞赛为主线；以开设理论微宣讲专栏，推出优秀宣讲视频、组织巡讲活动为拓展，在全区广泛开展。“6+1”理论微宣讲竞赛主题分别为“扶贫路上，你我同行”“我们都有一个蓝天碧水梦”“优化营商环境，开福在奔跑”“长沙崛起，我在现场”“讲好人故事、传红色基因、展厚德开福”“我爱你，中国”“我和我的祖国”。微宣讲选拔100余名宣讲选手组成10支宣讲队，深入到全区各新时代文明实践中心、讲习所、学习社，走进全区机关、学校、社区（村）、企业，开展各类巡讲300余场次，听众2万余人次。

【区级融媒体建设合作】9月16日，长沙市开福区与湖南日报社就区级融媒体中心建设正式签订合作协议。湖南日报社利用自身研发的前沿融媒体技术，为开福区“量体裁衣”，助力开福区媒体矩阵从“相加”实现“相融”，为壮大主流思

1月13日，区领导慰问融媒体中心“两会”新闻工作者　（区委宣传部　供图）

想舆论、巩固基层文化阵地、更好更有效引导服务开福群众注入不竭动力。抓好县（市区）级融媒体中心建设，是贯彻落实全国宣传思想工作会议精神的重要指示，是党加强传播手段和话语方式创新的重要举措。湖南日报社投资4000余万元打造的“新湖南云”平台是湖南省指定的融媒体省级技术平台，拥有策划指挥、采集汇聚、内容生产、融合发布、内容审核、数据分析、综合服务等8大功能模块，并在此基础上进一步研发出党建服务、媒资系统、广电制播直播、大屏指挥、舆情分析等22个功能模块，集合100余个功能点。湖南日报社党组书记、社长孔和平，湖南日报社党组成员、副总编辑颜斌，长沙市委宣传部常务副部长赵柏林，开福区委书记曹再兴致辞并见证签约，区领导张春雄、舒全球参加。

【开福区融媒体中心运营】10月28日，开福区融媒体中心挂牌成立，与区委宣传部新闻中心合署办公。区融媒体中心整合三网（魅力开福网、开福公众信息网、开福新闻网）、一微（“微开福”公众号）、一端（新开福客户端）、四频道（新湖南开福频道、掌上长沙开福频道、智慧长沙开福频道、时刻新闻开福频道）、一报（开福手机报）及抖音、百度、头条号、企鹅号、一点号、澎湃号，由区融媒体中心统筹发布，逐步实现报、网、微、端、号无缝连接、多元互补，力求建成主流舆论阵地、综合服务平台、社区信息枢纽、精神文化家园。2019年，区融媒体中心策划推进“讲好开福故事展示开福魅力”短视频大赛、“庆祝中华人民共和国成立70周年”和“不忘初心、牢记使命”主题教育等系列宣传报道，多网发布，同频共振，取得良好的宣传效果。

【IEF2019湖南·马栏山国际数字娱乐嘉年华开幕】11月22日，IEF2019湖南·马栏山国际数字娱乐嘉年华在湖南国际会展中心开幕。国际数字娱乐嘉年华简称IEF，自2005年发起以来，已经从中韩青年电子竞技比赛发展成为一项国际大型青少年数字娱乐活动。IEF2019湖南·马栏山国际数字娱乐嘉年华以“中国V谷，数字世界”为主题，通过此次赛事搭建数字娱乐电竞领域国际青年交流平台，促进数字娱乐电竞产业健康发展，助力马栏山成为数字娱乐产业高地。IEF2019活动整体分为四大部分：IEF国际数字娱乐电竞大赛、数字嘉年华互动展览、国际数字娱乐马栏山论坛及开幕式、颁奖典礼闭幕式等活动。开幕式上还举办IEF落户“中国V谷”湖南·马栏山签约仪式。电竞产业是马栏山视频文创产业园重点发力的产业板块，截至2019年年底，园区引进电竞游戏类企业47家。湖南省委副书记乌兰、韩国IEF国际交流联盟会长李光宰出席并致辞，省委常委、省委宣传部部长张宏森，副省长吴桂英，韩国国会议员李元旭、陈善美、沈基俊、姜炳远、金炳官出席。

【电影《正正的世界》获湖南省“五个一工程”奖】12月18日，湖南省精神文明建设暨“五个一工程”表彰会在长沙召开，开福区选送的电影《正正的世界》，获湖南省第十四届精神文明建设“五个一工程”优秀作品奖。此外，“全国岗位学雷锋标兵”袁亮坤，“第七届湖南省道德模范”周海明、杨德才受到表彰。《正正的世界》讲述家境贫寒且患有先天性肌肉型斜颈的留守儿童正正，被抛弃之后，想尽一切办法要治好自己的歪脖子，在历经挫折与磨难下，得到多方帮助，最终成长为一个满怀爱心、充满正能量的少年的故事。《正正的世界》在荣获湖南省“五个一工程”奖前，还曾获2018年度中宣部国家电影局精品电影，农村留守儿童和困境儿童关爱保护工作部联席会议办公室全国重点推荐电影。《正正的世界》以正正的故事为主线，在平实无华的叙事中，逐层显露社会变迁造成的生活百态，以及进城务工父母对子女成长的缺位和漠然。在聚焦主线外，镜头余角还记录留守儿童群像：欺负残疾同学的大胖，花钱请同学写作业；放学回家看见城里回来的妈妈正在打麻将的女儿，嘀咕妈妈成天打麻将不做饭；班主任通知开家长会，结果参会的全都是爷爷奶奶等等。

12月22日，开福区举办“壮丽70年，强盛新开福”美术书法摄影主题展（区委宣传部　供图）

【“壮丽70年，强盛新开福”美术书法摄影主题展】12月22日，“壮丽70年，强盛新开福”书法美术摄影展开幕式在长沙市开福区政府举行。展览作为开福区文联成立以来举办的第一个综合性展览，以“壮丽70年，强盛新开福”为主题，面向全国征集美术、书法（篆刻）、摄影作品300件，通过专家组评审，分别评出美术类作品20件、书法（篆刻）类作品21件、摄影类作品15件，其中获奖作品11件、入展作品45件。开福区是文化大区，广电湘军、出版湘军、动漫湘军、马栏山视频文创产业园均繁盛于此。区文联成立一年以来，坚持以文载道、以文搭台、以文化人，组织艺术家们深入基层服务群众，潜心创作深耕不辍，说好开福故事，绘好开福美景，创作出一批讴歌时代的优秀作品。2019年，区书协的陈毅华、陈寰、朱杰三名书法家在全国第十二届国展中有6件作品入展，成绩位列全国区县前列。长沙市文联党组副书记、副主席谢胜文，省书协副主席、长沙市书协主席孔小平，省书协驻会副主席、秘书长胡紫桂，省艺术收藏家协会常务副主席、秘书长虢跃进，湖南日报社机关纪委书记、金石书法家虢筱非，开福区委常委、宣传部长舒全球，区人民政府副区长朱江，区委宣传部常务副部长、区文联主席李亚雄，以及获奖的各位参展艺术家和艺术爱好者200余人参加活动。

（张　昱）

精神文明建设

【综述】2019年，开福区始终把精神文明建设工作摆在全区工作的重要位置，继续以创建更高水准文明城市为主线，以“厚德开福”建设为主要目标，培育和践行社会主义核心价值观，全面巩固提升文明创建成果，较好地完成全市文明指数测评和全国文明城市迎检工作。全年主承办省市重大创建活动220场次，开展各类区级创建活动820场次。全年2人获得“中国好人榜”，4人荣登“湖南好人榜”，11人荣登“长沙好人榜”，3人获得“湖南省新时代好少年”，9人获得“长沙市新时代好少年”。长沙市爱康残疾人就业服务中心被评为全国助残先进集体，周海明获得第七届全国道德模范提名奖，袁亮坤获评全国岗位学雷锋标兵。

【夯实创建基础】2019年，区精神文明委深化“五大创建”，做好全国文明城市年度测评各项工作，2019年国检组入住开福区世纪金源酒店，全区11个项目，15个申报点接受测评，取得良好成绩。全年召开7次全区性创建全国文明城市工作大会和文明创建工作推进会、调度会。区委主要领导亲临一线指挥调度，开展督查8次，进一步完善清单销号制度。通过“满天星”文明共建活动，发动全区积极开展“满天星”文明共建活动，经营门店业主、党员志愿者、居民群众携手共建干净、整洁、有序、文明的最美长沙。

【深化厚德开福建设】2019年，区精神文明委发挥好开福好人馆作用，发动全区中小学生参观开福好人馆，截至2019年年底，开福好人馆接待25万市民群众参观。聘请各级身边好人为“道德辅导员”，开展“讲好人、学好人、做好人”活动，累计巡讲50余场次；落实礼遇帮扶道德模范、身边好人政策。培育社会组织20个，全区有各类志愿服务组织213支。积极开展文明排队礼让活动。组织全区各级道德模范和身边好人深情唱响《不忘初心》爱国快闪视频，抒发爱国情怀。承办全省清明祭英烈、长沙市第七届道德模范颁奖仪式、长沙市好人故事绘发布仪式，主办“红色经典我演绎 革命精神我传承”长沙市红色经典表演大赛开福区分赛、“祖国在我心”网络文明传播、“我们的节日”等主题活动220余场次。开展“微心愿”“户帮户 亲帮亲”志愿服务活动，征集微心愿6205个，实现微心愿价值64万余元。长沙市爱康残疾人就业服务中心被评为全国助残先进集体，周海明荣获第七届全国道德模范提名奖，袁亮坤获评全国岗位学雷锋标兵。2人荣登“中国好人榜”，4人荣登“湖南好人榜”，11人荣登长沙好人榜，3人荣获全省新时代好少年，9人荣获全市新时代好少年。截至2019年年底，开福区“中国好人”30位，在全国区县走在前列。

【新时代文明实践】2019年，全区8个街道57个社区试点设立新时代文明实践站，在有条件的地方设立新时代文明实践基地，全部完成建设。充分发挥开福好人大本营的示范引领作用，指导各新时代文明实践所建立学雷锋志愿服务工作站，开展好志愿服务。成立红白理事会109家，开展移风易俗劝导760人次。运用网络问答等形式开展学习宣传活动，开展《长沙市文明行为促进条例》学习宣传活动200余场次。区城管局办理城市管理案件500余件，区交警大队纠正不文明交通行为9万余起，通过宣传与处罚相结合，提高辖区居民素质。

5月9日，第三届“中国福”文化交流活动在清水塘举行 （区委宣传部 供图）

【未成年人思想道德建设】2019年，区精神文明委全面推进未成年人思想道德建设。运用传统文化熏陶。开展“红色经典我演绎，革命精神我传承”长沙市红色经典表演大赛开福区分赛、“红色旗帜永飘扬，厚德开福在传承”——庆祝中华人民共和国成立70周年暨少先队建队70周年主题教育等活动，开福区四方坪小学选送的《花鼓情》在全市戏曲进校园活动会演中荣获一等奖。发动全区9支文化志愿者队伍结对乡村少年宫，采取“课程菜单”模式，实现学生兴趣爱好和文化志愿者专长的有机结合，打造有影响力的特色课程。抓住主题教育体验。承办全省未成年人“传承红色基因·清明祭英烈”、全市“新时代好少年”发布会等未成年人主题活动。聘请各级好人为“道德辅导员”，开展“道德辅导员进校园”活动，为未成年人讲述道德故事，引导广大未成年人向上向善，做时代新人。强调模范典型带动。发动全区中小学生参观开福好人馆，用好人事迹感染鼓舞未成年人学雷锋，做好人；持续推广《好人榜样》品牌。

（张 昱）

统 战

【概况】2019年，长沙市开福区委统战部全年在《省社会主义学报》刊登理论文章1篇，在《长沙统战》刊登理论文章3篇。中央统战部《每日汇报》采用信息1条，省委统战部采用信息6条，市委统战部采用信息17条。各民主党派和党外知联会上报建言献策类信息47条，被市委统战部采用7条。开福区委统战工作领导小组全年专题研究统战工作3次。

开福区工商联荣获2019年全国“五好工商联”称号，区委统战部荣获湖南省统战理论研究创新成果一等奖，开福区2019年度全市统战工作绩效考核获满分，长沙市城内五区排名第一。

【统战服务经济发展】2019年，开福区委统战部聚焦“营商环境优化年”和“产业项目建设年”等中心工作，多方位、多角度、多层次地参与开福经济社会发展。优化环境助发展。围绕一流营商环境精准发力，全区县级领导各联系1家民营企业，全年走访调研累计100余次，点对点解决企业发展问题；广泛开展非公经济发展专题调研，举行政企座谈会、召开区营商环境优化年政策解读会议、北辰文创产业园优化营商环境政策宣讲，发放税务、人社、扶持政策手册600多套，收集企业在发展中遇到的困难和问题100多个，协调相关部门和园区，解决一批企业反映的诉求和困难；定期开展“优化营商环境专项督查”，邀请会员企业参与和评价，切实掌握政策落地执行情况；联合区政协举办政企银对接活动，关注小微企业贷款，邮政储蓄银行为开福区民营企业授信3.13亿元，有效缓解企业融资难、融资贵问题。2019年，开福区新增市场主体1.88万户，同比增长26%，增幅领先长沙城区，存续市场主体突破10万户。开福区作为代表长沙市的两个样板区之一，参与国家发展改革委的全国40个城市营商环境试评价，取得优异成绩。招商引资助发展。牵头组织市、区工商联及会员企业考察海南经济特区、中国（海南）自由贸易试验区政商环境，推广开福区企业，加强与外地企业的沟通与交流；充分发挥党派联系商会的桥梁纽带作用，邀请9家异地商会参加开福区总部经济集中签约和营商环境推介活动，精准对接商会企业投资意向，成功引进3家企业落户开福区。全区基层商（协）会联合区内其他部门为区内楼宇企业提供多类型异业合作、搭建资源交流服务平台，以商招商激发市场活力。开福区工商联荣获2019年全国“五好工商联”称号。建言献策助发展。全年在《省社会主义学报》刊登理论文章1篇，在《长沙统战》刊登理论文章3篇。中央统战部《每日汇报》采用信息1条，省委统战部采用信息6条，市委统战部采用信息17条。各民主党派和党外知联会上报建言献策类信息47条，被市委统战部采用7条。区委统战部部长任课题组长牵头完成市统一战线重点课题委托项目《统战工作覆盖延伸到商会组织的新实践与新探索》，获全省统战理论政策研究创新成果一等奖。各民主党派、党外知联会聚焦全区中心工作，围绕8个全区重点、热点课题深入调研，调研成果成为区委、区政府科学决策参考依据。

【多党合作】2019年，开福区委统战部把握统战工作多党合作政治方向，做好统战工作。在加强思想建设中凝聚共识。开展全区统战系统“我和我的祖国”诵读比赛；组织各民主党派区工委主委、区党外知联会会长到统战教育基地开展谈心活动；持续深化开福统战学习品牌“同心大讲堂”，全年开讲12期，覆盖全区统战成员1300余人。通过形式多样、内容丰富的各类活动，加强广大统一战线成员政治引领，凝聚团结奋进强大共识。在提升业务能力中增进共识。组织全区50名党外人士在四川大学开展能力素质提升学习培训；组织56名企业家参加深圳市经理进修学院举行的民营企业家高级研修班培训；召开全区统战信息调研工作培训会、统战（民宗）工作能力提升班，覆盖全区各街道统战干部。通过外出学习和集中学习相结合，让全区统战队伍增强政治觉悟、提升综合素质、练就业务本领，打造新时代统战工作队伍。在开展主题活动中深化共识。举办纪念五四运动一百周年“创业、守业、兴业”青年企业家沙龙活动，邀请知名企业家苏松泉、侯兴旺讲述创业故事，激励全区“80后”“90后”青年企业家；组织开展“风雨70载，追梦新时代”第五届统战人士趣味运动会、“同心同行70载，携手奋进新时代”党外干部、少数民族干部主题拓展等；在开福寺、基督教城北堂等宗教场所举行“我和我的祖国——五进五好”爱国诗词大会、“抒写时代精神、讴歌爱国情怀”书法影像作品展等一系列各具特色的“五进五好”主题活动。

【民族宗教工作】2019年，开福区委统战部发挥统一战线独特优势，协调各方关系，促进民宗和谐。携手百年名校周南中学，开展新疆班民族联谊活动。在全区各宗教场所开展“大排查、大体检、大整治”行动，深入开展民族团结进步创建进机关、进企业、进社区、进乡镇、进学校、进宗教活动场所、进连队的“七进”工作。建立完善驻区高校统战工作联席会议机制，成立工作领导小组，促进驻区高校宗教工作开展，与长沙大学携手举办高校宗教工作专题培训会，夯实宗教意识形态阵地。

【同心创建工作】2019年，开福区委统战部持续推进“同心圆梦”社会服务体系建设，以“整合+共享”统战资源方式，深化“同心创建”的全面提质升级。开展民盟开福区工委“关爱留守儿童”公益项目，因地制宜开展未成年人心理健康疏导服务，开福区“盟员之家”荣获民盟中央“优秀盟员之家”称号。开展民建开福区工委“助残圆梦”公益活动，为残疾人朋友捐款捐物，联系4家爱心企业长期为开福残疾人提供就业、创业培训咨询服务。民革开福区工委携手江湾社区开展法律服务“进机关、进学校、进企业”活动12次，受益2000余人次，助力法治开福建设。凝聚辖区乡贤的智慧和统战力量，依托“同心圆桌议事会”基层协商民主模式，在捞刀河街道的6个村（社区）11个片区全面开设新乡贤工作室，从树立好榜样、弘扬正能量、反哺助发展三方面打造“乡贤馆”统战同心项目。2019年，该体系覆盖5000余受益人次，募集捐赠金额及物资100万元。

【党外代表人士工作】2019年，开福区委统战部多措并举，加强党外代表人士培养使用，提升统战履职能力和水平。连续5年召开全区科职党外干部集中述职会，由区委副书记主持并听取全区科职党外干部就全年履职情况、存在问题以及努力方向进行限时脱稿述职。落实区领导与党外代表人士联谊交友“四个一”制度，全区29名县级领导与区内党外代表人士开展联谊交友。建立民主党派骨干代表资源库，全年区委研究提拔科级党外干部6名，其中正职1人，增补党外区政协委员4人，完成5批次17名人大代表、政协委员初步建议人选联审。

【侨务工作】2019年，开福区委统战部创新开展侨务工作。建成清水塘社区“侨胞之家”，迈出基层侨组织建设新步伐。挂牌成立北辰文创园海归人才创客基地暨湖南（省直）留学人员创业园，调动留学人员的专业才能、人脉资源和“侨海”背景优势助力文化产业发展。立足区老侨活动中心、甜蜜荟“侨胞之家”、清水塘社区侨联、万达侨联等基层侨组织阵地，全年开展各类主题活动12次，增进新侨老侨间的沟通交往，维护归侨侨眷合法权益。对区内重点困侨落实省、市侨联“双百扶贫”帮扶政策，实施“精准扶贫”。

【新社会阶层人士工作】2019年，开福区委统战部加强新的社会阶层人士团结引领。搭建新平台，以“联谊交友、创业服务、引导培训、议政建言、实践锻炼、社会服务”六大功能平台为依托，建立开福区新的社会阶层人士联谊会，组织会员进行“新阶闪耀·同心共鸣”主题实践活动。打造新基地，在“马栏山众创园”打造以“新”阶层学习社为交流阵地，以“星”数据中心、“星”网红直播间、“星”传媒体验区、“星”梦想助推站为活动平台的“1+4”E星实践创新基地；以该平台为基础，全面实施“村播学院”项目，由新媒体从业人员“网红”现场教学，免费培育一批以养殖大户、种植大户、村主任为代表的本土村播，借助“网红+直播+电商”模式，助推乡村振兴。“村播学院”首发站邵阳城步苗族自治县，两场直播推销当地农产品金额19万元。实践创新基地荣获省级同心项目、市级同心基地，并被长沙市委统战部作为全市新的社会阶层人士统战工作推进会

9月21日，庆祝中华人民共和国成立70周年开福区统战系统“我和我的祖国”诵读比赛（区委统战部 供图）

2个观摩点之一，11月代表全市接待中央统战部领导考察调研。推举“新代表”，成功推荐新媒体代表人士余小海作为全省唯一代表参加中央统战部网络高层次人才研修班学习；推荐2名优秀新阶层代表人士加入长沙市委统战部新社会阶层人士联谊会“百人会”，其中开福区有市新阶联“百人会”成员12名。开福新媒体人士统战工作经验被“中央统战”“学习强国”“三湘统战”等宣传平台推介。

【2019年统战（民宗）工作能力提升班开班】10月31日–11月1日，开福区2019年统战（民宗）工作能力提升班暨第十一期“同心大课堂”在开福区委党校举办。全区各街道分管统战、宗教工作领导和专干，各社区（村）书记和统战、宗教专干等200余人参加培训。该次培训特邀省、市统战（民宗）工作经验丰富的专业老师授课，专题讲授《抓住主线，突出重点，在实践中贯彻落实党的民族理论政策》《宗教与国家安全》《与基层干部谈统战》《宗教问题与抵御渗透工作》等，内容丰富，并结合大量工作实例，分享如何做好新形势下统战（民族宗教）工作的经验。同时，结合课堂理论知识，组织所有参训人员实地到长沙市望城区洗心禅寺进行宗教工作学习考察，提高全区统战（宗教）工作者对统战（宗教）工作的认识和管理能力。

【开福区新的社会阶层人士联谊会成立】11月25日，长沙市开福区新的社会阶层人士联谊会成立大会在马栏山众创园召开。长沙市委统战部副部长饶福明，市委统战部新阶处处长蒋耀明，开福区委常委、统战部部长何惠风出席会议并讲话。开福区统战干部及新的社会阶层人士联谊会成员70余人参加会议。开福区新的社会阶层人士联谊会的成立，不仅搭建新的平台载体，而且为开福区经济发展汇聚新的活力。截至2019年年底，开福区新的社会人士联谊会成员51名，包含新媒体从业人员16名、自由职业人员7名、中介组织和社会组织人员17名、民营企业和外资企业管理技术人员11名，行业覆盖广泛。联谊会后将不断发展优秀成员，开展各类活动，团结服务开福区新的社会阶层人士，提高新的社会阶层人士统战工作水平。

（李紫娟）

机关党建

【概况】2019年3月，区直属机关工委调整为区委办公室下设的二级机构，更名为机关党员服务中心，管理55个基层党组织，其中机关党委3个、党总支部5个、基层党支部47个，有党员1830人。

【理论学习教育】2019年，区直属机关工委将政治建设摆在首位，教育和引导区直机关基层党组织和广大党员增强“四个意识”，坚定“四个自信”，做到“两个维护”。组织区直机关55个基层党组织、1830名党员干部深入学习贯彻党的十九届四中全会精神和习近平新时代中国特色社会主义思想、习近平总书记在党和国家机关党的建设工作会议上的重要讲话精神、《习近平关于“不忘初心、牢记使命”重要论述选编》，采取学习教育、检视反思、整改落实的方法，开展“不忘初心、牢记使命”主题教育，组织区直机关150名基层党支部书记进行“不忘初心，牢记使命”主题教育专题轮训，向各基层党组织派出22名“不忘初心、牢记使命”主题教育指导员，确保主题教育取得实效。

【机关文化建设】2019年，区直属机关工委以“先锋大课堂”“学习强国”“红星云”、退休支部集中学习为载体，加强对党员干部、党支部书记和退休党员的政治思想教育。组织区直机关党员干部学习《中国共产党党员教育管理工作条例》，不断增强党性修养。在庆祝中华人民共和国成立70周年之际，帮助党员干部学习中国历史和新中国史，举行2019年开福区直机关“我和我的祖国·共筑中国梦”红色历史知识竞赛，55个基层党组织、400余名党员干部参加比赛，营造浓厚的学习氛围；组织区直机关“扶贫路上，你我同行”微宣讲比赛，19名党员干部结合实际从多个角度宣讲扶贫政策和扶贫故事，从中选拔陈思含参加市、区两级的比赛，均获得一等奖；结合“我和我的祖国”群众性主题宣传教育活动，组织区直机关退休党员开展“我和我的祖国”集体观影活动，观看爱国主义题材的主旋律电影《古田军号》，并组织他们参加主题征文活动，15篇文章获奖；将社会主义核心价值观的教育、廉政教育、“平安开福”“扫黑除恶”等融入党员干部的日常学习教育内容，将廉政文化、家风家训、普法教育融入机关文化建设。

【基层党组织建设】2019年，区直属机关工委加强队伍建设和业务培训。组织50多名区直机关党（总）支部书记赴西柏坡开展“坚定理想信念，打赢四场硬仗”能力提升培训，强化党性观念和履职意识；以工作调度会、部署会、工作调研等形式加强对支部委员、党建专干的业务指导和培训，提高履职能力，提升工作水平。推进党支部“五化”建设。落实《中国共产党支部工作条例（试行）》，夯实支部工作基础，推进支部“五化”建设，召开专题会议2次，指导基层党组织对照“五化”建设标准，因地制宜完成党建阵地建设，完善相关工作制度，加强党支部全面建设。2019年，区直机关基层党组织基本达到“五化”党支部标准，8个党支部被评定为开福区示范“五化”党支部。抓实机关党建基础工作。结合机构改革，指导20多个单位调整基层党组织设置，搞好党员组织关系转接，发出换届提醒通知书13份，指导基层党组织进行换届选举，保证机构改革顺利进行，强化基层党组织建设。加强工作调研，督促支部做实基础工作，推行党员积分管理督促党员增强组织观念，落实主题党日活动制度提升党性教育效果，强化党建督查提升党建工作水平。全年发展党员22名，办理预备党员转正17名，收缴党费57.6万元。在纪念中国共产党成立98周年之际，对近两年来工作表现突出的优秀共产党员89名、优秀党务工作者10名予以表彰。

【机关党员帮扶】2019年，区直属机关工委坚持党建引领，组织和指导区直机关基层党组织开展“四联四帮”活动，推进退役军人服务管理；组织基层党组织与89名城市特殊困难群众开展结对帮扶活动，组织党员干部积极参与文明创建、综治维稳、污染防治、垃圾分类等志愿服务活动；组织区直机关135名党员干部参加无偿献血；支持机关书画、太极兴趣小组定期开展丰富多彩的学习活动，全年走访慰问机关困难党员干部职工以及退休党员108名。为机关711名在职女性干部职工、1046名未成年子女购买保险。

9月17日，开福区直机关红色历史知识竞赛总决赛在青竹湖影剧院举行

（区机关工委　供图）

【区直机关举行红色历史知识竞赛】9月17日，由长沙市开福区直属机关工委主办，开福区委党校、区教育局协办的2019年开福区直机关“我和我的祖国·共筑中国梦”红色历史知识竞赛总决赛在青竹湖影剧院举行。此次红色历史竞赛历时1个多月，区直机关55个基层党组织的代表队参与，通过选拔赛、淘汰赛层层筛选，确定8支队伍晋级总决赛。总决赛设置60秒速答、必答、抢答、挑战答题4个环节，现场参赛队员激烈角逐，最终区委党校党支部代表队获总决赛冠军，区人社局党支部代表队、区残联党支部代表队分别获得亚军和季军，区委办、区政府办、区行政审批局、区园林中心、区数据资源中心5个党支部代表队分别获得优胜奖。

（廖　柯）

机构编制

【概况】中共长沙市开福区委机构编制委员会办公室（以下简称“区委编办”）为区委机构编制委员会的常设办事机构，负责全区行政管理体制和机构改革以及机构编制日常管理工作。2019年，区委编办完成全区50个涉改党政机构及直属事业单位“三定”规定或机构编制调整，完成16个街道“三定”规定，实现“5办2中心1站1队”的街道机构管理模式。开展权力清单和责任清单梳理工作，梳理权力清单2571项（依申请事项6类606项，依职权事项4类1965项），责任清单2741项。

【体制机制改革】2019年，区委编办因地制宜，创新机构设置。本轮党政机构改革，开福区按照中央、省、市的统一部署，成立区委深化机构改革领导小组及办公室，严格对标对表，共设立9个区委工作机构，26个政府工作部门，9个区委、区政府直属事业单位，4个部门管理的正科级事业单位。在完成机构改革基本动作的前提下，结合区情实际，因地制宜设置区物流与口岸服务中心、区金融事务中心、并在区现代服务业发展中心加挂区文化创意产业服务中心牌子，为开福区“三金”平台建设提供强有力的机构编制保障。区委编办于2019年3月至9月陆续下发全区50个涉改党政机构及直属事业单位“三定”规定或机构编制调整文件，为各部门单位履职尽责提供强有力的机构编制保障。严格对标，助推各类改革。在推进党政机构改革过程中，按照省、市要求，顺利完成行政职能事业单位改革和城区街道机构改革。对全区235家事业单位进行摸底，梳理出承担行政职能的事业单位21家，涉及200余项行政职能；制定改革方案，采取“单独设置为行政机构、只转职能不转机构、划转职能撤销机构”三种路径实施，理顺行政机构和事业单位的职责关系，并于8月初对区属25个部门所属二级事业单位的机构编制调整事项进行发文明确。按照精简高效的原则，深入推进城区街道机构改革，在配合组织部门深入各街道开展详细调研的基础上，与市编办对接政策口径，争取上级支持，2019年5月底下发16个街道“三定”规定，实现“5办2中心1站1队”的街道机构管理模式，强化基层政府社会管理和公共服务职能。服从大局，强化重点领域改革。立足开福发展，推动重点领域体制改革。推进园区统筹发展，开福区争取市委编办的支持，根据园区行政审批权限下放的需求，在金霞经济开发区规划建设局加挂行政审批服务局牌子，为园区企业提供更优质便捷的服务。配合市级推进“六大领域”综合执法体制改革，按上级要求统计上报应急管理、生态环境等执法领域相关数据，摸底并填报《开福区综合执法队伍人员编制锁定情况统计表》；配合区市场监管局人员编制下放的相关工作。开展权力清单和责任清单梳理工作，梳理权力清单2571项（依申请事项6类606项，依职权事项4类1965项），责任清单2741项。《开福区权力清单》经区政府第46次常务会议审定通过，划清政府的权力边界；区委编办会同区行政审批服务局和区司法局，对24个部门权责清单进行确认，提高清单的准确性。

【机构编制管理】2019年，区委编办盘活统筹，用活编制资源。按照“增一减一，增减平衡”的原则，从严把关、关注总量、盘活存量，在全区编制限额范围内统筹调剂使用编制。机构改革过程中，按照编制缺口情况统一精简行政编制，对涉改部门行政编制进行科学调整，保障新设立机构的行政编制数，如区网信办、区工信局、区市场监管局等。通过科学测算，在尊重历史及现有人员的基础上对街道行政编制进行调整及增核23名事业编制，在2019年事业单位公开招聘40名街道工作人员，缓解基层人员不足的现状。坚持强化内部审批制度，出台《区委编委工作规则》《区委编办工作细则》及《区机构编制审批程序》，办理各类机构编制事项500余件，召开编委会议2次；加强实名制数据信息管理，实行即来即办，全年办理人员入销编手续300人次，修改人员信息1200余次。协调争取，助推事业发展。围绕区委、区政府确定的发展战略，全力助推教育事业发展，区委编办向市级争取核增区级中小学及幼儿教师编制，核增的幼儿教师编制数待市级发文明确；为扩大义务办学质量，实现教育强区战略，2019年，开福区新成立2家小学和6家幼儿园；为用活教育系统编制，全年开福区引进15名公费师范生、37名编内教师、19名骨干教师及1名教育专家，公开招聘编外合同制教师265名；为加强教育教职工管理，根据区情实际，区委编办联合区教育局、区财政、区人社局印发《开福区公办学校备案制教职工管理细则（试行）》，提高编外教师待遇，稳定教师队伍。机构改革期间，区委编办多次赴省、市编办协调沟通，为开福区核增20名科级领导职数；机构改革后，增核区老干局专职副局长（乡科级副职）职数1名，增核区机关事务中心等5家直属事业单位副主任（乡科级副职）职数，畅通街道事业编制人员晋升渠道。积极履职，夯实队伍建设。加强转业及退伍志愿兵的安置，做好岗位准备，为加强编外合同制人员管理，对全区各个单位及街道编外合同制人员进行详细摸底，结合《长沙市开福区机关事业单位编外合同制人员管理办法》文件精神，区委编办制定《编外合同制人员员额审批原则及审批程序》，为各单位编外合同制员额

3月13日，开福区机构改革，区文化旅游体育局举行挂牌仪式

（区委宣传部　供图）

审批提供明确依据，定期与财政、人社联合对聘用人员情况进行复核，实行跟踪管理。

【事业单位管理】2019年，区委编办优化服务，提升事业登记效能。按要求完成事业单位年度报告公示，对全区235家事业单位上报材料的真实性、合法性进行审核，并将事业单位年度报告书在政府门户网站进行公布，全年办理设立登记12家、变更登记69家、注销登记6家。开展事业单位法人公示信息抽查，在各单位全面开展自查的基础上，对4家事业单位进行抽查，对发现的问题下达整改通知书，督促整改到位，确保全区机关事业单位规范运行。开展机关、群众团体和事业单位法人信用代码工作，完成赋码24个。

【街道机构改革工作完成】2019年，开福区完成全区街道机构改革工作。精简机构，提质增效。缩减内设机构数。全区16个街道均按照机构改革相关精神，综合设置“5办”“1队”，即党政综合办公室、基层党建办公室、城市管理办公室、公共服务办公室、公共安全办公室，由改革前112个精简至80个；“1队”，即综合行政执法队，负责统筹协调派驻机构和基层执法力量，开展联合执法工作，提升执法工作效能；“1站2中心”，即街道退役军人服务站、街道政务服务中心、街道网格化综合服务中心，统一设置为事业单位，改变原有的工作模式，将原有事业机构进行科学合理的规划和设置，实行“集中办公、规范操作、一站式服务”。核增编制，强本固基。科学调整行政编制。在不突破行政编制总量的前提下，对城区街道和涉农街道行政编制进行科学测算，进行合理调整，在尊重历史的基础上尽量平衡分配；创新核增事业编制。因行政编制限额，在保障基本行政编制的条件下，根据科学、全面的测算，对全区16个街道事业编制数进行重新调整和核增，核增事业编制23名，并将其分配到各街道，街道总体事业编制数由472名核增至495名，为街道各项工作的开展提供机构编制保障。

（黄　意）

党　校

【概况】开福区委党校（行政学校）是区委直属的正科级公益类事业单位。2019年，区委党校（行政学校）被评为长沙市党校系统科研工作先进单位；在开福区区直机关“我和我的祖国，共筑中国梦”红色历史知识竞赛总决赛中，区委党校党支部代表队荣获第一名。

【干部教育培训】2019年，开福区委党校举办16个类别24期培训班，培训党员干部2900余人次，超额完成年初区委干部教育工作领导小组下达的培训任务（计划举办14个类别21期培训班，培训2000余人次）。分别开办开福区新时代文明实践中心建设暨志愿服务培训班、党员发展对象培训班、“两新”党组织书记培训班、社区党组织书记（城市片区）培训班、新招录及专职党务工作者培训班、妇联系统培训班、机关事业单位人事专干培训班、开福区统战（民宗）工作能力提升班、开福区2019年退役士兵适应性培训班、党建指导员培训班、纪检监察干部业务培训班、芙蓉北路街道党员培训班、新河街道幸福桥社区党员培训班、宣传系统中共十九届四中全会精神培训班各1期，入党积极分子培训班6期，开福区教育系统基层党组织书记党建培训班2期，金霞经开区“不忘初心、牢记使命”读书班2期。

【送课下基层】在基层宣讲方面，2019年，开福区委党校在做好宣讲的规定动作的同时，充分打造自选动作，研究提出“1+X”配餐点菜模式。“配餐”，即由党校精心准备课程专题，结合各街道、各单位实际，统一集中配送。“点菜”，即根据党员干部需求，详细制定由多道党校教师精心准备的宣讲课题组成的“菜单”。每次培训前，由各单位根据需要提前“点菜”，自主确定培训内容，再由党校安排相应的教师进行授课。2019年，通过配餐点菜模式，开福区委党校以送党课“进农村、进社区、进机关、进企业、进学校、进车间、进拆迁一线”的“七进”活动，开展基层宣讲100余场，受教育党员4500余人次。其中中共十九大专题70余场次，中共十九届四中全会精神专题20余场次，宣讲的专题主要有《学习习近平新时代中国特色社会主义思想》《新时代新思想 新征程》《十九届四中全会精神专题解读》《空谈误国 实干兴邦——建党初期毛泽东在清水塘的革命实干及启示》《解读〈中国共产党纪律处分条例〉（修订）》等。

【科研工作】2019年，在全省党校系统理论研讨会中，开福区委党校教师撰写的《长沙市城市基层党建品牌的实现路径研究》一文荣获一等奖；《“打造厚德开福”的理论解读》一文荣获二等奖。在长沙市委党校主办的“积极推进长沙高质量发展”主题征文活动中，开福区委党校报送的《浅论“红色精神”的本质属性及其教育意义》一文荣获一等奖；《优化养老服务，创办养老食堂的调研报告》一文荣获三等奖。

课题报送方面，2019年，向省委党校报送的课题《马栏山视频文创产业园产业发展研究报告》及《红色文化传承与发展研究》均顺利立项。完成《开福区潮宗街历史文化街区有机更新的调查与思考》《开福区社工人才队伍研究报告》的撰写，并报送市情研究会进行结项。2019年，编印《党校视窗》期刊4期，为区四大家领导和街道、部门主要领导提供理论服务。

【分校工作】2019年，区委党校万达商圈分校根据非公企业特点，组织党员开展“不忘初心、牢记使命”主题教育巡讲活动10余场，为党员讲述革命先烈、抗日英雄、无私奉献老党员守护初心的鲜活、感人的故事，落实主题教育全覆盖。通过实践活动坚定党员信念，加强党性修养，提高党员服务意识，发挥党员先锋模范作用。区委党校沙坪分校全年开展习近平重要讲话、中共十九大精神、“不忘初心、牢记使命”主题教育集中学习10余次，提升党员党性修为与政治觉悟。联合沙坪街道共同举办一期入党积极分子、村级后备干部集中培训班，联合沙坪街道共同举办一期基层党支部书记专题培训班。区委党校东风路教学点立足校情，结合实际，2019年，开展各类教育培训10次，参加培训人数550余人次。此外，东风路教学点全年邀请区直单位领导、街道联点领导讲授党课3次，鼓励党组织书记讲授“微党课”4次，组织理论和业务知识宣讲3次。

【意识形态工作】2019年，区委党校为全面贯彻“党校姓党”的根本原则，充分发挥党校作为意识形态工作主阵地的作用，制定《落实意识形态工作责任制管理办法》，明确要求所有教师上讲台前的授课内容都要由分管教学的副校长严格审查，外出授课则实行严格的报备制度，由办公室进行登记，分管副校长负责审批，坚决杜绝意识形态问题的发生。

（胡　蓉）

12月19日，在全区中共十九届四中全会精神专题培训班上，区委常委、宣传部长舒全球（右一）作动员讲话

（区党校　供图）

信 访

【概况】2019年，开福区信访局接待群众829批2621人次，办理网上信访件1421件；复查复核信访件25件；办理湖南省委巡视组交办件252件，受理中央“扫黑除恶”督导组信访事项200件，“四重攻坚”交办件4件，按程序要求全部办结。初信初访均按期办结，按期办结率100%。信访反映内容主要是国有土地上房屋征收、集体土地上房屋拆迁、民政、教育、劳动保障、环境保护、交通运输等问题。

9月27日，为化解积案，区委书记曹再兴（左一）接访信访群众
（区信访局　供图）

【网络信访建设】2019年，开福区信访局按照省、市“阳光信访”的要求，完善视频信访系统，实现接访工作视频化。组织全区各街道、各部门开展信访基础工作“百佳业务规范单位”“百佳业务能手”“三无”县（市、区）、“三无”街道创建工作。开福区有5个街道创建为长沙市“三无”街道。开展“信访法治宣传月”活动，联合区司法局在捞刀河街道白霞村，开展“送法下乡”活动，引导信访人多走基层渠道反映诉求，依法维权、理性上访，形成“多上网少走访”的信访环境。规范网上信访、信件受理、答复程序，形成“双向规范”氛围，及时就地解决群众合理诉求。

【信访积案化解】2019年，开福区信访局按照中央、省、市信访积案化解“四重攻坚”行动要求，成立开福区“四重攻坚”行动工作组，建立健全周议访调度会议、积案化解定期通报、畅通情报信息、强化依法治访、通报约谈问责机制，指导督促各级各部门化解信访积案，帮助解决化解过程中存在的困难和问题。区财政投入信访救助资金200余万元，帮扶困难信访群众66户；按2017年“百日攻坚”模式化解积案63户。芙蓉北路街道渔民转产转业群体、洪山街道洪山片区60号令农民安置群体化解工作取得较好成效。

【领导公开接访】2019年，开福区信访局制定“开福区2019年县级领导公开接访安排表”，区委、区政府、人大、政协班子成员轮流在区人民来访接待中心公开接访，及时处理解决辖区群众反映的信访问题，建立健全接访档案，做到有记录、有图片、有追踪、有落实。全年县级领导公开接访756批2851人次。

（孙万海）

网络安全和信息化

【概况】中共长沙市开福区区委网络安全和信息化委员会办公室（以下简称区委网信办）为中共长沙市开福区委网络安全和信息化委员会的办事机构，作为区委工作机关，对外加挂区互联网信息办公室牌子，于2019年3月正式成立。截至2019年年底，全区新媒体网络平台188个，其中政务类新媒体68个（包括网站、微信公众号、微博、头条号、抖音、企鹅号、荔枝FM号等），非政务类120个（微信公众号为主）；ICP备案网站6960个，其中公安、工信双备案网站887个，非交互式网站610个。从地域来看，网站注册地主要分布在芙蓉路、车站北路、三一大道等主干道及万达广场、北辰三角洲等主要商圈；从行业来看，主要分布在医药、制造、网络游戏、文创产业等实体和网络经济领域。以马栏山众创园为代表的驻区新媒体企业68家，视频文创人才1200余人，综艺娱乐类网红200余人。纳入2019净网行动的关键信息基础设施重点排查单位54家，集中在医疗、教育、传媒等行业，重点排查设备总计160余套，类型主要为OA系统、综合信息平台、财务直报系统、多媒体信息发布系统等。

【构建平台】2019年，区委网信办以《中共长沙市开福区委网络安全和信息化委员会工作规则》为中心，以《2019年全区网信工作要点》《开福区党（工）委（党组）网络安全和信息化工作责任制考核办法》等4个文件为框架，健全网络舆情监测预警、应急处置、网络安全、政务新媒体管理等系列制度，形成全区“1+4+N”的网信工作制度体系。实行全区各单位“五个一”制度全覆盖（一位主管领导，一个工作班子，一名专干，一本台账，一套工作机制），压实各单位网络意识形态和网络安全主体责任。打造全区网信协同办公及数据管理平台。通过平台在线联动68个区属单位、16个街道167名网信专干和100名兼职网评员，对区内基础信息动态管理、网信队伍异动管理、网信资料收集报送和汇总统计等进行统一采集和管理。平台设置舆情交办处置、网络执法、网络跟评、新媒体信息管理规范等9个任务板块，增设小程序版本“随手拍”功能方便基层网信人员随时上报线下舆情风险隐患；开辟“学习分享”专区，以“他山之石”为全区网信工作提供新思路。

【舆情管控】2019年，区委网信办规范网络舆情管控工作机制。区委网信办不断探索建立网络舆情管控工作机制。织密舆情管控“常态网”。实施全办人员365天*24小时网络值班制度，并以区、街、社区三级网络舆情信息员为依托，由值班人员与舆情监测专员结合共同监测处置舆情，实现第一时间监测发现、第一时间预警报告、第一时间通知交办、第一时间应对处置的“四个一”工作要求。截至2019年年底，排查舆情风险点54个，重点涉及房产物业、征地拆迁、环保、金融等多个领域，实现涉区重点舆情提前预警、主动处置。把握舆情处置“关键点”。落实一日一摘要、一周一分析、一月一台账、一季一排查的“四个一”工作流程制度，确保网络舆情监测、研判、交办和处置工作环环相扣、高效运行。全年累计编撰《舆情摘要》228期，《舆情月报》7期，《舆情专报》1期。基本实现全区重点网络舆情及时发现率100%，敏感网络舆情处置有效率100%的“双百目标”。精选“技防”监测系统。经前期试用体验，正逐步探索建立多平台监看、“网信协同办公系统”统一交办处置的“3+1”信息化服务体系，实现各软件功能的优势互补和劣势互消。建强“人防”监看队伍。2019年，组织2次较大规模专题培训和多次小规模轮训，实现面向网民群众、网信队伍敏感意识的全面提升。

【网络安全】2019年，区委网信办强化网络安全风险防范。坚持把网络安全管理和风险防范作为信息化的首要工作，建立维护网络安全的长效工作机制，守住网络安全基本防线。打好网络监管“组合拳”。充分利用市级网信监测平台资源，对区域网络安全实施日常安全监看，引入区内重点网安企业技术服务力量，实现第三方单位对区域内网站及网络基础设施实行阶段性安全测评，采取“日常把控”与“阶段考评”相结合的方式，争取实现对区域网络安全体系监管全覆盖。看牢网站信息“资源库”。在前期摸底排查的基础上，将202家单位网站确定为网络安全排查重点检测对象，涵盖行政事业单位、传媒科技企业、物流港口平台及其他重点类别单位，分三阶段进行网络安全监测。截至2019年年底，向区内39家网站运营单位下发《网络安全风险告知函》并督促整改，修补安全漏洞60个，其中高危漏洞42个，低危漏洞18个，维护区域网络运行体系安全。加强安全检查联动处置。筑牢安全防护“双保险”。对网络安全问题提前感知、及时处置，全年解决系统反馈漏洞信息10余条；会同公安开展网络安全执法检查13次，重点排查区数据资源中心、湘一外国语学校等单位基础设施安全问题。实现网络安全线上发现问题与线下安全检查、硬件防御加固相结合的双重保险防护。用好安全检查“体检表”。联合网安科技企业，梳理网络安全检测重点问题，制定网络安全检查清单。联合公安、工信、数据资源中心等开展“净网”“清朗”等5项专项整治工作，关停2家违法网站，督促全区45家单位完成135个重要信息系统等级保护定级备案工作。提升安全意识宣传教育。普及网络安全知识。在“国家网络安全周”系列活动中，联合区内网安企业、通信企业开展“六进”活动，通过各种形式播发网络安全知识作品30余个，单条视频播放数万次。制定有奖网络调查问卷、知识答题等吸引网民参与网络安全防护工作，使网络安全知识入脑入心。组织网络安全宣传教育。结合阶段性网络安全检测工作，组织检测单位召开网络管理人员技能培训。邀请省、市网信部门主要领导和网络安全领域专家开展专题授课3场，累计培训600余人次，加强对网络安全知识的宣传普及教育，杜绝不安全系统开发和不安全用网行为。

【网络宣传】2019年，区委网信办聚焦主题主线，弘扬网络正能量。坚守主流舆论方向。以庆祝中华人民共和国成立70周年为主线，紧扣“产业项目建设年”“营商环境优化年”“马栏山V谷迎风生长”等重点议题组织新媒体宣传，在人民网、新湖南、“学习强国”APP等网络主流媒体推送全区经济社会重点动态1000余条、发稿450余篇，在《网信湖南》公众号推出“村播学院精准扶贫”“互联网+一圈两场三道”“让网络安全理念在马栏山迎风生长”“声音传初心，网络创新守使命”湖南长沙开福区：E靠互联网，网红变“晚红”，玩转“夜经济”等系列报道。“村播学院”直播“带货”，现场8小时吸粉58万人，网购湖南省城步苗族自治县土特产19万元。依托重点节点宣传。巧用短视频、VLOG、快闪、H5等新形式传递正面声音，以“第五届全国网络诚信宣传日”为契机，推出《网络诚信，开福人有话说》系列短视频；结合“2019年国家网络安全宣传周”主体活动，全线启动“网络安全开福行”调查问卷，辐射金融、教育、互联网等10余个行业；利用湖南省网络文化节、开福好网民工程等重要节点，加强社会主义核心价值观和网上先进典型宣传；根据“不忘初心、牢记使命”主题教育专项调研工作要求，深入基层广泛听取意见，形成《构建网络舆情监测预警大数据平台，牢牢掌握网络意识形态话语权》《提升立体认同感，共聚网络正能量》2个调研成果，促进调研成果转化，推动网信工作开展。策划推出“网映新开福”系列短视频，从强盛、精美、幸福、厚德全域展现开福区发展成就。在喜马拉雅FM推出厚德开福新声音专栏。策划推出“2020，在这里CUE一下你的幸福”系列短视频。构筑线上线下同心圆。发挥协会桥梁纽带作用。2019年6月，开福区在全市率先成立区级网络安全协会，以点带面，广泛发动辖区网络安全前沿信息技术领域企业、新媒体企业和从业人员、网信青年志愿者等社会各界开展文化沙龙、技术研讨、志愿帮扶等网络文化、公益活动，完善线上线下同心圆。联合马栏山众创园共建“开福区网络安全示范基地”，促使开福区良好的网络安全生态持续赋能互联网前沿行业，敦促行业形成网络安全共识。联合新浪湖南、草莓V视等极具影响力的马栏山新媒体代表，策划实施“网络安全进企业”文化沙龙等活动。借力“大V”引流吸粉。联合新浪湖南举办2019年湖南政务V影响力（开福）峰会，策划全国网络大V行，精选地标全面展现开福区城乡风貌、产业发展和文化底蕴，探寻解读开福高质量发展的“幸福密码”，中新网等主流媒体报道，湖南卫视新闻联播专题播出，各大社交平台热转刷屏，微博话题“V福私访记”阅读量破亿人次，引发全网关注。

12月16—17日，开福区开展“网络大V开福行”活动　（区网信办　供图）

（张萃纯）

长沙市开福区人民代表大会

KAIFU PEOPLE'S CONGRESS

重要会议

【开福区第五届人民代表大会第四次会议】长沙市开福区第五届人民代表大会第四次会议于2019年1月2日至4日在开福区机关大院举行，会议听取和审查区人民政府工作报告；审查和批准区人民政府关于2018年财政预算执行情况和2019年财政预算（草案）的报告；听取和审查区人大常委会工作报告；听取和审查区人民法院工作报告；听取和审查区人民检察院工作报告。

【开福区第五届人大常委会第17~22次常委会议】长沙市开福区第五届人民代表大会常务委员会第十七次会议于2019年4月4日在区机关526会议室举行。会议表决通过有关人事任免事项，决定任命陈殷为区人大常委会预算工委主任，张华为区人大常委会选举任免联络工委主任，陈友俊为湘雅路街道人大工委主任，曾嵘为秀峰街道人大工委主任，徐路明为区人民政府办公室主任，李红权为区科学技术局局长，王晓文为区工业和信息化局局长，彭超为区民族宗教事务局局长，刘洪斌为区司法局局长，王中柱为区住房和城乡建设局（人民防空办公室）局长（主任），骆炬为区交通运输局局长，吕宏凯为区农业农村局局长，李旅为区商务局局长，王艳为区文化旅游体育局局长，廖紫君为区卫生健康局局长，李建波为区退役军人事务局局长，王海为区应急管理局局长，黄雅晖为区市场监督管理局（知识产权局）局长，陈新为区统计局局长，杨知强为区城市管理和综合执法局局长，彭震为区行政审批服务局局长，曹雄为区信访局局长，沈继红为区医疗保障局局长，易松柏为区城市人居环境局局长。会议同时对法院部分法律职务人员进行任免，并听取和审议区人民法院关于执行工作情况的报告以及2018年庭审评议工作情况报告。

1月4日，开福区第五届人民代表大会第四次会议第一次全体会议

（区委宣传部　供图）

长沙市开福区第五届人民代表大会常务委员会第十八次会议于2019年5月22日在区机关526会议室举行。会议听取和审议区人民政府（含金霞经开区、区城投集团）关于国有资产管理、政府债务化解以及平台公司转型情况的报告，听取和审议2018年被专题询问单位问题整改落实情况的报告，并通过将区城管局、区市容环境卫生维护中心授予2018年专题询问满意单位的评定结果建议报告。会议同时书面审议2019年专题询问实施方案（草案）。

长沙市开福区第五届人民代表大会常务委员会第十九次会议于2019年7月25日在区机关526会议室举行。会议通过开福区人民法院提请任命的120名人民陪审员名单，听取和审议全区农村人居环境整治工作情况的报告。

长沙市开福区第五届人民代表大会常务委员会第二十次会议于2019年10月10日在区机关526会议室举行。会议补选区委书记曹再兴为市人大代表，任命张胜良为区人民政府副区长，任命杨赞为区人民检察院副检察长，决定其为代理检察长。会议还听取和审议区人民政府关于2019年上半年预算执行情况的报告、2018年区本级预算执行和其他财政收支情况的审计工作报告，审查和批准2018年财政决算（草案）以及2019年财政预算调整方案，同时表决通过区人大常委会主任会议《关于提请审议决定接受徐路明等辞去开福区第五届人民代表大会代表职务的议案》《关于提请

1月14日，参加区第五届人民代表大会第四次会议的代表步入会场
（区委宣传部　供图）

审议决定补选开福区第五届人民代表大会代表的议案》。

长沙市开福区第五届人民代表大会常务委员会第二十一次会议于2019年11月29日在区机关901会议室举行。会议听取和审议区人大常委会主任会议《关于提请审议决定接受袁灿等辞去开福区第五届人民代表大会代表职务的议案》《关于提请审议决定补选开福区第五届人民代表大会代表的议案》，审议通过区人大常委会关于召开开福区第五届人民代表大会第五次会议的决定（草案），并围绕“建设医疗卫生现代化强区”主题对区人民政府及相关部门开展专题询问。

长沙市开福区第五届人民代表大会常务委员会第二十二次会议于2019年12月25日在区机关526会议室举行。会议审议宋宽馀等辞去市人大代表职务的议案，补选杨赞为市人大代表；任命许文杰为开福区监察委员会副主任，并对区人民检察院检察委员会部分委员、检察员职务进行任免；听取和审议开福区人民政府关于2019年财政预算执行情况及2020年财政预算（草案）的报告，2018年审计查出问题整改情况的报告；听取和审议关于开福区贯彻实施《中华人民共和国老年人权益保障法》《中华人民共和国河道管理条例》执法检查情况的报告；书面审议区人大常委会工作报告（草案）；听取和审议区人民政府关于议案及建议、批评、意见办理情况的报告，区人大常委会联工委关于议案及建议、批评、意见办理情况的调查报告。

【区人大常委会召开专题询问动员大会】6月5日，区人大常委会召开2018年专题询问工作总结暨2019年工作部署动员会。会议总结回顾2018年专题询问工作，并向获得专题询问满意单位的区城管局、区市容环境卫生维护中心授牌，对2019年以“建设医疗卫生现代化强区”为主题的专题询问工作进行安排部署。区领导谢伟峰、许振勤、王颂交、袁政国、李光华、袁剑英、罗伟明、周桂林、杨光华参加。

【市“一府两院”通报上半年工作】7月24日，市“一府两院”半年度工作通报会召开，向市人大代表开福区联组通报上半年工作情况。长沙市人大常委会党组成员、副主任袁黎明，长沙市人民政府副市长廖建华，区领导刘拥兵、许振勤、李国军、王颂交、袁政国、李光华、袁剑英、罗伟明、周桂林参加。廖建华代表长沙市人民政府向市十五届人大代表开福区联组通报上半年全市经济社会发展情况，并对开福区上半年工作表示肯定，认为各项工作亮点纷呈、重点工作推进有力、干事氛围令人感动。市中级人民法院、市人民检察院书面通报工作情况。区委副书记、区长刘拥兵代表区委、区政府，就市领导和市人大代表对开福区经济社会发展的关心和支持表示感谢。他表示，市政府上半年成绩的取得来之不易，“三大中心”的定位态势越来越好，省委“六大片区”的推动越来越成型，“优化营商环境年”活动的实施成效不断显现，同时开福区版块定位、产业定位愈加清晰，希望各方进一步重视和支持开福发展。袁黎明指出，市“一府两院”向市人大代表通报工作是接受人大代表监督的良好形式，有利于拓展代表知情知政渠道，从而加强对“一府两院”工作的支持和监督。同时，他也从落实产业项目建设年要求为企业家提供良好法治环境、加快智慧法院建设、检察院要回归主责主业等方面对“一府两院”提出相关建议。

人大工作

【概况】开福区有人大代表219人，常委组成人员27人，市人大代表开福区联络组48人，省人大代表开福区小组8人。2019年，区人大常委会履行宪法和法律赋予的各项法定职权，全年组织召开区人民代表大会1次，常委会议6次，主任会议22次；听取和审议“一府两院”专项工作报告26项；作出决议、决定6项；组织常委会组成人员和人大代表开展考察、调研22次，依法补选区五届人大代表12名。

【建议办理】区五届人大四次会议期间和闭会期间，区人大收到区人大代表建议、批评和意见66件。建议、批评和意见中涉及城市建设方面（含规划、建设、棚改、征拆）14件，城市管理方面（含市政、园林、环卫、交通、交警）17件，民本民生方面（含教育、医疗、社保、民政、农林水利）19件，经济建设方面（含产业发展、片区开发、招商引资）10件，其他方面6件。分别交由23个区属部门、2个街道办事处负责办理；办复率为100%，见面率为100%，代表满意率100%；办结落实的23件（A类），占总数34.8%，开展或纳入计划办的32件（B类），占总数48.5%，暂不具备条件办的11件（C类），占总数16.7%。

【代表工作】2019年，区人大出台《关于进一步加强和规范我区人大代表活动经费使用管理的通知》，调整增加代表活动经费，并对使用范围、开支标准、使用要求进行规范。重视代表履职能力提升，通过“请进来、走出去”相结合的方式，分别组织常委会组成人员、人大干部、基层一线代表进行多层次培训，举办湖南大学、哈尔滨工业大学履职能力提升班，并邀请区委书记亲临授课，为代表及干部们“充电蓄能”，开展代表活动。持续推进“成就北富我要给力，厚德开福向我看齐——人大代表在行动”主题活动，对活动中涌现出来的优秀代表进行评选和表彰。丰富代表闭会期间活动，组织国家、省、市三级代表集中视察长沙医药健康产业园、马栏山视频文创园，组织全体区人大代表参加“一府两院”上半年工作情况通报会，邀请代表列席区人大常委会会议，参加视察调研、执法检查、专题询问等活动，拓宽代表知情知政渠道。2019年，组织154名国家、省、市、区人大代表参加常委会组织的各项工作和活动。强化建议督办。坚持专题会议交办、政府部门承办、人大跟踪督办的办理制度，切实加强对代表议案、建议的督办。听取和审议区人民政府关于代表建议、批评和意见办理情况的报告，采取实地视察、听取专项工作报告等方式，对区五届人大第三次会议作出的《关于推进桃花溪流域绿色发展的决定》进行重点督办。区五届人大第四次会议期间收到的64件建议、批评和意见，闭会期间收到的2件建议均全部办结，并答复代表。

【监督工作】2019年，区人大聚焦党委重大决策部署开展监督。深入贯彻落实市委十三届八次全会精神，聚焦制造业高质量发展，实地调研、发现问题、研究讨论，为区委决策提供参考。紧扣“营商环境优化年”活动，深入调研全区在建项目推进、现代服务业及楼宇经济发展等情况，用实际行动和工

5月8日，区人大主任会议成员调研金霞经开区项目建设情况
（区人大常委会　供图）

作成效体现人大担当。立足“产业项目建设年”要求，专题调研融资平台转型发展及政府债务化解情况，督促政府打基础、蓄势能、谋长远，提升发展质量和效益。聚焦经济运行情况开展监督。认真贯彻落实中央关于加强人大对国有资产监督的决策部署，基本摸清国有资产“家底”，协助区委出台《区人民政府向区人大常委会报告国有资产管理情况制度》，将人大加强国有资产监督上升为制度性安排。加强财政预算审查监督，听取和审议财政预算、预算执行、预算调整、决算等报告，启动人大预算联网监督系统建设，完善预算审查监督机制，提升预算管理约束力。推动审计问题整改落实，听取和审议区人民政府关于审计工作及审计查出问题整改情况的报告，紧盯查出问题的跟踪督办，推动应改尽改。聚焦建设医卫强区开展监督。聚焦人民群众普遍关心关注的看病难、看病贵问题，以“建设医疗卫生现代化强区”为主题开展专题询问。重点抓住带有普遍性和倾向性、经过努力可以解决的突出问题作为专题询问切入点，指出10个方面的具体问题，助力《开福区基层医疗卫生服务能力提升三年行动计划（2019—2021）》的落实。聚焦依法治区进程开展监督。紧盯法律贯彻实施难点，以《中华人民共和国老年人权益保障法》《中华人民共和国河道管理条例》为切入点开展执法检查，协助市人大常委会就《中华人民共和国防洪法》《中华人民共和国中小企业促进法》《中华人民共和国反家庭暴力法》等法律法规实施情况开展执法检查，切实维护法律尊严。围绕执法规范化建设，听取和审议2018年庭审评议工作情况报告、区人民法院执行工作情况报告、区人民检察院公益诉讼情况报告，视察全区公共法律服务体系建设，促进营造公平正义的法治环境。紧扣让人民群众在每一个司法案件中都感受到公平正义，集中听取法院、检察院、公安工作情况汇报，围绕重点、热点、难点问题，提出工作建议，使法院、检察院、公安相互配合制约的格局更加稳固。注重运用法治思维和法治方式做好信访工作，2019年，受理群众来信来访28件，通过协调处理，帮助群众解决一批实际问题。聚焦民生重点领域开展监督。牢牢把握人民群众对美好生活的向往，坚持把民生小事、难事当作履职大事。面对全面放开“二孩”以及科学照护带来的新期盼，开展0~3岁婴幼儿托育专项调研，促进政府汇聚更多资源回应民生需求。紧扣老百姓过好日子的最朴素愿望，围绕民办教育、就业、食品安全等问题开展调研，推动补缺补短、改善民生。立足基层治理难点痛点，对社区建设、交通畅通、防汛抗旱、农村人居环境整治等工作提出建议。关注机构改革后的依法行政，听取退役军人服务、统计执法、住房保障、应急管理等专项工作报告，推动相关工作落到实处。

【人事任免】2019年，开福区人大常委会坚持党管干部和人大依法任免相结合的原则，完善人事任免程序，健全人事任免制度。坚持任前法律考试、任时拟任发言、任后颁发任命书等制度。全年对1名区人民政府副区长、1名区监察委员会副主任、1名区人民检察院副检察长、4名人大系统干部、20名政府工作部门“一把手”及120名人民陪审员进行任命。

【区人大常委会履职专题培训班开班】9月25日，区人大“不忘初心、牢记使命”主题教育集中学习暨履职能力提升培训班正式开班，全体区人大代表以及人大系统干部参加，区委书记曹再兴出席开班仪式并讲话。区领导许振勤、张春雄、王颂交、袁政国、李光华、袁剑英、罗伟明参加。曹再兴认为，在开福工作有一个好的发展态势、有一个好的发展氛围、有一个好的发展思路。曹再兴指出，当前要重点抓好四项工作：要在做强“三金”片区、壮大“两大朝阳产业”上持续发力；在提升城市品质、推进城市有机更新上持续发力；在改善和保障民生、集中化解征拆遗留问题上持续发力；在全面从严治党、抓好主题教育上持续发力。曹再兴强调，人大代表在政治上要坚定、履职上要尽责、能力上要过硬、作风上要务实，要珍惜本次培训，做到学有所获、学有所思、学有所用。

【专题调研】11月6日，长沙市人大常委会主任程水泉带队到开福区调研代表工作，实地走访四方坪街道李家冲社区代表活动室和芙蓉北路街道江湾社区代表活动室，并与相关区领导以及部分省、市人大代表进行座谈，了解全区代表工作开展情况，听取相关意见建议。市人大常委会副主任黄佳惠，市人大常委会秘书长、办公厅主任柳美景，区领导曹再兴、许振勤、张春雄、王颂交、袁剑英参加调研。程水泉指出，开福区委重视人大工作，对人大依法履职给予及时支持，对人大干部给予重点关心。区人大积极依法履行职责，评议询问等监督工作很有特色，围绕中心、服务大局很有力度。他强调，尊重代表主体地位、发挥代表主体作用，这是由我国的根本政治制度决定的，是中央、省委、市委的要求，也是开展好人大工作的现实需要。要更多尊重代表，保证代表政治上有地位；要更多联系代表，把人大常委会建成真正的代表之家；要更多服务代表，认真办理好代表提出的意见建议。作为人大代表，也要具备履职素质，依法履职尽责，注重维护代表形象。

【工作调研】12月17日，区委书记曹再兴调研区人大工作，听取区人大2019年工作情况以及2020年工作思路汇报，并就进一步提升全区人大工作水平提出指导性意见。曹再兴对区人大常委会2019年工作表示充分肯定，认为区人大站位高、工作实、亮点多、氛围好。同时，就下阶段工作提出要求，要牢牢把握政治方向，进一步坚定制度自信，更好地坚持和完善人民代表大会制度，坚持党的领导、人民当家做主、依法治国有机统一；要切实依法履行职责，在推动“升级发展、成就北富”进程中尤其是在依法监督、产业升级等工作中发挥人大作用；要坚决站稳人民立场，围绕新时代民生热点难点问题，利用专题询问等监督方式，坚持改善民生民本；要全力支持中心工作，区人大常委会领导班子成员要在产业发展、项目建设、闲置土地支帮促等工作中继续发挥作用；要加强人大机关建设，切实加强基本能力建设以及作风建设。区领导谢伟峰、许振勤、张春雄、王颂交、袁政国、李光华、袁剑英、罗伟明、周桂林参加。

【三级人大代表集中视察】12月19日，区人大常委会组织国家、省、市三级人大代表开福区联组开展会前集中视察活动，并召开座谈会进行交流。区委书记曹再兴出席并讲话，许振勤、蔡冰、李国军、王颂交、袁政国、李光华、袁剑英、罗伟明、周桂林等区领导参加。代表们一行40人实地视察位于开福区的长沙医药健康产业园、马栏山视频文创园。在随后召开的座谈会上，区委常委、区人民政府常务副区长蔡冰通报开福区经济社会发展情况。区人大常委会党组书记、主任许振勤指出，各级代表大会召开在即，代表们要安排好时间，保证到会；要发好声、建好言、履好职；要深入人民群众，发挥桥梁纽带作用；全区各级各部门尤其是区人大常委会要做好各级代表的服务工作。曹再兴希望各级人大代表要讲政治，增强“四个意识”、坚定“四个自信”；要讲学习，不断提升履职能力，做好监督者、呼吁者；要讲本职，切实履职尽责，认真参加各级人大常委会组织的会议、视察调研、专题询问等活动；要讲服务，密切关注并大力支持开福的建设和发展。

（谭银华）

12月19日，区人大常委会组织全国、省、市人大代表集中视察长沙医药健康产业园
（区人大常委会 供图）

长沙市开福区人民政府

GOVERNMENT

综 述

【概况】2019年，长沙市开福区实施创新引领开放崛起战略，推进“产业项目建设年”“营商环境优化年”活动，建设强盛、精美、幸福、厚德的现代化新开福，完成区五届人大四次会议确定的各项目标任务。2019年，开福区入选2019年中国城区综合竞争力百强区，获评国家知识产权强县工程试点区。2019年3月，完成全区机构改革。改革后，开福区人民政府设置政府机构26个。其中区人民防空办公室与区住房和城乡建设局合署办公，实行一套工作机构、两个机关名称；区农业农村局加挂林业水利局、扶贫开发办公室牌子；区应急管理局加挂防汛抗旱指挥部办公室牌子；区市场监督管理局加挂知识产权局牌子。

2019年，开福区高质量发展的产业基础还有待夯实，产业链现代化水平仍有待提高；行业龙头企业、重大引领项目的招引还亟待重点突破；长效财源税源的巩固和培育需更加精细与加强；“三资”存量盘活还有较大优化空间；城市管理精细化水平还有待提升；大气、水、土壤等污染治理任务仍然任重道远；优质的教育、医疗、养老、帮扶等公共服务供给离人民群众期待还有差距；少数工作人员担当精神、法治意识、工作效率有所欠缺，政府治理现代化水平还需进一步提高。

【经济发展】2019年，全区实现地区生产总值1006亿元，同比增长7.3%；规模以上工业增加值增长6.8%；固定资产投资增长10.3%；社会消费品零售总额811.2亿元，同比增长10%；地方一般公共预算收入129.9亿元，同比下降0.04%；全体居民人均可支配收入58334元，同比增长8.8%；单位地区生产总值能耗下降3%。全年新引进过10亿元项目8个、过亿元项目25个。新增“四上”企业109家。

【生态环境】2019年，中央生态环保督察及“回头看”、省级环保督察反馈问题得到整改。全区投入环保资金5.7亿元，62个年度污染防治项目全面完成。落实“六控十严禁”措施，完成餐饮单位油烟净化2188户，全年空气质量优良率75%，沙坪站点$PM_{2.5}$/PM_{10}浓度全市最低。推进“一江三河”综合治理及小微水体专项保洁行动，加快湘江东岸防洪工程建设，启动苏托垸污水处理厂项目建设，清理取缔湘江沿岸“僵尸船”247艘，小微水体治理“檀木岭经验”在全市推介。有序推进土壤污染状况调查，落实生态保护红线勘界定标，开展“绿盾”专项行动，土壤污染得到有效管控。

【城乡品质】2019年，城市功能更加完善，地铁1号线北延工程启动征拆，地铁3号线、5号线通车试运行，大明大道、竹隐路全线贯通，中青路北延线加快建设，朝正路等瓶颈路、断头路实现通车。城市环境更加宜居。2019年，开福区持续推进“一圈两场三道”建设，全区打造“15分钟生活圈”33个新建停车场21个、停车位8171个，新建提质农贸市场和生鲜门店12个，新改建自行车道43.9千米、人行道32.6千米、历史文化步道3.9千米。新建公园、小游园12个，新增绿地40公顷，绿化覆盖率提升至44.43%。城市管理更加精细。深化“最严城管”，整治城区主次干道、出入城口、公园景区等区域市容乱象，持续开展渣土扬尘、餐饮油烟、户外广告、拆控违等专项治理，拆除历史违建320处、7万余平方米。推进垃圾分类减量，在全市率先建立家装垃圾、大件垃圾处理场，生活垃圾减量15%以上，紫凤社区创建为全省首个“零垃圾桶”小区。农村人居环境逐步改善。以农村“五治”为抓手，完成改厕1216座，垃圾分类减量行政村覆盖率达到100%，清理整治“大棚房”问题25个，“一约三会一队”全面覆盖，打造新源社区、竹安村2个市级乡村振兴示范村（社区）。

【民生保障】2019年，开福区全年安排民生民本支出64.48亿元，占一般公共预算支出的85.42%。就业水平不断提升。新增就业9000人，城镇登记失业率控制在3%以内。教育事业普惠均衡。新改扩建长郡开福中学、清水塘鹅秀小学等学校15所，新增学位4620个，公办和普惠性幼儿园占比提升至87%。被评为全省“平安校园建设先进区”。健康开福深入实施。推动驻区优质医疗资源持续下沉，组建家庭医生服务团队87个，签约服务人数22.6万人，重点人群签约10.5万人。多彩文体品牌彰显。四方文化中心建成使用，新建全民健身工程102处，提质社区（村）文化服务中心13个，24小时自助图书馆增至7个，图书流通量超过40万册次；承办中日韩青少年运动会、全国第三届“福文化”城市文化交流会等重大活动，举办“幸福向北”全民跑、“北富杯”篮球赛等系列赛事。幸福养老持续发展。新增居家养老服务中心7家，开办快乐老人大学12所，探索设立“老年人餐桌”4个。住房保障有序推进。滨河嘉园、中岭等项目完成建设，新增农民安置房6200余套，80万平方米，朝正美苑、鑫利家园等安置项目累计分房6000余套，3662户群众喜迎新居。解决低收入群体住房困难问题，完成房屋功能性改造824套，农村危房实现动态清零。

【社会治理】2019年，开福区深化网格化管理和服务，创建“互联网+群防群治”体系，在全市率先成立区级人民调解员协会和商圈调解委员会，富雅坪社区“1234”、江湾社区厚德赋能工作法获评全省首批优秀社区工作法。开展食品安全示范城市创建。推进安全隐患专项整治，依法关闭取缔非法生产经营单位455家。实施农村道路城市化管理，整治清零铁路安全隐患问题36个。深化“平安开福”建设，开展“扫黑除恶”专项斗争，坚决打好禁毒人民战争，推进二维码标准地址建设，在全市率先建立区级社区矫正指挥中心，百善台社区获评全国“扫黄打非”进基层示范点，司法所阵地建设和社区矫正工作经验在全省推介，东风路司法所获评“全国模范化司法所”。

重要会议

【区政府常务会议】2019年，开福区政府召开常务会议16次。

1月15日，传达学习习近平总书记在庆祝改革开放40周年大会上的重要讲话精神以及中央、省委、市委、区委经济工作会议，市区“两会”的主要精神；审议《2019年政府工作报告任务分解方案（送审稿）》，研究分析经济形势；听取桃花溪议案办理情况汇报，审议《区五届人大四次会议和区政协五届四次会议建议、提案交办方案（送审稿）》；研究2019年政府系统大调研有关工作；听取扫黑除恶工作汇报；研究2018年度重点民生实事（含“一圈两场三道”）奖励有关工作；研究2018年经济发展奖励兑现工作（第一批）；审议《长沙市开福区人民政府与山东高速湖南发展有限公司招商引资协议（送审稿）》；研究捞刀河税务所申请置换办公场所有关工作。

1月24日，听取消防工作汇报；审议华夏幸福·开福产业新城项目备忘录（送审稿）；研究沙坪绣坊街项目营销方案。

2月14日，研究优化营商环境工作；研究2019年安全生产工作；研究2019年环保工作；听取信访工作汇报；研究2019年“为民办实事”和“一圈两场三道”工作。

5月6日，开福区政府召开区长办公会议，专题调度“1094”项目落地、夸特纳斯项目推进落实工作
（区委宣传部　供图）

2月28日，听取统计工作汇报；审议《开福区深入推进“产业项目建设年”活动实施方案（送审稿）》；听取卫计工作汇报；听取全区农村“五治”工作情况汇报；研究2019年开放型经济有关工作；研究精准脱贫对口帮扶工作；听取开福区2019年电网“630攻坚”工作汇报。

3月19日，研究政府班子分工；传达学习贯彻湖南省委常委、长沙市委书记胡衡华调研开福区的讲话精神及《中共湖南省委〈关于大力提倡求真务实真抓实干集中整治形式主义官僚主义的意见〉》（湘发〔2019〕4号）、《中共湖南省委办公厅关于认真学习贯彻〈中国共产党农村基层组织工作条例〉的通知》（湘办发电〔2019〕25号）文件精神；研究全区退役军人事务有关工作；听取国土工作汇报（第三次国土调查）；研究规上企业、高新技术企业、智能制造企业、上市企业培育有关工作；研究2018年经济发展奖励兑现工作（第二批）；

审议《长沙金霞经济开发区德荣医疗国际创新产业基地入园协议》及《补充协议书》。

5月16日，学习贯彻《政府投资条例》；研究生态环保工作；研究2019年开福区生活垃圾分类工作；研究教育工作；研究民政工作；审议夸特纳斯项目签约协议和签约方案；审议与施璐德国际工程（湖南）有限公司项目协议。

6月12日，传达学习习近平总书记在“不忘初心、牢记使命”主题教育工作会议上的重要讲话精神和省委主题教育活动精神；学习贯彻习近平总书记对垃圾分类工作的重要指示精神；研究“一件事一次办”有关工作；听取产业项目建设年工作推进情况汇报；听取并研究朝正美苑安置分房相关工作；研究《长沙市开福区人民政府·湖南一品佳餐饮管理有限公司合作协议（送审稿）》，审议《长沙市开福区人民政府·湖南农城智创区块链科技有限公司合作协议（送审稿）》。

7月18日，传达贯彻2019年上半年市委经济形势分析暨产业链建设工作推进会议精神；学习市预算执行文件，听取关于2018年财政决算草案和2019年1~6月预算执行情况的报告；研究迎接国庆70周年城市管理工作；研究政府债务风险防范有关工作；审议《湖南盛源通信集团总部及生产基地项目入园协议》《鹏扬教学设备有限公司生产基地及研发中心项目入园协议》《菲斯罗克光纤陀螺系列产品生产基地项目入园协议》《长沙湘通国际铁路港项目入园协议》；通报公职人员违纪处理相关事宜。

8月23日，学习贯彻习近平总书记在解决“两不愁三保障”突出问题座谈会上的讲话精神并听取精准扶贫工作汇报，听取胜利社区帮扶计划汇报；研究全区重点民生实事和“一圈两场三道”建设工作；研究卫生健康工作；研究教育工作；研究2019年土地卫片执法工作；研究开福区违建别墅清查整治专项工作；研究金霞成立贸易公司打造外贸综合服务平台有关工作；研究防范化解政府债务风险有关工作；研究园林绿化服务外包问题。

9月10日，传达学习上级文件精神，研究中华人民共和国成立70周年全区安保工作；传达学习《国务院办公厅〈关于加快发展流通促进商业消费的意见〉》，研究夜间经济发展有关工作；研究污染防治攻坚战有关工作；传达学习上级文件精神，研究减税降费有关工作；研究“互联网+群防群治”工作；研究“雪亮工程”有关工作。

9月27日，传达湖南省政府总值班室关于加强政府值班工作的文件精神，研究国庆期间值班工作；学习贯彻习近平总书记关于食品安全的重要论述，传达贯彻《中共中央办公厅国务院办公厅〈地方党政领导干部食品安全责任制规定〉》《中共中央国务院关于深化改革加强食品安全工作的意见》，研究食品安全工作；审议《2019年预算调整草案》；学习贯彻上级文件精神，研究安全生产工作；研究扫黑除恶工作；研究招商引资项目，审议《华南光电长沙智能光电信息产业基地项目入园协议》。

10月24日，学习贯彻市委、市政府2019年前三季度经济形势分析会议精神，《省委办公厅省政府办公厅〈关于牢固树立过“紧日子”思想大力压减一般性支出的通知〉》（湘办发电〔2019〕72号）；研究脱贫攻坚（城市特殊困难群体帮扶）工作；审议《关于支持潮宗街打造创意设计集中区的实施意见（送审稿）》；研究湖南旺东铁路专用线物流园项目。

11月8日，研究打赢污染防治攻坚战工作；研究乡村振兴工作；研究工程项目建设领域审批制度改革工作；审议《开福城投集团主体AA+信用评级工作实施方案（送审稿）》；听取医药物流产业发展规划及招商情况、湖南医药集团总部及智能物流产业园项目汇报，审议《湖南百事泰电子商务有限公司入园协议书及补充协议（送审稿）》；通报公职人员违纪处理相关事宜。

11月27日，审议《开福区权力清单（送审稿）》《开福区公共服务事项清单（送审稿）》《开福区“最多跑一次”事项清单（送审稿）》《开福区“四办”事项清单（送审稿）》《开福区“特别程序”事项清单（送审稿）》《开福区中介服务事项清单（送审稿）》；传达贯彻国务院、省、市安全生产电视电话会议精神，研究安全生产工作；传达省、市交通问题顽瘴痼疾集中整治会议精神并研究有关工作；听取河长制工作汇报，审议《开福区金竹河流域管理办法（送审稿）》；

审议《长沙市开福区人民政府·大悦城控股集团股份有限公司合作协议（送审稿）》。

12月17日，审议《2020年政府工作报告》（审议稿）；听取2020年预算编制工作情况汇报。

12月26日，研究2019年度重点工作先进评选奖励方案；研究《开福区2019年国民经济和社会发展计划执行情况与2020年国民经济和社会发展计划草案的报告》（送审稿）；研究事业单位公务用车制度改革相关工作；研究开福区经济奖励政策相关工作；审议“2020年开福区重大项目投资计划申报表”（送审稿）；审议《关于引进华夏人寿保险股份有限公司长沙中心支公司奖励协议》。

区政府办公室

【概况】区政府办公室为开福区人民政府工作机构，内设政研室、督查室、秘书科、综合科、信息科等5个职能科室，核定行政编制16名，机关后勤服务编制5名。2019年，区政府办公室围绕全区中心工作，组织推进政府系统大调研活动，形成高质量调研成果98篇，起草区领导讲话稿200余篇，完成重要汇报材料60余篇，上报政府信息120余条。全年组织召开区政府常务会议16次。全年组织开展决策督查20次、专项督查督办40次、调研式督查4次，编发督查通报3期、调研督查专报4篇，督办省、市、区领导批示件810件次，跟踪督查情况报告11次。

【调查研究】2019年，区政府办公室组织推进政府系统大调研活动，形成高质量调研成果98篇，力促“先调研、后决策”常态化。高质量完成区委、区政府汇报材料及区党代会、经济形势分析会、区政府全会等全区性会议上领导讲话稿200余篇。开展电子信息产业、航空航天产业、消防站建设等专题调研，为科学决策提供参考。完成《全国政协副主席调研“放管服”改革工作情况汇报》等重要汇报材料60余篇，在《决策咨询》刊发文章5篇，《加快“四个融合”激发媒体新活力》等理论文章在《湖南日报》发表。

【办文办会】2019年，区政府办公室接收办理各界来文3600余件，明确责任人、时间点，落实首问责任制、限时办理制、过失追究制，确保文件流转高效。严格文件审批，杜绝不规范文件，按照“三简一短”的要求精简文件和字数，全年以区政府、区政府办名义制发公文350份，同比减少32%。执行“少开会、开短会、开小会”，强化会前准备、会中记录、会后督促落实，提高会议质效，全年组织大型会议17次，同比减少32%。落实《关于着力整治形式主义强化真抓实干作风的实施方案》，削减“文山会海”效果明显。

【信息】2019年，区政府办公室完善信息采集、编制、报送制度，创新组织管理、监督检查、奖惩激励等举措，加快建立信息质量长效保证机制，推动信息工作由数量型向质量型转变。上报省、市信息，全年报送信息120余条，25条被上级采用，其中《24小时自助图书馆运行管理存在四大问题亟待重视》《当前公共交通发展面临六大问题影响群众出行亟待重视》等信息得到湖南省委常委、长沙市委书记胡衡华的重要批示。

【督查】2019年，区政府办公室突出精准性和实效性，全年组织开展决策督查20次，专项督查督办40次、调研式督查4次，编发督查通报3期、调研督查专报4篇，督办省、市、区领导批示810件次，跟踪督促情况报告11次，获区政府主要领导肯定性批示4次，全年政务督查数量实现较上年减少30%的考核要求。敢于碰硬，对优化营商环境、重大项目建设、“630攻坚”、西长街关停整治等“重、难、特”工作进行专项督查，有效推动工作，及时解决问题。

【服务中心】2019年，区政府办公室统筹抓好产业发展、项目建设、重点民生实事（含“一圈两场三道”）、优化营商环境、城市有机更新等中心工作，其中承担市考牵头责任的重点民生实事、优化营商环境两项工作，圆满完成任务，考核成绩较好。扎实做好省、市、区三级共162件建议提案办理的管理工作，整体办复率、满意率均为100%。

（杨　杰）

人　事

【概况】开福区人力资源和社会保障局（以下简称区人社局）于2011年由区人事局、原区劳动和社会保障局合并组建。2019年4月，按照区委、区政府机构改革精神，区人社局的医疗保险管理服务职能划到区医疗保障局，改革后，区人社局内设办公室、综合管理科、工资福利科、就业促进科、社会保险管理科、行政审批和政务服务科（基金监督科）6个职能科室，下设人力资源管理中心（就业服务中心）、社会保障管理中心、劳动保障监察大队（加挂劳动人事争议、仲裁委员会的牌子）3个二级机构。

7月21日，区人社局举办开福区紧缺急需人才目录发布会　（区人社局　供图）

全局编制数36个，在职在编30人，政府雇员3人。2019年，全区实现城镇新增就业人数8830人，失业人员再就业5170人，就业困难对象再就业2400人，分别完成目标任务的116.18%、110%、133.33%。新增农村劳动力转移就业350人，完成目标任务的175%，龙山县劳动力转移就业人数44人，完成目标任务的110%，城镇登记失业率控制在3%以内（目标任务是控制在4%以内）。开福区认定高校毕业生就业见习基地16家，其中2019年新增12家见习基地，完成目标任务的240%；新增见习人员110人，完成目标任务的157%，全年实际拨付见习补贴11.85万元。截至2019年年底，全区企业基本养老保险基金征缴收入10.08亿元，完成全年目标任务155%；区财政拨付企业养老保险2019年度同级财政补助160万元，完成全年目标任务100%；完成城乡居民养老保险参保人数43055人，为全年目标任务106%；社会保障卡持卡人数为20.65万人，完成全年目标任务100%。

【人才队伍建设】2019年，区人力资源和社会保障局注重招才引智，壮大人才队伍。2019年，全区公开选调招聘事业单位工作人员88名，招聘编外合同制教师264名，区人才服务窗口受理补贴申请3648次，全年申报高层次人才分类认定166人。深化制度改革，优化政策环境。按照机构改革要求，转接原长沙市工商局开福分局事业编在职干部12人，完成103名在职在编干部、232名离退休人员和51名临聘人员的转隶和划转工作。创新人事管理，加强人才培育。在全市率先启动区人事人才综合信息管理平台，圆满完成机关事业单位工勤技能岗位考核的报名、组考和246名合格人员的工资兑现工作，举办“不忘初心、牢记使命”主题教育暨人事业务培训班，通过全面挖掘、动态教育等方式，培养年轻干部。

【就业创业】2019年，区人力资源和社会保障局创新招聘模式，搭建全市最大规模的线上双选平台，截至2019年年底，入驻企业500家，发布岗位3000余个，覆盖应届生6万余人。开展“大学生就业在开福”活动，与湘潭市5所高校开展政校企互访，打造更具特色的人才供应链。在全市率先发布《2019年开福区紧缺急需人才目录》，发布岗位信息2626条。树立优秀典型，推出三能集成房屋公司、卓益财务咨询工作室等2家省级创新创业带动就业示范单位，湖南艾科诺维科技有限公司等24家市级创新创业带动就业示范项目。“对口帮扶·精准脱贫”就业技能培训效果显著，2019年，到龙山县、城步县开展专题培训5场，拓宽贫困县就业门路，增强贫困地区的“造血功能”。

【社会保障】2019年，区人力资源和社会保障局抓征缴扩面，实现社保全覆盖。截至2019年年底，全区参保人数16万人，社会保障卡持卡人数为20.65万人。抓政策落地，优化营商环境。在嘉德集团、国药控股等118家企业探索城镇职工基本养老保险费率过渡试点，全年为开福区内企业降低社保成本5500万元。将养老资格认证和老人大学学习相结合，通过数据共享、信息比对等方式，构建“寓认证于无形”的认证服务新模式。2018年3月，开福区在科大景园社区创办长沙市第一家“快乐老人大学”，截至2019年年底，开福区陆续开办快乐老人大学19所，班级类别60余个，服务学员5000余人次。举办“再青春·更芳华”献礼中华人民共和国成立70周年退休人员文艺会演。通过活动，诠释美丽的夕阳红，展示新时代退休人员健康、快乐的精神风貌。

【劳动监察与仲裁】2019年，区人力资源和社会保障局抓住关键，对全区131个在建工地的实名制管理、农民工工资专用账户管理等“七项制度”落实情况进行全方位、拉网式的“体检”，排查涉及农民工2万余人。源头防控，开展农民工工资清欠专项执法行动、在建工程项目“无欠薪”攻坚行动，全面排查开福区所有在建工程项目，建立全年跟踪排查台账，欠薪案件实现动态清零，没有发生一起因欠薪引发的重大负面舆情。阳光执法，2019年，全区劳动仲裁立案1034件，受理投诉举报案件220件，帮助劳动者追回劳动报酬3500余万元，原拖欠农民工资项目积案全部清零，达到中央、省、市要求的“两清零”标准。

【“梦想启航·扬帆开福”政校企互访活动】11月8日，由长沙市开福区人社局主办、开福区就业服务中心承办的“梦想启航·扬帆开福”——2019年开福区政校企洽谈会正式启动。湘潭市5所大专院校就业部门、开福区21家企业和5个产业基地等单位相关负责人共聚一堂，就共建具有开福特色的校企合作新模式进行交流。洽谈会上，各高校代表分享自身校企合作的经验和案例，各企业代表根据合作需求与各高校就业负责人沟通对接。友谊国际工程咨询有限公司、国科高精科技集团有限公司、湖南省新亚胜光电股份有限公司等企业邀请对口高校负责人到现场参观，为双方合作奠定基础。近几年来，在开福区内就业的湘潭市高校毕业生比例逐年递增，为加强区域联系，引导高校人才资源向区内有序流动，区人社局主动出击，邀约湘潭市高校到开福区，为校企双方深入沟通交流提供平台，实现校企互惠共赢。11月22日，由区领导带队组织企业到湘潭市高校进行签约仪式和现场招聘，促使互访活动的成果落地落实。

【率先发布紧缺急需人才目录】2019年，开福区人社局联合区委组织部人才办，依托专业第三方人力资源机构组建专家团队，历时3个月，深度访谈及走访调研区内企业200余家，线上线下收集岗位信息1万余条，在此基础上完成《长沙市开福区2019年紧缺急需人才目录》编制工作。7月21日，举办开福区紧缺急需人才目录发布会，在全市率先发布《2019年长沙市开福区紧缺急需人才目录》，涵盖高新技术、文化创意、现代服务等11个产业领域，共计2626个岗位。发布会当天还举办开福区“聚才筑梦·相约开福”中高端人才专场招聘会，100余名中高端人才与企业达成初步就业意向。

【“12333”全国统一咨询日活动】3月30日，开福区在万达广场开展“全民参保”为主题的“12333”全国统一咨询日活动。现场设置咨询台，凡是在登记、参保、缴费、待遇领取、转移接续等方面的问题都能得到开福区人社局工作人员面对面专业解答。“12333”是全国统一的人力资源和社会保障公益服务专用电话号码。居民群众拨打这一电话可了解人力资源和社会保障方面的政策法规，办事程序，查询个人缴纳社会保险的详细信息，还可以获知劳动力市场信息和就业指导等。2012年起，人社部将每年3月30日确定为“12333全国统一咨询日”，这是人社部门为老百姓面对面服务的特定节目。活动由开福区

3月30日，区人社局举办主题为“智慧人社 智慧服务”的“‘12333’全国统一咨询日”活动
（区人社局 供图）

人社局和通泰街道连升街社区联合举办，现场社区工作人员自编自演文艺节目“12333”三句半，发放宣传资料3000份，播放城乡居保动漫和社保卡宣传片，并加入社保知识抢答赛、扫码有礼等环节，让“全居参保”更加深入人心。开福区“12333”日均电话68个，全区服务总次数1.4万人次，接通率100%。开福区启动“全民参保”登记和“社保一卡通”发放工作后，社会保障卡持卡人数20.65万人。

【开福区机关事业单位人事人才综合信息管理平台】2019年，开福区人社局创新人事人才管理，在长沙市内五区率先开发开福区机关事业单位人事人才综合信息管理平台。组织全区各事业单位人事专干进行平台系统的操作培训，对事业单位干部信息进行分类录入，实现事业单位干部调配等人事业务办理的在线操作。人事管理平台系统的运行在有效节省大量的人力劳动以及时间的同时，也有助于大大提高开福区事业单位的人事管理水平，为开福区事业单位人事综合管理工作向信息化、正规化、高效化发展打下基础。

【中华人民共和国成立70周年开福区退休人员文艺会演】9月24日，长沙市开福区人社局联合长沙市快乐老人大学在开福区风帆广场举行“再青春　更芳华”献礼中华人民共和国成立70周年退休人员文艺会演。2018年3月，开福区在科大景园社区正式创办长沙市第一所快乐老人大学，开启政府与社会力量合作的新的退休人员管理模式。快乐老人大学将老年大学开进社区，让老人们在家门口享受到文化娱乐培训服务，帮助退休老人重建朋友圈和生活圈，找回生活乐趣。同时，快乐老人大学为退休人员打通社保认证服务通道，通过将学员的活动痕迹录入长沙市社保系统就能轻松完成社保认证，使养老认证更加人性化、多元化。

（杨　宇）

9月24日，区人社局举办“再青春 更芳华”献礼中华人民共和国成立70周年开福区退休人员文艺会演

（区人社局　供图）

应急管理

【概况】2019年3月，长沙市开福区安全生产监督管理局更名为长沙市开福区应急管理局（加挂防汛抗旱指挥部办公室牌子），为区政府工作部门。在职工作人员21人，临时聘用人员15人。内设办公室（人事和宣传教育科）、安全生产综合协调科、危险化学品和烟花爆竹安全监督管理科（行政审批和政务服务科）、工贸行业安全监督管理科、应急指挥办公室（救援协调和预案管理科）、政策法规和综合减灾救灾科、防汛抗旱科、火灾防治和调查评估统计科8个职能科室。下设二级机构两个：开福区安全生产监督执法大队（全额拨款公益一类事业单位），编制9名，在职工作人员6人；开福区应急事务中心（全额拨款公益一类事业单位），编制7名，在职工作人员5人。2019年，全区发生生产安全事故7起，死亡10人，伤3人，直接经济损失635.61万元。

【安全责任体系】2019年，开福区始终将安全生产作为促一方发展、保一方平安的政治责任来抓，切实把责任压紧压实、落细落地，筑牢发展底线。改革明责。坚决执行省、市《关于推进安全生产领域改革发展的实施意见》，修订《开福区领导安全生产责任制清单》《街道（园区）领导安全生产责任制规定》《安全生产领域改革发展实施意见》等制度，高标准做好新职能承接、划转和人员转隶，与街道、部门、企业层层签订《安全生产目标责任书》，构建起“横向到边、纵向到底”的安全生产责任体系，推动形成齐抓共管的工作格局。履职尽责。坚持党政同责、一岗双责，学习习近平总书记关于安全生产的重要论述、指示批示精神，落实《地方党政领导干部安全生产责任制规定》，履行安全生产第一责任人责任，始终把安全生产工作纳入重要议事日程，2019年区委常委会、区政府常务会共研究安全生产和消防安全议题12次，召开安委会全会4次，推动全体县级领导干部定期带头深入一线开展督导检查，做到上级精神第一时间传达、重大问题第一时间研究、重要举措第一时间落实。严肃问责。坚持“强调千遍，不如问责一遍”的理念，严格按照“四不放过”原则，刚性落实安全生产“黑名单”和“灰名单”制度，成立跨部门专案领导小组，倒查“企业、属地、行业”三方责任，严肃问责安全生产责任落实不到位的单位和人员。2019年，约谈企业负责人160余人次，事故立案2起，3家单位、6人次被取消相关资格，移送刑事案件5起，倒逼安全生产责任上肩。

1月21日，区领导到建设施工工地开展安全生产检查 （区应急管理局 供图）

【安全隐患治理】2019年，开福区始终树立“隐患就是事故”的意识，严格按照重大隐患“一单四制”工作要求，强力推进安全生产隐患排查整改，力求将各种隐患消除在萌芽状态。控源头。坚持预防为先，按照“谁审批、谁监管、谁负责”原则，严格危险化学品、城镇燃气、烟花爆竹等高危行业安全准入，强化安全审核和社区听证，把安全生产贯穿城乡规划布局、设计、建设、管理和企业生产经营活动全过程，坚决将先天不足的企业拒之门外。2019年，全区未新增危险化学品企业。抓排查。坚持风险管控与隐患排查并举，通过专家评查、企业自查、政府督查，持续摸清安全家底，实施“一患一策”，全方位防范化解安全风险。2019年，派出督查组159次，聘请专家体检企业389家，开展企业大排查5364家，排查问题隐患2.19万个。开福区创新制作的“仓储物流仓库（厂房）体检表”“小微企业”“九小门店体检表”等30套执法检查表，梳理出五大类63项具体工作办法在全市推广。促整改。坚持挂图作战，突出临建违建仓库（厂房）、“三车三场”、老旧小区等重点隐患部位及薄弱环节，挂牌督办领御大厦、长泰大厦、航线大厦等重大火灾隐患治理，对所有隐患实行清单管理、动态管理和闭环管理，确保发现一处、整治一处、销号一处。全年累计下达《责令立即改正通知书》887份，责令停产停业整顿企业152家，拆除临建违建物流仓储、仓库厂房157处，关停43处，重拳整治市挂牌督办重大火灾隐患，整治伍家岭街道3家印刷企业，关停振宇包装厂、明月商贸城等一批重大火灾隐患单位，四方旧货市场等重大消防隐患部位完成整改验收。

【安全生产监管】2019年，开福区始终将安全生产集中整治工作摆在突出位置，敢于动真碰硬、一抓到底，持续保持严抓严管严查的高压态势。常态监管。坚持管行业必须管安全、管业务必须管安全、管生产经营必须管安全，强化“四不两直”和“双随机一公开”监督检查，不定期组织专业人员和有关单位对重点隐患企业和单位进行突击检查和暗访；坚持网格化监管，完善全链条监管体系和常态化巡查机制，全区216名信息员通过网格动态巡查，对全区10万户商事主体实现监管全覆盖，切实做到不留死角、不留盲区，打击各类安全生产非法违法违规行为256起。专项整治。坚持精准发力、靶向施策，抓住重点领域、重点部位、重点环节、重点企业，紧盯道路交通、建筑施工、烟花爆竹、危险化学品、消防安全、“临建违建”“两客一危”“三车三场”等高危行业违法乱象，全年开展重点安全专项整治行动260次，解决突出矛盾和问题980个。从严执法。坚持有法必依、执法必严，严格落实“强执法防事故”“夯实企业主责年”“三大行动”部署安排，深入开展“春雷”“飓风”“霹雳”“清剿”四大行动，全力打击安全生产违法行为。全年组织集中行动6584次，出动执法人员5.6万余人次，提请关闭企业91家，取缔非法生产经营单位455处，抓捕涉嫌犯罪人员228人，收缴柴油32吨、汽油24吨、烟花爆竹183箱，经济处罚892万余元，曝光典型案件71起。

【夯实安全生产基础】2019年，开福区始终把安全作为最大的民生工程，不断夯实基层基础，投入应急经费5268万元，提升基层防控治理能力。强阵地。坚持重心下移、关口前移，累计投入3000万元新建各类微型消防站、中心消防站等基站建设79座，推动消防力量从中心城区、社区到重点单位的全覆盖，打造群众家门口的“119”。坚持创新实践，以物业小区为单位，发动街坊邻里、相邻企业共同参与，把联络电话、救援装备、处置方法等核心要素浓缩成一张“应急处置明白卡”，打通救援“信息孤岛”，实现“一户遇险，多户支援”，打造“3分钟”社区自救互救圈。提能力。坚持大应急管理，运用大数据、互联网思维，推动基层安全生产和应急动员网格化监管，提高群防群治能力、应急能力和基层保障能力。完善应急处置、防汛抗旱、森林防火、地质灾害等预警应对机制，组建壮大以消防、民兵为骨干，以企业安保、小区保安为补充的应急救援力量队伍，建立“上下联动、专常兼备、反应灵敏”的应急体系。2019年，全区组织应急演练635场次，训练人员2.1万人次，各类应急队伍力量扩充至3500余人，提高全区防灾减灾救灾能力。勤宣教。坚持宣传引导，推动安全文化进企业、进学校、进机关、进社区、进农村、进家庭、进公共场所，多层次、宽领域、广覆盖地抓好各类安全生产宣传教育，全民安全意识不断提升。2019年，投入30万元建设综合性消防宣传教育馆，创建三角洲社区等8个市级以上安全生产和防灾减灾示范单位；组织党政领导干部培训8期、专题培训43场，培训企业负责人4196人次；引导3792家企业开展班前早会，参与人员11万余人次，一线员工安全意识全面提升；坚持主流媒体发动，省级以上媒体宣传报道120篇，市级媒体报道330篇，安全氛围更加浓厚。

（袁润良）

消防救援

【概况】长沙市开福区消防大队组建于1995年，转隶前为副团职建制单位，下辖有一个现役中队（伍家岭中队）和两个政府专职消防员中队（丝茅冲中队与金霞中队）。2018年10月10日，全国消防部队集体退出现役，成建制移交应急管理部。2019年，开福区消防大队有执勤车辆14台，负责开福区188平方千米防火、灭火及抢险救援任务。

【消防安全责任】2019年，开福区消防大队提请区政府于年初召开全区消防工作会议，安排部署2019年度消防工作任务，与各街道、部门、单位层层签订《消防工作目标责任书》，贯彻落实国务院办公厅《消防安全责任制实施办法》和《湖南省实施消防安全责任制规定》，细化各级各部门各单位消防工作职责，落实消防安全责任制，形成横向到边、纵向到底的消防安全责任体系。推动消防安全委员会实体化运行，召开消防安全委员会会议，分析消防安全形势，研究、制定加强消防工作措施。

【灭火救援行动】2019年，区消防大队接警795起（含增援），出动消防车1258辆次，消防人员7703人次，抢救被困人员55人，疏散人员145人，抢救财产价值1179.5万元。下辖三个中队开展重点单位“六熟悉”240余次，对责任区的交通道路、水源情况，重点单位的分类、数量及分布情况，责任区内主要灾害事故处置的对策及基本程序，重点单位建筑物使用及重点部位情况，重点单位内部的消防设施情况，重点单位的消防组织及其灭火救援任务分工情况进行熟悉。对全区353家重点单位以及人员密集场所、易燃易爆场所和市政消火栓进行全面普查、登记，建立辖区消防水源熟悉手册和灭火救援预案。

【消防安全专项整治】2019年，按照上级部署，区消防大队开展“春夏消防安全检查”“消防安全大排查、大体检、大整治”“强执法防事故”“打非治违”“住宅小区消防安全专项治理”“电缆井消防安全专项治理”“电动自行车消防安全专项治理”“物流仓储、仓库（厂房）综合整治”“文物古建筑、文博场馆夏季消防安全专项检查”“小区配套幼儿园整治”“工业园区消防安全专项整治”等专项行动，并督促教育、民政、卫生、应急、住建、市场监督、文体等部门在所辖行业系统部署开展消防安全专项检查；以中非经贸博览会、中华人民共和国成立70周年等国家重大活动消防安保任务为中心，做好各项消防保卫工作。对照“一单四制”重大事故隐患治理工作要求，对辖区内挂牌督办的四方水果农贸批发市场、领御大厦、长泰大厦、航线大厦等4家重大火灾隐患单位进行督导，督促责任单位制定详细的整改措施。截至2019年年底，区消防大队检查社会单位2090家，发现火灾隐患3815处，整改火灾隐患3495处，下发《责令立即改正通知书》1014份，下发《责令限期改正通知书》34份，下发行政处罚决定书35份，责令“三停”单位13家，临时查封20家，罚款51.3万元。通过严格执法，有效消除一批火灾隐患，增强全区社会面火灾防控能力。

6月16日，开福区“安全生产月”咨询日暨社会应急力量应急技能大比武活动比赛现场
（区应急管理局　供图）

【消防知识宣教活动】2019年，区消防大队加强对党政领导、行业部门、村支“两委”负责人、网格员和消防安全经理人以及消防控制室值班操作人员、微型消防站站长等7类人群消防培训。全面宣传贯彻《长沙市住宅物业消防安全管理办法》，推行居民住宅“楼院长”制，深化“消防安全示范社区”创建。组织张贴宣传海报1000余份，助力“防风险保平安迎大庆”消防专项行动。利用春节、清明节、端午节、“防灾减灾应急知识宣传周”“3·15”消防产品打假日、“安全生产月”等重要节假日开展消防宣传，开展活动多次被省级、市级媒体报道。开展消防宣传进社区22次，进社会单位55次，进家庭5000次，进“九小”门店542次。推广消防常识微信150余条，累计培训1.7万人次，共发放消防知识读本1500余本，各类消防宣传册3万余份。

【消防后勤保障】2019年，区消防大队消防经费5104.6万元，其中消防业务经费1700万元、鹅秀中心消防站建设采购车辆专项经费2000万元、小微型消防站建设专项经费1000万元、消防装备购置专项经费404.6万元，提升经费保障水平。区消防大队执行政府会计制度和政府会计准则，落实各项财务基本制度，严格按规定和标准据实开支，为完成防火灭火中心任务和队伍正规化建设提供保障。

【消防基础设施建设】2019年，开福区消防大队根据2017年区政府第10次常务会议，明确拟分三年同意区消防大队购置消防车辆装备所需专项经费5000万元。2018年，区消防大队购置水罐泡沫消防车2台、18米高喷消防车2台、抢险救援消防车1台、18吨泡沫消防车1台、高层供水消防车1台。针对开福区部分区域消防基础设施建设薄弱，多种形式消防队伍建设停滞不前的瓶颈，区政府第24次常务会议专题研究，同意统筹增拨经费1000万元，用于全区基层消防站和消防主题公园建设。按照长沙市消防支队出台《长沙支队微、小型消防站建设标准（试行）》，建设和提质消防站。建设鹅秀中心消防站。2019年，完成鹅秀中心消防站主体建设，正在进行内部装修。高岭消防站、沙坪消防站完成立项。试点潮宗街小型

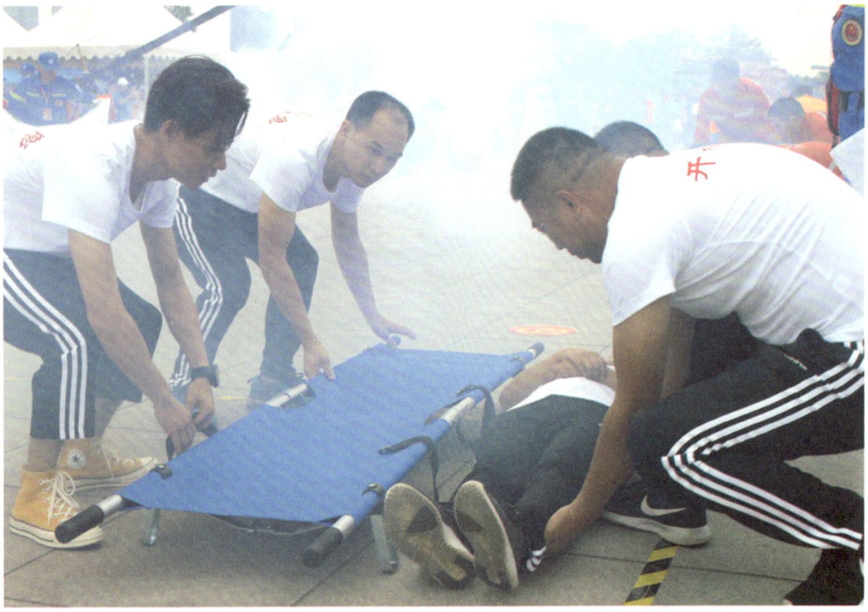

6月16日，开福区“安全生产月”咨询日暨社会应急力量应急技能大比武活动比赛现场
（区应急管理局　供图）

消防站。区消防大队联合区棚改办结合潮宗街历史文化街区有机更新，高标准试点建设潮宗街小型消防站，5月22日，长沙市消防支队支队长温国坤，副支队长朱双全，开福区委副书记、区长刘拥兵，副区长蒋君等领导召开现场会，确定小型消防站的人员、器材配备标准。截至2019年年底，完成小型消防站评审，正在进行土方开挖。提质社区微型消防站。对全区16个街道108个社区进行全面摸底，分类指导，在每个街道设置2座综合型微型消防站，其余社区设置普通微型消防站。组织到广州、深圳考察学习微型消防站建设先进经验，结合开福区实际，区消防大队联合区应急管理局研究出台《开福区微型消防站建设指导意见》，下发到相关部门、街道和重点单位，分类实施的同时，广泛征求意见，边建设边改进。截至2019年年底，各社区微型消防站完成站房选址，明确人员编制并分层分批开展培训，部分街道器材落实到位。依托开福区范围内5个消防执勤中队，以及建设中的鹅秀中心站、潮宗街小型站、社区微型站，整合全区中心站、普通站、小型站、微型站各站点的优势，织密全区火灾防控体系，提升灭火救援效率。

（李佳汭）

行政审批服务

【概况】开福区行政审批服务局于2019年3月13日挂牌成立，位于芙蓉北路盛世路1号开福区政府大院东北角。内设办公室、审批服务科、效能监督科、政务公开和政务服务科4个科室和长沙市开福区政务服务中心，该中心为区行政审批服务局所属事业单位。截至2019年年底，区行政审批服务局有在编在岗干部职工12人，区聘用人员32人。

【“一件事一次办”改革工作】2019年，区行政审批服务局“一件事一次办”改革工作推行“一张表”：全区共梳理填报依申请6类事项606项，依职权4类事项1965项，公共服务事项125项。经区政府第46次常务会议审定后，形成《开福区权力清单》等六项清单，划清政府权力边界。因填报标准较高，开福区作为先行先试的经验形成填报操作手册，在全市各区（县）、街道、社区进行推广。“一张网”：区政务服务旗舰店正式启用，31个部门窗口能网上办理的业务均可以实现在线申办。政府门户“办事服务”栏目完成切换，实现“进一张网、办一件事”。“一网通办”平台正式上线，全年办件491件，运行良好。“跑一次”：依申请类政务服务事项“一次办”事项597项，一次办比例为98.5%。第一批100件“一件事一次办”事项，梳理并对外发布区本级权限事项84个。第二批100件“一件事一次办”正在按照省、市要求有序推进。“一个厅”：开福区政务大厅形成“1+8”的政务服务新模式，实现“一窗受理、后台审批、综合出件”。“1”为全科综合窗口，“8”为市场准入、不动产登记、工程建设项目审批综合窗等8类部门综合窗口，实现731项政务服务事项“应尽必进”。“网上办”：依申请类政务服务事项“网上办”事项592项，网上办比例为97.7%。“就近办”：街道受理事项48项，社区受理事项45项，形成开福区第一批“就近办”事项清单，并对外进行公布。“减证办”：取消证明事项55项，保留证明事项10项，精简幅度84.6%，取消和保留的证明事项在区政府门户网站公布。“帮代办”：区政务大厅设2席“帮代办”窗口；全区街道、社区两级组建“帮代办”队伍812人，设“全岗通”窗口272个，并建立工作台账。

【行政效能工作】2019年，区行政审批服务局受理“12345”市民热线工单3.57万件，全部按时间节点要求办结。在全市中心城区月通报排名中取得5个第一名、3个第二名、5个第三名的好成绩。电子红黄牌：全市成效管理系统共归集开福区政务服务事项办理数据4095条，均按时办结回复，平均法定办理时间提速率和承诺办理时间提速率得到提升。

【政务公开与服务工作】2019年，区行政审批服务局编制全区政府信息公开年度报告，及时上报市政务服务中心并上网公布，指导全区各单位编制2019年度政府信息公开年度报告并及时在开福区政府门户网站发布。2019年，全区各单位公开政府信息2.4万条。在区政务服务大厅设立信息公开查阅点，群众可根据需要查阅相关政务信息。同时，按照国务院《政府信息公开条例》等规定和《长沙市政府信息公开实施办法》办理政府信息依申请公开工作。建立完整的依申请公开台账，及时登记每一件信息公开申请的内容、受理和答复情况。规范依申请公开对外答复机制，聘请专业法律顾问指导全区依申请公开工作，使信息公开申请答复更加准确、规范，有效避免政府有关部门被申请行政复议或行政诉讼情况发生，2019年，全区受理并答复政府信息依申请公开364件。

【“综合窗+专厅”政务服务模式】11月4日，长沙市开福区行政审批服务局政务服务大厅全面推行“前台综合受理、后台分类审批、综合窗口出件”即“综合窗+专厅”模式，推动实体大厅“多门”变“一门”改革。政务服务大厅共3层，总面积1500平方米，1楼将引导台和自助办理服务区进行调整优化，设立“24小时不打烊”自助办理服务区，2楼成为“一件事一次办”专厅，设“一件事一次办”综合窗口4席、帮代办窗口2席，市场准入综合窗口12席，同时设有“一件事一次办联合审批办公室”。各局审批人员进驻，对“一件事一次办”的高频事项进行现场审批，现场出证，有效提高审批效率，真正实现企业开办只进“一个厅”。3楼改造为政务服务大厅后新增窗口16席，为工程建设项目审批综合窗、婚姻登记综合窗、不动产登记综合窗，同时对母婴室进行改造升级。对大厅一、二、三楼的引导标识进行更新。张贴“一件事一次办”的套餐指南，确保办事群众进入大厅对大厅布局和办事流程更加清晰，一目了然。全科综合窗口是开福区推行综合窗改革的有益探索，招聘专职工作人员23名，对各条线业务骨干举办2个月的培训班，编制全科综合窗口办事指南，有效推动“碎片化”受理主体实现聚合，有助于打破部门间的业务壁垒，实现化繁为简，提高审批效率。全科综合窗口可办理共14个部门的234件事项，实现群众办事只找一个窗。开福区在全市各区县率先设置“一件事一次办”专厅，《经济日报》《湖南日报》《长沙晚报》等媒体进行专题报道。截至2019年年底，全区首批100件“一件事一次办”受理事项26.79万件。11月7日，湖南省政务管理服务局局长向世聪一行专题考察开福区政务服务大厅设置，给予充分肯定。

（杨　阳）

机关事务管理

【概况】2019年，开福区机关事务中心围绕“升级发展，成就北富”的战略目标，以提升服务保障为重点，细化工作职责，优化服务质量，积极推动国有资产管理、物业安保、生活保障、公车管理工作取得新进展。2019年，区机关事务中心获评“2019年度长沙市公共机构生活垃圾分类示范单位”“长沙市示范化‘五化’党支部”。

【国有资产管理】2019年，区机关事务中心科学调配办公用房。按照机构改革方案要求，制定办公用房实施步骤与调配方案，排查办公用房使用违规等情况，统筹安排，在规定时间之内，克服办公场所不足等因素，采取调整、租赁、收回等措施，完成全区涉改单位办公用房重新调配。严格监管国有资产。执行国有非经营性资产调拨审批程序，开展国有非经营性资产监督检查。保障重大项目。完成政府采购项目69批次，总额1020万余元；资产处置金额63万余元；调拨资产金额144.8万余元，推进全区重点项目建设。

【物业安保】2019年，区机关事务中心科学组织施工，严格把好质量关、安全关，完善第二办公楼消防自动监控及基础设施，改造中央空调运行管网；实施东风路老干大学外墙装饰区域、机关院内锅炉低氮、机关食堂屋顶防漏、区人武部会议室装修及公寓楼水电燃气管网改造、二号车库屋顶围栏及喷泉等安全隐患改造项目；完成机构改革办公用房改造58间，施工面积9200平方米，保障区治大院设施设备完善，运转正常。与各部门签订消防安全责任书，强化日常消防巡察与事故隐患排查力度，定期更换破损灭火器材，从源头上杜绝消防安全隐患。开展消防知识与技能培训，组织消防演习活动，筑牢干部职工安全弦，提升应急能力。完成区消防救援大队对区机关消防设备设施运行情况突击检查。创新工作举措，实施预约进入机制，安装身份证识别设备，完善机关安保应急处置机制，处置重大安保98次，保障区治大院安全稳定。对区治大院进行卫生清扫、灭四害，按季节对绿植进行养护、修剪、施肥。助力蓝天保卫战纵深发展，实施锅炉、直燃机低氮改造，在机关大院西、南线及前坪绿化带新增喷淋雾化装置155个，维修旧喷淋设施168个，倡导全区干部职工停车熄火，设立新能源汽车专用停车场，改善环境质量。

【公务用车管理】2019年，区机关事务中心保障第三届“中国福”城市文化交流活动、第四次全国经济普查事后质量抽查、文明创建迎国检、市委主题教育指导组用车需求，全年调派公务出行2.1万余辆次，实现交通零事故，调度无差错，用车单位满意度100%，无公车私用等违纪情况发生。完善平台车辆管理。严格落实全省公务用车信息化管理平台启用工作部署暨培训会议精神，加强平台管理建设，遵循“三年一标、一年一签”原则，采取无标优惠率竞价采购方式，确定两家社会化车辆租赁定点服务单位，并分时分批实施车辆更新报废工作，全面推进公务用车信息化管理。2019年，区机关事务中心完成全区公车平台109台公务车辆过户与车牌变更工作，并安装高速公路ETC车载装置。建立健全管理工作机制。开展“加强公务用车管理，防止‘车轮上的腐败’”专题调研，总结经验、摸清实情、查漏补缺。出台并实施《开福区机关事务中心司勤人员管理制度》《开福区机关事务中心司勤人员管理考核办法》，建立健全管人、管事机制，提高服务质量，确保全区全年公务出行正常运行。加强司勤人员教育培训。组织司勤人员学习行车安全知识与道路交通安全法，多层次、多渠道开展安全教育活动，紧抓作风建设，切实增强司勤人员安全责任意识与业务技能。

【垃圾分类】2019年，区机关事务中心全面摸底机关大院垃圾分类桶摆放情况，制作垃圾分类投放分布图与实施平面图，将二分类与四分类垃圾桶按要求安置于办公室与公共区域等相应位置，明确各楼层督导人员。据统计，机关大院内各办公室投放532个可回收物布袋和干湿两分类垃圾桶；公共区域投放87个干湿两分类垃圾桶；办公楼共计投放42个四分类垃圾桶。建设有害垃圾和可回收物收集点、湿垃圾（餐厨垃圾）转运点，配置环保小屋和楼栋分拣点，实现定点投放、统一回收处置。加强宣传引导。制定开福区机关大院生活垃圾分类宣传手册、规范行为导则，科普生活垃圾分类常识。多措并举，邀请第三方专业机构分区域制定生活垃圾分类宣传标识1987个，营造浓厚宣传氛围，提升干部职工知晓率与参与度。养成垃圾分类习惯。将生活垃圾分类融入日常考核管理中，制定评分规则，以办公楼层为单元，对各楼层所在部门垃圾分类情况进行评比。完善“每日一查一通报”“每月一评一公示”工作机制，推进生活垃圾无害化、减量化和资源化进程。

【垃圾分类宣传】11月19日，开福区联合中国电信制作垃圾分类宣传彩铃，统一运用于机关大院500多台座机铃声中，只要拨打开福区机关办事电话，就能听到垃圾分类的宣传彩铃。为全面提升干部职工与广大市民垃圾分类参与度，开福区机关事务中心创新工作举措，探索宣传方式方法，掀起垃圾分类行动新高潮。为加快生活垃圾无害化、减量化和资源化进程，区机关事务中心根据不同区域垃圾类别科学设置分类桶，方便大家分类投放。区机关大院532个可回收物布袋和干湿两分类垃圾桶，实现办公室区域三分类；87个干湿两分类垃圾桶与42个四分类垃圾桶分布在办公楼内公共区域，各垃圾分类投放点配备1名督导员。联合中国电信共同制作垃圾分类宣传彩铃，统一运用于机关大院500多台座机铃声中，呼吁干部职工与广大市民参与垃圾分类。通过督促引导，干部职工垃圾分类知晓率100%，投放准确率稳步提升。与此同时，开福区制定调查问卷，以微信链接或二维码形式将调查问卷发放到机关大院区直各部门，全方位听取干部职工意见与建议。截至2019年年底，收到有效答卷625份，其中88.32%的干部职工对机关大院垃圾分类工作表示认可；223位干部职工如实提出自身看法与合理建议，给垃圾分类工作开展带来全新思考和启发。区机关大院通过建设有害垃圾和可回收物收集点、湿垃圾转运点，配置环保小屋和楼栋分拣点，生活垃圾定时投放、及时清运，无害化、减量化和资源化水平显著提升。

（杜　群）

数据资源

【概况】长沙市开福区数据资源中心成立于2019年3月13日，是区政府直属公益一类事业单位，为正科级，内设办公室、数据统筹科（加挂信息化建设科牌子）、网格网站科（加挂运维管理科牌子）3个科室。编制7人，政府雇员1人，临聘人员7人。2019年，区数据资源中心组建“1+5+N+X”的力量配置模式。完成区级人口数据库、法人数据库、实有房屋数据库、经济运行数据等主题数据库建设，采集录入人口数据74.64万条、法人数据13.29万条、实有房屋数据3.35万条。完成40家单位目录梳理工作，信息资源目录总量为1374条，信息项总量为2.06万条。全年审核全区26个项目建设方案，推进21个项目建设，提出优化建议128条。全年下发网站日常监测情况的通报10期，市、区网站分别更新信息2190条和8901条，微信发布政务信息893条，办理区长信箱信件171件，办结率100%。

【网格化治理】2019年，区数据资源中心以“围绕中心、网格为主、集中调度、重点督办”为原则，组建“1+5+N+X”的力量配置模式，“5”即五种网格工作力量，每个网格分别配备一名“网格党支部书记”、一名“网格长”、一名“网格员”、一名“网格城市管理员”、一名“网格综治管理员”；“N”即城管、工商、食药监、环保、安监、公安等城市管理核心部门的工作力量下沉到社区和网格，实行组团式服务，由街道根据事件处置类型，实现统一指挥协调；“X”即社会力量，包括社会协会组织、社区（村）党员、小区物业、志愿者等，形成结合行政力量、各类社会组织和群众力量的网格化管理体系。采用“三级四类”分类标准，按城市管理、治安维稳、安全生产等方面的压力大小，将网格划分为三级；按管理主体的难度大小将网格划分为四类，优化升级网格管理方式，针对性调配骨干力量。完善网格工作评估细则，打造标准化综合服务点，依托党建活动阵地、邻里中心、政务服务代办点等设置32个网格综合服务点，统一门牌、指引牌、网格员工作证等，健全工作制度，实现服务群众零距离，全面提升网格多元化社会治理能力。

【智慧开福应用建设】2019年，区数据资源中心升级智慧开福综合服务云平台，集大网络、大平台、大整合、大数据于一体，建立全区的大数据中心和视频中心，为分析决策、应急指挥、综合调度、部门应用等提供数据支撑。对平台功能进行网格组织机构及数据调整、网格划分地图更新、网格工作队伍模块升级、完善非公经济组织采集表、升级数据采集方式，提高数据采集效率。对接各部门，将政协微建议、“12345”热线、残联生活小秘书等7个系统接入到“智慧开福综合服务云平台”，夯实平台数据基础。截至2019年年底，区数据资源中心完成区级人口数据库、法人数据库、实有房屋数据库、经济运行数据等主题数据库建设，采集录入人口数据74.64万条、法人数据13.29万条、实有房屋数据3.35万条。开发移动端微信程序，通过微信入口

9月23日，长沙市“互联网+政务服务”一体化平台实施推广、行政效能电子监管工作推进会议现场

（区数据资源中心　供图）

11月8日，长沙市人民政府副秘书长、办公厅主任蒋集政调研四季花城社区绿地商圈综合服务点
（区数据资源中心　供图）

提供便捷的网格服务，包含网格导航、信息公示、居民群众问题沟通与反馈等功能，同步PC端数据，简化事件上报方式，让网格员和居民发现问题后可以随手拍、随时报，引导居民群众参与网格小微治理，提升社会共建共治共享水平。

【信息化项目建设】2019年，区数据资源中心建设管理全区政务数据、公共数据平台，推进数据资源在政府管理和社会治理领域的共享应用，启动政务信息系统普查及资源目录梳理服务工作，召集区直40家单位80余人召开开福区政务信息系统普查及资源目录编制工作部署培训会，完成40家单位目录梳理工作，信息资源目录总量为1374条，信息项总量为2.06万条。全年审核全区26个项目建设方案，推进21个项目建设，提出优化建议128条，为全区政府投资政府信息化项目提供有力支撑和保障，有效提升全区信息化水平。

【网站建设管理】2019年，区数据资源中心遵循先进性、实用性、安全性、规范性、可扩展性原则，从网站栏目优化、页面设计、功能升级、移动适配等方面对开福区政府门户网站开展升级改版。将“一件事一次办”、政策解读、招考招录、联系电话、便民服务等常用功能整合，引导群众快速定位目标信息；全新建设“投资开福”专区，从投资者和政府的双重视角，集中展现开福区优化营商环境举措及工作成果、招商资讯、投资成本，围绕政策、服务两大重心，整合招商项目库、投资政策库、投资服务平台等内容，响应企业需求、让企业更有预期。新建“‘不忘初心、牢记使命’主题教育”“公共机构生活垃圾分类”等特色专题，增设惠企政策专栏，整合省市区关于优化营商环境、招商引资等相关工作的最新政策，便于企业及时、全面了解。强化常态管理，采取“系统监测＋人工复核”相结合的方式，对全区53个单位在门户网站上的信息保障情况进行监测和统计，保证内容的规范性、更新的及时性，下发网站日常监测情况的通报10期。市、区网站分别更新信息2190条和8901条，微信发布政务信息893条，办理区长信箱信件171件，办结率100%。响应省、市门户网站集约化工作号召，推进政府网站集约化建设，加强网站监管能力、政府网站安全保障与政府网站安全监测预警能力。

【网络安全防护】2019年，区数据资源中心规范运维流程，对全区网络进行监控，对主要应用、终端、机房、视频会议等进行精细化、痕迹化管理，对网络设施定期巡检，对重要设备定期保养检测，做到及时发现故障、处理故障。2019年处理各类运维事件1022次，开展机房总巡检249次。建立应用系统安全、服务器安全、数据库安全等方面的信息安全技术规范标准，开展全网安全测评、季度网络安全巡检，确保全区整体网络安全状况良好，未发生重大网络安全事件。

（唐喆颖）

政协长沙市开福区委员会

KAIFU CPPCC COMMITTEE

综 述

【政协委员构成】2019年，政协长沙市开福区第五届委员会有委员208人，设28个界别。委员界别分布为：中共界12人，民革界6人，民盟界7人，民建界6人，民进界6人，农工党界5人，致公党界5人，九三学社界5人，工商联界18人，无党派人士界20人，工会界2人，共青团界1人，妇联界4人，侨联界2人，经济界29人，农林界4人，科技界6人，民族界1人，宗教界2人，文化艺术界6人，教育界10人，医卫界10人，体育界2人，新闻出版界8人，社会科学界1人，社会福利界6人，特邀界24人。委员的学历构成分别为：研究生43人、大学本科128人、专科31人、中专以下6人。委员的年龄构成分别为：小于35岁25人，36～45岁85人，46～54岁75人，55～60岁20人，60岁以上3人，平均年龄44岁。

【队伍建设】2019年，开福区政协落实市委、区委“不忘初心、牢记使命”主题教育统一部署，聚焦“守初心、担使命，找差距、抓落实”总要求，以“真学真检查、真查真整改、真改真行动”的决心和信心，组织学习习近平新时代中国特色社会主义思想、党章党规、习近平总书记关于政协工作等系列讲话精神，查找和整改各种违背初心使命的问题，先后组织集中学习、研讨交流、警示教育、民主生活会、组织生活会、主题党日活动、志愿服务活动10余次，党组成员带头讲党课6次，完成调研报告5篇。制订《区政协党组中心组2019年理论学习计划安排》，落实党组中心组理论学习制度，以政协主席会议成员集中学习、履职动员大会集体学习、委员培训轮流学习相结合，形成内容丰富、方式多样的学习形式，推动理论学习与中心工作相融合、两促进。

【服务中心工作】2019年，开福区政协始终坚持“围绕中心，服务大局”的履职导向，紧扣区委“打赢四场硬仗，推动高质量发展”的整体思路，投身全区中心工作，在黄兴北路、金霞片区、火车北站等棚改、拆迁项目中，奋战在最前线；在抗洪抢险、拆违控违、信访维稳、城市管理、文明创建等工作中，坚持靠前指挥；在助力营商环境优化年和产业项目建设年上，为项目招商牵线搭桥，为留商安商稳商主动作为，为产业做大做强深入调研，贡献政协力量。

【委员履职】2019年，开福区政协按照“互联网+政协”要求，依托16个街道和5个专委会共21个委员工作站（室），通过政协云、微信公众号等履职新载体，构建“线上线下委员工作站”，打造时刻在线，永不落幕的委员之家。各委员工作站依托自身资源，开展形式多样的履职活动，服务民生民利。提案委法润江湾委员工作室，全年开展法律服务“进机关、进学校、进企业”活动12次，受益2000余人次。2019年，全区有206名政协委员到街道和社区进行值班走访，收集居民关注的民生问题700余条，全部得到处置和回复。通过实施“百人计划”，采取月通报、季讲评、年度评比等手段，全区共有236名政协委员和机关工作人员参与“政协云”，“政协云”登录和参与综合排名全市第一、全省第八。为让委员们的履职成果落到实处，将“政协云”平台委员“微建议”转交“12345”热线办理，区绩效办将其纳入年度绩效考核目标体系，确保“微建议”年度办复率100%，满意率在95%以上。

【扶贫帮困】2019年，开福区政协委员捐助善款38.79万元，在春节、端午节、中秋等节日，组织政协委员上门慰问结对帮扶的困难群众，为全区100名品学兼优的贫困学子发放助学金。落实区委对口扶贫攻坚工作会议精神，区政协党组和主席会议成员、办委主任、政协委员和医疗专家30人，到湘西龙山县开展爱心助学、专家义诊等活动，为119名贫困学生捐赠助学金20万元，与15名特困家庭学生一对一长期结对帮扶，协商研讨对口产业扶贫长效机制，向区委提交建议报告，为全区扶贫攻坚贡献政协力量。利用政协委员自身优势，牵头组织开展“相知相伴、童心同行”“龙华上品·三湘阳光助学”“用画叩开心门，点亮家庭希望”“守护天使”“看望抗战老兵”“与爱同行，暖心助残”“颜值从齿开始”等社会公益活动300余场，为居民群众送钱、送医、送药、送书，让居民在家门口获得实惠。

【调研交流】2019年，开福区政协组织学习调研20余次，有26批次兄弟单位来开福区学习交流。省、市政协召开的各类工作座谈会，开福区政协多次作为发言单位，推介开福区经验，在长沙市委政协工作会议上，开福区政协作为唯一区县代表向长沙市委汇报特色亮点工作。

编印《开福政协》，出版《区政协履职成果汇编》《社情民意信息汇编》等书籍资料，制作《2019年履职工作纪实片》，记录开福区政协一年工作，留住政协记忆。2019年，全区各民主党派、工商联和无党派人士参加政协各类协商活动100次，提交提案31件，反映社情民意信息89篇。各民主党派和知联会开展“中山希望书屋”“烛光行动”“为星星保驾护航”“同心健康社区”“凤凰欲飞”“一座城帮一个村”“物联世界、共创未来”高峰论坛等系列活动，在服务经济社会发展、维护社会和谐稳定等方面贡献的力量。

重要会议

【政协全体会议】1月3–5日，政协长沙市开福区第五届委员会常务委员会第四次会议召开。会议期间，区委书记沈裕谋在开幕会上讲话，区委副书记、区长刘拥兵等区委、区政府领导出席会议并参加分组讨论。会议讨论沈裕谋的讲话，协商区政协第五届委员会常务委员会工作报告、提案工作报告、“一府两院”及其他有关报告。委员们针对开福区经济，政治、文化、社会和生态文明建设中的重大问题，协商议政，提出许多建设性的意见和建议。大会通过《政协长沙市开福区第五届委员会第四次全体会议关于常务委员会工作报告的决议》《政协长沙市开福区第五届委员会第四次全体会议关于提案工作情况报告的决议》《政协长沙市开福区第五届委员会第四次全体会议政治决议（草案）》。

1月3日，政协区第五届委员会第四次全体会议　（区委宣传部　供图）

【政协常委会议】4月16日，政协长沙市开福区第五届委员会常务委员会第十三次会议召开。会议审议通过《政协长沙市开福区第五届委员会常务委员会关于调整专门委员会设置的决定》，政协长沙市开福区第五届委员会内部机构设置“一办六委”，即办公室、委员学习联络委、提案委、经济科技和外事委、文教卫体和文史委、农业农村和人口资源环境委、社会法制和民族宗教委。会议协商通过区政协有关人事任免事项，各委员活动小组分组建议名单及正、副组长建议名单，各专门委员会兼职副主任建议名单，区政协2019年重点履职工作方案，区政协委员履职管理与考核办法。

7月30日，政协长沙市开福区第五届委员会常务委员会第十四次会议召开。会议听取2019年上半年区政府工作情况的通报及2019年上半年财政预算执行情况的通报，听取2019年上半年“两院”工作情况通报，与会常委发表意见建议。会议还协商通过区政协有关委员人事异动事项。

10月23日，政协长沙市开福区第五届委员会常务委员会第十五次会议召开，就开福区不可移动文物保护工作进行专题视察协商。与会常委现场视察九如里公馆群、文昌阁和龙王庙等文物保护点，听取文化旅游体育局不可移动文物工作情况汇报，与会常委和相关领导重点就下一步不可移动文物保护工作提出具体的意见和建议。

12月25日，政协长沙市开福区第五届委员会常务委员会第十六次会议召开。会议听取提案办理工作第三方评估情况及重点提案办理工作情况并测评，听取“不可移动文物保护工作”民主监督情况及测评，听取民主评议区住房和城乡建设局工作情况及测评，听取委员履职情况通报，会议协商通过区政协五届五次全会有关事项，主要包括《政协长沙市开福区第五届委员会常务委员会工作报告（草案）》《政协长沙市开福区委员会

2020年工作要点（草案）》《政协长沙市开福区第五届委员会常务委员会关于五届四次会议以来提案工作情况的报告（草案）》《表彰决定》《委员履职考核管理办法（修订稿）》《区政协提案工作实施细则》和全会会议日程等事项。会议还协商通过有关人事异动事项。

【重点履职工作动员大会】4月16日，开福区政协组织召开2019年度重点履职工作动员大会，全体区政协委员，区政协主体履职活动涉及的区属相关单位负责人，各民主党派、区工商联、知联会负责人，老委员联谊会负责人，各街道政协联络处主任、联络员，以及区政协机关全体工作人员280余人参加。会上，区政协党组书记、主席熊建伟就2019年度需要重点推进的几项工作进行全面动员；区教育局、区住房和城乡建设局、区商务局及委员代表进行表态发言。区委常委、常务副区长蔡冰，区委副书记谢伟峰出席并讲话。

政协工作

【概况】2019年，开福区政协创新履职、主动作为。全年根据区委点题，聚焦区委中心工作和民生福祉，组织40多个区直相关单位，100余位党内外政协委员，足迹踏遍省内外50余个点，开展5次专题协商和5次主席会议视察，召开协商会议100余场次，向区委、区政府提交意见建议200余条，得到区委主要领导高度重视和重要批示，促进一大批区域经济发展难点问题得到解决。

【专题协商】2019年，开福区政协根据年度工作安排，组织开展“进一步推动开福内陆开放新高地建设”“小区业委会依法履职的思考”“加强我区闲置土地支帮促”“推进开福区实体工业差异化发展”“加强我区公办和普惠幼儿园建设”5个专题协商，邀请区委、区政府相关领导参加协商，助推开福经济发展。时隔两年再次对“开福内陆开放新高地建设”进行调研，围绕外向型经济对区域的贡献度，内陆开放新高地建设的方向、重点和措施等方面深入调研，为开福发展注入新动力，增添新活力，拓展新空间。调研报告《进一步推动开福内陆开放新高地建设》被评为湖南省政协二等奖。

【基层协商】2019年，开福区政协继续打造基层协商这一特色品牌，聚焦社区群众民生热点，把民生领域的急事、短板、痛点作为基层协商题目，先后开展基层协商64次，协商解决民生问题50余个，伍家岭波隆立交桥交通优化整治，望麓园街道打造“共享停车”，通泰街万达物业提质降费，沙坪街道农村聚餐规范点等协商案例，获得居民群众点赞。7月19日，组织召开2019年上半年度基层协商推进会，现场观摩湘雅路街道“百善台社区2至6栋天然气改造”协商会议，基层协商更加制度化、规范化、程序化。

【民主监督】2019年，开福区政协重点打造“协商监督一体化”，确保协商成果落地落实，让民主监督更实、作用更好。与区纪委监委联合成立民主评议工作组，对区住建局的工作，通过拍摄暗访短片找问题，切实达到改进作风的目的；委派10名政协委员受聘开福交警大队“形象监督员”，对开福交警执勤执法、警民关系等方面进行全方位的监督，效果明显；组织召开政协常委会专题视察和协商，将2018年“区不可移动文物保护”协商成果的落实情况，作为重点监督内容进行监督；组织政协委员首次走进区纪委监委，全方位感受“阳光下的纪检监察”，促进双方监督职能有机融合，形成强大监督合力。

【民主评议区住房和城乡建设局】2019年，开福区政协为切实履行政协民主监督职能，进一步提高部门工作效能和服务质量，根据开福区政协2019年度工作安排，区政协联合区纪委监委成立民主评议工作组，对区住房和城乡建设局（以下简称区住建局）在政务服务、行政审批、监管执法、保障性住房管理、物业监管等5个方面工作情况进行民主评议。评议小组通过组织服务对象、政协委员、纪委监委委员、特约监察员、基层干部群众召开座谈会，发放问卷测评表，听取意见建议，以及委托社会中介机构开展调查取证工作并拍摄暗访片等形式，形成共15个问题清单，向区住建局反馈并要求整改落实。对民主评议工作，区住建局制定行之有效的措施，对评议中发现、查找出的五个方面15个问题，经处理、整改后，均取得良好效果，并在区政协常委会民主评议中满意率90%以上。

【建言献策】2019年，开福区政协收到委员提交提案113件，经合并、审核后立案60件，并全部办复，其中有41件提案办理为A案，A案率

68.3%；B案14件，B案率23.3%；C案5件，C案率8.3%。政协提案紧扣中心、服务大局、内容丰富、质量高、针对性强。在办理过程中创新性地将提案办理纳入“协商监督一体化”，对提案办理情况进行民主监督；首次对3件提案办理效果实行第三方评估等举措，解决提案办理中“落实率不高、委员被满意”等问题，促进全区经济稳增长、民生得改善、社会大局稳定。

【重点提案办理】开福区政协围绕群众最关心、最直接、最现实的热点问题，精选10件重点提案，报请区委同意，由区委、区政府领导亲自领办6件。其中《关于开福区安商、留商、扶商、稳商的提案》由区委书记领办，《关于高岭国际商贸城可持续发展的提案》由区长领办，其他4件重点提案分别由区政府副区长领办。经过区委、区政府领导亲自领办和区政协主席会议两轮督办，10件重点提案全部办理成A案。

【社情民意信息工作】2019年，开福区政协收到78位委员撰写的社情民意信息稿件213篇，上报115篇，开福区政协秘书长李劲松《关于完善政协章程第五十条的建议》、开福区政协文教卫体和文史委主任田承明《关于将县级政协专门委员会主任全部纳入政协常委的建议》和政协委员徐大建《关于完善职业兽医制度的建议》3篇被全国政协采用，湖南省政协采用18篇，长沙市政协采用18篇，采用数居全省125个区县（市）第一，连续7年蝉联全市第一。政协委员龚耀武撰写的社情民意信息《尽快设立长沙城市原点的建议》，受到湖南省委常委、长沙市委书记胡衡华，长沙市政协主席文树勋的高度重视，并做重要批示，长沙市人民政府市长胡忠雄签发《关于提请审议长沙市城市原点规划选址的议案》，提交长沙市人大常委会审议。

【主席会议视察】2019年，开福区政协根据年度工作安排，组织开展“全面落实乡村振兴战略工作”“高岭国际商贸城可持续发展”“马栏山视频文创园建设”“水质自动监测站建设”“高新技术产业发展”5个主席会议视察，汇聚政协委员、民主党派、区直部门等多方智慧和力量，为推动相关工作落实献计出力，为开福经济社会发展建有用之言、献务实之策。

【第三届“中国福”城市文化交流活动】5月8—10日，开福区政协承办第三届“中国福”城市文化交流活动，邀请江西安福、贵州福泉、福建福鼎等8个“福城市”代表齐聚开福，增进文化交流，促进地域交往，推介开福名片。此次活动以“厚德载福·开启幸福”为主题，通过文艺会演、福地参观、夜看开福、主题论坛等多种形式，全方位展示开福区厚德文化理念和发展成果。

【“不忘初心、牢记使命”专题教育暨能力素质提升培训班】8月25日—9月1日，开福区政协联合区委统战部，组织100名政协委员与党外人士代表在四川大学开展“不忘初心、牢记使命”主题教育暨能力素质提升培训班。通过党性教育、专业知识、实地考察等方面的辅导授课，引导政协委员和党外人士增强政治意识，提升政治素质，履职更加积极。

【“优化营商环境，助力开福发展”2019年政银企对接会】5月30日，由开福区政协委员黄国军牵头，开福区人民政府、开福区政协、开福区工商联、邮储银行长沙市分行共同主办，组织召开“优化营商环境，助力开福发展”2019年邮储银行政银企对接会。区政协党组书记、主席熊建伟，区委常委、常务副区长蔡冰，区委常委、统战部部长何惠风，区政协副主席、工商联主席鲁碧君，相关区直部门负责人及区内200余家精英企业和商会代表参加对接大会。活动中，区工商联与邮储银行长沙市分行签订普惠金融战略服务合作协议，邮储银行开福区支行分别与华创国际广场、清水塘街道商会、湖南三羊中小企业融资担保有限公司、佳海工业园签署战略合作框架协议，双方就深入持续开展金融服务活动达成共识，构筑银企信任、合作、互利的和谐关系。

（康万强）

区纪委·区监委

KAIFU DISTRICT COMMISSION
FOR DISCIPLINE INSPECTION
AND SUPERVISORY COMMITTEE

纪律检查与行政监察

【概况】2019年，中共长沙市开福区纪律检查委员会开福区监察委员会（以下简称区纪委区监委）全年对“两个责任”落实不力的3个部门单位及3名党员领导干部进行问责处理；对91名新提拔使用干部进行任前廉政谈话和廉政考试，出具党风廉政意见回复3553人次。对“庸、浮、懒、散”方面问题提醒谈话25人次、通报批评6人次、批评教育39人次、诫勉谈话10人次，党纪政务处分12人。查处违反中央八项规定精神问题15起，处理21人，给予党纪政务处分20人；查处“提篮子”“打牌子”典型案例2起，处理2人；查处“红包礼金”问题8起，给予党纪政务处分8人。开展民生项目资金集中专项治理，核查涉农民生项目7个，资金1300余万元；核查教育系统国家资助项目资金235.33万元，学生资助信息3739人次，对教育领域食堂管理混乱、违规有偿补课等问题立案查处8起，给予党纪政务处分7人；核查全区低保对象4201户、7116人。全年立案125件，结案119件，涉及科级干部8人（正科级干部4人、副科级干部4人），给予党纪政务处分113人，移送司法机关9人，追缴违纪违法资金2011.43万元。全年受理涉黑涉恶腐败和“保护伞”问题线索39件，办结34件，立案审查调查1人，移送司法机关1人。

【政治监督】2019年，区纪委区监委严明政治纪律和政治规矩。对照中央、省、市纪委全会精神，召开区纪委全会，出台专题文件，将有关全面从严治党重点任务进行责任分解并跟踪督办。助推三大攻坚战、机构改革、营商环境优化年活动、基层党建等中心工作，加强监督检查，推动中央和省委、市委、区委重大决策部署不折不扣贯彻落实。严肃党内政治生活，严明政治纪律和政治规矩，创新推出“开福区政治生态建设系统”，将党委主体责任和纪委监督责任的具体任务和执行情况全部纳入电子监管，利用信息化手段对重点单位和地区政治生态分析，推进政治监督具体化、常态化，压紧压实各级党组织全面从严治党政治责任。坚持“一案双查”，全年对“两个责任”落实不力的3个部门单位及3名党员领导干部进行问责处理。落实“两为主”，坚持就相关工作及时向上级纪委和区委报告请示，落实上级领导指示批示。

【作风建设】2019年，区纪委区监委坚持问题导向，狠抓专项整治。整治形式主义、官僚主义。认真贯彻落实中央、省市整治形式主义、官僚主义部署要求，采取以上率下、精准整治、监督问责等措施，集中整治各类形式主义官僚主义。

1月29日，中共长沙市开福区第五届纪律检查委员会第四次全体会议召开　　（区纪委监委　供图）

控制会议数量、规模，改进发文工作，为基层减负。区委、区政府全年发文452件，发文同比减少34%；2019年纳入全区年度计划的督查检查考核事项22项，同比大幅减少。开展政务类网络平台清理整顿，全区摸底登记政务类网络平台191个，注销关停134个，保留30%；摸底微信、QQ工作群1015个，合并、解散271个，精简26.7%；大力削减“文山会海”和“督检考”总量频次。2019年，对“庸、浮、懒、散”方面问题提醒谈话25人次、通报批评6人次、批评教育39人次、诫勉谈话10人次，党纪政务处分12人。推动主题教育专项整治。聚焦8个方面专项整治，深挖彻查，明确整治责任，细化整治措施，量化整治时限，全区查摆专项整治重点问题47个，拟定整改措施122条，完成整改47个。全年查处违反中央八项规定精神问题15起，处理21人，给予党纪政务处分20人；查处“提篮子”“打牌子”典型案例2起，处理2人；查处“红包礼金”问题8起，给予党纪政务处分8人，撤销全区“5910”廉政账户，出台《关于进一步整治违规红包礼金问题的通知》，对收送、索要红包礼金的党员干部、公职人员从重或加重处理。开展“一季一专题”集中治理。坚持一个问题一个问题地纠治，巩固提升专项治理成果，围绕教育扶贫、社会保障兜底、涉农民生资金等项目进行集中专项治理，核查涉农民生项目7个，资金1300万余元；核查教育系统国家资助项目资金235.33万元，学生资助信息3739人次，对教育领域食堂管理混乱、违规有偿补课等问题立案查处8起，给予党纪政务处分7人；核查全区低保对象4201户、7116人，确保应保尽保，应退尽退，切实提升人民群众获得感和满意度。

【信访举报工作】2019年，区纪委区监委抓好初信初访办理。推进以落实首办责任制为重点的初信初访办理，按照“第一次办信处访的单位和个人负责到底，纪检监察业务内问题处置到位，业务外问题督办到位”要求，压实初信初访首办责任。对涉及重大疑难问题的初信初访，运用提级审核、提级办理、交叉办信、阳光处访等机制认真办理，防止因处置处理不当而引发重复越级访。化解重复访越级访难题。排查梳理越级信访和重复信访件，特别是对拆迁等产生的遗留问题，制定应对方案，对反映问题严重、情况相对复杂、单位自办压力大的信访问题采取片区（联组）交叉办信，继续推行委领导包案、纪检监察信访举报公开答复、公开评议制度、农村信访举报集中办理专项行动，着力化解越级访和重复访问题。防范信访举报工作中的形式主义官僚主义问题。贯彻落实中纪委印发的《关于整治纪检监察信访举报处理工作中形式主义、官僚主义问题的意见》，对照文件要求，列出的问题清单逐一整改落实到位，从受理办理、处置管理各个环节找准问题，对症下药，加强整治。

【扫黑除恶打“伞”破“网”】2019年，区纪委区监委印发《关于在扫黑除恶专项斗争中强化监督执纪监察的工作方案》等3个专项工作文件，成立扫黑除恶专项斗争中强化监督执纪监察工作领导小组，由区纪委主要领导任组长，具体指导全区纪检监察组织在扫黑除恶专项斗争中监督执纪监察工作。扎实安排部署。多次召开纪委常委会议，传达学习中央、省、市、区委扫黑除恶专项斗争会议精神和上级纪委相关文件精神，组建成立督导督查组、深挖彻查组、线索排查

3月29日，区政协委员参观区纪委监委办公场所，听取全区党风廉政建设和反腐败工作情况
（区纪委监委　供图）

处置组和综合组四个专项工作组，制定任务分解表，明确职责分工。集中督导检查。由区纪委常委带队，分两组到全区各部门单位、街道办事处，重点督查扫黑除恶工作精神贯彻落实、依法严惩、线索排查、综合治理和宣传发动等开展情况。强化宣传引导。区纪委与区扫黑办等相关单位联合宣传发动，在各场所滚动播放电子信息，悬挂宣传横幅，做到扫黑除恶“打伞破网”标语口号“铺天盖地、随处可见”，人民群众“人人皆知、家喻户晓”。深入摸排线索。面向社会公布举报电话、信箱，建立涉黑涉恶腐败问题线索登记和办理情况专门台账，每月对账1次，及时更新。

7月2日，组织全区40余名纪检纪检监察干部到长沙市廉政警示教育基地开展“提高政治站位，强化纪律意识”主题党日活动　（区纪委监委　供图）

【派驻监督工作】2019年，区纪委区监委加强对派驻机构的领导、管理和指导，印发《关于纪检监察工作片区联组划分情况的通知》，进一步理顺派驻机构与区纪委监委机关各科室、被监督单位之间的工作机制，厘清工作职责、规范工作流程，提升精准发现问题能力。强化政治监督，推动被监督单位党组织落实管党治党政治责任。突出监督重点，立足领域、行业特点，抓住症结问题，加大推进行业不正之风的治理，紧盯重点人、重点事，带着实际情况和具体问题定期向区纪委监委汇报工作。赋予派驻机构监察职能，通过综合运用参加会议、线索处置、信访调查、约谈提醒、下发纪律检查建议书、监察建议书等监督措施，把派驻监督的“探头”擦得更亮。各纪检监察组着眼“驻在一家、监督多家”的实际，发挥“派”的权威和“驻”的优势，拉长耳朵、瞪大眼睛，对驻在单位和综合监督单位进行“贴身”监督，督促班子成员履行好管党治党政治责任。

【巡察监督工作】2019年，区纪委区监委深化政治巡察，全年对19家部门单位党组织开展常规巡察或专项巡察，对53个社区（村）党组织开展了专项巡察或延伸巡察，发现问题327个，移交问题线索19条，责成被巡察单位立行立改问题60个，提出工作建议75条，对1家单位领导班子集体廉政谈话，给予约谈、提醒谈话、诫勉谈话等组织处理19人；给予党纪政务处分10人（其中科级干部2人），移送司法3人。在全市率先开展扫黑除恶专项巡察，在省、市媒体报道，《廉洁长沙》栏目进行专题报道，充分发挥巡察工作震慑、遏制、治本作用。创新开展“点穴式”专项巡察，受到省、市纪委充分肯定，并在中央、省、市媒体报道。

【监督执纪】2019年，区纪委区监委建立副科职以上领导干部廉政档案，加强对党员领导干部监督管理。严把入口关。对91名新提拔使用干部进行任前廉政谈话和廉政考试，出具党风廉政意见回复3553人次。认真履行监督首责。全年实践运用“四种形态”447人次，其中第一种形态326人次，占比72.9%；第二种形态68人次，占比15.2%；第三种形态43人次，占比9.6%；第四种形态10人次，占比2.3%。

【案件查办】2019年，区纪委区监委全年立案125件，结案119件，涉及科级干部8人（正科级干部4人、副科级干部4人），给予党纪政务处分113人，移送司法机关9人，追缴违纪违法资金2011.43万元。推进扫黑除恶监督执纪监察工作，强力“打伞破网”，全年受理涉黑涉恶腐败和“保护伞”问题线索39件，办结34件，立案审查调查1人，移送司法机关1人。严肃查处青竹湖街道天胜社区原主任谭某涉嫌敲诈勒索、非国家工作人员受贿、强迫交易案。向涉营商环境领域腐败问题亮剑，查处区商务局原党组书记、局长李某案及青竹湖街道天胜社区原书记李某案。全年承办市纪委监委交办案件10件，对李某等9人采取留置措施。推动以案促改。建成高规格、高标准办案区，确保安全文明规范办案。发挥审理把关作用，按照“二十四字方针”严把“最后一道关口”，防范办案质量风险。做好典型案件深刻剖析，指导被调查单位整章建制、堵塞漏洞，加强源头防范，打造不能腐的制度铁笼。

【廉洁文化宣传教育】2019年，区纪委区监委巩固提升“六廉”教育体系，弘扬“为国尽忠、为职尽责、为家尽孝”的厚德开福精神。全年组织开展廉政文艺活动110余场；梳理近年来区内相关典型案例，策划、拍摄警示教育片《警醒》，并在区委巡察工作情况通报、全区作风建设讲评暨警示教育大会上播放，以身边事教育身边人，发挥案件查办治本作用；在三湘风纪网、长沙廉政网等发表宣传报道260篇，筑牢“不想”的思想堤坝。

【纪检监察干部队伍建设】2019年，区纪委区监委坚持高标准、严要求，以政治建设为引领，全方位锻造忠诚干净担当的纪检监察干部队伍。全年组织开展主题教育专题研讨交流3次，讲授主题教育党课3人次，深入调查研究并形成调研报告3份，提升纪检监察干部政治能力。组织“一法两规”全员测试，合格率100%，通过省、市纪委监委对开福区纪检监察干部全员培训工作的检查考核测试，提升队伍专业素质和履职能力。编印《开福区纪检监察干部红线手册》，健全《开福区纪委监委机关财务管理制度》，从制度上构建“防火墙”，严防“灯下黑”。

（谈 丹）

巡 察

【概况】区委巡察工作由区纪委、区委组织部共同负责实施。2017年6月成立区委巡察工作领导小组（以下简称领导小组），建立健全区委巡察工作机构，设立区委巡察工作领导小组办公室（以下简称巡察办）和区委巡察工作小组（以下简称巡察组）。领导小组履行巡察工作的各项职责，向区委负责并报告工作。领导小组由组长、副组长及成员组成（组长1人，副组长1人，成员5人）。组长负责全面工作，副组长协助组长工作。巡察办是领导小组日常办事机构，为区委工作机关，设在区纪委，机构规格为正科级。巡察办核定机关行政编制4名，设主任1名（乡科级正职），副主任2名（乡科级副职）。核定巡察组3个，规格为正科级，每个巡察组设组长1名、副组长1名、联络员1名。区委对巡察工作一次一授权，巡察组对领导小组负责并报告工作。巡察组工作人员从巡察工作人才库中抽调产生，在参与巡察工作期间与原单位工作脱钩。2019年，全区开展3轮巡察，其中巡察部门单位18家、国有企业2家、社区（村）党组织55个，并对26家部门单位开展巡察整改督查。截至2019年年底，巡察中发现问题358个，移交重要问题线索17条，交被巡察单位立行立改问题65个，提出工作建议86条。完成部门单位巡察全覆盖任务的64%，完成社区（村）党组织巡察的56%。

【领导重视】2019年，区委巡察工作压实主体责任。2019年，开福区

区委“扫黑除恶”专项巡察　　（区委巡察办　供图）

委书记履行第一责任人职责，把巡察工作作为分内要务、应尽之责，对重要工作亲自部署、重大事项亲自过问、重点环节亲自协调、重要问题亲自督办。全年区委常委会议研究巡察工作2次，书记专题会议听取巡察情况汇报3次，区委巡察工作领导小组会议专题调度巡察工作6次，召开巡察情况通报会1次，区委书记讲党课重点以巡察情况通报内容为主。区委书记曹再兴到任后第4天就专题听取一轮巡察工作情况并提出工作要求。理顺调整工作体制。按照市巡察办督查整改的工作要求，区委召开专题会议，召集纪检监委、组织、人社、编办等部门共同推进落实整改，新增巡察组联络员编制3名。巡察办、组人员调整为实行集中管理，改变分散在原部门管理的模式。强化理论武装头脑。结合“不忘初心，牢记使命”主题教育学习，区委巡察机构全体成员参加区委中心组（扩大）学习14次，参加每周五区纪委监委组织的中纪委《深入学习贯彻十九届中央纪委三次全会精神》《中华人民共和国监察法》等17堂纪检监察干部培训系列课程学习，观看警示教育片《叩问初心》，分两批次全员参加全市纪检系统培训，参加区纪检系统人员培训。巡察办还通过微信讲堂进行案例业务学习。各巡察组坚持组内每周工作例会讲评学习。

【整章建制】2019年，区委巡察工作坚持“五人小组”领导工作机制，坚持区委书记听取巡察汇报情况报备制度，坚持实施巡察工作沟通约谈机制。实行巡察工作目标管理绩效考核制。区纪委监委将巡察工作纳入到区党风廉政建设考核范畴，对区委巡察办以及区纪委监委相关科室、全区各单位同步下达巡察工作目标考核任务。完善巡察机构联动配合机制。与区纪委监委相关分管常委和科室联动，邀请纪检监察室人员参加巡察动员会和巡察反馈会，建立问题线索会商制。建立意识形态巡察工作制度。区委制定《意识形态巡察工作实施方案》，完成对14个区直部门和12个街道、56个社区（村）意识形态专项巡察。

7月1日，区委巡察四组巡察区民宗局工作动员会　（区委巡察办　供图）

【基层巡察】2019年，区委巡察工作坚持问题导向，彰显巡察利剑作用。明确巡察工作重点。开福区巡察工作深化政治巡察，紧扣被巡察党组织职能责任，深入查找政治偏差，将被巡单位落实区委区政府重大部署、重要制度、重点工作情况同步纳入巡察范畴。2019年，区委重点组织对6个涉农街道和41个社区的扫黑除恶专项斗争的专项巡察，组织对教育、卫健等民生领域和保税物流中心、城投、金霞发展集团等经济职能大局的常规巡察。严格巡察步骤程序。做好巡前信息收集。区委巡察办与区纪委监委等20家单位积极对接，收集巡前情况。抓住巡察关键环节。认真“听”。召开动员会、专题汇报会，列席被巡察单位党组会、听证会等。全面“谈”。与领导班子、机关和二级机构干部深入谈，与老同志、人大代表、政协委员、群众党员广泛谈。重点“查”。坚持领导指示、巡前收集的相关问题、个别谈话中的有效信息、信访举报、会议记录、重点人岗事、财务资料等“七个必查”。突出“访”。做到明察与暗访、重点检查与随机抽查、调查核实与走访了解“三个相结合”。认真办理线索处置。区纪委监委案管室对巡察移送的问题线索及时分办、交办、督办，定期向巡察办通报办理进度。全年移交问题线索19条（其中移交区纪委监委17条，区委组织部2条），办结18条，线索办结率为94.7%；巡察移交问题线索立案6人（含乡科级2人），给予党纪政务处分10人（含乡科级2人），其中移送司法3人。对1家单位领导班子集体廉政谈话，约谈、提醒谈话、诫勉谈话等组织处理19人。注重问题解决。全区委巡察工作在查找问题的基础上更加注重问题的解决，旨在全区社会稳定发展的面上发挥利剑监督和推动作用。2019年，区委扫黑除恶专项巡察四组在走访秀峰街道绿地集团反映曾被某村霸索要8万元好处费，法院虽判决，但资金未退回到企业。巡察组在深入调查后，了解到当地村民小组竟然将该笔费用作为福利发放给社员。经与被巡单位秀峰街道党委共同做社区及村民的工作，该笔资金在巡察进驻一个月内就退回企业。全年三轮巡察中，立行立改的问题60个，巡察中解决问题10个。

【巡察整改】2019年，区委巡察工作督促巡察整改落实到位。落实区委巡察领导小组成员参加巡察反馈会制度，落实向被巡党组织书记和党组织反馈和签字背书制度。区巡察办督促被巡单位在3个月内完成整改及备案工作。加强巡察后日常监督。按照中央、省、市落实整改日常监督责任的要求，区纪委监委和组织部切实承担起巡察后日常监督的主体责任。发挥巡察成果警示教育作用。区委书记在全区负责干部和社区书记讲党课专题指出巡察中存在的种种乱象，区纪委监委牵头制作“商务局李旅案”“天胜社区李捷、唐金海案”等警示教育片。针对点多面广线长人员众多的环卫领域组织召开警示教育大会。发挥巡察建议参考职能作用。巡察中各巡察组针对面上带共性的问题向区委政府及有关职能部门提出建议10条和转办函14件。

【队伍建设】2019年，区委巡察工作完善平台建设，充实巡察“人才库”。将科级和后备干部同步纳入巡察抽调范围，扩大干部培养使用和锻炼的平台。启用“改非”科级干部担任授权组长、副组长。全年抽调6名科级干部。继续选拔优秀年轻干部参与巡察工作，全年抽调34个单位65人次。巡察结束后，1名组长重用到职能部门任正职，1名后备干部提拔为副科级领导，6名后备干部得到重用。坚持学巡结合，提高人员履职能力。积极配合上级巡视巡察工作。全年选派区委巡察组副组长孙杨克、派驻纪检组组长廖莺燕、街道纪工委书记罗军及派驻纪检组科员贺爱辉等4人参与市委巡察。加强支部建设，增强党建工作活力。区委巡察机构选举成立区纪委监委第三支部委员会，开展“不忘初心、牢记使命”系列主题教育活动，组织参观“开福党史馆”“陈树湘烈士纪念馆”党日活动、文明创建、在职党员进社区活动。撰写《落实五张清单，创新开展开福村级巡察工作》《发挥巡察尖兵和利剑作用，助推扫黑除恶专项斗争纵深发展》2个主题调研报告。严格纪律制度，加强作风建设。严格贯彻执行省纪委监督执纪“十不准”等相关规定，与巡察人员签订《巡察干部廉洁自律承诺书》和《保密工作承诺书》。加强巡察人员考勤和监督管理。

（苏迎青）

民主党派·工商联

DEMOCRATIC PARTIES AND FEDERATION
OF INDUSTRY & COMMERCE

民革开福区工委

【概况】民革开福区工委有支部4个，党员123人，其中市级人大代表1人，市级政协委员1人，区级人大代表1人，区级政协委员4人。2019年，新发展党员4人。

【组织建设】2019年，民革开福区工委组织各支部党员学习习近平总书记关于新型政党制度的重要论述，多形式开展“不忘合作初心，继续携手前进”主题教育。组织工委班子、党员骨干到邵阳市开展“学习优良传统，重走抗战之旅”爱国教育活动；组织民革党员参加民革长沙市委、区政协、区委统战部开展的“庆祝中华人民共和国成立70周年”相关活动；邀请民革长沙市委副主委、长沙金霞经济开发区管委会主任康镇麟参加工委班子民主生活会并进行主题教育宣讲；承办民革长沙市委、区委统战部联合主办的主题教育暨“同心大讲堂”活动，邀请民革党员朱豫刚以“信仰的力量”为题宣讲。加强基层组织建设。民革三支部顺利完成换届；到党史教育基地的唐生智故居，开展“观故居，走多党合作之路”主题教育活动；到民革永州市零陵区支部交流学习“党员之家”建设，促进民革开福区二支部与零陵区支部缔结为友好支部。2019年，民革开福区二支部被评为民革湖南省委优秀支部，并按示范性支部建设的要求，打造“党员之家”。加强特色支部建设，形成一支部一特色。民革开福区一支部侧重参政议政，为经济、政治、文化、社会、生态文明建设建言献策；民革开福区二支部侧重法律服务，用过硬的专业本领为“法治中国”建设贡献民革智慧；民革开福区三支部侧重社会服务，彰显民革责任担当；民革开福区四支部侧重于竞赛活动凝聚力量，增进友谊。在开福区委统战部和天心区委统战部联合组织的“同心杯”统一战线羽毛球赛中荣获第一名。

5月24日，开福区第五届统战人士趣味运动会——“跑好伟大复兴”的接力赛在长沙市园林生态园举行 （区委统战部　供图）

【参政议政】2019年，民革开福区工委全年报送社情民意、统战信息60余条。其中廖耀群撰写的《关于建议尽快调整“醉驾入刑”标准》、刘洋撰写的《关于防范单用途预付消费卡“跑路”风险的建议》被湖南省政协采纳；廖耀群撰写1篇、李志员2篇社情民意被民革湖南省委采纳；刘洋撰写的《关于在我省率先开通诉讼费快捷退还机制的建议》被长沙市政协采纳；李志员撰写2篇、刘洋1篇统战信息被长沙市委统战部采纳；宋娜的《关于加快高岭国际商贸城可持续发展的建议》列为区政协主席会议成员重点视察提案，并立为A级提案；陶小燕的《关于依托开福人才新政提升人才引进实效的建议》，周月香、吴芳兰的《关于进一步完善开福区智慧分级诊疗平台的建议》，吴芳兰的《关于切实加强中小学生近视防治工作的建议》分别立为A级提案。参与各类调研。参与民革长沙市委的联合调研。民革开福区一支部关于垃圾分类的相关调研成果报民革长沙市委，拟报生态环保部。政协联合调研课题。参与政协《关于进一步推动开福内陆开放新高地建设》的专题协商和考察调研。区委统战部调研课题。结合民革湖南省委、长沙市委，开福区直相关部门平台资源，发挥党员优势，组成课题组，对开福区潮宗街有机更新进行实地调研，撰写《推进潮宗街有机棚改调研报告》。民主监督。按照区委统战部的要求，民革开福区工委有2名党员受聘为区直部门特约人员。

【社会服务】2019年，民革开福区工委服务法治建设，持续开展法律进校园活动。民革开福区工委为望麓园小学学生开展主题为“安全伴我在校园，我把安全带回家”讲座；由民革湖南省委社法委、开福区委统战部主办，民革开福区工委、“法润江湾”委员工作室、清水塘江湾小学承办的“大手牵小手，防溺不松手”校园安全法律宣讲活动在江湾小学、开福区清水塘第三小学、金鹰小学举行。民革开福区工委委员刘洋和国家级救生员培训师王涛针对溺水事故案例、溺水原因以及溺水后学生怎么自救和互救进行知识普及。该次活动得到人民网、红网、新湖南、湖南都市频道、政法频道、《长沙晚报》等多家媒体宣传报道。为有效防范校园欺凌事件，共建和谐校园，10月17日，在四方坪小学为300余名师生进行一场“拒绝校园欺凌”的法律宣讲，并现场解答同学们提出相关问题，引导孩子们加强自我保护意识，远离欺凌。持续开展同心创建法律进社区活动。7月21日，由民革湖南省委社法委、民革开福区工委主办，江湾社区、民革开福区二支部承办的“张扣扣一案大家谈”法律沙龙活动在江湾社区举行，掀起社区居民群众学法、知法、守法高潮；8月9日，民革开福区工委组织法律服务团队在江湾社区为暑假期间的孩子们开展“抵制校园暴力”普法讲座，培养学生们的法治观念和法律意识，营造文明和谐的校园氛围。服务经济建设。发挥新社会阶层媒体人士资源优势，聚焦马栏山文化创意与视频产业建设，做好人才服务，助力开福区产业建设。截至2019年年底，有5家民革党员企业落户马栏山，1家民革党员达成入驻马栏山众创园意向。服务社会建设。2月14日，民革开福工委副主委李志员、刘洋组成帮帮团，在江湾社区为徐动型脑瘫儿瑞瑞准备生日礼物和爱心帮扶卡，并承诺为瑞瑞家庭提供免费的法律援助；9月，廖耀群、胡帆牵头，联合区政协到娄底市开展助学暨援建“中山希望书屋”活动，捐赠价值6万余元的少儿读物；11月，到浏阳市东门小学，为“中山希望书屋”捐赠3000元书籍。2019年全国助残日，民革开福区工委、民革开福区三支部联合党员企业共同开展“携手精准扶贫共享美好生活”的助残日活动，慰问开福区40余位低保重度残障人士，该活动得到《搜狐》《今日头条》《民生在线》等媒体宣传报道。

（李紫娟）

民盟开福区工委

【概况】民盟开福区工委有9个支部，盟员总人数349人，其中区人大代表1人、区政协委员13人。2019年，新发展盟员11人。2019年，民盟开福区工委获得民盟长沙市委社会服务工作先进集体，开福区“盟员之家”获得民盟中央“优秀盟员之家”。

【组织建设】2019年，民盟开福区工委组织召开座谈研讨建设思想会，聆听专题报告，以多种形式指导基层学习贯彻习近平新时代中国特色社会主义思想，中共十九大，中共十九届二中全会、三中全会精神，民盟十二大精神。开展“不忘合作初心，继续携手前进”主题教育活动，制定活动方案，组织现场教学、主题宣讲、观看爱国影片、座谈会等形式多样的主题教育活动环节，浓厚学习氛围。长大附中民盟支部开展生本教育调研，为教育事业发展贡献民盟力量。长沙学院民盟支部副主委宋玲应邀参加2019年全国刑法学术年会，与全国高校及实务界同行进行学术交流，扩大民盟影响力。民盟开福区工委组织各支部盟员对学校、社区、幼儿园开展“盟员之家”“同心圆梦之蓝天梦”环保宣传教育活动，以“湘知相伴，同心同行”为主题，对全区16户特殊生育困难家庭开展帮扶、献爱心等公益活动，在红网、新湖南等多家媒体宣传报道。发挥传统媒体和新兴媒体的优势，融合多种载体，分类整理、推送宣传信息，在长沙盟讯微信公众号、红网媒体平台上，推介民盟区工委活动，宣传优秀盟员先进事迹。

【资政建言】2019年，民盟开福区工委参加民盟长沙市委会、区政协及区委统战部组织的各类协商、视察和调研会议，就全市、全区经济社会发展及民主党派队伍建设等问题提出意见和建议。参加区政协“住宅小区业委会依法履职的思考”专题协商调研，与课题组一道实地走访清水塘街道、芙蓉北路街道、宁乡玉潭街道，积极建言献策。参加区政协对区住建局的民主评议和暗访工作，填写调查问卷，提供问题线索。到长沙县北山镇调研环保工作，围绕生活垃圾分类、湘江水域生态环境保护开展宣导活动，参加全市渣土扬尘综合治理情况明察暗访。2019年，民盟开福区委调研课题《关于高岭国际商贸城可持续发展的建议》，会同区政协农资环委、金霞经开区产业发展局、区工商联等单位，对高岭国际商贸城可持续发展面临的问题进行深入调查研究，提出相关对策建议。委员毛光宇撰写的《关于充分发挥业委会作用，促进小区物管健

11月28日，民盟开福区工委在秀峰公园主办关爱环卫工、冬季送温暖活动
（区委统战部 供图）

康发展的建议》，委员毛光宇与委员黎飞仙联合撰写的《关于完善区内事业单位中土建工程专业技术人员职称评定的建议》，委员何磊撰写的《关于把“开福温度”广而告之的建议》等提案立为A级提案。

【队伍建设】2019年，民盟开福区工委做好入盟审查、培养和考察等工作，推荐盟员选举各级人大代表、政协委员，组织盟员参加新盟员培训班，增强新盟员入盟仪式感和使命感、归属感。加强“盟员之家”建设，将“盟员之家”建设与社会服务专委会等组织活动有机结合，开展内容丰富、形式多样的活动。2019年，接待民盟湖北省委（30人）、民盟内蒙古自治区委（14人）、黄石市委统战代表团（10人）、大连市民盟代表团（40人）等省、市盟员单位的参观与交流。

【社会服务】2019年，民盟开福区工委发挥民盟智力资源优势，巩固传统品牌“烛光行动”，基层支部开展送课下乡活动。民盟开福区工委发起的关爱地贫儿童、环保小卫士、青少年心理与辨识行为论坛活动逐步形成品牌，影响良好。助推脱贫攻坚。组织基层支部和盟员参加“千企帮万户活动”，为浏阳市的长春村农村安全饮水筹款。参加大爱无疆公益文化促进会举办“亲爱的宝贝”徒步挑战赛，为“事实孤儿”募捐。盟员钟湘平、区政协委员刘四平响应号召到汝城县、龙山县开展为期两年的支教活动。湖南省政协委员魏玛丽在通道县开启“爱之塔”关爱留守儿童公益项目，以“陪伴·暖心·启志”六字为核心，用专业托起爱心，扶贫更要扶志。盟员李荣到张家界市捐资助学5万元。

（李紫娟）

民建开福区工委

【概况】民建开福区工委有7个支部，会员160人，其中市级政协委员2人，区级政协委员10人，区级人大代表5人。2019年，新发展会员5人。

【队伍建设】2019年，民建开福区工委不断加强会员自身建设，提高参政议政的履职能力。持续学习中共十九大和民建十四大会议精神，学习两会精神和习近平新时代社会社会主义思想，组织工委集中学习1次，各支部开展学习活动4次。开展“不忘合作初心，继续携手前进”主题教育活动，以支部为单位，开展主题教育活动4次，并印发“中共十九届四中全会精神学习与宣传读本”及“不忘初心合作，继续携手前进”主题教育活动应知应会100题，将集中学习和利用业余时间学习相结合，向全区会员灌输“政治学习是第一责任”的观念，强化会员们的政治定力。组织会员参加庆祝中华人民共和国70周年活动。参加民建长沙市委组织的“阅读青春，献礼祖国”演讲比赛，会员傅曦代表民建开福区工委获特等奖；参加区委统战部组织的“我和我的祖国”朗诵比赛获最佳风采奖；参加区统战系统“趣味运动会”获团体二等奖。

【参政议政】2019年，民建开福区工委将参政议政作为民主党派履职尽责的首要工作，不断提升参政议政辐射力和社会影响力。2019年，完成调研报告《聚焦楼宇经济发力，做大做强金融商务区》。全年完成社情民意30篇，提案8篇，建议2篇，统战信息6条，其中，会员刘敏主笔的调研报告《湖南家庭医生签约服务“最后一公里”问题的调查与思考》在《省情要报》上发表，获副省长李桂英批示；社情民意《优化营商环境需要为企业做好环保服务》和《加强对京广铁路沿线棚户区改造的建议》被民建中央采纳。

【社会服务】2019年，民建开福区工委服务社会、热心社会公益事业。广大民建会员，通过各级人大、政协及社区等途径参与社会公益事业，围绕“同心助残项目”开展社会服务活动，全年开展活动4次。联合湖南省江西商会举办“同心同力，助残圆梦”2019年全国助残日公益活动，邀请50名自闭儿童共庆“六一”，为他们捐赠生活和学习用品3万余元；邀请湖南省残联优秀辅导老师为20余名有就业意向的残疾朋友进行就业辅导培训，解读扶持残疾人就业的政策，民建4家会员企业与“怡智家园”社工中心签订劳务合作协议，为残疾人就业提供岗位，取得良好的社会效果。组织会员参加民建长沙市委会“99公益日”爱心公益募捐活动，捐款8600元，并获腾讯公益配捐6000元；参加民建湖南省委会组织的“助力脱贫攻坚，共谱时代华章”湖南民建庆祝中华人民共和国成立70周年公益拍卖会，开福区民建会员捐赠字画作品获得拍卖善款4.6万余元，其中会员到现场拍卖捐款1.6万元。

（李紫娟）

民进开福区工委

【概况】民进开福区工委有支部10个，会员193人，其中市级人大代表1人，市级政协委员1人，区级人大代表1人，区级政协委员9人。2019年，新发展会员5人。

【自身建设】2019年，民进开福区工委以基层组织建设年为契机，民进开福区工委通过开展集体活动、学习培训等途径，增强自身建设，提高广大会员的思想政治理论水平和参政议政能力。组织活动。组织开展“九九重阳节，红色健康行”重阳节活动，组织会员参加区委统战部庆祝中华人民共和国成立70周年诵读比赛及2019女书文化旅游周开幕式活动，组织会员参加民进长沙市委组织的庆祝中华人民共和国成立70周年、人民政协成立70周年暨教师节主题知识竞赛活动，荣获一等奖。学习培训。组织各支部班子成员及会员参加民进长沙市委组织的基层组织负责人学习培训、民进湖南省基层组织负责人学习培训及湖南省社会主义学院党外干部学习培训等，加强班子建设，提高队伍理论水平。发展新会员。全体会员按标准及时缴纳会费，新发展唐鸣、李林强、王思程、蔡镇圭、卢懿等5名社会人士入会，扩大会员队伍。

【参政议政】2019年，民进开福区工委参加开福区委、区政府召开的协商会、征求意见会、情况通报会，就政府工作报告、涉及经济社会发展的重大问题进行协商讨论，为开福区经济社会发展建净言、献良策。调研报告。会员刘煜申报2019年湖南省统一战线理论政策研究课题《地方高校基层民主党派思想政治和组织建设方面的困境及对策》，并提交调研报告。会员胡晓宇提交调研报告《从解决企业诉求入手优化营商环境》。提案建议。会员刘煜《关于建立全市大型科研设备共享云平台，提高科技投入产出效能的提案》获长沙市优秀提案，《关于提高我市公交车儿童免票身高标准的提案》被《三湘都市报》报道；会员张静《关于规范开福区代课教师管理的建议》被评为开福区政协优秀提案；会员罗靓、会员彭超《关于在普校设立特殊教育资源中心的建议》，会员张静《关于引进优质高中教育资源带动区域经济发展的建议》《关于政府部门精简进校园活动的建议》，会员胡晓宇《关于将投诉受理纳入开福区“最多跑一次”事项的建

9月21日，庆祝中华人民共和国成立70周年开福区统战系统“我和我的祖国”诵读比赛

（区委统战部　供图）

议》，会员周崇文《关于持续实施支帮促，盘活闲置土地的建议》，会员陈敏《关于切实加强中小学生近视防治工作的建议》，会员刘煜《关于对我市科研项目报账引入电子报账系统的建议》《关于推广户内中水洁厕和户外雨水收集洁厕技术的提案》等，均为地方发展建好言献好策。特约人员。会员张静担任开福区卫计局特约人员，会员杨天沫担任开福区城乡建设局特约人员，会员刘煜担任环境保护督察组成员，在民主监督方面发挥重要作用。

【社会服务】2019年，民进开福区工委发挥会员优势，组织参加志愿服务和社会公益活动，提高社会服务能力，增强社会责任感。关爱特殊群体。民进一支部组织学生志愿者到“善孝堂”敬老院陪伴老人；民进四支部会员凌国平牵头，全体会员参加为自闭症儿童开展“关爱星儿口腔健康”义诊活动，会员罗靓策划并联合开福区交警大队发起“为星星保驾护航”陪伴自闭症儿童秋游活动，策划并携手开福区妇幼发起“点亮孤独的世界，守护星星孩子的健康”为自闭症儿童免费体检活动，参与并发起腾讯99公益“关爱星儿润苗行动”筹款活动及步步高福光慈善基金会“做星星的蓝朋友”公益活动。参与公益活动。全体会员为张家界桑植县竹叶坪学校捐建“同心梦想操场”，捐款3万余元，操场竣工并投入使用；民进一支部牵头组织在开福区丝茅冲社区开展“关注合理用药，药护一同行动”社区健康科普讲座及禁毒主题教育宣传活动；民进长沙市一中支部会员毛长林资助龙山贫困学生3人5000元，民进周南中学支部会员开展慰问周南中学新疆班活动。

【信息宣传】2019年，民进开福区工委直属一支部会员张静在国家级核心期刊《基础教育课程》2019年第11期上发表文章《中小学模拟法庭模式的问题及改进》。民进长沙学院支部会员肖燕芳、刘煜、于慧、赵小燕联合在《长沙大学学报》2019第33期上发表学术论文《互联网+视阈下的统战宣传工作新趋势》。统战信息。全年报送统战信息宣传报道10篇，分别为《民进开福区工委召开2018年总结会》《民进开福区工委直属四支部召开支部会议》《民进开福区工委直属一支部开展庆祝“三八”妇女节活动》《人间有情，大爱无疆记民进长沙市开福区工委四支部会员凌国平的一次特殊义诊》《消除误导，倡导全纳民进开福区工委直属四支部为自闭症儿童开展义诊活动》《长沙民进会员唐志：用画叩开心门，点亮家庭希望》《民进开福区工委开展药学服务进社区活动》《民进开福区工委召开支部主委会议》《民进开福区工委开展“不忘合作初心，继续携手前进”主题教育活动》《民进开福区工委开展民族团结进步创建主题活动》等，发表在民进网站和相关刊物上。社情民意。全年报送社情民意24篇，在相关领域提出有建设性的意见和建议。其中有民进一支部会员撰写《以奔驰车事件为契机，全方位整治4S店违规违法问题的建议》《关于规范九年一贯制学校办学标准的建议》等7篇；民进四支部会员撰写《家暴入刑需禁止基层执法“和稀泥”》《关于加强初中生劳动教育的若干意见》等10篇；民进长沙学院支部会员撰写《建议对我市渣土倾倒进行高分辨率卫星图像遥感观测监控和GPS定位双重监控》《关于出台大中专院校“禁酒令”的建议》等3篇；民进周南中学支部会员撰写《治理中小学校门路段交通拥堵的几点建议》《规范广场舞的有序发展，减少扰民现象的建议》等3篇；民进长沙市一中支部会员撰写《利用大数据建立对中小学生健康状态的动态管理的建议》1篇。

（李紫娟）

农工党开福区工委

【概况】农工党开福区工委有支部6个，党员208人，其中人大代表6人（省人大代表1人、市人大代表3人、区人大代表2人），政协委员7人（市政协委员1人、区政协委员6人）。2019年，发展新党员5人。

【队伍建设】2019年，农工党开福区工委组织各支部深入学习习近平新时代中国特色社会主义思想，学习农工党的党史、党章，开展区工委主委讲“不忘合作初心，继续携手前进”党课主题教育活动。组织参加农工党市委、区委统战部开展的各项实践教育活动，各支部定期组织党员组织参加爱国主义的实践教育活动。参加统战系统、党派组织的开福区统战工作研修班、同心大讲堂、农工党市委组织的社情民意培训班以及各类教育主题讲座等活动，加强队伍建设。组织党员参加党派市委和中共开福区委统战部组织的“迎国庆知识竞赛”“我和我的祖国”诵读比赛，在比赛中分别获得二等奖和一等奖。组织党员

10月26日，农工党开福区工委牵头对接同心结对商会——川渝商会，开展“窖启幸福，因为有你”同心助学活动　　（区委统战部　供图）

参加同心大讲堂、统战人士趣味运动会、党派市委组织的羽毛球比赛等活动，加强党内人士的交流，增进党员友谊。各支部组织党员全年开展走访、座谈40余人次。通过走访活动，了解党员工作生活情况，关爱老党员和贫困党员。农工党文化产业支部在中国传统节日上门慰问老党员，到医院慰问生病住院的党员，表达组织的关怀与问候。广大党员利用周末时间，走进社区，开展各种形式的卫生宣教、健康讲座、送医送药、帮贫扶困、义诊咨询等公益活动20余次。

【参政议政】2019年，农工党开福区工委加强党派调研，服务区域发展。为深入了解长沙医药健康产业园的产业发展情况，9—10月，农工党开福区工委成立调研组，对长沙医药健康产业园进行实地调查研究，组织召开入园企业座谈会议，听取产业园和入驻企业的建议和意见，形成《长沙医药健康产业园产业发展调查研究》的调研报告，为区委、区政府决策提供参考。建言献策服务大局。2019年，全区农工党员提交建议、提案18篇，其中，王爱民、唐红宇分别在省人大、市政协提交建议案3篇、提案4篇，叶婷在市人大提交建议案3篇，区人大代表肖乐、李奕，区政协委员谷任光、范雯、肖欢、汪志民、裴德先、朱翔等党员提交建议、提案8篇。社情民意服务民生。2019年，农工党开福区工委向上级报送的社情民意信息30余篇，其中省政协、市政协各采用1篇，党派市委采用1篇。

【社会服务】2019年，农工党开福区工委深化建湘新村“同心健康社区”创建活动，开展“‘精准脱贫光明行’健康义诊活动”“居民幸福实用心理讲座”“关注并减少骨质疏松风险”等健康服务活动。农工党长沙市一医院总支到望麓园街道荷花池社区等地开展健康义诊宣教活动20余次；农工党医卫支部联合新河街道社区卫生服务中心在幸福桥社区联合举办“推广中医药健康文化，细心呵护全民安康”的健康知识讲座和专家义诊活动。2019年，党派工委和各支部组织开展的各项健康义诊活动，受益居民群众1800余人。农工党开福区工委对接川渝商会，筹集爱心助学款8万余元，定向帮扶区内困难学生家庭。农工党药业支部党员继续开展“手牵手一帮一”扶贫助学活动，对口支援湘西困难学子；组织捐赠一批防暑药品慰问长沙市老年公寓老人。党员彭令分以弼时商会名义为弼时镇2019年二本以上大学新生奖励1000元/人，10.8万元；参与精准扶贫，建设优美家乡捐赠35万元。党员彭奕多次带领湖南省阳光社会工作服务中心工作人员为街道、社区特困家庭送温暖，捐赠奶粉等物质10万元。

（李紫娟）

致公党开福区工委

【概况】致公党开福区工委有4个支部，党员128人，其中省人大代表1人，区人大代表2人，区政协委员7人。2019年，发展新党员4人。

【自身建设】2019年，致公党开福区工委深化“同心大讲堂”主题教育活动，组织党员参加理论学习，凝聚共识，坚定思想引领，提升政治站位。组织党员现场聆听主委王国海传达全国“两会”精神，工委和支部分别召开专题会议进行学习。全年参加“同心大讲堂”学习活动10期。致公党周南支部组织党员参观刘少奇故居。组织党员观看专题教育电影《八子》。致公党开福区工委班子到船山学社“党员政治生活馆”参观学习，并召开“不忘合作初心、继续携手前进”主题教育活动民主生活会，开展批评与自我批评。在长沙学院开展“社情民意研修会”活动，邀请开福区政协社会法制和民族宗教委员会专家共同交流社情民意撰写经验，提升党员社情民意信息撰写水平。党员杨春生被聘为长沙市营商环境特约监督员，党员欧金成被聘为政协长沙市委员会社情民意信息员，党员冯忠作为媒体界人士入选省委统战部“湖南省新的社会阶层人士联合会”。组织党员代表参加长沙市民营企业家学习活动之《走进音乐的世界》。参加致公党长沙市委举办的“致公昭泰杯”羽毛球友谊赛，获得优秀组织奖。参加开福区委统战部组织的趣味运动会，致公党开福区工委代表队获得第二名。参加开福区委统战部组织的“庆祝中华人民共和国成立70周年我和我的祖国诵读比赛”获得最佳风采奖，其中致公党东风支部主委蔡文佳担任活动主持人，党员刘晓泓参演节目《祖国、一首永远的歌》。组织妇女党员及老龄党员参加“不忘合作初心，继续携手前进”主题教育活动。

【参政履职】2019年，致公党开福区工委发挥民主党派建言献策的职能，积极发声，发动党员参与调研、提案和社情民意的撰写，并向区工委全体成员提出“议前回顾，议中思考，议后策划”的基本要求，提高参政议政质量。2019年，各级人大代表、政协委员提交建议、提案7件，涉及领域有中小学教育、行政规划、宗教事务等。关注民生，为老百姓发声，党员提交社情民意31条。党员欧金成撰写的社情民意《农村“局中局”展销泛滥亟待重视》《警惕非洲猪瘟大量填埋处理引发二次污染》被采用，《新时代社情民意信息工作的新挑战》入选政协长沙市委员会《庆祝人民政协成立70周年理论征文选编》。政协委员冯忠参与“致多星”企业家服务平台的活动组织工作，所参与的活动被《人民日报》海外版、《消费日报网》《一点资讯》等媒体报道。完成《进一步推动开福内陆开福新高地建设》《关于打造品位长沙、提升城市品牌形象的研究》《加快交通物流业发展》等专题调研。其中，党员胡海飞执笔的调研报告《关于进一步推动开福内陆开放新高地建设》被区政协选送到湖南省政协参与评比，调研报告《对医药物流业发展的调查与思考》得到中共开福区委书记曹再兴的批示。

贯彻区委、区政府关于“营商环境优化年”的决策部署，以及各民主党派与湖南省异地商会“同心结对”活动要求，推动区域经济高质量发展。关注党员企业，对党员企业进行摸底，了解企业经营发展情况，帮助解决实际困难和问题，协助科德集团下属2个企业在伍家岭街道完成工商注册。对接浙江商会，在2018年引进浙商银行的基础上，2019年成功引进浙商资产管理有限公司入驻开福区新湖南大厦。引进财富证券营业部入驻福天兴业办公楼，年税收100万元；引进湖南至友物流有限公司入驻华创国际广场，年税收超1000万元。

【社会服务】2019年，致公党开福区工委巩固同心品牌，以社区科普活动和教育实现阵地化、常态化为目标，继续巩固水风井“同心科普社区”精品工程。依托科普体验馆和罗哥哥工作室，开展科普知识讲座活动。在水风井社区开展垃圾分类知识讲座，党员罗祖红主讲。在社区开展“爱心妈妈”走访活动，为社区的困难学生送温暖。开展“贺新春·品汤圆·闹元宵”公益助残活动、独乐乐不如“粽”乐乐社区亲子活动、“幸福生日”生日会活动—爱心助残等一系列活动。关爱弱势群体。2019年，党员杨儒森发起的凤凰欲飞组织，对凤凰县、古丈县、龙山县、石门县、浏阳市、安化县等地长期资助的280余名学生进行入户回访，了解孩子们的学生、生活等，全年发放助学金51万元。针对困难家庭，通过义卖的方式帮助他们销售农产品，义卖茶油、蜂蜜、芝麻等农产品5万多元，解决困难家庭的实际困难。杨儒森被中共湘西自治州委评为“社会扶贫先进个人”。致公党周南支部组织党员到安化县送教下乡，并捐赠物资。党员徐文组织开福区清水塘二小、清水塘北辰小学、四方坪小学、青竹湖湘一外国语学校等学校的孩子们为全国贫困县江永县大瑶山沱江镇第一小学录制歌曲《瑶山明天的脊梁》，以美妙的童声传递爱心。岗位创先争优。党员罗祖红获得“全省先进社会工作者”称号。党员鄢艳入选2019年湖南省“湖湘青年英才”支持计划。党员杨春生被长沙市工商联评为“改革开放四十年杰出民营企业家”。丝绸之路高科技园区联盟湖南分中心在党员杨春生企业湖南科德信息咨询有限公司成立。党员冯忠撰写的散文《妈妈，记忆会消失爱不会》《伍家井的伯妈》《散落在大同的那些时光》被《长沙晚报》采用。致公党长沙大学支部主委邓榕团队获第11届全国大学生广告艺术大赛学科竞赛广播类一等奖。党员杨威团队在湖南第四届大学生现代物流设计竞赛中获得一等奖。党员徐文成立的“美丽星声音乐工作室”被湖南省群文少儿音乐专业委员会授予“音乐教育示范基地”称号，她辅导的歌曲《我们在春天里播种》获得全国《小金钟》奖。

【侨海工作】2019年，致公党开福区工委积极参与“海归论坛”的筹办工作，助力论坛的成功举办。参加致公党省委、市委组织的海内外交流对接活动，党员刘世伟多次参与中法文化交流活动。党员卢雨薇到丹麦参加由哥本哈根中国文化中心与北京市文化和旅游局联合举办的“欢乐春节”活动，表演琵琶独奏《天山之春》；赴冰岛参加北京市人民政府、中国驻冰岛大使馆、冰岛华人华侨协会主办的2019年“欢乐春节”活动，表演琵琶独奏《春江花月夜》。党员欧金成赴日本、韩国等地开展“致公万里行”活动。党员邓超常年参与“一带一路”建设沿线国家的基础设施建设。

（李紫娟）

九三学社开福区工委

【概况】九三学社开福区工委有支社5个，社员总人数156人，其中省人大代表1人，区人大代表1人，省政协委员1人，区政协委员13人。2019年，发展新社员4人。

【队伍建设】2019年，九三学社开福区工委及各支社组织社员开展“不忘合作初心，继续携手前进”主题教育活动。组织社员认真学习习近平中国特色社会主义思想、社中央主席武维华在九三学社中央庆祝中华人民共和国成立70周年暨纪念多党合作和政治协商制度确立70周年座谈会上的讲话，提升社员政治站位，提高参政履职能力。组织支委班子成员和部分社员参加九三学社长沙市委组织的《九三学社长沙市委员会2019年参政议政工作培训会议》。通过学习培训、座谈研讨、参观考察等方式，提高九三社员的政治素质和大局意识。

【参政议政】2019年，九三学社开福区工委围绕开福区中心工作，精选课题，深入调研。2019年，九三学社开福区工委围绕“物联网、实体经济差异化发展”等课题进行重点调研，组织和动员广大社员参与，充分发挥好社员中人大代表和政协委员参政议政表率作用，形成论证充分、建议合理的调研报告。履行民主监督职能，参加政党协商工作座谈会，组织开展、参与各类政党协商活动，反映社情民意。其中社员徐大建提交的社情民意被全国政协采用，社员李斌全提交的社情民意被湖南省政协采用多篇。社员谢江岸、章异新等多次参加湖南省政协“九三学社湖南省议政日”活动，为全省的民营经济积极发声。湖南省人大代表，支社支委李茂，多次深入基层调研，主动作为，建言献策，在湖南省“两会”期间，提出《关于大型连锁食品经营单位食品经营许可实行申请人承诺制的建议》被大会采纳。

【社会服务】2019年，九三学社开福区工委一中支社的老师们积极参与扶贫支教活动，2019年，有5名老师到师资力量比较薄弱的学校进行工作指导。开福一支社为困难社员提供法律援助和帮扶活动。全国人大常委会副委员长、九三学社中央主席武维华一行到九三学社湖南省委科技委员会副秘书长、长沙市委科技创新委员会主任、开福区工委副主任兼开福一支社主委谢江岸创办的湖南胜昊软件科技有限公司走访调研，详细了解企业研发的综合气象观测人工智能分析判识系统和智能网格预报业务平台2个软件产品，并对企业发展过程中存在的困难和促进科技型民营企业高质量发展进行探讨。九三学社开福区工委组织看望慰问卧病在床的老社员劳凯文。做好支社老社员慰问工作，组织女社员参加九三学社长沙市委妇委会“庆三八”活动，重阳节组织离退休社员参加九三学社长沙市委老龄委参观彭德怀故居活动。组织年轻社员参加九三学社长沙市委参政议政能力培训、开福区委统战部庆祝中华人民共和国成立70周年“我和我的祖国”诵读比赛。组织参加由开福区委统战部组织的以“不忘合作初心，继续携手前进”为主题的长沙市开福区第五届统战系统趣味运动会。九三学社开福区工委举办“同心圆梦，健康中国”开福区2019年大学新生健康课活动。九三学社开福区工委章异新任筹备委员会主任、谢江岸任副主任，承办由九三学社中央科技委员会、湖南省物联网行业协会、九三学社长沙市委、开福区委区政府、长沙市物联网产业促进会共同举办的中国·长沙第四届“物联世界共创未来”高峰论坛。增进各省物联网协会、物联网企业、高校、政府间的沟通了解，整合九三学社科技人才和企业从业经验的优势资源，加强行业发展战略研究，共同推进行业标准建设，构建行业生态圈，促进行业健康发展。第四届高峰论坛较前两届而言，规模更大、涉及范围更广、影响力更大，参会人员800余人，峰会除演讲环节外，在会场内增加展会，多家物联网企业布展。峰会的举办，推动湖南省物联网行业发展，为湖南本土的物联网企业提供展示自身技术和产品的平台，也展现开福区经济社会发展成果。推进中共长沙市开福区委、区政府主办的湖南省异地商会会长"同心结对"开福行活动，主动跟结对商会对接，寻求商会支持协助，鼓励会员单位投资兴业。湛江市文盾电子科技有限公司项目，投资2000万元，签约注册落户卓尔产业园。

11月25日，新的社会阶层联谊会成立大会　（区委统战部　供图）

【开福区党外知识分子联谊会】开福区党外知识分子联谊会（以下简称"区知联会"）有理事70人，其中市人大代表4人，区人大代表1人，区政协委员16人。2019年，新发展理事10人。

2019年，区知联会以凝聚人心为主题，把思想建设、自身素质建设作为首要政治任务，抓好党外知联会自身建设，指导基层组织发展和建设。开展一系列主题教育活动，组织全体理事开展各类政治、业务学习培训。组织会员参加学习报告会、理论辅导讲座等活动，通过落实学习机制，创新工作方法，深入基层一线，加强宣传引导等举措，推进区知联会自身建设。全年区知联会共开展各类沟通交流活动20余次，主题教育座谈会3期，学习培训10余期。了解理事思想动态，引导理事积极实践、增长才干。向区委统战部举荐责任意识、工作能力较强的优秀理事，营造鼓励党外知识分子干事创业的良好氛围。认真履行职能，提高合作共事能力，在议政调研上有新提升，在社会组织协商上有新作为，在民主监督上有新成效。优化队伍结构，有目标、有计划地建设一支适应形势发展需要、有较强合作共事能力的高素质人才队伍。

2019年，区知联会重视专题调研，提升建言水平。围绕经济社会发展中的热点难点问题建言献策，研究确定年度重点课题，并深入调研提高参政议政水平。2019年，区知联会就"加强我区公办幼儿园建设"课题开展重点调研，课题组到宁波市、常州市、无锡市等地学习调研，结合长沙市公办幼儿园建设相关情况形成调研报告。对"医联体建设""家庭医生签约"等医卫服务情况展开调研并形成调研报告。组织到世纪金源物业、雷邦环保科技、长沙水清文化传播等企业开展调研，取得较好效果。通过座谈会、调研等方式，汇聚各方智慧，形成相关建议。围绕全区中心工作和人民群众关注的热点、难点问题，通过人大议案、政协提案、大会交流、"献计"等活动反映社情民意。组织完成市、区重点课题，结合自身专业优势，推动调研成果转化，鼓励调研成果通过多形式、多渠道积极反映。

2019年，区知联会推进"知识力量·看湘知湘推湘""一座城帮一个村"精准扶贫、捐资助学等工程，持续开展"科教服务月"活动，以"送教育、送法律、送医疗、送科技、送文化"为主要内容开展学术交流、技能培训、咨询服务等，坚持发挥知联会优势，整合人才优势、资源优势和场地优势，推进开福区知联会品牌创建。加强与福州商会对接，构建商会与企业间的纽带和桥梁，推动资源和信息共享共建；深入金霞片区、医药产业园开展调研，推进与微医集团、瑞康集团等优秀企业的互动，为产业升级发展穿针引线、搭台助力，为全区经济社会发展做贡献。

（李紫娟）

开福区工商联合会

【概况】2019年，开福区工商联（总商会）第六届领导班子中现有专职领导4名（主席兼会长1名、党组书记1名、专职副主席2名），兼职副主席5名，兼职副会长11名，特聘名誉副会长9名，常委55名，执委193名。全区会员1189人，基层商会27个，其中16个街道商会，另有直属商会、女企业家商会、纸业商会、通信行业商会、佛文化用品商会、建材行业商会、藏珑商会、金满地小商品商会、万达联合商会、钓鱼协会、青年企业家商会等11个行业商会。商会会员行业主要涉及建筑建材、智能制造、视频文创、金融商贸、现代物流、房地产、批发零售、住宿和餐饮等。2019年，开福区工商联被评为全国和省级“五好”工商联。

【队伍建设】2019年，区工商联按照打造一支干部队伍好、会员覆盖好、制度建设好、阵地建设好、党风廉政建设好的要求加强工商联基层组织队伍建设。按照坚持数量与质量并重的原则，吸纳89名政治素质高、专业知识强、发展后劲足、具有代表性的非公经济人士加入到会员队伍中。捞刀河街道商会、通泰街街道商会、四方坪街道商会荣获长沙市工商联“四好商会”荣誉；周川淇、王承东、唐晓丹荣获长沙市工商联“优秀会长”荣誉；闵翥、刘惠敏、方静荣获长沙市工商联“优秀秘书长”荣誉。会员企业湖南高岭建设集团股份有限公司、湖南沙坪建设集团有限公司、湖南顺天建设集团有限公司再次入选湖南“百强企业”；湖南新亚胜光电股份有限公司被评为“全国电子信息行业优秀企业”；湖南高岭建设集团股份有限公司荣获2018-2019年度“国家优质工程奖”；长沙锐智实业有限公司被定为“中国家居用品研发设计中心”；湖南中立机械有限公司获得开福区“尊师重教”先进单位称号；德荣医疗集团被湖南省科技厅评为“高新技术企业”；湖南兴旺建设集团获得“2018—2019年度第一批中国建设工程鲁班奖”；湖南金色地标房地产开发有限公司获得长沙市开福区爱心企业称号；邻睦医疗荣获全国医养结合示范基地称号。胡锷、谢江岸、李志员3位会员被评为长沙市委统战部“70年70人·同心耀星城”宣传人物；艾四海、周建湘、胡锷、彭建、谢江岸被评为中华人民共和国成立70周年长沙民营经济“最美建设者”；李立仁获得“开福好人”称号；谢江岸、张鹏被评为“长沙市2019年优秀营商环境特约监督员”。2019年，工商联界别产生市区人大代表13名、政协委员40名、区党代表2名。

【宣传教育】2019年，区工商联始终坚持党建引领，突出教育引导，加强非公有制经济人士思想政治工作，促进非公有制企业健康发展。落实重点举措，推进“大学习、深调研、真落实”，以“同心大讲堂”、高级研修班及各类文体活动为载体，不断夯实思想基础、提升能力素质，增强工商联凝聚力、向心力。区工商联举办纪念“五四运动”100周年——“同心大讲堂·开福青年企业家沙龙活动”，邀请区工商联原主席、湖南顺天建设集团董事长苏松泉，湖南兴旺建设集团董事长侯兴旺作为主讲嘉宾，与青年朋友交流探讨，激发广大青年

区工商联机关干部走访企业　（区工商联　供图）

企业家的创新创业活力。承办区委统战部“同心大讲坛”垃圾分类主题活动，会员单位雷邦环保、玉诚环境在会上作科普讲座。组织企业家参加“解放思想创业富民”大讲堂，聆听龙永图分析中美贸易问题，增强企业家分析研判经济形势的能力，为广大民营企业家搭建相互学习交流的平台。区委组织部、区委统战部联合区工商联组织50名企业家在深圳市经理进修学院举行2019年非公企业负责人高级研修班培训。这是工商联承办的第六届非公企业负责人高级研修班。企业家们通过培训增进了解、更新管理理念、开阔眼界思路、提升战略思维、提高管理经营企业的能力水平。区工商联联合深圳高级研修班邀请专业人士开展“股权激励与人才管理战略”的讲座，通过讲解开拓企业家的思维，提高参会企业响应市场的能力。组织商会主办各项活动。开展、参加庆祝中华人民共和国成立70周年的系列活动。组织工商联会员参加区委统战部组织的“我和我的祖国”诵读比赛，荣获“最佳风采奖”；青年企业家商会代表队参加区委统战部组织的趣味运动会，获得二等奖；区工商联举办“凝心聚力·同心杯”羽毛球比赛，全区27家商会200名会员参加；女企业家商会开展“三八”国际妇女节“用礼仪打造魅力形象”的讲座以及非物质文化遗产学习活动。利用《开福商海》杂志、微信群，宣传党和国家的方针政策，发布区委、区政府有关政务信息，交流社会经济发展讯息和典型经验，收集并反馈会员企业提出的各类意见建议，为企业创新发展、转型升级提供服务；指导工商联界别的政协委员、人大代表为经济发展和民生事业建言献策，议发展大事，履为民之职。

9月21日，区工商联参加区委统战部举办的“我和我的祖国”诵读比赛

（区工商联　供图）

【政企沟通】2019年年初，区工商联根据企业对口需求，完善领导联系非公企业和非公经济人士制度，34名区领导结对联系34家非公企业，并与企业家联谊交友，建立区领导走访帮扶机制，在定期双向交流中加强对非公经济人士的引导。原则上34位区领导每季度开展1次企业走访调研，面对面听取意见，实打实解决问题。开福区委书记沈裕谋一行走进区内非公企业，倾听企业家在发展过程中遇到的困难和问题，听取他们对优化营商环境的意见建议。区委书记曹再兴走访调研会员企业草莓V视、德荣医疗、中立机械、湘商大厦、拓沃重工等，倾听企业诉求、解决企业困难。区工商联牵头组织召开开福区营商环境优化年政策解读会议，邀请区发展和改革局、区人力资源和社会保障局、区税务局的负责人为240家非公企业负责人讲解开福区优化营商环境“16条”举措，现场发放税务、人社等扶持政策手册600套，增强开福区优化营商环境的公信力，激发市场主体活力，有效推动区域经济高质量发展。区工商联牵头组织召开开福区优化营商环境暨非公经济发展座谈会，区委书记曹再兴出席会议并讲话，会议由原区委副书记、区长刘拥兵主持，区领导张春雄、何惠风、李杨和鲁碧君出席会议。区直相关部门负责人、16个街道负责人及工商联全体常委、骨干会员参加会议。会上，胡锷、邵帅、郭德斌、蒋辉、陶晓燕、龙友军、侯兴旺、张海岸、范四海、石述球、邓文平、黄芳12位企业家围绕营商环境、政策落实、融资、人才引进等畅所欲言，查摆企业发展中存在的困难和问题，对开福区经济发展提出意见和建议。曹再兴等区领导对企业反映的问题逐一进行调查、了解，并现场交办。会后，

工商联将问题收集汇总交区优化营商环境事务协调中心由各相关单位落实。区工商联组织召开六届六次常委会，全体与会人员参观马栏山文创园、滨江华尔街商业中心，相关职能部门在会上就优化营商环境中企业家遇到的问题进行解答。区工商联班子成员坚持每周走访2家以上非公企业，了解企业发展形势和经营规划，收集企业在发展中遇到的困难和问题，及时向区委、区政府反馈，通过走访，将开福区优化营商环境的政策宣传、解释到位。推动构建“亲”“清”政商关系，区工商联在会员企业中发放优化营商环境问卷调查240份，收集到的问题由区政府分解到各单位落实；配合区委办定期开展“优化营商环境专项督查”，邀请会员企业参与和评价，切实掌握政策落地执行情况。

【企业帮扶】2019年，区工商联针对高岭建材商贸城、佳海工业园反映电费过高的问题，区工商联通过调研，第一时间整理出说明材料，汇报到区委统战部，部长何惠风亲自调度、督办，电费依法依规下调，为1000多家企业减免电费200多万元。作为开福区优化营商环境工作典型案例在《湖南日报》专题报道。区政协党组书记、主席熊建伟，区政协副主席、工商联主席、总商会会长鲁碧君和工商联界别的政协委员多次走访调研高岭商贸城可持续发展情况，通过政协主席会议重点督办，将安商稳商工作落到实处。区工商联牵头组织召开盛源集团、雅高彩印公司企业用地工作调度会，雅高彩印顺利搬迁，盛源集团与金霞经开区签约。区政府、区政协、区工商联联合邮储银行长沙市开福区支行举办政企银对接活动，佳海工业园、清水塘街道商会与邮储银行签订普惠金融服务合作协议。截至12月31日，邮储银行授信总量3亿元，其中小微企业1亿元。此活动被长沙市工商联评为“服务营商环境工作典型案例”在全市推广。区工商联推荐蒋辉、王承东、张鹏、谢江岸、杨春生等5位企业家为长沙市第一批“营商环境特约监督员”。区工商联按照“走出去、引进来”的思路，牵头组织市、区工商联机关干部及会员企业到海南、广州等地考察当地政商环境，了解当地产业发展，推广开福区的企业，加强与外地企业的沟通与交流。

【公益事业】2019年，开福区工商联贯彻落实“户帮户亲帮亲，互助脱贫奔小康”活动，联合长沙市工商联、长沙市光彩事业基金会、望麓园街道商会到衡阳市常宁县特殊教育学校开展助学活动，捐赠图书价值10万元、空调4台、钢琴1架及现金2万元，帮助该校解决实际困难。湖南福天兴业投资集团获得全国“万企帮万村”先进民营企业和省级扶贫先进单位称号。2019年，湖南高岭建设集团股份有限公司、湖南新亚胜光电股份有限公司、湖南兴旺建设集团、湖南雄新建筑集团等会员企业除资助贫困学生的学习和生活之外，还帮扶贫困家庭渡过难关。开福区工商联兼职副主席李立仁成立“中立教育基金”，筹集资金完善沙坪街道两所学校的基础设施建设，奖励优秀师生。直属商会会长史文学安排12名贫困户就业，对口帮扶建档立卡贫困户25户，减免贫困户医药费5万元。女企业家商会会长史丹资助贫困学生3位。2019年夏季发生洪涝灾害后，建材行业商会、女企业家商会、四方坪街道商会等基层商会和行业商会的广大会员企业，在人、财、物等方面支持抗灾救灾。区政协党组书记、主席熊建伟，区政府副主席、区工商联主席鲁碧君和工商联界别政协委员龙友军、刘志军、陈静平、陈坚、宋元喜、陈武及专家医疗团队等一行30余人到湘西自治州龙山县茨岩塘镇、内溪乡，开展捐资助学、医疗义诊、产业帮扶、结对帮扶等活动，向两个乡镇各捐赠助学资金10万元。

（傅　曦）

群众团体

MASS ORGANIZATIONS

开福区总工会

【概况】截至2019年年底，开福区总工会有下属2个系统（教育、卫计）工会联合会、16个街道工会联合会、90个社区工会联合会，有3586个基层工会，涵盖法人单位5577家，会员18.18万人，其中农民工会员8.35万人。有劳模69人，其中全国劳模4人，省级劳模16人，市级劳模39人，区级劳模10人；享受劳模待遇的先进工作者18人。创建省市模范职工之家50家，全国职工书屋3家，市级以上职工书屋15家。

【学习型工会建设】2019年，开福区总工会强化思想统领，推进学习型工会建设。组织集中学习中国工会十七大精神，开展习近平新时代中国特色社会主义思想主题教育活动。确保中国工会十七大任务熟记于心。区总工会兼职副主席、全国劳模、中国工会十七大代表董志平带领区总工会干部职工深入企业、工厂、学校、工地等基层一线，宣讲中国工会十七大精神，传达中共中央对广大干部职工的关心和重视，将广大干部职工的思想和才智凝聚到建设中国特色社会主义事业中来。组织全区各级工会主要负责人到厦门大学集中培训学习，开设一期学习贯彻中国工会十七大精神专题培训班，并培训学习“互联网+”在工会工作中的应用，增强各级工会责任感和使命感。

【工会活动】2019年，开福区总工会组织开展庆祝中华人民共和国成立70周年系列活动，激发爱国热情聚民心。发动全区各级基层工会通过各种形式开展中华人民共和国成立70周年庆祝活动，数万职工群众高唱红色经典歌曲，用歌声表达对祖国的深情祝福，激发广大职工的爱国热情和建功立业豪情。组队参加长沙市总工会举办的“我和我的祖国——湖南百万职工同声唱”获三等奖；参加湖南省总工会网络歌唱大赛，获得一等奖（第二名）。开展优化营商环境主题宣传活动，凝聚民心。举办“学习新思想、礼赞新中国、奋进新时代”开福区庆祝中华人民共和国成立70周年主题理论微宣讲“优化营商环境，开福在奔跑”主题活动，为招商引资、创业富民营造良好舆论氛围。

【劳动竞赛】2019年，开福区总工会创新开展劳动竞赛，培育新时代产业工人队伍。落实长沙“人才新政”，加强新时代产业工人队伍建设，助力开福重点行业发展，开展“寻找最美职工”微视频制作劳动技能竞赛，并在多个行业中展开初赛，选送高技能人才参加长沙市“十行状元，百优工匠”竞赛活动，在装配式建筑、汽车涂装等项目获得好成绩，包揽装配式建筑前四名，开福区总工会被评为优秀组织单位。区总工会围绕“垃圾分类”中心工作，联合区直相关部门，开展“开启幸福新时尚，争当分类小能手”垃圾分类劳动竞赛，全区所有机关、企事业单位，社区、物业、楼栋全员参与，《长沙晚报》头版宣传报道。本次竞赛评选奖励一批开福区垃圾分类先进街道、社区，先进物业和先进个人，强化垃圾分类意识，引领新时尚，推动全区垃圾分类落到实处。2019年，通过各类劳动竞赛，各行各业涌现一批先进典型人物，刘优良等5人被评选为长沙市劳动模范，徐建国被评为长沙市先进工作者。讲述劳模点滴故事，激励广大职工建功新时代。为展现职工身边劳模的风采，引导广大职工爱岗敬业、争创一流，在平凡的岗位上做出不平凡的业绩，举办“中国梦，劳动美”劳模大讲堂、开福区劳模（工匠）风采展、劳模及工匠座谈会。邀请中国好人、长沙市劳动模范杨德才到基层宣讲。在“长沙市开福区总工会”微信公众号，开展10期工人阶级宣传月活动，弘扬劳模、工匠精神，唱响劳动最光荣、劳动最伟大的时代最强音。建设工匠人才工作室，发挥创新引领及传帮带作用。谭桂香、陈银芝、刘优良、黄笛劳模工作室，分别培养养殖技术人才、推广综合实践教学、专注于卡车司机群体调研服务、运用现代科技培养湘绣人才，发挥行业“领头羊”作用，推动行业发展。

【职工帮扶】常规帮扶送温暖，普惠职工生活。2019年，开福区总工会春节慰问困难职工484人，送去慰问金15.72万元、慰问物资10万元；开展“生活救助”“金秋助学”“大病救助”“临时救助”，发放帮扶资金8.97万元。组织女职工特殊疾病保障6813人、医疗互助人数13238人，累计补助519人次，25.94万元。开展城步县消费扶贫112.86万元。重点帮扶送关怀，传递工会温情。2019年7月，面对洪灾，在短时间内，筹备方便面、夏桑菊等慰问物资，慰问辛勤坚守在防汛抗灾一线的工作者。2019年8月，开展送清凉慰问活动，慰问区城管、区市政、区园林、区环卫战线上坚守岗位的劳动者，送去清凉物资400份。创业帮扶送技术，助力脱贫致富。依托“一户一产业工人”培训，做实工会“稳就业”。开展4期湘绣培训班，培训采取“工作室+课堂”的形式，进行“集中式”培训，因人施教，以“理论+操作”为主，把培训课堂搬到工作室、生产工坊，把“生产线”当作“教科书”，受训人数200人次，就业率100%。免费为职工提供一期育婴师职业培训，培训职工50人次，“拿证率”80%，提供就业渠道。维权帮扶送保障，稳定职工队伍。创新普法载体，开展法律援助服务，2019年，在“长沙市开福区总工会”微信公众号，开展“普法微课堂”26期。联合区司法局、区律师协会委员会开展“遵法守法·携手筑梦”培训活动6场，为求职者解答劳动合同签订、职业技能培训等方面的问题，引导职工群众懂法、知法，维护自身合法权益。加强民主管理，2019年，全区签订工资集体协议155份，覆盖企业985家，涵盖职工24559人，其中单个企业工资集体协议92份，覆盖职工13385人；区域性工资集体协议63份，涵盖企业893家，覆盖职工11174人。

【组织建设】2019年，开福区总工会夯实基层工会组织建设，实现企业和谐发展。引导企业建会，强化服务，2019年，新建工会组织284家，涵盖法人单位522家，发展会员29924人，其中农民工会员22026人。在长沙传化公路港园区内设立开福区总工会职工服务站，与社区党群服务中心合署办公，便民利民。创树市级楼宇示范典型，发挥先进引领作用。华创楼宇商圈工会通过零距离服务职工，扩大组织覆盖面，楼宇内105家企业，2000余职工全部加入工会组织。开展优化营商环境“爱在华创，情满开福”青年职工大型联谊会等职工文体活动，增加工会组织凝聚力，被长沙市总工会评为楼宇商圈典型单位，发挥先进示范作用。激发基层工会活力，实现“建起来、转起来、动起来”。2019年，新建母婴室10家、亲子关爱室2家，申报长沙市儿童友好企业1家，创建女职工培训示范学校1家，创建市级模范职工之家3家。

4月29日，开福区总工会召开全区劳模、工匠座谈会　（区委宣传部　供图）

【职工培训】2019年，开福区总工会开展全民阅读学习活动，获评长沙市职工阅读学习活动优秀项目1个、长沙市职工书屋示范点典型1家、长沙市职工书屋示范点2家。举办庆“三八”女职工商务礼仪培训活动。组织开展2019年全区女职工维权行动月活动，荣获长沙市女职工维权行动月优秀案例奖。新增北辰小学EAP项目示范点，深入开展员工关怀行动。充分利用职工活动阵地，开展丰富多彩的活动，提升职工群众的文化素养。组织相亲联谊活动3场5季，400余名职工参加，成功牵手49对。在欧波港湾开设开福区女职工舞蹈培训班。国庆前夕，选拔出各区直机关、街道、社区以及企事业单位68支队伍700名职工，开展“万名职工飞镖精英赛活动”，展现新时代开福职工新风采。

【召开全区劳模、工匠座谈会】4月29日，开福区总工会在区政府一办902会议室召开“凝心聚力，追梦开福”劳模、工匠座谈会。开福区委副书记、区长刘拥兵，开福区委副书记谢伟峰，开福区委常委、宣传部长舒全球，开福区人民政府副区长朱江等领导出席会议。全区来自基层企业一线、机关事业单位、街道社区的劳模、先进工作者30余人参加会议。座谈会上，董志平、朱旭东、黄笛、刘优良、陈银芝、谭桂香、苏立雄、骆金辉、陈建国等劳模代表围绕如何凝心聚力建设强盛、精美、幸福、厚德的新开福，结合自己的工作经历，谈认识、谈感受、提建议。大家在普通的岗位上以不平凡的业绩诠释“爱岗敬业、争创一流，艰苦奋斗、勇于创新，淡泊名利、甘于奉献”的劳模、工匠精神，同时身体力行，为开福区建设贡献力量，率先垂范，彰显劳模先进本色。刘拥兵表示，开福的点滴进步，凝聚着劳模的辛勤付出；开福的未来发展，更需要劳模的引领带动。他要求，全区要大力弘扬劳模精神、工匠精神，唱响“劳动光荣、创造伟大”的最强音；要充分发挥劳模作用、工匠作用，形成“学习劳模、争当工匠”的新风尚；要真心做好劳模、工匠服务工作，提升“勤奋工作、踏实劳动”的获得感。

【“凝心聚力，追梦开福”万名职工飞镖精英赛活动】9月28日，“凝心聚力，追梦开福”开福区总工会喜迎中华人民共和国成立70周年系列活动之万名职工飞镖精英赛活动在三能集成房屋股份有限公司落幕。经过为期两个月的比赛，开福区各区直机关、街道、社区以及企事业单位68支队伍参加总决赛。开福区委副书记谢伟峰，长沙市总工会党组成员、副主席鲁承钢，开福区人民政府副区长张胜良等领导出席活动。长沙市飞镖运动协会会长暨本次赛事的裁判长郑奇、长沙市飞镖运动协会副会长暨本次赛事的副裁判长欧阳滨到场指导。经过一天的比拼，最终华创楼宇百盛达物业代表队和三能集成房屋代表队分获团队冠、亚军，团区委妇联代表队的柯燕获得个人赛冠军。2019年，开福区总工会举行劳模风采展、“中国梦、劳动美”劳模事迹报告会、劳模（工匠）座谈会、“寻找最美职工”微视频制作劳动技能大赛等一系列活动，通过丰富多彩的职工活动凝聚奋进力量，展现新时代开福职工新风采。

【“开启幸福新时尚，争当分类巧能手”垃圾分类劳动竞赛活动】11月15日，“开启幸福新时尚，争当分类巧能手”开福区2019年垃圾分类劳动竞赛活动在珠江花园酒店举行。长沙市总工会党组书记、副主席周宏兆，长沙市总工会党组副书记、副主席匡涛涛，开福区委副书记、区长刘拥兵，副区长张胜良等领导及相关单位负责人出席活动。全区各街道16支队伍48人参加比赛。该次竞赛由笔试和现场实际操作组成。经过比拼，竞赛组委会按考评、理论考试、竞赛得分的相关权重加和后的总分进行排名，最终，湘雅路街道代表队、新河街道代表队、青竹湖街道代表队、清水塘街道代表队、通泰街街道代表队等排名前五名的街道被授予“开福区垃圾分类先进街道”。该次活动由开福区委、区政府主办，区总工会承办，区城市管理和综合执法局、区住房和城乡建设局、区农业

11月15日，区垃圾分类劳动竞赛活动在珠江花园酒店举行

（区委宣传部　供图）

农村局协办。活动分考核验收阶段和竞赛阶段两个阶段进行，其中考核验收阶段评选出10个开福区垃圾分类先进物业项目管理处、10个开福区垃圾分类先进社区、以及20名开福区垃圾分类先进个人。该次竞赛活动，普及垃圾分类的理论、实际操作知识，并在“赶、学、比、超”的氛围中学习垃圾分类的标准，实际垃圾分类从我做起，人人争当分类巧能手。

（何巧梅）

4月30日，开福星青年评选表彰　（区委宣传部　供图）

中国共产主义青年团开福区委会员

【概况】2019年，开福区有青少年（6～28岁）9.3万人，其中14～28周岁青年5.4万人，据2019年底团统数据，开福区共青团员3979人，团青比例为7.3%。开福区有团委（团总支）32个，其中街道16个、区直4个（财政局、建设局、卫计局、教育局）、非公3个（湖南金霞发展集团公司、达标教育培训学校、青年志愿者协会）、学校团委3个（长雅中学、北雅中学、青竹湖湘一外国语学校），学校团总支6个；团支部487个，其中村、社区居委会团支部107个，学校团支部195个，社会组织团支部11家（青年之声平台、政和社工、飞翔教育、长沙学院志愿者团队、仁与公益、倍力青少年体育俱乐部、青穗青少年公益发展中心、众仁社工、新康辉养老服务中心、德馨社工、怡欣心理），“两新”团组织182家。有“青年之家”16个，其中，省、市级“青年之家”5个（科大佳园社区、富雅坪社区、戴家河社区、江湾社区、厚德志愿者之家），区级“青年之家”11个（江湾社区、上麻园岭社区、彭家巷社区、荷花池社区、洪雅社区、双河社区、溪水湾社区、青竹湖畔社区、德雅路社区、万达商圈青年之家、沙坪社区）。通过建家、管家、用家，增强基层青年组织的活力，青年学习有场所、活动有阵地、作用发挥有舞台，“青年之家”成为青年群众喜爱和热爱的“温暖之家”。

【凝聚青年】2019年，共青团开福区委推进楼宇团建工作，涵盖楼宇商圈青年的思想引领、兴趣培养、公益志愿、婚恋交友、成长服务五大方面的服务，在万达、万科等6个商务楼宇、商圈市场深化团的组织建设、服务和资源引入，全年累计开展各类活动46场，辐射楼宇企业青年6500余人次，努力把楼宇商圈“团建工作站”建设成为党开展共青团工作的坚强阵地。围绕“青年之家”，将推动改革落地、夯实基层基础、服务社会治理等工作统一布局、融合发展。持续推进“青青有约”三年行动计划，以项目化的运作模式将社会力量、服务资源引入社区治理，开展“沉浸式”青少年服务，全年形成项目13个。截至2019年年底，开展线下活动700余场，服务青少年3万人次，线上活动421场，参与青少年16426人，打造社区青少年服务15分钟步行生活圈。

【服务大局】2019年，共青团开福区委引导青年志愿者参与垃圾分类、扶贫帮困、文明城市建设等中心工作，深化厚德课堂、开福小卫士等志愿服务品牌建设，组织开展“七十峥嵘追忆伟人迹，开福万众争做接班人”“垃圾分类齐参与，厚德开福亮名片”“同心向善中国梦・爱心助残建设者”等主题志愿服务活动，全年累计开展志愿服务活动76场，招募志愿者1795人，服务2.4万余人次，培育浓厚的向上向善社会氛围。号召团员青年、社会组织、社会爱心人士参与精准扶贫，筹集书籍1万余册为龙山县内溪乡九年制义务小学建立“爱心书屋”，并为学生量身定制550套新校服，以实际行动助力脱贫攻坚。

【推树典型】2019年，共青团开福区委挖掘青年典型，发挥榜样带动作用。评选表彰“开福星青年”8名，推选7家企业成功入选湖南省青年创新创业扶持资金项目，推报湖湘青年英才1名，市级优秀团干4名、优秀团员3名，市级青年文明号6家，市级青年岗位能手14名，推荐市级青年讲师团宣讲员2名。其中“开福星青年”的事迹在《湖南日报》宣传报道，拍摄《初心闪耀青春，建功一带一路》视频被“学习强国”国家级平台采用。

【维护权益】2019年，共青团开福区委推进青少年权益维护工作。连续3年坚持推进“合适成年人库”建设，通过积极争取政府相关部门和公检法司的支持，调动社会力量参与，为无监护的未成年人提供审讯环节到场监督、协助帮扶、后期跟踪、长期帮教等服务。联合公安、检察院、法院、司法局等单位、律师、心理咨询师等社会专业公益人士组成“合适成年人库”，开展常态化的法律咨询、维权、禁毒、防艾、安全教育等活动。截至2019年年底，库内专业人员、志愿者22名，参与案件办理30余件，服务受益人40余人次。深化共青团与人大代表、政协委员“面对面”活动，做到常态倾听，充分发挥“12355”青少年服务台在倾听青少年利益诉求方面的功能。

【从严治团】2019年，共青团开福区委抓实“智慧团建”工作，建设团员管理系统，实现基层团务、团员管理和团的信息统计网络化，实现对团员、团干部的直接动员和重要信息的扁平化传递。严格入团程序，初、高中毕业班团青比例分别保持在30%、60%以内，落实发展团员编号制度，提高发展团员质量。贯彻落实团中央“一学一做”“1+100”“三会两制一课”等措施，加强基层团干部队伍建设；以党团志愿服务等活动载体，强化团干部的党性教育、党性锻炼，加强团干部的能力和作风建设。

（王熙琳）

开福区妇女联合会

【概况】2019年，开福区妇女联合会（以下简称区妇联），在企事业单位、社会组织新建立妇女组织50个，延伸妇女工作触角，发挥妇联组织联系妇女群众的桥梁纽带作用。全区妇联系统受理来电、来访等投诉225件。全年接待咨询420余次，介入重点跟踪个案46起，其中家庭暴力干预28起，婚姻家庭纠纷调解18起，协助公安出具家庭暴力告诫书2份，协助申请人身安全保护令1份。2019年，喜多多幼儿园被评为全国“巾帼文明岗”；开福区妇联、鑫晨婚姻综合服务中心被评为长沙市“三八红旗集体”；百善台社区和夏阳时尚艺术学校被评为长沙市“巾帼文明岗”；芙蓉北路街道盛世路社区、芙蓉北路街道福城社区、浏阳河街道史家坡社区、伍家岭街道浏阳河社区、秀峰街道竹隐社区被评为区级示范“妇女儿童之家”。

【组织建设】2019年，区妇联按照“哪里有妇女群众，妇联组织和妇联工作就要延伸到哪里”的原则，在企事业单位、社会组织新建立妇女组织50个，延伸妇女工作触角，发挥妇联组织联系妇女群众的桥梁纽带作用。巩固“会改联”成果，组织基层妇联干部在区委党校开展为期3天的脱产培训，推荐基层妇联主席参加上级妇联举办的各种培训班，提高基层干部为妇女服务的本

10月30日，开展平安开福·巾帼在行动——“互联网+群防群治”禁毒、反家暴工作宣传活动

（区妇联　供图）

领和技能。开展基层妇联执委、兼挂职副主席履职“微故事”征集活动，推选20个“微故事”在新媒体平台上推广宣传，激发全区妇联干部干事创业的热情。开展“百千万巾帼大宣讲”活动，全区各级妇联主席围绕中华人民共和国成立70周年等重要时间节点，带头开展宣讲，把中共十九大精神送到妇女群众身边，引导广大妇女群众“巾帼心向党”。

【宣传】2019年，区妇联联合区人社局在万达广场开展“春风行动”，举办专场招聘会；整合优势资源，联合夏杨时尚艺术学校举办“巾帼技能就业”纹绣培训班；在市妇联主办的巾帼创新创业大赛中，开福区推荐的湖南大煜文化传播有限公司、湖南伊点点文化传播有限公司，获得优胜奖；组织全区女性创业者举办营商环境优化专题培训班。联合区委统战部开展庆“三八”礼仪打造魅力形象公益讲座活动。发挥妇女在社会和家庭生活中的独特作用，推进全区生活垃圾分类工作，开展“垃圾分类我先行，美家美妇在行动”亲子实践活动。做好“儿”字文章。“六一”儿童节期间，开展“爱心手拉手”活动，动员区妇儿工委成员单位对特困儿童进行慰问，号召大家用实际行动关爱、帮助特困儿童；继续开展“春蕾计划”帮扶活动，为来自留守、贫困、单亲等困难家庭的6名贫困生发放助学金6000元。组织29户亲子家庭以及20人的团队参加益跑长沙儿童友好城市创建活动；联合爱尔眼科医院到5所学校，5个社区开展10场“长沙市开福区儿童青少年近视防控科普妈妈行”活动；组织24户亲子家庭参加长沙市首届“阅读的力量”大型图书漂流公益活动。做好“家”字文章。在全区范围内开展“文明家庭”评选，通过群众推荐、大众民主评议等环节，评选出5类10户区级“文明家庭”，并以“我们的节日·七夕”为主题开展开福区文明家庭颁奖及展播活动，将10户家庭的先进事迹进行巡回展示；开展“开福读书会”亲子活动，对志愿老师进行免费培训然后输送到各社区上课，全年服务全区8个社区，开辟读书课堂10个，每周固定时间开课，全年开展读书会活动200余场，260组家庭参与；开展“关心下一代家庭教育中国行长沙站”公益巡讲走基层活动，吸引来自全区热爱家庭教育的家长和各级家庭教育工作者等300余名参与，共同探讨生活中关于家庭教育出现的问题；在“4·23”世界读书日之际，组织300余名家长和孩子在长沙市图书馆开展“书香飘万家”2019年“相伴共读，书香润德”亲子阅读活动，助推长沙儿童友好型城市创建，传播科学家庭教育理念，营造全民读书社会氛围。

【维权】2019年，区妇联利用反家暴法实施3周年契机，开展“反家暴”宣传，制作“反家暴”沙画；开展“建设法治长沙·巾帼在行动”巡讲活动，基层送课10场，提高妇女的维权意识和法治观念；邀请反家暴领域的律师、社工开展反家暴工作分享交流会；组织相关职能部门开展妇女儿童权益保护专题讲座。开展“儿童性教育”专题讲座，提高孩子的自我保护意识，增强自我防范性侵害能力。畅通“12338”维权热线。2019年，全区妇联系统共受理来电、来访等投诉225件。开通社区妇女维权热线，为妇女儿童提供婚前知识辅导、家庭暴力危机干预、维权服务、婚姻家庭纠纷调解、心理咨询、法律援助、亲子教育等帮助。加大婚调委建设，为有效预防和化解婚姻家庭纠纷。婚调室全年接待咨询420余次，介入重点跟踪个案46起，其中家庭暴力干预28起，婚姻家庭纠纷调解18起，协助公安出具家庭暴力告诫书2份，协助申请人身安全保护令1份。开展法律宣传。利用公众信息平台、微信公众号、“一呼百应”执委群、QQ群等新媒体宣传，在社区开展“家庭律师社区行”“家暴普法讲座”、面对面宣传咨询等活动，增强反家暴宣传的覆盖面和渗透力。开展“普法社区行，家和万事兴”《中华人民共和国反家庭暴力法》普法宣传活动，开展调解家庭纠纷创建幸福家庭普法宣传活动，开展平安开福·巾帼在行动——“互联网+群防群治”禁毒、反家暴工作宣传活动，开展“看见瘀青，拒绝伤害”国际消除对妇女暴力系列普法与行为艺术倡导活动。

【服务工作】2019年，区妇联在全区开展“户帮户亲帮亲、互助脱贫奔小康”宣传活动，鼓励各级妇联执委开展扶贫帮困活动；组织全区150名孕期妈妈开展“科学育儿·孕育新生”——孕期关爱公益活动，邀请省人民医院新生儿专家教授黄芙蓉进行新生儿护理讲座，并对贫困妈妈进行物资慰问；开展适龄妇女“两癌”免费检查工作，向上级妇联争取2.1万元对“两癌”贫困妇女进行救助，全年申请11万元经费对全区特困妇女、儿童进行走访慰问。在16个社区引入专业从事艺术教育的铭瀚星舞蹈培训，丰富女性的业余文化生活。完善妇女活动阵地，打造各级示范基地，引导并倡议带领妇女积极参与到垃圾分类、扫黑除恶，蓝天保护、文明创建、安全生产、禁毒扫毒等中心工作中，发挥巾帼示范作用。2019年，喜多多幼儿园被评为全国“巾帼文明岗”；开福区妇联、鑫晨婚姻综合服务中心被评为长沙市“三八红旗集体”；百善台社区和夏阳时尚艺术学校被评为长沙市“巾帼文明岗”；芙蓉北路街道盛世路社区、芙蓉北路街道福城社区、浏阳河街道史家坡社区、伍家岭街道浏阳河社区、秀峰街道竹隐社区被评为区级示范“妇女儿童之家”。

【2019年开福区第三届文明家庭评选活动】3月6日，展巾帼风采·创文明家庭“庆三八”2019年开福区第三届文明家庭评选活动启动仪式暨社区文艺竞演在开福区老干大学北辰分校举行。长沙市妇联党组书记、主席文方、副主席钟小珍，长沙市文明办副主任梁飞彩，开福区委常委、宣传部部长舒全球，副区长朱江等领导出席。中国好人王艳辉、袁灿、汤国清宣布“2019年开福区第三届文明家庭评选活动”正式启动。活动现场，9支社区文艺队伍展示丰富多彩的文艺节目。开福区以文明家庭评选为抓手，连续三年开展“厚德传家久·文明满开福”“厚德开福·爱满家园”“展巾帼风采·创文明家庭”，2019年开福区第三届文明家庭评选活动从即日起在全区范围内开展，各家庭可以通过自荐、他人推荐等方式，参与到“开福区文明家庭”评选中来。通过推荐申报、初审评议、审核确定、社会公示层层环节在全区评选出以“爱国守法、敬业奉献、孝老爱亲、公益志愿、书香和睦”为标杆的10户文明家庭。分别是爱国守法家庭汤国清家庭和黄梅英家庭，敬业奉献家庭张立云家庭和洪功德家庭，孝老爱亲家庭宋冀才家庭和张启良家庭，公益志愿家庭于丽玲家庭和周静家庭。8月6日，在长沙市青少宫举行的由长沙市文明委主办、开福区文明委承办的第五届长沙市道德模范领奖仪式暨“我们的节日·七夕”活动上，开福区10户文明家庭获得表彰。

3月6日，展巾帼风采·创文明家庭庆“三八”2019年开福区第三届文明家庭评选活动启动仪式暨社区文艺竞演（区妇联 供图）

【长沙市家庭亲子阅读活动在开福区启动】4月20日，由湖南省妇联指导，由长沙市妇联、长沙市文化旅游广电局、开福区政府主办、开福区妇联承办的“书香飘万家”2019“相伴共读书香润德”长沙市家庭亲子阅读活动，在长沙市图书馆启动。湖南省妇联党组副书记、副主席王邵刚，湖南省妇联副巡视员陈立荣，湖南省妇联家庭和儿童工作部部长黄兰香，长沙市妇联党组成员、副主席周小春等领导出席。社会志愿者、巾帼读书会的学员和读书爱好者300余人参加活动。活动现场，开福区5个社区“妇女儿童之家”亲子读书会的家长与孩子们共诵《少年中国说》《渔夫》《大道之行也》《中国经典》《爱莲说》等经典文章，传承华夏文明。该次活动的开展是助推长沙儿童友好型城市创建，传播科学家庭教育理念，营造全民读书社会氛围的一次读书之旅活动。为让家庭亲子阅读成为一场特殊的城市文化活动和家庭文化盛事，在活动现场还搭建“小小朗读者”舞台，设置“旧书互换——以书会友”“爱心捐书”平台以及“家文化”读书文化宣传长廊，手工制作，图书漂流记等多重活动，吸引众多家长带着孩子们一同参与体验。

11月19日，全国妇联家庭和儿童工作部联合中国儿童中心到开福区哆哆宝贝左岸春天幼儿园调研3岁以下婴幼儿照护服务工作　（区妇联　供图）

【全国妇联系统到开福区调研婴幼儿照护服务工作】11月19日，全国妇联家庭和儿童工作部联合中国儿童中心由中国儿童中心党委委员、学前教育部部长杨彩霞带队一行6人到长沙市开福区哆哆宝贝左岸春天幼儿园调研3岁以下婴幼儿照护服务工作。湖南省妇联家庭和儿童工作部部长黄兰香、调研员付瑞芳，长沙市妇联党组书记主席文方、副主席周小春等领导陪同调研。调研组一行考察该幼儿园室内外环境、课程体系，与孩子们进行亲密互动，和教职工进行亲切交谈。全国妇联该次调研活动主要深入了解开福区妇联组织在婴幼儿照护服务方面的做法，总结提炼妇联开展科学育儿指导服务和托育服务的典型经验，了解婴幼儿照护服务方面存在的困难和问题，探索妇联系统积极参与托育服务的有效模式，拓展3岁以下托育服务工作，为全国妇联制定出台促进3岁以下婴幼儿照护服务发展的指导意见提供决策依据。开福区妇联以该次调研考察为契机，进一步突出妇联职能，完善妇联系统参与婴幼儿照护服务的组织机构，营造团结向上、和谐共进的良好氛围。

（周杏如）

开福区归国华侨联合会

【概况】开福区有海外侨胞及留学人员1.61万人，归侨侨眷2.13万人，归国留学人员320余人，侨资企业60余家。

【组织建设】2019年，区侨联、区侨办把握政治方向，增强政治意识、大局意识、核心意识和看齐意识，凝聚侨心、汇聚侨力。召开侨联全委（扩大）会议，将13位班子成员分为4组，分别对老侨群体、新侨群体、万达侨联、清水塘社区侨联四块工作进行分组管理，做到精细服务、精准对接。指导清水塘社区侨联、万达侨联召开全委会，对全年工作作出部署，推进基层侨联组织工作“常态化”“制度化”“规范化”；向省、市侨联申请，在清水塘社区创建省、市级“侨胞之家”。湖南省政协委员、区侨联兼职副主席、甜蜜荟“侨之家”负责人魏玛丽因其在青少年教育咨询、社会服务、公益慈善以及为侨服务等多方面的突出贡献，被湖南省侨联评选为2019年度全省侨界10大人物之一。组织侨界人士参加开福统战“同心大讲堂”、开福统战人士趣味运动会，协助湖南省侨联举办“寻根之旅”夏令营湖南营联欢活动文艺演出暨海内外中华儿女同唱《我爱你中国》快闪活动。为庆祝中华人民共和国成立70周年，区侨联班子成员共同编排表演节目参加开福统战系统举行的“我和我的祖国”诵读比赛。在微信公众号和科大佳园社区、清水塘社区设置宣传、学习专栏，刊发学习资料200余篇，宣传中共十九大精神以及第十次全国侨代会精神，引导广大侨胞关心经济社会发展。

【服务经济】2019年，区侨联、区侨办团结带领广大侨胞服务大局，聚焦全区“产业发展年”和“项目建设年”，助推区域营商环境优化。为运用国内外“两个平台”，积极搭建新平台加强海外联络联谊，市、区侨联到区金霞物流园的海外人士外贸产业（长沙）基地走访调研，了解全国首家专门为海外人士、海外企业和海外机构服务平台的相关经验。接待加拿大议员谭根，加拿大湖南商会熊立新、吴立志一行以及日本湖南同乡会会长田伟一行，加强开福与当地之间的交流合作，扩大开福的国际影响力。

为更好地服务涉侨人员和区域经济社会发展，对金霞物流园区以及北辰文创园、楼宇内涉侨企业进行调查摸底，走访侨企微医集团（湖南）公司，收集企业基本情况和现实困难，邀请区委宣传部、区工商联、区税务局等部门在北辰文创产业园为一批文创企业宣讲市、区优化营商环境政策，并由区相关部门现场解决收集到的企业问题9条；在北辰文创园挂牌成立海归人才创客基地暨湖南（省直）留学人员创业园北辰文创基地，助力北辰文创园扩大规模、提升档次，完善创新创业服务体系，为海外留学人才和各类创新创业人才在开福区落地生根搭建优良的创新创业平台。

【参政议政】2019年，区侨联、区侨办发挥侨界人大代表、政协委员参政议政职能，建有用之言、献务实之策，为维护侨界合法权益和经济社会发展献计出力。区侨界有省政协委员1名，区人大代表2名，区政协委员4名，提出省级提案及社情民意8件，市级4件，区级6件，从学龄儿童心理教育、停车场地建设、城市管理等方面提出意见和建议，为区委、区政府的决策起到参谋作用。其中湖南省政协委员、区侨联兼职副主席魏玛丽参与提出的集体议案《关于加快建设港澳科创园的建议》被列为重点提案以及主席督办提案。

【联谊扶贫】2019年，区侨联、区侨办响应中国侨联“组织起来、活跃起来”的总体要求，围绕“侨胞之家”建设主题，利用传统节日，通过区老归侨侨眷活动中心、清水塘社区侨联、甜蜜荟“侨之家”等基层侨联平台，组织开展节日联谊及出游活动10余次，200余人次参加，甜蜜荟“侨之家”举办的“传承中华文化喜迎中国新年”新春联谊与助残慰问活动、“粽情端午，侨系你我”主题活动，清水塘社区侨联开展的学雷锋系列志愿服务暨侨法咨询宣传活动、“情暖侨心，共度中秋，卡拉OK”活动、“中国心·端午情”主题活动，区老归侨侨眷活动中心组织老归侨参观铜官窑、田汉故居等。在传统节日对全区55名老侨、困难归侨上门走访慰问，慰问资金5.08万元，并将每年侨办发放的年底困侨慰问由原来的每人400元标准提高到每人600元。区侨联副主席魏玛丽代表区侨联带领团队专业老师10人到怀化市通道县，启动“爱之塔”——关爱留守儿童之通道县“扶贫扶志·护航青春”公益项目，在通道县招募当地学校、社区、公益机构80余位志愿者，开展未成年人心理健康疏导服务，促进贫困地区青少年心理健康。

12月20日，北辰文创园成立海归人才创客基地暨湖南（省直）留学人员创业园北辰文创基地签约挂牌仪式（区侨联　供图）

【清水塘社区“侨胞之家”通过验收】12月3日，长沙市侨联主席陈慧率4位区县侨联主席到开福区清水塘社区验收“侨胞之家”建设情况，并就“侨胞之家”建设工作给予专业指导。长沙市侨办副处长刘卫华，长沙市侨联副主席刘斌，长沙市侨联办公室主任、秘书长粟威武参加。陈慧一行听取清水塘社区负责人情况汇报，查看“侨胞之家”阵地建设及相关图文资料，了解社区“侨胞之家”建设情况。陈慧对社区以党建带侨建、以侨为桥等特色做法给予充分肯定，并提出新的要求。她指出，侨联工作实际上是群众工作，要牢牢把握“侨胞之家”这一创新工作载体，凝聚侨心民意，不断增强侨胞侨眷的幸福感和获得感。她强调，要加强自身建设，丰富活动形式，发挥“侨”的特色，打造品牌活动，把“侨胞之家”建设成为服务侨胞、凝聚侨胞、组织侨胞、团结侨胞的温暖之家。

（李紫娟）

开福区文学艺术界联合会

【概况】开福区文学艺术界联合会（简称开福区文联）是文学艺术专业性群众团体，于2018年12月18日成立，选举李亚雄任第一届委员会主席，代碧武、陈毅华、张杰为副主席，第一届委员会委员53名。先后成立开福区美术家协会、开福区书法家协会、开福区曲艺家协会、开福区“关公”文化促进会，截至2019年年底，有会员421人。

【美术】2019年，开福区美术家协会，组织45幅美术作品参加第六届“湖南文化艺术节”活动、组织100余幅美术作品参加“欢乐潇湘·品质长沙”活动，在市级展览中获一等奖3名、二等奖2名、三等奖1名，在省级展览中获一等奖2名、二等奖1名、三等奖1名。

【书法】2019年，在全国第三届册页书法作品展中，陈毅华、陈泽忠、林柏顺的作品入展。在2019年全国第八届篆刻艺术展中，陈寰的作品入展。在2019年全国第十二届书法展中有陈毅华（行书、草书）、陈寰（篆书、篆刻）、朱杰（行书、草书）、刘立稳（楷书、行书）、甘敏求（楷书）等5人作品入展，成绩位列全国区县前列。在庆祝中华人民共和国成立70周年——湖南美术书法摄影优秀作品展中，陈寰获优秀奖。2019年，长沙市文艺创作重点补助项目陈毅华《我和我的祖国——爱国主义诗词文章书法创作》、陈寰《“中华民族精神”经典名句篆刻作品选》立项。承办“砚田悟祥”陈祥书法作品展。陈毅华获得“中国书法大厦杯”全国书法优秀奖。

【曲艺】2019年，开福区曲艺家协会会员，尚杰、尚勇在长沙湘春路画意江南茶馆举办红星曲艺传承相声大会“湘音乡情”个人专场。尚杰编导的相声《如此请客》、小品《家有喜事》获得长沙市移风易俗金奖。尚勇编导的小品《非一般讲座》获得长沙市欢乐潇湘二等奖。刘德驻编剧、导演的少儿普法舞台广播剧《青春的代价》选为全省普法周唯一巡演作品。刘德驻编导的《守护》获得2019全球中医春晚最受欢迎优秀小品。杨文辉指导的《亲爱的祖国祝福您》《梦之路》获得第九届全省青少年才艺大赛集体组金奖，《梦之路》接到全国少儿曲艺（央视）展演的邀请，周思懿、蒋昊霆获得第九届全省青少年才艺大赛个人组金奖。郝长鸿、钟泽优创作并表演的小品《百万诚信》参加中国曲艺家协会主办的“第九届中部六省曲艺展演”获得优秀节目奖。群口快板《盛世中华好日子》获得“欢乐潇湘”全省群众文艺会演特等奖。彭君锋创作表演的长沙顺口溜《长沙情》在“城市之光、魅力长沙”网络投票中被评为2019“网络最佳人气奖”。2019年，举办“绘厚德开福，写五彩沙坪”迎新春书画名家笔会活动，走进社区，贴近人民，为群众送上新春祝福。以第三届“中国福”城市文化交流活动为载体，在世纪金源大酒店一楼举办“厚德载福”——开福区书画摄影展，来自全国8个福文化城市300余名代表，对开福区的书画摄影展予以肯定。举办“壮丽70年，强盛新开福”美术、书法、摄影比赛，并在区机关举办为期一周的展览。区美术家协会组织送文艺下乡入校5次，在美协创作基地开展书法美术公益培训，对象为大星学校学生，进行1个月的授课教学。区曲艺家协会赴邵阳为山区孩子捐书籍和校服，参加微宣讲巡演和比赛，将主题相声和快板完美融合，打造“文艺轻骑兵”团队。2019年，岁末年初，组织书法、美术名家到芙蓉北路街道福城社区、四方坪街道李家冲社区、捞刀河街道高岭社区、沙坪街道竹安村创作书画作品和对联900余幅，为社区、村老人和小朋友送上新年祝福。

【“关公”文化】2019年，区“关公”文化促进会落户长沙园林生态园，对打造开福对外品牌和提高园林生态园经济发展都有促进作用，提升人气和启动地方经济的热潮。

（张　昱）

法　治

RULE OF LAW

政法委与综治

【概况】2019年，全区政法工作按照中央、省、市、区委战略部署，围绕中华人民共和国成立70周年安全稳定这条主线，履行维护国家政治安全、确保社会大局稳定、促进社会公平正义、保障人民安居乐业“四大职责”，完成各项任务。全区维护稳定工作获得长沙市红旗区县，扫黑除恶、信访工作获得长沙市一类等次，综治工作、反邪教工作获得长沙市优秀等次，连续十五年保持全省“平安区县”荣誉称号。

【安全保障工作】2019年，开福区以中华人民共和国成立70周年安保工作为主线，强化举措，压实责任，实现“五个不发生”。严格落实情报信息收集预警研判和联席会议制度、专班工作制度，加强对投资受损、征地拆迁、物业小区的稳控。强化重大活动安保和应急处置工作，完成首届中非经贸博览会、橘子洲焰火晚会、中国新媒体大会、国际中文教育大会、开福寺祈福等大型会议活动、群众性集会活动安全保卫工作370余场次。

【扫黑除恶工作】2019年，开福区以迎接中央专项督导和“回头看”为契机，开展扫黑除恶攻坚战，连续2年被评为长沙市一类区县。依法打击。以“治根”为目标保持对黑恶势力的严打高压态势，截至2019年年底，全区打掉黑社会性质组织1个、涉恶犯罪集团5个、涉恶团伙8个，抓获犯罪嫌疑人226人，提起公诉35件223人，审结25件163人，查封、冻结、扣押涉案财产4557万余元，扣押涉案汽车34辆，查封房产56处，开福区为主侦办的“4·03”专案，获得省市高度肯定。综合治理。深入万达商圈开展金融整治，公安、扫黑、市场监管、金融等部门成立联合工作组，核查企业396家、约谈企业法人162人、整顿搬离111家，警情与上年同比下降22.37%。打响禁毒人民战争，查处涉毒违法犯罪人数同比上升43%，强制隔离戒毒执行率98.9%，涉毒刑事案件人案比排名全市第一。组织开展安全隐患大整治，对十二兽酒吧、皇家花园KTV等19家娱乐场所依法采取停业整顿措施。区域整治。对秀峰街道进行挂牌整治，摸排涉黑涉恶线索3条，收回被侵占集体资产2处，追缴违规资金13.4万元，持续4年之久的116户转产渔民信访问题得到化解。对四方商贸城开展综合整治，关闭小旅馆8家，清查麻将馆13家，收缴老虎机21台，行政拘留7人，净化社会风气。对月湖大市场等传销问题突出重点地区开展专项整治，组织专项行动54场次，捣毁传销窝点382个，劝返遣散涉传人员943人，打击传销违法犯罪。

【平安开福建设】2019年，开福区以“互联网+群防群治”为手段，推动建立共建共治共享的社会治理格局。发挥党建引领作用。以党建促队建，主动融入全区网格化管理、“街道吹哨、部门报到”、联防联控等工作机制，专群结合开展治安防控，全年有效化解社会矛盾2534起。引导群众参与社会治理，全区98个社区结合自身实际成立居民自治议事组织，三角塘社区“民心三角”、浏阳河社区“三共三问”、沙坪社区“农民讲习所”、王家垅社区“庭院治理”都是基层社会治理的先进典型。发挥科技支撑作用。推广“互联网+群防群治”新举措，“星城园丁”下载量突破4万人，累计巡逻里程11.2万千米，收集处理问题1.6万余起。加强智慧法院建设，实现网上签章、网上监控、全程留痕、数据共享，公布裁判文书2.29万份，庭审直播6340场次。区检察院依托智慧检察服务中心，以智能手段促进检务公开，公开案件程序性信息1809条、生效法律文书802份。区公安分局积极推进“大钥匙工程”“二维码标准地址”，摸排采集地址数据42万条，登记有效门牌号9600条。区司法局在全省率先试点“智慧矫正”模式，社区矫正信息化经验在全国、全省推介。发挥法治保障作用。完成政法机关机构编制改革，完善司法责任制综合配套改革，建立职责清晰、运行高效的执法司法体系。实现认罪认罚从宽制度和刑事案件律师辩护全覆盖，简易程序适用率78.87%。解决“执行难”，受理执行案件9750件，执结9541件，执行到位金额20.46亿元。履行公益诉讼新职能，办理公益诉讼案件40件。深化“七五”普法规划实施，提升法治宣传的针对性、实效性，举办各类全民法治宣传活动2000余场次。

【服务经济发展】2019年，开福区政法委围绕“两个年”活动，服务全区经济社会高质量发展。护航重大项目建设。全力护航全区重大项目建设，开展项目施工环境整治594场次，保障“区公卫大楼”“苏托垸污水处理厂”等重点项目施工秩序。主动服务四大片区指挥部征拆工作，为全区项目建设提供强有力的法治保障。维护市场经济秩序。严厉打击扰乱市场经济秩序的违法犯罪活动，破获各类经济犯罪案件40件，为企业挽回经济损失2.3亿元，办理的“杨某等人聚众扰乱丽臣公司经营秩序案”“吴某等人串标围标案”等案件受到一致好评。维护金融市场秩序，全年依法审结集资诈骗、非法吸收公众存款、非法经营等涉众型经济犯罪案件16件，涉案金额104.8亿元，涉及群众8万余人。保护企业合法权益。建立涉企案件“快立、快审、快结”绿色通道，审慎处理企业合同纠纷、股权纠纷等案件6283件。依法保护企业家人身安全和合法权益，坚持“可捕可不捕的不捕、可诉可不诉的不诉”，存疑不批捕2人，存疑不起诉4人，相对不起诉20人。组建“V谷”警务室、检察联络室，服务马栏山视频文创园建设。守护开福碧水蓝天。参与全区污染防治攻坚战、蓝天保卫战，办理生态环境领域公益诉讼案件18件，审结环境资源刑事案件4件，办理的湘江饮用水源保护系列案件被评为全省优秀案例。

【信访问题处理】2019年，开福区以控增减存为目标，多措并举治理信访问题取得实效。信访的形势持续向好。直面信访矛盾痛点难点，对群众信访问题不回避、不拖延、不敷衍，区四大家班子成员轮流坐班接访群众，及时回应群众诉求。2019年，北京非接待场所信访量较2018年下降88.6%，全区信访形势改善。实现特护期“三零”目标。固化提升信访维稳专班建设，严格落实包案责任、属地责任、稳控责任，实现全国“两会”、中华人民共和国成立70周年大庆安保特护期、十九届四中全会特护期“三零”目标。实现信访形势平稳可控。完成省委巡视组交办信访件“回头看”工作，中央扫黑除恶督导组交办信访事项200件、“四重攻坚”交办件4件，按要求办结。提升信访积案化解常态长效，深化“百日攻坚”“四大攻坚”活动成果，化解信访积案63户。落实信访救助工作，开展信访救助66户、293万余元。

（郭　宁）

公　安

【概况】2019年，长沙市开福区公安分局下辖14个派出所，在全市公安绩效评估中获评“优秀”，实现大规模群体性事件、暴力恐怖事件、个人极端事件、执法责任事故、重大负面舆情“五个零发生”。全年完成调研报告70篇，讲授专题党课42场，解决具体问题20余个，推动10余项调研成果落地转化为决策和措施。开展慰问帮扶314人次，办理民辅警维权案件17起，28个集体、200余名民辅警被记功嘉奖。涌现全国刑事案件现场勘查成绩突出民警兰建平、全市“十佳雷锋式敬业奉献模范”黄生贵、全市青年岗位能手熊友等一批优秀典型。累计在中央、省、市等各级媒体宣传报道工作亮点、优秀典型230余篇次，“扫黑除恶”专项行动战果获《人民日报》报道，民警吴克和英勇事迹入选“共和国不会忘记——长沙公安因公牺牲、致残民警纪实摄影展”。

【从严治警】2019年，长沙市公安局开福分局全年开展各类现场督察工作300余场次，网上视频巡查3500余次，出动督察警力600余人次，查纠各类问题109个，编发督察通报短信80余条，编写专题督察通报27期，提出督察建议110余条。通报批评单位71个次，通报批评民警59人次、辅警14人次，执行禁闭2人次。组织对101名新任和提拔干部开展任前廉政谈话，实现对分管班子成员廉政谈话全覆盖138人次。制定个性化措施，对13名被处分对象实施帮扶教育。

【刑侦工作】2019年，长沙市公安局开福分局开展扫黑除恶专项斗争，打掉黑社会性质组织1个、涉恶犯罪集团5个、涉恶团伙8个，刑事拘留161人，扣押、冻结涉案资金4592万元，中央督导组交办140条线索全部办结，为主侦办“4.03”专案获得省、市扫黑办充分肯定。打响禁毒人民战争，查处涉毒违法犯罪人数同比上升43%，强制隔离戒毒执行率98.9%，为市对区绩效考核赢得0.4分的总体加分。现行命案“发7破7”，侵财案件破案数同比上升43.38%，快侦快破“1.26抢劫杀人案”“富兴广场金店被盗案”等一批有影响刑事案件。组织开展安全隐患“大排查、大体检、大整治”专项行动，对十二兽酒吧、皇家花园KTV等19家娱乐场所依法采取停业整顿措施。

【经侦工作】2019年，长沙市公安局开福分局刑拘各类经济案件犯罪嫌疑人110人，比2018年上升111.5%；逮捕40人，比2018年上升81.8%；移送起诉91人，比2018年上升24.7%；立各类经济犯罪案件84起，比2018年上升64.7%；破案40起，比2018年上升25.8%；为企业追赃挽损2.3亿元。立非法吸收公众存款案4起，破案9起，移送起诉11起；开展打击传销专项清理整治行动54次，捣毁传销窝点382个，劝返遣散涉传人员943人。打击多发性侵财犯罪工作。全年破获各类侵财704起，比2018年上升43.38%；抓获盗窃类犯罪嫌疑人444人，比2018年上升9.8%；破获跨区域系列盗抢骗案件6起，破获系列案件36起。先后破获湘西凤凰籍系列入室盗窃、捞刀河金店被盗、东风路金店被盗等特大刑事案件。打击网络电信诈骗工作。2019年，刑拘电信诈骗犯罪嫌疑人232人，同比上升36%；破案432余起，同比上升151%。其中，在对本辖区涉案金额215万元的“钟某纯被杀猪盘诈骗案”的办理中，充分运用网安资源，成功研判出在境外实施诈骗的多名犯罪嫌疑人，并在公安部统一组织的境外抓捕中在缅甸到案。先后打掉盘踞在长沙各高校的办卡卖卡1000余张涉嫌妨害信用卡管理犯罪的团伙，抓获犯罪嫌疑人25人，扣押涉案资金50万余元；打掉一个注册买卖对公账户犯罪团伙，抓获犯罪嫌疑人11人，当场扣押对公账户90余套。联合深圳警方合办社会反响巨大的时时彩诈骗案，抓获犯罪嫌疑人152人。

【治安工作】缉毒破案工作。2019年，长沙市公安局开福分局全年侦破毒品刑事案件92起，刑事拘留226人；移送起诉毒品犯罪嫌疑人214人，完成公安绩效125.59%，全市排名第二；查处吸毒人员1284人，完成公安绩效121.71%，同比增长43.86%；强制隔离戒毒269人，完成公安绩效108.91%，强戒执行率98.9%，同比增长19.56%；社区戒毒259人；人案比2.45，超出公安绩效181.48%，全市排名第一；缴获毒品13.75千克；破获“2018-748”“2019-161”2起公安部督办目标案件，铲除毒品原植物种植基地1个，其中“2018-748”公安部督办目标案件被公安部评定6.1分，系全省办理毒品目标案件有史以来最高分，获得湖南省公安厅发贺电予以表扬。打处“黄赌”工作。全年查处“黄、赌”案件185起，依法处理672人。其中，涉黄刑事案件29起、捕诉46人，行政案件80起、行政拘留272人；涉赌刑事案件15起、捕诉22人，行政案件61起、行政拘留332人。查处问题娱乐场所51家，下发整改通知书71份，停业整顿19家。

6月14日，芙蓉北路派出所设展台推广“星城园丁”APP　（区公安局　供图）

【推进基础建设】2019年，长沙市公安局开福分局稳步推进社会治理创新，抓实“互联网+群防群治”工作，“星城园丁”APP下载量突破4万人，搜集处理“四不问题”1.6万余起。推进“大钥匙工程”和“二维码标准地址”建设，推广安装智能门锁1420把，摸排采集地址数据42万条，登记有效门牌号9600条。2019年，完成洪山桥所新所，新河所新所建设，落实“一村一辅警”工作，14个派出所提质改造任务全面完成，改善全区派出所、警务室工作环境。加强科技信息建设，完成“开福警网”全新改版，“天网工程”在线率全市第一，“雪亮工程”建设稳步推进，社会图侦资源进一步归集聚合。

【人口管理与服务】2019年，全区采集录入“三实信息”24.04万条。通过“三实”工作，排查整改各类治安、消防隐患309起，提供破案线索21条，抓获各类违法嫌疑人186人，刑拘5人，强戒14人，治安拘留43人，教育遣送传销人员102人，抓获逃犯4人。加强“星城园丁”的宣传与推广，量化各部门工作任务，全区有4万余人注册下载。开通“民众呼声”小区物业账号227个，反应“四不问题”1.63万起，处理1.27万起，处理率为78%，净化社会治安环境。

【警保卫工作】2019年，长沙市公安局开福分局持续推进警卫工作的安全平稳开展，保障每次警卫任务的安全性及首长的安全。全年接到警卫任务37次，出动警力2200余人次。完成全部一级、二级加强、二级及三级警卫任务。

【部督办“2018-748”毒品案】4月24日，长沙市公安局开福分局经过8个月案件侦查，一举摧毁公安部督办“2018-748”毒品案，抓获犯罪嫌疑人72名。2018年8月，长沙市公安局开福分局禁毒大队在工作中发现，一名叫文某的男子从国外购买毒品大麻，通过快递贩卖到全国各地，造成恶劣的社会影响。长沙市公安局开福分局禁毒大队立即开展情报研判、轨迹追踪，随着工作逐步深入，一个以文某为首的特大吸贩毒团伙浮出水面。鉴于案情重大，长沙市公安局开福分局党委立即召开专案会，研究制定全面的侦破方案，成立以副区长廖勇任组长，副局长邓集锋任副组长，抽调禁毒大队、网安大队、侦查作战室等单位侦查骨干组成专案组，对案件开展深入调查。经过8个多月的专案调查，2019年4月24日，长沙市公安局开福分局开展合成作战，对该起部督案件进行全面收网，将谭某等46名犯罪嫌疑人一举抓获，摧毁大麻种植基地1个，结合前期收网战果，共抓获犯罪嫌疑人72名，全链条摧毁该吸贩毒团伙。

【“8·28”电信诈骗案】8月28日，长沙市公安局开福分局刑侦大队在长沙市刑侦支队、长沙市网技支队的支持下，联合四方坪派出所、伍家岭派出所、清水塘派出所，通过细心经营公安部下发的电诈案件线索，成功捣毁2个藏匿在开福区的电信诈骗团伙。2019年7月，长沙市公安局刑侦支队（反电信诈骗中心、情报大队）、网技支队对公安部下发的电诈案件线索进行快速研判，发现具备落地条件，形成可供落地的研判报告，推送到各公安分局开展落地侦查工作。长沙市公安局开福分局接到线索后，工作专班立即开展相关核查工作。专班民警从研判报告提供的线索入手，在长沙市公安局刑侦支队三大队（反电诈中心）及网技支队九大队的支持下，通过情报研判、车辆轨迹分析结合外围调查，锁定电信诈骗窝点位置，摸清犯罪团伙的组织结构和人员身份，掌握该窝点从事利用虚假贷款平台，诱骗被害人在网上申请贷款，缴纳会员费、解冻费名义实施诈骗的犯罪事实。2019年8月28日，长沙市公安局开福分局刑侦大队联合四方坪派出所、伍家岭派出所、清水塘派出所开展集中收网行动，成功摧毁2个电诈窝点，抓获涉嫌网络贷款诈骗的犯罪嫌疑人13名，扣押作案电脑8台，手机81部、银行卡10张，流量卡33张。

【“11·24”金店被盗案】11月27日，长沙市公安局开福分局刑侦大队与网安大队、捞刀河所缜密联合，在长沙市公安局网技支队及刑侦支队的支持下，通过充分运作大侦查作战侦查机制，缜密研判、细致分析，成功破获“11·24”捞刀河金器店被盗案，抓获盗窃犯罪嫌疑人罗某明。2019年11月24日，长沙市公安局开福分局接到捞刀河中国黄金店员工报警称，其黄金店被盗，店内被人洗劫一空，初步估计被盗损失价值200万元。案情重大，长沙市公安局开福分局迅速启用“125”工作机制，抽调精干警力成立专案组，对该案开展侦破工作。11月26日，专案组通过摸排调查，成功在长沙市某小区内将犯罪嫌疑人罗某明抓获。经突击审讯，细致深挖，在获悉被盗金器藏匿地点后，11月27日，办案民警前往陈某会位于望城区的出租屋进行突击搜查，在其出租屋内发现大量被盗金器。经专案组民警现场清点，收缴各类黄金首饰300余件、各类白银首饰100余件，价值200万元。至此，“11·24”金店被盗案成功告破。

（李晓阳）

检　察

【概述】开福区人民检察院（以下简称“区检察院”）位于长沙市芙蓉北路陈家铺202号。内设侦查监督科、公诉科、监所检察科、民事行政检察科、控告申诉检察科、案件管理科、司法警察大队、政工室、办公室、纪检监察室10个科、室、队。2019年，区检察院被评为“湖南省青少年维权岗”，拍摄的“你知道12309吗”微视频获全国检察机关新媒体创意大赛铜奖，公诉科被长沙市人民检察院记集体三等功。谢庆芬被评为“2018年度全国检察先进个人”。

【扫黑除恶】2019年，开福区全区批准逮捕涉黑涉恶犯罪嫌疑人38件117人，提起公诉11件54人。“4·03”涉黑专案系中央扫黑除恶督导组关注、湖南省检察院和湖南省公安厅挂牌督办的案件，该涉黑组织盘踞时间长、涉及领域广、作案次数多、社会影响恶劣，区检察院抽调骨干力量成立专案组，提前介入侦查长达8个月，指导侦查机关梳理证据体系，提出补充侦查提纲44条，全案批准逮捕28人。重拳“破网打伞”，向有关单位移送“保护伞”线索6条，其中2人被追究党纪政纪责任。聚力“打财断血”，引导配合侦查机关查封扣押涉嫌黑恶犯罪的资金4500万余元，查封房产73套，扣押车辆7辆，打击黑恶势力的经济基础。办理的韩宗仁等153人特大恶势力犯罪集团案件被评为湖南省、长沙市检察机关“优秀案件”。

【营商环境优化】2019年，开福区检察院出台优化营商环境十二条实施意见，制定“打击+保护+服务”工作措施，为企业提供优质法治产品。严厉打击侵犯企业和侵害企业家合法权益的犯罪，批准逮捕犯罪嫌疑人6人，提起公诉25人；起诉侵犯知识产权犯罪9人。按照司法政策精神，依法妥善处理涉嫌犯罪的涉企法定代表人、实际控制人、主要经营管理负责人以及关键岗位工作人员等“四类人员”。开展专项立案监督活动，监督侦查机关撤案1件；坚持“疑罪从无”，存疑不批捕2人，存疑不起诉4人；落实“可捕可不捕的不捕、可诉可不诉的不诉”的执法理念，对构成犯罪但不必继续羁押的，变更强制措施3人，对犯罪情节轻微的，相对不起诉20人。服务企业发展，在马栏山视频文创园、金霞开发区设立检察联络室；建立检察官与企业对口联系机制，召开座谈会3次，开展送法进企业活动10余次。

【三大攻坚战】2019年，开福区检察院防范化解金融风险，严惩破坏金融秩序犯罪，批准逮捕非法吸收公众存款、集资诈骗等涉众型经济犯罪19人，提起公诉31人，涉案金额70余亿元。发挥检察机关司法扶贫的特色，为因案致贫、因案返贫的刑事案件被害人提供司法救助金4万元。参与污染防治攻坚战，起诉破坏环境资源犯罪3人，办理生态环境领域公益诉讼案件18件，督促关停违法企业3家，联合有关部门促成案件当事人开展林地复绿和水体修复。办理的湘江饮用水源保护系列案被评为全省优秀案例。依法守护食品药品安全，起诉制售假药劣药、有毒有害食品等犯罪7人，保障“舌尖上的安全”。办理的贺顺民销售有毒有害食品案入选全省市场监管部门查处的十大典型案例。

1月23日，开福区检察院召开“扫黑除恶”工作推进会　（区检察院　供图）

【社会治理】2019年，开福区检察院立足司法办案参与社会治理，运用检察建议督促有关部门堵漏建制，做到办理一案、治理一片。践行新时代“枫桥经验”，对群众信访建立7日内程序回复、3个月内办理过程或结果答复制度；完善检察长接待、律师参与矛盾化解等机制，依法办理来信来访22件，接待涉众型经济犯罪案件引发的群体性上访1000余人次，妥善化解纠纷。开展“法治进校园”宣讲活动9场次，向2所中小学派驻法治副校长，加强对未成年被害人的司法保护，办理的刘超武故意伤害案被评为“长沙市妇女儿童维权典型案例”。

【批捕起诉】2019年，开福区检察院履行批捕起诉职能，建设平安开福。2019年，受理审查逮捕案件707件1120人，批准逮捕583件922人；受理审查起诉案件1144件1615人，提起公诉932件1274人。严厉打击侵犯人身权利的故意杀人、抢劫、强奸等严重暴力犯罪，批准逮捕49人，提起公诉34人。重点打击群众反映强烈的电信网络诈骗、入户盗窃和“套路贷”等多发性侵财犯罪，批准逮捕322人，提起公诉317人。办理的开福区首起涉恶套路贷案件，该案被害人300余人，涉案金额700万余元，区检察院依法对刘琴等17人涉恶“套路贷”犯罪集团提起公诉，并依法追诉漏犯1人，遗漏罪行2起，遗漏犯罪事实253笔，主犯刘琴被判处有期徒刑15年。打击社会广泛关注的“黄赌毒”犯罪，批准逮捕203人，提起公诉222人。

9月27日，刘某等17人涉恶“套路贷”案宣判　　（区检察院　供图）

【打击职务犯罪与反贪污贿赂】2019年，开福区检察院履行反腐败职能，建设廉洁开福。成立由检察长为组长的职务犯罪检察办案组，落实监察机关和检察机关办理职务犯罪案件衔接办法，与区纪委监察委建立日常联络、提前介入等多项机制，提前介入和受理审查起诉职务犯罪案件8件11人，决定逮捕7件7人，向法院提起公诉5件7人，法院判决3件4人。办理区监察委移送审查起诉的长沙市开福区商务局原党组书记、局长李旅受贿案，长沙市公安局交警支队原党委委员、副支队长曾国光受贿系列案件等。依法履行诉讼监督职能，维护公平正义。

【诉讼监督】2019年，开福区检察院深化刑事诉讼监督。紧盯有案不立、有罪未究和不当立案等问题，监督侦查机关立案13件，监督撤案4件；对侦查机关未追究刑事责任的，依法追捕38人、追诉14人；对侦查机关违法取证、适用强制措施不当等提出书面纠正意见7件次；对确有错误的刑事裁判，提请抗诉1件1人，发出检察建议1份，法院改判、发回重审3件5人。办理的王振祥等人抢劫、聚众斗殴、寻衅滋事恶势力犯罪案中，依法批准逮捕侦查机关提请逮捕的13名犯罪嫌疑人外，还追捕11名犯罪嫌疑人，有效打击犯罪。加强刑事执行监督。开展财产刑执行专项监督，提出书面纠正意见11件；开展羁押必要性审查，办案机关采纳检察建议对39人变更强制措施；开展判处实刑未执行专项检察，向区法院、区公安分局发送检察建议书2份；开展社区矫正专项检察，对执行机关发送纠正违法通知书3份，监督撤销缓刑、假释收监执行5人，办理特赦审查案件10件10人。加强民事行政检察监督。办理民事、行政生效裁判监督案件9件，办理审判程序监督案件1件，办理民事、行政案件执行活动监督案件6件。

【司法责任制改革】2019年，开福区检察院严格执行检察官权力清单，明晰检察委员会、检察长和员额检察官的权责，做到谁办案谁负责，谁决定谁负责。院领导坚持带头直接办理重大疑难复杂案件150件。探索内设机构改革，逐步推行“捕诉一体”办案机制，成立黑恶犯罪、职务犯罪及未成年人犯罪等专业化办案组织，办理案件130余件。完善司法绩效考核制度，全面考察办案数量、质量和效果，坚持动态考核全程考核，推动司法责任制落地见效。

【公益诉讼】2019年，开福区检察院加强与政府职能部门配合，保护社会公共利益，办理公益诉讼案件40件。把诉前实现维护公益目的作为最佳状态，发出诉前检察建议5件。开展医疗废物处置专项检察行动，联合区职能部门检查社区诊所、卫生服务中心等医疗机构20余家，发出诉前检察建议4份，有效督促主管部门对医疗机构违规处置医疗废物情况进行专项整治。拓展公益诉讼案件范围，区检察院通过分析近三年办理的交通运输领域案件，向长沙市交通运输局及涉案企业发出全国首例交通运输领域行政公益诉讼诉前检察建议，长沙市交通运输局收到检察建议后立即制定整治方案，督促涉案企业进行专项整改，确保市民公共交通出行安全。

【认罪认罚从宽制度】2019年，开福区检察院联合区公安分局、区法院和看守所建立案件集中移送、集中讯问、集中审查起诉、集中开庭的“四集中”办案模式。联合区司法局打造全省首家社区矫正网上委托评估系统，联合制定实施细则，成立法律援助工作站，选派20名优秀律师组成值班律师团队。制定《29种常见犯罪的量刑参考意见》，以指导精准量刑，量刑建议采纳率99.81%。全年适用认罪认罚从宽制度办理案件871件1029人，占全部审结案件的80.87%，适用率居全市前列。认罪认罚从宽的案件平均办案期限缩短约50%，有效缓解案多人少矛盾，节约司法资源；全部认罪认罚案件均妥善化解矛盾纠纷，取得案结事了的良好效果。

【对“套路贷”犯罪集团提起公诉】7月11日，开福区人民检察院以涉嫌诈骗罪、敲诈勒索罪、虚假诉讼罪依法向法院起诉恶势力犯罪集团刘某等17名犯罪嫌疑人，并追诉漏犯1人，追诉遗漏罪行2起、遗漏犯罪事实253起，移送“保护伞”线索1条。刘某等17名不法分子为骗取钱财，实施“套路贷”犯罪，并在催债过程中实施诈骗、敲诈勒索和虚假诉讼行为，逐渐形成组织架构清晰，首要分子和重要成员稳定的恶势力犯罪集团。这是开福区首起涉恶“套路贷”案件，追诉的虚假诉讼犯罪系长沙市开展扫黑除恶专项斗争打击的涉黑涉恶虚假诉讼的第一案。在办理该起涉恶犯罪案件中，开福区人民检察院创新参与社会治理方式，延伸检察职能，结合办理的涉恶案件，注重发现深层次问题，联合相关部门成立专案小组，对案发地所在区域进行挂牌整治，严厉打击“套路贷”，从源头遏制恶势力滋生蔓延，推动扫黑除恶专项斗争向纵深发展。

【全国首例交通运输领域行政公益诉讼诉前检察建议】12月13日，长沙市公共交通安全检察建议公开宣告送达会暨全市交通安全整治推进会在长沙市交通运输局举行。长沙市人民检察院副检察长祝珍明，长沙市交通运输局党委书记、局长胡岳龙，开福区人民检察院党组书记、代理检察长杨赞出席会议。这是检察机关发出的全国首例针对交通运输领域的行政公益诉讼诉前检察建议，也是长沙市市、区两级检察机关贯彻落实中共十九届四中全会精神，拓展公益诉讼案件范围，履行法律监督职责，将检察建议做成刚性、做到刚性的具体行动。2019年，长沙市开福区人民检察院先后受理辖区内7件交通领域的刑事案件，经过审查，认为交通运输部门存在对交通企业监管不到位，未依法履行职责的情况，随即启动公益诉讼。检察机关作为法律监督机关，作为公益利益的代表，通过行政公益诉讼诉前检察建议的方式对行政机关的行政行为进行监督，这是一种创新的工作方式，能让老百姓在国家治理体系和治理能力现代化进程中享受更多更实的获得感、安全感和幸福感。

（胡　玲）

法　院

【概况】2019年，开福区人民法院受理各类案件24297件，审结23418件，收、结案数同比增长49.65%和26.62%，员额法官人均办案403.76件，收、结案数均创新高。2019年，开福区人民法院被《中国法院网》授予“优秀直播法院”荣誉称号，开福区人民法院司法警察大队被长沙市中级人民法院评为“2019年度新警集训先进集体”，湘江环境资源法庭被评为“2019年度长沙市青年文明号”，丁艳、廖梦非、邵芳被评为最高人民法院“荣誉天平奖章”。

【刑事审判】2019年，开福区人民法院依法严惩犯罪，深化平安开福建设。推进扫黑除恶专项斗争。组建涉黑涉恶案件办案组，坚持院领导包案督办、责任落实到人，强化“打财断血”“打伞破网”，注重“打”“建”并举，坚决铲除黑恶势力政治、经济基础。重点打击“三贷三霸”、传销等群众反映强烈的黑恶势力犯罪，审结涉恶案件12件50人，依法审理刘琴涉恶“套路贷”“村霸”胡跃红敲诈勒索、吴才良敲诈勒索等案件，震慑黑恶势力犯罪。严惩危害群众生命财产安全犯罪，受理刑事案件982件，审结931件。加大对“两抢一盗”、故意伤害等危害群众生命财产安全犯罪的打击力度，审结“两抢一盗”案件240件，故意伤害案件66件，诈骗案件39件，性侵案件20件，网约车司机何某入室抢劫、猥亵妇女被判处有期徒刑12年。审结危险驾驶、交通肇事案件314件，常某醉驾402路公交车被判拘役6个月。严厉打击毒品犯罪，审结毒品案件103件。保障人民群众食品安全，审结食品药品犯罪案件8件，贺某夫妇在米粉汤中掺入处方药、郭某生产销售“注水牛肉”、李某生产销售“毒油条”被判处有期徒刑6个月至2年。严惩贪污贿赂犯罪，依法审结贪污贿赂案件10件11人，其中正科级以上5人。长沙学院继续教育学院原院长许某、招生办原主任金某某职务犯罪一案，数罪并罚分别判处10年和11年有期徒刑。坚持行贿受贿一起查，长沙永熙实业有限公司犯单位行贿罪，被判处罚金150万元，公司法定代表人被判处1年1个月有期徒刑。审结环境资源刑事案件4件，李某等人“电打鱼”、阮某等人非法排污均被判处刑罚；采用七人制合议庭审理首例跨行政区域环境公益诉讼案件，彭某等4人在衡山县非法处置化工废液，被判支付环境损害费用57.5万余元。

8月6日，长沙市开福区人民法院公开审理被告人徐某、王某等7人犯贩卖毒品罪一案
（区法院　供图）

【民商事审判】2019年，开福区人民法院保护合法权益，维护社会和谐稳定。优化营商环境。建立涉企案件“快立、快审、快执”绿色通道，审慎处理合同纠纷、股权等涉企案件6283件，依法慎重采取财产保全、行为保全等强制措施，最大限度减少对企业正常生产经营活动的不利影响。加强破产清算案件审判工作，受理破产案件7件，依法破产清算、清理僵尸企业。维护金融市场秩序，审结集资诈骗、非法吸收公众存款、非法经营等涉众型金融领域犯罪案件16件，涉案金额104.8亿元，涉及群众8万余人。开展送法进企业活动，帮助民营企业有效规避法律风险。化解民事纠纷，受理民商事案件13138件，审结12523件。加强人权司法保护，审结各类侵权纠纷案件363件，人格权案件67件。严格证据审查，严防虚假诉讼，审结民间借贷案件1815件。依法保护老人、妇女、儿童合法权益，审结婚姻、继承、抚养、扶养纠纷案件514件，对5起“家暴”案件发出人身安全保护令，维护家庭和睦。妥善处理业主、物业、业委会、开发商之间的关系，审结物业类纠纷案件1294件。保障劳动者合法权益，审结劳动争议、人事争议案件891件。保障房屋交易市场稳定，维护良好交易秩序，审结房屋买卖案件404件。

【行政审判】2019年，开福区人民法院加强对征收、补偿决定的法律审查，保护被征收人合法权益，稳妥实施强制措施，最大限度地减少不和谐因素，有力推进“439”项目、潮宗街文化街区改造、东风二村、德雅路两厢棚户改造等重点项目建设。加快项目建设案件审理进度，如华侨星都一案，依法厘清合同解除时间，倒逼违约方退出项目，推动新主体盘活资产。做好行政案件审结和交接工作，有序推动开福区5月1日之后的一审行政案件移送长沙铁路运输法院集中管辖。

【执行工作】2019年，开福区人民法院受理执行案件9750件，执结9541件，执行到位金额20.46亿元。巩固“基本解决执行难”成果，推动形成多部门、多行业、多领域联合信用惩戒工作新常态。组建6个执行实施团队，实现团队化集约办案，其中办案最多的团队1787件。强化精细化管理，狠抓指挥中心实体化运行，规范执行流程节点管控。加大执行力度，开展涉民生权益、金融债权案件等专项执行活动，采取凌晨执行、夜间执行，灵活运用各种强制措施，努力兑现胜诉当事人合法权益。全年纳入失信被执行人名单1109人，限制高消费5609人，司法拘留85人，罚款15人，审理拒执罪案件1件。推进网络司法拍卖，加快被执行人财产处置，成交标的物269件，成交金额3.87亿元，成交率为87.62%，溢价率为15.7%。

【司法宣传与服务】2019年，开福区人民法院落实司法为民，满足群众多元司法需求。推进“两个一站式”建设，定位划分“立案登记、申请执行、信息录入、案件查询、跨域立案、银行专窗”等功能分区，安排专人负责导诉台、“12368”服务热线工作，设置立案调解、律师调解工作室，探索建立特邀调解员制度，提升诉讼服务品质。强化信息技术运用，引入“智能排队管理、智能导诉、案件自助查询、律师服务”等系统，利用在线调解平台调解案件，运用“闪信+”送达文书，网上立案2177件，跨域立案受理25件。全面推进司法公开，加强智慧法院建设，建立19个科技法庭，推动电子卷宗随案同步生成，实现网上签章、网上监控、全程留痕、数据共享。深入推进裁判文书公开、审判流程公开、执行信息公开以及庭审公开，上网公布裁判文书22920份，开展庭审直播6340场次。落实普法责任制，采取“请进来、走出去”的方式，邀请居民、师生、职工旁听庭审4000人次。在风帆广场、清水塘二小等地开展“环保进社区、进校园”活动，提供咨询服务1000余人次，发放宣传手册5000余份，增强群众环保意识。加大以案释法宣传力度，通过“两微一端”和新闻媒体发布典型案例，在中央、省、市媒体上稿400余篇次。区人民法院公众号推送的《长沙某物业公司阻挠法院送达传票被罚30万》一文，阅读量3.7万人次，并被多家新闻媒体报道。

【司法改革】2019年，开福区人民法院推进司法改革，提高审判执行质效。推进司法责任制改革。推进内设机构改革，突出以审判为中心，优化机构设置，将15个内设机构整合为10个（派出法庭除外），整合后的机构实行扁平化管理，职能划分更明确，运行效能更高效。落实审判管理职责，制定《司法人员职责和权限清单》，明确各类司法人员职责和权限。推进院庭长办案制度，院、庭长带头办理重大疑难复杂案件，庭长办结13033件，占全院办案总数的55.65%。推进审判方式改革。推进以审判为中心的刑事诉讼制度改革，落实庭审实质化要求，推进认罪认罚从宽制度和刑事案件律师辩护全覆盖，刑事案件简易程序适用率84.29%。探索建立矛盾纠纷多元化解联动机制，制定具体实施方案，加强与公安、检察、司法局、信访局等部门的衔接协作，整合调解力量，调解民事案件2113件。推进案件繁简分流、轻重分离、快慢分道，简易程序适用率78.87%，同比增长11.86%，平均审理周期为55.7天，同比缩短28.3天，提高办案效率。推进专业法官会议制度。设立刑事、民事、商事、执行4个专业法官会议，讨论研究各专业领域的重大、复杂、疑难案件，确保法律适用标准统一、类案同判，并进行有效的审判监督。对跨专业领域的案件，邀请法学专家及专业人员参与研讨，为案件审理提质增效提供参考。全年召开专业法官会议86次，讨论疑难复杂案件137件。推进案件质量管理，开展“审判质量、效率和公信力提升年”活动，创新管理方式，全面激发队伍活力，全年结案率96.38%。健全完善审判管理制度，依托数字

6月5日，湖南省高院环境资源法庭、开福区法院湘江环境资源法庭在沿江风光带风帆广场开展法治宣传 （区法院 供图）

法院系统，强化案件流程节点和审限管理，实行不同等级分级预警督办机制，每日一提醒，每周一通报。建立和完善案件质量评查机制，综合运用常规抽查、重点抽查、专项评查等方式，每月抽查报结案件不少于100件，及时发现问题并加以整改，确保案件质效。

【司法监督】2019年，开福区人民法院推进审务督查、专项检查常态化，每周由一名院领导带队深入各庭室对工作纪律、庭审礼仪等进行督查，对存在问题，发布督查通报22次，10人被点名通报。加强廉政预防，任命11名廉政监察员，严格落实节日纠风“十个不准”规定和省高院“十二条禁令”，开展廉洁家访，发送廉洁短信，筑牢廉政风险“防火墙”，对1名干警给予纪律处分。自觉接受各界监督。接受人大监督，向区人大报告工作，提请人事任免137人次；加强与代表联络，以座谈、走访等形式听取代表意见，及时答复办理代表意见，邀请人大代表旁听评议庭审、见证执行7场次。接受政协民主监督，办理政协提案1件。支持配合监察机关监督，促进公正廉洁司法，依法接受检察机关诉讼监督，共同维护司法公正，广泛接受社会监督、舆论监督，畅通民意沟通渠道

【两“村霸”横行乡里被判刑】4月3日，长沙市开福区人民法院对被告人胡某红、胡某强迫交易罪、寻衅滋事罪、敲诈勒索罪一案作出判决，被告人胡某红犯强迫交易罪、寻衅滋事罪、敲诈勒索罪，合并执行有期徒刑5年6个月，并处罚金2.5万元；被告人胡某犯寻衅滋事罪、敲诈勒索罪，合并执行有期徒刑一年四个月，并处罚金2000元。2015—2017年，被告人胡某红、胡某两“村霸”在开福区汉回村多次以暴力、威胁、阻工、堵门等方式，为非作恶，欺压百姓，扰乱经济社会秩序社会生活秩序，造成较为恶劣的社会影响，属典型的“村霸”，依法认定为恶势力犯罪。

【开福区公开宣判一起特大涉恶“套路贷”案件】9月27日，长沙市开福区人民法院公开审理被告人刘琴等17人涉恶“套路贷”案件，并当庭作出一审判决，被告人刘琴犯诈骗罪，判处有期徒刑12年，犯敲诈勒索罪，判处有期徒刑4年，犯虚假诉讼罪，判处有期徒刑8个月，合并执行有期徒刑15年，并处罚金14万元；其余16名被告人分别被判处有期徒刑6个月至7年，并处罚金3000元至4.5万元不等；各被告人违法所得及冻结的供犯罪所用资金予以追缴，追缴及冻结的资金优先退赔给各被害人。被告人刘琴等17人以非法占有为目的，假借无抵押贷款之名，采取虚增债务、制造银行流水痕迹、肆意认定违约、恶意垒高借款金额等“套路贷”手段诈骗他人财物，各被告人纠集一起，重要成员较为固定，长期进行有预谋的“套路贷”犯罪活动。

【湘江环境资源法庭敲响跨行政区域环境资源案第一槌】11月18日，长沙市开福区人民法院湘江环境资源法庭公开宣判一起环境污染责任纠纷案件。该案系湘江环境资源法庭首例跨行政区域审判的环湘江流域环境公益诉讼案件，并由3名审判员和4名人民陪审员组成7人合议庭审理。被告人彭某保等4名被告违反法律禁止性规定，无经营许可证非法转运、倾倒、处置危险废物，发生危险废物在非法转运、贮存中泄漏，破坏周边生态环境的后果。4人被判支付因衡山县境内环境损害而产生的危险废物及受污染土壤安全处置等各项费用57.5万元。开福区人民法院充分发挥审判职能作用，加大环境资源审判力度，开展“湖南环保·审判三湘行”专项活动，服务保障“三大攻坚战”，严厉打击破坏环境资源等违法犯罪行为，维护公众的环境权益，为湘江流域环境资源保护提供强有力的司法保障。

（王必杰）

司法行政

【概况】2019年3月，根据区委、区政府机构改革部署，将原区司法局和原区政府法制办的职责进行整合，重新组建区司法局。开福区有16个街道司法所，1个公共法律服务中心。全区有5个区直律师事务所、7个法律服务所，从业律师44人，法律工作者51人。截至2019年年底，全区受理法律援助案件395件，其中民事案件236件，刑事案件159件。2019年，全区共摸排矛盾纠纷10685件，成功调解矛盾纠纷4447件，预防矛盾纠纷6238件，调解成功率100%。全区疑似民转刑案件6起，有效化解矛盾纠纷。全年全区接收社区服刑人员349人，其中来自法院347人，来自监狱2人；解除矫正360人，其中期满解矫346人。全年出具法律意见134份。审查政府合同66件，评查各类行政执法案卷104本。

区司法局组织“12·4”国家宪法日知识竞赛 （区司法局 供图）

【法律援助】截至2019年年底，全区受理法律援助案件395件，其中民事案件236件，刑事案件159件，做到对困难群体“应援尽援”。全面推行“公共法律服务领导接待日”制度；构建“延展性”法律服务平台，组建涵盖人大代表、政协委员的优化营商环境法律服务志愿团队，建立优化营商环境公共法律服务点和“服务民营企业窗口”18个，打造优化营商环境“一站式”法律服务。开展中小微企业免费“法律体检”活动、农民工劳动合同普查与体检专项行动，对全区2729家用人单位的劳动合同和劳务用工情况进行全面体检，维护农民工合法权益。在区内17家中小学建立“校园法律服务站”，在区公共法律服务中心设立开福区军人军属法律援助工作站、设立特殊人群接待日，健全军人军属、未成年人和特殊人群法律援助工作机制，打造便民性社会公共法律服务产品。加强法律援助志愿律师队伍建设，打造“专业性”公共法律服务队伍。按照“四级九统”要求，制定区司法局权力清单、责任清单，编制办事指南，确定区司法局30项政务服务职能全面录入互联网+政务服务平台，实现行政审批事项一网通办。加强律师事务所、法律服务所监管，全年持续引导律师、基层法律服务工作者开展服务“三大攻坚战”、参与“扫黑除恶”等中心工作。

【人民调解】2019年，开福区在全市率先成立区级人民调解员协会，创新发展新乡贤文化，探索“乡贤+人民调解”模式，成立省会首家商圈调委会——泊富商圈人民调解委员会。坚持发展“枫桥经验”，举办人民调解员业务培训，召开预防化解医疗纠纷研判分析暨专家座谈会。2019年，全区摸排矛盾纠纷10685件，成功调解矛盾纠纷4447件，预防矛盾纠纷6238件，调解成功率100%。全区疑似民转刑案件6起，有效化解矛盾纠纷。组织专职调解员外出参观学习及培训3次，组织专职调解员骨干业务工作培训2期，指导16个司法所开展社区（村）专、兼职调解员培训，参学人数300余人次。

【普法宣传】2019年，区司法局全面深化法治开福建设，严格落实“谁执法谁普法”责任制，开展专题法治讲座，举办青少年法治宣传教育周活动，举行全区农村法治宣传教育集中示范点活动，组建普法小分队开展送法入户，编辑出版《不可不知的法律常识800问》《公民法律常识百事通》等书籍，开展各类普法宣传活动400余场次，在全区营造尊法、学法、守法、用法的浓厚氛围。

【司法所规范化建设】2019年，区司法局以“四化”（机构规范化、队伍职业化、阵地标准化、业务专业化）为抓手，全面推进司法所规范化建设，在全市率先推进司法所职能整合优化。根据阵地建设三年行动方案，实现全区16个司法所全部达到规范化建设标准。在全省司法所规范化建设推进会上，区司法局党组书记、局长刘洪斌做《以四化为抓手，以问题为导向，全面加强司法所规范化建设》先进典型发言，全面推介开福区司法行政工作。2019年，东风路司法所荣获“全国模范化司法所”称号，湘雅路司法所荣获“全省司法所工作表现突出单位”称号。

【社区矫正】2019年，区司法局规范社区矫正管理，定期组织入矫、解矫培训，组织集中公益劳动，严格落实点训制度，开展走访帮扶活动和“一对一”心理辅导。全年全区接收社区服刑人员349人，其中来自法院347人，来自监狱2人；解除矫正360人，其中期满解矫346人。全区在册社区服刑人员358人，刑释人员981人，其中，全年表扬35人次，警告37人次，撤销缓刑执行收监3人。所有在册人员均未出现脱管、漏管和因工作失职造成的重新犯罪现象。在提升社区矫正工作管理和服务水平方面，全面推进社区矫正信息化体系建设，“智慧矫正”中心建设走在全省前列。初步建成“一个平台、两个中心、三大支撑体系、四个智慧化融合”的社区矫正信息化体系，形成社区矫正管理智能化、业务数据化、互联移动化、指挥可视化、学习自主化的“智慧矫正”建设新模式。依法、规范、按时完成审核报请特赦工作，2019年，全区报请符合特赦条件的人员9名（第七类6名，第九类3名），长沙市中级人民法院依法裁定特赦的社区矫正对象9名，分两批宣告。全面落实刑释人员衔接核查工作，由各司法所组织社区（村）专干逐人建档，对服刑人员信息核实率、预释放回执率均为100%。刑释人员衔接率、重点帮教对象接送率90%以上，特赦人员衔接率100%。开福区社区矫正工作经验分别在全省社区矫正工作会议、全省智慧矫正试点推进会议上做典型经验介绍，在全国部分省区争创矫正中心现场观摩会上作经验交流。开福区司法局全年接待中央、省、市领导和省内外兄弟单位考察学习28批次430余人。

【法治政府建设】2019年，区司法局全年清理规范性文件210个，对全区62个单位的“三定”方案进行合法性审查，对“营商环境优化年”行动方案、深化农村集体产权制度改革、中小微企业信贷风险补偿资金管理办法、无证办学整治及幼儿园移交管理等涉法事务进行审查，全年出具法律意见134份。审查政府合同66件，评查各类行政执法案卷104本，做好行政执法证件申领和换发工作，全区新申领执法证件50本，换发执法证件602本。指导区属11个执法单位在网上公布行政处罚决定2740份。做好2019年度行政执法案例编纂工作，召开专家论证会，编纂指导案例3件。牵头制定行政执法“三项制度”实施方案、《关于推进优化营商环境规范涉企执法行为的指导意见》；牵头做好全区取消调整证明事项工作，取消55项、保留10项证明事项，指导并审查25家区直单位梳理权责事项2500多项。以区政府名义依法作出房屋征收决定6个、作出房屋征收补偿决定152个，全区累计有67个单位聘请法律顾问。代理区政府为当事人的行政复议、行政诉讼等案件266件，区政府行政负责人出庭应诉4次，处理行政复议申请44件。审查政府作出的房屋征收补偿决定162份，代政府起草搬迁催告书66份，非诉执行申请书、先予执行申请书、判决执行申请书18份，依法推动国有土地上房屋征收工作。提请召开行政司法互动会议20次，与司法机关和上级行政机关沟通探讨，达成法律共识。根据需要组织不同层面的征收法务专题培训，提升征收工作人员依法依规做好征收工作的能力和水平。

【全省司法系统社区服刑人员“智慧矫正”现场推荐会】10月16—17日，湖南省司法系统社区服刑人员“智慧矫正”现场推荐会在开福区举行。与会人员首先体验“人证比对人脸抓拍系统”，接着参观综合管理区

10月16-17日，湖南省司法系统社区服刑人员“智慧矫正”现场推进会在开福区举行
（区司法局　供图）

的报到登记室、信息采集室和问讯室。同时，省司法厅统一的APP定位监控情况、工作场所监控情况、无感签到情况，在显示屏上实时呈现，实现可视化监管。与会人员对开福区“智慧矫正”的成果表示肯定。开福区自2010年全面启动社区矫正工作，2010年6月成立全省首个区级社区矫正中心，2013年6月获批成立全市首个区级社区矫正工作管理局，2014年引进社会力量参与社区矫正工作，全省首个政府公开招投标社区矫正社会服务项目在开福区运行。2019年，开福区被省司法厅明确为“智慧矫正”建设试点单位，初步建成“一个平台、两个中心、三大支撑体系、四个智慧化融合”的社区矫正信息化体系。开福区连续10年实现社区服刑人员“零脱管”“零重新犯罪”，连续14年被评为全省平安区县，先后荣获省、市社区矫正工作先进集体称号，特殊人群管理创新工作经验多次在省、市进行经验推介。

【经验交流】9月19日，湖南省首次司法所工作会议在常德市召开。会上，长沙市开福区司法局围绕“机构规范化、队伍职业化、阵地标准化、业务专业化，全面加强司法所规范化建设”做经验交流发言。自2016年起，开福区在全市率先开展司法阵地建设三年行动规划，制定出台《长沙市开福区省级模范司法所、规范化司法所和公共法律服务工作站、点建设三年行动方案》，坚持把司法所建设列入全区司法行政工作的要点之一，按照司法所建设“硬件是基础、队伍是重点、规范是关键”的目标，全面推进司法所规范化建设，取得显著成效。截至2019年年底，全区有司法所专职工作人员68人，16个司法所工作人员均有3至5人。以司法所业务用房建设为重点，不断巩固基层司法行政阵地，全区所有司法所业务用房总面积2400平方米，所均150平方米，其中独栋所7个，东风路司法所面积400平方米。创建全国模范司法所1个（东风路司法所）、省级模范司法所1个（湘雅路司法所）、省级规范化司法所14个，公共法律服务站、点建设100%。建立健全各类调解组织13个，2017年率先成立全省城区首个区级医疗纠纷调解中心，2018年成立区物业矛盾纠纷调处中心，2019年成立区人民调解员协会和商圈人民调解委员会。以统一创建标准、统一内外标识、统一规章制度、统一业务台账、统一验收评比的“五统一”为抓手，加强所务管理，分步推进、分级考核、分层验收，司法所阵地建设迈上新台阶。2019年，全区各司法所坚持发展“枫桥经验”，排查各类矛盾纠纷10685件，调处4447件；率先全省推行法律援助案件“点援制”，办理法律援助案件395件；全面落实“七五”普法规划，自主编写普法书籍《不可不知的法律常识800问》《公民法律常识百事通》，开展各类普法宣传活动400余场次。

（李志珍）

劳动仲裁

【概况】开福区劳动保障监察大队属于开福区人力资源和社会保障局的独立核算二级机构，参公事业单位。其主要职责为承担区劳动监察工作、法规工作、“12333”热线咨询工作、区劳动人事争议仲裁院工作，与劳动人事争议仲裁院合署办公。2019年，区劳动保障监察大队对全区各类用人单位、工地多次开展巡查，审查用人单位规章制度71家，接待企业和劳动者来电来访咨询5000余次，受理立案劳动保障监察举报投诉案件227件，办理特殊工时制度审批许可3件，办理行政处罚案件3件，涉及金额4.5万元，向公安移送拒不支付劳动报酬犯罪案件1件，全年受理劳动人事争议仲裁案件1087件。

【法治宣传】2019年，区劳动保障监察大队创新宣传形式，充分利用到用人单位监察检查的机会，通过发放宣传资料、张贴宣传画等多种形式向社会广泛宣传《中华人民共和国劳动法》《中华人民共和国劳动合同法》《中华人民共和国劳动争议调解仲裁法》《中华人民共和国社会保险法》《工伤保险条例》等与职工密切相关的法律法规。组织开展普法讲座、春风行动等活动，对网站上的典型案例进行分析，对劳动有关的法律法规和政策进行广泛的宣传和解读，使广大劳动者学会依法保护自身合法权益，提高用人单位自觉守法意识。畅通投诉举报渠道，实行线上线下联动服务机制，借助开福区政务服务一体化平台开通网上投诉举报专栏，利用“12345”工单平台等多种途径，将服务从实体窗口向网上经办延伸，让“信息多跑路，群众少跑腿”，在网上提供法律咨询服务，提高案件办理效率，在全区逐步形成共同维护劳动者权益的良好氛围。

【劳动监察】2019年，区劳动保障

11月20日，区劳动保障监察大队在协调处理秀峰景园小区改造项目欠薪案件
（区人社局　供图）

监察大队加大执法力度，保障农民工工资支付到位。加强农民工工资支付投诉举报处理，在各建筑工地及网上公布投诉举报电话，对涉及农民工工资支付案件做到快立案、快调查、快处理。在全区范围内组织开展农民工工资支付情况专项检查行动，对辖区内131个在建工地进行反复督查检查，依法下达法律文书，要求建筑工地按照治欠保支工作的要求依法落实按月足额发放、实名制管理、专用账户管理等“七项制度”，做到早预防、早处理。建立完善农民工劳动报酬保证金制度和台账，2019年，收取农民工保证金1.14亿元，涉及项目106个，并积极探索政府投资建设项目农民工工资保证金集体账户管理试行办法，同时对于不开立农民工工资保证金专用账户的不予以办理保证金缴存工作，从源头上防控拖欠农民工工资问题。加大日常巡查力度，开展清理整治劳动力及人才市场专项行动、无欠薪项目建设活动、岁末年初根治欠薪攻坚战等一系列活动，促进保障农民工工资支付工作。2019年，帮助劳动者追回劳动报酬3500万余元，未发生群体性讨薪事件，未有历史欠薪积案，维护广大农民工的合法权益。

【劳动仲裁】2019年，区劳动人事争议仲裁院严格执行办案规程，认真开展申诉接待，审查立案，调解仲裁工作。坚持贯彻“预防为主、调解为主、基层为主”的方针，坚持“以法为准、以人为本、以德为先”的工作理念。在工作中严格按照要求，认真细致、高质高效地做好案件受理、法律文书送达、庭前准备、庭审记录、案前协调等工作，坚持“合法、公正、及时”的原则，积极稳妥地处理劳动争议。开展仲裁员培训，增强仲裁员自身素质，定期组织办案人员沟通案件办理情况，适时开展案件研讨，对劳动争议案件中当事人民事行为有效性认定、用人单位违纪解除合法性判断、经济补偿金数额确定等难点问题进行探讨交流，提高办案质量和效率。实行兼职仲裁员办案制度，有效缩短办案时间，提高办案数量，节约财政经费。2019年，全区受理劳动人事争议仲裁案件1087件，较2018年增加570件，增长110.25%，时效内结案率100%。

【秀峰景园小区改造项目欠薪案件】秀峰街道是开福区2019年在建工地较多的街道，聚集大量农民工，有部分在建工地出现违法分包、拖欠农民工工资、未与农民工签订劳动合同、未按时足额支付农民工工资等问题。其中秀峰景园小区改造项目出现拖欠农民工工资问题，引起大量农民工维权，造成不良影响。11月20日，区劳动保障监察大队接到投诉举报后第一时间迅速组织执法人员到秀峰景园小区改造项目部调查处理，该工程所有项目经秀峰街道、湖南华庭物业管理有限公司、秀峰景园小区业主委员会、易华祥施工方共同核量验收。经协调最终由湖南华庭物业管理有限公司支付1万元，秀峰景园业主委员会支付7万元，合计8万元，在区劳动保障监察大队的监督下支付给11名农民工，切实保障农民工合法权益。

（杨　宇）

军　事

LOCAL MILITARY

人民武装

【思想政治建设】2019年，开服区人民武装部党委组织党员干部参加长沙警备区党委中心组政治理论专题学习和湖南省军区“学习大讲堂”活动，开展“传承红色基因、担当强军重任”主题教育，学习领会习近平系列重要讲话精神，增强“两个维护”的自觉性。区人武部党委在长沙警备区首长指导下，召开党委民主生活会，开展批评和自我批评，消除和解决各种萌发和反弹的思想问题。区人武部结合民兵整组点验和民兵军事训练进行政治思想教育，开展“民兵学习宣讲活动”，拓展民兵预建党组织。区人武部注重宣传报道工作，配合湖南省军区和长沙警备区进行主题教育宣传视频拍摄工作。全年在省级以上媒体上稿89篇，湖南省军区要讯上稿8篇（含南部战区要讯1篇），上稿率在长沙人武系统排名第一。区人武部政治工作科科长陈月亮代表长沙警备区在湖南省军区信息工作会议作经验介绍。

9月19日，开福区人武部走进湖南机电职业技术学院开展国防教育

（区人武部　供图）

【民兵调整改革工作】2019年，区人武部针对民兵调整改革工作任务，多次向区委、区政府主要领导汇报民兵调整改革工作，按照上级关于《民兵调整改革检查考评标准》新要求，研究制定《开福区检查验收评定标准》，制定下发《民兵调整改革工作方案》和《整组工作指示》。组织召开民兵整组工作任务部署会、工作调度会。与区政府有关部门联合办公，把编组任务具体分配到区直各单位和各街道，建立涵盖区领导、区直机关和街道主要领导的微信工作群，利用新媒体等各种方式进行宣传，编发2期工作简报推进工作任务落实。深入20多家企事业单位进行调研督导，择优编组，新编长沙新港、粮食集团等单位民兵，编建金汇通航公司直升机侦察救援排。针对上级对整组工作检查发现的问题，及时部署整改，做好问题反馈和“回头看”工作，对各单位工作进展情况进行点评。以“传承红色基因，争当优秀民兵”为主题，组织开展民兵集中点验仪式，对全区民兵分队进行整组工作点验验收，实施“崇尚荣誉、入队光荣、使命催征”三大程序，使全区民兵充分感受“我当民兵，我光荣”。活动被38家媒体宣传报道。民兵调整改革工作经长沙警备区考评，获全市第二名并首推迎接军委国防动员部检查单位。

【国防集训演练】2019年，区人武部贯彻落实上级实战化练兵要求，选派专武干部参加上级组织的集训，取得想定作业教学两个科目团体第1名成绩。组织机关干部进行研究作业和军事训练，选派陈月亮、何坤等参加湖南省军区参谋人员比武，取得想定作业团体第1名、业务教学团体第2名、轻武器射击第1名的好成绩。区人武部整合全区优质教学资源，采取普及训练与重点集训相结合的方法，分批组织民兵骨干集训，年度训练完成率100%，民兵应急连参加湖南省军区比武获得好成绩。协调召开学生军训工作会议，培训军训教练员，组织对全区大学生和中学生进行军训。担负湖南省军区赋予的伪装防护分队教学示范片拍摄工作任务。参加湖南省军区演习，演习文书评分获全市第2名。区人武部修订完善各类抢险救灾方案预案，检修装备器材，组织民兵参加抗洪巡堤值守、抢险救灾、环境整治等急难险重任务。

【新兵征集工作】2019年，区人武部针对区内高校少、“当兵冷、征兵难”的实际情况，做到早筹划、早发动，早准备。区人武部积极担负军委国防动员部兵役登记工作试点任务，将全区兵役登记率提前达到100%。调整征兵领导小组和办公室组成人员，组织征兵办工作人员集中办公。与区委宣传部联合下发征兵宣传通知，开展征兵宣传动员，4月底举行“2019年大学生预征启动仪式暨征兵宣传进校园活动”，区人武部领导多次到高校进行国防教育，配合长沙警备区在长沙市图书馆开展第十九个全民国防教育日活动启动仪式。通过宣传教育，组织大学生预征体检和政治考核，应征大学生上站人数与合格人数均完成全年兵员征集任务；召开全区征兵工作会议，开展体检和政治考核业务培训；全面展开征兵体检和政治考核工作。

【“星级达标”建设】2019年，区人武部根据上级关于军事职业教育试点建设的通知，积极组织学习观摩，选定场地，拟制方案上报，并展开建设工作。认真落实上级关于加强基层武装部、村级民兵营（连）建设的文件要求，推进“星级达标”建设考评，5个街道主动请求担负试点任务，全区各基层单位均按时达到规定的星级标准。湖南省军区司令员毕毅对洪山街道阵地建设给予较高评价，长沙警备区选定洪山街道作为星级达标建设观摩试点单位。率先完成民兵信息系统数据录入，在湖南省军区和长沙警备区相关会议上介绍经验。完成信息化会议系统提质建设、公寓楼水电气管网建设，规范办公秩序，营造良好工作环境。

【专武干部队伍建设】2019年，区人武部得到区委支持，任命街道工委书记为武装部政治教导员，与区委组织部联合选配专职武装干部，进行考察，召开集中考察见面会，协助区委常委会审议通过基层武装部长任命。在长沙市率先召开宣布专武干部任职命令大会，落实国教干事合署办公，协助区委、区政府在湖南省范围内率先制定《以党建为引领做好退役军人服务管理工作若干措施》。联合区委、区政府相关部门领导走访慰问驻军单位和困难退役军人，为立功受奖官兵家庭送喜报和慰问金，指导区退役军人事务局举办“拥军优抚一卡通”首发仪式、最美退役军人评选和退役士兵适应性培训活动等。做好军人子女入学、家属随军安置等服务工作。

【安全管理工作】2019年，区人武部研究制定《开福区人武部财经管理规定》。组织干部职工对办公楼、公寓楼、车炮库等进行拉网式清理，消除安全死角盲区。营院设置安全展板和警示标语，营造浓厚安全文化。

【民兵集中点验仪式】4月15日，长沙市开福区人武部在湖南工程职业技术学院举行全区民兵集中点验仪式。全区各街道工委书记、民兵编组单位负责人和辖区高校领导、学生代表参加。仪式邀请区内不同时期5位民兵典型代表，即投弹训练为保护战友，炸残右手脚和右眼的76岁老民兵盛德其；自办公司，多次为抗洪抢险、社会稳定奉献的“60后”民兵陈利军；抗洪抢险为保护舟上群众，被洪水冲出100多米的“70后”民兵雷铁；多次参加抗击冰灾、洪灾，处置突发事件的“80后”民兵丁永臣；2017年“抗洪母子兵”的18岁民兵李锦文，为新入队的民兵代表佩戴民兵标识符，激励广大民兵传承红色基因，争做优秀民兵，激扬报国之志，献身国防，建功立业。此次活动针对当前民兵身份认同感不强、荣誉感和使命感不足等问题，从民兵入队的第一次集中点验入手，抓实抓好，营造强烈的仪式感尊崇感，引导他们更加珍惜民兵身份，牢记民兵职责，强化民兵使命，激发民兵担当，真正做到招之即来、来之能战、战之必胜。活动得到38家媒体宣传报道。

【进高校讲好国防教育第一课】9月18日，在第十九个“全民国防教育日”，长沙市开福区人武部走进湖南机电职业技术学院与4000余名军训新生共同开展“我是国旗护旗手”国防教育第一课。授课中，开福区人武部政委陈松华结合自己多年部队工作经历，对我国周边安全形势进行分析和研判，为大家普及国防教育基础知识，嘱咐同学们要坚定理想信念，牢记历史，珍惜今天来之不易的和平岁月，时刻警惕，学好文化，为守护国旗贡献力量。国防教育课在同学们齐唱爱国歌曲声中结束。

（郑　正）

人民防空

【概况】开福区人民防空办公室（以下简称“区人防办”）为区政府人民防空工作主管部门，也是区国防动员委员会的常设办事机构。2019年3月机构改革后，区人防办与区住建局合署办公，实行一套工作机构、两个机构名称。2019年，区人防工作以《中华人民共和国人民防空法》《湖南省实施〈中华人民共和国人民防空法〉办法》为依据，按照“长期准备、重点建设、平战结合的方针”，全面加强人民防空一体化建设，全力提高信息化、现代化水平，人防工作迈上新台阶。

【指挥通信】2019年，开福区辖区内防空警报控制系统改频升级、自主选频器采购安装、人防应急预案修订工作在全市全面率先完成。强化街道、企业人防管理责任，推进管理网格化。在全市率先建设人防空间信息档案库和全景管控系统，探索智慧人防建设，系统通过验收并正式投入使用，标志着开福区人民防空工作迈上新台阶，开启人防信息化V1.0新时代。

【人防执法】2019年，开福区人防办加强人防工程日常巡查管理，全年对某些人防工程维护管理单位下发整改通知书6份，及时消除安全隐患，确保人防工程处于良好的战备状态。

【人防宣教】2019年，开福区人防办开展人防宣传“五进”工作，向全区各中小学配发宣传资料8000余册。举办“关注人防，关爱生命，共筑平安校园”“5・12”国家防灾减灾日主题教育活动。联合长沙市人防办开展“警钟长鸣，铭记历史”“11・1”防空警报试鸣日系列宣传活动。开展人防指挥通信工作团队建设和人防工作业务培训，街道分管领导、社区人防专干和人防管理单位代表94人参加。月湖人防宣传教育基地建成并投入使用，省、市人防办主要领导多次到基地参观考察，承办庆祝中华人民共和国成立70周年湖南人防成果展。

5月10日，“关注人防、关爱生命，共筑平安校园”防灾减灾日宣传活动

（区住建局　供图）

【防灾减灾日宣传活动】5月10日，开福区“关注人防、关爱生命，共筑平安校园”防灾减灾日系列宣传活动在开福区四方坪二小举行。长沙市人民防空办公室党组成员汤立新出席活动并致辞。该次活动是由长沙市人防办指导，开福区人防办、开福区教育局主办，开福区四方坪二小承办。四方坪二小以“关注人防、关爱生命，共筑平安校园”为主题，在防空袭警报声中，以有序的疏散演练拉开主会场活动的序幕，各班学生在班主任及科任老师的带领下，按照学校制定的防空应急疏散方案，紧张有序地撤离教室，前往预定地点疏散。该次活动在校内设分会场，并开放人防展室供全体学生、家长参观学习。分会场含逃生结绳系法及索降演示、模拟火灾现场烟雾逃生演练、消防防护设备介绍及穿戴演示、灭火器使用方法讲解及灭火实操演练等实操演练活动，以教官们生动的讲解及亲身示范，帮助孩子们提高防护技能及自救互救能力。活动以音乐、舞蹈、医疗急救演示、人防知识抢答赛、安全教育情景剧等丰富多彩的形式，深入推进人防知识宣传进校园，以寓教于乐的方式，从孩子抓起，培养学生居安思危的防范意识，切实提高全体师生防范灾害的意识和能力。

（周懋钊）

经济管理与监督

ECONOMIC MANAGEMENT & SUPERVISION

发展和改革

【概况】2019年3月，编制机构调整，区发展和改革局不再加挂区物价局牌子，新增社会信用体系建设、公共机构节能监督检查职能，划出组织编制并实施主体功能区规划、应对气候变化和减排、农业投资项目、重大项目稽查、药品和医疗服务价格管理、价格监督检查职责。区发展和改革局内设办公室、发展规划科、投资管理科（行政审批和政务服务科）、体制改革科、价格管理科（认证中心）、能源管理科6个职能科（室）；二级机构1个为重点工程项目事务中心。核定行政编制13名，事业编7名、工勤编1名。2019年，全区实现地区生产总值1006亿元，同比增长7.3%；累计完成固定资产投资1013.49亿元，同比增长10.3%，总量、增速均居全市内五区第二，其中产业投资192.4亿元，产业投资占比内五区第一名；完成社会消费零售总额811.2亿元，同比增长10%；实现服务业增加值861亿元，同比增长8.2%；完成一般公共预算收入129.9亿元，同比下降0.04%；居民人均可支配收入58334元。2019年，全区铺排重大产业项目203个，年度计划投资333亿元，完成投资405.7亿元。全年完成项目立项审批299个，项目备案审批101个。新增“四上”企业109家，10家企业纳入省市拟上市（挂牌）企业库。欣城社区等5家单位获得省市两型重点项目扶持示范单位。油气管道保护安全生产、蓝天“保卫战”散煤整治在市对区绩效考核中进入一类单位。推荐周南秀峰学校、新竹二小为全国、全省公共机构节约型示范单位，区机关大院获评市公共机构垃圾分类示范单位。重大项目建设年度考核在全市内五区排名第一。老百姓大药房物流枢纽和电商基地等项目观摩获得中心城区观摩二类等次。

【编制发展规划】2019年，区发展和改革局科学制订经济发展计划，编制和下达2019年度主要经济和社会发展预期目标任务，为全区经济工作的科学铺排和推进提供重要决策依据。加强经济运行监测，按月、季、半年和年度做好经济指标监测及形势分析，全年编印《经济专报》8期，供领导科学决策。推进规划编制，起草《开福区“十四五”规划基本思路》，协调推进23项区级专项规划编制。撰写的《全区现代服务业发展的综合分析与对策研究》获得区政府系统主题教育调研报告一等奖。

【产业项目建设】2019年，区发展和改革局推进“产业项目建设年”活动，全区铺排重大产业项目203个，年度计划投资333亿元，完成投资405.7亿元。老百姓大药房物流枢纽与电商基地、绿色安全食品展示交易中心等项目实现竣工开业，夸特纳斯、拓沃重工、顺新金属等一批项目启动建设，湘商大厦、平瑞医药等项目稳步推进。抓好产业培育，落实企业“入规、升高、上市、扩面”活动，新增“四上”企业109家，10家企业纳入省市拟上市（挂牌）企业库。市场主体首次突破10万户大关，年均增速超过25%。出台开福区推进夜间经济发展工作实施方案，大力繁荣和发展夜间经济。争取项目资金，始终把“争项目、争资金”作为服务项目建设的重要工作来抓，全年向上级申请中央预算内投资资金3523万元。推送申报省级现代服务业发展专项资金项目9个、省级双创示范基地1个、省级工程研究中心4个、市级企业技术中心5个、市现代服务业引导专项资金项目6个。

【优化营商环境】2019年，区发展和改革局着力服务保障，优化营商环境，抓好“四牵头一配合”事项，打造国家发展改革委营商环境综合测评样板区。优化投资审批，推行区属投资项目“多规合一”在线审批平台，持续优化审批环节，简化审批流程。区发改局在平台上负责审批事项共9项，原合计审批时限为54个工作日，现审批时限合计缩减为18个工作日。全年完成项目立项审批299个，项目备案审批101个。降低企业成本，做好相关收费目录清单的核对、公示及宣传，并督促相关单位开展价格监督检查（该项职能移交区市场监管局），对高岭商贸城、佳海工业园两地电费过高的问题进行调查处理，电费由1.25元下调到0.919元每度（下降26%），1300多家企业及商铺从中受益。落实清单制度，督促落实国家发展改革委《市场准入负面清单》制度，做到非禁即入、非禁即准，让市场活力更彰显。奖励政策扶持，整合汇编普惠性产业奖励文件，并加大奖励政策兑现，对全区301家企业337个奖项实施奖励9311.44万元，惠及企业数同比增长27%。诚信体系建设，牵头成立35个成员单位组成的信用建设领导小组，搭建“信用开福”网站并联合开展联合奖惩活动。组织开展“诚信之星”创建活动，向市级推选9

家候选企业。同时加大“新官不理旧账”专项清理及政务失信记录清零行动，让“守信激励、失信惩戒”成为风尚。

【价格监管】2019年，区发展和改革局优化价格管理服务，妥善处理价费矛盾，共受理价费举报投诉462件；完善价格监测机制，对69种主要民生商品价格实时监测及上报；做好价格认证服务，认证评估396件，涉及金额390万元。

【能源管理】2019年，区发展和改革局高效推进能源管理和两型示范创建，抓牢能源“双控”管理服务，完成2019年度市对区“双控”绩效考核工作。积极推广清洁能源项目，推广新能源充电桩项目47个，光伏项目40余个；争取市级节能专项及奖励资金200余万元。全年有2个社区、1所小学获评长沙市两型示范（创建）单位，2个社区获得2019年湖南省两型重点项目扶持，争取上级资金100万元。抓好污染防治，推进餐厨油烟治理项目，对5个街道15个社区实施居民家庭餐厨油烟净化改造1.58万户。落实燃煤整治牵头责任，开展日常巡查执法200余次，积极推进“煤改气”项目建设，圆满完成专项治理任务。

【油气管道安全监管】2019年，区发展和改革局做好油气管道安全管理，压实安全监管责任，加强安全生产监督检查，落实区级领导一季一督查、局领导一月一督查、街道和社区一周一督查机制，及时处理隐患，确保油气管道安全。

【“河长制”工作】2019年，区发展和改革局严格落实“河长制”工作，压实区、街、村（居）“三级责任”，坚持源头、岸线、水面“三位一体”综合治理，浏阳河水质持续保持Ⅲ类。统筹抓好各项工作，牵头抓好全区非参公事业单位公务用车改革工作，牵头推进143家公共机构垃圾分类全覆盖，高质量完成和包支付业务拓展等区委、区政府和上级主管部门交办的其他各项工作。

【重大产业项目集中开工活动】4月23日，长沙市开福区重大产业项目集中开工活动在香江高岭智慧物流园项目现场举行。活动集中开工项目分别为香江高岭智慧物流园、金属材料生产加工基地、拓沃重工总部及工程机械生产基地、罗莎蛋糕企业总部及生产基地、中部进出口商品展示交易中心二期项目等5个，总投资20.5亿元，项目涵盖商贸物流、工业高新技术，以产业项目建设为重点，着力推动产业升级发展。区领导刘拥兵、张春雄、李国军、康镇麟、李光华、焦灿，金霞经开区党政全体班子成员以及相关区直部门和街道、项目单位负责人出席开工仪式。

【荷兰夸特纳斯（长沙）国际食材集采集配加工中心项目开工】9月26日，荷兰夸特纳斯（长沙）国际食材集采集配加工中心项目开工活动在长沙金霞经济开发区举行。湖南省委常委、长沙市委书记胡衡华宣布开工。荷兰国家政府都市食品安全协会主席阿特·伍斯德，荷兰

9月26日，荷兰夸特纳斯（长沙）国际食材集采集配加工中心项目开工仪式在金霞经开区举行（区发改局　供图）

夸特纳斯集团董事局主席杨·哈克致辞。长沙市委副书记、市长、湖南湘江新区党工委书记胡忠雄主持开工活动。湖南省商务厅副厅长周越，长沙市人民政府副市长邱继兴、廖建华，开福区委书记曹再兴等领导参加。该项目规划占地面积10公顷，拟投资1.6亿美元，设置国际食材加工中心、高端冷链储存分拣及新能源集采集配中心、食品安全质量大数据中心三大功能区，计划2021年上半年竣工投产。国际食材加工中心占地3.67公顷，建设智能控温的中央厨房式食材工坊，实现国际食材集团化采购、标准化操作、集约化生产、工厂化配送、专业化运营和科学化管理，建立集生鲜食材采购、保鲜、加工一体的生态圈。高端冷链储存分拣及新能源集采集配中心占地5.33公顷，建设以荷兰吉洛夫冷链设备和技术为支撑的高标准立体库房，城市绿色货运配送基地和绿色物流智慧服务平台。项目执行城市配送的车辆，以新能源和达到国六排放标准清洁能源车辆为主，计划投放比例不低于80%。食品安全质量大数据中心占地1公顷，建设多层综合办公楼，承载信息化系统开发和食品安全信息追溯中心，形成稳定可靠的食品安全智能化管理与产品质量追溯体系，并实现行政办公、餐厅、倒班公寓等配套功能。

9月28日，老百姓大药房在开福区金霞经开区投资12亿元建设的物流枢纽与电商基地投产运营　（区发改局　供图）

【长沙市重大项目流动观摩现场会观摩老百姓大药房项目】12月11日，长沙市重大项目流动观摩现场会召开，全市四大家领导观摩开福区金霞经开区老百姓大药房项目。投资12亿元建设的物流枢纽与电商基地投产运营，这里将成为老百姓集团总部、全球信息管理系统中心、全国结算中心和全国物流中心。截至2019年年底，有1000多人入驻办公，5家子公司落户园区，全年实现销售额125亿元。

（杨通平）

开福区2015—2019年五年项目统计一览表

表1

序号	年份	年度项目总个数（个）	年度计划总投资（亿元）
1	2015	122	237.86
2	2016	153	233.2
3	2017	151	327.4
4	2018	176	306
5	2019	203	333
合计		805	1437.46

市场监督

【概况】2019年3月，按照中央、省、市及区委政府对机构改革的统一安排，原长沙市工商行政管理局开福分局、原区食品药品监督管理局、原长沙市质量技术监督局开福分局3个单位，加上区发改局的物价职能和区科技局的知识产权职能，合并成立开福区市场监督管理局，加挂开福区知识产权局的牌子。改革后的区市场监督管理局（区知识产权局）依法承担全区范围各类市场主体的监督管理、登记注册、综合执法、市场秩序（传销、非法金融、不正当竞争等）以及产品质量监管、特种设备监管、食品安全监管、药品医疗器械和化妆品安全监管、计量管理、消费者维权、知识产权监管等工作任务和安全监管职责。根据统计数据，截至2019年年底，开福区在册的商事主体11万个，有各类食品药品生产经营单位1.5万家。其中食品生产企业115家，食品流通单位7280家，餐饮门店5682家，大（中）专院校、中小学和幼儿园、医疗机构、养老机构、工地食堂169个，药品、保健品、化妆品企业单位1309家。在册特种设备监管对象1.27万台套，重点质量监控的计量器具、检测机构、标准化试点企业、生产企业等单位480家。涵盖个体工商户、企事业单位和群众生产生活方方面面，是社会媒体关注聚焦的热点。

【基层所标准化建设】开福区17个基层市场监督管理所于2019年11月15日统一挂牌。逐步规范各市场监督管理所的办公用房、办公设备、执法车辆等，按照商事制度改革和食安创建要求，每个所均需设立对外办证服务窗口，建立快检室、罚没物资库房、商事主体档案室、投诉举报办案谈话室等，根据2019年第15次区长办公会决议，由各市场监督管理所所属街道和金霞经济技术开发区负责逐步解决。

【优化营商环境】2019年，开福区市场监督管理局坚持以商事制度改革为“先手棋”，以工商注册制度便利化为突破口，推出系列有益举措。聚焦提效能。在全市率先实施“全程电子化”登记改革，2019年，全区受理全程电子化登记6879户并全部办结。梯次推进“先照后证”“多证合一”“企业名称自主申报”“证照分离”等系列改革，实现审批材料精简87%，审批时限缩短91%的目标；区级“不见面”办理事项87项，“最多跑一次”事项414项。聚焦降成本。大幅降低企业准入成本，全面实现零收费。规范涉企收费，严格价格监督执法，组织开展涉企和民生领域价格收费专项检查，严肃查处针对企业的行政事业性乱收费行为，处理投诉108起，向经营者发放提醒告诫书120余份。聚焦优服务。统筹资金在注册大厅增设营业执照自助打印机、空调、饮水机等设备；将办公楼周边和围墙外两厢绿化带打造成停车坪，增加群众前来办事停车位100个，优化群众办证环境。全区市场活力和发展动力持续增强，截至2019年年底，全区企业为10.1万户，首破10万户，全年新增市场主体18329户。11月开福区作为全市“营商环境优化年”两个样板区之一，接受国家发展改革委测评，得到测评组一致肯定。

【完善监管机制】2019年，开福区市场监督管理局完善抽查监管，制定抽查事项清单和年度抽查工作计划，推进“双随机、一公开”监管，全年完成21项1648户抽查任务，检查结果公示率100%。完善信用监管。推进企业年报和信息公示工作，完成企业年报28496户，个体工商户年报20489户，企业年报公示率全市排名第一。列入经营异常名录3589户，强化市场信用监管。完善平台监管。推广“互联网+智能电梯”监管模式，在全省率先设立“特种设备智慧管理平台”，开展特种设备行政审批全程网办业务，开福区是全省唯一实现特种设备行政审批（备案）事项全部不见面网办的区县，为企业节省的大量的时间成本和经济成本，得到省、市市场监管局的充分认可。建成电梯数字化安全监管系统，实时掌握辖区电梯检测情况，预警电梯安全风险，完善电梯维保、检验、事故信息追测体系，有效遏制重特大安全事故发生，作为特种设备安全监管典型经验在全省进行推广。

【保障市场安全】2019年，开福区市场监督管理局加大专项整治力度，开展食安创建，落实党政同责，制定食品安全监管事权清单，结合日常监管、“双安双创”等工作，推进食品“护源”“护苗”“保健品”市场乱象“百日整治”等专项行动，围绕非洲猪瘟疫情防控及整治工作，落实非洲猪瘟防控情况报送制度。结合“不忘初心、牢记使命”主题教育，开展整治食品安全问题联合行动，2019年，全区完成一般程序性食品案件结案数315起，罚没金额412万元。

5月21日，打击传销行动中抓获的传销人员　　（区市场监督局　供图）

大案要案方面，纳入湖南省市场监督管理局督办案件7个，国家市场监督管理总局督办案件2个，其中富迪健康保健品涉嫌虚假宣传和汤桂良假冒白酒注册商标专用权2个作为典型案例，上报到国家市场监督管理总局食品专项整治案件查办组，得到肯定和高度赞扬。全年组织打击传销行动101次，捣毁窝点829处，教育遣送涉传人员2974人，移送传销涉黑涉恶案件线索到区扫黑办11起、公安机关5起，打击传销力度之大，捣毁窝点数量之多，教育遣送涉传人员之多，为历年之最，通过长沙市市场监督管理局“创建无传销社区”工作验收。组织开展打击虚假违法广告、打击侵权假冒、整治农资市场、整治无照经营等专项治理，查处各类违法案件99件，其中反垄断和公平竞争审查工作代表长沙市接受国家市场监督管理总局督查组督查，取得优异成绩。开福区打击侵犯知识产权和制售假冒伪劣商品“双打”工作，接受国家药品监督管理局验收。做实惠民利民工程。推动透明厨房提质工程纳入市重点民生实事项目，全年完成透明厨房提质工程600家，全部通过验收合格。加大农村集体聚餐规范管理力度，农村集体聚餐信息化管理模式成效明显；推进农贸市场垃圾无害化处理建设工作，在沙湖桥农贸市场和蒋家垅生鲜市场引进果蔬垃圾资源化回收处置站建设项目。2019年，全区完成食品生产、流通和餐饮环节抽检13962批次，合格率99.7%。做好“双安双创”现场会、中非经贸博览会等重大活动的市场监管和保障工作。提升消费维权效能。举办“3·15”消费者权益保护、“3·31”食品药品投诉举报系列宣传活动，发放宣传资料1万余册；推进“五线合一”工作（原工商“12315”、质检“12365”、食药“12331”、知识产权“12330”、价监“12358”等5条投诉举报热线整合为“12315”一条热线），全年接待消费者咨询、投诉、举报1万件，为消费者挽回经济损失500万元。

【提升产品质量】2019年，开福区市场监督管理局推进质量提升，开展质量对标提升和“标准化+”行动，指导50家企业开展标准自我申明公开194项，涵盖1509种产品。开展质量强区行动，组织湖南粮食集团、沙坪建设集团等8家单位申报省长质量奖。推进标准化试点示范工作，组织指导开福区中小微企业管理中心等5家单位参与2020年省级服务业标准化试点申报，指导长沙中科盛联环保工程有限公司参与2020年省级新兴优势产业标准化试点申报；湖南佶福餐饮的早餐连锁经营省级服务业标准化试点项目顺利通过验收，湖南粮油产品质量检测中心的2个项目获长沙市标准创新奖励。知识产权每万人有效发明专利拥有量达52.5件，获国家知识产权强县工程试点区，居全市前列。落实计量惠民。加强对民用电水气“三表”、加油机等重点计量器具的监管；对重点排污单位、机动车安检和尾气检测机构、计量器具生产企业、大型超市、加油加气站等单位开展计量器具专项检查，落实计量惠民。强化宣传培训。结合安全生产月、防灾减灾应急救援演练活动及特种设备安全生产“七进”活动，为企业和群众免费上门培训3次，惠及企业800家3000余人，接受群众咨询2000人次，向群众免费发放区市场监督管理局编印的《特种设备公民读本》《特种设备安全常识一本通（电梯、大型游乐设备）漫画册》1万册，组织学生参与特种设备应急救援演练，向学校赠送特种设备安全宣传知识画册2000份、教育光碟1000份，惠及学生1万人。

【健全监管体系】2019年，开福区市场监督管理局稳妥推进改革。区市场监督管理局成立机构改革领导小组，坚持“优化协同高效”，狠抓职能整合、业务契合、队伍融合，通过凝聚改革共识、营造改革氛围、明确改革重点、严明改革纪律，实现人、财、物快速交接。科学编制“三定”方案，厘清职责边界，形成“18+1+17”的设置模式，即设立政策法规、综合协调、行政审批、特种设备、食药监管等18个科室，内设区市场监管执法大队，下设17个基层市场监管所（16个街道和金霞经开区），明确分管领导、各科所负责人和科所工作人员，确保机构改革平稳过渡和市场监管各项工作的顺利推进。理顺工作机制。统一办文办会、财经、作风纪律等重点工作制度，规范文书流程；组建新的全局干部职工工作群，开通开福市监公众号，加大新闻宣传力度。强化队伍融合。开展“不忘初心、牢记使命”主题教育，加强班子建设和队伍建设，采取开展业务培训，组织工青妇团、离退休干部活动等方式，增强队伍凝聚力。全年组织开展《市场监督管理行政处罚程序暂行规定》专题解读、校园食品安全知识、食品抽样及核查处置等各类培训50余次。持续正风肃纪。开展对官僚主义和形式主义的整治，开展重大节日明察暗访，全年开展纪律督查5次、提醒谈话21次。

【市场监督管理局挂牌成立】3月13日，开福区市场监督管理局（加挂开福区知识产权局的牌子）正式挂牌成立。开福区副区长杨光华，区政府副调研员陈再武等领导出席挂牌仪式。挂牌仪式由区政府办副主任王丹主持，全体班子成员与在职在编干部参加仪式。杨光华指出，新成立的开福区市场监督管理局整合原区工商分局、原区质监分局、原区食药监局等部门的职责，加上区发改局的物价职能和区科技局的知识产权职能，第一次实现多部门市场监督管理职能的有机统一，标志着全区市场监管工作站迈上新的历史起点。他强调，全局上下要提升政治站位、强化历史担当，在新的工作岗位上展现新作为，展示新形象。1978年，长沙市北区工商局成立，1996年，更名为长沙市工商行政管理局开福分局。2009年3月，长沙市质量技术监督局开福区产品质量和食品安全监管组正式入驻开福区政府。2011年5月，长沙市质量技术监督局开福分局挂牌成立。开福区食品药品监督管理局于2015年成立。2019年3月，按照中央、省、市、区对机构改革的统一安排，将原长沙市工商行政管理局开福分局、原长沙市质量技术监督局开福分局、原开福区食品药品监督管理局3个单位合并成立开福区市场监督管理局。

【特种设备防灾减灾应急知识宣传暨大型游乐设备应急救援演练活动】5月14日，开福区市场监督管理局在长沙世界之窗举行大型特种设备防灾减灾应急知识宣传暨大型游乐设备应急救援演练活动。活动现场，工作人员向广大游客发放《中华人民共和国特种设备安全法》《特种设备安全公民读本》等安全知识宣传资料，为大家讲解相关知识、解答疑惑。开展以“人人讲安全，安全为人人”为主题的特种设备安全知识互动问答活动。为提高特种设备事故应急处置能力和实战水平，组织跳伞塔应急救援演练。长沙世界之窗有限公司的跳伞塔应急救援组针对可能遇到的应急情况，有序启动应急响应程序，分小组展开救援工作，确保有效预防、及时控制突发性事故以及消除事故带来的危害，保障应急救援行动安全、有序、科学、高效实施。2019年，开福区市场监督管理局督促指导辖区重点单位开展各类特种设

10月17日，湖南省市场监管局巡视员吴公平（右三）带队到开福区开展全省食品安全示范创建工作现场观摩活动　（区市场监督管理局　供图）

备应急救援演练，防范事故的发生，全年未发生特种设备安全责任事故。

【开展农产品质量安全行活动】5月28日，开福区“2019年农产品质量安全行”宣传活动在高岭国际商贸城举行，活动由开福区农产品质量安全行活动组委会主办，区人大农业农村委、区农业农村局、区市场监督管理局、秀峰街道等单位承办。开福区按照湖南省“推进农产品‘身份证’管理，重点打造‘一个平台’，建立‘六大体系’，实现‘生产有标准、质量可管控、产品有标识、信息可查询、营销有策略、政策可支撑’”的工作要求，加强对农产品质量的监管。2019年，区市场监督管理局开展农贸市场食品安全专项整治、农兽药残留专项整治、规范肉品市场秩序专项整治、防控非洲猪瘟保证生猪产品质量安全专项治理等系列行动，严格依法查处销售不合格产品企业，切实维护人民群众的食品安全。全年对427批次的食用农产品样品进行抽检，其中合格426批次，不合格1批次。

【国家知识产权强县工程试点县（区）】7月1日，国家知识产权局发布《关于同意北京市延庆区等城市（城区）、江苏省泰州市高港区等县（市、区）、江苏省武进国家高新技术产业开发区等园区开展国家知识产权试点示范工作的通知》，长沙市开福区被确定为“国家知识产权强县工程试点县（区）”，建设周期为2019年6月至2021年6月。开福区以促进经济增长方式转变和产业转型升级为契机，推进知识产权工作，取得良好成效。2018年，区内130家高新技术企业年产值618.3亿元；全区专利申请3504件，其中发明专利申请1788件、实用新型专利申请1495件、外观设计专利申请221件；专利授权1783件，其中发明专利授权676件、实用新型专利授权948件、外观设计专利授权159件。2018年，开福区顺利通过湖南省知识产权强县（区）验收，2019年，成为湖南省知识产权示范县（区）。开福区将通过国家知识产权强县工程试点县（区）建设，全面实施知识产权战略，提高自主创新能力和企业核心竞争力，促进经济增长方式转变和产业升级，提高区域知识产权的创造、运用、管理和保护水平，推动全区科技进步和经济社会全面协调发展。

10月，开福区市场监管局在全区范围内开展打击侵犯知识产权和制售假冒伪劣商品“双打”整治行动　（区市场监督管理局　供图）

【“12315”全国统一投诉平台上线】8月31日，按照国家市场监督管理总局相关工作要求，开福区市场监督管理总局将原工商“12315”、质检“12365”、食药“12331”、知识产权“12330”、价监“12358”等五条投诉举报热线及平台整合，建立统一投诉举报平台，正式实现“五线合一”。凡是有关市场监管的投诉打“12315”一个号码就能办理。新平台坚持统一热线号码，实现一号对外；统一运行平台，畅通诉求渠道；统一工作机构，实现五级贯通；统一制度规范，优化工作程序；统一分析研判，数据安全共享；统一绩效评价，实施科学评估。新平台上线后，将通过互联网、移动端APP、微信、支付宝等入口为社会公众提供全天候24小时投诉举报服务；通过创新事中事后监管方式，运用大数据、“互联网+”等手段，为市场监管执法提供靶向案源信息和动态监控预警，逐步实现精准监管、协同监管、动态监管；通过建立企业在线调解、消费投诉公示等工作机制，推动在互联网上建立行政执法监管、经营者自律、社会监督为一体的消费维权社会共治体系。

【整治食品安全问题联合行动】2019年，开福区政府组织开展整治食品安全问题联合行动，10月21日，长沙市整治食品安全问题联合行动督查组到开福区开展工作督查，对开福区整治成效给予充分肯定。开福区通过在时间节点上抓落实、在人员配合上强举措，在制定目标上求实效，做到严密部署、精准发力。全区检查生产经营主体535家次，出动执法人员692人次，排查风险隐患119个，下达责令整改书31份，取缔食品摊贩112个，立案查处5起，罚没金额4700元。全区检查保健食品经营单位279家次，出动执法人员668人次，查处问题5起，责令整改6起，接受处理群众投诉举报12起。全区检查生产经营主体650家次，出动执法人员1016人次，责令整改6起，查处问题9起，立案查处3起，罚没金额1.5万元。全区食品相关案件立案137起，结案84起，罚没52.82万元，其中生产经营“山寨”食品、商标侵权等假冒伪劣食品的案件结案12起，罚没金额22.2万元。

【区食安委第三次全会暨全区“双打”工作会议召开】12月3日，开福区组织召开食安委第三次全会暨全区“双打”工作会议，开福区人民政府副区长朱江，副调研员陈再武出席，区打击侵犯知识产权和制售假冒伪劣商品工作领导小组成员单位负责人、区食安委成员单位负责人、各街道食安分管领导、区市场监督管理局全体班子成员参加。朱江强调，“双打”整治行动是一项重大政治任务，各单位要统一思想，高度重视，上下联动，密切配合，在互联网领域侵权假冒治理、农村和城乡接合部市场治理、进出口环节侵权假冒治理等重点领域深化举措，突出问题导向，抓紧、抓实、抓出成效。食品安全关系到国计民生，是一项需要常抓不懈的重点工作，各单位要做到高度重视，以考核为抓手，马上行动，把握时间节点，迅速布置工作；对标对点，查漏补缺，协同作战，凝聚合力，紧密配合，全力巩固食品安全工作成果。2019年，开福区各相关部门围绕打击侵犯知识产权和制售假冒伪劣商品工作，组织开展知识产权执法行动42次，出动执法人员213人次，立案116件，其中商标侵权案件25件，假冒专利案件91件，罚没金额26万元，没收物品货值总额15万元。同时，对全区多家出版物企业、印刷复制企业进行巡查，整治侵犯知识产权和制售假冒伪劣商品的行为，取得一定成效。

【依法查处33家违规经营成人用品商户】11月24日，开福区市场监督管理局组织开展成人用品市场专项整治。按照整治工作要求，区市场监督管理局采取“逐家上门、逐家宣传、逐一登记”的办法，掌握全区成人用品市场基本情况，并通过执法与宣教相结合的方式，发放经营须知，提升经营户依法依规经营的意识。经调查摸底，开福区有成人用品（性保健产品）门店54家，其中自动（无人）售货门店28家。针对前期摸底情况，区市场监督管理局联合街道及相关部门开展执法行动。截至2019年年底，全区检查成人用品门店125户次，查处违规经营户33户，其中取缔无照经营门店25户，对未办理第二类医疗器械经营备案凭证的12户门店予以责令整改。

【创建无传销社区验收工作】12月30日，长沙市市场监督管理局调研员唐清华带队对开福区2019年度创建无传销社区工作（以下简称“创无”）进行验收。区人民政府副区长朱江，区政法委、区公安分局、区市场监督管理局、相关街道负责人参加。通过听汇报、看资料、实地抽查等方式，验收组对开福区2019年打击传销组织、“创无”工作进行全面检查，充分肯定开福区2019年打击传销工作取得的成绩。2019年，开福区处理“12315”/“12345”传销举报投诉182起，完成市局督办涉嫌传销信访及网络舆情13件。全区开展打击传销专项行动101次，出动执法人员2261人次，捣毁传销窝点829个，劝返遣散传销人员2974人，解救误入传销人员72人，向区“扫黑办”移送传销涉黑涉恶案件线索11起、向公安机关移送传销涉黑涉恶案件线索5起。全年清查出租房屋1798间、清查流动人口26702人。区公安分局全年传销案立案4起，结案4起，拘留40人。通过全区共同努力，区域经济市场环境良好，传销活动得到遏制。

（陶　金）

统计

【概况】2019年，全区新增“四上”企业（经国家审批）109家，其中规模工业企业13家、资质建筑业12家，限上批零住餐业38家，规模以上服务业37家，房地产开发企业9家。全面完成第四次全国经济普查单位登记2.7万个，开福区代表长沙市接受国务院经普办经济普查事后质量抽查工作，开福区经济普查工作及数据质量得到检查组的认可和肯定。全年撰写统计分析、统计工作动态信息106篇，其中被长沙市统计局采用45篇。

【统计服务】2019年，区统计局注重做好统计服务，发挥参谋助手作用。服务领导出精品。编印反映地区经济发展的《开福区统计提要》《统计要情》《指标通报》等多种刊物。加强经济运行跟踪监测和分析研究，撰写统计分析文章，得到区领导的批示和高度评价。服务社会树形象。通过开福区政务信息网站发布统计信息、统计数据，扩大统计宣传等途径，全方位、多层次地满足社会各界对统计信息的需求。服务部门有地位。年初，以区政府名义召开由各部门参加的全区统计工作会议，明确部门统计工作内容和要求，加强与各经济管理部门的协调合作，形成分工合理、管理规范、信息共享的统计体系。街道统计站发挥统计服务职能，统计服务有较大提升。全区各街道以第四次经济普查为契机，加强数据审核，区经普办对普查数据实行全方位、全过程的质量控制，组织各街道学习《普查数据质量控制办法》等系列数据质量控制文件，为普查数据质量提供制度保障。组织开展全区“四上”单位数据质量检查、普查数据质量抽查等系列工作，抽查“四上”企业200家，数据质量有较大提升。

【依法治统】2019年，区统计局依法行政，法制建设规范化。2019年，区统计局结合“第四次经济普查”和年报会工作，组织统计部门、街道、社区以及“四上”单位统计人员统计法规知识培训，共计组织20轮3000人次的培训，并印发《统计法规宣传资料》。区人民政府发文在全区范围内开展全面清理纠正违反统计法精神的文件和做法的活动，对全区各部门下发的有关违反统计法精神的文件进行废止。区统计局组织对“第四次经济普查”数据质量进行核查，随机抽查一套表单位、非一套表单位和个体经营户48家。建立健全开福区《领导干部违规干预统计工作记录台账》和《领导干部违规干预统计工作汇总表》。组织开展开福区统计数据质量全面排查整改工作。组织对第四次全国经济普查数据质量进行2次核查。依托统计开放日、统计法制宣传日等活动，以发放手册、现场咨询、播放资料等形式，宣传《中华人民共和国统计法》。

【部门联动】2019年，区统计局加强与商务、发改、工商、税务等部门联动，实现部门信息互惠共享。充分利用楼宇经济摸底成果，动态掌握入驻企业情况，为名录库更新提供基础资料。定期与工信局、发改局、商务局、农水局等部门进行协调论证，以防止“数出多门”。利用平时重点单位核查信息资料，筛选出达到“四上”规模的单位，建立本辖区“准四上”单位名录库。2019年，全区新增“四上”企业（经国家审批）109家，其中规模工业企业13家、资质建筑业12家，限上批零住餐业38家，规模以上服务业37家，房地产开发企业9家。

【制度建设】2019年，区统计局建立和完善统计规章制度。根据《长沙市乡镇、街道统计工作规范化建设标准》及其实施细则，区、街道建立健全统计规章制度并张贴上墙，以规章制度管人、管事、管数据，做到各项工作有章可循。完善信息化建设制度。以省、市统计直报网络和统计内网为平台，加强统计信息化建设，实现统计数据处理微机化、统计数据传输网络化、统计数据保存电子化和办公自动化。辖区内单位均通过“企业一套表”平台进行网上直报，联网直报率100%。加强与下属单位的网络联系。为便于统计工作的开展，街道统计站均建立统计工作QQ群、统计微信群，提高统计工作质量。加强统计基层基础工作，规范统计工作规程，改进统计方法，提高统计数据质量。对照长沙市基层统计工作考评体系，结合开福区实际，制定《开福区街道、镇统计站目标管理综合考评细则》，使街道统计站对加强自身建设有更为明晰、操作性更强的对照依据。

【队伍建设】2019年，区统计局抓统计队伍建设。区政府出台《关于加强统计基层基础工作的实施意见》，从机构、队伍、经费等方面提出规范性要求。其中特别强调各街道要配强配优统计人员，凡街道统计人员调整要报区统计局备案，以高标准，严要求为目标，培养和打造政治、业务和作风过硬的统计队伍。全区16个街道均设立统计站，配备2名及以上专职统计人员，区、街两级统计人员均从事统计工作在5年以上；区统计局对全区16个街道107个社区（村），近700家驻区报表单位的三级统计人员实行在册登记、动态管理。开福区建立区统计局、街道、社区（村）、驻街单位四级统计网络，按照“一盘棋”的工作模式和“网格化”管理的要求，在全区建立以村（社区）为单元的到位、到点、到人的统计数据质量网格化管理体系。完善社区统计平台建设，各社区将统计调查服务纳入公共服务中心，每个社区均在服务大厅设立统计服务窗口。抓统计人素质培养。弘扬“求真、务实、团结、创新”的统计精神，激发全区统计人员开拓创新、积极向上的精神风貌，增强统计队伍的凝聚力和战斗力。形成较为完备的逐级培训体系，即区培训街道，街道培训社区和统计单位。每年区对街道培训不少于4次，对全区各调查单位的直接培训不少于2次；街道对社区和统计单位培训不少于2次；按照区委、区政府要求，强化“四上”单位申报业务工作培训。不定期召开座谈会、经验交流会，为街道统计员之间，同一行业不同单位统计员之间相互交流创造平台。

【经济普查】2019年，开福区第四次全国经济普查工作顺利推进。2019年4月底，全区入户登记工作全面完成，全区完成经济普查单位登记2.7万个，为底册进度（2.6万个）的101.2%，工作进度全市领先。截至2019年年底，开福区经过数据排重审核、清理、剔除空壳单位3000个，全区实有单位数量2.4万个，单位存在率、可靠性均得到较大提升。全区完成各类信息审核、核对、修正数万条，工作推进较快，纠错质量较高。长沙市人民政府副市长陈中率队督查开福区第四次全国经济普查登记工作，对开福区经济普查和入户登记工作给予充分肯定。

【国务院“经普办”经济普查事后质量抽查】6月12日，国务院经普办事后质量检查组到湖南省开展第四次全国经济普查事后质量抽查工作，为期14天。6月15—17日，开福区代表长沙市迎接经济普查事后质量抽查，国家统计局农村司副司长张金龙为组长的国家经济普查事后质量抽查第1组对开福区经济普查工作开展为期3天的质量抽查。区委、区政府高度重视，成立由区长刘拥兵任组长，谢伟峰、蔡冰、舒全球、李国军、易文斌、杨光华等领导任副组长的迎检工作领导小组，由区统计局牵头，区市场监管局、区税务局、区城管局、区金融中心、区公安分局、区民政局、区编办、区工信局、区住房和城乡建设局等部门分工协作。各街道、社区行动迅速，组织得力，迎检工作得到省、市领导的充分肯定，开福区经济普查工作及数据质量得到国家检查组的高度评价。此次国检工作，全区抽中4个普查小区，分布3个社区，分别为通泰街街道吉福街社区、新河街道紫凤社区、沙坪街道钟山村，其中吉福街社区抽中2个普查小区。从检查情况来看，检查组通过现场检查、资料核对、电话询问、邻居了解等方式核实被检对象的存续性、数据准确性，全区所有被检对象人员到位、资料翔实、证据充分，得到检查组的认可和肯定。

（韩金周）

审　计

【概况】长沙市开福区审计局为正科级行政单位，2019年3月，成立中共长沙市开福区委审计委员会办公室（设在区审计局内）。2019年，开福区审计局推进审计管理体制改革，依法全面履行审计监督职责，全年完成审计项目31个，查出违规金额2583.99万元，促进有关单位上缴财政1584.62万元，核减投资额800万元，调账10.15亿元，移送案件线索10起。区审计局获得全省审计宣传通联工作“先进单位”、省级优秀项目评比“表彰项目”1个、市级优秀项目评比“优秀项目”1个等荣誉10余项。

【预算执行审计】2019年，区审计局创新开展预算执行审计，探索采取“集中分析+分散核查”审计模式，重点对区本级以及原区园林局、原区住保局、原区政务服务中心、原区直机关工委等5个单位部门预算执行情况开展审计，揭示预算编制不规范、预算收入征管不合规、政府债务及相关国有企业债务余额增长较快、非税收入管理不规范等问题，促进财政资金高效安全使用。区人大常委会在审议审计工作报告及整改报告时，对审计工作给予高度肯定。

【政府投资项目审计】2019年，区审计局聚焦“产业项目建设年”，创新推进政府投资审计，对清水塘炮后街棚改安置房源（潇湘华庭）项目、历史文化步道项目开展阶段性跟踪审计，对2017至2018年标准化学校创建项目开展专项审计，审计查出问题71个，移送案件线索1起，审计后挽回（避免）损失744万元，提高政府投资使用绩效，保障重大项目建设顺利推进。通过审计，揭示土方运距变更不实、项目预算上限值部分清单编制不合理等问题，督促建设单位和施工单位及时整改。对区财政局财政评审中心评审项目质量开展抽查审计，抽查评审结算项目24个，查出问题金额562.19万元，对到达整改期限的项目，审计在评审核减基础上再次核减金额122.1万元，揭示结算评审把关不严、评审时效不高等问题，促进提升财政评审质量。

【民生项目审计】2019年，区审计局把涉及群众切身利益的征地拆迁、社区资金等重要民生领域、重大民生项目和重点民生资金纳入审计重点，开展7个征地拆迁审计项目，规范拆迁资金使用。指导秀峰街道办事处下属6个社区开展内部审计，切实维护人民群众利益，保障和改善民生。

【经济责任审计】2019年，区审计局落实中共中央办公厅、国务院办公厅新修订的《党政主要领导干部和国有企事业单位主要领导人员经济责任审计规定》，完善经济责任

6月，审计局开展专项审计，图为工作人员在核对相关数据

（区审计局　供图）

审计评价体系，提升经济责任审计监督实效。对7家区直单位和区属国有企业的9名领导干部开展经济责任审计，审计发现问题185个，查出违规问题金额1459.28万元，促进领导干部依法规范用权。对违纪违法问题保持“零容忍”，移送案件线索7起，发挥审计监督反腐败“利剑”作用。

【审计成果运用】2019年，区审计局建立审计整改跟踪督办机制，实行审计发现问题整改“一本账”逐一销号。2019年，审计发现问题277个，截至2019年年末达到整改期限183个，其中整改落实96个，正在整改87个，推动出台或完善制度12项，审计整改督促落实有关问题资金10.19亿元。完善审计结果报告反馈机制，向区委、区政府报送审计要情、审计专报4篇。加大审计结果公开力度，在政府门户网站公开包括区本级预算执行情况和其他财政收支情况在内的审计结果公告5个，在省级以上新闻媒体发表审计信息10余篇次，提升审计工作透明度。

【区委审计委员会办公室挂牌成立】3月14日，中共长沙市开福区委审计委员会办公室挂牌成立。组建区委审计委员会办公室，是开福区落实加强党对审计工作领导决策部署的重大举措，也是机构改革的重要内容，对于构建集中统一、全面覆盖、权威高效的审计监督体系，更好地发挥审计在党和国家监督体系中的重要作用具有重要意义。区委审计委员会办公室设在区审计局，同时，区发展和改革局的重大项目稽查、区财政局的区级财政预算执行情况和其他财政收支情况的监督检查职能划入区审计局，区审计局的职能得到优化和加强。

（邹　婧）

农 业

AGRICULTURE

综述

【概况】开福区农业农村局于2019年3月13日正式挂牌成立，为区政府工作部门，加挂区林业水利局、区扶贫开发办公室、区委农村工作领导小组办公室牌子。负责全区农业、林业、水利相关工作的统筹协调和监督管理，确保全区防汛、防火、防疫“三防”局势稳定，聚力打赢蓝天、碧水、净土、绿林四大保卫战。开福区行政面积188.3平方千米，有青竹湖街道、沙坪街道、捞刀河和秀峰街道4个涉农街道，9个村，19个涉农社区，农村总面积85平方千米，农村常住人口7.3万余人，耕地面积2794.47公顷。全局内设5个科室（办公室、农业农村科、林业科、水利科、畜牧水产科），下设水利建设事务中心、林业工作站、水政渔政监察大队（加挂河道管理站牌子）、动物卫生监督所、河长制工作事务中心5个二级机构。核定人员编制39个（9个行政编，30个事业编）。2019年，区农业农村局获评区污染防治先进集体、区重大项目建设先进集体、区政协提案优秀承办单位、区党支部“五化”建设示范单位等荣誉称号。

2019年，区农业农村局按照乡村振兴“产业兴旺、生态宜居、乡风文明、治理有效、生活富裕”二十字总方针，坚持新发展理念，结合区情，做好全区农业农村工作“实、治、调、盘、创、扶”六字文章，推进农村区域产业振兴、人才振兴、文化振兴、生态振兴、组织振兴。2019年5月15日《长沙晚报》在A06版以《开福区出台农村“五治”举措旱厕清零保洁上门　城北乡村将变“白富美”》为专题推介开福农业农村工作经验。“实”，即压实责任。实施乡村振兴战略的决策部署站位高、行动快、落地实。健全工作机制。围绕探索具有开福特色的乡村振兴之路，出台《关于落实农业农村优先发展要求加快推进乡村振兴的实施方案》《关于开展农村集体产权制度改革工作的实施意见》《关于农村人居环境整治三年行动的实施方案》《开福区农村人居环境整治工作考核方案》等重要政策文件，明确指导思想、基本原则、目标任务、实施内容、责任单位、完成时限，确保各项工作有力有序推进。领导高位推动。按照“五级书记抓乡村振兴”的要求，逐级建立由党政“一把手”任组长和第一副组长的领导机构，区委书记、区长多次深入一线调研，组织召开专题会议，通过暗访视频公开晒“问题”、交叉考核相互找“问题”、季度讲评及时解“问题”，让乡村振兴工作形成比学赶超、较真碰硬的良好局面。强化工作落实。把实施乡村振兴战略作为中心工作写入区委全会、政府工作报告，列入重要议事日程，纳入年度考核内容，组织区、街道、村三级干部开展培训、观摩，推动乡村振兴战略的落实落地。“治”，即农村“五治”。将农村“五治”作为实施乡村振兴战略重要抓手，在农村垃圾分类减量及综合利用、截污治污、厕所革命、整治违法用地、淳化民风等方面增强农民群众的获得感、幸福感和安全感。治厕。当好改厕推手，完成厕所革命任务。区域内农村厕所调查摸底工作全面完成，2019年，治厕市定任务为1194户，完成1216户，完成进度101.8%。治垃圾。逐步完善农村垃圾分类减量体系，引导街道、社区（村）因地制宜从源头实现垃圾分类减量，全区28个涉农行政村（社区）生活垃圾处理基础设施覆盖率为100%，生活垃圾治理保洁覆盖率100%，创建农村生活垃圾分类减量村10个（大星村、汉回村、钟山村、檀木岭村、双塘村、沙坪社区、竹安村、高源村、新源社区、金霞新村社区）。加大对违规处理垃圾行为的打击力度，全年查处违规运输倾倒渣土、建筑垃圾案例149起，罚

3月13日，区农业农村局揭牌仪式　　（区农水局　供图）

款33.86万元；查处焚烧垃圾行为案例83起，罚款6.75万元。治水。加强全区34处黑臭水体后续维护工作，推进苏托垸污水处理厂及配套管网建设，完成浏阳河流域8个治污项目、捞刀河流域24个治污项目建设，在农村片区新建17处小型一体化污水处理设备，区域内主要河流年度水质保持在三类以上。治房。清理农村私搭乱建123处，拆除违章建筑4.87万平方米，农村私搭乱建现象基本得到遏制；实现农村危房动态清零，从根本上改善农民住房条件；全区13个项目25个“大棚房”问题全部整治到位，国土图斑专项整治工作成效显著。治“风”。坚持自治、法治、德治相结合，加强文明乡风民风培育，引导农民注重思想文明建设，创评移风易俗示范村（社区）7个，区级文明家庭19户，市级示范社区文化服务中心71个，举办移风易俗宣传活动300余场次。全区107社区（村）实现“一约三会一队”（村民公约、红白理事会、村民自治理事会、禁毒协会、社会风气监督队）全覆盖，各级媒体报道110余户移风易俗示范户，促进开福区文明乡风的养成。“调”，即调优产业。坚持与时俱进，创新发展，调优农业产业结构，促进农村产业融合发展。调顺发展思路。着力发展农村新产业、新业态，力求农业全环节升级和全链条升值。利用“旅游+”“生态+”“互联网+”等模式，推进农业与旅游、教育、文化、健康等产业深度融合；致力农村电商发展、物流体系建设，推动商贸、电商的互联互通；引导加工企业向佳海、大明工业园区集中，打造食品加工产业集群。

种植业

【概况】2019年，区农业农村局制定《全区重金属污染耕地种植结构调整工作实施方案》，引导农民种植高效经济作物，调优农业产业结构，培育农业产业化基地，采取以奖代补的形式调整种植结构423.21公顷，打造千亩示范片区2个，其中苏托垸荷花莲藕片区333.33公顷，沙坪蔬果花卉片区80公顷。调优农业加工业。发挥金霞经开区物流平台优势，瞄准精深加工，鼓励和支持湖南粮食集团、统一企业、银州米粉等重点农产品加工企业进行技改升级，全区有国家级、省级、市级农业产业化龙头企业10家，其中国家级1家、省级4家，市级5家；2019年，引进荷兰夸特纳斯集团、湖南一品佳、湖南玖花等农产品加工企业，助推现代农业三产融合，投资11亿元的荷兰夸特纳斯（长沙）国际食材集采配加工中心项目开工建设，新一代智能中央厨房项目、金丝皇菊高标产业园等项目在开福区落地落实。2019年，区域内农产品加工产值122亿元。盘活资源。坚持把发展壮大村级集体经济作为乡村振兴战略的重要环节和基础，分类施策，充分激发农村内生发展动力。盘活土地资源。集中推进城中村改造，通过土地流转盘活农村土地、林地资源，引导鼓励土地规模化、集约化经营。开福区土地流转面积866.67公顷，林地面积666.67公顷。沙坪街道汉回村利用村内闲置用地0.53公顷，成立汉回蔬菜专业合作社，进一步整合资源，推出“乡村旅游资源认筹”项目，流转村民土地53.33公顷，每年向村民发放流转费76万元，村集体经济收入20万元。盘活水域资源。立足“一江四河”资源禀赋，全面推广水产健康养殖模式。盘活集体资产增收。基本完成农村集体产权制度改革工作，全面消除集体经济收入不足5万元的薄弱村，探索“土地合作型”“资源开发型”“物业经营型”“乡村服务型”增收模式，发展壮大村级集体经济。青竹湖街道太阳山社区、捞刀河街道高岭社区通过自建商务楼，采取对外

开福区于2018年底引进湖南玖花高科技农业发展有限公司。图为2019年11月4日，员工在沙坪玖花金丝黄菊产业园采摘金丝黄菊　　（区农业农村局　供图）

招商、入股、租赁、联合经营等形式，年集体收入分别提高到220万元、180万元。盘活人才资源增收。培育新型职业农民，完善培育体系，打造“懂农业、爱农村、爱农民”的新型职业农民队伍；推进专业队伍建设，引进、选调农村公共服务人才；开展乡村创业行动，统筹实施高校毕业生就业创业促进计划和基层成长计划。“创”，即争先创优。实施“千万工程”，以点带面构建美丽乡村建设新格局。创建小微水体示范片区。摒弃以往工程治水的做法，坚持生态理念，不改变农村自然生态，不大兴土木建设，不增加群众负担，注重乡土味道，保留乡村风貌，创建檀木岭村小微水体示范片，形成小微水体治理“檀木岭经验”，获市长肯定，并在《光明日报》《湖南日报》《长沙晚报》和长沙市政府《决策咨询》分别刊登推广开福区小微水体治理经验。创建乡村振兴示范村。

【乡村振兴】2019年，重点打造青竹湖街道新源社区、沙坪街道竹安村2个市级乡村振兴示范村，分别铺排重点建设项目10个、11个，投入资金2400万元，涵盖乡村治理、公共设施建设、产业发展等方面，所有建设项目正有序推进。创优基层党组织。以党建为引领，通过开展“不忘初心，牢记使命”主题教育、加强基层组织服务阵地建设、整顿软弱涣散党组织、实施农村“领头雁”工程等形式，夯实农村基层基础，增强党组织发展活力。在农村片区举办集中培训、轮训32场，培训党员5734人次，开展扫黑除恶相关活动779场次，钟山村、值基社区等7个农村党支部荣获先进基层党组织称号。

林业

【概况】2019年，区农业农村局打响绿林护卫战，护好开福青山绿林。开福区林地面积3750.6公顷，森林总面积3005公顷，林木绿化率36.7%，总蓄积量44.65万立方米。2019年，全区实现林业总产值9.35亿元，其中第一产业5100万元，第二产业6.04亿元，第三产业2.8亿元。规范资源林政管理，稳定林业生产秩序。加强林业法律、法规政策的宣传，规范林权流转，坚持依法行政、严格执法。开展“绿卫”专项行动，配合长沙市森林公安局和长沙市林业园林执法支队查处各类林业违法案件，立案5起，林业生产秩序稳定。推进2019年森林督查暨森林资源管理“一张图”年度更新工作，接受上级移交问题图斑83个，对问题图斑逐一核实，查清用地手续和采伐手续，确认违法图斑数量和违法性质，编写森林督查县级自查报告，按时完成森林资源“一张图”数据库，立案查处违法图斑2起。开展自然保护地违建别墅清查摸排工作，制定自然保护地违建别墅清查专项行动工作方案，并建立台账。完成全区706.67公顷市级生态公益林补偿资金发放工作，发放生态效益补助资金31.4万元。加强森林防灭火。坚持“预防为主，积极消灭”的方针，完善《开福区森林防火应急预案》，完善森林火灾应急指挥体系和扑救体系，明确各部门和成员单位领导的职责和责任区域。坚持领导带班24小时值班制，严格执行火情报告制度，专职消防队24小时备勤。开展专题森林防火宣传活动，全年出动宣传车600台次，悬挂宣传标语800条，发放宣传资料1.2万份。抓好野外火源管控。每村（社区）护林巡山人员不少于1–2名，做到每个村组、山场、地块都有专人管理。特别是面对春节、清明、国庆期间森林防火的严峻形势，采取超常规措施，不放假、不休息，全线督查，在重点时段、路口、部位安排专门巡护人员，在主要林区路口守卡布点、劝返入山人员，及时制止违法

2月1日，区长刘拥兵（右二）督查森林防火工作　　（区农水局　供图）

用火行为。对进山人员进行加宣传教育，对携带鞭炮进山的民众进行劝阻，严防死守，坚决堵住入山火源，实现全年无重特大森林火灾事故、无人员伤亡事故发生。林业有害生物防控措施得力。全面落实《湖南省2019年度林业有害生物防治工作要点》和《开福区2019年松材线虫病除制工作实施方案》等文件精神，加强对松材线虫病监测和防控，把松材线虫病防控作为工作重点来抓。2019年度松材线虫病除治清除松树枯死木8858株，枯死木清除率100%。设置松褐天牛诱捕器220个，在5月中旬和7月初实施两次飞机防治松褐天牛，单次飞防面积1000公顷，全区松材线虫病防控工作取得明显成效。

7月11日，湖南省委常委、长沙市委书记胡衡华（前排右三）一行到开福区调研指导防汛工作
（区农水局　供图）

水利

【概况】2019年，开福区防洪大堤75千米，有千亩以上堤垸11个，其中万亩堤垸3个，区内现有小（2）型以上水库19座，其中小（1）型水库2座。全区水域面积2000公顷，涵闸32处（其中市级管理14处，区级管理18处），排渍泵站27座（其中市管11座，区管16座），总装机容量3.65万千瓦，其中市管泵站装机容量1.78万千瓦，区管泵站装机容量1.87万千瓦。推进水利工程建设。基本完成6个续建及新建水利基建项目（金竹河楚家湖段水环境综合治理工程、金竹河跨开福大道西侧排口整治工程、捞刀河江口岸线整治工程、浏阳河墙板厂排渍泵站自排口截污改造工程、浏阳河北辰段雷诺护坡修复工程、寒婆山水库隐患处险工程），按计划启动16座水库大坝安全鉴定和水库除险加固工程。全面加强水资源监管。开展取水工程（设施）普查工作，经核查全区有45处取水工程（设施），核减5处，确定报废11处；开展农村饮水工程“回头看”和检查整改工作，摸清全区农村居民安全饮水工程的状况和已建供水工程的运行管理的基本情况，经核查，全区无需整改销号问题。水利工程质量和安全监管。重点水利建设工程实现质量与安全监督全覆盖，组织开展安全生产专项整治、质量隐患排查整治专项行动、构建“六项机制”强化风险管控等质量与安全生产专项行动，组织开展质量与安全生产专项检查督查组12余次，通过稽查、专项检查，强化质量与安全监管，保证重点水利建设工程一次竣工验收合格率，水利安全生产平稳有序，全年未发生一起质量安全生产事故。防汛工作。严格按照“建重于防，防重于抢”的指导方针，通过早部署、早演练、早调度，掌握防汛主动权，坚持部门联动配合，防范险情于未然，坚持科学有序调度，精准施策排险情，成功迎战史上最大流量洪峰（2.56万立方米/秒），实现“四个确保”（确保大汛之下不发生人员伤亡，确保不出现溃堤溃垸事故，确保城市生产生活正常秩序，确保不发生负面舆情），夺取防汛抗洪的全面胜利。

【河长制】2019年，区农业农村局围绕河湖综合治理和小微水体管护两大重点，集中解决水资源、水环境、水生态、水域岸线等方面存在的突出问题。一江三河年度水质稳定在Ⅲ类以上，湘江年度水质为Ⅱ类，浏阳河、捞刀河、沙河年度水质为Ⅲ类，全年没有出现Ⅴ类、劣Ⅴ类水质。2019年，市对区河长制湖长制考核，开福区排名全市第一。坚持河长统领，推动任务落实。组织开展河湖长制信息化系统应用培训，制定《关于进一步明确河长职责与规范河长巡河工作的通知》，首次对政府、企业、公众三类河长职责内容、巡查要求进行全面细致的界定和明确。定时督促各级河（湖）按时巡河（湖），及时跟进市、区河（湖）长交办问题，督促问题整改，其中，对8月捞刀河入湘江口蓝藻事件和10月金竹河水体污染问题处理及时到位，避免问题扩大化，得到群众好评。2019年，全年三级河长巡河8760次，区级河长组织召开河长会议30次，完成上级交办问题18个，区级层面下发交办函58个，全部整改到位。坚持系统治理，统筹水上岸上。依据省、市2019年度河长制湖长制工作任务，铺排水污染防治项目40个，落实资金6.1亿元。加强水污染防治。2019年，进一步强化措施巩固畜禽养殖退出成果，全年未出现反弹；完成农村改厕1216座，完成浏阳河三角洲3个水质自动监测站建设，完成浏阳河和捞刀河流域6个泵站信息化建设，整治排口3处，雨污分流改造管网97.3千米，新建或改造污水收集管网16.12千米，完成苏托垸污水处理厂155户签约拆迁任务，启动开福区、金霞两座污水处理厂扩容提标工作。加强水环境治理。开展专项整治行动，清理湘江边“僵尸船”“三无”船只、转业渔船247艘，拆除浏阳河科大景园岸线一栋存在安全隐患的教学楼2200平方米，拆除湘江龙洲岛上违章建筑164平方米；完成沙河入湘江口岸线、捞刀河南岸岸线及入湘江口大堤整治；加大河湖保洁力度和监管，实现河湖环境整洁优美、水清岸绿。加强水生态修复。对支流金竹河、沙坪河进行清淤疏浚、岸线生态修复，安装生态修复设备，提高河流水体自净化能力。补充浏阳河水生生物资源，改善水域生态环境。加强河湖水域岸线管理保护。严格水域岸线等生态空间管控，落实省、市河湖管理范围划界工作任务，开展河湖“清四乱”，整治“四乱”问题15个。制定《浏阳河开福段联合控污和科学排污管理工作方案》《开福区桃花溪流域管理办法》，促进流域综合管理科学化。加强执法监管。严厉打击涉河湖违法行为，开展多部门联合执法，取缔苏托垸内23家违规砂场，暂扣砂石2000余吨。查处非法排污企业和单位，督促企业履行环保主体责任，对17家重点涉水工业企业负责人进行约谈。坚持宣传引导，鼓励公众参与。组织开展“坚持节水优先，强化水资源管理”“众企当河长，水美耀开福”等宣传活动。以中央网络媒体“美丽河湖”宣传活动为契机，推广开福区河湖治理经验。全年媒体宣传74篇（其中中央媒体6篇，省级媒体44篇）。聘请企业河长、公众河长30名，壮大企业河长、公众河长队伍。其中公众河长周海明入选2019年湖南省“最美民间河长”。组织参加2019年长沙市美丽河湖摄影大赛，5幅作品获奖。

畜牧业

【概况】2019年，区农业农村局聚焦监管执法，养殖产业健康发展。积极防控“非洲猪瘟”疫情。流通、加工环节监测病原核酸50批次次全部呈阴性；设置绕城高速非洲猪瘟捞刀河、新港临时检查消毒哨卡，检查车辆2208台，查扣违规调运车辆4台，拦截非法调运生猪产品26吨，生猪20头。协调涉农街道落实集中深埋场地4次，提供技术指导，深埋养殖环节死亡生猪3548头、河道上游漂浮到开福区死猪346头。发放消毒药品30余吨、生石灰20余吨，做好查源灭原等排查处置工作。对6台生猪运输车辆进行备案管理；协同做好退养等工作。做好其他重大动物疫病防控工作。开展春、秋两季动物集中免疫，全区畜禽口蹄疫、禽流感、小反刍兽疫强制免疫病种和猪瘟、新城疫病种免疫率100%，抗体合格率70%以上。进行禽流感养殖环节病原抽检60批次、疫区血吸虫病原抽检65批次，结果全部呈阴性。加强布鲁氏菌病、狂犬病等人畜共患病防治，无区域性重大动物疫情发生。严格执法监督。全年办理行政许可案13件（动物诊疗许可6件、兽药经营许可5件、滩涂养殖许可2件）、动物卫生处罚案4件，开展打击私屠滥宰专项执法行动2次，立案3件，移交公安1件，收缴无害化处理生猪37头，生猪产品900千克，全部进行无害化处理。开展监督检查400余次，其中农贸市场42次、动物诊疗机构96次、兽药经营使用环节95次、渔业生产100余次。产地检疫生猪2276头（羽），检疫动物产品1052吨，抽检养殖环节生猪“瘦肉精”3000批次。与金欧农业科技有限公司签订委托检测协议书，完成180个水产品检测计划。及时报送《河长制湖长制日常信息月报工作》《巡视整改周报工作》《天然水域禁投月报工作》，设立天然水域禁止投肥投饵养殖，禁止电、毒、炸鱼等公示牌8块。

渔业

【概况】2019年，开福区内拥有6家农业部水产健康养殖示范场、10家市级水产健康养殖示范场；6月6日参加湖南省人民政府、湖南省畜牧水产局、长沙市人民政府联合组织的全国人工放流日活动，放流四大家鱼夏花鱼种334万尾；10月9日组织对浏阳河、湘江进行高标准放流活动，放流四大家鱼夏花鱼种380万尾，优化水资源生态环境。引入先锋鲌鱼，在长沙市竹坡水产养殖推广，取得良好的经济效益。引入湖南渔斯特罗化沼虾养殖基地养殖罗化沼虾取得成功，经济效益良好，对辖区企业养殖提质增效起到引领示范效果。为落实好省、市两级水政渔政执法工作精神和机构改革相关要求，牵头制定《开福区2019年打击非法捕捞工作实施方案》，建立健全《开福区2019年水行政执法责任制建设实施方案》《开福区水行政执法巡查、举报制度》，明确水政渔政执法工作目标任务，强化责任意识，确保执法工作高效有序进行。2019年，水政渔政累计回复处理“12345”涉水工单119次，对开福区湘江、浏阳河、捞刀河、沙河、白沙河流域开展巡查320次，联合长沙市渔政站、开福区捞刀河街道等多个单位，联合执法20次，出动执法人员1320人次，发现非法捕捞33起，没收背包机2套，渔网66副，地笼网36副，拦河网2副，迷魂阵7处，收缴船只10艘，皮筏艇5艘，橡皮轮胎5个。

扶贫开发

【概况】2019年，区农业农村局按照上级要求做好对口帮扶工作。坚持精准发力，共享发展，充分发挥开福区作为省会城区的责任担当，加强与城步县、龙山县内溪乡“一县一乡”的脱贫帮扶工作。实地调研科学谋划，做到“精准施策”。多次实地调研考察研究扶贫工作，从人力上优先选派，资金上优先保障，工作上优先安排。2019年，区财政预算安排扶贫资金4000万元，拨付邵阳市城步县1800万元、龙山县内溪乡1200万元，龙山县茨岩塘镇1000万元，帮扶项目按计划全部完成建设。2019年，购买城步县城乡建设用地增减挂钩节余指标1.2亿元。注重人才队伍培育建设，打造“不走队伍”。通过选派挂职、联合培训、校院结队、现场教学等形式，强化在教育、医疗、基层干部的人才交流。助推人才交流，开福区派出一名县级领导带队的联络组到城步县挂职，选派4名优秀干部到内溪乡、上杉市村进行驻点扶贫。2019年，组织城步县四级党政扶贫干部到浙江大学开展专题培训，参训人员54人；专业技术人才培训3次，培训人员37人；人才交流类活动12次，参加人数160人；从教育、卫健分别抽调2名专业技术人员到城步县任职交流；城步县委派2名扶贫干部、3名技术人员到开福区学习交流。助推劳务协作，区人社局组织贫困劳动力开展种养殖技能培训班5期，培训251人次，组织区内60余家优质企业到被帮扶地区举办现场招聘活动3次，提供招聘岗位3600余个，现场达成就业意向1500余人，并与区内9家企业签订劳务协作战略协议，帮扶建档立卡贫困人口实现输出和就近就业1500人。助推结对帮扶，为使专业领域对口帮扶工作取得实效，区教育局、区卫健局、区工信局就学校、医院、村企结对工作分别制定帮扶方案，签订结对协议。结对学校14所，开展各类助学、交流活动20余次，捐赠各类书籍、物资等价值16万余元；结对综合型医院2家、基层医疗组织4个，并与36户建档立卡户开展医疗结对帮扶，上门巡诊；结对村企6家，从开发式帮扶、定向式帮扶、救济式帮扶帮助贫困村脱贫。通过国家扶贫日、捐资助学等活动，区人大、区政协、区委组织部、区委宣传部等区直相关部门和社会各方力量通过捐资、捐物等方式，资助安居工程、院、校、贫困学生170万余元。聚焦消费扶贫造血功能，实现“买卖双赢”。在对贫困地区“输血”之外，注重提升其“造血”功能。宣传推介展销，结合非物质文化遗产宣传和“舌尖上的中国”湖南站巡展活动，组织举办“开福区对口扶贫专场活动”，促进本地企业与贫困地区企业的沟通和合作，拓宽贫困地区企业的销售渠道，扩大社会影响力，活动共销售农特产品20万元。线上平台网销，制定《开福区电商扶贫专项工作活动方案》，推广“公司+电商平台+合作社+基地+农户”的经营模式，通过马栏山视频文创产业园企业“草莓V视”发起国内首个“村播学院”村播小组，将直播室开进田野卖土特产。动员社会各界扩大贫困地区产品和服务的消费，引导行政机关、事业单位、学校、医院、社会组织以及爱心人士等积极参与消费扶贫，优先购买贫困地区农特产品，采购南山牛奶65万余元，通过工会发放福利采购农特产品240万余元，帮助8000余贫困户增收。截至2019年年底，城步县和龙山县实现脱贫摘帽。

（瞿思佳）

工业与信息化建设

INDUSTRY AND INFORMATIZATION

综　述

【概况】根据开办发〔2019〕43号《长沙市开福区工业和信息化局职能配置、内设机构和人员编制规定》，原区经济和信息化局更名为区工业和信息化局，为区政府正科级工作部门，主要负责贯彻落实党中央、省委、市委、区委关于工业经济高质量发展的方针政策和决策部署。核定机关行政编制6名。下设5个科室和2个二级事业单位。5个科室分别为办公室、经济运行科、工业发展科、信息化科、军民融合科。2个事业单位为企业发展促进中心，公益一类，核定全额拨款事业编制4名；“航天之星”创新研究院，公益二类，核定差额拨款事业编制2名。有工作人员19人。其中在岗16人，改非3人；公务员编9人，事业编1人，工人编1人，政府雇员3人，临聘5人。

【工业经济指标】2019年，区工业和信息化局为实现区委提出的“保三争二”工作目标，建立局领导联点帮扶企业制度，每月统计、调度，全年完成规模以上工业总产值156.35亿元，同比增长6.8%；完成规模以上工业增加值54.07亿元，同比增长8%，在全市内五区排名第二。

【智能制造】2019年，区工业和信息化局组织省市级智能制造专家及服务商开展现状调查及企业需求摸底。组织80多家企业开展2次智能制造专题培训。组织9家企业参加市级第六批智能制造试点企业申报，15家企业参加2019年区级智能制造试点企业申报。委托第三方机构一都科技有限公司对10家通过初审的企业开展专家评审及完成《以智能制造为抓手，推进开福区工业升级发展》的课题研究。培育市级智能制造试点企业5家、区级智能制造试点企业10家。争取省级制造强省项目技改补贴、绿色发展奖励、重点新材料产品首批次补助、首台套奖补、智能制造示范车间奖励、技改税收增量奖补等智能制造专项资金376.54万元；争取市级智能制造专项项目补助资金153.45万元。

【中小企业服务】2019年，区工业和信息化局立足区情实际，紧跟国家、省、市、区政策动态，拟定10条开福区中小企业发展专项奖励政策及其实施细则。全力支持4家企业申报2019年度长沙市融资路演活动和“创客中国”大赛活动项目、4家企业申报小巨人企业研发费用及贷款贴息补助资金、14家企业申报区级智能制造试点企业。组织服务机构、银行、企业开展政策宣讲、银企对接、代办工作等服务。2019年，全区举办各类政策宣讲活动46场、银企对接等沙龙讲座63场，为309家企业开展代理代办服务4500余次。

【惠民实事工程】2019年，开福区电力“630攻坚”启动项目16个，完成11个，为重大活动保电21次，处理工单12个，进行电力协调40余次。2019年，改造中央、省属企业职工生活小区46个。其中中央驻区企业职工生活小区分离移交改造项目，主要建设内容为8家央企17个小区的物业基础设施维修改造，项目总投资2700万元，其中工程建设费2360万元，工程建设其他费用226万元，预备费118万元。施工改造进度为总工程量90%。国有驻区企业职工生活小区分离移交改造项目，涉及29个小区，居民户数2565户，项目总投资2453.4万元，其中工程建设费用2320.66万元、工程建设其他费用72.9万元、基本预备费59.84万元。完成施工改造，进入验收阶段。

【“千人帮千企百日大行动”政策奖励资金集中兑现】1月18日，长沙市开福区举行“千人帮千企百日大行动”政策奖励资金集中兑现大会暨第三届创新创业大赛颁奖，兑现各类奖励扶持资金1.2亿元，惠及141家企业。2019年是开福区“营商环境优化年”，开福区以真金白银惠企业的实际行动，加快推动实体经济高质量发展，营造赢在环境、拼在产业的发展氛围。为企业兑现各类奖励扶持资金1.2亿元。其中，开福区财政本级为133个单位兑现企业发展奖、企业入驻奖、“四上”企业奖、人才政策奖励等项目奖励资金7104万元；金霞经开区为8家单位兑现开放型经济、跨境电商扶持等11个奖励项目资金4088万元。开福区对第三届创新创业大赛获奖项目进行颁奖。该次大赛有135个项目报名，参赛项目涉及新一代信息技术、高新技术、先进材料、航空航天、智能制造、新能源、生物医药与节能环保等领域。通过海选、初赛、决赛的激烈角逐，10个项目脱颖而出，其中国防科技大学的《可重构多模态全地形移动机器人》荣获一等奖。开福区为所有参赛项目搭建与全国知名投融资机构沟通交流的平台，推动项目成果与资本对接。

4月17日，著名水声物理科学家、中国科学院院士张仁和（左二）到开福区调研海洋装备成果产业化工作
（区工信局　供图）

【工作调研】4月17日，著名水声物理科学家、中国科学院院士张仁和到开福区调研海洋装备成果产业化工作。长沙市委常委、组织部部长张宏益，长沙市科协党组书记、副主席李范坤，开福区委副书记谢伟峰，区委常委、组织部部长晏成方，金霞经开区管委会主任康镇麟等陪同调研和座谈。张仁和一行实地参观中科长城海洋信息系统有限公司长沙工程中心和湖南天剑海洋工程设备有限公司机电设备、光纤传感、水下供电及信号处理等实物装备，并与市区领导、相关企业代表召开座谈会。

【第四届“物联世界，共创未来”高峰论坛】11月19日，中国·长沙第四届“物联世界，共创未来”高峰论坛在开福区举行。全国政协副秘书长、提案委副主任、九三学社中央副主席赖明，湖南省政协副主席、省工商联主席张健等出席。赖明宣布本届“高峰论坛”开幕，他在致辞时表示，发展物联网产业正面临难得的历史性机遇，希望借助九三学社的高科技人才优势，应对挑战，抢抓机遇，以更大的决心，采取更有效的举措，推动物联网行业持续健康发展。张健指出，物联网渗透到各个行业和领域，要乘着中共十九届四中全会东风，携手共进，加快发展，打造开放共享的物联网生态圈，共创美好未来。峰会还举办主题演讲、产业对接和展示等活动。

重点行业发展情况

【工程机械】2019年，位于开福区沙坪街道范围内的工程机械配套大小企业有118家，其中达到规模工业企业认定条件的企业19家。沙坪街道19家工程机械配套企业年度生产总值19.7亿元。吸收就业人数近7000人。但沙坪工程机械企业绝大部分都是为三一重工、中联重科等行业巨头做配套加工，企业自主品牌及产品市场认知度不高，产品研发的后劲不足。

【生物医药】2019年，全区规模以上生物医药企业主要有湖南金六谷药业有限公司、湖南杏林春药业有限公司等4家，年产值2亿元，其他均集中在湖南山河医药健康供应链有限公司。湖南山河医药健康供应链有限公司是长沙医药健康产业园为提升与聚集湖南生物医学资源而重点打造的平台项目。通过孵化基地平台，打造湖南生物研发高地，聚焦产业各类资源，转化生物医学成果，提升湖南生物医学技术水平与产业发展，抢占中部地区医药健康产业发展先机。该项目是实现产业领先，科技领先，促进全省经济发展，加快产业转型升级的重大举措。基地的建设依托湖南医疗市场资源，以政府为引导，企业为主体，市场化运作。按照国家战略与市场需求，进行IVD诊断试剂、生物材料、康复理疗、3D打印技术等生物医学技术研发，成果转化。拟打造医疗器械、生物医学技术为特色的高端生物医学工程产业链。开展国际生物医学技术合作和技术转移，并通过提供一站式的政、产、学、研、金、介、贸、媒等完善的产业服务体系，加速待转化项目在园区的落地与产业化。

【食品加工】2019年，全区规模以上食品生产加工企业15家，累计实现产值20亿元，占全区工业生产总值的20%。其中长沙统一企业全年实现产值10.9亿元，为全区规模最大的食品企业。

【智能制造】2019年，全区制造企业总数2325家，占全区企业总量（3.98万家）的5.84%。其中，规模以上工业企业93家，主要有工程

10月17日，金霞经开区与长沙鑫航机轮刹车有限公司就飞机起降系统项目签约
（区工信局 供图）

机械行业、食品行业、建筑式装配业、生物医药行业、材料行业等五大行业。

重点企业

【湖南中立工程机械有限公司】湖南中立工程机械有限公司成立于2002年，法定代表人李戈，注册资本3100万元，公司注册地址长沙市开福区捞刀河镇自安村688号，公司总部位于开福区沙坪湘绣小镇，随着多年的发展和积累，逐步形成以工程机械产品钢结构件配套制造业务为核心，在行业具有一定影响力的企业集团，成为开福区最大的工程机械配套制造企业之一。公司现有资产数亿元，集团现有员工1000余人，其中大、中专以上学历员工比例占10%，同时还拥有一批实践经验极其丰富的现场操作技师团队。公司目前主要客户包括中联重科股份有限公司、远大住工集团、星邦重工、山河智能股份有限公司、山东特车、英国JCB机械集团等大型企业集团，产品主要有塔式起重机、建筑工业模块化设备、高空作业平台、挖掘机、旋挖钻机和其他非标钢结构件，行业涉及到工程机械、环保机械、路面机械、军工器械等多个领域。近年来，公司在硬件、软件方面不断加大投入，建立了涵盖原材料预处理、下料、机加、铆焊、整体冲砂、电泳、喷涂作业等完备的生产制造体系，具备年产塔式起重机六大件6000台套、高空作业车结构件5000台套的制造能力。

【湖南苍树航天科技有限公司】湖南苍树航天科技有限公司成立于2016年4月，法定代表人崔瑞东，注册资本1亿元，注册地址开福区青竹湖路118号金卓产业园9栋。公司取得软著、专利等13项。被认定为“国家高新技术企业”和“长沙市科技创新小巨人”。公司紧贴国民经济发展需求，依托公司多学科技术优势，围绕高新装备的研制与运用，打造独具特色、技术领先、市场前景广阔的拳头产品。

【湖南长重机器股份有限公司】湖南长重机器股份有限公司，非上市股份有限公司，全国散物料装卸设备设计制造的骨干企业，是集大型装备设计、制造、销售为一体的高新技术企业，注册资金12.2亿元，注册地与生产地均在长沙市开福区湘江北路一段12号。“长重机器”是原大型国有企业长沙重型机器厂2007年12月改制重组的企业，并于2011年7月公司完成股份制改造，正式更名为—湖南长重机器股份有限公司，列入长沙市拟上市公司。“长重机器”为中国重机协会理事单位、省级企业技术中心；中国重机协会散料装卸机械与搬运车辆分会副理事长单位；全国连续搬运机械专业标准化技术委员会委员单位、高新技术企业、长沙市创新型企业、长沙市工程学会副会长单位；2012年经长沙市科技局批准组建长沙市散装物料装卸运输工程技术研究中心。

【湖南拓沃重工科技有限公司】湖南拓沃重工科技有限公司成立于2011年，注册资金2252万元，公司位于开福区青竹湖街道广胜路。工业用地5.73公顷，员工120人，年产值1亿元。公司是一家专业化现代工程机械设备研发制造厂家，拥有专业的技术研发团队，致力于生产制造出更贴近用户施工实际的“性能更优化，服务更贴心，可靠性更高”的新一代工程机械设备。公司被评为“湖南省百项专利转化计划企业”“高新技术企业”“长沙市智能制造企业”“长沙科技小巨人企业”“长沙市工人先锋号企业”等多项荣誉，通过并严格执行ISO 9001：2008质量认证体系和知识产权管理体系。旗下有涉及基础处理设备、城镇化混凝土搅拌泵送设备、大项目混凝土移动搅拌泵送全套设备，以及2019年全新启动的环卫设备公司。

【湖南新亚胜光电股份有限公司】湖南新亚胜光电股份有限公司成立于2006年，注册资本5000万元，主营LED全彩显示屏的研发、生产、销售和服务，是国家重点扶持的高新技术企业，公司位于长沙市开福区青竹湖路108号新亚胜光电产业园，现有员工240人，法人代表梁军，股票代码871672。公司专注于中高端LED显示屏租赁领域，开发出代表公司核心竞争力的“魔幻舞台”系列产品，远销全球98个国家和地区，为伦敦、巴西奥运会，巴西、俄罗斯世界杯，米兰世博会以及仁川、印尼亚运会等大型国际赛事提供显示屏项目，产品设计理念以及产品质量得到国内外同行的一致认可。近年来，公司获得“国家科技创新型中小企业”“国家重点新产品推荐企业”“高新技术企业”“全国电子信息行业优秀企业”“湖南名牌”“湖南省国际知名品牌”“湖南省著名商标”“中国LED创新产品和技术奖”等多项荣誉。

湖南新亚胜光电股份有限公司外景　　　　（新亚胜光电　供图）

【老百姓大药房连锁股份有限公司】老百姓大药房连锁股份有限公司（上海证券交易所主板上市公司，股票代码603883，市值超220亿元）是中国最具影响力的药品零售连锁企业之一。老百姓大药房连锁股份有限公司成立于2001年，公司地址位于长沙市开福区青竹湖路808号，法定代表人谢子龙，注册资金28655.6万元，开发有湖南、陕西、浙江等22个省级市场，拥有门店5000家、总资产90亿元、员工2万余人、销售额100亿元，为中国经营规模最大、覆盖省份最多的大型医药连锁企业之一。公司以“让每一个老百姓看得起病、吃得起药”为立企之本，首创开架自选的平价药店模式，引领中国新一代药品零售新业态。公司成立慢病生活馆，在全国精心选拔和培养3000余位慢病专家，为慢病患者建立个人健康档案，提供一对一的专业用药指导与健康服务；延长营业时间，为顾客提供24小时不间断的用药需求；提供清创处理、专业寻药等12项免费服务。老百姓大药房连锁股份有限公司发展药店加盟及DTP专业药房、中医馆连锁等业态、探索O2O业务。旗下拥有丰沃达物流、药圣堂制药、百杏堂名医馆、老百姓健康药房、名裕龙行、湖南妇女儿童医院、药简单等子公司，形成完整的产业链。开拓“星火公司”合作、DTP专业药房等业务，打造科技驱动的健康服务平台。2009年4月，老百姓大药房连锁股份有限公司加入联合国“全球契约”组织，成为中国药品零售行业唯一加入该组织的企业。2011年5月，老百姓大药房连锁股份有限公司注册商标“老百姓”获认中国驰名商标，成为湖南省药品零售业首个获此殊荣的商标。公司先后被授予全国最佳服务社会奖、全国健康行业最具影响力品牌、中国药店最具价值品牌、中国药品零售企业竞争力排行榜管理力冠军、健康中国.金葵企业公民奖、SUPERBRANDS2015中国人最喜爱的品牌等180余项荣誉。公司以较强的经济实力和社会影响力连续10年跻身中国药品零售行业前三强和中国商业连锁企业100强的行列，其中8年荣获中国药品零售企业综合竞争力百强第一名。公司自成立以来，在诚信经营、创新经营的同时，始终勇于承担企业社会责任，积极回报社会。截至2019年年底，老百姓大药房连锁股份有限公司先后为扶贫、救灾、助学、支持基础设施建设等社会公益事业捐款捐物累计价值5000余万元。

（邹海平）

商 贸

COMMERCE

商　贸

【概况】2019年，全区完成社会消费品零售总额811.22亿元，同比增长10%，增速排名长沙市内五区第二，其中，完成限额以上企业零售额219.4亿元，同比增长9.8%；完成外贸进出口总额25.6亿美元，同比增长91.3%，开福区名列全省外贸先进县市区首位；完成实际利用外资8.13亿美元，同比增长9.55%；完成实际利用省外境内资金16.2亿元，同比增长19.54%；全年有79个重点产业项目实现过会、签约、摘牌或入驻，投资额180亿元。2019年，开福区获评湖南省外贸先进县市区，金霞经济技术开发区被评为湖南省外贸十强园区，开福区商务局荣获全省商务工作先进单位、开福区产业发展工作先进集体、开福区民生实事工作先进集体、马栏山视频文创产业园招商引资先进单位。

【招商引资】2019年，区商务局招商引资精准有效，全年有79个重点产业项目实现过会、签约、摘牌或入驻。其中，投资过亿元项目25个，大悦城、新天地、中石油天然气、蔚来新能源汽车、城际科技、城际电子、山东高速等；投资过10亿元项目8个，智能物流装备制造产业示范园、荷兰夸特纳斯食品加工产业园、中南国家数字出版基地、网络通信科技总部基地、绿地V岛产业综合体、华南光电长沙智能光电信息产业基地、湖南医药集团、江湾教育园等。招大引强步伐加快。世界500强中石油天然气湖南分公司落户开福区；与中国航天科技集团第一研究院签订合作框架协议；世界500强绿地控股集团全资子公司绿地地产集团长沙置业有限公司成功摘牌长沙市072号地块项目，建设380米超高层建筑绿地V岛；世界500强中国保利集团成功摘牌天都地块项目；世界500强中粮集团大悦城控股集团与北京北辰实业集团合作打造长沙开福大悦城项目；世界500强中国兵器装备集团全资子公司华南光电集团在开福区落户长沙智能光电信息产业基地项目。项目招引多点发力。开展节会招商，举办“拼在产业·赢在环境2019开福区总部经济集中签约暨营商环境推介活动”，15个项目现场集中签约，涵盖金融商贸、高新技术、跨境电商、教育等多个领域；参加“首届中国国际进口博览会”“2019年湖南粤港澳大湾区投资贸易洽谈周”“2019湖南与央企对接合作活动”“2019长沙市对日招商投资环境推介会”等重大节会活动10余次，上会签约一批重点项目，区域影响力进一步扩大；组织小分队招商，区领导带队赴北京、上海、深圳、广州、香港、青岛、昆山、郑州等多地开展招商20余批次，突破招商夸特纳斯、航天一院、香港海丰等一批重点产业项目。项目服务务实高效。组织召开步步高收购家润多项目协调会，协助企业完成店面开业相关工作，欧波店、上城金都店均在15日内实现重新营业；组织召开天虹、步步高商业综合体项目选址研讨会，为企业协调解决相关问题；为荷兰夸特纳斯项目全程提供“保姆式服务”，90天实现从签约到开工建设，刷新开福速度。

【外经外贸】2019年，开福区全年完成外贸进出口总额25.6亿美元，同比增长91.3%；完成实际利用外资8.13亿美元，同比增长9.55%；完成实际利用省外境内资金16.2亿元，同比增长19.54%；完成加工贸易1731万美元，完成对外承包工程和劳务合作完成营业额2.7亿美元。外贸队伍持续壮大。全年新增外贸进出口备案企业204家，新增外贸实绩企业109家，拥有进出口业绩企业246家，其中300万美元以上外贸企业90家；中湘嘉德、一达通、埃索凯、友联、新亚胜、华光供应链、氟瑞、爱格等外贸企业进出口额1000万美元以上外贸企业66家。推动入园主营企业开拓新的贸易方式和贸易产品，新引进二手复印机进口业务，开启液晶面板加贸代理业务，实现外贸增量3000万美元。活动培训有序开展。积极组织经贸活动，辖区企业在中国国际进口博览会、港澳洽谈周、广交会、中非经贸博览会、万企闯国际等重大活动中的参与率大大提升，“走出去、引进来”的意识不断加强，全年有70余家企业参加国内外重要展会105个，其中，进博会参加人数从2018年的91人增加到190人，报名参加人数全市第一。开展业务培训，与40所院校深度合作开展“万企融网闯国际”，引导28家传统企业顺利转型跨境电商，辖区北大青鸟、鲸鱼跨境、嘉德教育等企业每年可培养4000余名跨境电商专业人才，赋能湖南本土企业提升价值内核。企业服务持续优化。坚持深入调研，摸清底数，全年走访外贸企业80余家，及时掌握企业发展动态和诉求，协调相关部门为企业破解难题。依托嘉德、浩通等外贸综合服务企业，为辖区中小外贸企业提供通关、结汇、退税、物流、融资

6月18日，“拼在产业·赢在环境”2019年开福区总部经济集中签约暨营商环境推介活动（区商务局 供图）

等外贸综合服务，引导业绩回流，其中金霞经开区设立出口退税资金池，为中湘嘉德垫付出口退税资金37笔7211万元，金霞发展集团成立的湖南金霞国际贸易有限公司为企业融资1000万元，浩通供应链管理湖南有限公司为企业融资450万元。

【商贸发展】2019年，全区完成社会消费品零售总额811.22亿元，同比增长10%，增速排名内五区第二。按行业分组，批发业实现零售额160亿元，同比增长11.8%；零售业实现零售额572.4亿元，同比增长9.6%；住宿业实现零售额12.4亿元，同比增长5.0%；餐饮业实现零售额66.3亿元，同比增长10.6%。开展商贸培训。组织召开全区商贸流通暨安全生产培训，为全区商贸企业80余人开展融资政策宣讲及统计业务培训，并对商贸统计主要经济指标和统计数据上报过程中企业常出现的问题进行重点讲解，提升商贸业统计工作水平。完善便民体系。推进全区便民生鲜农产品体系建设，全年新建雅昌生鲜市场、月湖生鲜市场、四方坪生鲜市场、365生鲜超市、农社生鲜市场和华夏智慧生鲜市场6个便民生鲜农产品市场并正式营业；完成新建8个社区生鲜门店并正式营业，分别位于新河街道、浏阳河街道、青竹湖街道、捞刀河街道、秀峰街道、伍家岭街道、月湖街道和芙蓉北路街道。

【消费节会】2019年，开福区举办汽车消费节，60天的活动期间，永通集团、芒果汽车两大定点车企新车成交数量1865台，订车数量1201台，新车成交金额4亿元；联合秀峰街道举办中石化优惠加油会员卡办理活动，5天的活动期间，组织办卡人数1923人，充值金额200多万元；结合五一商圈提质升级，协助支持万达广场、万代广场、富兴时代等商业综合体举办消费节会活动，聚集人气、提升销量。主办“开福区‘文化和自然遗产日’暨‘舌尖上的中国’巡展湖南站活动”，促进各地餐饮商业的流通与品牌传播；组织区内知名食品餐饮、湘绣、手工刀具、农产品等企业参加2019年国际食品餐饮博览会、第四届东盟湖南名优产品交易会和2019年一乡一品国际商品博览会，助力企业开拓市场。

【市场监管】2019年，区商务局全年深入中石化、中石油、和顺石油、二轻集团等重点企业30余次，提前完成11座加油站油罐改造和9座加油站在线监测系统配置建设，检查油气回收运行情况160余次。结合文明创建、安全生产检查，全年开展专项行动、专项检查80余次，组织培训2次，对区内11家监管对象实现全覆盖，确保全年商贸流通企业未发生任何安全责任事故。开展成品油专项整治，制定《开福区开展成品油市场“自流黑”集中整治专项行动方案》，联合区应急、交通、公安等部门以及街道开展执法行动20余次，安全转运汽油24.39吨、柴油18.99吨，有效维护成品油市场秩序。对二手车交易市场进行专项摸排，对检查存在的问题，及时督促企业整改到位。

【政策兑现】2019年，全区兑现2018年46家新增限上商贸流通企业奖励资金104万元，兑现2018年对外开放奖励资金3072.76万元，兑现区级金融生态区招商引资质效奖697.9万，兑现“一事一议”奖励250万元，兑现生物医药与健康企业突出税收贡献奖励90万元。组织18家商贸流通企业申报2019年长沙市促进商贸流通产业专项资金项目，4家企业获批长沙市电子商务发展专项资金67.7万元，16家企业获批长沙市外贸发展专项资金61.4万元，海擎智能和青苹果数据获批省、市级服务外包专项资金122万元，嘉德教育获批2019年度长沙市跨境电子商务专项资金30万元。招商引进的重点项目都严格按照时间节点兑现合同约定奖励。

【获评2019年湖南省外贸先进区】12月25日，2019年湖南省外贸先进单位名单出炉，长沙市开福区被评为湖南省外贸先进县市区，长沙金霞经济开发区被评为湖南省外贸十强园区。2019年，开福区招商引资实现质效升级，开放口岸优化大幅提升，开放型平台持续发力，营商环境持续优化，开福区从外贸提质增效、平台建设、财税金融等方面给予支持，鼓励外贸企业做大做强。截至2019年年底，全区完成外贸进出口总额25.6亿美元，完成市定年度目标任务的155.1%，同比增长91.3%。全年新增外贸进出口备案企业204家，新增外贸实绩企业109家，拥有进出口业绩企业246家，其中300万美元以上外贸企业90家，1000万美元以上外资企业66家。

【“拼在产业·赢在环境”2019开福区总部经济集中签约活动】6月18日，开福区举办“拼在产业·赢在环境”2019开福区总部经济集中签约暨营商环境推介活动，350家企业、在湘异地商会等客商参会，现场15个项目集中签约，引入资金30亿元，涵盖金融、商贸、高新技术、区块链、跨境电商、教育等多个领域，为开福区发展注入强劲动力。活动现场，全球第二大专业服务公司普华永道现场为开福区作营商环境推介，从科研与人才、商业资源、教育资源、医疗资源等多方面展示开福区经济发展和营商环境优势；有沃尔玛、长沙统一、瑞康集团、善禧文化、安存科技、超能机器人等企业家代表集体为开福区招商代言。该次签约落户的15个项目中，有全球500强企业中石油的区域销售总部，有为ADOBE与GOOGLE研发开源字体家族“思源黑体”而引起巨大轰动的华文字库的创始公司——华文时空等实力企业总部，将在开福区布局总部经济产业集群。

【“幸福向北·快乐购车”2019开福区汽车消费节】9月5日，“幸福向北·快乐购车”2019开福区汽车消费节在芒果汽车启动。该次汽车消费节由开福区人民政府主办，通过整合汽车物流、互联网电商、金融保险、汽油石化等资源，以总额200万元财政资金补贴的方式，拉动汽车消费，促进经济发展。此次汽车消费节汇集汽车品牌50个，1000种车型，拥有最大限度的优惠让利。为期60天的“2019开福汽车消费节”期间，永通集团、芒果汽车两大定点车企新车成交数量1865台，订车数量1201台，新车成交金额4亿元，有效繁荣汽车消费市场，实现地方商贸经济、车企经销商、购车市民多方共赢。

（赵　琴）

物流与口岸服务

【概况】2019年3月，长沙市开福区物流与口岸服务中心（以下简称区物流口岸中心）成立，是区政府正科级直属事业单位。区物流口岸中心主要职责是参与制定和落实全区物流产业和口岸平台中长期发展规划和措施，研究分析全区物流产业与口岸平台发展情况，营造规范有序的市场环境；负责协调全区物流产业发展的相关工作，掌握全区物流产业发展的基本情况，推进物流高质量发展和国家物流枢纽建设；负责做好物流园区发展和重大物流项目建设及招商引资相关服务工作；负责落实多式联运政策，协调多式联运基础设施的建设工作，参与铁路、水路、公路、邮政等交通设施的综合协调和衔接工作；负责参与制定全区水运、港口发展规划，协调海关、税务、外汇等联检部门在区域内开展相关业务；负责开展口岸平台的招商引资工作等。2019年，中欧班列（长沙）累计发运411列，同比增长189.3%。金霞口岸区域全年实现一线进出口货值50.79亿美元，同比增长35.3%；海关征收关税及代征税24.18亿元人民币，同比减少29.7%。

【物流枢纽城市建设】2019年，区物流口岸中心全程参与并配合长沙申报国家陆港型物流枢纽城市。按照国家、湖南省发改委关于做好2019年国家物流枢纽建设工作的要求，参与申报筹备会议及枢纽规划论证制定，推动枢纽内企业形成战略联盟，参与修改和制定《长沙市建设国家物流枢纽城市实施方案》。2019年9月，长沙获批国家陆港型物流枢纽城市，成为首批23个城市之一。

【国际贸易】2019年，“单一窗口”及EMQ系统的推广应用。国际贸易“单一窗口”是贯彻落实党中央、国务院关于优化口岸营商环境决策部署和响应海关放管服改革的重要抓手和具体举措，能有效解决国际贸易业务物流通关环节痛点的产物。EMQ电子提箱系统是长沙市人民政府对国际贸易“单一窗口”地方特色建设方面的重大探索所取得的主要成果。2019年，区物流口岸中心举办多次跨境电商专题培训，国际贸易“单一窗口”等专题培训对“单一窗口”进行推广应用。截至2019年年底，开福区在“单一窗口”注册的企业有139家，推广应用率66.2%，国际贸易“单一窗口”推广应用率全市排名第一。EMQ系统的全面推广应用，为企业进一步节约成本，提高通关效率，这一系统作为“单一窗口”地方特色建设板块，走在全国前列。湖南省实现“两步申报”秒放行，全年长沙市“单一窗口”申报超10万票。2019年，金霞口岸区域全年实现一线进出口货值50.79亿美元，同比增长35.3%；海关征收关税及代征税24.18亿人民币，同比减少29.7%。

【中欧班列】2019年，中欧班列（长沙）扩容提质。起点位于长沙市开福区霞凝铁路港的中欧班列（长沙）为湖南省“一带一路”对外开放的窗口，是全国中欧班列统一品牌的8条线路之一，实现湖南省与欧洲、中亚和中东等地区城市的无缝对接。中欧班列（长沙）2018年累计发运167列，2019年累计发运411列，名列全国第5，同比增长189.3%。为打造中欧班列（长沙）“中南集结中心”，力争成为全国班列节点城市，区物流口岸中心主动协调相关部门推进铁路港海关监管场所开办费及环保验收，配合推进铁路港基础建设及信息化工作；全程参与并推进铁路港二期建设及海关监管场所验收工作。2019年12月17日，长沙海关正式颁发经营海关监管作业场所企业注册登记证书，长沙国际铁路港海关监管区正式验收成功并封关运行，成为进一步夯实中欧班列（长沙）做大做强的现实基础。

【长沙市首个物流与口岸服务中心成立】3月13日，新组建的长沙市开福区物流与口岸服务中心正式挂牌成立，这也是长沙市首个物流与口岸服务中心。开福区为湖南省唯一集铁路、水运、公路口岸为一体的区域，物流与口岸资源丰富，拥有长沙金霞保税物流中心、霞凝水运口岸、霞凝铁路口岸、长沙金霞跨境电商监管中心等口岸平台。2018年，金霞口岸区域实现进出口物流总值62.67亿美元，征收税款34.41亿元人民币，场所效能（外贸出口值/封关运行面积）在全省特殊监管区域及场所中排名第二，征收税款在全省特殊监管区域及场所中排名第一。湘欧班列运行4年来，累计开行11条线路，综合运营能力跻身全国中欧班列五强。开福区物流与口岸服务中心将整合物流、口岸管理职责，协调港口、铁路、海关等部门，促进开放型经济发展。

【长沙新港汽车滚运码头运行】6月18日，滚装船“港达6号”轮驶离长沙新港汽车滚装码头，船上装载广汽三菱、广汽菲克、马自达、吉利等品牌汽车200台，运抵武汉，辐射到川渝和华东地区。长沙新港汽车滚运码头发送的首条航班，标志着湖南省首个专业汽车滚装码头正式投入运行，彻底结束湘江商品汽车不能滚装运输的历史。

（符　毅）

楼宇经济

【概况】长沙市开福区现代服务业发展中心于2014年10月正式成立，属公益一类事业单位。有工作人员12名，其中在职在编人员8名，专业聘用人员2名，临聘人员2名。2019年，开福区楼宇去库存21.48万平方米，全区楼宇新引进企业580家。

【楼宇招商】2019年，开福区建成5000平方米以上楼宇154栋，总建筑面积609.87万平方米。2019年，全区楼宇去库存21.48万平方米，其中写字楼去化20万平方米，商业去库存1.48万平方米，写字楼去化面积同比2018年减少10.11%（2018年写字楼去化面积22.25万平方米）。全区楼宇新引进企业580家，其中工商注册、税务登记均在开福区的547家；500平方米及以上的企业58家，面积10.46万平方米。2019年，全区税收过1000万元楼宇41栋、过5000万元楼宇3栋、过亿元楼宇11栋。以总部经济品牌建设为抓手、以总部企业引进与培育为重点，提升楼宇经济贡献度，打造开福区的“立体”名片。2019年，由区现代服务业发展中心牵头或参与引进的签约落地招商项目有：科勒（中国）投资有限公司、红牛湖南分公司、加加食品有限公司、中梁地产集团湖南分公司、香港源点生物科技有限公司、广东省电信规划设计院有限公司、北京3W集团北辰文创孵化器、长沙东原房地产有限公司、湖南伟光汇通旅游产业发展有限公司、湖南农城智创区块链科技有限公司、长沙自在文化传播有限公司等。

【楼宇服务】2019年，区现代服务业发展中心把“上门送服务”放在工作首位，有计划的上门走访重点楼宇企业，掌握有效信息，提供精准服务。同时，多渠道拓展招商工作，多角度优化营商环境，打造开福楼宇经济新优势，吸引更多的项目、人才、资金、技术集聚开福。2019年，开福区首创“企业全生命周期楼宇服务”，打造营商环境开福模式。开福区现代服务业发展中心联合区楼宇经济促进会、专业企业服务平台、楼宇项目物业方，率先在新湖南大厦、泊富国际广场、华尔街中心三个楼宇项目进行试点，设立楼宇企业综合服务站并首创“全生命周期楼宇企业服务”。每个站点由政府、项目物业和有着10年深耕企业服务领域的专业平台联合办公，政府只需少量专职人员，即可完成海量政务服务。专业驻进人员可快速对接政府、企业，提供问题反馈对接，提供法律咨询等多项服务，减少政府外包服务支出和工作人员成本，为楼宇和辖区“以商招商”。楼宇企业综合服务站进驻写字楼，“一门式”提供从工商注册、会计代理、人才猎聘、法务咨询到品牌策划、金融发展等16项业态600余项服务，让“企业找服务”变“政府送服务”。从企业注册到注销，从商务到政务，从个体到社群行业全覆盖，解决楼宇企业成长过程中的所有问题。

4月19日，开福区专业特色楼宇认定启动仪式　　（区现代办供图）

【楼宇宣传】2019年，开福区探索楼宇项目推广渠道，打造开福区智慧楼宇服务APP，以魅力开福、政策发布、营商环境、楼宇展示、全区楼宇、招商发布、需求发布、电子地图八大版块全方位宣传推广区域经济发展及楼宇资源。开福区智慧楼宇服务APP建立楼宇项目与客商需求的信息交流渠道，宣传相关政策，发布开福区楼宇招商信息，提高企业品牌联动，打破楼宇之中“孤岛”现象，实现资源信息一键共享，推动楼宇二次招商资源对接，扩大传播手段和渠道，进一步提升开福区楼宇经济的品牌影响力和口碑。

【专业特色楼宇评定】4月19日，开福区率先全省启动专业特色楼宇评定工作，以此持续优化营商环境，推进商务楼宇特色化、产业聚集化，加速形成“一片一集群、一楼一特色”的楼宇经济产业格局。截至2019年底，全区有14幢楼宇参与认定，结合长沙市楼宇经济发展评价体系相关指标，委托第三方专业机构开展认定工作，形成“开福区专业特色楼宇认定报告”。其中总部经济类的泊富国际广场、文化创意类的新湖南大厦（事业楼）、金融服务类的华创国际广场写字楼B栋及北辰时代广场A1区写字楼4栋获评专业特色楼宇。开展专业特色楼宇评定，提升楼宇的“专业度”和“聚集度”，对于楼宇项目差异化定位，楼宇项目和服务往品牌化、精品化、专业化方向发展具有重要推动作用。

【楼宇经济交流渠道】2019年，区现代服务业发展中心联合开福区楼宇经济促进会开展座谈、沙龙、培训、体健等形式多样的活动，拓展楼宇经济工作交流渠道。全年组织开展“携手迎新，共话楼宇，砥砺前行，助力北富”新春茶话会、“优化营商环境，提升楼宇服务”沙龙、“筑北富梦想，展楼宇风采”小视频评比、“开福区楼宇经济工作培训会”“聚楼宇精英，展开福风采”气排球比赛等活动，为辖区内楼宇企业搭建沟通交流桥梁，打造良好的营商环境。

（杨雪妍）

财税 · 金融

FINANCE AND TAXATION

财 政

【概况】长沙市开福区财政局是区人民政府综合管理全区财政收支、主管财政政策、实施财政监督、参与对国民经济宏观调控的职能部门。2019年，全区完成一般公共预算收入129.9亿元；完成地方一般公共预算收入45.05亿元，为市定考核任务的104.33%，同比增长12.67%，收入完成进度和增幅两项指标居中心城区第二；区级税收完成28.05亿元，占地方一般公共预算收入的62.26%，较2018年提高1.66个百分点。开福区入选2019年中国城区综合竞争力百强区，区财政局荣获开福区2019年度“项目建设工作先进集体”。

局班子成员带头开展调研，形成《对医药物流业发展的调查与思考》《全区制造业发展现状与建议》《全区物流业发展现状与建议》《新形势下财源建设的探索与研究》《提升政府投资项目结算评审工作实效研究》等6篇调研报告，从财税角度对全区产业发展、财源建设等方面提出切实可行的建议和措施，得到区委、区政府的充分肯定。《提升政府投资项目结算评审工作实效研究》获得2019年开福区政府系统大调研二等奖。

【财税收入征管】2019年，区财政局制定月度、季度、年度收入组织方案并严格落实，加强与区税务部门、街道的衔接，督促各收入组织单位勤征细管，确保税收及时入库；按照全区财税目标管理办法，坚持“周调度研判、月考核通报”，把握好财税增长和完成进度；全面开展税源摸底，对82个项目下达税收任务，将28亿元区级税收任务分解到税务征收单位和街道。制定《2019年财税冲刺实施方案》，综合运用纳税评估、税务稽查等方法，查找税收漏洞和薄弱环节；全面清理房地产企业、项目历年欠税，加大对建安行业及政府平台公司专项稽查和欠税清理力度；落实市政府精神，推进限售股减持个税管理、房屋出租委托代征、消费和零售服务业税收信息化管理等工作。

【财源培植】2019年，区财政局以“产业项目建设年”为抓手，安排产业发展专项资金2.2亿元，帮助204家企业申报上级财政扶植资金1.4亿元；支持区内企业发展壮大，累计兑现产业扶植奖励2.3亿元；安排基础设施建设资金6.8亿元，支付节气资金6.62亿元。以“营商环境优化年”为契机，安排“四支”产业扶持资金1.5亿元、大城北发展专项资金4.04亿元，吸引优质企业入驻开福区。加强与区税务部门联动，推动减税降费政策落实，为全区市场主体减税25亿元，惠及纳税人30余万户（人）次，缓解市场主体压力，增加市场主体活力。

【非税收入征管】2019年，区财政局建立非税收入常态清理机制，强化财政票据管理，加强非税征管监督检查；突出源头控收，规范非税收入项目库管理，规范收费行为。2019年，完成非税收入17亿元。

【预算管理】2019年，区财政局全年完成一般公共预算支出75.49亿元，民生民本支出64.48亿元，占一般公共预算支出的85.42%。严格落实《预算法》规定，牢固树立过“紧日子”思想，大力压减会议费、差旅费等一般性支出，从严控制“三公”经费。清理全区财政存量资金，收回各预算单位结余结转资金1.12亿元，清理沉淀在财政专户的历年结余及往来资金2.28亿元。

【支持打好三大攻坚战】2019年，区财政局防范和化解政府债务风险，落实长沙市政府“一增二减一转移”（即增加政府债务、减少关注类债务和隐性债务、关注类债务和隐性债务向企业经营性债务转移）总体要求，化解隐性债务、平台转型等工作按要求完成，政府债务风险整体可控。支持打好精准脱贫攻坚战，加大资金投入力度，安排资金4000万元，做好对口帮扶工作，带动8000余人脱贫。加大环境保护专项资金投入力度，投入环保资金5.7亿元，为打好污染防治攻坚战提供财力支撑。

【社会保障】2019年，区财政局加大对教育事业的支持力度，财政资金优先保障教育强区经费投入，全年安排教育经费9.98亿元，推动新改扩建中小学校15所，新增优质学位4620个。区财政局荣获开福区2019年“尊师重教先进单位”。加大对卫生健康事业的投入，城乡居民医保财政补助标准提高到每人520元/年，基本公共卫生服务人均补助标准提高到60元/人，城乡低保救助人均标准由现行的550元/月提高到650元/月。

【绩效评价】2019年，区财政局对财政资金从申报、安排、拨付、使用、效果进行全过程的绩效评价，将评价结果作为资金安排的重要依据，形成“花钱必问效，无效必问责”机制。2019年，区财政局对28个财政支出项目进行重点评价，涉及资金3.68亿元，其中部门整体支出评价5个，金额1.75亿元；公共专项支出评价23个，金额1.93亿元，评价项目和评价金额分别较上年增长27.27%、15.99%。28个项目中评价结果为“良”19个，占67.86%；评价结果为“中”9个，占32.14%。

【投资评审】2019年，开福区工程项目投资评审主要包括：预算及中介费上限值的评审（作为招投标依据），项目合同的会签（合同中涉及资金支付方式和比例的确定），项目施工的现场跟踪和变更评审（作为结算评审的依据），项目完工后的结算评审（工程付款的依据）。2019年，区财政评审中心完成258个项目的上限值评审，审定金额18.08亿元，核减金额3779万元，审减率2.05%；完成251个项目的结算评审，审定金额4.34亿元，核减金额7893万元，审减率15.37%；二类、三类变更预算审核473个。

【国库集中支付】2019年，区财政局落实保密承诺制、AB角工作制、岗位轮换制，规范国库集中支付行为。加强预算单位财务人员培训，开展业务培训4次。深化街道国库集中支付改革，2019年，集中支付财政资金60.88亿元，其中直接支付占比95.91%。

【政府采购监管】2019年，区财政局推进采购云服务平台建设，加强“互联网+采购”监督，运用开福区公务用车管理平台和长沙市公品商城加强监管，实现全区所有采购项目全程电子化操作，采购环节痕迹化管理，采购信息全面公开。

【“三资”工作】2019年，区财政局领导班子成员分3组，深入街道、社区、平台公司，对闲置土地、闲置楼宇、闲置资产、沉淀资金等情况摸排核实，全面摸清“三资”家底。通过向内挖潜、分类推进等措施，2019年，累计盘活“三资”金额为20.51亿元，超额完成年度目标任务。

【债务管理】2019年，区财政局落实长沙市政府“一增二减一转移”总体要求，累计化解隐性债务36.59亿元；根据平台整合转型要求，全区9家平台公司按要求完成转型；加大债券支持重大项目建设力度，到位债券额度7.67亿元全部支出到位，政府债务风险整体可控。

【街道财务管理】2019年，区财政局全面推进“互联网+监督”村级财务公开，并纳入街道年度财务管理考核，要求街道在规定时间内，主动公开部门预决算、政府采购预决算、部门“三公”经费预决算信息，实现村级财务数据和街道预决算公开全覆盖。加强惠民惠农补贴资金监管，要求所有惠民惠农补贴资金单位开展自查自纠，区纪检监察、财政和审计等部门按资金量的30%开展入户调查。

【会计管理】2019年，区财政局贯彻执行《中华人民共和国会计法》，提高会计信息质量，全年办结26家会计代理记账机构审批工作，并颁发代理记账许可证书。对开福区辖区内10余家会计代理记账机构进行专项检查，根据《代理记账管理办法》，对不符合规定的机构督促办理变更或注销手续。加强全区会计人员管理，全年开展会计业务培训6次。

【财政监督检查】2019年，区财政局贯彻相关法规条例，加强对财政内部监督和财政资金监管，对年初预算的执行实行全程监控，确保财政资金的使用安全和效率。以制度规范为基础，建立健全预算编制、执行、监督、绩效考评四位一体的财政资金管理模式。以日常检查与专项监察相结合为手段，建立健全事前审核、事中监控、事后检查的全过程动态监督机制。强化资金绩效管理，在保障资金安全的基础上，加强对资金使用效益的监督检查。完善内部监督和外部监督相结合的检查机制，充分发挥外部监督的作用。

【国有资产管理】2019年，区财政局执行开福区“1+2”国有资产管理制度，落实国有资产管理责任。加强管理制度建设。出台《开福区行政事业单位资产管理实施暂行办法》，从资产配置、使用、处置、清查和评估等环节，明确管理职责；制定《长沙市开福区行政事业单位经营性资产管理办法》，促进经营性资产优化管理。加强资产管理。按照“统管资产、统一招租、统签合同、统收租金”的模式，将534处共3.5万平方米经营性资产移交区城建投集团进行集中经营，实行市场化管理。加强资产配置预算。按“控制增量、以旧换新”的原则，在全区区直部门推广新增资产配置电子化预算工作，严格资产配置标准，降低行政办公成本，区直部门及二级机构共76家单位上报2019年办公资产配置预算计划，审核批复可配置资产预算计划681件。严格资产处置审批。在全区范围内统筹调剂固定资产，优化资源配置，全年下达资产调拨批复41份，金额274万元；下达资产处置批复86份，其中资产报废批复81份、金额1172万元，资产报损批复5份、金额194万元。加强电子条码管理。在全区范围内开展电子条码配备工作，提供电子条码打印，有效维护资产的完整。

（郑和堂）

税　务

【概况】国家税务总局长沙市开福区税务局设有5个税务分局、7个税务所，负责所辖区域内各项税收、社会保险费和有关非税收入征收管理。2019年，开福区税务局圆满完成全年各项目标任务，荣获湖南省税务系统十大党建创新项目，湖南省税务系统“五化”先进党支部，洪山税务分局荣获湖南省税务系统党建工作创新成果三等奖；在全市系统年度绩效考核中名列前茅，荣获“全市系统绩效考核先进单位”；荣获开福区“绩效管理先进单位”“优化营商环境工作先进集体”；获评马栏山视频文创园“要素保障先进单位”。工作经验多次被《中国税务报》、“学习强国”APP、《湖南税务通讯》《长沙税务通讯》推介。

4月26日，金霞税务分局干部向纳税人发放减税降费宣传册（区税务局　供图）

【减税降费】2019年，开福区税务局落实减税降费政策，通过“报、网、端、微、屏”开展多样化政策宣传，全年辅导纳税人8万余户次，发放资料5.8万份，一般纳税人宣传辅导面100%。对享受减税降费优惠的纳税人税种、项目、减免金额等6项指标，进行建档立卡和科学分类，实行“一对一”“一类一策”“专家式”等个性化服务，做到税务部门清楚享受新政纳税人情况，纳税人清楚自身减税降费明细。全区共落实减税降费政策新增减税23亿元，惠及纳税人30余万户（人）次，减税降费工作得到各级领导和社会各界的充分肯定。《减税引活水“绣乡”绿意浓》文章在“学习强国”、《中国税务报》上发表。

【组织收入】2019年，开福区税务局面对宏观经济形势偏紧、结构性减税面广量大、重点税源企业外迁的不利局面，牢固树立收入中心意识，坚持向税政要税源、向征管要收入、向考核要进度，着力打好收入分析、数据管税、风险推送、欠税清缴、大企业税收服务和管理实体化等系列组合拳，全年税收收入121亿元，同比增收5亿元；完成市、区两级收入57亿元，同比增收6亿元，增长12%；完成区级收入28.03亿元，同比增收4.5亿元，增长19%。

【纳税服务】2019年，开福区税务局开展“便民办税春风行动”“千人帮千企”等活动，建立重点企业联系人制度。举办税收宣传“进校园、进园区、进社区、进小区”系列活动，通过税企交流QQ群、微信群等网络渠道推送减税降费政策6.12万条，及时将最新政策推送给纳税人。开福区税务局所有税务窗口均实现“一窗办”“一网办”“一次办”，纳税人上报资料减少35%，“最多跑一次”事项拓展到178个。2019年，以产业项目建设年、营商环境优化年“两个年”活动为载体，推动税收营商环境持续优化，在全省税务系统纳税人满意度调查中，开福区税务局在全市税务系统排名第二，在城内五区排名第一。认真落实各项新政，审核通过应退（免）税3.7亿元，同比增加5717.14万元，增长18%。其中退税3.6亿元，同比增加6732.63万元，

1月9日，洪山税务分局在长沙学院开展“个税新政进校园”宣传活动

（区税务局　供图）

增长23%；免抵1031.15万元，同比减少1015.49万元，降幅50%，进一步释放新政红利。

【依法治税】2019年，开福区税务局推行个体工商户核定征收改为查账征收工作，多批次、多层面组织培训辅导建账，个体户自主申报质量不断增强；欠税清理持续推进，压缩陈欠控制新欠，组织清理欠税6500余万元，加收滞纳金6000余万元；按照“对外放权、对内控权”的思路，将风险防控与日常税源管理相结合。全年完成本级和上级部门推送的18批次3195户风险应对任务，入库税款、罚款及滞纳金9259.05万元，抵减增值税留抵税额14.87万元。办理跨区域协作任务122条，发起跨区域协作任务17条。加强风险管理，通过下发风险核查任务、自选行业进行风险分析、第三方信息获取涉税风险等方式，有针对性地设置、筛选、下发疑点指标，提升风险核查的含金量。

【规范管理】2019年，开福区税务局强化绩效考核，认真做好绩效考核7.0版本的升级工作。坚持以绩效管理为抓手统揽全局，优化考核目标，细化责任分解，将全年工作任务分解到领导、部门和岗位，严格日常管理，形成讲绩效、重实效的浓厚氛围。规范财经纪律。按照“量入为出、收支平衡、从严控制、保障需要”的要求进行预算控制，提升经费保障水平，优化经费支出结构。提升管理效能。办文办会、政务公开、舆情监控、保密管理等工作落实到位，车辆管理、院落建设、综合治理等工作安排有序，严格执行各项管理制度，提高运行效率。加强对外宣传，《中国税务报》《学习强国》《新湖南》《红网》等省级以上媒体宣传推介开福税务工作50余次。强化队伍建设。按照“服务大局，按需施教，分类分级、全员培训、注重能力、学以致用”的原则，组织“岗位大练兵、业务大比武”，开展业务培训40多场次，提高干部职工业务水平。1人被评为“青年才俊”、1人被评为岗位能手、3人获得税务师资格证。关心慰问困难干部职工，全年共慰问30人次，发放慰问金20余万元。

【“个税新政”宣传】1月7日，国家税务总局长沙市开福区税务局组织税政、纳服以及第二税务所等部门业务骨干到湖南广播电视台宣传个人所得税新政，120余名员工参加培训。培训会上，开福税务业务骨干重点解读个税新政、实例说明个税申报、六项专项附加扣除，并对员工提出的子女教育、赡养老人等支出的专项扣除细节问题现场进行解答。个税宣传进校园。1月9日，国家税务总局长沙市开福区税务局洪山分局组织业务骨干到长沙学院开展“个税新政进校园”活动，该校师生及周边企业财税人员300余人参加活动。开福税务税政副科长李泳萱围绕新个人所得税法及子女教育、继续教育、住房贷款利息、住房租金、赡养老人、大病医疗等6专项附加扣除新政进行系统讲解。个税宣传进医院。1月10日，在中南大学湘雅医院的学术报告厅，国家税务总局长沙市开福区税务局的税务专家们就“个税新政”为医院职工答疑解惑，医院员工200余人参加。宣讲活动实时传输到各科室的视频终端，让繁忙的临床一线医护人员能够利用工作间隙共享讯息。业务骨干分别从新个税法改革六大亮点、六项附加专项扣除以及专项附加扣除申报方法及个人所得税APP使用方法展开讲解，尤其是职工们关心的继续教育、学历教育、房屋租金及房贷等问题进行细致的说明。个税宣传进政协。1月10日，国家税务总局长沙市开福区税务局组织业务骨干到湖南省政协，重点围绕新个税六项专项附加扣除政策、专扣政策信息表填报以及相关资料报送等内容进行解读。税务专家们现场解答纳税人在个人所得税政策理解、APP操作等方面的疑问。开福税务还向与会人员发放《新个人所得税政策汇编》等宣传辅导资料，公布咨询电话，就ITS系统操作及手机APP端操作进行现场指导。通过开展“个税新政”宣传活动，使广大纳税人、扣缴义务人加深对个税改革新政的理解，明确新个税政策相关的权利和义务，保障个税新政策落实到位。

【“一带一路”纳税人减税降费专题政策辅导】4月26日，国家税务总局长沙市开福区税务局在金霞保税物流中心开展“一带一路”专题政策辅导，长沙金霞经开区160多家企业法人代表、财务负责人参加。长沙金霞经开区是湖南对接国家“一带一路”倡议、“长江经济带”战略发展的重要节点，自2018年获批国家跨境电商综合试验区后，重点突出园区示范、主体培育、通道拓展、环境优化四个方面的建设。开福区税务局紧跟产业需求并结合政策热点，该次培训既涉及增值税、企业所得税、个人所得税、小微企业普惠性税收减免等四大减税降费政策，又针对进出口贸易企业进行相应的出口退税、财产行为税、国际税收等最新政策进行解读，现场通过案例分析、实操演练、问答互动等方式为园区企业代表明晰政策口径、梳理红利清单、强调注意事项。阿里巴巴旗下湖南一达通企业服务有限公司，是园区一家专门服务中小微企业的外贸综合服务平台，有1700家中小微公司通过平台从事外贸业务，原来每月要提供1000多份纸质的出口退税申报资料，税务局审核需要5个工作日，现在无纸化申报，足不出户就能办理退税业务，最快2天即可到账。这一项便利措施，不仅资金周转率大大提高，每年还能节约利息20万元。长沙金霞经开区是湖南省内进出口贸易企业相对集中的地区，出口退税业务比较多，开福区税务局在园区设有税务分局，方便纳税人办理涉税业务，建立园区企业诉求解决、政策培训长效机制，快速响应企业涉税诉求，精准开展税收政策宣传，提升园区企业的满意度和获得感。

【工作调研】12月5日，开福区委书记曹再兴到开福区税务局专题调研财税工作。区领导蔡冰、张春雄参加调研。曹再兴一行实地查看区税务局办税服务大厅办公区域环境，慰问工作人员，询问和了解办税有关工作。2019年，开福区税务局大力推行减税降费，通过“报、网、端、微、屏”开展多样化政策宣传，对享受减税降费优惠的纳税人税种、项目、减免金额等6项指标，进行建档立卡和科学分类，实行“一对一”“一类一策”“专家式”等个性化服务。建立减税降费政策效应数据分析模型，适时分析、预警、研究、解决政策执行中的问题。将减税降费列入绩效考核的重点，实行减税降费工作领导联点包干责任制，用硬手段确保减税降费全覆盖、全落实、全享受。开福区税务局通过落实扩大税收优惠备案改备查范围、清理税务证明事项、涉税资料清单管理等措施，区所有税务窗口均实现“一窗办”“一网办”“一次办”，纳税人上报资料减少35%，“最多跑一次”事项拓展到178个。特别是小微企业享受普惠性减税政策，无需任何审批流程、核查手续、证明资料。全年纳税人平均办税时间环比缩短50%，纳税人报送资料减少50%。曹再兴充分肯定全年的财税工作，他指出，开福区的财税工作要全力冲刺年度目标，科学谋划2020年工作，年度目标必须可行合理；要注重财源培育，进一步理顺体制问题，继续优化营商环境；要落实好长沙市委“三资”（资产、资金、资源）工作会议精

12月5日，开福区委书记曹再兴（左一）到开福区税务局调研

（区税务局　供图）

神，做好“三资”工作，优先保障财税工作。

（高川惠）

金融

【概况】2019年3月13日开福区金融事务中心正式挂牌，由长沙市开福区人民政府金融工作办公室更名为长沙市开福区金融事务中心，为区政府直属公益一类事业单位。2019年，开福区引进金融区域总部机构6家，累计引进金融总部机构70余家，汇集300余家金融分支机构和新型金融机构，其中税收规模50万元以上的金融机构77家。2019年，全区实现金融业增加值127.3亿元，同比增长9.3%；实现金融业税收23.43亿元，同比增长29.76%，占总税收比重20.74%。

【金融商务区建设】金融招商稳步推进。2019年，全区引进6家金融区域总部机构，分别为华金证券长沙芙蓉路营业部、华创证券长沙芙蓉中路证券营业部、金瑞期货湖南分公司、国泰君安期货长沙营业部、银盛支付湖南分公司、湖南文化旅游融资担保公司。开福区汇集金融总部机构70余家，涵盖银行、保险等金融业态，税收规模50万元以上的金融机构77家。专项对接精准开展。梳理台账开展精准对接。对未在湘设点的保险、证券及新型金融机构以及市内56家保险机构和85家证券机构进行逐家梳理，精准对接，力促项目落地。政策解读落实到位。全区落实兑现2018年度金融产业扶植奖励2135.33万元，推荐申报浙商银行等5家金融机构获得省级新设金融机构专项奖励资金

3月28日，长沙市开福区政府与华融湘江银行长沙分行达成战略合作暨华融湘江银行开福支行盛大开业

（区金融办 供图）

1040万元，其中浙商银行长沙分行600万元、江海汇鑫期货湖南分公司300万元、中国出口信用保险湖南分公司50万元、国联期货华中分公司50万元、北京协荣保险经纪湖南分公司40万元。金融商务区建设稳步推进。坚持金融商务区联席会议机制，加强协调督办，为项目和企业解决各类问题20余个。

【优化营商环境】2019年，区金融事务中心推荐区内融担、小贷公司申报省、市级专项资金55万元，引导邮储银行为三羊担保授信5000万元。组织服务机构上门走访企业15家。兑现省、市、区企业上市资金70万元，推荐企业申报贷款贴息28万元。完成《区级用好金融政策支持实体经济和民营经济发展的分析研究》课题并获奖。制定《开福区中小微企业信贷风险补偿资金管理办法（送审稿）》。整理出台并宣讲《开福区中小微企业贴息政策及申报指引》。2019年，累计开展政策宣讲、银企对接和培训19场，组织80家机构为422家企业提供融资服务。上门为6家重点拟上市企业提供专项服务。全年开福区内银行新增中小企业贷款10亿元。推荐6家企业进入省拟上市企业库，10家企业进入市库、39家企业进入区库。

【金融风险防控】2019年，区金融事务中心全年组织开展各种形式防范非法集资宣教活动151余场，参与人数5.2万余人，发放资料10万份，增强群众的金融防范意识。排查整治。开展“一非三贷”等金融风险排查整治，全区重点楼宇共排查企业1715家，P2P公司实现全部退出清零，养老领域非法集资风险排查稳步推进；万达广场挂牌整治行动核查企业511家，约谈企业法人201人次，整顿搬离132家，责令10家涉非风险企业完成资金清退，清退资金2316万元。全年新增非吸案件4起，化解陈案4起，圆满完成市对区绩效考核任务。地方监管。按照省市统一要求，及时开展对小贷公司（3家）和融担公司（4家）的监管工作，严控风险。同时根据省政府关于省机构改革实施方案要求，对新增的典当公司（7家）开展行业监管工作。

【华融湘江银行开福支行盛大开业】3月28日，长沙市开福区人民政府与华融湘江银行长沙分行战略合作签约仪式暨开福支行开业庆典隆重举行。长沙市开福区委副书记、区长刘拥兵，副区长李杨，华融湘江银行党委委员、常务副行长张建国，华融湘江银行长沙分行党委书记、行长周斌等出席开业庆典仪式。根据协议，华融湘江银行长沙分行将积极支持长沙市开福区的基础设施和重大项目建设，支柱产业和特色经济发展，招商引资和国际贸易等重点领域，优先为开福区及开福区重点企业提供全方位、便捷、优惠的金融服务。未来5年内，华融湘江银行将以优惠的价格和优惠的利率支持开福区政府及其重点优质企业单位综合授信额度150亿元。华融湘工银行在长沙地区的全功能营业网点25家，形成“1+3+25”（1个总部、3个分行级机构、25家全功能营业网点）的机构格局，其中在开福区部署的全功能营业网点4家。开业当天，开福支行一般性存款余额32亿元。华融湘江银行累计在开福区信用投放245亿元，重点支持开福区基础设施建设、园区开发、战略产业发展。2018年底，在信贷资金规模极度紧张的情况下，华融湘江银行长沙分行认购城北投7年期债，助推开福区经济发展。

【第一期企业“私董会”】4月26日，资本市场县域工程——开福区“私董会”（第一期）活动顺利举办。此次活动由开福区人民政府主办，开福区金融事务中心、湖南股交所承办，湖南和君集团湖南公司湘君研究院协办。活动邀请和君集团湖南公司湘君研究院院长许宁、湖南思想律师事务所主任王小全担任“教练”，邀请财富证券、湖南华盛永信会计师事务所相关负责人作为特约观察员，与毂梁微、国科天河、善禧文化等11家区内知名企业负责人就企业发展等问题展开深入交流。“私董会”上，企业家们就在股权设计、融资方式、企业并购等方面提出的问题开展详细讨论。大家纷纷出谋划策，分享彼此的经验和创意，教练和观察员也从专业角度为企业提出中肯建议，现场气氛十分热烈。企业家们都表示“私董会”这种形式非常新颖，有利于通过集思广益，拓宽解决问题的思路。“私董会”作为湖南股交所股改挂牌企业的特色活动，主要以“身份共鸣、非利益冲突、私密性”为基本原则，每期固定成员，由不同行业的企业家组成。企业家们可以一起探讨现阶段企业发展存在的问题，相互交流经验，同时配合专家现场指导，为企业寻求最佳解决之道。 开福区政府作为湖南省资本市场区域工程首批试点区县之一，高度重视对辖区内企业的服务，逐步开启各项实施工作。计划通过实施资本市场区域工程计划，充分发挥平台优势，加强辖区内企业对资本市场理念、知识、机构、工具、资金等全方位的深度了解，培育一批能够承载多层次资本市场融资工具的市场主体，形成产业、金融的良性互动，从而推动区域经济的蓬勃发展。

【金融商务区楼宇经济座谈会召开】5月7日，长沙市开福区召开金融商务区楼宇经济座谈会，开福区金融商务区楼宇企业代表就如何促进楼宇经济发展建言献策，高品质打造好长沙开福金融商务区。开福区委副书记、区长刘拥兵参加座谈会。楼宇经济是开福区产业支柱，开福区“三金”名片的金融商务区是主引擎。2018年，开福区税收过千万元楼宇43栋、过五千万元楼宇20栋、过亿元楼宇12栋；全区税收119.1亿元，其中楼宇税收59.9亿元，占全区税收比重50.3%。开福区为持续激发市场主体活力，全力优化营商环境，出台的各项政策优惠力度持续增强，帮扶覆盖面不断扩大。其政策兑现企业数从2016年的160家、2017年的237家增加到2018年的301家；兑现奖项由2016年的172个、2017年的280个增加到2018年的337个；兑现奖励奖金由2016年的5210万元、2017年的6529.7万元增加到2018年的9311.44万元；政策兑现奖励资金同比增长由2017年的25.3%增加到2018年的42.6%。如何让开福金融商务区楼宇经济持续提质增效是会议的焦点。开福区楼宇经济促进会、戴德梁行、华创国际广场、北辰时代广场、中国人寿财险湖南分公司等12家企业代表相继发言，对如何依托自身优势招大引强、提质企业服务、提升楼宇税收贡献及空置面积去化等方面提出意见和建议。刘拥兵指出，楼宇是开福区经济发展的第一引擎，各级各部门要以金融商务区为核心，进一步精准定位、优化服务、强化配套，持续提升楼宇经济贡献率。刘拥兵强调，金融商务区的发展符合省、市产业定位，具有良好基础，全区上下要坚定信心，坚定不移高品质、高标准地推进金融商务区建设发展。要加大招商力度，做优做强金融商务区产

5月29日，“资本助力产业 优化营商环境”开福区文创类金政企对接会在马栏山众创园召开（区金融办 供图）

业，持续增加楼宇经济竞争力、贡献率，特别是要让楼宇定位更清晰，及时兑现政策。要创新方法，利用新媒体等积极宣传金融商务区，让其持续保持热度。要完善金融商务区配套，优化服务，打造好的营商环境，特别要强化沟通联系服务机制，软硬结合抓好公共配套服务等。

【湖南省资本市场县域工程“资本前沿”讲座】5月30日，“湖南省资本市场县域工程‘资本前沿’大型讲座”在长沙市开福区举行。湖南省各试点县域的重点企业150余人参加活动。活动现场湖南股权交易所总经理余春晖在致辞中回顾了县域工程实施以来取得的工作成效，并表示接下来湖南股交所将重点发力在全省试点范围内举办相关大型活动，开展系列路演融资服务，搭建企业投融资对接平台，帮助企业高效获得融资。开福区人民政府副调研员刘新兰在发言者中指出，开福区作为资本市场县域工程试点单位，在出台扶持政策、争取上级支持、搭建平台载体、建立产业基金、优化管理服务等方面做工作，帮助企业规范经营管理，实现“质”的飞跃。湖南省地方金融监督管理局资本市场处副处长罗平在讲话中指出，“资本市场县域工程”试点是一项全新的工作。政府要当好班长，做好宣传发动、政策引导、搭建沟通对接平台；各中介机构要发挥专业作用，加速企业发展，从而带动县域经济高质量发展。最后，著名资本运营专家杨茗浩给在座企业家带来《商业模式与资本经营之道》专题讲座。杨茗浩通过理论与案例结合分析，帮助企业深入挖掘赢利点，实现质的飞越。

【长沙金融商务区银政企对接会】9月20日，开福区企业金融政策宣读会暨银政企对接会在开福区绿地中心举行。此次活动由开福区金融事务中心主办，清水塘街道承办。会议邀请4家金融机构负责人以及清水塘街道商会企业湖南馨创科技开发有限公司、上海科瑞物业管理发展有限公司等12家企业参加。区市场监督管理局、区金融事务中心等单位作为开福区优化营商环境服务队派驻绿地中心兼职指导员参加会议。湖南股交所、邮储银行开福支行、农业银行开福支行等金融机构的专家为企业推荐量身打造的金融产品与服务，对企业家们咨询的问题进行专业详细的解答，为企业解决融资难题。现场达成融资意向600万元。开福区政府将依托湖南股交所、德勤中国等专业平台服务实体企业、引导金融要素支持企业等举措来助力企业发展，协助企业解决“融资难、融资贵”的难题，精准对接，营造良好的营商环境。

【资本市场县域工程资本对接路演活动】12月12日，由开福区政府主办、开福区金融事务中心、湖南股交所承办的湖南省资本市场县域工程资本对接路演活动在开福区黄金海岸大酒店举行。活动邀请湖南超能机器人技术有限公司、湖南馨创科技开发有限公司5家区内企业参加路演，线下60余家及线下2000余家投资机构对项目进行全程观摩，200余家网络媒体参与直播，线上观看人数12万人次。湖南省金融监管局资本市场建设处副处长罗平、区政府副调研员刘新兰等领导出席活动。路演中，超能机器人、馨创科技、骁勇善战、面泽湘食、嘉德集团5家企业，向线上、线下2000余家投资机构全方面展示项目优势、财务状况、融资需求等情况。投资机构现场提问，企业解答，多个项目获得投资机构青睐。现场达成意向融资2.51亿元。开福区坚持以“优化营商环境”为主线，依托湖南省资本市场县域工程试点单位的平台，组织湖南股交所等金融服务机构，为区内企业提供优质金融服务，努力缓解企业融资难题。

（李 俊）

金融机构

中国银联股份有限公司湖南分公司

【概况】中国银联股份有限公司湖南分公司（前身为中国银联长沙分公司）是中国银联在湖南的分支机构，成立于2002年10月，同年11月，被湖南省人民政府列入省级金融单位序列。

【业务范围】中国银联作为中国的银行卡联合组织，主要负责建设和运营全国统一的银行卡跨行信息交换网络、提供银行卡跨行信息交换相关的专业化服务、管理和经营“银联”品牌、制定银行卡跨行交易业务规范和技术标准。中国银联与境内外数千家机构展开广泛合作，全球银联卡发卡量超过80亿张，银联网络遍布中国城乡，延伸至亚洲、欧洲、美洲、大洋洲、非洲等境外170多个国家和地区。

【经营业绩】中国银联湖南分公司一直秉承“规则联合制定、业务联合推广、市场联合拓展、秩序联合规范、风险联合防范”的产业发展理念，和辖内成员银行一道，推动全省银行卡产业不断发展，实现全省各市州银行卡联网通用，网络覆盖全省所有地级市及县城，并向广大乡镇和农村地区延伸。推广金融安全标准的手机支付产品——云闪付，受理领域从传统的百货超市、餐饮酒店等直接消费领域拓展到批发、房地产、汽车、交通出行、政务、通信、医疗、校园、社区园区管理、烟草、保险、公共缴费、便利店等各行各业，推动银行卡及手机支付的普及应用。2019年，全省通过银联系统实现跨行清算交易6.30亿笔，金额1.83万亿元；其中完成云闪付等银联扫码交易1.39亿笔，金额118.93亿元，分别同比增长161.12%和467.36%。

【服务目标】中国银联正以打造具有全球影响力的开放式平台型综合支付服务商为目标，推进各类基于银行卡账户的综合支付服务，使全省居民不仅可以在自动取款机、商户POS刷卡终端等使用银行卡，还可以通过金融业统一的云闪付APP、互联网、手机、二维码、固定电话、有线电视、多样化的自助终端等方式，实现公用事业缴费、机票和酒店预订、信用卡还款、公共交通出行、自助转账、自助购物等多种支付，提高企业的资金运行效率，为百姓带来极大的支付便利，创造显著的经济和社会效益。

渣打银行（中国）有限公司长沙分行

【概况】渣打银行（中国）有限公司长沙分行于2011年12月16日获得中国银行业监督管理委员会批准筹建，2012年6月12日获得中国银行业监督管理委员会批准开业，于2012年8月22日正式开业，是渣打银行在中国开设的第22家分行、第88个网点。渣打银行长沙分行办公地址为湖南省长沙市开福区芙蓉中路一段109号华创国际广场写字楼第3栋20层。

【业务范围】渣打银行是英国一家领先的国际银行，业务网络遍及全球60个最有活力的市场，为来自145个市场的客户提供服务。渣打集团在伦敦、香港和孟买三地上市，集团分支网络与“一带一路”沿线市场的重合度70%。渣打银行从1958年在上海设立首家分行开始，在华持续经营超过160年，是国内首批四家外资本地法人银行之一。渣打银行在全国近30个城市拥有超过100家营业网点。

【融资模式】渣打银行长沙分行是银监会批准的全牌照银行。自2012年8月开业，渣打银行长沙分行始终秉持“一心做好，始终如一”的服务宗旨，通过战略调整、产品创

9月20日，金融商务区银企“相亲”，一栋写字楼获融资“输血”600万元

（区金融办　供图）

新、市场细分、服务升级等多方面的努力，扎根本地市场，依托集团优势，为当地企业提供灵活多样的融资产品及方案，与企业建立互利共赢的长期合作关系。2019年，除继续在“一带一路”、海外发债等方面发挥外资银行海外网络和品牌优势，在贸易融资方面，推广升级版供应链融资模式，利用总部与多家大数据、区块链、人工智能技术领先的公司合作搭建的平台，优化流程和操作方式，力图解决核心企业上下游融资流程烦琐、成本高等问题，服务实体经济。

【融资服务】为更好地服务小微企业，渣打银行长沙分行成立专门的小微企业服务团队并推出拳头产品“小额无抵押贷款”，帮助广大中小微企业获得更便捷的融资服务。面向涉及进出口业务的中小微企业，可为其提供量身定制的贸易融资、外汇管理等综合解决方案，更好地帮助企业管理跨境贸易风险。

中信银行长沙分行

【概况】中信集团直属国务院管理，是一家大型综合性跨国企业集团，业务涉及金融、资源能源、制造、工程承包、房地产和其他领域。中信银行成立于1987年，原名中信实业银行，是中国改革开放中最早成立的新兴商业银行之一，是中国最早参与国内外金融市场融资的商业银行；2005年底中信实业银行更名为中信银行，2007年4月在上海证券交易所和香港联合交易所A+H股同步上市。2000年10月28日，中信实业银行购并长沙湘财城市信用社，机构原名中信实业银行长沙分行，后更名为中信银行长沙分行，是直属中信银行总行的区域性一级分行。

【业务范围】截至2019年年底，中信银行长沙分行下设株洲、湘潭、衡阳、岳阳、邵阳、郴州6个二级分行，39家营业网点，正式员工1100余名。中信银行长沙分行始终坚持以支持地方经济建设为己任，充分依托中信集团金融与实业并举的独特竞争优势，全力打造综合化服务平台，提升中信银行在湖南区域的核心竞争力。分别与湖南省政府、长沙市政府、湖南省工商联、常德、株洲、湘潭、娄底、衡阳、邵阳等10余个省市级政府机构签署战略合作协议，与近50家大型集团公司客户签署战略合作协议，累计为湖南经济发展融资超过4000亿元。中信银行长沙分行牵头中信集团26家在湘子公司，开创“中信联合舰队”模式，为客户提供不止于金融、不止于实业的服务。

【经营业绩】中信银行长沙分行于2015年1月30日入驻开福区湘江北路1500号北辰时代广场中信银行大厦。截至2019年年底，累计在开福区缴税12.29亿元，是开福区金融企业重要纳税单位。2019年，中信银行长沙分行为开福区下辖政府融资平台新增授信额度70亿元，实际投放到位信贷资金14.49亿元，成为开福区授信批复总额最大、新增贷款最多、缴纳税收最多的银行。中信银行长沙分行在开福区设分行营业部、三一大道支行、芙蓉支行、东风路支行、福元路支行5家支行，金融服务辐射全区。5年来，累计为开福区政企单位授信超100亿元；发挥中信集团协同优势，牵线引荐多家中信集团新入湘子公司在开福区注册落户。

英大证券湖南分公司

【概况】英大证券湖南分公司成立于2015年01月14日，办公地址长沙市芙蓉中路一段416号泊富国际商业广场写字楼20层，下辖芙蓉中路证券营业部。依靠总部面向全国的综合性金融理财服务平台，为广大客户提供证券代理买卖、证券承销与保荐、证券资产管理、证券投资咨询、证券投资基金销售、融资融券、期货中间介绍、代销金融产品、新三板做市、期权经纪以及与证券交易、证券投资活动有关的财务顾问等全方位、多样化的证券服务。此外，作为国家电网公司所属的证券公司，公司积极服务电力能源行业，积累丰富的项目经验，在专业服务和渠道资源上具有独特优势。截至2019年12月31日，英大证券湖南分公司托管总资产60.17亿元，总市值56.91亿元，日均保证金余额3.26亿元。累计完成收入总额3761.59万元，进度完成率为128%，公司排名第3位。全成本净利润总额820.38万元，进度完成率157%，公司排名第4位。

【经营业绩】2019年，英大证券湖南分公司积极推进业务转型，做深做精做优上市公司金融服务，场内股票质押新增融资规模1.67亿元，实现质押融资利息收入1263万元。加强优质私募基金合作，培育和打造私募基金聚集生态圈，5只私募基金客户规模3亿元，创佣金收入547.37万元。打造英大投顾品牌，签约客户及资产排名第一，新增投顾签约数141户，签约资产7298万元，平均签约佣金费率0.1%，新增投顾签约客户全年累计创收净佣金105.68万元。贯彻国网产融结合，推进湖南省电力金融服务迈上新台阶，2019年，湖南省电力系统开户28户，资产5178万元。2019年12月在国网湖南电力公司职工之家APP系统内植入英大证券湖南分公司营销活动取得突破。资管业务通过走访湖南省电力公司的大部分发电企业，确定五凌水电4个发电厂的应收电费的ABS项目意向。2019年储备的投行项目有深圳永联科技股份公司、国网湖南电力防灾减灾中心，正处于投行与国网尽调阶段。

中国平安财产保险股份有限公司湖南分公司

【概况】中国平安财产保险股份有限公司湖南分公司（以下简称“湖南平安产险”）于1994年10月28日成立，公司经营范围包括机动车辆保险、船舶保险、企业财产损失保险、家庭财产损失保险等经中国银保监会批准的相关业务。公司运营机构在全省14个地市州均设置三级机构，长沙地区4县均设置四级机构，全省共计92家四级机构、5家五级机构，长沙市内理赔服务站点153家，长沙市内出单服务站点52家。公司实力雄厚，享有盛誉，同行业稳居市场份额第二位。2019年，湖南平安产险实现保费收入91.9亿元；全年综合赔款42.46亿元，综合赔付率55.6%；全年综合费用27.86亿元，综合费用率36.5%；实现承保利润6.04亿元。

【经营业绩】2019年，湖南平安产险坚持“稳增长、调结构、优品质”的经营导向，根据地域特点和行业特性，打造特色产品组合。车险经营，探索及实践科技赋能，推进“数字化、线上化、生态化”战略，推进经营转型；运用AI技术赋能：打造“AI+”智能理赔、“AI+”智能客服。开发“好车主”APP平台，实现客户在线投保理赔，公司“好车主”注册用户165万户。非车经营，聚焦“民生、重企、小微、新业态”的个性化保险需求，创新保险产品、优化投保方式，推出“金融+保险+服务”中小企业专属服务模式，利用平安综合金融的优势，结合保险产品、贷款融资、医疗服务、救援服务等多场景服务支持，解决中小企业融资难、贷款难、保险难等一系列问题；同时对保险产品进行流程改造，推行全线上化的承保、理赔操作，提升客户操作便捷度和满意度。农险经营，推进产品创新，拓宽商业农险市场，通过“农险+”模式，创新推进商业农险发展。“农险+融资”模式，与浦发银行、农发行、华融湘江银行、邮储银行开展林木抵押贷款抵押物保险；“农险+农企”模式，与中联农机合作开展农机保险业务；“农险+综合金融”模式，与平安银行、平安租赁合作，针对农企提供包括农险在内的一揽子金融产品与服务。探索开展价格指数、天气指数类保险产品，并根据各县特色农产品。风控管控，强化专业领域安全生产风险防范。湖南平安产险从2012年主承保湖南省高危行业安全生产保险项目，截至2019年年底，服务企业5万余家，赔付金额1.55亿元。同时，公司参与建筑行业安全生产责任险、高速公路行业安全生产责任险、电梯安全生产责任险等项目，参与PPP项目和重大工程建设，承保长沙地铁、安慈高速、张吉怀铁路、毛俊水库、路桥集团格鲁吉亚海外工程等大型工程项目建设10余个。“三村”工程，公司成立平安湖南扶贫办公室，重点推进村官、村教、村医“三村”工程项目。2019年，中国平安集团与湘西土家族苗族自治州人民政府、湖南润农生态茶油有限公司在湘西花垣县十八洞村共同签订“油茶产业扶贫、乡村振兴战略合作协议”，“灵犀十八洞村”茶油上线平安E采平台、平安健康好医生、平安集团“三村晖”电商平台，助力油茶产业扶贫。

【经营宗旨】中国平安财产保险股份有限公司湖南分公司奉行总公司“专业领先，诚信服务；创造价值、回馈社会”的经营宗旨，本着为客户负责的态度执着于为客户提供“终身服务”，坚持“为客户提供一流的稳固的保险保障，协助客户有效进行风险管理，减少经济损失，积极推进保险业的国际交流与合作”的工作原则，为客户提供数万亿元的保险保障，连续多年荣获湖南省税务局颁发的纳税信用等级A级单位；综治工作先进单位；湖南诚信企业；中国质量万里行“A级”单位等多项奖项。

中国人寿财产保险股份有限公司湖南省分公司

【概况】中国人寿财产保险股份有限公司湖南省分公司（以下简称湖

南国寿财险）于2007年8月20日成立，地址位于湖南省长沙市开福区芙蓉中路一段109号华创国际广场B座写字楼。公司内部设有办公室、人力资源部、财务会计部、市场企划部/销售业务部、车辆保险部、法律合规部/风险管理部等18个部门。截至2019年年底，全省下辖14个地市三级机构，108个县区支公司，9个五级营销服务部，从业人员3311人。

【经营宗旨】湖南国寿财险践行“成己为人、成人达己”的企业文化，秉承“不求最大，但求最好”的经营原则，坚持依法合规经营，形成具有自身特色的“人本为先、合规优先、服务当先、成本领先、发展争先”的“五先”经营理念及“战略自信、品牌自信、能力自信、文化自信”的“四个自信”发展特质。

【经营业绩】2019年，湖南国寿财险坚持发展与效益相互协调，继续保持良好发展态势，实现保费收入44.78亿元。湖南国寿财险公司秉承服务客户为宗旨，着力优化客户体验，开展警保合作、放管服工作、星光守护公益活动，为客户提供便捷、高效、优质的服务。2019年，公司支出赔款超23亿元，上缴各种税金超5.13亿元。湖南国寿财险辖下有19家分支机构按当地政府要求承担扶贫工作任务，有69人次投入脱贫攻坚工作，累计投入资金104.99万元，全省受益2721人次。公司本部驻娄底市新化县大熊山林场大礼工区开展定点帮扶，获2019年湖南省委组织部省派驻村帮扶工作队年度考核“优秀等次”。

湖南快乐通宝小额贷款有限公司

【概况】湖南快乐通宝小额贷款有限公司（以下简称“快乐通宝”）是经湖南省地方金融监督管理局批准，于2017年11月挂牌成立，为湖南广播电视台旗下国有新媒体上市公司——芒果超媒股份有限公司（股票代码：300413）的全资子公司，是湖南省首家国资背景持牌的互联网小贷机构。

【经营业绩】快乐通宝围绕芒果生态发展，通过整合产业资源优势，重点布局互联网线上消费金融业务，旨在打造文娱互联网金融品牌。快乐通宝自主研发互联网金融系统平台，依托“芒哩”品牌，构建小额信贷、消费分期、供应链金融等金融产品矩阵。快乐通宝切实履行金融服务实体经济的责任担当，通过金融产品创新，全面支持省内中小微企业和“三农”发展，业务模式获2019年度湖南省融资创新考评一等奖。快乐通宝秉承“小额、分散”的原则，坚持创新驱动、合规发展，建立和完善适应互联网小额信贷特点的信用评价和风险控制体系，不断强化互联网安全技术、大数据风控及反欺诈等前沿金融科技领域的技术积累，拥有6项计算机软著证书，获得“长沙市科技创新小巨人”称号。

金瑞期货股份有限公司湖南分公司

【概况】金瑞期货股份有限公司湖南分公司（以下简称“金瑞期货湖南分公司”）成立于2017年6月19日，位于长沙市开福区北辰时代广场写字楼2103。总部金瑞期货股份有限公司成立于1997年，注册资本6.12亿元，控股股东为财富世界500强企业江西铜业集团。公司经营范围包括期货经纪业务、风险管理业务、资产管理业务、期货投资咨询业务、股票期权和商品期权业务等，拥有国内各大交易所会员资格和交易结算席位。

【业务范围】金瑞期货湖南分公司凭借总部深耕有色金属行业风险管理服务和研究20多年的经验优势，为湖南本土以及整个华中、华东地区的有色企业提供良好的风险管理服务；同时，金瑞期货湖南分公司聚焦湖南的生猪养殖产业链，借助“期货+保险、期权”等金融工具，为生猪产业链上的各个企业提供风险管理服务。

【经营业绩】2019年，金瑞期货湖南分公司新增客户64个，其中8个法人客户，客户资产最高1.8亿元。深度服务客户对象包括金杯电工、君泰生物、新五丰等企业。走访、调研郴州、娄底、岳阳、湘西等地的生猪饲料产业链企业，深度解了湖南生猪饲料产业链的运营情况，为企业提供多个维度、多种方案的风险管理建议。

【经营目标】金瑞期货湖南分公司秉承总部“具有责任感的风险管理专家”的精神，携手广大客户共同发展，打造出套期保值和套利的核心竞争力，致力于“做衍生品服务提供商，打造创新型投行，成为专业高效的现代化、国际化金融服务机构”。

（李　俊）

交通·公路

TRAFFIC

交通·农村公路

【概况】开福区交通运输局于2019年3月由事业建制调整为区政府工作部门，实现整体转隶。2019年，开福区交通运输局围绕“改革创新担当作为”总要求，以深化改革为重点、以行业管理为轴心、以安全监督为抓手、以民生项目为切入，推动全区交通运输领域改革取得新突破，完成全年各项工作目标任务。全年投入1783万元，完成农村公路提质改造4.7千米、农村公路连通工程4.7千米、农村公路中修工程18.8千米。投入800万元，对辖区4个涉农街道25个村（社区）农村公路等危险路段设置波形梁护栏18.1千米，附着式轮廓标2970块，反光镜、标识、标牌42处；对涉农街道便民桥进行修建修缮。开展道路运输市场“打非治超”，全年查扣涉嫌非法营运车辆129台，查扣超限超载车辆313台。

【农村公路建管】2019年，区交通运输局完成农村公路提质改造4.7千米、农村公路连通工程4.7千米、农村公路中修工程18.8千米，项目总投资为1783万元，资金来源为省、市级补助和区财政投资。根据街道片区划分和建设内容，细分为7个道路改造项目，截至2019年年底，所有项目主体部分基本完成。抓牢安全防护工程。推进农村道路安全生命防护工程，对辖区4个涉农街道25个村（社区）农村公路等危险路段设置波形梁护栏18.1千米，附着式轮廓标2970块，反光镜、标识、标牌42处；对涉农街道便民桥进行修建修缮。项目总投资为800万元，资金来源为省、市级补助和区财政投资。根据建设内容分为农村道路安全生命防护工程项目和农村公路危桥改建项目，受季节和施工工艺影响，截至2019年年底，该两个项目正在实施当中，将延期到2020年上半年全部实施完成。抓牢管理养护改革。坚持日常养护和重点养护相结合的原则，全面完善农村公路管养体制机制，研究并完善《压实责任、完善机制，促进农村公路管养提质升级——开福区农村公路管养现状及其对策研究》的课题，建立责、权、利清晰的农村管养责任体系，通过实施新的养护模式，实现养护零星工程能及时开展，应急抢修保障进一步夯实，促进养护专业化、常态化。《长沙晚报》等新闻媒体对开福区农村公路黄乌线、白土线“30千米‘土路’改柏油大道，长沙城北农村公路全变城市主干道”进行报道。

【打非治超】2019年，根据长办【2019】93号文件的规定，明确交通运输的执法层级由长沙市交通运输综合行政执法的名义执法，同时明确“坚持‘先立后破、不立不破’，在改革过渡期间，原部门或单位仍要履行原有职责。”在机构改革的过渡期，开福区交通运输局始终保持“打非治违”高压态势，全面落实“安全第一、预防为主、综合治理”的工作方针。打非力度不减。按照“联合整治”的原则，深入开展打击非法营运专项治理工作，2019年，查扣涉嫌非法营运车辆129台。超载整治有效。“治超”工作向常态化治超、科技治超、联动治超转变。2019年，查扣超限超载车辆313台。《长沙晚报》等新闻媒体对开福区开展安全生产风险隐患“大排查大管控大整治”百日行动中发现一私卖成品油窝点并将其查封的工作进行报道。联合执法给力。依据开福区实际交通情况，按“政府主导、部门联动”的工作机制，联合区交警大队、区城管公安等多部门执法主体加强路面巡查频次，依法履行工作职责，加大对货运车辆超限超载的检查力度，深入开展打击非法营运专项整治行动。中心任务助力。“蓝天保卫战”，

3月20日，长沙市交通运输局局长胡岳龙（前排右二）到开福区调研货运物流企业
（区市交通运输局　供图）

开展高排放车辆排气污染专项治理行动，对高排放车辆加强管控。非洲猪瘟防控，设置值守点，确保防控信息畅通、监管到位。防汛抗旱，严格按照防汛Ⅲ级应急响应要求，做到六个“到位”。“扫黑除恶”专项斗争，确保日常工作有人抓、有人管。

【运政服务】2019年，区交通运输局严格依法行政审批。根据“四级九统”、审改办和政务服务中心的工作要求，将行政审批事项减少到9项。截至2019年年底，完成行政审批事项870件，其中新增业户298户、新增货运车辆572台。商事平台的政务处理，全年分发259件，接收259件，办证160件，办证率61.78%。全面清理货运市场。对开福区审批许可的2家企业进行安全检查，其中一家整体搬迁到外地，并申请注销其“道路运输经营许可证”；开展2018年度质量信誉考核工作；完善市场准入及退出机制，注销1608台4.5吨以下小型货车的“道路运输证”，对303台逾期未年审的车辆登报，并清理出货运市场。加强维修企业管理。审批办证改为备案制后，按照上级统一部署和行业规范，抓好维修企业的备案管理；配合打赢蓝天保卫战，区交通运输局牵头对汽车维修市场进行整治，组织全区16个街道排查出辖区内维修企业422家，建立台账，其中烤漆业务的90家，联合环保部门对违法烤漆房进行关停整治，关停不达标烤漆房17家。承接渔船整治职能。根据《关于长沙市开福区交通运输局机构编制调整有关事项的通知》，开福区交通运输局负责渔政工作职能，全年开展渔政集中整治行动3次，清理渔船220条。

【城市公交】2019年，开福区交通运输局协调长沙市交通运输局做好开福区公交线路的增设、优化和调整工作。2019年，开福区实现中心城区公交站点500米覆盖率95%以上，建成区公交覆盖率98%以上，提高公共交通的覆盖率、便捷性和满意度。针对“12345”热线群众提出的调整公交线路、公交站点迁改等请求和建议，区交通运输局积极做好协调上报和解释，共回复群众来电20条。回应人大代表、园区企业和广大群众对于公交出行的意见、建议，吸收采纳建议8条。推进“公交都市”建设工作，如公交中途站港湾式改造、公交专用道建设等，为市民提供良好的公交服务环境。

【安全生产】2019年，开福区全面落实安全监管责任，按照“管行业必须管安全、管业务必须管安全、管生产经营必须管安全”的要求，深刻吸取湘潭县“9·22”和江苏省“9·28”重大事故教训，确保“防风险保安全迎大庆”安全生产责任落到实处，坚决守住安全生产红线。2019年，共组织开展安全生产检查164次，开展安全生产宣传教育56 次，督促整改安全隐患215处，确保全区交通运输安全生产形势持续稳定。完善防范应急保障体系。定期组织对运输企业、施工企业安全生产工作进行督促指导，及时排查、解决安全生产隐患，对各种突发事故和异常情况立即上报、整改。加强应急演练，增强从业人员的应急处置能力。坚持农村公路隐患定期排查制度，截至2019年年底，全区排查农村道路隐患20处，其中12处整改到位，2处正在组织施工整改，其余6处安全生命防护工程正按计划、分步骤有序推进。动员社会力量参与。开展交通运输安全生产宣传教育活动，提高企业从业人员和社会公众的安全意识和自救互救能力，促进广大运输从业人员安全生产意识进一步提升，安全防范能力进一步增强，安全管理水平进一步提高。

【黄乌线、白土线全线提质改造通车】4月26日，开福区黄乌线、白土线全线提质改造通车，长沙城北两条农村公路变成城市主干道，实现道路设施城市化，长沙城北最老的养路班捞刀河养路班从此告别农村公路养护的历史任务。黄乌线、白土线是开福区仅有的两条农村公路，黄乌线起止于捞刀河街道的黄丰嘴和乌溪村，全长12千米；白土线起止于沙坪街道的白河桥和土地嘴，全长18千米。随着开福区城市化的飞速推进，捞刀河、沙坪于2017年由乡镇变为城市街道，两条公路串起众多楼盘小区和园区，沿线变靓变美，而“土路”与城市化进程极不合拍。开福区累计投资3000万元，对农村公路进行提质升级改造，黄乌线、白土线由泥土路覆盖水泥的农村公路。改造成柏油路面的城市主干道。全线设置雨污分流设施，路沿石、波形护栏以及交通标识一应俱全，在人流密集的集镇和岔路口设置红绿灯和斑马线。

【汛期农村公路水毁塌方应急处置演练】6月25日，长沙市首场汛期农村公路水毁塌方应急处置演练，在

6月25日，开福区交通运输局开展农村公路水毁塌方应急处置演练

（区市交通运输局　供图）

开福区县道袁青线上演，短短3个小时内，从发现险情到医疗救援、加固处置、路面清理一气呵成，对城北农村道路应急救援体系进行一次全面“体检”。上午10时，开福区青竹湖街道村民路过县道袁青线，发现一辆轿车斜停在护坡旁，护坡上泥土、碎石、断木一片狼藉，轿车司机“受伤”严重，卡在车内不能动弹。村民迅速报警，十分钟后，路政人员、交警、医护人员等陆续赶到现场展开救援，指挥车辆避险、设置警示标志、将“受伤”司机现场急救后迅速送往医院。路政巡查救援组将受困车辆推到安全地方，配合交警清障、管制交通；工程车辆随后进场清运塌方泥土，盖雨布加固山坡，防止次生灾害发生，农村公路水毁塌方应急救援预案在第一时间内迅速生效。开福区通过“以练代训”，全面检验并提升农村公路桥应急处置能力，保障汛期强降水天气下道路畅通安全。

（黄美荣）

交通 · 城市交通管理

【概况】开福区交警大队位于蔡锷北路324号，是长沙市公安局交通警察支队直属单位，主要负责辖区道路交通管理，维护辖区交通秩序，确保辖区道路交通安全畅通。区交警大队设21个中队，其中11个路面中队、1个铁骑中队、8个内务中队、1个分控中心。2019年，开福区交警大队以政治建警为统领，以抓好“除隐患、防事故、保大庆”交通安全整治攻坚战为业务主线，确保辖区道路交通安全形势持续平稳向好。区交警大队二中队、三中队、四中队被评为长沙市群众满意青年文明号，多名干警被评为长沙市青年岗位能手及长沙市公安局、长沙市交警支队政治建警先进个人，区交警大队一中队党支部主题教育活动得到长沙市委主题教育办肯定。

【队伍建设】2019年，开福区交警大队以政治建警为统领，抓实政治理论学习、选树先进典型、提升领导干部素质、落实一岗双责。2019年，区人大常委会主任会议、区政协主席会议先后到区交警大队调研，区交警大队二中队、三中队、四中队被评为长沙市群众满意青年文明号，多名干警被评为长沙市青年岗位能手、长沙市公安局、长沙市交警支队政治建警先进个人，区交警大队一中队党支部主题教育活动得到长沙市委主题教育办肯定。利用工作数据分析、12345市民热线、市长信箱、支队长信箱、网上舆情建立队伍风险隐患排查专项台账，提高违法违纪预测预警预防能力。严格规范公正文明执法，全年开展执法规范业务培训30余场次，提升民警履职能力。区交警大队聘任区政协委员形象监督员10名，督促规范执法。2019年，区交警大队改善后勤保障条件，完善健身室、心理咨询室等设施，保证民警保持良好的身体和精神状态。走访慰问工伤、困难、患病民警等，发放慰问金、风险救助金等各类优抚金，帮助民警、辅警解决实际困难。

【勤务管理】2019年，开福区交警大队全面深化“铁网”勤务。严格落实铁骑勤务，对突发警情、撤除事故现场等进行高效率处置，实现见警最大化、管理精细化。在日常勤务之外，区交警大队还承担繁多的交通警卫、保畅、活动安保任务，2019年，担负各类警保卫任务880次1261趟，特别是有力保障主会场全部落户开福区的“中非经贸博览会”举办。

【交通秩序整治】2019年，开福区交警大队为保城区畅通，开展“高污染排放车辆专项整治”“蓝天保卫战”“农村道路集中攻坚”“治超专项整治”“预防道路交通事故”“奋力保畅安、忠诚迎大庆”等整治行动1800余场次，查处各类交通违法54.3万余起。防范和坚决遏制全市重特大道路交通事故的发生，开福区成立“交通问题顽瘴痼疾整治领导小组”，组建顽瘴痼疾整治专班，围绕“人、车、路、企”等方面存在的七大类15项交通问题顽瘴痼疾，进行细致排查，形成整治清单，细化措施和整治标准，项目交办，限期整改，逐一销号。

【创新交通组织】2019年，区交警大队制定各项交通组织优化报告67份，特别是针对辖区内各大医院、重点单位周边道路进行细致优化。与湘雅医院和富兴商业广场管理方沟通，采取腾挪车位措施，缓解湘雅的停车压力，方便患者就诊。全年办理区建议提案5条，落实“街道吹哨、部门报到”工作，《湘雅医院周边交通优化方案》《湖南广电周边交通优化方案》获得长沙市交警支队交通优化金点子奖。

【交通安全宣传】2019年，开福区辖区内共有危货、客运、校车等公路运输单位近百家，管理任务重，管理难度大。2019年，开福区交警大队组织参与“七进”宣传300余场次，发送安全提示短信6.8万余条，组织媒体宣传报道220余次，区交警大队“双微”发布600余条。推进重点车辆隐患清零工作，圆满完成公安部交通管理局交办的14台重点车辆隐患清零工作。

【隐患排查治理】2019年，开福区交警大队吸取全国各重大交通事故经验教训，全面推动“路长制”“戴帽工程”“生命安全防护工程”“深度调查”，及时排查治理一批危险隐患，有效压控交通事故多发的态势。2019年，排查道路交通隐患42处，治理30处。全年辖区一般程序事故立案111起，同比下降5.12%，简易程序立案4216起，同比下降6.59%；全年交通事故死亡31人，同比下降13.8%，受伤73人，同比下降3.9%，直接财产损失87.98万元，同比下降5.56%。全年未发生较大以上的道路交通事故，道路交通安全形势持续稳定向好。

【开福交警大队荣获全市交通警察手势大比武第一名】3月29日，长沙市交警系统“践行新使命，忠诚迎大庆”队列讲评与交通警察手势大比武活动中，开福交警大队荣获第一名。比赛前，区交警大队挑选精干力量组成参赛队伍，利用工作间隙抓紧队列训练，为达到指挥动作协调一致，从每一个指挥手势到每一个队列动作，都反复练习。每一次节点一致的踏步，都汇聚着队员齐心协力的正能量；每一组整齐划一的手势，凝结队员千百次的刻苦练习。比赛中，开福区交警大队参赛民警、辅警个个精神饱满、警容严整、口号响亮、步伐整齐、动作标准，凭借过硬的整体素质和配合默契的团队精神，荣获全市交通警察队列与手势大比武第一名。2019年，开福区交警大队严格落实领导干部“一岗双责”，加强队伍建设，转变工作作风，抓实责任担当，主动彰显作为，严明政治纪律和政治规矩，增强队伍的战斗力和凝聚力。开福区交警大队全体民警、辅警在比拼中激发活力，在训练中提升形象，积极应对日益严峻的交通管理形势，提振队伍士气。

【首届“中非经贸博览会”期间辖区交通安保】6月27—29日，首届“中非经贸博览会”在长沙举行，近200个非洲、国际、国家部委、央企、省市区代表团1万余人参加活动。博览会期间，有开幕式暨中非

开福区交警大队开展队列训练（区交警大队 供图）

经贸合作论坛、4场专题研讨会、3场经贸洽谈、3场专业性论坛以及实地考察等多项配套活动同时开展，博览会会场、展馆均设在开福区辖区的圣爵菲斯大酒店、湖南国际会展中心，交通安保任务非常艰巨。开福区交警大队周密部署、分工协作、广泛宣传、忠诚履职，以严之又严、细之又细、实之又实的作风，圆满完成该次博览会交通安保任务。开福区交警大队根据“远端引、外围分、中层控、核心卡”的交通组织总体原则，确定对辖区远端高速入口、城区2个外围分流点、中心城区7个控制点、活动现场核心区域分层次实施管制措施，削减城区流量，保障道路畅通。按照“细致、精致、极致”的工作要求，对48趟级别交通警卫，101趟线路保卫任务精心组织、多次踏勘，制定周密可行方案，并组织预演，根据实际情况多次调优，确保警保卫工作万无一失。6月27—29日博览会期间，区交警大队出动警力840余人次，出动警车（含摩托车）330余台次。通过此次交通安保工作，开福区交警大队积累大型活动交通安保经验，交通管理工作水平得到提升。

6月3日，开福区交警大队举行形象监督员聘请仪式　　（区交警大队　供图）

【湘雅医院周边交通组织优化】开福区辖区内的湘雅医院享有“南湘雅、北协和”美誉，日门诊人数1万~1.2万人次，每日进出医院车辆6000余台次，就诊停车需求大与医院停车资源不足矛盾突出，地铁6号线以及湘雅路过江隧道先后启动施工，进一步加剧医院周边的芙蓉路、蔡锷路、湘雅路等主次干道的交通管理难度。2019年，开福区交警大队经过全方位的踏勘调研摸排，从协同共治借助力、交通优化挖潜力、秩序管理下重力，推进湘雅医院周边交通秩序好转。通过腾挪车位，缓解停车难题。湘雅医院内高峰停车位需求约3100个，而医院院内只有1200个停车位，车位严重不足，高峰时段车辆积压在医院入口，影响芙蓉路、湘雅路等主干道通行。开福区交警大队与湘雅医院和富兴商业广场管理方沟通，湘雅医院将富兴商业广场负四楼1100多个车位整体租用供湘雅医院医护人员使用。同时，通过多项交通组织优化措施、交通秩序整治，最大限度释放道路通行能力，完善片区交通设施，提升湘雅医院周边的勤务管控效果。开福区交警大队将“湘雅模式”推广到辖区湖南省妇幼保健院，通过腾挪车位及配套跟进医院院内、院外交通微循环建议指导，缓解大型医院周边交通压力，以点带面，辐射带动区域整体交通环境提质。

【聘请政协委员担任形象监督员】为发挥社会各界和广大人民群众对开福区交警队伍建设和公安交通管理工作的监督、促进作用，拓宽大队民警和辅协警执勤执法工作监督渠道，增强执勤执法工作的公开性和透明度，打造阳光警务形象，密切警民关系，2019年，开福区交警大队聘请10名区政协委员为开福交警大队形象监督员。聘请的形象监督员分别来自卫计、学校、律师、房地产企业、科技公司、社工组织等行业部门。主要担负对大队民警、辅协警和其他工作人员履行职责、执法执勤和遵纪守法实施监督；反映、传递人民群众对交警工作和队伍建设的意见和建议，发挥“警民连心桥”“警务智囊团”和“警风监督员”作用。开福交警自觉接受监督，做到事事有回音、件件有着落，提升人民群众对开福交警工作的满意度，树立开福交警良好形象。

（廖　江）

园区建设

PARK AREA

长沙金霞经济开发区

【概况】2019年，长沙金霞经济开发区（以下简称金霞经开区）位于开福区北部，规划面积84平方千米，是国务院批准的长沙市总体规划近期重点开发区、湖南省十大重点省级开发区之一、长沙市物流产业唯一核心园区，相继荣获“中国物流示范基地”“国家级示范物流园区”“国家新型工业化产业示范基地”“国家电子商务示范基地”等称号。金霞经开区全年减税降费3.6亿元，完成税收27.02亿元，同比增长20.3%；完成物流产业营业收入492.88亿元，同比增长16.03%，其中完成医药物流产业营业收入260亿元；完成规模工业总产值（含物流）578.52亿元，同比增长14.5%；完成规模工业增加值（含物流）141.47亿元，同比增长11%；完成固定资产投资291.41亿元，同比增长24.35%。金霞经开区荣获“2019年度全省商务工作先进园区”“2019年度外贸十强园区”。

【产业培育】2019年，长沙金霞经济开发区产业培育招大引强实现突破。建立大招商格局，实行全员招商、驻外招商、招商顾问、中介机构招商等机制，聘请中国科学院院士张仁和、夸特纳斯集团总裁杨·哈克、老百姓大药房董事长谢子龙等12名专家、企业家为招商顾问，每周二晚固定调度项目招商。引进全球食品加工机械设备销量第一的荷兰夸特纳斯、世界500强中国兵器装备集团全资子公司华南光电、世界500强正大集团、医药物流龙头企业重庆医药、湖南医药、重要税源结算项目红牛饮料区域总部等、跨境电商头部企业百事泰等重大项目83个、同比增长20%，引资98亿元、同比增长30%，新增供地102.87公顷，新增标准厂房15万平方米。项目落地实现突破。新设“项目落地办”，每周一晚固定调度项目建设，建立企业服务专员暨中层干部联系服务企业制度。全年推动拆迁项目31个、逾266.67公顷，推动闲置低效项目11个，新开工产业项目16个、同比增长220%，总投资80.22亿元，竣工产业项目21个，完成投资80.1亿元。产业链建设实现突破。完善装配式建筑“两图”“两库”“两池”“两报告”，外出招商14次、洽谈项目60多个，对接日企近100家，广贯堂、研精会社等7家日企来园区考察。承办2019中国（长沙）筑博会和全国钢结构协会行业大会，链上企业获批国家级平台9个、省级平台28个，开展创新活动22次。

【营商环境】2019年，长沙金霞经济开发区深化放管服、“最多跑一次”“三集中、三到位”改革，落实“四个一”“四个办”，完善“综合窗”职责流程，在全市省级园区率先设立行政审批服务局，完成行政审批463项，技术性审查25项，总体审批环节减少31%、申报材料精简18%、办理时限缩短16%、办理时限比法定时限缩短73%，“12345”市民服务热线满意率100%。政务服务提效。建立“书记见面日”“书记信箱”“主任直通车”机制，开展“千人帮千企、金霞再行动”活动。设立3000万元规模的外贸出口退税资金池、3500万元规模的中小微企业信贷风险补偿基金，举办大型银企集中对接会2次。兑现政策和奖补资金1.71亿元，解决“新官不理旧账”遗留问题17个。奖励筑友智造院士工作站100万元，评选并奖励优秀企业家、科技带头人、金霞工匠、优秀经理人168万元，组织申报并认定高层次人才13名，出资推荐10名中青年优秀企业家参加“北大产业升级区域振兴领军人才百人培养计划”专题研修班，促成企业与30余所高等院校合作培养人才。配套服务提升。制定园区产城融合方案，配套设施项目续建10个、新启动9个。投入400万元，订制2条公交线路，实现园区通车道路公交全覆盖。建立企业人才公寓、人才之家、城市驿站、公共篮球场、无人超市等配套设施。

【园区优势】2019年，长沙金霞经济开发区开放优势更加突显。平台通道功能完善。长沙国际铁路港二期海关监管场所建成，打通中欧班列、中亚班列“双驱动”的国际铁路物流通道，新开通“长沙—宁波舟山港”海铁联运；长沙新港建成湖南省首个专业汽车滚转码头并投入运行，启动铁路专用线建设，港区一体化快速推进。开放主体不断丰富。跨境电商综试区形成以站场运营、人才培训、线下O2O体验等为特色的跨境电商生态体系，湖南省跨境电商保税备货进口1210首单启动，引进英国杨氏等进口（1210）网仓运营企业和长沙易佰通、湖南速可德等B2C出口项目。湖南跨境电商生态产业园累计注册和入驻企业382家。全年完成进出口额20.42亿美元，实际利用外资2.54亿美元，其中跨境电商交易额3.55亿美元。

【园区创新】2019年，长沙金霞经济开发区创新生态日益完善。支持企业加大研发投入力度，优化知识产权服务机制，完成规模工业研究与开发经费支出4.8亿元，占规模工业增加值比重3.6%，帮助企业落实科技创新“1+4”等惠企政策资金3831万元，开展小微企业知识产权托管50家，完成知识产权质押融资登记4笔、3400万元，完成新亚胜光电、筑友智造2个项目高价值专利培育。园区企业被评为湖南省科技进步一等奖1个、二等奖1个、三等奖1个；完成工业和服务业企业入规21家，新认定高新技术企业31家，新获批智能制造试点企业5家，普菲克饲用微生态制剂数字化车间被评为湖南省智能制造示范车间。

【攻坚战役】2019年，长沙金霞经济开发区攻坚战役全面推进。推进“蓝天保卫战”，落实河长制工作；加强风险防控，化解隐性债务5.61亿元，保证园区资金链不断链；定期到龙山县茨岩塘镇、宁乡市流沙河镇鸿富村慰问扶贫对象、宣讲扶贫政策，安排精准扶贫资金1300万元。

【队伍建设】2019年，长沙金霞经济开发区出台《关于做好新时代园区党建工作的实施意见》，开展党工委中心组理论学习11次，班子成员讲党课14人次，举办“秋训班”2期。推进“不忘初心、牢记使命”主题教育，创新开展“请党员回家”“三金工程”“党章党规”随时学、流动党员兜底参学等工作，并在全市部分单位主题教育工作座谈会上作发言。实施“人才兴园”战略，出台“金霞人才三年行动计划”“团队建设三年行动计划”，实施人才集聚、人才筑梦、人才圆梦“三大工程”，启动“朝霞工程”，引进985、双一流高校人才19名；公开竞聘中层副职7名；开展金霞大讲堂等活动，营造“青年金霞”文化。履行党风廉政建设主体责任，出台《“三重一大”事项集体决策制度》，加强党风廉政建设制度梳理及风险点排查，发放廉政书籍138册，开展“金霞廉鉴”百字文征文、警示教育、廉洁家访等活动，培育金霞廉文化。

【举行产业项目集中签约暨政银企结对服务仪式】1月4日，长沙金霞经济开发区举行招商产业项目集中签约暨政银企结对服务仪式。长沙市人民政府副市长邱继兴，开福区委书记沈裕谋，开福区委副书记、区长刘拥兵等领导出席。现场有智能制造项目7个，开放型经济项目8个，高新技术等项目5个，20个产业项目集中签约，投资总额123亿元。同时，20家企业与10家银行就金融服务达成合作意向。长沙金霞经开区2019年开年实现20个产业项目签约“开门红”，招到一批园区主特产业链项目。其中，由北京城际能源集团投资的高铁动车组闸片生产基地项目一期投资5亿元，正式投产后可实现年新增销售收入10亿元；由世界500强招商局集团旗下中外运投资打造的内陆开放高地和区港一体化重要功能性项目——中国外运长沙集装箱拼箱中心；率先在湖南打通跨境电商9610+国际邮路出口模式项目——中国邮政金霞跨境操作中心；打造高端医学影像与精准放疗设备研发、生产、销售和服务一体化中心项目——湖南凡森医疗科技生产基地；由武汉东湖高新投资的智能物流装备制造高新技术的标准厂房和配套设施——智能物流装备制造产业示范园；以高端铝基覆铜板为代表的新材料、新能源领域的技术开发和生产项目——城际铝基板新材料生产基地等。

1月4日，长沙金霞经济开发区举行招商产业项目集中签约暨政银企结对服务仪式
（区委宣传部　供图）

【大湾区企业走进金霞跨境电商重大项目签约活动】12月2日，大湾区企业走进金霞跨境电商重大项目签约暨园区顾问、招商顾问聘请活动在长沙金霞经济开发区举行。湖南省副省长何报翔，中国科学院院士张仁和出席，湖南省商务厅厅长徐湘平出席并致辞。本次活动集中展

示金霞经开区跨境电商发展成果，百事泰研发中心、飞特陆路跨境通道、有棵树跨境金霞项目、环金科技运营总部项目、AMANBO中非跨境平台项目等5个。跨境电商项目、金霞跨境电商生态产业链联盟以及金霞跨境电商直播基地落户签约。现场为首批聘请的2位园区顾问、6位招商顾问、2家招商代理机构颁发聘书。长沙金霞经济开发区系统整合跨境供应链和产业链各环节，聚集跨境电商、服务商、物流和仓储公司等，为跨境电商提供运营与代运营、人才培训、海内外仓储物流及结汇、融资、孵化等一站式标准化、集约化服务，充分发挥孵化器、催化剂和助力器作用，实现“小生态”成就“大产业”。

【大飞机地面动力学联合实验室暨湖南飞机起降系统研发平台项目签约金霞经开区】10月15日，大飞机地面动力学联合实验室在长沙金霞经济开发区签约揭牌，湖南飞机起降系统研发平台同步启动。该项目是2019年“中国航天日”活动签约项目，也是中国商飞公司拟建的第一家外场试验基地，由中国商飞、长沙鑫航、航空工业572厂共同投资，主要开展飞机起落架、机轮刹车系统的研究以及地面动力学验证等工作。该项目填补国内空白，对促进湖南航空产业链的完善、打造中国领先的航空装备制造基地具有推动作用。湖南省委常委、长沙市委书记胡衡华宣布项目启动，中国商用飞机有限责任公司副总经理、中国工程院院士吴光辉，湖南省副省长陈飞，中国工程院院士黄伯云，及省、市、区相关领导出席。

（陶　鹏）

3月20日，长沙金霞经开区举行项目营商环境推进会　　（区委宣传部　供图）

长沙金霞保税物流中心

【概况】长沙金霞保税物流中心是湖南省开放型经济发展的公共服务平台和打造内陆开放高地的主阵地，于2005年申报建设，2008年12月获批，2009年4月通过海关总署等国家四部委联合验收，8月正式封关运行，2015年9月获批湖南跨境电子商务产业园。中心规划用地100公顷。其中，一期海关监管区30公顷，建成总面积14万平方米的10栋保税仓库及配套集装箱堆场、长沙跨境电子商务监管中心及网购保税进口备货仓库、跨境电商大厦。设立金霞口岸联检大厅，2019年，金霞口岸联检大厅更名为金霞报关大厅，关、检、汇、税实行一站式办公，是湖南省最大的通关报检现场。星沙海关设立金霞办公区。二期物流配套区70公顷，其中30公顷建成湖南首家保税店湖南进出口商品展示交易中心，约40公顷完成拆迁，正在进行产业招商。金霞保税物流中心为长沙市委、长沙市人民政府派出机构，委托开福区进行管理，2014年纳入大城北体制；管委会下设长沙金霞海关保税物流投资建设有限公司作为保税中心的投资运营主体。公司与邮政速递、广州卓志合资成立湖南金霞通跨境电商服务有限公司，负责长沙跨境电子商务监管中心的场地运营。金霞保税物流中心作为海关特殊监管区，享受“境内关外”政策，具有进口保税、出口退税、深加工结转“一日游”、流通性简单加工和增值服务、国际物流配送、进出口和转口贸易、物流信息处理等多项政策功能优势。2019年，长沙金霞保税物流中心获批“中国（长沙）跨境电子商务综合试验区重点园区”，长沙金霞保税物流中心获评“长沙市文明单位”。

【产业招商】2019年，长沙金霞保税物流中心按照产业项目建设年的工作要求，针对外贸全产业链薄弱环节进行精准招商，开放主体不断丰富。全年新引进进出口贸易、跨境电商、供应链管理等企业52家；

全年实现外贸破零企业50家，外贸倍增企业8家。重点项目招商，分别为：以荷兰夸特纳斯·长沙国际食材集采集配加工中心项目为代表的生产加工项目，该项目投资1.6亿美元，达产后年进出口额不低于3.5亿美元。以百事泰、环金科技为代表的跨境电商头部企业项目集群，百事泰是国内首家国际F2C（即从厂商到消费者的电子商务模式）电子商务连锁企业，主要从事各类自主品牌产品的研发、设计、生产及跨境电子商务贸易，拥有专利150项，在新三板上市。以浩通国际、一达通为代表的外贸综合服务企业，湖南一达通企业服务有限公司作为阿里巴巴旗下全资外贸综合服务平台，为全省乃至中部地区企业提供外贸综合服务；浩通国际在全省35个省级以上园区设立外贸综合服务中心。以北大青鸟、嘉德教育为代表的人才培训企业，每年可培养4000余名跨境电商专业人才。

【主营业务指标】2019年，长沙金霞保税物流中心按要求完成市、区、园区下达的各项商务指标任务，完成对外贸易额20.42亿美元，在全市省级园区中增量贡献第一，其中跨境电商完成4.1亿美元，在全市三个重点园区中排名第一。金霞口岸区域（含保税中心、长沙新港、货运北站）完成报关单6.16万票，同比增长25.9%；实现一线进出口货值50.79亿美元，同比增长35.3%；吞吐进出口货运量109.15万吨，同比增长27.5%；海关征收关税及代征税24.18亿元人民币，同比减少29.7%。其中保税中心全年实现进出口货值17.38亿美元（含一、二线），实征税款4.98亿元人民币。

【平台拓展】2019年，金霞保税物流中心推动入园主营企业开拓新的贸易方式和贸易产品，新引进二手复印机进口业务，开启液晶面板外贸代理业务，实现外贸增量2558万美元。该平台与黄花综合保税区联动，从功能分区的角度升级申报综合保税区。湖南跨境电商产业园以跨境电商生态体系建设为目标，围绕跨境电商平台、场站运营、综合服务、供应链金融、跨境支付等跨境生态进行招商，组建金霞跨境电商生态产业链联盟、金霞跨境电商保税备货展示交易中心和金霞跨境电商直播基地，实现开业直播，形成金霞特色跨境电商生态体系。湖南进出口商品展示交易中心获批湖南省首家跨境电商生态产业园，运营万企融网创国际项目。与40所院校深度合作，培训跨境电商专业人才2000人次，累计注册和入驻企业400余家，赋能湖南本土企业提升价值内核，引导28家传统企业顺利转型跨境电商。

【项目建设】2019年，金霞保税物流中心完成金霞外贸（跨境电商）企业服务中心装饰装修工程；完成1~10#仓库消防系统及消防控制室整改项目；完成长沙金霞保税物流中心、长沙跨境电商监管中心两个海关监管场所整改项目。

【综合保障】2019年，金霞保税物流中心组织开展打造内陆开放高地、跨境电商、综合保税区申报、中欧班列等多项课题研究，其中“关于中欧班列（长沙）提质增效的对策研究”课题获得区政府大调研活动二等奖。强化政策保障。促进各级惠企政策从“纸上”落到“地上”，2019年争取各级资金总计4743.71万元，其中市财政贴息及运行补助资金1094.4万元，各级开放型经济专项资金3139.61万元；争取市政府购买服务承担口岸查验服务费全部兑现到位。扩大出口退税资金池规模。为园区跨境电商龙头企业中湘嘉德外贸服务有限公司提供出口退税垫税服务41批次，累计

8月9日，外商考察长沙集星集装箱码头　　（区保税物流　供图）

垫税7776万元，带动完成对外贸易额9051万美元，并将资金池规模扩大至3000万元，以更大程度实现引导省内外企业的外贸出口数据归集和沉淀。

【协调机制】2019年，金霞保税物流中心推动陆港型国家物流枢纽城市和港区一体化建设。新港码头三期汽车滚装码头于2019年6月正式投入试运行；与火车北站相连的铁路专用线于10月完成初步设计审查。长沙北货场完成海关监管作业场所二期建设工程，H986大型机检设备顺利通过海关总署验收，卡口、配套办公楼及地磅工程均完成建设工作。中欧班列（长沙）2019年发运量411列，位居全国第五，跻身中欧班列“第一方阵”。

【园区服务】2019年，金霞保税物流中心制定《金霞保税物流中心“营商环境优化年”行动方案》及《优化营商环境工作部门措施清单表》，优化营商环境，为企业发展提供保障，提升核心竞争力。做好园区仓库的日常巡查，按园区企业的主营业务进行分类，对其日常经营进行管理，及时掌握企业运行情况；做好园区内各项硬件设施设备的管理、检查、维护和保养工作；定期开展安全生产培训，进行消防演练，每月一次对企业进行定期安全检查，每季度由领导带队对园区各企业进行全面检查；制定活动方案，全面构建安全生产责任体系，全年消防安全生产无事故。

【中国（长沙）跨境电子商务综合试验区启动】1月23日，中国（长沙）跨境电子商务综合试验区启动仪式在长沙金霞保税物流中心举行，金霞保税物流中心获批中国（长沙）跨境电子商务综合试验区重点园区。2018年，长沙市进出口总额增长40%，高于全国平均增速的33%，增速居中部省会城市首位；全市跨境电商试点企业129家，跨境电商交易额增长60%，达到历史最好水平。《长沙市跨境电子商务产业扶持资金管理暂行办法》在仪式上首次“亮相”；省税务局、长沙海关、外汇管理局湖南省分局分别进行跨境电商相关政策解读。现场举行“长沙跨境电商综试区线上综合服务平台”上线仪式，开启网购保税进口1210业务模式。湖南省人民政府副省长何报翔，湖南省人民政府副秘书长罗建军，长沙市委副书记、市长、湘江新区党工委书记胡忠雄，长沙海关关长唐赟峰，湖南省税务局副局长王建平，长沙市人民政府副市长邱继兴，湖南省商务厅副厅长肖彬，长沙市人民政府秘书长张能峰，长沙学院副校长张世英，长沙高新区管委会主任谭勇等领导出席活动。省、市、区有关单位部门相关负责人，企业代表，新闻媒体记者180余人参加活动。

【三大跨境电商平台签约落户】4月16日，在深圳举行的“2019湖南—粤港澳大湾区投资贸易洽谈周”（简称“港洽周”）湖南跨境电商对接会上，欧客英国名品跨境电商平台等三大跨境电商平台项目签约落户长沙金霞保税物流中心。欧客英国名品跨境电商平台由YOUNGS INVESTMENT COMPANY LTD（英国）直投，利用其在英国的3个海外仓，在金霞落地欧客跨境电商平台公司，将英国优质生活用品（轻奢品）、营养健康品、时尚美妆品以及母婴用品等品类引进国内，开启消费升级新通道。澳新跨境进口海外直采分销中心，致力于将畅销澳洲的高端婴幼儿奶粉通过跨境电商渠道进入湖南，吸引大电商、本地中小电商、阳光化的微商海淘等在金霞聚集。湖南跨境电商生态产业园网购保税进口合作项目为嘉德集团运营的湖南跨境电商生态产业园结合河南易通在郑州等地成熟的网购保税运营经验，为跨境电商相关企业提供国际物流、1210业务、保税仓内操作、供应链金融、商品采

5月19日，开福区与荷兰夸特纳斯·长沙国际食材集采集配加工中心项目举行签约仪式（区保税物流　供图）

销执行、人才培训、电商企业培育和孵化等服务的综合类项目，该项目的落地有利于园区跨境电商生态的补充和完善。长沙金霞保税物流中心自2014年承接湖南跨境电商试点工作以来，完善跨境电子商务制度创新、产业发展、配套服务等方面积累丰富的试点经验。

（吴　静）

长沙园林生态园

【概况】（长沙市苗圃）长沙园林生态园成立于1959年，2008年通过土地置换从开福区马栏山搬迁至罗汉庄村，2009年正式开园。园区占地67.6公顷（一期），地形地貌复杂，原生树种有香樟、马尾松、楠竹等20余类，植物300余类1000余种，绿化覆盖面积为90%。长沙园林生态园是集游览观光、度假娱乐、苗木引进培育、科普教育培训等功能于一体的国家AAA级景区。

【优化营商环境】2019年是开福区优化营商环境工作关键之年，长沙园林生态园整合区域资源优势，针对联营项目存在的“梗阻点”和“瓶颈口”着重发力，为园区企业发展扫清障碍，帮助企业实现良性发展，实现园区和企业的共赢发展。2019年，落户园区的联营企业完成营业额4811万元，解决当地村民就业岗位100个，社会人员就业岗位416个。

【景观营造】2019年，长沙园林生态园全年新植、调整乔、灌木1万株，植物成活率保持在95%以上。为配合花卉节会开展以及营造公园节日氛围，节会期间，及春节、“五一”、国庆等重要节日摆放、栽种时令花卉50万盆。为向中华人民共和国成立70周年献礼，长沙园林生态园种植2万多平方米10万株向日葵，并在公园大门入口布置一组以“不忘初心，牢记使命”为主题的大型绿雕，在人湖西沙滩设置“庆祝中华人民共和国成立70周年”的五星红旗主题立体花坛，让游客在观赏花卉的同时，可以受到爱国主义教育。

【环境整治】2019年，长沙园林生态园加大环境整治投入，把卫生管理作为优化园区环境的突破口来抓，全面推行保洁服务外包，园区道路实行24小时专人流动清扫，垃圾处理实现日产日清；严格落实垃圾分类工作，完善配套设备，设置明显标识，实现生活垃圾分类定点投放，统一回收处置。对园区环卫设施进行定期维修、更新，确保园区无“三乱”现象，由于管理、治理到位，园区环境品质明显提升。按照网格化管理的要求，推进文明创建工作。建立专门的微信工作群和网络服务平台，实行全方位的网格化管理，通过网格化管理工作的全面铺开，工作效率明显提高，园区管理工作全面提升。严格按照上级要求，持续开展“蓝天保卫战”行动，明确责任、强化氛围、细化措施，在园区范围内开展防污治噪行动，推进污染防治。

【基础设施建设】2019年，长沙园林生态园启动生态园污水管网建设项目，投资340万元，全面完善园区内的污水处理系统，新建1700米的排污管网、一个提升泵站和一个地埋式污水处理站。启动园内“白改黑”项目，投资190万元，完成6800平方米的沥青道路铺设；整修1000米园路路沿；更换排水沟铸铁盖板1600米，全面提升生态园硬质景观效果。组织相关人员对园内公共基础设施进行全面大排查，及时维修更换损坏设施，确保各项公共设施正常投入使用，提升公园综合服务功能。

【平安公园创建】2019年，长沙园林生态园始终坚守安全和环保底线，全面加强安全生产、综治维稳、应急管理等重点领域监管，提升综合治理水平，建设和谐平安公园。按照“谁主管、谁负责”的原则，建立健全公园综合治理领导责任制。加强园区及项目巡查，全年共开展消防安全、安全生产、综治维稳等各类隐患排查及日常检查100余次。加强应急管理，建立应急预案体系，推行应急演练和应急值守常态化，做好汛期、干旱等极端天气以及节假日的应急防范工作。协调区城市管理和综合执法局，重点整治村民乱摆摊担的问题，经营环境得到改善。

【长沙市第三届杜鹃花旅游文化节】3月30日，长沙园林生态园以“杜鹃花开·福映星城”为主题的“长沙市春季花展暨第三届杜鹃花旅游文化节”正式启动，持续到5月中旬结束。本届杜鹃花文化节主展区杜鹃花面积6.67公顷，有大型杜鹃2万株，包括羊踯躅、满山红、鹿角杜鹃、毛白杜鹃、紫花杜鹃、贵定杜鹃等30个品种，其中三分之一是树龄100年的杜鹃花品种，整合园内的美人梅、樱花、玉兰花、郁

园林生态园郁金香沿路小景　　（长沙园林生态园　供图）

金香和二月兰等数十个春季花卉品种进行集中展示。本届杜鹃花旅游文化节主要在秉承和延续市花文化的基础上，融入“福”元素，传递正能量，展示新风貌。通过对杜鹃花为代表的春季花卉展示，以人文艺术相融合为展现形式，确立“近郊花世界”及“百年杜鹃花海”的宣传定位，夯实“杜鹃花旅游文化节”品牌效应。该次节会首次尝试与湖南娱乐频道进行合作，举办“花儿与少年”才艺大赛、“舞动长沙”广场舞大赛、“我和我的祖国”红歌快闪活动以及汉服秀等活动。同时，举办“春色满园”长沙历届园博园优秀作品展暨主题插花展，吸引广大游客的入园，既满足市民游客的文化生活需要，又充分发挥区域旅游“引擎”作用，以“节会经济”带动当地旅游、零售和餐饮等项目的发展。节会期间入园游客10万人次，门票收入突破120万元。

（张　晗）

开福高新技术产业开发区

【概况】开福高新技术产业开发区（以下简称开福高新区）位于开福区东北部，东起长青路、西至中青路、南靠绕城高速、北至北横快速道，总面积17.8平方千米，规划建设面积为11.86平方千米。2019年，开福高新区按照“布局合理、用地集约、产业集群、特色鲜明、创新发展”原则，重点发展军民融合主导产业，做大做强生物医药、装配式建筑等特色产业，充分利用国防科技大学、中南大学等高校丰富的科技人才资源，与高校建立更加紧密的产学研合作关系，健全科技成果转化链条，集聚发展高新技术产业，建设长沙北部创新开放经济走廊。园区与长沙市其他园区形成产业互补，互利共存，共同发展，推进湖南省工业企业和高新技术企业发展和创新。截至2019年年底，开福高新区有军民融合企业33家、高新技术企业26家，航空航天企业8家、电子信息企业13家、新材料企业5家。

【招商引资工作】2019年，开福高新区引进落地项目13个，投资额17.6亿元，其中华南光电项目投资10亿元，菲斯罗克项目投资2亿元，还有一些目前投资体量不大，但利润率高，发展后劲足的企业。全年到外地招商20余次，招商洽谈对接企业140余家，重点企业有华南光电、菲斯罗克、中南高科、联东集团、中企路演家、蓝箭集团、万魔声学等企业。成功引进智能制造项目11个。新增购地面积9.66公顷，新增厂房面积1.05万平方米，投资总额17.6亿元，其中独资购地项目2个，即中国兵器集团下属华南光电集团长沙生产基地项目、菲斯罗克光电技术有限公司光纤陀螺项目。厂房租赁项目成功签约8个，即湖南红橡室内气候技术有限公司、湖南黑焯科技有限公司、长沙中科盛联环保工程有限公司、长沙立盾电子科技有限公司、长沙埃福思科技有限公司、湖南摩铠智能科技有限公司、湖南湘丰纸品有限公司、湖南创亿盈光电技术有限公司。

【优化营商环境】为解决企业融资难问题，开福高新区分别于2019年4月、7月邀请湖南省金融办、湖南省军民融合基金公司、岳麓高校科技成果转化发展研究中心、中企路演家公司、途牛网和北京银行、长沙银行、建设银行湖南分行等金融服务机构与企业对接，成立专业机构，提升科技成果转化效率。

（刘天一）

2019年长沙金霞经开区主要经济指标完成情况一览表

表2

指标名称	单位	数值	同比增长
规模工业总产值（含商贸物流）	亿元	578.52	14.5%
规模工业增加值（含商贸物流）	亿元	141.47	11%
工业企业营业收入	亿元	83.24	7.5%
社会物流总额	亿元	492.88	16.03%
批发和零售业销售额	亿元	464.71	9.98%
住宿餐饮业营业额	万元	7800	13.7%
服务业营业收入	亿元	37.71	14.29%
实际到位外资	亿美元	2.54	12.78%
引进省外境内资金	亿元	41.4	21.81%
外贸进出口额	亿美元	20.42	106.69%
税收收入	亿元	27.02	20.3%
固定资产投资	亿元	291.41	24.35%
工业投资	亿元	49.78	22.5%
生产性服务业投资	亿元	128.79	—
工业和生产性服务业投资占固定资产投资的比重	%	—	61.3

长沙金霞保税物流中心2019年度封关运行数据一览表

表3

年度	报关单		货值		货运量		征收税款		一日游	
	单数	同比增长率（%）	万美元	同比增长率（%）	吨	同比增长率（%）	万元	同比增长率（%）	单	同比增长率（%）
2009年	216		2340		9996		1036		31	
2010年	1241	91.00%	15500	121%	45728	53%	5882	89.20%	145	367.74%
2011年	2056	66.00%	34789	124%	53509	17%	8253	40%	431	197.24%
2012年	2850	38.62%	61879	77.87%	54778	2.37%	10113	22.54%	1467	240.37%
2013年	4992	75.16%	94760	53.14%	58761	33.63%	19452	92.35%	2866	95.36%
2014年	7394	48.23%	173361	83.25%	98925	69.36%	45136	136.40%	5353	86.78%
2015年	8399	13.59%	311386	79.62%	58230	-41.14%	50107	11.01%	5517	3.06%
2016年	8849	5.36%	207934.6	-33.22%	62639	7.87%	58311	16.37%	5924	7.40%
2017年	8805	-0.50%	231114.6	11.15%	86135.9	22.96%	100624.7	71.55%	6154	3.88%
2018年	8705	-1.14%	262920.3	13.76%	95258.5	10.60%	98940.4	-1.67%	6086	-1.10%
2019年	5956	-31.57%	173754.84	-33.90%	69185.88	-27.37%	49835.64	-49.63%	—	—
合计	59463		1569739.34		693146.28		447690.74		33974	

城乡建设和管理

URBAN AND RURAL CONSTRUCTION AND MANAGEMENT

自然资源管理和城市规划

【概况】长沙市自然资源和规划局开福区分局（以下简称“开福区资规分局”）为市局派驻开福区的行政管理机构（正科级），于2019年9月由原长沙市国土资源局开福分局和原长沙市城乡规划局开福区分局合并成立。在编在岗人员49人，聘用人员73人。2019年，开福区资规分局报国土资源部计划土地项目42个，面积为254.91公顷；土地供应计划项目59个，总面积194.5公顷；接待单位（个人）报建83项，核发建设工程规划许可证43本，完成村民建房用地审批发证56户；核发拟征地告知书32份。完成各片区191户私房的未登记建筑的合法性规划认定。全年下达停工通知书30份、整改通知书13份，报市支队专报15件，移送区城管综合执法大队案件9件。全年出具违法建筑规划专业咨询意见351份，确认违法面积11.45万平方米。全年核发建设工程规划许可证43本，面积3.46万平方米。

【规划编制】2019年，开福区资规分局指导、协助区委、区政府编制《桃花溪流域概念性总体规划》《开福区沙坪街道乡村振兴发展战略规划及景区总体规划》和《开福区竹安村村庄规划》，完成现状调研、初步方案内审、专家评审等工作。2019年，报部计划土地项目42个，面积为254.91公顷；土地供应计划项目59个，总面积194.5公顷；接待单位（个人）报建83项，核发建设工程规划许可证43本，完成村民建房用地审批发证56户；核发拟征地告知书32份。完成各片区191户私房的未登记建筑的合法性规划认定。为保障区域社会经济发展，开福区资规分局加强与上级部门沟通协调，争取足够的用地指标，基本解决开福区项目用地的需求问题。

【规划审批】2019年，接待单位（个人）报建83项，核发建设工程规划许可证43本，面积3.46万平方米，其中核发城市居民（单位）建设工程规划许可证10本，批准面积1953.81平方米，核发临时建设工程规划许可证30本，面积3.27万平方米。全年核发建设工程规划竣工验收合格证5本，面积2.11万平方米。规范用地审批，2019年，村民建房用地审批完成发证109户。推进设施农用地审批，完成文中蔬菜基地设施农用地审批。做好临时用地审批，盾构土无害化环境治理开福区标准运营基地项目、润和国际广场项目临时用地、经开区泵站、陈家渡农贸市场等临时用地项目正在审批中。优化用地报批服务，为企业做好用地报批工作，全年办理调查红线60宗，核发拟征地告知书32份。

【自然资源保护】严格保护耕地资源。2019年，开福区资规分局建立健全共同责任机制，把全区耕地保护责任目标分解到相关街道和村（社区），层层签订责任状20份。2019年，完成全区2019年度粮食安全省长责任制考核的自查工作。为解决开福区建设用地项目耕地占补平衡难题，确保全区建设用地项目能顺利报批，开福区资规分局配合区政府落实异地购买城乡建设用地增减挂钩指标，2019年，开福区在异地购买指标117.9公顷，其中城步苗族自治县购买指标47.3公顷，桑植县购买指标35.67公顷，新宁县购买指标34.93公顷。将划转的增减挂钩指标用于白霞村中星路以南安置用地、大星村汉霞路以西农民安置用地、秀峰街道高冲路以南农民安置用地、长沙市2019年度第六批次等6个项目。支持配合用地单位多渠道购买新增耕地指标，2019年，全区网上竞买新增耕地指标33.35公顷、新增水田指标20公顷、新增粮食产能指标450吨，协议购买常德市安乡县旱改水指标59.17公顷。开展永久基本农田储备区划定工作。2017年开福区永久基本农田划定成果为1168.07公顷。根据上级要求和统一部署，2019年，开福区开展永久基本农田储备区划定工作，该次储备区划定面积为96.42公顷，该储备区将用以满足未来开福区永久基本农田调整补划需求。

【监察执法】2019年，开福区强化日常执法，全面整治卫片图斑。开展动态巡查621次，发现违法用地行为127宗，下达停工通知书127份。2018年度下发的77个确认违法图斑中有54个整改到位，整改面积8.14公顷，整改到位宗数比70.13%，面积比73.07%。2019年第1季度全区无下发图斑。第二季度确定全区违法图斑5个，监测面积1.11公顷。第3季度确定全区违法图斑5个，监测面积4.02公顷。截至2019年年底，土地卫片违法图斑有1个整改到位，整改面积0.85公顷。加强网格化巡查，监管建设工程项目，全年放线66处，建设位置复验16次，竣工检查53次，巡查85次，公示100次。严肃查处违法建设，全年下达停工通知书30份、整改通知书13份，报市支队专报15件，移送区城管综合执法大队案件9件。全年出具违法建筑规划专业咨询意见351份，确认违法面积11.45万平方米。4—5月，配合区教育局对全区645个小区（楼盘）配套幼儿园规划情况进行专项摸底，摸清幼儿园底数，掌握规划落地情况。开福区资规分局监察规划执法大队荣获全市2019年度绩效考核“先进大队”称号。

【征地拆迁】2019年，开福区有征拆项目68个，其中新启动拆迁项目29个，征地面积198.87公顷，拆迁房屋871栋，动迁人口1815人；续征拆项目39个。截至2019年年底，全区完成结算项目34个，拨入拆迁专款12.5亿元，加上2018年底到位的4.8亿元，在拆项目拆迁资金17.3亿元。发放各类拆迁补偿款13亿元，发放房屋补偿款存折（单）4000余本。2019年，办理信息公开166件，“12345”工单143件，市长（局长）信箱、问政湖南7件，为群众提供档案查询886件。

【重点项目服务】2019年，对省、市、区重点项目，开福区资规分局在土地供应、项目洽谈、招商引资、项目建设等方面提供支持和服务，助推项目的落地建设。协助区政府推进夸特纳斯项目、商飞、“1094”地块等项目的落地和协调，加快推动项目建设、验收和投入使用。对于2018年未完成的“5个100”项目、未完成的违法用地整改项目和市领导联点产业项目，开福区资规分局做好对接服务工作。推进“630攻坚”专项工作，完成鸭子铺、顺达、鹅秀等新增110千伏及以上变电站的规划选址和用地手续办理等服务工作。对辖区内人行

11月30日，开福区召开土地卫片违法用地专项整治会议

（区规划分局　供图）

天桥、渣土消纳场等项目选址，提供规划指导意见。推进民生工程建设。参与黄兴北路、潮宗街、德雅路、望麓园、丝茅冲、火车北站等城市有机更新改造项目的未登记建筑的认定工作，2019年，完成各片区私房未登记建筑的合法性规划认定191户。对于有机更新范围内危房改建，为缩短社会事业民生工程项目的审批时间，开福区资规分局启动容缺机制，允许在报建核心要件齐全的情况下边报边补，压缩报建图审查环节，并与住建部门对设计方案进行联合会审。指导推动华盛新外滩小区东侧道路拉通工作，打通交通微循环瓶颈。

【自然资源调查】为贯彻落实部、省、市关于第三次全国土地调查工作的安排部署，开福区严格按照任务安排和工作要求，稳步开展第三次全国土地调查工作。2019年3月，完成机构组建，成立以分管副区长为组长的第三次全国土地调查工作领导小组，设立领导小组办公室，印发工作方案，同步落实动员部署、技术培训以及资料收集等前期工作，4月全面铺开。8月底，开福区完成土地调查成果并通过省级核查，核查图斑数量为29452个，外业核查及举证图斑数为11813个，作为全省首批43个区县（市）之一提交国家级核查；9月底，开福区土地调查成果通过国家级核查，全区核查差错率为0.19%。2019年，开福区资规分局按要求组织开展全区农村“空心房”专项调查工作，完成全区摸底调查、技术单位实地调查，形成农村“空心房”专题图件。2019年9月，启动开福区农村宅基地、集体建设用地“房地一体化”权籍调查工作，选取捞刀河街道高岭社区作为开福区农村宅基地、集体建设用地“房地一体化”权籍调查工作试点村，先行开展调查工作。9月底，完成试点村的地形测量工作，全区其他村（社区）的地形测量工作全面铺开。

【闲置土地“支、帮、促”】为落实开福区委关于全区闲置土地支帮促工作要求，力争2020年完成开福区剩余闲置土地项目盘活（动工）率50%，2021年基本清除土地闲置

状态的目标，开福区资规分局加大执法和服务力度，坚持去存量、遏增量，探索盘活“休眠”土地办法，做好企业闲置土地“支、帮、促”工作。定期召开闲置用地调度会议，总结盘活11宗闲置土地的经验，专门梳理、研究剩余闲置土地存在的问题，特别是手续办理、企业融资、基础设施、拆迁腾地、开工环境等反映突出的问题，开福区资规分局明确4名执法队员，对其分类梳理、分层推进、分步解决，督促闲置用地尽早开工。建立闲置土地清理台账，落实企业的“支、帮、促”，严格按照“一宗土地、一名领导、一个班子、一套方案、一抓到底”的工作要求，明确工作任务表。对于“批而未征，征而未供，供而未用”的闲置土地，提供优化方案，做好用地手续方面的协调工作。区闲置土地盘活支帮促工作领导小组每月定期调度，对于遗留的恩瑞物流、金马美食城等项目，加快启动项目建设，摸排“供而未用”的22宗存量土地，统筹纳入“支、帮、促”项目，压实牵头单位责任，促进土地节约集约利用。

【村庄分类和布局初步成果评审会召开】为深入贯彻落实乡村振兴战略，推进村庄规划编制工作，12月18日，开福区召开村庄分类和布局初步成果评审会。会上，长沙市自然资源和规划局开福区分局介绍规划编制背景，长沙市规划勘测设计研究院汇报方案初步成果。本次村庄分类和布局方案编制范围涉及新源村、金霞新村社区、双塘村、钟山村、竹安村，均与长沙市城镇开发边界线相交。根据前期调研及相关规划要素梳理，按照村庄分类原则，初步将上述5个村（社区）选入城郊融合类村庄，并进行村庄人口预测，提出村庄基础设施和公共服务设施配置方案。与会人员就编制方案提出修改意见和建议。会议指出，要严格按照省、市村庄分类和布局工作部署，做好数据资料核实，根据修改意见和建议完善方案，加快做好编制成果上报工作。

【《桃花溪流域总体概念规划》方案专家评审会召开】11月27日，开福区召开《桃花溪流域总体概念规划》方案专家评审会。开福区委书记曹再兴，区委副书记、区长刘拥兵出席会议并讲话，区领导许振勤、熊建伟、李国军、王颂交、李光华、罗伟明、杨光华及相关单位负责人参加。桃花溪流域规划范围为桃花溪流域及沿岸30.03平方千米，跨开福区与长沙县北山镇两个行政范围。开福区行政范围内主要包括青竹湖街道、秀峰街道、沙坪街道3个街道。桃花溪北起黑麋峰南的石头坡，南至捞刀河口，全长14.1千米。桃花溪流域是捞刀河的一级支流，是区域泄洪通道、饮用和生态养殖水源地，也是大城北重要的生态廊道，从南到北串联起苏托垸湿地、青竹湖、黑麋峰森林公园等生态资源，与鹅羊山、母山、秀峰山相互渗透，是开福区重要的水域保护资源，也是开福区乃至全市少有的优良生态资源。曹再兴强调要保护好开福区宝贵生态资源，把桃花溪流域建设作为重大民生实事办好办实，促进区域高质量发展、绿色发展；规划设计既要考虑必要性也要考虑可行性，既要立足现实也要着眼未来，既要保护生态又要发展产业；要以生态保护为主，不搞大开发，符合产业布局，保护生态环境，将桃花溪流域打造成服务产业发展和城乡居民的休闲景观带；要界定好边界范围，处理好相关规划之间的关系；重点抓好治水、生态景观保护修复、重要节点打造、配套设施完善等工作；要明确时间表，完善规划方案，加快推进实施。

（张紫羚）

11月27日，开福区召开桃花溪流域概念性总体规划方案评审会

（区规划分局　供图）

城乡建设

【概况】2019年3月，按照中央、省、市、区对机构改革的统一安排，原区城乡建设局、原区人防办、原区住房保障局合并成立开福区住房和城乡建设局（区人民防空办公室）。改革后的区住房和城乡建设局（区人防办）依法承担全区城乡建设、住房保障和人民防空监管职能。全局在职在编48人，聘用人员34人，政府雇员1人。二级机构5个：区住房保障服务中心、区建筑工程质量安全监督站、区城市建设监察大队、区招投标事务中心、区物业服务中心。内设机构8个：综合办公室、行政审批和政务服务科、总工室、房地产市场监管科、物业监管科、供排水管理科、住房保障登记管理科、人防管理科。2019年，开福区住房和城乡建设局（区人民防空办公室）荣获长沙市2019年度“文明单位”“市住建系统2019年‘执法能手’知识竞赛区县市组团体第一、实操竞赛区县市组团体第二”“青年文明号”，开福区2019年度“优秀提案承办单位”“谁执法谁普法先进单位”。

4月12日，区领导带队踏勘人防工程建设项目（区住建局 供图）

【行政审批】2019年，区住房和城乡建设局（区人民防空办公室）依申请类政务服务事项34项，累计办理1751件，实现审批事项整体精简12%，办理时限缩短50%以上。牵头设立区工程建设项目审批综合服务窗口，整合区发改、住建、城管等部门窗口，实行“多审合一”。自9月1日上线以来，受理项目建设类事项186件次，办结141件次，无逾期办理。单独设立行政审批和政务服务科，8月1日起，依申请类事项全部在政务中心窗口受理，实现“前台统一受理，后台分类审批，统一窗口出件”，营造良好的营商环境。全面做好资料和档案整理工作，投入近100万元对全局自成立以来的所有档案进行整理，并实行数字化管理与服务。

【项目建设服务】2019年，区住房和城乡建设局（区人民防空办公室）加强对区投区建项目方案设计审查、初步设计审批和施工图审查备案，全年完成初步设计批复24个，受理施工图设计审查备案220个，办结170个；完成招投标行政监督项目122个，总中标价16.18亿元，节约建设资金9259.32万元，优惠率5.4%。全年完成吉祥巷片区、望麓园片区、潮宗街片区、西园北里片区等4个片区的房屋功能完善工作，受理申请2061户，完成1001户，验收824户，发放补贴资金545.2万元。协调做好轨道交通3号、5号、6号线省市交通重点工程建设服务工作。2019年，全区铺排停车场建设项目21处、8171个泊位，全部完成建设，有效缓解城区停车难问题。

【建设安全监管】2019年，区住房和城乡建设局（区人民防空办公室）全年为57个项目办理施工许可，并加强对未报建项目的服务。检查在建工程项目59个，下达责令整改通知书58份，“打非治违”立案调查、处罚12起，罚款金额113.5万元。通过购买第三方服务的方式，对负责监管项目的升降设备进行全面的质量检测。加强城市危旧房屋监管和检测，农村危房实现动态清零。

【扬尘治理】2019年，全区建筑工地扬尘治理实现全覆盖，坚持巡查常态化，严格落实“文明施工8个100%”要求。2019年，开展建筑工地扬尘执法行动539次，出动人员1511人次，下达执法文书49份。对20个问题项目负责人进行3轮约谈，对5个问题严重项目负责人开展一对一约谈。扬尘污染立案处罚12起，罚款56万元。收到市、区蓝天办《交办函》43份，其中由区住房和城乡建设局（区人民防空办公室）牵头主办的扬尘污染问题219处，全部按时销案。全区60多个规模以上在建工地安装扬尘在线视频监控系统，为打赢蓝天保卫战增添“利器”。所有在建工地现场喷淋降尘、裸土覆盖、场地硬化等扬尘治理措施落实到位。

【黑臭水治理和排口管理】2019年，开福区全面消除黑臭水体，实现长制久清，并顺利通过湖南省住建厅委托的第三方评估单位整治效果评价。乡镇污水处理厂运营监管规范化。沙坪、汉回、大明污水处理站第三方运营单位实现新老平稳交接，常态运行。全年每月定期对一江三河排口开展巡查，解决五一路高排口、湘春路高排口等6处排口污水下河问题，督促解决长重机械厂7处雨污错接问题，确保建成区市政排口晴天无溢流；完成朝正垸、鹅秀南组团等片区管网排查摸底，启动排水管网功能性排查。科学铺排并完成月湖大市场、农安小区雨污分流改造等5处项目，确保雨污分流片区雨天污水不下河。联合生态环境等部门和街道开展城镇排水专项整治行动，组织召开全区排水专项整治工作会，发放排水许可宣传资料1500份；对大明、佳海片区等18家涉水企业进行专项整治约谈。2019年，全区发放排水许可37个，下达整改通知书21份，城区排水规范有序。

【物业管理服务】2019年，全区有物业服务企业入驻的管理项目278个，管理面积超过3500万平方米；注册和从事管理的物业服务企业有200余家，物业从业人员逾万人。2019年，完成恒鑫澜北湾、北湾景园等24个小区业委会的资料审核和备案工作，超额完成市考指标任务。受理3万元以下一般物业维修资金项目93笔，办结78笔，应急维修项目108笔，办结86笔，实际拨付金额1372.8万元（含往年结转项目）。全区278个物业小区实现垃圾分类投放、分类收集、分类运输全覆盖，垃圾分类工作走在全市前列。出台《开福区既有多层住宅增设电梯实施方案》，通过优化流程、简化手续，全年受理4个社区12台加装电梯申请资料，其中9台电梯完成安装。

【房地产市场管理】2019年，区住房和城乡建设局（区人民防空办公室）运筹有度，抓好房地产市场管理。严格坚持“房住不炒”的总方针，坚决打赢“反炒房”攻坚战，6次约谈辖区相关企业，传达市委、市政府“反炒房”工作精神，确保全区房地产市场健康平稳有序发展，房价指数不涨，无重大舆情事件发生。2019年，完成房地产业全口径税收34.6亿元，同比增长21.96%，占全区税收比重30.64%。新批预售176.77万平方米，同比下降22.5%，其中住宅131.33万平方米，同比下降21.59%；网签面积167.79万平方米，同比下降33.76%，其中住宅117.83万平方米，同比下降37.98%；住宅网签均价9662元/平方米，同比上升5.42%。审批认筹方案25个，对16个项目拟申报价格进行监制。新增建安房地产企业24家，完成考核任务。

【房产证处遗】2019年，开福区房产办证处遗项目111个，涉及居民2.08万户，其中109个项目发放交办通知书。截至2019年年底，完成首次登记94个项目17146户办证工作，完成率84.7%。剩余15个项目正在完善进窗前期手续。

【住房保障】2019年，全区管理的保障性住房3748套，总建筑面积17.78万平方米，入住率99%。全年发放租赁补贴833户、76.12万元，保障人口6643人；实物配租3720户，保障人口5964人。为全区80家单位5982人发放职工住房补贴7977.8万元。全年开展保障性住房违规整治行动3次，整治公租房违规经营5户，处理违规装修1户，腾退取消保障资格住户20户。

【人民防空】2019年，开福区辖区内防空警报控制系统改频升级、自主选频器采购安装、人防应急预案修订工作在全市全面率先完成。开展人防宣传“五进”工作，向全区各中小学配发人防宣传资料8000余册。举办“关注人防，关爱生命，共筑平安校园”“5·12”国家防灾减灾日主题教育活动及“警钟长鸣，铭记历史”“11·1”防空警报试鸣日系列宣传活动。

【开福区工程建设项目审批综合服务窗口运行】8月1日，长沙市开福区住房和城乡建设局工程建设项目审批综合服务窗口正式运行。为优化营商环境，响应国家、省、市深化“放管服”工作要求，贯彻落实工程建设项目审批制度改革要求，开福区住建局制发《长沙市开福区住房和城乡建设局（长沙市开福区人民防空办公室）行政审批事项联合审查实施细则》（开住建发【2019】28号），建立以窗口为主导的运行新机制，实现审批事项“前台统一受理、后台分类审批、统一窗口出件”审批机制。区工程建设项目审批综合服务窗口运行后，区住建局权限范围内依申请类26项行政审批事项全部进驻区政务服务中心，行政审批事项由区政务服务中心综合服务窗口统一收件、出件，局属各科室（二级机构）不再受理事项申请，完全实现“一窗受理”，告别“来回跑”。同时，通过简化办理流程和时序、减少办理事项的资料、建立联合审查机制和机构，实现审批事项办理时限缩短超50%，事项办理流程平均精简20%，审批事项申请材料精简12%。施工、监理等招标文件告知性备案、房屋租赁登记备案等事项实现“即来即办”。

【盛世荷园小区外墙瓷砖脱落问题圆满解决】9月25日，长沙市住建局党组书记、局长王伟胜到开福区主持召开现场办公会，就困扰开福区盛世荷园小区居民多年的5号栋外墙瓷砖脱落问题，召集建设单位（长沙美居房地产开发有限公司）、施工单位（顺天建设集团）到场，并促成双方签署外墙修复施工合同，力争2020年春节前完工，彻底消除安全隐患。盛世荷园小区位于开福区望麓园街道荷花池社区，有5栋高层建筑，居民住户962户，于2010年交付使用。由于施工受2008年“冰灾”极端天气影响，小区入口的5号栋外墙瓷砖2012年就开始出现脱落情况。建设单位仅采取临时措施，在小区入口搭建防护大棚，用来挡住掉落的水泥块。自2017年底以来，外墙瓷砖再度出现大面积剥落，并将燃气主供气管道砸坏、直接导致小区停气5天，所幸未造成人员伤亡。此后，这条通道不得不用围墙长期封闭，小区入口改道。区住建局、街道、社区、小区业委会与建设单位沟通协调过多次，没有解决实质性问题，最终在长沙市住建局的关注下，促成此事得到圆满解决。

（周懋钊）

5月10日，区住建局举行“关注人防、关爱生命，共筑平安校园”防灾减灾日宣传活动

（区住建局　供图）

城乡建设投资

【概况】长沙开福城市建设投资有限公司（以下简称区城投集团）内设纪检监察部、人力资源部、审计风控部（2019年4月新设）、财务部、融资部、招标采购部、计划投资部（2019年4月新设）、资产运营部、成本控制部（2019年4月撤）、办公室10个职能部室，下设城建投公司、城北投公司、恒通公司、大城北棚改公司、北鑫物业公司、沙坪湘绣公司6个子公司，员工100余人。2019年，荣获开福区项目建设工作先进业主单位。

【集团改革】2019年，区城投集团确立“1+1+N”战略定位，即以政策性业务为根本，坚持做好农安房和公益配套建设，以市场化业务为关键，坚定房地产核心业务，逐步向医疗康养、教育培训等产业发展，致力提升集团项目运作、融资、投资三大核心能力，打造营业收入50亿元的优秀城市综合运营商。实施组织架构改革，集团总部注重决策、绩效、监督、服务职能，强化纪检监察、审计风控双线管控；子公司强化主体功能，将工程管理、成本控制等生产性职责下沉到子公司，改革后区城投集团下设“七部一室”和六个子公司。

【项目建设】农民安置房项目。2019年，开福区全年实施农安房项目10个，其中建成（竣工）农安房项目5个，总建筑面积150万平方米，可安置指标13726个，朝正美苑、双河湾、中岭农安房项目完成竣工验收，天井、竹隐农安房项目基本完成建设。全年启动农安房项目5个，总建筑面积74万平方米，可安置指标5889个，福鑫美苑、福竹园农安房项目启动建设，大屋山、九龙、湘粤农安房项目正在进行前期手续办理及方案设计。公益及公建配套项目。全年实施公益及公建配套项目11个，其中在建社会民生项目5个，沙坪卫生服务中心正在进行扫尾验收，鹅秀消防站、四方文化中心、区交警大楼及区公卫大楼1#栋主体工程均完成建设，正在进行附属工程施工。配套路网项目4个，胜利家园、双河湾配套路网实现竣工验收，佳园路正在进行路基施工，B-1路完成方案设计即将启动项目用地征收。配套学校项目2个，中岭、双河湾幼儿园完成建设。2019年，鹅秀消防站、区交警大楼获评“长沙市优质结构工程”奖，潮宗街历史文化街区有机更新项目获评“联合国人居署城市更新指导项目”奖。对外拓展项目。福泽园、尚上美寓营销进入尾声，新河大厦完成建设，兴联（中石化）项目完成土地摘牌，区城投集团运营的房地产板块逐步形成。与辖区企业友谊咨询公司成功签订战略合作协议，在项目咨询、股权投资等领域建立战略合作伙伴关系。

【农民安置】2019年，区城投集团完成鑫利嘉园、朝正美苑、滨河嘉园的分房9037套，安置指标11632个，4618户群众喜迁新居。筹措资金6.5亿元，回购朝正美苑、滨河嘉园群众富余安置房源1311套，解决安置指标缺口1359.5个。完成福嘉园、荷润园2个项目、2000本栋证的办理，完成益安公寓、福竹园等项目首批分户证办理378套。

【资金保障】2019年，区城投集团全年实现融资授信52.99亿元、投放32.15亿元。子公司城北投公司荣获全国“2018年度中债优秀企业债券发行人奖”，为全国唯一一家AA级平台企业、全省唯一一家企业获此殊荣。全年集团自持可租赁经营性资产计11.6万平方米，出租9.2万平方米，出租率80%，合同年租金收入3929万元，较2018年同比增长39.1%；完成街道、社区经营性资产接收528处、4.9万平方米，出租面积4.7万平方米，出租率96%，合同年租金收入1200万元，年租金上涨10%。完成土地出让3宗，渔业路以北地块由长房集团摘牌，陡岭路东厢地块由珠江实业公司摘牌，兴联地块由集团子公司城北置业公司摘得，拟开发建设兴联（中石化）房地产项目。

【城北片区最大的中心消防站主体完工】4月30日，由区城投集团实施的长沙市开福区鹅秀消防站主体封顶，该消防站为开福区建设规模最大的中心消防站，消防救援功能辐射整个城北片区。在项目实施过程中，开福区政府定期组织开福区征地、国土、规划、住建、消防、城投等相关职能部门和单位就项目前期手续、施工建设进行专题调度，2018年7月项目正式启动建设，同年10月启动基础施工，2019年4月顺利实现封顶。项目交付使用后，将全力担负起开福区“急、难、险、重”攻坚任务，成为保障辖区人民群众生命财产安全的重要民生举措。

【全市最大农安小区朝正美苑竣工验收】4月30日，由区城投集团实施的朝正美苑农民安置房项目顺利通过整体竣工验收，标志着工程建设全部完成。该项目为长沙市最大的农民安置房项目，项目总用地面积28.87公顷，由28栋18层-34层住宅，多栋2-5层临街商业门面、邮政用房、物业管理用房、社区用房，1个九年制义务教育学校，1个幼儿园，2个地下车库等部分组成，可提供安置指标5831个、安置房源4584套。该项目分房后，可安置朝正垸片区在外过渡的被拆迁群众近3000户，极大提高被拆迁群众的居住品质和生活环境。

（彭　琴）

金霞发展集团

【概况】湖南金霞发展集团有限公司（以下简称“金霞发展集团”）成立于2017年3月23日，是区管功能类国有企业，授权长沙金霞经济开发区履行出资人职责，注册资金50亿元，法人代表范晓军。金霞发展集团作为区属功能类国有企业，按照园区发展规划，以“深耕园区、创新发展”为宗旨，助推“产业兴园”，有效整合和利用园区辖区范围内的各种资源，承担起园区城乡基础建设、组团开发、资产资本运营等功能性任务，打造具有核心竞争力和持续生命力的“国资集团”。经营范围主要包括土地整理与开发；房地产开发经营；城乡基础设施建设及运营；产业平台建设投资及运营；健康产业的投资及运营；建安产业的投资及运营；文化旅游资源的开发及运营；城市资源管理及运营；物业管理。金霞发展集团采取扁平化管理，本部下辖综合管理中心、财务管理中心、成本控制中心、建设管理中心、土地运营中心、后勤服务中心、资产运营中心、投融资中心、市场拓展中心、招商运营中心等10个中心。截至2019年年底，金霞发展集团总资产161亿元，拥有11家全资及控股子公司（含二级子公司）。

【项目建设】2019年，金霞发展集团铺排续建项目30个，总投资3.4亿元，均按年初的作战图完成阶段性工作任务；年初铺排新建项目10个，年中根据园区产业项目配套需要新增7个计划外新建项目，总投资7亿元，截至2019年年底，17个新建项目全部启动建设。2019年，完成工程立项40个、方案设计20个、初步设计15个、施工图设计18个、建设工程规划许可证办理12个。

【土地运营】2019年，金霞发展集团完成统征项目9个，总面积50.97公顷，正在推进统征项目8个，总面积88.07公顷；完成道路及基础设施用地划拨项目12个，总面积18.67公顷；完成正大饲料、天都二期、夸特纳斯等13个项目用地摘牌，总面积125.07公顷，较2018年增长85%，摘牌地价款22.71亿元，较2018年增长41%。以最低价购买耕地指标33.35公顷、水田20公顷、产能300个，以优惠价格购买增减挂钩指标水田15.73公顷、旱地1.34公顷、其他农用地17.86公顷。同时，灵活调剂使用指标，向园区内相关企业出让耕地指标盈利908.8万元。

【融资化债】2019年，金霞发展集团通过拓展融资渠道和创新融资方式，有效保障还本付息、征地拆迁、基础设施建设及市场化项目投资等方面的资金需求。2019年到位融资42亿元，包括企业债8亿元、中期票据10亿元、专项债2.09亿元以及银行贷款21.99亿元。推进化债工作，政府隐性债务余额从2017年末的33.42亿元降至2019年底的18.85亿元。

【资产运营】2019年，金霞发展集团实现资产运营收入2700万元，较2018年增长600万元，增长29%。加强招商招租。新引进湖南医药集团、旺东物流、贝比小橡教育咨询、森贝控股等25家优质企业入驻园区物业资产，总入驻率92%，涵盖金融、医药流通、开放型经济等多种产业类型和业态。实现保值增值。按照周边房屋市场租赁价格，对湖湘文化市场、广厦园的租金价格进行上浮调整；完成龙福小区待售资产价格评估和销售方案的制定，对部分占用资产完成腾退和收回；完成金灿大厦住宅的价格监制审批、备案、销售许可证的办理工作；与友谊咨询就友谊大厦资产不动产权证办理及车位分配、税费缴纳、结算等问题达成一致，推进不动产权办理工作；全面厘清湘一外国语学校资产租赁费用及股权收益情况，收取资产租赁费用117万元。

【地产开发】2019年，金霞未来科技城项目实现竣工交付使用，完成可售部分50%的销售，并获批中央预算内公租房及配套投资资金1700万元；智能物流装备制造产业示范园项目于2019年1月签订合作协议，7月16日完成土地摘牌，年内完成规划方案设计以及项目用地清表，规划总图报长沙市自然资源和规划局审批。独资开发湘一商业配套项目，总投资5亿元，建设2.3万平方米商业配套、600套平层公寓以及200套LOFT公寓，满足青竹湖片区企业和居民的商住需求。10月24日，完成土地摘牌，正在推进项目概念性规划设计、商业设计深化、前期策划及招商筹备等工作。

【金融服务】2019年，全区完成9笔授信（合计授信6300万元），实际发放贷款5700万元。扩大基金规模，设立第二期基金，基金总规模从2000万元扩大到4000万元。金霞发展集团独资设立湖南金霞国际贸易有限公司，注册资金10亿元，并完成核心员工招聘和整章建制工作，为园区外贸企业提供代理进出口和代开信用证等供应链金融服务。

【股权投资】2019年，开福区推进港区一体化工作，与长沙新港和中南陆港磋商投资合作。长沙新港方面，双方计划成立合资公司，开展滚装码头运营业务；中南陆港方面，双方正在协商确定合作参股方案。此外，金霞发展集团出资7500万元参与发起设立湖南医药集团有限公司（占股比例7.5%）；与湖南旺东物流开展铁路专用线物流园项目合作，联合设立湖南金霞旺东多式联运有限公司，启动项目一期工程建设。

【商业配套】2019年，金霞发展集团与长沙市城投能源开发有限公司开展加油站项目合作，启动星月加油站的建站报审工作和拆迁安置工作。与波隆水务集团洽谈园区内直饮水业务合作，为园区地产项目提供服务。收购关山物业公司，申报办理物业管理三级资质、物业服务三级诚信等级，参与竞争类物业招标运营，2019年取得3个项目25万平方米的物业管理权。开展自主经营商业项目运营，兰舍咖啡、无人超市正式营业，完成城市驿站以及人才之家健身房等项目建设工作，启动广厦园5号栋租赁住房改造项目的立项和设计工作。

（徐　能）

公共工程建设

【概况】2019年3月，在区政府机构改革中，原长沙市开福区工务局更名为长沙市开福区公共工程建设中心，为区人民政府直属事业单位。2019年，区公共工程建设中心被评为区项目建设工作先进集体、区民生实事工作先进集体、区示范化“五化”党支部。

【项目建设】2019年，区公共工程建设中心负责项目40个，其中市考核项目22个，区考核项目13个，区交办项目5个。完成金河路、沙河岸线整治、双河北路、滨河北路（筒车坝路—双河北路）、公安基层站所、通泰街卫生服务中心建设及改造工程；启动星沙联络线辅道、长阴路捞刀河桥南侧辅道施工，正在进行土方场地平整；开展鹅秀南污水干管网上招标工作；完成洪山路、骏豪路、胜利街、蔡锷路、留芳岭路、民生路、陡岭支路、家园路、北二环污水干管等项目前期工作；捞刀河南岸岸线整治及市政工程，除铁路下穿及A区正推进建设外，均基本完成建设；铺排中岭及一医院排水口、消防取水码头、电网“630攻坚”项目建设；推进月湖二期农安幼儿园新建施工；完成接贵街、藩城堤巷、油铺街、毛家桥巷、三贵街、永清巷等13条历史步道建设。区社会福利中心项目建设，因机构改革、权力下放，存在国土手续难办，区公共工程建设中心积极协调，将国土、规划、建设的串联审批变为整体并联审查，完成初步设计、可行性研究批复、场地“三通一平”，顺利通过长沙市民政局考核。

【有机更新】2019年是开福区老城区有机更新建设的关键之年，区公共工程建设中心除潮宗街一期、西园北里片区项目以外，启动潮宗街二期有机更新项目。在“补短、精点、优线、活片”的基础上，按照优先完善市政公共配套、优先房屋功能完善、优先历史建筑修缮的原则，将主题教育和学习贯彻党的十九届四中全会精神融入老城区有机更新中来，处理好新老建筑关系，充分挖掘老城区历史故事，注重延续老城区历史文脉，保留长沙历史文化记忆。截至2019年年底，全面完成西园北里片区有机更新，实现片区内弱电全部下地，强电线路下地1500米，修复地下管网3000米，提质道路铺装5000平方米，清运屋顶建筑垃圾1500立方米，加固修缮D级危房10栋，完成26户低保户房屋功能性改造，更换漏雨屋面2500平方米、破损门窗3700平方米、老旧护窗3800平方米、屋面落水管1200米，修补屋面防水1.2万平方米，立面修缮2.2万平方米。挖掘华兴会、金石篆刻家李立、刘少奇国学老师黎倜康、胡元倓创办明德中学、朱剑凡创办周南中学、韩国国父金九楠木厅遇刺等历史故事，打造西园门楼、西园历史陈列馆、文襄园、通泰戏台等12处文化亮点。潮宗街一期、二期基本完成建设，新增路灯30盏、标牌46个、消防栓13座、小型消防柜10个，新建麻石路面600米、消防管道850米、雨水口148个，更换防沉降雨水井盖46个，提质沥青路面4500平方米，贯通6条微循环支路，完成34户低保户房屋功能性改造，重点修缮永清巷54号红色筒子楼、寿星街48号、一元里一号、楠木旧事、高升巷25号等10余栋历史风貌建筑，打造寿星坪、楠木旧事、瞿鸿禨故居遗址广场、永清巷54号前坪等5处公共景观、市民休闲空间。

【安全环保】2019年，区公共工程建设中心贯彻落实“党政同责、一岗双责、失职追责”责任体系“一单四制”及“三个必须”制度，全年开展安全生产大检查16次，举办年度安全生产培训班1期，做到安全工作有人管、有人问、有人抓、零隐患、零事故。“蓝天保卫战”工作。根据“蓝天保卫战”相关要求，落实施工工地“8个100%”抑尘措施；实现扬尘在线监测系统全覆盖；坚持工地绿色施工全方位；加大在建项目监管力度，对24个在建项目每天平均检查2次，每周出动人员70余人次，及时发现并整改问题75个。

【“城建大课堂”讲座】5月29日，长沙市开福区公共工程建设中心在通泰街街道举办“城建大课堂”讲座，邀请湖南大学建筑学院教授柳肃讲述湖南地域建筑与湖南传统文化。区直相关部门及潮宗街、西园北里有机更新各参建单位70余人参加，区人民政府副区长蒋君出席。

2019年，区公共工程建设中心集中打造“城市驿站”站点，供城市园林、环卫等一线工人休息、用餐，同时也对市民开放，提供休憩空间

（区环卫中心　供图）

柳肃详细解读湖湘文化的内涵、发展，剖析湖南建筑独具的特点，提出工作中需要认真思考的问题，对城市有机更新具有较强的指导性。

【城市驿站建设】2019年，区公共工程建设中心贯彻落实市、区“一圈两场三道”建设工作要求，根据区委、区政府安排部署，在全区范围内选择一批人员相对集中的主次干道，依托现有配套管理用房，采用统一设计、统一分区、统一配置进行装修改造，集中打造“人员来往方便、开放使用便捷、硬件条件较好、整洁实用节俭”的城市驿站站点。项目以便民休憩为主题，主要供城市园林、环卫等一线工人休息、用餐，同时也对广大市民开放。截至2019年年底，全区完成7座城市驿站建设并投入使用，分别为栖凤站、北辰站、滨河站、开福大道站、广铁站、司马里站和周南站。

（黄　兰）

城市管理

【概况】根据《关于长沙市开福区区级党政机关机构设置的通知》（开发〔2019〕1号），长沙市开福区城市管理和行政执法局更名为长沙市开福区城市管理和综合执法局（以下简称区城管执法局），并于2019年3月13日举行挂牌仪式。开福区城管执法局为区人民政府工作部门，其职能职责相应调整，区爱国卫生运动委员会办公室相关职责划到区卫生健康局；指导、协调老旧居民区综合提质改造的职责划出到区人居环境局。划入职责为燃气热力管理职责；划入城市道路占用费征收、城市道路挖掘修复费征收，占用绿地初审，市直属公园范围开设商业、服务摊点等经营项目审核，各类建设工程的配套绿化按照审定的绿化方案验收；出具新建、改建、扩建城市公共设施的设计审查和竣工验收意见，出具关闭、闲置、拆除存放生活垃圾的设施、场所意见，建筑渣土施工工地监管，出具建筑垃圾消纳场地现场勘察意见。新增职责为统筹全区垃圾分类工作。有二级机构5个，分别为区城市管理监督指挥中心、区城管执法大队、区市政设施维护中心、区园林绿化维护中心、区市容环境卫生维护中心。根据《关于长沙市开福区机构改革涉改科级事业单位调整的通知》（开编委发〔2019〕2号）明确，区市政设施维护中心、区园林绿化维护中心、区市容环境卫生维护中心为区城管执法局所属的正科级公益类事业单位。区城管执法局在编在岗人员19人。

【城市管理考核】2019年，市对区城市管理考核的调整，取消集中抽签，由考核人员直接到点位检查，简化考核程序。结合开福区实际情况，区城管执法局对《2018年开福区城市管理工作考核办法》进行调整，提高考核的效率和公平公正。2019年，在市对区城市管理双月度考核中，开福区取得3个一类、2个二类的好成绩。制定《2019年开福区城管系统文明城市测评工作方案》，组织区环卫中心、区市政中心、区园林中心和区城管执法队对全区主次干道、临街门面、农贸市场、公园广场及公交、地铁站点开展大扫除、大清洗、大整治，共整治市容秩序问题1263个，文明创建测评取得较好成绩。制定《开福区迎接新中国成立70周年城市市容市貌整治及系列主题活动工作方案》（开政办函〔2019〕24号），组织开福区城管系统开展设施大整改、标识大规整、围挡大换脸、秩序大变样、卫生大清扫、形象大提升、市民大点赞整治行动；组织对开福区主次干道、商场、广场、公园、学校、楼盘、党政机关、企事业单位等场所共悬挂国旗2.73万面，并加强悬挂后国旗的维护。

【行政审批服务事项】2019年，区城管执法局对标“四级九统”，取消临时占用、挖掘城市道路，临时占用城市绿地等事项市政、园林、环卫、规划、交警等部门的前置审批，提高行政审批效率。全年依法依规办结行政审批服务事项1747个，指导马栏山弗慧谷视频文创园、马栏山芒芽创新中心等489家区内企业、商家按照《长沙市户外招牌设置导则》的要求设置合规的门店招牌。

【城管数字化案卷处置】2019年，区城管执法局推动城管数字化案卷落实到社区网格。2019年，受理主次干道案卷71886件、处置结案71854件，结案率99.95%；社区类案卷15287件，结案14564件，结案率95.27%。2019年，开福区数字化城管月度考核在长沙市六区内获得9个第一名好成绩。

【餐饮油烟污染管控】2019年，为深入推进蓝天保卫战，区城管执法局持续推进油烟净化器安装。2019年，开福区安装油烟净化器2188家（不含改转停和无油烟门店），在全市率先完成餐饮油烟净化器安装，启动剩余206家规模以上餐饮服务单位安装油烟在线监测系统；对餐饮门店超标排放、露天烧烤等办案11起，罚款5万余元，切实防治餐饮服务业油烟污染。

【热力燃气整治】2019年，区城管执法局联合长沙市公安局开福分局、区城管执法大队开展开福区2019年瓶装液化气行业“保平安、迎大庆”暨“黑点”“黑车”专项整治行动，对辖区内69家液化气站点进行全面摸排，开展瓶装液化气专项执法整治60余次，查处黑窝点8处，查扣违法钢瓶500余个、违法液化气2100余千克、违法营运车辆1台和一批违法倒灌工具。

【碧水攻坚整治】2019年，区城管执法局落实开福区湘江河长办职责，建立专业河堤河滩巡查队伍，处置交办问题120个，组织打捞动物尸体64头、漂浮物200余吨，龙舟岛违法建设、“方舟世界”趸船、青竹湖长重机械工地洗砂池排污、江边偷倒渣土等问题均逐一核实并整改到位。制定《开福区2019年涉农街道无害化卫生改厕实施方案》，治厕治垃圾工作推进情况实行“一周一报”制度，完成涉农街道1194座无害化三格式厕所改造任务。

【城市管理提升行动】2019年，区城管执法局制定《“美丽长沙”开福区城市管理提升行动方案》（开城管委办发〔2019〕10号），开展“三清六治”行动，发动街道、驻区各级各单位、各物业小区、各门店业主、各居民楼栋开展卫生大扫除行动，对道路街巷、背街小巷、房前屋后和公共设施开展大清扫大清洗，清理堆物6万吨，清洗地面35平方千米。组织全区城管协管员、网格员、数字化坐席员536人开展全封闭式集中教育培训，提升业务知识和综合素质水平。

【信息公开和群众工作】2019年，区城管执法局按时、按质、按量在开福区人民政府门户网站公开各类政府信息83条；办理人大建议和政协提案17件；接访15批22人次、办理来信33件，处置“城管110”“12345”“12319”平台工单11751件，处置率100%。

【生活垃圾分类】2019年，开福区全面推行生活垃圾分类，16个街道96个社区（村）普遍推行四分类模式全覆盖，均通过市垃圾分类领导小组考核验收。调度保障有力。成立开福区生活垃圾分类工作领导小组，制定下发《2019年开福区生活垃圾分类工作方案》等规范性文件20个；2019年区财政投入环卫“三改”（改垃圾清运车、改垃圾收运站、改公共站厕）经费4220万元、干垃圾清运外包服务费1300万元、餐厨垃圾清运外包服务费760万元、大件垃圾处置经费45万元、街道社区专项工作经费1600万元，确保垃圾分类工作顺利实施。创新分类模式。在实践探索中，开福区

7月13日，社区志愿者参与垃圾分类宣传活动　（区城管局　供图）

形成“4+2”分类模式，即可回收物、干垃圾、湿垃圾、有害垃圾加装修垃圾、大件垃圾，每个居民小区按标准设置四分类收集点及装修垃圾、大件垃圾暂存点，设置四分类投放点1047个，大件、装修垃圾暂存点325个。完善终端处置。2019年，开福区在全市率先建设完成大件垃圾、装修垃圾、园林垃圾处置场，有毒有害垃圾、可回收物由外包清运公司负责清运处置，干、湿垃圾分别运到长沙市垃圾中转站、长沙市湿垃圾预处理中心处置，六种类型垃圾实现全链条分类处置。组织推进有序。开福区在全市率先实施垃圾分类撤桶并点，撤除各类垃圾桶11574个，各社区因地制宜建设各类垃圾分类投放点（含两分类和四分类）3399处，配备督导员1537名，设置“红黑榜”公示居民垃圾分类情况。广泛开展宣传。编印《开福区生活垃圾分类指导手册》20万份，在开福区出入城口设置宣传牌10块，在东风路街道富兴广场、新河街道三和园社区公园、洪山街道月湖公园和秀峰街道秀峰公园开展垃圾分类“五进”宣传活动。全年各类新闻媒体宣传报道300余次，《湖南日报》以《见“圾”行事，蔚然成风》为题，整版报道开福区垃圾分类工作。

【城管项目建设】2019年，区城管执法局对芙蓉北路、五一路、三一大道、营盘路及湘江东岸的夜景亮化进行全面维护、维修和管理，完成恒大御景半岛、湘君华天及今天连锁酒店的夜景亮化补齐建设，提升城市形象。2019年，续建月湖和新建左岸、上麻园岭、营盘街、浏河5个社区，对道路交通、下水管网、路灯照明、配套设施等进行提质改造，让群众幸福感在家门口升级。对五一商圈五一路（湘江中路至黄兴北路）北厢沿线和黄兴北路（五一路至中山路）西厢沿线的道路交通、景观环境、建筑立面、配套设施、夜景亮化5个方面综合提质；参与关停西长街水产畜禽市场整治，2019年10月24日，区商务局、区城管执法局、区农业农村局、区市场监督管理局联合下发《关于依法关停搬迁西长街水产畜禽市场的通知》，自2019年11月10日起对其依法关停搬迁。针对城市管理的难点和居民群众反映的痛点，对滨江美寓宿舍小区、洪山管理局翠园宿舍小区、文昌阁工农街宿舍小区、砚瓦池电影公司宿舍小区等老旧居民小区的市政基础设施进行微改造，改善居民居住环境和出行条件。

【优化营商环境】2019年，区城管执法局做好第三届“中国福”城市文化交流活动、中非经贸博览会、荷兰代表团到长沙考察访问暨荷兰夸特纳斯（长沙）国际食材集采集配加工中心项目开工仪式期间开福区主次干道沿线和重点区域的市容秩序管控、基础设施和夜景亮化维护。参与黄兴北路棚户区综合整治、湘雅路地铁6号线等市区重点项目建设，配合各重点项目开展拆违行动。2019年，配合区市场监督管理局清缴非法传销窝点、配合市公安局开福分局开展扫黑除恶专项整治行动、配合消防大队进行消防演习，做好中央、省、市领导考察开福区路线的市容秩序管控。

（朱泽宇）

市容环境卫生维护

【概况】2019年3月，在全市机构改革中，区市容环境卫生管理局更名为区市容环境卫生维护中心，职能职责不变。2019年，区市容环境卫生维护中心有正式职工517人，其中班子成员5人，在职职工146人，退休366人；合同制工人2070人，其中中心机关临聘16人，一线劳务派遣2054人（副所长16人、管理员144人、驾驶员399人，清扫员1495人）；正式职工与合同制工人合计2587人。全区用于道路维护的传统燃油作业车辆249台，其中水车66台，洗扫车37台，小型机扫车14台，路面养护车91台，督查车28台，餐厨车9台，勾臂车1台，雾化抑尘车2台，铲雪车1台；2019年，购置新能源车辆10台，其中洗扫车2台，洒水车4台，养护车4台；全区用于道路维护的作业车辆合计259台。2019年，实际运行经费2.69亿元，其中人员经费6379.7万元，办公经费274.74万元，维护作业经费1.47亿元，服务外包作业经费2133.35万元，其他维护经费3427.4万元。沙坪环卫所党支部被评为“2019年度开福区‘五化’阵地建设示范单位”，洪山环卫所世界之窗班组荣获省级“优秀作业班组”，望麓园所长李奎获评2018年度“开福好人”称号。在中国新闻网、《湖南日报》、《长沙晚报》等中央、省、市媒体宣传推介创新及亮点工作80余篇。

【环卫作业】2019年，区市容环境卫生维护中心对全区1101万平方米道路维护面积实行“全覆盖、见本色、常态化”管理和维护作业。建立常态作业机制。坚持“六定”原则，按照“全域化”和“五无五净”的要求，将各类人员和设备分路段、按职责配置到责任区域，人工清扫实行“五步清洁法”，养护车按照“1车3人”捆绑养护，洒水车、机扫车实行流程化作业，最大限度发挥机械的先进生产力，协同人工清扫对道路进行精细维护。266座公共站厕按照一人一站一厕的标准配置，形成常态化的作业体系。狠抓日常监管。坚持日督查、周通报和交叉检查工作机制，运用“智慧环卫”平台，对作业质量进行远程监控，随时发现问题，调度力量进行整改。中心业务督查科设置白班、晚班、站厕、外城四个督查组，实行18小时“无缝化”检查，将发现的情况即时分派到各所，督促各所及时整改，全年督查发现和现场整改各类问题2.34万个。每周组织各科室长、环卫所长、支部书记、外包公司负责人召开工作例会，讲评、调度工作，商讨提高作业质量和效率的新途径、新办法。严格实行绩效考核。依托智慧环卫指挥调度平台，建立一套严格的绩效考核体系，从日常检查、平台监督、市城管局数字化、市局检查等7个方面评分，每月对11个环卫所、机械车队、渣管办进行排名和奖励，对排名落后的单位扣罚绩效奖金并进行追责问责。

【渣土污染治理】2019年，区市容环境卫生维护中心召开全区渣土工地建设单位、消纳场、运输公司负责人和监管人员会议7次，落实市、区部署，强化管控力度，推进源头治理。对渣土工地实行“双岗监管”，严格检查开停工时间、车辆证件、洗车设施等是否符合标准。建立工地扬尘污染日常检查机制，每日检查4次以上，建立检查台账和清单。加大工地裸露黄土的排查整治，排查在建工地42处，下达停工整改函21份、整治裸露黄土18处；建立快速响应机制，根据环境监测指数，落实土方开挖和渣土禁运措施。强化渣土施工清扫清洗，加大机械冲洗频率，提升冲洗效果。全年参与“三车三场”专项整治260余次，配合查扣违规车辆466余台，查处违规现象486起，处置突发污染事件134起。

【设施建设维护】2019年，区市容环境卫生维护中心按照2019年市政府“三改”任务要求，在2018年提质改造的基础上，对全区范围内未进行改造的公共卫生间、垃圾站、

1月31日，开福区对五一商圈道路及交通设施开展大清洗活动
（区环卫中心　供图）

收集点分两批次全部进行提质改造，改造的主要内容为升级公厕品质、提升垃圾站功能、规范管理收集点。第一批次11座垃圾站、30座公共卫生间、2座收集点的改造工作，8月投入使用；第二批次40座垃圾站、19座公共卫生间的提质改造，12月验收并投入使用。2019年，全区新购置果皮筒210个，主要铺排在三一大道、湘江大道、芙蓉北路等重点路段、重要场所，对原有的3600个果皮筒定做标识，并对老旧的果皮桶进行喷漆。对200余座公共站厕、15个地下通道缺失、损坏的设施加强日常维修或更换。对完成改造的公共卫生间，根据需要安装人脸识别厕纸机、婴幼儿座椅、吹风机等便民设施和除臭装置，提升公厕的品质与舒适度。将公厕坐标录入“百度搜公厕”系统，方便市民快速如厕。对站厕老式提升设备更换为压缩式环保型装置，全部完成下水道改造，解决污水外溢的问题。

【服务外包考核】2019年，区市容环境卫生维护中心按照从严监管、从严考核的原则，按照合同加强对服务外包公司的管理。细化交通护栏清洗检查考核。制定精细化的作业质量检查考核标准，全区11.7万米交通隔离护栏，按道路类别每天清洗1-2遍，考核处罚更细更严，交通护栏洁净水平不断提高。规范生活垃圾运输。清除挂靠的社会车辆，规范车辆射频卡发放，增加环保型压缩运输车，加大涉农街道垃圾围池的清运，对清运不及时和车容不洁现象加大处罚，40万吨生活垃圾做到日产日清。提高餐厨垃圾收运率。采取定期检查和抽检方式，深入门店单位调查餐厨垃圾收运情况，实地检查收运人员的出勤、服务态度、运输线路和运量，结合“智慧环卫”平台加大餐厨垃圾收运作业的监管考核，按照合同条款进行考核和拨付经费。全年收运餐厨垃圾1.6万余吨，339个收集点收运湿垃圾774吨。

【垃圾分类】2019年，区市容环境卫生维护中心结合垃圾分类工作要求，改建全区20座湿垃圾站和28座四分类收集点，完善大件垃圾运输管理，全年清运大件垃圾3730车。试行家装垃圾合同式运输，全年清运家装垃圾246车，有效控制全区垃圾总量。

【城市驿站优化升级】2019年，由区市容环境卫生维护中心维护的城市驿站为栖凤路站、北辰站、开福大道站和司马里站4座。为发挥城市驿站的功能作用，清扫员每天早中晚进行3次深度清洁，发现设施设备损坏及时维修或更换，免费提供一次性水杯、茶叶、纸巾等易耗品，并备有常用急救药品，为外出人员备不测之需、解燃眉之急。通过环卫所职工及爱心人士捐赠，建立图书角，丰富驿站的文化底蕴；在城市驿站内张贴《文明公约》和各类温馨提示牌，引导市民爱护环境和公共财物，市民自觉自愿借阅书籍、取水和调看电视节目。同时，向市民群众宣传推介驿站功能，让更多人了解这个“共享空间”，实现城市驿站自助管理、自助服务、自助体验。

【五一商圈市容环境整治】2019年，区市容环境卫生维护中心对五一商圈周边的五一路、黄兴路、中山路、湘江大道等主次干道、人行道、绿化带及公共设施等开展专项整治，安排12名清扫员每天5:00—22:00对五一商圈实行精细化维护，督查发现和现场整改各类问题1100余条，处理数字化案件79条。每周末组织人员、垃圾运输车辆对五一商圈的重点路段、重点场所开展“三清”工作，全年清除五一商圈周边牛皮癣5万余张，清

2019年，改造后的干湿垃圾站 （区环卫中心　供图）

洗各类突发油污2.4万平方米，清理卫生死角2万平方米，收集餐厨垃圾2.98万桶，清运生活垃圾7.5万吨。通过整治和维护，五一商圈的“脏、乱、差”现象大为改观，得到各级领导和市民群众的好评。

（汤　毅）

市政设施维护

【概况】2019年3月，在机构改革中，区市政管理局更名为区市政设施维护中心，职能职责不变。2019年，区市政设施维护中心有正式职工186人，其中在职87人，离退休95人，内退4人。2019年，全区修补路面10.02万平方米、修复人行道2.44万平方米、路面沥青灌缝5.97千米，调整道路侧平石4674米、疏浚排水管沟56万余米、清掏各类井7.1万个/次及化粪池4547座；累计受理数字化案件2705条、“12345”热线1555条、“城管110”案件及市民来电550条，结案率100%；在市对区城管双月考核中排名3个第一，总分数在全市市政类排名第一。全年完成人行道提质6.63万平方米、道路提质13.86万平方米。完成各类窨井设施专项提质516座、交通拥堵点整治7处、新建人行天桥1座。

【日常维护】2019年，全区修补路面10.02万平方米、修复人行道2.44万平方米、路面沥青灌缝5.97千米，调整道路侧平石4674米、疏浚排水管沟56万余米、清掏各类井7.1万个/次及化粪池4547座；累计受理数字化案件2705条、“12345”热线1555条、“城管110”案件及市民来电550条，结案率100%；在市对区城管双月考核中排名3个第一，总分数在全市市政类排名第一。制定《路长制工作方案》，按照“一路一人负责”的方式，全员上路，对全区84条城市管理集中考核样本点道路开展定期巡查和问题采集，发现问题2215处，排除问题隐患2028处，确保市政设施修补维护及时到位。

【路政管理】2019年，区市政设施维护中心全年对辖区内主、次干道及背街小巷进行巡查3750余人次，发现市政设施破损问题646处；完成辖区192条主次干道的人行道范围内，264.48千米的道路现状和占道设施摸底，建立问题清单845个，归类上报区城管执法大队交由责任单位进行整治，排除市政道路及设施安全隐患。对占道、破路审批件及时受理，现场查勘，编号报审批，办理占道证591个、挖掘证254个；对许可后期施工围挡情况，审批位置、面积、批准时限、悬挂许可证、公示牌情况进行监管，建立证后管理台账845个；完成非税征收977万元，保证市政设施的完好性。联合街道城管执法中队现场执法，出动人员2256人次、车辆376台次，整治问题工地38处，拆除问题围挡2.24万平方米，更换、修整破损、设置不达标围挡板2.22万平方米，围挡覆绿7.27万平方米，扭转施工围挡“脏、乱、差”的形象。

【提质改造】2019年，区市政设施维护中心完成福城路、新欣路、平沙路等5条人行道重点维护任务10千米；完成教育街、北二环1段、沐霞路等6条人行道提质任务12.62千米；完成自行车道改建项目和湘江大道（捞刀河至绕城高速）新建项目49.7千米。督促市城投完成文创路、向阳路、朝正路3条人行道新建任务10千米。全年完成人行道提质6.63万平方米、道路提质13.86万平方米，为市民群众出行带来便利。完成“大型管道疏浚项目”“窨井设施专项提质项目”“老旧农贸市场周边市政设施提质项目”“湘江大道江湾路口人行天桥建设项目”“老旧化粪池疏浚改造项目”“支路微循环改造项目”及道路精细化维护项目等10个民生实事项目，完成各类窨井设施专项提质516座、交通拥堵点整治7处、新建人行天桥1座，提升城区品质。

【水环境治理】2019年，区市政设施维护中心按照河长制工作要求，对月湖大市场片区和朝正垅等片区未进行雨污分流的开放式小区进行雨污分流改造，对排水管网错接、漏接、损坏、淤塞等问题进行整改排查，完成沟槽开挖37.72千米，铺设污水管11.23千米，铺设雨水管26.49千米，新建房屋落水管5570米，污水井357个，雨水井414个，改善城区水环境。

【防汛应急】2019年，区市政设施维护中心在汛前完成对全区各类排水管道的疏浚摸排工作，对汽车北站、黄兴北路等40处小型堵点进行管道更换和改造；全年完成大型管道疏浚15.4千米、新建管道1702米、化粪池疏浚改造68处。及时处理湘春路高排口污水下河等问题，解决雨水管网堵塞、化粪池溢流等各类突发事件30余起；在几次强降雨天气中，加强主次干道巡查，对易积水地段实行重点值守，出动人员1387人次、出动车辆设备269台

2019年，改造后的中国共产党长沙历史馆内部市政设施

（区市政中心 供图）

次，确保第一时间内各处内涝险情得到快速妥善处理。全年城区无大面积、长时间积水。

【湘江大道江湾路口人行天桥建设】为解决湘江大道江湾路口两厢居民出行以及学生就学的实际交通需求，消除交通安全隐患，根据开办发〔2019〕1号文件“关于下达2019年开福区重大项目投资计划的通知”，区市政设施维护中心组织对“2019年人行立体过街设施建设项目（湘江大道江湾路口）”进行具体实施。项目主要是按规划要求及新建天桥标准，在湘江大道江湾路口新建一座人行天桥，桥梁全长为41.8米，桥梁主桥桥下净空大于5.0米，总宽4.4米，梯道全宽2.6米，项目总投资654.83万元。该项目设计、监理通过邀请招标或自行委托确定，由“湖南大学设计研究院有限公司”进行设计，由“湖南开诚项目管理有限公司”进行监管，项目施工部分于2019年7月22日开标，确定“湖南青竹湖城乡建设有限公司”为项目施工单位。项目于7月25日召开技术交底会，施工单位于7月底进场施工，年内完工。

【老旧化粪池疏浚改造】2019年，区市政设施维护中心对辖区内情况较严重、居民反映强烈的部分化粪池及管道进行疏浚改造。工程主要内容是对沉塌、堵塞严重的化粪池分别采取在原有池体基础上增容扩建、新建化粪池、改建排水管道三种方式进行改造，工程投资估算300万元。该项目设计、监理通过自行委托确定，由“同创工程设计有限公司”进行设计，由“长沙政和工程项目管理有限公司”进行监管，项目施工部分通过公开招标，确定“湖南雄新建筑有限公司”为项目施工单位。项目于8月22日召开技术交底会，施工单位于8月底进场施工，年内全部完工。对辖区内68处化粪池进行疏浚、改造，为4000户居民解决因化粪池长期堵塞所带来的生活不便。

【支路微循环改造】为解决辖区内片区车辆循环不畅、停车位严重不足等问题，根据开办发〔2019〕1号文件“关于下达2019年开福区重大项目投资计划的通知”，市政设施维护中心组织对“2019年支路微循环改造项目”进行具体实施。项目建设内容主要是对老旧社区街巷进行交通组织优化，完善标识标牌，增设停车位，拆除部分瓶颈位置、围墙，打通消防通道，确保消防安全。改造地段包括中青路捞刀河收费站地段、东风路省博物馆公交站地段、栏山路金色溪泉湾小学地段、波隆立交桥下、开福一小周边、蚌塘街、欣城社区前坪、福元西路五矿路口、金龙路、双拥街、湘药巷、园林生态园等，项目总投资600万元。该项目由“中榕规划设计有限公司”承担项目设计，由“湖南中昊建设项目管理有限公司”对项目质量、安全、进度进行全程监管，施工部分采取公开招投标进行确定，于2019年9月18日开标，最终确定“湖南金环智能交通技术有限公司”为项目施工单位；项目于9月20日召开技术交底会，施工单位于9月底进场施工，年底全部完工。

【农村农安房雨污分流改造】根据开办发〔2019〕1号文件“关于下达2019年开福区重大项目投资计划的通知”，区市政设施维护中心组织对“农村农安房雨污分流改造项目”进行具体实施。项目主要是对大明安置区、竹隐安置区、大塘安置区等农安小区雨、污水管网分流系统进行梳理完善，并分别接入市政雨污主管，同时对小区楼栋设置洗涤池、隔油池，对破损严重管道进行重建或修复，对管道淤塞严重部分进行清淤疏浚等。项目总投资1500万元。按照《开福区政府投资管理办法》相关规定，该项目设计、监理通过邀请招标或自行委托确定，由“湖南大学设计研究院有限公司”进行设计，由“湖南中昊建设项目管理有限公司”进行监管，项目施工部分于2019年7月29日开标，确定“承运建工集团有限公司”为项目施工单位。项目于8月8日召开技术交底会，同步施工单位进场施工，年底全部完工。

【月湖大市场片区雨污分流改造】根据长沙市开福区生态环境保护委员会办公室下达的“开福区水环境整治问题交办函”（长开环委办函〔2018〕4号）文件精神，以及开办发〔2019〕1号文件“关于下达2019年开福区重大项目投资计划的通知”，区市政设施维护中心组织对“月湖大市场片区雨污分流改造项目”进行具体实施。项目主要是对月湖大市场片区进行雨水分流改造，对片区管网错接、漏接、损坏、淤塞等问题进行整改，项目总投资约3000万元。按照《开福区政府投资管理办法》相关规定，该项目设计、监理通过邀请招标确定，由“湖南大学设计研究院有限公司”进行设计，由“湖南同旺项目管理有限公司”进行监管，项目施工部分于2019年8月5日开标，确定“承运建工集团有限公司”为项目施工单位。项目于8月8日召开技术交底会，施工单位于8月中旬进场施工，年底全部完工。

（魏锦芳）

园林绿化维护

【概况】开福区园林绿化维护中心为开福区城市管理和综合执法局所属正科级公益一类事业单位，负责全区主次干道、社区及公共绿地和区属公园的绿化维护管理，绿化项目建设的技术指导、全民义务植树的宣传发动及组织实施、花园式单位和绿色社区创建及“绿色城市”建设等工作。机构设置为“一室六科及专项维护管理办”，即中心机关综合管理办公室、财务科、生产维护科、安全督查科、绿化管理科、工程技术科、物资采购科；下设湘江风光带管理办公室、月湖公园管理办公室、社区公园管理办公室、秀峰山公园管理办公室、青竹湖片区管理办公室、立体彩化管理办公室6个生产维护部门。2019年，区园林绿化维护中心在职职工59人，临聘人员565人。开福区园林绿化维护中心用于维护作业车辆47台，其中皮卡车17台，水车9台，路面清扫车4台，打药车4台，特殊作业车辆3台，小型货车10台。

【绿化维护】2019年，区园林绿化维护中心规范作业模式，把握时机实施补栽补种。根据季节性变化特征合理铺排每月生产维护计划，明确职责，分工合作，对月生产维护计划进行量化和细化，并及时调度和督促各项工作，确保生产维护工作全面落实到位。2019年，全区补栽乔木1.22万株，补栽灌木46.27万株，补种草皮10.6万平方米，补种麦冬草7330千克、中耕作围37.5万平方米、除杂539.42万平方米、施肥132吨、打药661吨、浇水36.65万吨、清理垃圾3.86万吨、修剪乔木9.71万株、修剪草坪36.65万平方米、修剪绿篱225.1万平方米、修补花坛边52.05千米，抹芽7800余株，树木扶正640余株。

【项目建设】2019年，区园林绿化维护中心完成公园公共厕所提质改造项目。区园林绿化维护中心对湘雅路口公共厕所，月湖公园大耳象旁、水墨丹青旁、网球场旁4处公共厕所实施提质改造。建设内容包括公共厕所内外墙面、地面、钢制天棚、卫生洁具整体更换，给排水、电气改造，安装玻璃钢化粪池等。月湖公园设施修复及管网维修项目。马栏山视频文创园投资100万元作为月湖公园设施及管网维护经费，由区园林绿化维护中心负责，加强对月湖公园的日常管理维护，及时修复园内损坏设施。建设内容包括坐凳、栏杆、防腐木亭和设备房重新刷漆、更换不锈钢管栏杆和扶手、修复广场铺装、增加麻石球车挡、破除并新建生态停车坪、停车坪白改黑、更换麻石树池、苗木补栽补种和布置排水管网等。对重要节点实施“微改造”。为解决园林日常维护的痛点难点及数字化案件频发问题，提升城市重要道路的园林品质，对长沙市党史馆内、四季花城广场绿化完善补充、国庆节后主次干道复绿、重要道路节点（芙蓉北路盛世路口、中山亭周边如吉祥巷和北正街等）、黄兴北路、万家丽北路实施6处园林景观“微改造”。

【绿化管理】2019年，全区查处占绿毁绿事件131起。其中车辆肇事毁绿事件27起；督促无证占绿施工单位办理临时占绿证件6起；广告牌占绿事件4起，要求整改并到区城管园林执法中队接受调查处理；私自毁坏公共绿地事件16起，要求毁绿方到区城管园林中队接受调查处理；协助区城管督查科处理数字化案卷13起，其余65起占绿毁绿事件均处理并整改到位。2019年，全区办理绿化行政许可114件，其中临时占绿许可80件，移伐许可34件。区园林绿化维护中心监察队员对辖区内办理绿地临时占用许可证的施工地点每月进行周期性的巡查管理，监督其文明施工。对未文明施工的地点拍照取证，要求施工方立即整改，按要求文明施工，及时做好证后管理巡查记录。强化绩效考核，确保市考指标平稳推进。根据长沙市《关于下发2019年度造绿大行动绿色城市建设任务的通知》文件要求，开福区2019年新增绿地指标任务32公顷，全年实际完成新增绿地面积40.16公顷，超额完成绿地指标建设任务。其中专项建设项目：建设城市公园、游园12个，全部完工；建设林荫工程项目10个（含林荫道路3条、林荫广场2个、林荫停车场5个），已全部完工；增花添彩道路2条，全部完工；街心转角2个，全部完工；街巷庭院2个，全部完工；大型居住区内外空间1个，完成建设。2019年，建设市级义务植树基地1个，区级义务植树基地3个、区级植保基地5个。

【防汛清淤】7月9日，受强降雨及上游洪水影响，湘江等河水涨势迅猛，长沙市启动防汛三级应急响应，区园林绿化维护中心工作重点围绕抗洪清淤开展。为落实水退一寸还绿一寸的要求，保障清淤工作的实施，迅速做好抗洪清淤工作方案，24小时防汛值守、隐患排查。全区绿化、铺装和绿道受灾面积45万平方米。其中受灾草皮面积5.35万平方米，小苗9140株，球子449株，乔木60棵；灯具损坏2436基盏，电源开关和电线接头配件85个，电缆线8850米，电力管400米；损坏垃圾桶65组，栏杆300米，防腐木15立方米。受灾损失211.9万元，其中开福区2018年江心洲绿化提质改造工程受灾损失48.7万元。为切实做好园林绿化抗洪清淤工作和灾后重建工作，尽快消除洪水带来的影响，恢复城市优美的绿化环境，开福区全力投入到灾后重建工作，出动园林一线员工492人，车辆24台，使用水泵49台。对受灾区域进行清淤和消毒设施修复面积31.8万平方米，消毒打药68吨，受灾苗木进行及时补栽。

【“生命至上，安全发展”安全生产培训和消防应急演练活动】7月4日，开福区园林绿化维护中心在紫凤公园开展以“生命至上，安全发展”即防风险、除隐患、遏事故为主题的安全生产培训和消防应急演练活动。区园林绿化维护中心干部职工100余人参加活动。此次消防演练活动分为紧急疏散和消防应急培训两个环节，既让大家深入学习消防知识，认识到消防的重要性，又亲自参与实际操作，了解消防器械的正确使用方法。金霞消防队中队长袁嘉鹏对应急消防安全的重要性进行讲解，对灭火器的使用进行演示，邀请一线职工和市民进行体验。演练结束后各个园区安全生产负责人、各部门主管、车辆管理员参加消防培训，内容包括消防责任、消防基础常识、火灾防控能力、火灾事故处理方式、消防器材、消防标识的辨识及隐患排查方法等7个方面。活动期间，区园林绿化维护中心设置展板10块，参与演练人员50余人，发放消防宣传资料100余份。

【古树名木实施挂牌管理】按照省市绿委的整体部署，开福区园林绿化管理中心于2018年12月组织专人对全区古树名木资源开展实地普查工作，及时完成普查数据的录入和信息上报。2019年2月15日，邀请业内专家召开古树名木资源普查成果专家评审会，与会专家认真听取开福区古树名木普查成果汇报，确定开福区古树名木202株。2019年3月22日，区园林绿化维护中心将本次古树名木普查结果上报到开福区人民政府办公室认定，并公布普查成果。根据湖南省古树名木保护牌制作标准为全区202株古树名木制定一树一牌，9月开福区古树名木全部完成挂牌。

【全民义务植树活动】2019年，开福区建设市级义务植树基地1个，区级义务植树基地3个及区级植保基地

5个。3月12日，植树节活动当天，以补种小苗、树木认养、植物保护等活动为主，辖区单位及市民群众2000余人主动报名参与此次活动。区园林绿化维护中心组织志愿者，在洪西社区苏家公山、青竹湖曦园、开福一中、月岛河畔等多个植树植保活动分场栽下栾树、红叶石楠、八月桂、山茶、碧桃、黄花槐等乔灌木本土树种3000余株，绿化提质公共绿地2万余平方米。

（王佳乐）

征地工作

【概况】2019年，开福区完成41个征地项目扫尾清零，实现腾地202.07公顷，拆除房屋871户。

【项目签约腾地】推进新项目实施。2019年，全区新启动项目31个，征地面积180.67公顷，动迁人口1444人，拆迁房屋394栋638户。其中24个项目全面签约腾地，分别是长沙市2014年度第四批次（板塘统征地一）、夸特纳斯、谭家屋场公交站场、雷士照明、工农垸综合开发项目（城投北城首府）补征、苏托垸污水处理厂、白霞医专、玉轩路、雅宾利补征、关公湖储备用地、恒昌医药、松林路、沙河停车场片区综合治理工程、长沙市楚家湖工农垸水利综合治理工程、湘粤村安置地、湘粤村农民安置用地（补征）、朝正路、长沙市渔业分场农民安置用地项目、滨河北路东段、前进小学、和顺府商住小区补征。5个项目实施代拆，分别是明秀路、星月加油站、轨道交通1号线北延线一期（停车场配套用地）、长郡开福中学、华勤通讯。2个项目启动签约，分别是菲斯罗克、荷莲路。推进续拆项目签约。在重点推进新启动项目拆迁的同时，统筹兼顾抓好续拆项目的签约工作。13个续拆项目中，8个项目完成拆迁任务，分别是中青路东加油加气站、板塘三期、天都补征（两个公告）、湘粤村农民安置用地、兴联村保障住房用地、培源学校、中青路北段。5个项目正在加紧推进，分别是弘上物流剩1户合法未签未拆，2栋违章已签未拆；省疾控中心剩1户合法未签未拆；捞刀河商住剩4户合法未签未拆；汤家湖路剩2户临建正在执行拆违程序，完成结算办理；沙坪工业标准厂房剩1家企业补偿方案未确定。推进扫尾项目。24个扫尾项目中，9个项目完成签约倒房、实现清零，分别是深国际二期、和明路、汤家湖路（新港大道—金盆大道）、高岭仓储（地块一）、市公交投二期（两个公告）、巡警大队；3个项目正在加紧推进，分别是工农垸（鸿荣源学校）、长河物流二期、当代二期。

【严格指标审核】2019年，全区完成21个项目4619.5个安置指标（其中申购保障住房指标数4538个，申请货币补贴指标数81.5个）的审核工作；认真审核纳入两保体系人员名单、延期过渡费发放、“半边户”等工作，纳入社会保障体系2166人，完成27个项目85批次5095.5人、月发放额401.9万元的延期过渡费审核工作；向市局报送“半边户”资格申请173户，批回资格确认单163户，批准率94%。

【保障住房安置】2019年，开福区成功实施鑫利家园、朝正美苑、滨河嘉园小区分房工作，抽签分配6094套安置住房，3606户拆迁群众妥善安置，圆满完成2019年度分房工作；面对朝正美苑、滨河嘉园两个安置小区房源缺口问题，配合区城投实施回购，回购房源1221套，180户群众配合户型调整，缓解朝正美苑安置压力，解决滨河嘉园供需矛盾。抓好货币补贴资金申报。协调市自然资源和规划局、市征地办，认真核准申请货币安置人员名单，对接市财政部门，2019年，审回货币补贴资金851.7万元，累计审回货币补贴资金1.48亿元，有效减轻区政府安置资金压力。做好两保用地申报。2019年，共审回两保用地指标42.25公顷，累计审回446.91公顷（含代征市政道路及绿化带面积39.07公顷）。

【依法处置遗留问题】2019年，区征地服务中心深入社区（村）开展60号令发展用地调研，赴雨花区、芙蓉区等兄弟区考察，学习先进经验，广泛听取意见和建议，形成数据翔实的调研报告，为全区生产发展用地提供思路参考。指导“两安”用地处置工作。组织芙蓉北路街道、洪山管理局、四方坪街道60号令拆迁群众开展政策解答、群众座谈，保障群众生产发展用地处置收益的知情权、参与权。截至2019年年底，芙蓉北路街道马厂收益分配完成91%、洪山局完成98.9%，为全区提供较好的借鉴。办理来信来访。区征地服务中心参与区领导接访和信访工作会议50余次；办理政府信息依申请公开转办告知单13余件，领导批示件及群众来信40余件，“12345”市民热线工单138件；接待群众来访80批次，做到政策宣讲到位，努力解决群众诉求。

（蒋登凡）

城市人居环境

【概况】开福区城市人居环境局于2019年3月挂牌成立，内设办公室、项目管理科、棚户区和城中村改造管理科、老旧小区和危旧房改造管理科、历史文化名城保护管理科5个科室，下设开福区城市房屋征收和补偿管理办公室、开福区棚户区改造事务中心两个直属事业单位。在职在编干部职工13人，临聘工作人员8人。区城市人居环境局主要职能为老城区有机更新，历史文化名城保护和近现代建筑保护，棚户区改造、老旧小区改造、街区“微改造”、城中村改造、危旧房改造，“一圈两场三道”建设，城市房屋征收与补偿。同时，做好“中国人居环境范例奖”和“联合国人居署可持续发展范例奖”创建，配合长沙市城市人居环境局做好“中国人居环境奖”创建等方面的工作。2019年，区城市人居环境局荣获开福区民生实事工作先进集体，长沙市城市人居环境系统“我和我的祖国”主题演讲比赛一等奖。

【棚户区改造】2019年，区城市人居环境局全面完成开福区列入国家和湖南省2019年棚户区改造开工计划的540户任务，涉及7个项目，面积3.88万平方米，投资6.48亿元。开福区2019年棚改市任务2540户（含城市棚改540户、老城区有机改造1600户、国有企业老旧小区改造400户），涉及17个项目，面积10.68万平方米，投资6.7亿元。截至2019年年底，完成2878户，面积16万平方米，投资8.06亿元，超额完成考核任务。办理15万元棚户区改造安置补贴资金登记初审337户，并进入市级审核流程。

11月5日，区政府主要领导调研老旧小区改造（区委宣传部　供图）

【城中村改造】2019年，开福区纳入城中村改造市级考核范围有戴家河、高岭、史家坡、毛家垅4个社区。戴家河社区15.33公顷集体土地由长沙市水利投完成统征用地手续；村集体三块发展用地，完成拆迁腾地工作和土地变性工作；446套农民安置房产权证，进入区不动产登记窗口。高岭社区79.2公顷集体土地拆迁工作，因长沙市轨道集团控规、用地手续未办理，未启动拆迁程序；向家湾小区58栋安置房产权办理，进入区不动产登记窗口。史家坡社区10公顷剩余集体土地和前进小学均完成拆迁工作；“439”地块完成结算但未全面腾地。毛家垅社区完成拆迁调查和土地统征手续，完成前期摸底调查工作。

【老旧小区改造】2019年，区城市人居环境局完成全区16个街道老旧小区调查摸底。开福区2000年以前建成的老旧小区196个，建筑面积391万平方米、1925栋房屋、约6.9万户。其中农安小区3个，完成实施改造的小区51个，在棚改范围内未改造的小区59个，需要改造的城镇老旧小区83个。2019年，申报中央财政补助老旧小区改造项目10个全部完工，建筑面积11.3万平方米，涉及楼栋数45栋，涉及户数1354户，投入资金1461万元。

【危旧房屋改造】2019年，区城市人居环境局全面调查摸底，建立相关单位台账。截至2019年年底，开福区城区存在危险房屋668栋，其中长房直属公房599栋，1895户，建筑面积9.3万平方米；居民私房48栋，144户，建筑面积1.1万平方米，鉴定为D级36栋、C级6栋、疑似危房6栋；企业公房21栋，141户，建筑面积1.7万平方米，鉴定为D级6栋、C级5栋、疑似危房10栋。经业主申请、街道认定、区人居环境局初审、区人民政府审批，确定“以补促改”项目2个，湘雅路街道文昌庙项目完工，李炳初公馆项目进场施工。

【老城区有机更新】2019年，开福区以生活的宜居性、风貌的完整性、历史的原真性、文化的地域性和街区的活力性为原则，落实“补短、精点、优线、活片”发展思路，推进西园北里、潮宗街、吉祥巷、望麓园4大片区有机更新。西园北里片区完成竣工验收。潮宗街片区一期全面完成建设，二期完成80%，进度基本达标。吉祥巷片区完成市政改造，历史步道两厢房屋立面改造和房屋功能性完善完成总体的30%。望麓园片区启动建设，完成总体工程量20%。望麓园巷2栋征收房屋启动修缮和右局街市政改造。完成10处历史建筑修缮，并认定为区级历史建筑在政府网站上公示。房屋功能性改善申请1661户，完工验收768户，完工待验收77户，正在施工110户。

【“一圈两场三道”建设】2019年，区城市人居环境局牵头统筹全区“一圈两场三道”工作，与所涉单位做到情况及时共享、问题共同解决。严格把控好项目设计关、施工关、竣工验收关，整体提升项目建设的质量，突出项目特色和亮点。2019年，开福区完成“15分钟生活圈”项目33个，新建农贸市场4个，改造生鲜门店8个，新增停车场21处、停车位8171个，提质和新建人行道32.6千米、自行车道43.9千米、历史文化步道4.8千米、健身步道7.5千米，均超额完成任务。

【街区“微改造”】2019年，区城市人居环境局按照“为民惠民”“公众参与”“共同缔造”的理念，开展人居环境“微改造”调查，采取网络调查与入户调查相结合的方式，让全民共同参与，收集问卷4447份，收集街道、社区、常住人口及流动人口的真实诉求和合理建议。结合居民群众关注的热点和开福区的实际情况，初步拟定2020年“微改造”申报项目。

【城市体检试点】2019年4月，住建部将长沙纳入全国城市体检评估工作的试点城市之一，开福区率先成为长沙市城市体检评估工作的试点区。开福区选取通泰街和望麓园两个街道作为代表性的街道，开展街道级别的城市体检工作。9月，召开全区城市体检评估工作推动会，对做好城市体检工作进行再动员、再部署、再强调。通过开展体检工作流程宣讲、指标体系解释、实地走访调研、调查问卷分析等方式，建立全区和两个街道的数据库，编制区和街道的体检工作报告。截至2019年年底，完成建立区级和街道两级城市体检指标评估体系，做到严谨细致、数据真实、科学评判、特色突出。

【有机更新历史建筑认定与修缮】2019年，区城市人居环境局通过全面摸排，发现12处潜在历史建筑。经组织相关专家进行资料查阅、走访群众、实地核查后，召开专家评审会对12处潜在历史建筑进行评审确认。12月28日，区人居环境局向区政府递交《关于公布开福区第一批区级近现代历史建筑的报告》，确定瞿鸿禨公馆遗址、寿星街48号、高升巷25号、一元里1号为区级历史建筑，并进行修缮维护。通过招标挂网、对外公示无异议、区政府批准后，充分与业主沟通协商，对4处历史建筑进行“一处一案”的专业设计，精细组织施工，完成4处历史建筑的修缮维护任务。

【工作调研】7月26日，国家财政部综合司副司长胡忠勇带队的国家城镇老旧小区改造工作调研组到开福区调研老旧小区改造等工作。湖南省住建厅相关领导，长沙市人民政府副市长廖建华及市政府相关部门负责人，开福区副区长蒋君等领导陪同调研。调研组现场察看新河街道紫凤社区人造板厂宿舍小区，听取人造板厂小区的基本情况、改造内容及改造成效介绍。胡忠勇一行充分肯定开福区老旧小区改造工作所取得的成效，他指出，老旧小区改造是一项重大的民生工程，是居民最关心的实际生活问题、最热切期盼解决的实事，要狠抓工程质量，推动老旧小区改造工作深入开展，切实改善群众的居住环境，不断增强老百姓的获得感、幸福感。

9月22日，国家住建部城市管理监督局到开福区调研历史建筑保护工作。长沙市城市人居环境局党组成员、副局长李昌贵等领导陪同调研。调研组一行现场察看潮宗街、湘雅医院老办公楼和文昌阁等历史建筑，听取开福区历史建筑保护工作的情况介绍。调研组充分肯定开福区在历史建筑保护工作上取得的成效，并指出，要明确保护内容，坚持以人为本、传承历史、合理利用、加强管理，处理好民生改善和老城区保护的关系。

（赵嶷娟）

棚户区改造

【概况】经开福区委、区政府批准，2013年9月成立开福区棚户区改造办公室（简称区棚改办），明确为全额拨款事业单位，核定编制5名；同步组建长沙市大城北棚户区改造投资有限公司（简称大城北棚改公司），负责全区棚改项目的策划、规划、征收、招商、开发等运营工作。2014年7月，根据市棚改统贷平台的要求，成立长沙市开福棚改投资有限责任公司（简称区棚改公司），作为市棚改公司的全资子公司，专门承接国开行棚改贷款资金。2019年3月区政府机构改革后，区棚改办撤销，相关职能规整到区城市人居环境局，大城北棚改公司和开福区棚改公司合并到长沙开福城市建设投资有限公司，大城北棚改公司、区棚改公司实行“两块牌子、一套人马”，合署办公。下设“四部一室”：综合办公室、融资财务部、项目支持部、项目管理部、资产管理部，共35人，其中班子成员4人，聘用人员31人。2019年，潮宗街历史文化街区有机更新项目获“联合国人居署城市更新指导项目”，清水塘炮后街棚改项目获“2019年全国工程建设质量管理小组活动成果交流会Ⅱ类成果”奖。

【有机更新】2019年，区棚改公司按照“补短、精点、优线、活片”的工作举措，完善水、电、气、路、消防、停车等基础设施，持续推进房屋修复修缮，基本完成潮宗街一期、吉祥巷、望麓园等片区有机更新建设任务，其中潮宗街历史文化街区项目获“联合国人居署城市更新指导项目”，迎接国家开发银行、绵阳市、青岛市、桂阳县等考察10余次，获《湖南日报》《潇湘晨报》《长沙晚报》等媒体宣传推介有机更新工作40余次。

【项目结算和土地出让】2019年，区棚改公司加大腾地项目交付力度，加快规划调整、成本结算、用地手续办理，完成清水塘炮后街、汽电地块一期、开福寺周边地块、伍家岭东南角地块等4个棚改项目结算。完成清水塘炮后街一中地块划拨，争取省级分摊资金7870万元；完成陡岭路东厢地块棚改项目土地挂牌出让，由湖南珠江实业投资有限公司摘牌，土地出让收益1.4亿元。

【项目建设】2019年，区棚改公司按照中小学建设标准，完成清水塘小学建设，移交到开福区教育局，进行内部教育设施设备安装。严格把控工程安全和质量，2019年，完成清水塘炮后街棚改安置房源主体建设。

【项目招商】2019年，区棚改公司通过公开挂网招投标，潮宗街一期项目全年完成5万余平方米的招商工作，其中引进万科等地产公司，建设长租公寓或酒店；北正街美食示范街引进玉楼东、双燕楼、马复胜等31家品牌入驻，并陆续实现试运营；出台创意设计集中区15条优惠政策，制定准入退出机制，引进8家创意设计企业入驻连升街。

【项目创新】2019年，区棚改公司创新启动西长街提质。推进西长街水产市场关停搬迁，2019年11月10日零时关停西长街水产市场，创新启动沿线房屋回租工作，制定整体定位业态规划，转型升级业态，实现与“五一商圈”整体融合。

8月16日，国家开发银行总行领导一行考察吉祥巷、潮宗街有机更新项目
（区棚改办　供图）

【项目资金保障】2019年，区棚改公司通过新增贷款、贷款展期、申请棚改专项债、市级配套资本金等举措，全年争取各类资金16.83亿元，用于还本付息、预订房源款、征收及建设资金等。

【棚户区征收签约】2019年，东风路汽电地块棚户区改造项目（一期），位于东风路以西长沙市蔬菜公司宿舍地块，涉及1栋4层楼房屋，占地面积0.07公顷，建筑面积1487平方米，涉及征收住户24户。2018年12月启动模拟征收，2019年1月完成签约清零及腾房工作。三一大道-潘家坪路棚改项目（天祥日杂公司宿舍），项目范围为东至蛋制品仓库宿舍，南至雅泰花园，西、北至天祥日杂公司，占地0.18公顷，涉及征收户数98户，征收房屋面积5800平方米。2019年4月启动征收，截至12月31日完成签约80户，签约率81.63%。神箭花苑小区棚改项目，项目范围为东至陡岭路、南至三一大道、西至规划中的民生南路、北至佳阳悦景馨都，占地1公顷，涉及征收户220户，建筑面积1.68万平方米。2019年9月启动征收，截至12月31日完成签约207户，签约率94.09%。

【考察有机更新工作】8月16日，国家开发银行总行党委委员、副行长周清玉到开福区考察有机更新工作。长沙市人民政府副市长廖建华及相关单位负责人陪同。周清玉一行现场视察吉祥巷片区同仁里、茶馆巷及潮宗街片区有机更新项目，详细了解开福区有机更新工作理念、改造情况、招商情况及成效。周清玉充分肯定长沙市开福区在旧城改造方面的创新理念，认为有机更新工作符合中央旧城改造精神，理念清晰，做法先进，成效明显，彻底改善老城区居民的生活环境，提升街区品质，并表示将加大与长沙市在旧城改造方面合作力度。

【清水塘炮后街棚改安置房源主体工程封顶】12月25日，清水塘炮后街棚改安置房源项目主体工程完成封顶。清水塘炮后街棚改安置房源项目位于开福区清水塘路，系长沙市首个落实“四增两减”（增加公共绿地、增加公共空间、增加配套设施、增加支路网密度，减少居住人口密度、减少开发强度）思路的棚改项目腾地后建成的安置房源项目。在启动棚改前，项目区域内近60%的住户居住面积低于45平方米，筒子楼、棚屋集中，基础设施老化，居住环境和配套设施落后，交通不畅通，有部分房屋属于D级危房，存在较大安全隐患，是城区内典型的棚户区。安置房源项目总建筑面积4.62万平方米，2栋582套房源，分为10种户型，可回迁500余户居民。该项目的建成将全面落实“四增两减”思路，完善基础配套，缓解交通通行和停车难的问题，改善长沙市一中和清水塘小学等教育资源的办学环境。

【陡岭路两厢棚改项目（东片区）实现土地挂牌出让】陡岭路两厢棚改项目（东片区）系长沙市大城北棚户区改造投资有限公司所属项目，位于开福区陡岭路以东，瑞都豪庭以北，水木轩以南和以西，总占地面积2.8公顷，净用地2.11公顷。项目于2014年启动立项，同年11月启动征收，涉及征收住户128户（含私房126户、单位2家），2016年初完成征收。2019年7月5日经长沙市土地管理委员会第三次会议讨论通过，9月30日上网挂牌出让，10月30日完成网上挂牌成交，由湖南珠江实业投资有限公司以4.15亿元价格成交，用途为商业用地。

【湖南省首个联合国人居署城市更新指导项目落户】7月19日，联合国人类住区规划署（以下简称“联合国人居署”）亚太区域办事处高级人居官员brunodercon和开福区委副书记、区长刘拥兵签署合作协议，湖南首个联合国人居署城市更新指导项目落户开福区潮宗街历史文化街区。联合国人居署就合作指导潮宗街历史文化街区有机更新项目相关事宜达成一致，这标志着潮宗街历史文化街区更新项目将按照国际、国内规范体系建成，也将形成长沙市有机更新工作典范和案例。潮宗街历史文化街区有机更新项目以及长沙市所有老城区的城市更新工作，将站在市民的视角，突出宜居，从老长沙、老城区的大局着眼，落到市民的衣食住行等细节，让居民感受到城市发展的温度。联合国人居署参与潮宗街历史文化街区的指导，从国际、国内的高站位，为项目提供技术和政策支持，争创中国历史文化街区、中国人居环境范例奖和迪拜国际改善居住环境最佳范例奖。潮宗街历史文化街区，是长沙的文脉传承所在。片区处于营盘路、湘江中路、中山西路和黄兴北路四条城市主干道的围合区域，总占地面积24.78公顷、内有不可移动文物3处、省级文物保护单位2处、市级文物保护单位10处、历史建筑100处。开福区紧扣“生活的宜居性、风貌的完整性、历史的原真性、文化的地域性、街区的活力性”的原则，片区采取保留、维护、改建的方式开展有机更新，截至2019年年底基本完成。

（许惠玲）

城市管理综合执法

【概况】长沙市开福区城市管理综合执法大队（以下简称区城管执法大队）成立于2000年6月，是参照公务员法管理的正科级全额拨款事业单位，人员编制数为221人，截至2019年年底，有在编在岗干部职工212人。区城管执法大队全年办理行政处罚案件7105起，处罚金额325.34万元，办案数和罚款金额均有提升，有效地遏制各类城市管理乱象。2019年，区城管执法大队全年拆除违章户外广告、招牌81处，拆除面积2.18万平方米，立案查处65起，罚款3.29万元。全年办理违法建设案件203件，罚款8.29万元，拆除违法建（构）筑物320处，面积7.22万平方米。全年开展“蓝天保卫战”综合执法229次，专项执法1892次，出动52033人次，对72536个管理对象进行检查，责令整改1891起，立案691件，罚款144.2万元。2019年，区城管执法大队获评开福区“网信工作先进单位”“无偿献血组织工作先进单位”“平安建设先进单位”。

【法治建设】2019年，区城管执法大队落实“律师驻队”执法模式。区城管执法大队充实调整法制科人员力量，配备专业法制人员8人。与湖南成法律师事务所签订法律服务协议，该所律师艾超、曾强、吕丹玉常驻大队提供法律服务，协助审定单位各类合同，全程指导大案、要案的办理，参与规范性文件的制定和修改。严格行政裁量权基准。按照《湖南省规范行政裁量权办法》的要求，依照《长沙市城市管理综合行政执法行政处罚自由裁量权基准》的具体规定，结合案件当事人的主观态度、违法性质、社会危害大小等裁量情节，合理确定裁量幅度，规范裁量权适用。在案例办理中，区城管执法大队要求执法人员在案件终结报告和处罚决定书中对行政相对人的裁量情节、裁量基准以及裁量基准选择的理由进行详细说明，对于拟顶格处罚、减轻处罚的，以及情节复杂或重大违法行为必须交由大队案件审理委员会集体讨论决定，确保每个行政处罚案件自由裁量权的合理、规范行使。加大信息公开力度。对照《政府信息公开条例》的规定，坚持以公开为常态、不公开为例外的原则，在原有政府门户网站信息公开平台公开行政处罚决定书的基础上，每天将办案的数量、案件类型、当事人名称、罚款数额等情况在“长沙市双公示结果信息报送系统”进行全面网上公示。同时，将区城管执法大队的工作职权和权力清单在开福区“互联网+政务服务”平台上进行公示，实现政务公开。

【日常执法整治】2019年，区城管执法大队围绕市委、市政府创建国家中心城市总体目标，紧扣“蓝天保卫战”工作主题，落实城管为民、执法从严要求，全面强化日常执法整治。全年区城管执法大队办理行政处罚案件7105起，处罚金额325.34万元，办案数和罚款金额2018年均有提升，有效地遏制各类城市管理乱象。户外广告整治。整治主要道路、重要区域违规广告乱象，全年拆除违章户外广告、招牌81处，拆除面积2.18万平方米，立案查处65起，罚款3.29万元。特别是针对省委巡查组下达的2013年未拆除的6处登报广告，加强推进力度，按期实现清零。车辆违停整治。采取人工抄录和终端采集相结合的方式开展违停整治，全年抄录违停机动车2416台次，处罚24.16万元。联合辖区5家共享单车企业开展“政企联合”共享单车整治行动，重点清理拖运三一大道、芙蓉北路、湘江大道、东风路、营盘路等重要路段及7个地铁口周边乱停乱放共享单车1.5万余辆。餐厨垃圾整治。建立全区餐饮门店餐厨废弃物收运管理台账，签订责任书，敦促餐饮门店集中收运餐厨废弃物，区基本实现餐厨垃圾全覆盖。通过集中整治、蹲点守候等措施，对非法收运餐厨垃圾行为进行严厉打击和查处。全年办理餐厨垃圾专业案件67起，处罚金额3.37万元。食品安全整治。开展学校周边和农贸市场集中整治行动40余次，取缔无照流动摊担220余处，罚款3.8万余元，特别是对新毛家桥市场、老毛家桥市场进行整治；以夜市整治为重点，取缔不合格夜市210余处，对全区原有17处分散夜市经营点开展整合和规范，保留6处。2019年，处理“12345”工单335件，处理“12319”数字化平台案卷2081件，处理“84558181”电话平台群众投诉9110件。做好来信来访工作，落实服务群众“最后一公里”，区城管执法大队在区信访局矛盾调解中心城管窗口派驻专人负责信访工作。全年接访15批22人次，办理来信33件；办理人大、政协建议提案5件，做到件件有落实，事事有答复，及时解决群众反映的问题，化解矛盾纠纷。

【专项执法整治】2019年，区城管执法大队坚持“六控十严禁”，突出问题导向，推进“蓝天保卫战”各项工作落实。在“蓝天保卫战”行动中，全年开展综合执法229次，专项执法1892次，出动52033人次，对72536个管理对象进行检查，责令整改1891起，立案691件，罚款144.2万元。违法建设专项整治。以区委“五条断然措施”为举措，拆控并举，以控为主、以拆促控为原则，开展控违拆违整治工作。全年办理违法建设案件203件，罚款8.29万元，拆除违法建（构）筑物320处，面积7.22万平方米。热力燃气专项整治。组织2019年瓶装液化气行业“保平安、迎大庆”暨“黑点”“黑车”专项整治行动，邀请市燃气事务中心主任赵志勇对全区城管线热力燃气管理人员开展集中培训。全年开展热力燃气集中宣传4次，发放宣传资料5万余份，对辖区内69家液化气站点进行全面摸排，取缔瓶装液化气“黑窝点”10处，暂扣液化气钢瓶500余个，暂扣非法液化气2136千克，办案9起，罚款1.91万元。园林绿化专项整治。加强园林绿化整治工作，全年办理损绿毁绿案件61起，罚款12.38万元。“一圈两场三道”专项整治。按照市、区两级指示，制定工作方案，配合市政部门开展“一圈两场三道”专项整治，对全区28条道路进行摸底调查并建立整治台账，召集相关职能部门、街道和业主单位就人行道上93个障碍物的清理工作进行部署和整治。渣土扬尘专项整治。按照“源头控、路上查、末端治”的思路，全天候开展渣土扬尘整治，严把渣土出口关、卸载关、运输线路关、撒漏污染关，加强执法巡控守点，严厉打击未密闭覆盖、车轮带泥、沿途撒漏等违法行为。全年处置渣土工地黄土裸露30处，制止违规消纳53次，暂扣各类违规渣土运输车800余台次，办理渣土案件796起，罚款98.48万余元。露天焚烧专项整治。建立网格化管理巡查机制，加大垃圾焚烧巡查力度，对辖区垃圾焚烧情况及时处置，并加强对当事人教育劝导工作。2019年，办理垃圾焚烧案件80起，罚款6.4万元，数字化采集量与2018年同期相比，由621起下降至70起，下降率88.7%。餐饮油烟专项整治。全面摸底餐饮门店3270家，其中4个灶台以上的有406家，建立动态台账管理。对不按要求安装和使用油烟净化装置的10家门店进行处罚，罚款1.5万元。

【服务支持区重点工作】2019年，区城管执法大队参与黄兴北路棚户区综合整治、湘雅路地铁6号线等市区重点项目建设，配合区各重点项目开展拆违行动89余次，出动执法力量2820余人次，配合区法院强制行动12余次，出动执法力量540余人次。完成中央、省、市重要领导视察、中国福、中非经贸博览会等重大活动沿线市容秩序的管控。为应对极端雨雪天气对道路交通安全造成的影响，大队全员停休投入到抗冰除雪工作中，确保全区主次干道、重要桥梁的通行安全。开展三一大道综合整治，完成市城管委交办的沿线招牌广告拆除任务，对沿线建筑工地围挡、机动车、共享单车乱停等影响市容的违法行为开展专项整治。做好全国文明城市测评工作。落实市区两级党、委政府文明城市测评工作要求，大队全体干部职工停休1个月，开展市容秩序整治，为全区的迎检工作提供有力的市容秩序保障。

（姜登高）

生态环境

ECOLOGICAL ENVIRONMENT

综述

【概况】长沙市开福区环境保护局于2019年12月26日上收至长沙市生态环境局，成为长沙市生态环境局开福分局，是长沙市生态环境局的派出机构。2019年，长沙市生态环境局开福分局继续发挥区环委会办公室牵头抓总作用，围绕市委市政府、区委区政府打赢蓝天保卫战的决策部署，坚持问题导向，既突出靶向精准、综合施策，又注重上下一心、全民参与，狠抓“六控”“十严禁”措施落实，确保全区环境质量全面改善，环保合力不断增强。全年召开区环委会全会4次，多次专题调度蓝天碧水保卫战、污染防治攻坚等重点难点工作。通过蓝天保卫战、碧水攻坚战、污染防治项目实施等，环境保护“党政同责”“一岗双责”深入人心，全区上下形成主动作为、密切配合、齐抓共管环保的工作氛围。

【环境质量状况】2019年，开福区区域环境质量稳中向好。截至2019年年底，沙坪站点空气质量优良天数273天，优良率75%；PM_{10}均值51微克/立方米；$PM_{2.5}$均值45微克/立方米。伍家岭站点优良天数264天，优良率72.5%；PM_{10}均值62微克/立方米；$PM_{2.5}$均值47微克/立方米。落实环保监督和牵头责任，加强水质监测，每月对全区市政排口开展不定期巡查，未发现旱季溢流问题。按照国家、省、市方案部署开展排口排查整治。2019年，开福区地表水水质基本稳定，湘江、浏阳河、捞刀河开福区段监测考核断面年均水质均达到Ⅲ类水标准，县级以上集中式饮用水水源地水质达标率100%。小微水体治理“檀木岭经验”在全市推介，浏阳河三角洲水质自动监测站创建为全国首批“最美水站”。

污染防治

【蓝天保卫战】2019年，长沙市生态环境局开福分局按照市委、市政府、区委、区政府坚决打赢蓝天保卫战的整体部署，坚持依法、科学、精准、全民治理，推动蓝天保卫战各项工作，以“六控”“十个严禁”为抓手和重点，加大环境监管执法力度。开展全区臭氧污染防治、建筑工地扬尘污染整治等七大专项整治行动，形成齐抓共管的环境监管执法工作格局。全区全年开展执法9215次，督促整改问题14329个，立案处罚1857件，罚款447.26万元，行政拘留3人，刑事拘留2人。对市蓝天办、市环委办交办的58个问题立行立改，按要求及时整改到位、回复到位。全区空气质量稳步改善，市民群众环保意识增强，蓝天幸福指数明显提升。

【水污染防治】2019年，长沙市生态环境局开福分局通过《2019年度开福区大气（声）、水、土壤污染防治项目清单》，铺排市对区考核水污染防治项目，完成11座地下油罐更新改造、苏托垸污水处理厂用地拆迁、月湖社区提质改造、月湖片区雨污分流改造等项目，继续巩固畜禽养殖退出、集中式饮用水水源地保护专项治理成果，加快苏托垸污水处理厂配套收集管网建设，确保与主体工程同步完成。建立健全水质考核机制，建立辖区河流、湖库等水体水质月度监测与通报机制，委托第三方对辖区内水体水质进行月度监测，监测结果由区环委办在全区范围内通报。新建浏阳河三角洲断面3个水质自动监测站。按时按质完成水体水质普查工作任务，并代表全市迎接生态环境部质量核查。

【噪声污染防治】2019年，长沙市生态环境局开福分局创建芙蓉北路街道盛世路社区噪声达标示范社区以及洪山街道金鹰社区等16个绿色社区，完成开福寺路天健芙蓉盛世三期项目工地噪声污染整治、省博物馆中央空调冷却系统噪声污染整治，整改后噪声检测结果达标。组织“三考”静音专项行动，提前向考场周边的建筑施工单位和文化娱乐单位发放通知，严格要求各施工单位和娱乐单位在“三考”期间不得产生超标噪声。全年开展“三考”静音专项联合执法3次，出动执法人员90余人、出动执法车辆30余辆、检查单位50余家，下达《环境现场监察文书》《责令改正通知书》40余份、发放张贴“三考”静音文件500余份。重点加强长沙市一中、周南中学两个考点周边的环境监管，明确专人负责。高考期间，开福区无重大影响考试和扰民的行为和投诉。

【土壤污染防治】2019年，长沙市生态环境局开福分局按照全省统一部署，协助省、市加快推进重点行业企业用地调查。启动疑似污染地块详查，对开福区疑似污染污染地块下达《关于开展疑似污染地块土壤环境初步调查的函》，督促土地使用权人开展疑似污染地块调查，完成地块账号分配及告知等工作，根据《关于梳理完善统计“全国污染地块土壤环境管理信息系统”相关数据的通知》反馈报送相关内

10月26日，区领导现场调研生态环保工作　　（区生态环境分局　供图）

容。落实农用地分类管理、农业污染防控，达到省控指标要求。开展“绿盾”专项行动，加强自然保护地违法违规问题的整改和销号工作。

【危险废物专项整治】2019年，开福区成立开福区危险废物专项整治工作领导小组，制定《开福区危险废物专项整治工作方案》。开展涉及危险化学品和危险废物的企业单位的全面排查，强化对危险废物处置单位的监管，严格执行危险废物申报登记、转移管理制度。对非法转移危险废物、无危险废物经营许可证或不按照规定收集、贮存、利用、处置危险废物等环境违法行为依法严肃查处。对全区110家固废产生单位纳入日常监管检查，要求产废单位按照申报登记表规定的内容和有关说明填写。完成110家固体产废单位的申报工作，全面开展危险废物电子联单应用，提高危险废物转移和办理效率。

【污染物总量减排】2019年，长沙市生态环境局开福分局持续推进污染减排，对全区工业源、农业源、生活源、集中式处理设施源及国家重点监控企业开展环境统计。执行《长沙市建设项目主要污染物总量指标管理实施细则》，从严控制工业企业新增排放量，实施新改扩建项目总量审核。开展结构减排和管理减排工作，完成开福污水处理厂提标改造，加强开福、金霞、新港3个污水处理厂日常监管，确保出水达标排放，要求其按时按规上传污染源自动监控数据、自行监测结果。

环境审批

【概况】2019年，长沙市生态环境局开福分局严格环保审批，杜绝新增污染源。根据《中华人民共和国环境保护法》《中华人民共和国大气污染防治法》等环保相关法律法规，长沙市生态环境局开福分局行政许可事项为建设项目环境影响评价文件审批、危险废物收集经营许可证核发、建设项目防治污染设施的拆除或闲置批准审批3项，均由区纪委监督实施。2019年，全区受理建设项目环境影响评价文件审批30个，核发危险废物经营许可证1本，对23个项目进行排污许可证初审并出具意见提交市生态环境局。审批事项均在“互联网+政务服务”一体化平台或多规合一平台中审批，严格按照公开、公正、合理、合法的原则实施审批，无越级审批、超期审批情形。全部行政许可审批案卷严格按规定归档，在2019年度长沙市行政执法案卷评查、开福区行政执法案卷评查中，均取得较好成绩。

环境监察与执法

【概况】2019年，长沙市生态环境局开福分局加强企业日常检查，强化重点企业监管，制定《2019年污染源日常环境监管随机抽查实施方案》，按照国家、省、市推广随机抽查规范事中事后监管的工作要求，结合开福区推行环境监管计划执法工作取得的经验，创新环境管理方式，规范环境监管执法行为，依法对辖区内所有污染源（包括排污单位和建设项目）开展“有计划、全覆盖、规范化”的日常环境监管随机抽查。将全区425家企业纳入污染源日常环境监管随机抽查名单，利用移动执法系统中的随机抽查系统、企业信息库和执法资源库，采用随机抽查的方式确定被抽查单位名单和执法监管人员名单，抽查并进行日常监管单位146家，其中重点单位51家、一般单位62家，特殊单位33家，对检查中发现的问题依法依规及时处理，完成双随机抽查工作任务，保障区域环境安全，杜绝环境污染事故的发生。2019年，开展涉气涉水集中执法行动、“散乱污”整治、散煤集中整治、“三考”静音专项行动、医疗废物突击检查、水环境监管执法、环保执法大练兵等行动120余次，检查企业508家次，出动执法人员800余人次，出动车辆140余台次。通过联合执法、重点执法、交叉执法、“两法”联合办案等多种方式，严厉打击一批环境违法行为，维护环保法律的尊严。全年办理行政处罚案件27件、查封扣押3件，处罚金额33万元，依法将长沙威兰包装有限公司、2家架管租赁厂非法处置危险废物案等案件移送公安机关，行政拘留3人，长沙市开福区老龙印刷制版模具厂涉嫌超标排放含重金属废水，严重污染环境，移送公安机关刑事拘留1人。

【排污权有偿使用和交易】2019年，长沙市生态环境局开福分局完善排污许可制度、主要污染物排污权有偿使用和交易机制，新改扩建项目排污权交易率100%，完成对开福区大星机砖厂等7家关停、搬迁企业的减排工作，为开福区新建企业腾出排污权量；完成对长沙市心齐食品有限公司等11家企业排污权有偿使用费的追缴工作；对长沙市小霸食品公司等4家欠缴有偿使用费企业进行《关于收回初始排污权指标的公示》。根据企业环境行为信用评价实施要求，对开福、金霞污水处理厂等企事业单位开展环境行为信用评价，并将评价结果对社会公布。通过引导公众参与环境监督、银行等市场主体了解企业的环保信用和环境风险、构建环境保护“守信激励”和“失信惩戒”机制等主要措施，逐步形成以信用机制督促企业履行环保法定义务的工作局面。

【生态环保宣传】2019年，长沙市生态环境局开福分局发挥新媒体作用，创新宣传活动形式和载体，在《湖南日报》发表题为“为了蓝天碧水绿意浓”，关于开福区打好污染防治攻坚战的专题报道。汇集各方力量，运用“六位一体”加大对社会层面的宣传动员，通过开展环保讲座、动员宣誓、户外行动等，鼓励引导社会各界人士携手同绘蓝天梦。“六五”环境日期间，组织以“环保行动派·共筑开福梦”为主题的生态环保系列宣传活动。利用开学典礼、开学第一课、主题活动日、师生与家长志愿者环保活动等平台，发动全区所有学校师生开展形式多样的宣传教育活动，通过教育一个学生、带动一个家长、影响一个家庭，浓厚整个社会氛围。

【工作调研】2月27日，开福区委书记沈裕谋现场调研开福区生态环保工作。区委常委、区委办主任、区蓝天办主任张春雄，金霞经开区主任康镇麟，副区长易文斌、蒋君及金霞经开区、建设、农水、环保、城管、青竹湖街道、捞刀河街道相关负责人参加调研。沈裕谋一行首先前往沙坪国控监测站点，了解开福区空气质量现状，听取开福区大气污染原因分析。沈裕谋指出，要加强沙坪国控站点周边蓝天保卫、大气污染防治工作，严格落实“六控”“十个严禁”及“三级执法、两级巡查”相关机制，严格管控扬尘污染、企业排气污染、移动源污染等，确保辖区内大气污染源得到严格控制，避免出现二次污染；要开展大气污染联防联控，积极与上风向区县对接，落实各项污染防控举措，将外源输入性污染对开福区不利影响降到最低。沈裕谋一行随后前往苏托垸污水处理厂，了解项目建设进展情况、存在的困难及问题。沈裕谋表示，要大力支持苏托垸污水处理厂建设项目，继续加快项目征拆工作进度，以保障苏托垸污水处理厂建设项目进度；要做好苏托垸污水处理厂配套管网建设，将苏托垸片区污水收集进入污水处理厂处理，保障苏托垸污水处理厂建成后正常通水运行。

【生态环境保护委员会第一次全体会议召开】2月20日，区委副书记、区长刘拥兵主持召开开福区环委会2019年第1次会议，就污染防治工作方案及项目清单进行研究。蔡冰、张春雄、康镇麟、朱江、蒋君、鲁碧君等领导及相关单位负责人参加。刘拥兵就2019年环保工作提出要求：目标要更清晰。大气、水、土壤、噪声污染防治目标要量化、具体化并全面、有序完成，不断提升老百姓对环境质量的满意率。措施要更精准。科学、协同、铁腕治污，找准污染原因，浓厚宣传氛围，强化企业主体责任，落实部门监管责任，确保各项举措取得实效。作风要更落实。实施环保项目时要注重保护生态，尤其要注重老百姓的切身感受，全面整治形式主义、官僚主义作风，杜绝“一刀切”现象。他强调，全区各级各部门要提高政治站位，主动作为，迅速研究落实区环委会会议精神及各项工作方案，坚决打赢污染防治攻坚战。会议原则通过《开福区2019年蓝天保卫战（大气污染防治）工作方案》《开福区2019年水污染防治工作方案》《开福区2019年土壤污染防治和自然生态保护工作方案》《开福区2019年噪声污染防治工作方案》及2019年污染防治项目清单。

【省人大常委会对实施水污染防治“一法两条例”检查评估】5月7–8日，湖南省人大常委会委托湖南省生态文明研究与促进会评估专家到开福区开展“一法两条例”执法检查，对开福区水污染防治法实施情况进行评估。检查组一行听取开福区环保局关于“一法一条例”贯彻实施情况的汇报，并与企业代表、乡镇（村、社区）代表、基层执法人员代表、人大代表等进行座谈交流，开展问卷调查。检查组先后到金湘权食品有限公司、泰和医院等单位了解水污染防治设施运行情况，并实地查看万达战备码头一级饮用水源保护区。检查组对照《湖南省县域水污染防治“一法两条例”实施情况第三方评估重点指标》，对开福区“一法两条例”法律宣教、法律实施、法律实施效果评估三方面资料逐一对照检查，了解水污染防治法各条款项的具体落实情况。检查组对开福区“一法两条例”贯彻执行情况给予充分肯定，认为区政府高度重视，各部门切实发挥职能作用，全区水环境质量呈现良好状态。

【“美丽开福，我是行动者”世界环境日活动】6月2日，由开福区委、区政府主办，开福区蓝天办、区环委办、区文明办、区环保局承办的2019年“六·五”世界环境日宣传活动在湘江风光带风帆广场举行。此次活动以“美丽开福，我是行动者”为主题，播放开福区环境治理宣传片，展示开福区2018年蓝天保卫战的成果、2019年污染防治攻坚战的决心和行动，人民群众对开福区生态环境保护工作的期望。活动邀请“中国好人”周海明，讲述民间河长充当河流保护的宣传员、信息员、监督员、清洁员的故事，“最美蓝天卫士”陈琳琳，讲述美丽开福环保卫士的故事，引领更多的人参与生态环境保护，实现全民共治。活动现场，长沙市蓝天办主任、市委副秘书长、市委办公厅主任曹再兴，开福区委副书记、区长刘拥兵，长沙市生态环境局局长潘胜强等领导共同开启2019“美丽开福，我是行动者”计划，将手中的清泉倾注到绘有一江四河的开福版图沙盘中，汇入到蓝天碧水的开福图景。除“美丽开福，我是行动者”主场宣传活动外，开福区还通过街道、社区、学校等分会场宣传活动、社会宣传等多种途径，开展“六·五”环境日系列宣传活动，提高全社会的生态环境保护意识，引导全民共同创建天蓝水绿山青的美丽家园。

【生态环境保护委员会第四次全体（扩大）会议召开】10月23日，开福区召开蓝天保卫战三季度讲评、特护期污染防治工作动员暨生态环境保护委员会第四次全体（扩大）会议。会上，湖南农业大学博士戴春皓分析开福区空气质量形势，并进行专题辅导；第三方机构华澜环保分析蓝天保卫战工作开展情况；区蓝天办汇报全区2019年三季度蓝天保卫战工作情况、存在问题及四季度工作相关建议。区委书记曹再兴指出，蓝天保卫战形势异常严峻，务必引起重视。要明确目标，克服困难，找到差距，力争完成任务。要认真学习贯彻落实习近平生态文明思想，结合主题教育，切实落实责任。要解决具体问题，减排才是硬道理，重点解决加油站、柴油车、拖拉机、移动机械、渣土线路、工地、渣土车辆、道路保洁、餐饮油烟、露天焚烧等问题。要加强调度和问责，压力层层传导，确保问题解决好，污染治理好，责任落实好。区委副书记、区长刘拥兵要求，要会抓，奔着问题去，奔着污染源去，奔着重点区域去，科学治理，少自我表扬，多解决问题；要真抓，坚持敢执法，真处罚，真问责，铁腕治理，少花拳绣腿，多较真碰硬；要常抓，坚持日常调度，发动群众，长期坚持，少待在会场，多下去现场。

（邓　琴）

教育·科技

EDUCATION & SCIENCE AND TECHNOLOGY

教　育

【概况】2019年，开福区辖区内有各类学校81所，其中大学2所、公办完全中学3所、公办普通高中2所、职业高中2所、公办初级中学10所、公办九年一贯制学校2所、小学57所、全日制民办学校3所。幼儿园161所，其中公办幼儿园31所，民办普惠幼儿园108所，其他民办幼儿园22所。2019年，全区在校学生10万人，其中中小学生65960人（其中区属义务教育阶段公办中小学生51738人）。在园幼儿33452人，其中公办幼儿园幼儿10618人、民办普惠幼儿园幼儿19094人、其他民办幼儿园幼儿3740人。2019年，全区教师5039人，其中在编教师2024人，离退休教师1723人，编外合同制教师638人，校聘教师654人。2019年，开福区教育局获“国家义务教育质量监测实施县级优秀组织单位”“湖南省平安校园建设先进县市区”，获长沙市教育局2019年绩效考核优秀奖。局党组书记、局长谭树茗获评“全国优秀教育工作者”。开福区教育局获长沙市创新大赛、长沙市机器人竞赛、长沙市纸质模型普及赛、长沙市田径运动会、长沙市艺术展演、长沙市现场创意编程赛、长沙市体育大课间7个“优秀组织奖”。

【学校项目建设】2019年，清水塘小学改扩建、长沙师范附属天健小学、清水塘鹅秀小学、沙坪实验幼儿园建成开学（园），新增学位4620个。推动长郡开福中学、北辰实验小学、植基中学改扩建项目建设。投入资金3000万元，对30所中小学校和幼儿园教室照明、学校运动场进行提质改造。与绿地V岛项目签订项目配套学校建设协议书；与新力紫园、长房雍景湾等15个项目签订项目配套幼儿园建设及移交协议书。

4月17日，开福区“家校互通、厚德同行”——2019年开福品质教育开放周活动正式启动（区教育局　供图）

【教育民生服务】2019年，全区净增中小学生3820人，消除大班额23个，大班额仅剩28个。保障10040名外来务工随迁子女、企业员工子弟、136名残疾生就读，33名特殊残疾儿童享受免费“送教上门”，全区特殊教育资源教室增至8个。出台《开福区中小学课后服务工作实施细则（试行）》。清理整治无证办学机构，全区摸底统计239家民办培训机构和幼儿园，通过整治获准办证34家，取缔关停148家，实行备案制幼儿园21家，实现无证办学治理率100%。全年未发生安全责任事故。2019年12月27日，长沙市开福区教育局第一、第二幼教集团在清水塘江湾小学成立，第一幼教集团由开福区11所公办幼儿园组成，第二幼教集团由22所普惠性民办幼儿园组成。开福区教育系统参与集团化办园的园所占全区园所总数25%以上。

【教育环境优化】2019年，全区教育系统开展“我们的节日”系列活动40余场次，各大媒体宣传报道300余次，12所中小学校申报长沙市“文明校园”，3所中小学校申报长沙市“文明标兵校园”。加强校园安全、食品安全、校车安全综合整治，中小学、幼儿园开展消防疏散演练330场次、应急救援演练活动73场次，47043名在校学生和幼儿参加防震减灾、毒品预防、防溺水、火灾防控、交通、消防等安全生产知识培训。率先全省建成首个智慧校园安全监管指挥中心，率先全市实现校园安全5个100%。

【教育质量提升】2019年，开福区高考本科上线率、中考六科一次性合格率居于市内同类型学校前列；低年级游艺性测评教学改革工作获中国教育报和教育部网站报道。举办“家校互通，厚德同行”大型开放周，全区56所中小学校参与开放活动，《长沙晚报》以《打造开福特色品质教育为家庭幸福清单“加码”》为题专题报道。清水塘教育集团以“践行德育‘一体两翼’，深入推进铸魂育人”为主题举行教育论坛，各中小学推进“厚德开福，教育先行”德育项目化工作。全区“体艺2+1”项目达标率70%。推进戏曲文化进校园，创编花鼓音乐剧《日出东方》完成首演，评选“小戏骨”100名，设立戏曲志愿者工作站2个，创建戏曲特色学校1所。5月14日，“2019年湖南省戏曲小梅花展演选拔赛”在株洲市举行，区教育局选送的5个节目获得4金1银，《沁园春·长沙》和《补锅》代表湖南省参加全国戏曲小梅花比赛。

【教育综合改革】2019年，区教育局推进开福区实验小学“依法治校，管办评分离”改革试点和开福区第一中学创新办学；成立开福区第一幼教集团和第二幼教集团。率先成立全省首个教育团工委、率先成立全市首个“厚德开福”少先队名师工作室。创新设立编外教师2400元/人/年的区龄工资。深化“放管服”改革，落实“教师资格认定”等12项列入“最多跑一次”改革，简化行政审批手续。

【教师队伍建设】2019年，开福区教师5039人，其中在编教师2024人，离退休教师1723人，编外合同制教师638人，校聘教师654人。2019年，区委常委会、区政府常务会4次专题研究教育教师工作，召开全区教育工作大会，出台《开福区教师幸福工程实施方案》《开福区公办学校备案制教职工管理细则（试行）》和《加快推进长沙市开福区教育现代化三年行动计划》。公开招聘教师338人。开福区教育局与国家教育行政学院、湖南师范大学、湖南第一师范学院等高校联合举办校长、书记、后备校长等13个培训班，开办开福教育大讲堂5期，举办中小学教师全员岗位素质集中研修班，全年培训人数878人。做好“三区”、援藏、援疆、香港支教工作，完成教师交流工作。组建开福区周满意名校长工作室，完成8个名师工作室换届工作，新组建名师工作室5个，评选出市级卓越教师34名、区名校长8名、区卓越教师115名。区教科研中心（开福区中小学教师发展中心）获评湖南省2019年度湖南省中小学教师网络研修（工作坊研修）工作先进单位称号。《区域推进中小学名师工作室建设与管理研究》获评全国名师工作室优秀成果。

【教育资助】2019年，全区各学段学生资助金额合计7144.13万元。其中资助学前教育贫困幼儿1695人次，发放入园补助金84.75万元；义务教育免杂费、免课本费、免教辅资料费、免作业本费入学117.87万人次，免费金额6867.87万元；资助义务教育贫困学生2130人次，发放生活补助资金113万元；国家助学金资助高中贫困学生241人次，发放助学金24.15万元；免学杂费、免教科书、教辅材料费资助高中学生78人次，免费金额10.33万元；国家助学金资助中职贫困学生89人次，发放助学金8.9万元；免学费资助中职学生279人次，免费金额33.48万元；补助长沙户籍中职学生学费33人次，补助学费1.65万元。6年来，区教育局委派144名教师支援湖南省汝城县教育，助力“三区”教育发展，做好教师支援工作。6月25日，区教育局组织到邵阳市城步苗族自治县开展教育对口帮扶工作，分别从在教育局、学校、校长、教师、学生等5个层面进行帮扶，向援助城

6月14日，新竹小学举行节能减排宣传活动　　（区教育局　供图）

步苗族自治县家庭经济困难学生捐赠现金10万元，区属7所中小学与城步苗族自治县学校签订对口帮扶协议。教育扶贫成为区委、区政府支持城步苗族自治县脱贫攻坚的一个重要举措。

【校园安全】2019年，开福区获评“湖南省平安校园建设先进县市区”“常务理事单位”，区教育局获评市教育局学校安全生产工作年度考核“优秀”等次，获评区安全生产生产工作“优秀”单位。承办“全国中小学生安全教育日（湖南省）分会场主题教育活动”，在全省推介平安校园建设“开福模式”经验。运行长沙首套校车智能监管平台以及开福区校园安全监管指挥中心，获中共中央宣传部“学习强国”学习平台、《中国法制日报》《中国新闻网》《湖南日报》、湖南卫视、湖南经视、湖南都市、《长沙晚报》等媒体宣传报道。《湖南安全与防灾》（2019年第8期，总第521期）的校园安全专栏专题报道《智能监管，让安全“跑”在风险前面——长沙市开福区试点校车安全管理智能化平台纪实》。创建“国家级防震减灾示范学校”1所，“省级安全文明校园”11所，“市级安全文明校园”23所，市级“平安校园”71所。获评省级“防震减灾科普教育示范学校”2所，市级“防震减灾科普教育示范学校”9所，省级“毒品预防教育活动示范学校”1所，市级“毒品预防教育活动示范学校”2所，“长沙市平安智慧校园”1所。

【社区教育】2019年，全区社区学院1所，街道社区学校16所。创建长沙市示范性社区学习中心2所，市优秀老年教育基地1个，认定区级优秀社区学习中心1所，快乐老年大学19所，全区28门课程被立项为区级社区教育特色课程。终身教育网课程资源学习注册49858人，总学分80955分，新增注册人数3071人。

【全区教育大会召开】9月6日，全区教育大会暨庆祝第35个教师节大会在开福区青竹湖影剧院召开。区领导曹再兴、刘拥兵、谢伟峰、欧干军、黎明、邹犇淼、蔡冰、张春雄、舒全球、何惠风、晏成方、李国军、张贻龙以及区人大、区政协主要负责同志，分管教育工作的副区长杨光华等领导出席。区委副书记、区长刘拥兵主持。区委书记曹再兴强调，党的十八大以来，习近平总书记就教育改革发展作出的一系列重要论述，为做好新时代的教育工作指明方向，提供根本遵循，号召全区教育工作者要不忘初心、牢记使命，做人民满意的教师。区委副书记谢伟峰宣读庆祝第35个教师节表彰名单，区人民政府副区长杨光华作全区教育工作报告，该次大会表彰260个单位和个人。区教育局、区财政局主要负责人，优秀校长、优秀班主任、优秀教师代表分别做发言。各市垂直管理单位、区委区政府领导、街道主要负责人，全区教育系统负责人等700余人参加会议。

【年度教育质量大会】12月5日，开福区2019年度教育教学质量大会在长雅中学召开。区人民政府副区长朱江，区教育局党组书记、局长谭树茗等出席会议。朱江肯定过去一年开福教育所取得的成绩，认为教育工作质量得到不断提升，教师队伍建设得到不断加强，教育基础保障得到不断优化，校园安全监管得到不断推进。她号召全区教育系统进一步优化公共教育供给，促优质均衡发展；进一步创新教育发展理念，树区域教育品牌；进一步规范开门办学行为，促教育公平惠民。区教育局各科室长、区属各中小学校长、书记及相关干部400余人参加会议。

【教育系统团队干部培训班】11月

9月27日，庆祝少先队建队70周年主题教育活动日在清水塘第二小学举行，图为教师舞蹈团《盛世中华》演出剧照（区教育局 供图）

14日，“学习贺信精神，提升专业素养”2019年开福区教育系统团队干部培训班在清水塘实验学校举行。本次培训班邀请全国优秀辅导员、全国首批少先队名师工作室领衔人卢刚讲解《贯彻少先队组织工作条例，加强基础少先队组织建设》。广东省中学共青团名师工作室成员邓淑雯结合《中学团校建设与团务标准化》进行现场实操教学。中国少先队工作学会副会长、少先队活动专业委员会主任、上海市少先队总辅导员赵国强在《学习贺信精神，推进学校少先队标准化建设》专题讲座中提出“四梁八柱”概念，为学校少先队标准化建设夯实理论基础。中国辅导员红辅说队事主持人、湖南省少先队副总辅导员、长沙市天心区少先队总辅导员吴海芸用具体的事实案例，分享可实施的办法，讲授《少先队辅导员如何做好学校少先队工作的引领者》。深圳市首批少先队辅导员带头人工作室主持人、全国优秀红领巾社区优秀辅导员、广东省“百名优秀德育教师”李玉玲以《少先队活动课的分层构建与辅导》为题，进一步说明少先队活动课不是一节课，而是一个课程体系。培训由开福区教育局、共青团开福区委员会主办，旨在培养开福区教育系统全体团队干部专业素养和能力。

【违规补课专题整治】4月1日，区教育系统全面从严治党工作会议在周南秀峰学校召开。会上成立开福区中小学教师违规补课专项整治工作领导小组，印发长沙市教育局《关于印发〈长沙市在职中小学教师违规补课专项整治方案〉的通知》和《关于成立开福区中小学教师违规补课专项整治工作领导小组的通知》等2份文件。会议旨在净化教育环境，营造风清气正的教育氛围。3月14日，区教育局成立由开福区纪委监委驻区教育局纪检监察组、监察审计科、组织人事科等联合组成专项督查组。3月16日，对中小学开展专项检查工作，重点检查学校对违规补课专项治理工作的落实情况。

【区中小学校园足球联赛】10月22日，2019年开福区中小学校园足球联赛闭幕。赛事为期1个月，分为初中组、小学甲组、小学乙组等3项级别，22支队伍，400余名运动员，参加两轮52场比赛。此次赛事是全面落实“体艺2+1”项目计划的一项重要举措，通过“小足球，大教育”进一步推进开福区学校体育发展。

【北雅中学举办省中学音乐教学展示活动】12月4—6日，湖南省教育科学研究院主办的“2019年湖南省中学音乐教学展示观摩暨开福区柯达伊教学开放交流活动”在长沙市北雅中学举行。活动以“打造优质课堂教学，实践先进教学理念”为主题。湖南师范大学二级教授、博士生导师郭声健，湖南文艺出版社社长曾赛丰，湖南省教育科学研究院副院长杨敏分别进行讲座，来自各地州市区的音乐教师呈现15堂音乐课。东北师范大学教授、院长、博士生导师尹爱青，音乐教育家、理论家、首都师范大学教授、博士生导师、国家义务教育及普通高中音乐课程标准研制-修订组组长王安国，开福区音乐教研员邱小燕分别做点评和分享。全省各地州市的音乐初、高中学科教师、音乐教研员，省内外各界音乐教育人士、著名专家学者等1200余人参加活动。

（李　波）

区少年宫

【概况】长沙市开福区少年宫是开福区教育局直属的二级机构，具体负责全区团队、体育、艺术、科技、健康教育、城乡学校少年宫六方面工作的组织指导和活动开展。2019年，区少年宫被评为全国少年儿童主题教育活动先进集体、第23届中国戏曲小梅花荟萃湖南选拔赛优秀组织奖、湖南省少儿才艺大赛优秀组织奖、长沙市少先队名师工作室、长沙市少先队辅导员风采大赛二等奖、湖南省少儿才艺大赛总决赛集体舞蹈少儿二组一等奖、长沙市红色经典表演大赛优秀组织奖、长沙市中小学生体育舞蹈比赛优秀组织奖、长沙市中小学生体育大课间优秀组织奖、长沙市中小学校园文化艺术节优秀组织奖、长沙市红十字应急救护大赛优秀组织奖、长沙市红十字应急救护大赛一等奖、长沙市造血干细胞宣传先进集体、长沙市创新大赛优秀组织奖、长沙市机器人竞赛优秀组织奖、长沙市“奇思妙想”纸质模型普及赛优秀组织奖、长沙市中小学生现场创意编程赛优秀组织奖、长沙市“美好生活我的家”儿童图文创作大赛优秀组织奖等。

【未成年人思想道德建设】2019年，区少年宫以中华人民共和国成立70周年为契机，开展“红领巾心向党”“争做新时代好队员”“传承红色基因”“青春心向党，建功新时代”等系列主题教育实践活动，创造性地开展争戴“雷锋章”“少年军校”“情系城步，教育帮扶”“开福龙山手拉手，共沐书香心连心”等系列活动及“学雷锋，做好人”“红领巾相约中国梦”“喜迎十九大—我向习爷爷说句心里话”“核心价值观在心中”“我们的节日”“阳光假期”“五四集中入团”“双有图文征集”“文化志愿者护苗”等丰富多彩的活动；全区中小学生“三独”比赛、“戏曲进校园”系列活动、“开福小戏骨”选拔赛、小学生篮球比赛、足球联赛、首届乒乓球比赛、首届羽毛球比赛、首届中小学生跆拳道比赛、首届中小学生击剑锦标赛、定向越野比赛、机器人比赛、创新大赛、创客节展示活动、美术书法摄影比赛、戏曲小梅花比赛、航空模型比赛、卫生小报比赛、中小学生艺术节系列活动；组建开福区教师合唱团和舞蹈团，定期进行训练。组织开展“血防宣传日”和“结核病”防治宣传活动、眼保健操比赛、环保卫生小报比赛、全国爱眼日活动、区红十字会首届应急救护大赛、小学生窝沟封闭活动、全国科普日活动、城乡学校少年宫开放展示活动、文化志愿者进乡村学校少年宫系列等等。通过各类活动的开展，全面加强团队凝聚力和未成年人思想道德建设，充分展示开福少年宫团队的工作风采。

5月29日，营盘路小学举行《争做文明好队员 同心共筑中国梦》六一庆祝活动
（区教育局　供图）

【教师队伍建设】2019年，区少年宫把各部门负责人队伍建设纳入重点工作之一，培养积极进取、开拓创新的教师团队，通过集中学习、现场经验交流、请专家讲座、下学校指导等多种方式，提升教师队伍。其中团队的少先队礼仪培训、艺术老师的“讲音乐是生命的声音”和“中小学生舞蹈作品赏析”专题讲座、体育的全国校园足球和篮球特色校的教练员和校长的培训、科技的机器人现场安装编程软件培训及科技创新和创客教育培训、传染病防控及应急救护的专题培训等实效显著。为加强队伍建设，提升团队的整体水平，制定实施教师素质提升方案、教师读书方案和教师培训计划；组织校本培训和校本教研，号召全体教师开展读书活动，提升教师理论水平、专业素质和道德水平。2019年，区少年宫参加区级各类培训42人次，参加市级各类培训23人次，参加国家级培训3人次、省级培训3人次。组织教师参加异地培训学习，其中1名教师参加广西壮族自治区的校长（主任）高级研修班培训学习，2名教师到广西壮族自治区参加基层党组织书记培训班学习，1名教师到浙江省宁波市参加后备校长研修班，1名教师到厦门市参加后勤及人事专干的提升培训。鼓励教师们参加区教育局组织的各种大赛，1名教师的美术作品参加中华人民共和国成立70周年湖南省教职工美术书法作品大赛中评选为优秀作品，1名教师参加长沙市社区教育组织的“光影与梦想-2019年全市摄影大赛”获三等奖及参加中国摄影家协会组织的摄影作品比赛获银奖。

【组织各类活动赛事】2019年，区少年宫全年组织开展团队、体育、科技、艺术、卫生、城乡少年宫等主题活动60余个。为能给更多学生提供锻炼舞台，很多活动都是要求在校赛的基础上推荐参加区赛。其中区青少年科技创新大赛、创客节比赛、区“三独”比赛、艺术展演、湖南省第八届少儿才艺大赛、阳光运动会、大课间、体育舞蹈、中小学生篮球比赛、足球联赛、书法绘画比赛、航模与建模比赛、机器人比赛、纸质结构模型普及竞赛、环保卫生小报比赛等活动，通过层层选拔，推荐优秀选手参加各类比赛，给他们提供更广阔的空间与平台。全年组队参加国家级、省、市级比赛50余次，学生获市级以上奖项3000余人次，各项活动在市级以上媒体宣传报道60次。抓好安全教育，落实安全事故防控措施，教育活动场地无安全事故隐患，全年未发生重大安全责任事故。

（周　文）

区教育考试中心

【概况】开福区教育考试中心位于望麓园街道六堆子13号。开福区教育考试中心主要负责开福区辖区内普通高校招生考试、普通高中学业水平考试、初中毕业学业水平考试、自学考试、成人高考、全国公共英语等级考试、研究生考试、同位英语考试、同等学历申请硕士学位水平考试、教师资格证考试（笔试）。2019年，开福区教育考试中心被评为“长沙市国家教育考试工作先进单位”，开福区教育系统绩效考核一等奖。

【基础工作】2019年，开福区教育考试中心设有报名室、中心保密室、档案室、会议室。中心保密室按照保密实施细则设置，联动“110”，实行无死角监控，每年都经省市公安部门、省市保密局、省市教育行政部门联合检查验收。区教育考试中心有职工13人，其中高级教师4人，中级教师7人，初级教师1人，高级工1人。为提高教师队伍素质，单位认真组织各项教育培训，组织参加市院新高考改革的学习，提高教师的政策水平；组织各项业务培训，提升教师信息化操作水平、专业素质和道德水平。2019年，彭勃、邱容、龙红英被评为长沙市考试系统先进个人，彭勃被评为开福区教育系统优秀共产党员。

【业务工作】2019年，开福区教育考试中心为确保各项考试工作顺利实施，开福区教育考试中心坚持严格要求、严明纪律、严格组织的方针，努力做到科学、公平、安全、规范。杜绝安全事故、杜绝泄密失密、杜绝工作差错、将违章犯纪的人和事减少到最低限度。2019年，开福区高考报名人数4492人，其中文科1092人，理科1941人，职高1459人。残疾考生2人，少年班34人，少数民族优惠178人，退役军人优惠1人。考点设置长沙市一中、周南中学，备用考点长沙市一中开福中学，启用考室133个，考生人数3576人。2019年，开福区中考涉及开福区辖区内13所初级中学及贺龙中学。开福区中考初三参考人数6223人，初二参考人数6788人。中考设置5个考点，分别为青竹湖湘一外国语学校、明德华兴中学、长雅中学、北雅中学、长沙市一中开福中学。其中初三年级启用考室209个、初二年级启用考室229个。2019年，开福区学考报名人数3286人，新疆班考生63人自行组考，参考人数为3223人。设置长沙市一中、周南中学2个考点，设考室110个。学考补考承担全市补考工作，考点设置长沙市一中开福中学，学考补考参考人数3632人。

2019年，开福区成人高考报名人数16022人，全区设10个考点，分别为长沙市一中、周南中学、一中开福中学、青竹湖湘一外国语学校、长雅中学、北雅中学、明德华兴中学、周南实验中学、周南秀峰学校、长沙市财经学校，考室540个。2019年，开福区自考主要包括全年两次自考报名、两次自考组考工作、两次办理毕业证及转籍等。2019年上半年自考全区社会型（长线自考）报考7603科，报名人数2524人，其中新生694人。该次自考全区设考点4个，全部启用标准化考室。其中社会型自考设考点1个，为长沙市一中开福中学，启用考室166个，最大单元考室数为45个。全日制自考设考点3个，分别为长沙市周南实验中学、长沙市明德华兴中学和长沙市周南秀峰学校。周南实验中学累计启用考室96个，最大单元考室数为28个；明德华兴中学累计启用考室73个，最大单元考室数为23个；周南秀峰学校累计启用考室160个，最大单元考室数为40个。上半年办理自考毕业证231人。2019年下半年全区自考共报考8266科（其中理论课程8093科，实践173科）。全区设考点3个，全部启用标准化考室，启用考室373个。其中社会型自考设考点2个，分别为长沙市一中、明德华兴中学。全日制自考设考点1个，为长沙市周南实验中学。下半年办理自考毕业证687人。

2019年，开福区组织全国英语等级（PETS）报名两次，考试两次，上半年1497人，1856科次；下半年953人，953科次。2019年，教师资格证笔试考试于11月2日（周六）举行，全区有4996人报考，设考点4个，分别为周南中学、周南秀峰学校、北雅中学、青竹湖湘一外国语学校，启用考室164个。2019年，开福区研究生报名确认人数为

14545人。开福区设考点2个，分别为长雅中学、长沙市一中开福中学，启用考室73个，考生2190人。

【安全工作】2019年，开福区教育考试中心坚持“安全第一、预防为主”的原则，切实加强试卷安全、考生安全、考务安全。试卷安全。加强试卷流转各个环节的安全防范措施，运送试答卷过程中有开福区公安人员、开福区保密局工作人员全程参与押运。保密室为两进两间房，外室为值班室，外室配备有应急灯、灭火器、电话、空调、桌椅等；内室存放试卷，内室配备有保密铁柜、防盗铁门、“110”联动、红外线扫描、视频监控等。保密室考试期间实行24小时轮流值班。通过硬件配套、保密实施方案确保试答卷在运送、使用和保管三个环节的绝对安全。考生安全。通过各项制度及安全检查，确保学校送考车辆的绝对安全，通过招委会成员单位的考前联合整治行动，确保考生的食宿安全。考务安全。通过严密、规范的组考实施方案来明确各项考务工作职责，使得考点、监考、保密、巡考、监控、广播等岗位职责分明，从而确保考务组织的安全无事故。

（彭　勃）

长沙市开福区新竹小学

【概况】长沙市开福区新竹小学位于湘雅路街道油铺街321号，该校作为长沙市政府十大实事工程之一，创办于1998年8月。学校曾用名为“苣茅洲小学”，后更名为“新竹小学”，该校名取自清代郑板桥的《新竹》诗，诗云“新竹高于旧竹枝，全凭老干来扶持”。学校以新竹自喻，实寄望于师生关系就像新竹与老干的关系。学校占地面积11130平方米，建筑面积6600平方米，是一所融寄宿、走读于一体，实行多元化管理的长沙市示范性小学。2019年，学校有教师32名，班级13个，学生584名。

10月15日，新竹小学对口龙山县内溪乡青少年学生开展捐赠书籍活动

（区教育局　供图）

【队伍建设】抓实党员学习教育，每周教师例会进行师德培训，书记带头上党课；探索党员学习教育新渠道，把学校党员微信群建设成支部即时消息发布和党员学习互动平台，组织观看并撰写观后感；坚持共产党员示范岗，与教育教学、管理相结合；落实党风廉政建设，依法治校、依法从教，签订《师德师风责任书》，全年无一例违反师德师风现象。

【教育教学】送培送训持之以恒，举办教育教学专家讲座，邀请长沙市教科院袁苍松所长进行课题规划讲座、《湖南教育》D版主编刘翠鸿老师进行课题研究讲座；组织教师读书沙龙交流。每学期教师全员参与校内教研赛课，青年老师进行“青蓝工程”磨课，蔡婧雯老师获开福区“园丁杯”教学竞赛获一等奖，欧阳翔石老师获体育赛课一等奖。张映君校长带队，刘慧老师、张春老师、龙智老师、陈萌老师到开福区汉回小学送课下乡。每周分教研组进行教研活动，解决教学中的实际问题；市级课题《提高小学生演讲能力的策略研究》有条不紊地进行，在《少年中国说》大型演讲类活动中创造佳绩；参与市级一般资助课《区域行开展防治校园欺凌的研究》派出老师进行深度学习；区级微课题《小学六年级语文课外阅读方法研究》获区二等奖。多位老师评为教育科研先进个人，蔡婧雯老师小学英语札记《关于一般将来时的教学思考》入选《开福课改实验通讯》；教师获奖100人次；学生多人在各类作文、书法绘画、音乐戏曲、DI等比赛中获奖。

【特色教育】学校设有图书室和阅览室，开心吧和流动图书角，孩子们品读国学经典，开展“书香学子”“书香家庭”“亲子阅读留音留影”活动，让孩子们氤氲书香。组织学生参加诗朗诵比赛获得区艺术展演一等奖，区班级演奏比赛一等奖。学生参加市、区“三独”比赛、书法美术摄影大赛、“环保漫画”比赛，多人获奖。延续学校体育传统项目优势，区运会获投掷类第一名，区大课间比赛获一等奖，学校篮球队多组别参赛，举办新竹杯第21届校园运动会。“DI”创新赛4支队伍获省特等奖、一二等奖六项，学校获优秀组织奖。开展校园科幻画、科学小制作、科学小实验比赛。组织学生参加“走娃”活动，多次被省市媒体宣传报道。将戏曲融入学校教育教学，戏曲节目《国韵传承》参加开福区戏曲展演获得好评。市级规划课题“传统戏曲辅助学校德育工作的实践研究”正在推进之中，“非遗”教学和演出成为常态。老师和学生们为龙山第三小学、汉回小学特殊儿童捐赠书籍，奉献爱心。

【家校协作】学校重视和家长的紧密联系，学校开展家校开放周活动，聘请湖南省心理学权威赵兰老师，著名教育培训师、演讲专家夏君老师到学校指导，为家长们如何正确引导孩子健康成长举行讲座。“小手拉大手”公民亲子活动常态化开展。组织垃圾分类回收竞赛，与学生家长一道到福利院慰问孤儿，承办区节能宣传周启动仪式和宣传活动等，家样互动，促进教学质量的提升。开展送教上门工作，周洁薇、刘慧、李芳、徐荷花、周熙蕾等老师长期坚持对残疾生进行上门辅导，深受家长好评。陈思思老师兼职区特殊教育教研员，被评为长沙市特殊教育先进个人。

长沙市开福区新安寺学校

【概况】开福区新安寺学校始建于1964年2月，原名禾羊中心小学，学校坐落于青竹湖街道新安寺社区。2019年，有教学班级9个，在校学生332名，学区内适龄人口入学率100%。有专任教师20人，其中研究生学历1人，大专以上学历100%。校园占地面积8860平方米，校舍面积2709平方米。学校配备有电脑室、音乐室、美术书法室、阅览室、图书室、棋艺室、实验室、舞蹈室、剪纸劳技教室、卫生室和心理咨询室、少先队大队部。100米直线塑胶跑道及标准篮球场、室外乒乓球场，体育场馆面积1500平方米；每个教室配备有60寸液晶一体机的多媒体教学系统。教育教学设施设备完善，体育设施齐全，校园网络全覆盖。2019年，学校荣获《农村艺术教学与教师成长⊥形模式研究》国家级教学成果二等奖，开福区小升初教学质量进步一等奖，开福区中小学生艺术展演活动获朗读类一等奖，开福区血吸虫防控宣传教育先进单位。学校开展的“书香校园，共读好书”活动得到湖南教育电视台和湘教传媒等新闻媒体宣传报道。

【平安校园建设】完善安全工作机制，按照“三专”要求，加强各项安全制度的落实到位。增设11个监控摄像头，学校共有43个监控摄像头，实现了校园安全监控无死角。开展安全教育，全年多次开展安全讲座、禁毒讲座、法制讲座，开展消防应急演练4次；每学期进行3次以上的安全隐患排查。开展“铁路安全进校园”活动。开展血吸虫病防控宣传教育工作，通过宣传专刊、讲座、发放宣传手册，举办学生血吸虫防控知识小报比赛，让广大师生、家长掌握相关知识，收到良好的社会效果。

【特色教育】学校将剪纸艺术特色活动与课题研究工作有机地结合起来，进行一系列教育教学和社会实践活动，自编教材，利用少年宫活动时间开展活动，提高学生美术欣赏水平和剪纸绘画能力。联合街道、社区开展垃圾分类宣传教育活动，培养学生环保意识，学校实现垃圾分类全覆盖。

【教育教学】加强师德师风建设，推行师德考核负面清单制度。加强教育信息化建设，每学期开展信息化培训工作，教学中广泛使用班班通，学生积极上传各项活动资料，“人人通”云平台收集信息1000余条。一师一优课和微课上传按时超质量完成。邀请区内骨干教师到学校讲课20余节，开放课堂共同提高。开展校内听课、评课工作，开展校本研修活动，提高教师能力和水平。校本必修课程开设公民教育课，有计划开展公民教育活动。关爱外来务工人员随迁子女入学就读，为家庭经济困难学生争取爱心基金1万元。全年对16位家庭困难学生资助2.75万元，向湖南省龙山县城关镇第一小学捐书362册。控流保

学落实到位，入学率、升学率均为100%

【家校互通】成立家长委员会，有计划落实学校课堂对家长开放，全年开展家长开放日活动2次，邀请家长参与到学校的管理，促进教育教学质量的提高。改革学生评价体系，学校制订精准提质计划，召开提质研讨会，学生学业评价合格率100%，2019年，荣获开福区小升初教学质量进步一等奖。

长沙市开福区向阳小学

【概况】长沙市开福区向阳小学地处开福区最北端，坐落于青竹湖镇新源、群力、天井3个社区交界处，毗邻青竹湖高尔夫国际球场。2019年，学校有6个全日制教学班，有学生146人，教职工16人，学校坚持“立德树人，以人为本，质量强校”的办学理念，坚持依法治校，规范教学管理，修订《向阳小学制度汇编》，筹划学校《五年发展规划》，全面实施素质教育，创建特色学校，努力提高教育教学质量。2019年，学校被评为长沙市干细胞宣传先进集体、创建并通过成为校园法律宣传服务站、创建并通过成为开福区劳动实践教育特色项目学校，获得2019年开福区中小学成建制班级合唱、合奏比赛一等奖及优秀组织奖，开福区教育科研工作先进单位，开福区校本研训工作先进单位、阳光体育大课间二等奖、开福区中小学生艺术展演二等奖、科技航模比赛团体银杯奖。

【教师队伍建设】学校始终把师德师风建设作为学校工作重点，从校本培训、外出送训、名师引领、读书内修、青蓝工程、课题研究6个方面培育教师团队。全年教师论文获奖16人次，发表1篇；指导学生参加各级各类竞赛，获奖100余人次。章晖老师参加“园丁杯”教学比赛获开福区二等奖，张丹、李银等5位老师获得开福区微课大赛二等奖。学校微课题《小学生服务意识和劳动能力培养的策略研究》成功结题。全年教师外出参加省、市级培训5人次，区级培训30余人次，学校承担片组教研活动2次。学校集体获奖，市级1项、区级4项。教师在各类教学竞赛及论文评比中获奖，国家级2项、省级5项、市级6项、区级27项。学生在各级各类比赛中获奖，市级12项、区级38项。《长沙新闻频道》《三湘都市报》、开福教育信息网等媒体多次对学校教育教学工作进行宣传报道。

【教育教学】2019年，学校坚持以教育质量为中心，以教育科研为抓手，以《开福区中小学教育质量综合评价改革实施方案》为蓝本，实现教学质量稳步提升。上学期四年级科学、美术学科抽测，均获得较好成绩。小升初考试成绩稳定。学校注重对学生核心素养的培育，融入课堂教学、社会实践、校园文化和学校管理各个环节，开展“打赢蓝天保卫战”“争做新时代好队员”等活动，举行语文、数学、英语、美术等学科节竞赛活动，让孩子们在各类活动竞赛中得到锻炼和提高。开展主题为“大手拉小手，家校齐步走”的家校开放周活动，每学期定期召开家长会，定期开展亲子种植活动，加强家校之间的联系，提升家长和社会对学校办学的满意度。学校因地制宜，推进劳动实践教育特色项目，优化劳动实践课程设置和开发，挖掘劳动育人有益成效，打造劳动教育区域特色亮点，全面提升学校教育教学质量和办学水平。

长沙市开福区营盘路小学

【概况】长沙市开福区营盘路小学位于望麓园街道中山路社区文星桥

5月29日，营盘路小学开展涉台知识抢答赛　（区教育局　供图）

1号。2019年，营盘路小学有教学班12个，学生494名，教师30名。学校秉承“爱国从爱校做起、成才以成人为先”的办学思想，确立“学校是你创造的乐园，老师是你共同发展的伙伴，你是美好未来的主人”的办学理念，以“知书入境、明礼怡情”为校训，推崇“亲、轻、勤、文明行”的校风，“严、实、活、师求博”的教风，“乐、能、创、生有样”的学风，追求“德智双全，文理兼通，身心两健，学创俱能”的目标。2019年，学校获市级以上媒体正面报道12次，集体获奖市级6项，区级10项；教师论文发表3篇，获奖25人次，教学竞赛获奖15人次，辅导类获奖26人次。

【教师队伍建设】强化文化传承，树立教师理想信念。学校历史悠久，文化深厚，学校将讲党课与学校文化传承结合起来，讲校史、析处境、展愿景、树规划，增强教师的归属感和荣誉感，帮助教师树立“热爱教育”的理想信念。务实师德建设，培养教师道德情操。学校通过组织学习、签订责任书、定期督查、自查自纠让教师不踩红线，本年度学校无违反师德师风案例。落实全面阅读，夯实教师学识。学校重视教师阅读，通过会上共读、假期自读、撰写读书心得，让读书成为教师业余生活的一种方式。李隽撰写的读书心得获区级特等奖。严格培训和管理，提升教师胜任力。重视全员培训，将常规总结与校本培训结合起来，让培训更关注课堂；重视青年教师培养，成立青年教师成长课堂，通过师徒结对、课题研究，提升青年教师的教学水平；通过严格的常规检查和课堂巡查，保证每一节课的教学效率。2019年，李欣被评为区优秀班主任，赵芳被评为区优秀教师。

【教育教学】学校以传承红色基因和涉台教育为德育项目，通过课程、活动、实践育人，培养学生良好的行为习惯和优良品德。一年级开展“红领巾成长记”活动、“走进自然”研学活动，六年级举行毕业礼等都深受学生喜爱。重视课堂教学效果。学校开展课例研究4次，引导教师在课堂上培养学生的思维力、探究力和良好的学习习惯，让学生学有后劲。推行阳光体育。学校将篮球和花样跳绳作为每一个学生必须掌握的体育技能，开展全校篮球赛和跳绳运动会，组织参加长沙市跳绳运动会获优秀组织奖。重视艺术教育。开设尤克里里、葫芦丝艺术课堂，组织参加四联漫画比赛，提高学生艺术修养。学校坚持开展卫生大扫除，利用寒暑假引导学生每天做一件力所能及的小家务，开展垃圾分类实践活动，培养学生热爱劳动的好习惯。2019年，学生参加各类竞赛获奖200人次。

长沙市开福区高源小学

【概况】开福区高源小学地处开福城北，位于中青路主干道东侧，南连北二环，北至绕城高速。2019年，高源小学有6个教学班，255名学生，15名教师，其中区级骨干教师1人，青年教师8人。学校以“求实创新、质疑致用”为校训，以“以爱为源润泽生命，以智为根因材施教”为办学理念，致力于扎实办好学生开心、家长安心、社会放心的学校。

【教师队伍建设】制定实施“双培养”素质提升方案、教师读书方案和教师培训计划；建立青年教师、骨干教师、新教师成长档案，以老带新，结对互助；认真组织校本培训和校本教研，号召全体教师大练基本功，提升教师理论水平、专业素质和道德水平。年度组织教师参加各级各类培训活动70次。举办教师素质提升暨“园丁杯”教师技能竞赛，11名教师参加校级比赛，2名教师获联片组奖，1人代表学校参加全区教师技能竞赛获二等奖。2019年，教师各级各类竞赛获奖28项。罗志勇老师获开福区“优秀班主任”称号，刘意老师获开福区“优秀教师”称号。黄易顺、张雅桢、张磊落获开福区学科教研先进工作者。易余清老师获“园丁杯”开福区赛第二名，张雅桢老师获开福区体育与健康教学评优二等奖。教师撰写教育教学及家庭教育论文，获奖24人次，教师文章发表5人次，书籍出版1人次。国家级课题《互联网技术促进英语教学实验研究》子课题《互联网技术对农村小学英语口语交际教学的有效性研究》正在研究阶段，还未结题。区级子课题《校园关爱帮扶活动中的参与式公民学习的研究》开题，正在研究阶段。

【教育教学】学校以“长成一棵教育的大树”为主题，以“生根—教师安心”“生长—学生开心”“花开—社会放心”等“三心”主题实践活动为主线，以学生行为规范养成教育为主要内容，以学校少先队活动为载体，开展“寻找雷锋足迹，弘扬雷锋精神”学雷锋系列活动等德育活动24项，加强对学生进行爱国主义、集体主义、社会主义核心价值观教育和道德规范教育。拍摄《我和我的祖国》庆祝中华人民共和国成立70周年，视频被推送上“学习强国”平台。重视学生理论知识教育结合实践操作活动教育，全年累计开展传染病预防及垃圾分类教育活动32次。加强常规教学，探索从“随意听”到“定向观”听评课模式。开展骨干教师送教到村小、党员教师送课上门活动；组织数学“课堂观察”联片教研活动。开拓“校本课程”，2019年下学期开设“创意绘画”“绘本故事”“传统文化动画赏析”“小小古典文化传承者”等课程。学校实施并完成《国家学生体质健康标准》的测试和上报工作，学生体质健康达标率100%。荣获开福区2019年小学生田径运动会12个班以下团体总分第二名、开福区大课间比赛一等奖。学校以“艺术展演”和“六一”儿童节为契机，开展艺术活动，2019年，荣获开福区班级合唱合奏二等奖、开福区艺术展演舞蹈类二等奖，学生获奖70余人次。

【校园安全建设】学校坚持“安全第一预防为主”的原则，切实加强安全防范工作。利用墙报、安全宣传展示板、校园小广播、晨会、班队会等，宣传安全知识，做到“安全天天讲，安全时时记”。将生命教育有机地渗透在各门学科、各种形式的专题教育和课外活动之中，组织安全疏散演练4次。将食堂安全放在安全工作首位，严格监管，重点排查。全年开展安全主题活动42次，其中食品安全培训活动29次。

11月28日，北辰第一幼儿园举办幼儿园游戏观摩活动

（区教育局　供图）

长沙市开福区教育局北辰第一幼儿园

【概况】开福区教育局北辰第一幼儿园地处北辰三角洲E6区北门，紧临长沙市“三馆一厅”（长沙市图书馆、长沙市规划展示馆、长沙市博物馆、长沙市音乐厅），是开福区教育局一所高规格、高标准的公办幼儿园。

【园所标准化建设】幼儿园占地面积6930平方米，建筑面积5674平方米，户外面积3600平方米，于2017年9月正式开园。2019年，有幼儿756名，教学班级21个，教职员工90名。前期幼儿园总投入1000万余元用于二次装修和设施设备采购。园内的设施设备均按照省级示范性幼儿园的标准建设，设计与规划符合幼儿年龄特点，所有班级均按标准配备有钢琴、一体机、电脑、消毒柜等教育教学用品及保教设施设备，功能完备、设施齐全。幼儿园开设9个活动室，科学探索室、乐高操作室、美术创意室、图书阅览室、感统训练室、厨艺坊、木工坊等，旨在让孩子得到个性发展。

【园所办园理念】园所以“尊重、陪伴、团结、互助、沟通、协作、敬业、善思”为园训，以“种下一生幸福的种子”为指引，以“保护好孩子科学探究的种子”为理念，依托园所环境、课程设置、专家引领、科学区域、科学特色功能室、科技节活动等，重点打造“科学”特色。幼儿园全体员工秉承“专业人做专业事”的精神，落实“引领孩子扣好人生第一粒扣子”的美好愿景，做好幼教工作。

长沙市开福区育德小学

【概况】长沙市开福区育德小学位于开福区德雅路浏河村巷，紧邻湖南省社会科学院和长沙市一中开福中学。2019年，育德小学有12个教学班，557名学生，32名教职工。学校办学宗旨为“文化育德、博雅树人”。学校以“管理严、校风好、质量高、特色明、校园美”的良好形象，得到社会和家长的广泛认可，2019年，学校获得长沙市文明校园关荣称号。中国未成年网、新湖南、《长沙晚报》、掌上长沙、市文明网等媒体曾多次对学校教育教学工作进行专题报道。

【教师队伍建设】制定实施教师素质提升方案、教师读书方案和教师培训计划；师徒结对，以老带新，青蓝并济；认真组织校本培训和校本教研，号召全体教师大练基本功，提升教师理论水平、专业素质和道德水平。学校组织教师参加校内常规培训16次，校外培训89人次；9人参加“园丁杯”教师比武、区英语师生素养大赛、区语文素养大赛，其中3名老师获得区一等奖，教师撰写教研论文获省市级奖励20篇，结题英语区级微课题1个，立项市级语文课题1个。

【教育教学】学校以“做一个优雅的小公民人”主题实践活动为主线，以学生行为规范养成教育为主要内容，以学校少先队活动为载体，以重大节日、纪念日为契机，开展生动活泼的德育教育活动，加强对学生进行爱国主义、集体主义、社会主义思想教育和道德规范教育。2019年，学校举行“争做合格小公民，争当学习小主人”春季开学第一课，倡导学生争做“五小”（小帮手、小标兵、小伙伴、小卫士、小主人）。举行“童声飘过70年”庆“六一”表彰暨文艺会演活动。组织学生参加2019年开福区首届中小学生羽毛球比赛，荣获团体第5名和优秀组织奖。编排的节目《童谣伴我来成长》，选送参加《湖南教育电视台》“我是小小舞蹈家”电视才艺秀的电视录制决赛展演。联合开福区德雅路社区开展“九九重阳节，浓浓敬老情”重阳慰问志愿服务活动。举行“小手拉大手，垃圾分类齐步走——暨育德小学2019年‘11·3’建队日”主题活动。组织学生参加开福区阳光体育节小学生田径运动会，获得团体第六名。编排舞蹈《童谣伴我来成长》参加2019年开福区中小学校园文化艺术节艺术展演活动，获得一等奖。组织参加全区大课间操比赛，获得一等奖。学校语文教师刘恋阳和王佳汝参加开福区小学语文第四届“爱阅读善表达”教师素养大赛比赛，获得一等奖。

【平安校园建设】学校坚持“安全第一预防为主”的原则，加强安全防范工作。利用宣传栏、宣传展示板、校园小广播、周会、班队会等，宣传安全知识，做到“安全天天讲，安全时时记”。学校围绕安全主题全年开展“安全教育日活动”“安全在我心中征文活动”“禁毒征文和绘画活动”“开学安全教育活动”、中小学交通安全教育等一系列活动24个；开展

10月19日，高源小学举行学生运动会　　（区教育局　供图）

"反恐演练""疏散演练"和"消防演练"3种6次安全演练；组织安全知识竞赛4次；组织学生、家长和教师安全教育培训50次。通过活动和培训，积极创建"平安校园"，为师生营造安全、和谐校园氛围。

【家校互通】育德小学实行"家校互通，厚德同行"教育开放周，开展以"弘扬体育文化，传承育德精神"为主题的校园体育文化节，传承学校特色，架起家长与学校之间沟通的桥梁。暑假期间，联合社区开展垃圾分类"打卡"活动，督促孩子们和家人一道，学习和宣传垃圾分类知识，对生活垃圾每天按要求整理分类。经过21天的坚持"打卡"，垃圾分类小达人初步养成。

长沙市开福区大星学校

【概况】长沙市开福区大星学校地处开福区城郊接合部罗汉庄村，东临捞刀河，北邻长沙市园林生态园。2019年，学校有教学班6个，学生210名，教师15名。学校坚持以"立身以至诚作本，读书以明理为先"办学理念，以"明理、至诚、乐学、向上"为校训，以办人民满意的教育为目标。2019年，学校获集体荣誉17项，省、市、区级媒体多次正面宣传报道，其中省级5次、市级20次、微开福1次、开福党建2次，开福教育信息网刊发信息70余篇。学校参加市级课题成果展示，承担区"品质教育"开放周展示、联片教研活动，创建"童心向党"区域化党建示范项目等；共有教师20余人次执教区级以上的公开课、竞赛课、录像课等，荣获湖南省在线备课比赛三等奖；教师论文赛课获国家、省、市、区级奖励107人次（人均8项），其中国家级5人次，省级28人次，市级39人次，区级33人次，片组2人次；在国家级核心期刊发表论文1篇；学生参加教育系统组织的各项比赛获奖200余人次。

【教师队伍建设】坚持"四个带头"抓队伍建设，即带头谋划工作，事必躬亲；带头发现问题，解决问题；带头服务师生，关心教师；带头责任落实，内涵提质。用严格的制度约束人，用灵活的机制引导人，用身边的典型带动人；思想上尊重师生，感情上贴近师生，行动上深入师生。举办青年教师成长研修班，开展"四课一评"课堂教学研究、"五个一"和"五给"教师培养模式、"夸夸最美的星"活动，提升教师的幸福感和获得感。全体教师成为"身体力行、雷厉风行、修身洁行"的有品位的好教师。

【教育教学】强化教学研讨，坚持备课要深、上课要实、作业要精、教学要活、手段要新、活动要勤、考核要严、辅导要细、负担要轻、质量要高等"十要"，抓好精细化管理。深化教育科研，落实校本研训，夯实教研组建设，坚持"问题即课题"，教研经常化、制度化、个性化、形式多样化，将教研活动内化为教师发展和自我提升的内驱动力；市级课题《小学生湖湘童谣传承和发展的策略研究》顺利结题并荣获市级优秀科研成果一等奖。争取区科研中心的支持，引进全区优秀音乐教师送教，破解结构性缺编难题；举办"学科节""艺术节""体育节"，组织参加区艺术展演、区科技比赛、区运动会。2019年，获得区艺术展演优秀组织奖，区大课间比赛一等奖；《小手牵大手，助力垃圾分类"最后一公里"》少先队小提案成为开福区唯一一个上报长沙市少工委的小学提案。

【书香校园建设】推进书香校园建设，开展"家校互通，亲子共读"读书活动，创新开展流动书吧进教

9月30日，大星学校学生在"我与祖国共成长"活动中放飞梦想气球
（区教育局　供图）

室，低年级《绘本阅读》，中年级《阅读，让童年不一样》，高年级《阅读让生命更精彩》。推进书香班级建设，举办青春诗词大会、好书漂流活动等。参加“红书签·爱满星城”全民阅读公益活动，为长沙县纠田小学和龙山县的帮扶学校捐赠一批图书。学校语言文字达标学校建设获评全区第一名。

【家校协作】创新家校共建机制，成立家长委员会，设立家长护学岗，开展家长陪餐制；“家长开放日”“淘宝小换客”成为家校协作的良好纽带。筹集资金更换课桌椅、新建篮球场，为学生添置图书柜、保温箱和保温饭盒，解决家长后顾之忧。开展党员、教师家访日活动，走访慰问贫困生。

【特色教育】优化德育活动机制，丰富德育活动形式，开展“传唱童谣跟党走，做奋斗的追梦人”春秋季开学第一课，“传唱童谣育新蕾，星光闪耀润开福”家长开放周，“传唱童谣迎华诞，我与祖国共成长”庆国庆系列活动。承担区“品质教育开放周”展示活动，出版师生童谣集、编制校报折页；学校童谣特色项目建设课题荣获长沙市优秀教育科研成果一等奖，并参加全市成果展示。学校童谣活动被湖南经视、湖南教育电视台、《长沙晚报》《当代商报》等多家媒体宣传报道。

长沙市开福区沙坪中学

【概况】长沙市开福区沙坪中学始建于1958年9月，学校坐落于开福区最北端的沙坪集镇，是一所农村

2019年，沙坪小学重视学生艺术素养的培育，图为课后兴趣特长班的学生在上绘画课

（区教育局　供图）

寄宿到公办初级中学。2019年，沙坪中学上半年有7个教学班，269名学生，27名教职工；下半年有6个教学班，213名学生，25名教职工。其中市级骨干教师1人，区级骨干教师2人；高级教师7人，一级教师15人，高级技工1人。学校始终坚持“待人以诚，为事以真”的校训，全面实施素质教育，创建特色学校，提高教育教学质量。2019年，开福区沙坪中学被评为“开福区内部保卫先进单位”“开福区科研先进单位”，创建市级“学校劳动实践基地”，连续保持“长沙市文明单位”。

【教师队伍建设】制定实施教师素质提升方案、教师读书方案和教师培训计划；建立青年教师、骨干教师、新教师成长档案，以老带新，结对互助；认真组织校本培训和校本教研，号召全体教师大练基本功，提升教师理论水平、专业素质和道德水平。组织7名教师参加“省中小学信息技术提升培训班”学习，12名行政、班主任、骨干教师参加假期“教育管理者培训”“班主任管理培训”“名师培训”，14名教师参加开福区教师集中培训。刘霞林参加区“园丁杯”教师教学比赛获得二等奖。黄春玲被评为区优秀班主任，屈学武评为区优秀教师，朱小兰评为师德标兵，刘霞林、唐友良、王忠晖、舒燕芸评为校级优秀教师。王忠晖被聘为开福区教师培训讲师，并在全区教师集中培训上开展讲座，李君被评为长沙市公安局开福分局“事业单位内保先进个人”。李君、袁红波被评为区教育局优秀党员。

【教育教学】实行校级领导年级负责制，直面课堂，指导教学。加强常规检查，推进高效课堂。学校行政带头落实教学常规，并经常深入课堂听课、评课。采取定期检查与

随机抽查相结合的形式，对任课教师的教案及批改作业情况进行检查；执行行政巡课制，每天每节课均安排行政巡视课堂，保证每节课的教学常规落实。突出培优辅后，强化质量意识。全年制定切实可行的中考目标——提升合格率，争取优秀率“脱贫”。2019年中考成绩取得历史性突破，一次性合格率100%。长沙市教育局对全市272所学校教育质量测评结果排名进入前10名，开福区排名第2。重视校本教研，省级课题《城乡接合部初中学校学生行为文化建设实践研究》，完成中期评估。国家级课题“农村学生综合素质评价实践研究”，在教育部中学生综合素质评价研讨会上做汇报发言。参与国家课题“参与式公民学习研究”子课题研究。加强学生体质健康工作，增强学生体质，2019年中考体育合格率100%，名列长沙市前列。学校大课间活动自编健身操，开展全民体育运动项目，组织学生参加开福区运动会，有3名学生获得奖项。重视学生艺术素养的培育，参加区班制合唱比赛获得二等奖，学生在市、区级绘画比赛中有50余人获奖。

【安全工作】学校坚持“安全第一，预防为主”的原则，加强食品安全、校园安全的防范工作。利用宣传栏、宣传展示板、校园广播、晨会、班队会等做好宣传，将生命教育有机地渗透在各门学科、各种形式的专题教育和课外活动之中。定期组织安全疏散演练、消防专业人士安全讲座，积极创建“平安校园”，做好安全常规检查，对安全隐患及时整改，为师生营造安全、和谐校园氛围。落实食品安全监管职责，做好食品安全知识的宣传和疾病的预防，关心学生心理健康，对心理异常的学生进行重点关注，并请校外专业人员进行心理疏导。

长沙市开福区凤羽小学

【概况】长沙市开福区凤羽小学位于开福区捞刀河街道凤羽村，毗邻捞刀河。2019年，学校有教学班12个，学生564名，教师30名。学校以“做堂堂正正中国人”为校训，以“发挥每个孩子的个性特长，让每个孩子自信健康快乐地成长”为办学宗旨，全面实施素质教育，推进“五爱”教育，提高教育教学质量，办人民满意的教育。

【教育教学】重视培养学生自主管理能力，推进参与式公民教育，学生在“能自主”的学校生活中不断成长，班风校风良好；推进以激励为主旨的评价体系，培优帮困两手抓，促进学生健康成长。由班级推选优秀和进步学生当升旗手、护旗手180人次，各类优秀小公民表彰奖励900余人次，学生区级及以上获奖170人次。“小学生自主管理能力培养的研究”被长沙市教科院立为一般资助课题。小升初考试全区排名第15，获得区教学进步奖一等奖，教学质量三等奖。坚持每学期开设20余门实践性、参与式走班制校本课程，涵盖艺术、运动、科技、劳动、生活、益智等方面。经典阅读校本必修课开设8年，深受学生欢迎，促进学生综合素质的提升和学生个性发展。省级课题“基于学校教育哲学的校本课程开发与管理研究”通过中期评估。

【特色教育】推进“五爱一能”学生校园生活目标，开展图书进班级、图书馆坚持每天开放、分年级阅读指导、国学经典诵读、亲子共读、诗词诵读比赛等活动，52个家庭被评为书香家庭。举行体育节及亲子运动会，校运动队获长沙市排球比赛小学女子组第四名、长沙市气排球比赛分获甲乙组第五名、区足球比赛小学男子组第四名；杨耀等3名同学以足球特长被中学录取。超前布局“艺体2+1”，在二至六年级分别开设非洲鼓、尤克里里、口风琴、葫芦丝等班级器乐课程，开展合唱、舞蹈、绘画、蜡染等艺术社团活动。在开福区艺术展演活动中获优秀组织奖，舞蹈获特等奖，朗诵和校园剧获一等奖，在区班级器乐比赛中获一等奖。溢美童心绘画比赛获国家级一等奖。举办校园科技节，精心设计与生活密切相关的科技活动项目34个，老师、家长、学生共同参与，提高学生的科学兴趣和科学素养。开设与劳动相关的动手实践类课程，培养学生的劳动能力、创造能力。以高分通过长沙市劳动实践场所重点单位验收。

【家校协作】学校外来务工人员子女占60%，困难学生家庭较多，全部建档立卡。关注特殊学生和家庭困难学生成长，全年资助学生87人次，资助4.55万余元。开展多种形式的家校交流，家长志愿者协助学校开展各项活动，家长膳食管理委员会对学校食堂不定期检查，促进学校食堂管理。学校举办的校园科技节，家长踊跃参与，67位家长与学校老师一道负责组织和指导学生开展科学实践活动，其中54位家长被学校评为优秀家长。

【队伍建设】全年教师参加各级各类培训108人次，培训资金1.75万元。落实双培工程和青蓝工程，师徒结对18人次。教学竞赛11人次获奖，省集体备课比赛获得二等奖。吴羽、龙娟等3人获卓越教师“学科带头人”“教学能手”称号，邓丽娟等4人成为名师工作室学员。发挥骨干教师示范引领和辐射作用，陈文进等4位骨干教师送课下乡48节。2个省、市立项课题研究进展顺利，2个区级微课题提交结题材料。教师19人次获得市、区级先进个人称号，教育科研论文获奖26人次，教师辅导奖8人次。

科　技

【概况】2019年3月，经机构改革长沙市开福区科学技术局职能进行调整，原知识产权局的相关职能移交到开福区市场监督管理局，原所属开福区人力资源和社会保障局的外国专家服务管理职能移交到区科技局。区科协独立建制，区科技局不再加挂区科协牌子。调整后，区科技局内设办公室、产业项目科、创新发展科，有工作人员10人。截至2019年年底，全区高新技术企业187家，市级院士工作站4家，市级以上（含市级）“双创”平台19家，其中众创空间17家，科技企业孵化器2家。

【创新主体培育】2019年，开福区科技局实施高新技术企业强基工程，研究制定《开福区2019年企业“升高”工作方案》，探索建立高新技术企业培育库。全年组织6期高新技术企业专题培训，82家企业申报认定为高新技术企业，截至2019年年底，全区高新技术企业187家，较2018年同比增长52%，超额完成市对区绩效考核任务；8家企业成功申报长沙市科技创新小巨人企业，全区科技型企业队伍日益壮大，高新技术产业基础不断夯实。

【创新平台建设】2019年，国家广电工程技术研究中心分中心、下一代互联网宽带业务应用国家工程实验室、中国联通国家工程实验室（大数据及创新实验室）相继落户开福辖区，湖南文盾信息技术有限公司成功创建省级院士工作站，湖南天剑海洋工程设备有限公司成功创建市级院士工作站；芒果视频文创园、马栏山视频文创产业园创智园、国科开福创新创业基地、创客周末等4家单位被认定为省级众创空间，国科开福军融双创基地被认定为市级科技企业孵化器。截至2019年年底，全区有市级院士工作站4家，市级以上（含市级）“双创”平台19家，其中众创空间17家，科技企业孵化器2家。

【科技招商】2019年，开福区引进航天一院、新天地集团、中国兵器装备集团有限公司5618厂等行业龙头企业，引进德雅华兴、国科亿存、鑫磊科技、宏大日晟等一批细分领域行业标杆企业，正在与航天三院、康佳电子、天津飞腾、临空飞行、北京中关村信息谷等多家国内外知名企业项目开展洽谈。

【产学研合作】2019年，开福区科技局坚持以企业为主体、市场为导向，鼓励开展校企产学研合作，加强与清华大学、中科院、国防科大、湘雅医学院、湖南师大、湖南农大、长沙学院等省内外高等院校和科研院所的技术合作，促进优势资源共享。通过政产学研紧密对接，引进5名科技特派员驻区企业开展指导工作，组织开展“长沙-中南大学湘雅医院科技成果对接”会，对接腾讯公司在开福区成立腾讯智慧文创（马栏山）产业基地。

【科技创新】2019年，开福区全社会研发经费投入稳步增长，全年全社会R&D经费投入14亿元，同比增长50%，快乐阳光、普菲克生物、盾甲新材等59家企业获得省级研发经费奖补共计1463万元，中民筑友、中建西部、青苹果数据等6家企业获得长沙市高新技术企业R&D经费投入“双百”企业奖励，普奇地质的“基于天然电场选频法地下水勘探关键技术研究与应用”项目获评湖南省科技进步奖二等奖，超能机器人的“多模态感知与无线接入方案及应用科技项目”获评湖南省科技进步三等奖，中民筑友承担的“新型装配式建筑构件智能制造项目”被评为长沙市“产业项目建设年”活动优秀项目。2019年，区内单位完成技术合同登记成交额9.4亿元，同比增长24%。

【科学技术普及】2019年，开福区科技局组织“科技活动周”“科技工作者日”“科普日”等系列活动，开展各类科技培训和讲座10期，科创沙龙活动30期，印发科技宣传资料6000余份。推动全区社区、村、学校开展科普中国普及工作，花城社区、便河边社区的社区科普E站建成投用，为新竹二小、精英路社区等6家单位配备科普E站屏媒，陈家湖社区、海博种业的张轩杰等3家单位（个人）获评市级科普示范单位（个人）。开展青少年科技创新活动，组织举办“奇思妙想”纸质结构模型普及赛、区第九届科技创新大赛，组队参加国际、省、市等青少年创新大赛，屡获佳绩。在全国青少年机器人竞赛中，获得二等奖1个；湖南省第12届青少年机器人竞赛中，获一等奖2个、二等奖1个、三等奖3个、第十七届全国中小学信息技术创新与实践大赛（NOC）湖南省赛中，获一等奖4个、二等奖9个、三等奖11个，四方坪小学获优秀组织奖；2019年湖南省青少年智能机器人大赛中，获一等奖8个、二等奖5个、三等奖4个，四方坪小学获优秀组织奖；第40届湖南省青少年科技创新大赛中，获二等奖1个，三等奖1个。

【科技兴农】2019年，开福区落实“科普惠农兴村计划”和“精准扶贫”相关要求，促进农村科普阵地建设，依托“开福区生态农业协会”“湖南渔歌养殖农民专业合作社”“湖南顺腾种植农民专业合作社”等农业组织开展农业科技培训、技术指导、咨询服务等活动，其中开福区生态农业协会获评“湖南省农村专业技术协会科普奖”；为引导涉农企业开展产业创新项目、技术推广攻关提供配套扶持，协助竹坡农业、甚好农业等农业企业获批省级引智项目4项，指导海博种业、海天山庄成功创建市级现代农业科技示范基地，推进农业现代化，助力新农村建设。

【科技服务】2019年，开福区科技局推进全区“优化营商环境年”和“产业项目建设年”活动，1名干部被聘为优化营商环境兼职政策指导员，全年牵头组织各类科技政策培训10期，培训人员1200人次；实地走访科技企业超过200家，印发《科技政策解读汇编》5000余册。全年推荐湖南省100个重大科技创新项目1项、省级研发经费奖补项目59项、市级科技计划项目43项；兑现区级科技产业奖励扶持资金860万元、高新技术企业奖励730万元，立项区科技计划项目29项420万元。全年为企业争取各级科技资金5500万元，同比增长40%。

【“全国科普日”长沙主场活动启动】9月22日，由长沙市科协、长沙市委宣传部和开福区人民政府联合主办的2019年“全国科普日”长沙主场活动启动仪式在开福区“三馆一厅”长沙市图书馆举行。该次活动以“礼赞共和国，智慧新生活”为主题，分为星城科学讲堂、现场科技成果展示、星城创客大赛三大部分。长沙市委副书记朱健，湖南省科协副主席刘晓河，长沙市政府副市长邱继兴，长沙市政协副主席邓自力等省、市领导出席。开福区委书记曹再兴出席启动仪式并致辞。开福辖区内30余家高新技术企业、科普场馆等集中展示科技创新的产品与成果。活动期间，4D互动百科全书带你走进新阅读世界、体感垃圾分类、与各种智能机器人亲密接触、手掌玩火里有趣的化学知识等现代智慧生活的图景让人大开眼界，近10万市民纷纷排队体验最新科技应用成果。

【文盾信息获批省级院士工作站】2019年12月，由湖南文盾信息技术有限公司承建的方滨兴院士工作站被认定为省级院士工作站。中国工程院院士方滨兴被誉为“中国防火墙之父”“国际网络安全领袖”，作为技术开拓者，方滨兴率先提出保障国家网络空间框架结构、建设国家信息安全基础设施的概念，并组织实施部分国家信息安全基础设施建设，为国家安全做出突出贡献。

（邓　军）

科技普及

【概况】按照科协系统深化体制改革的要求，2019年，开福区科协机构进行改革，区科协实现独立建制，核定机构编制3名，实有在编在岗干部职工2人。2019年，区科协通过加强自身组织建设，突出科普资源开放与共享，推进科普信息化进程和提升服务创新能力，促进全民科学素质提升，践行“四服务一加强”的职能定位，有效助推区域经济社会发展。

【科协组织建设】2019年，开福区科协落实《开福区科协系统深化改革实施方案》文件要求，建立健全基层科协网络建设和阵地建设，区科协实现独立建制，园区和街道实现科协全覆盖，并指导中民筑友、长重机械成立企业科协，引导全区高新技术企业加入全市企事业单位科协联合会，有效扩大科协组织覆盖面。

【科普信息化建设】2019年，开福区科协按照“科普中国——百城千校万村”行动计划要求，推动全区的社区、村、学校开展科普中国普及工作，打造一批基层科普信息化阵地，花城社区、便河边社区的社区科普E站建成投用，为新竹二小、精英路社区等6家单位配备科普E站屏媒，通过开展网上“科普知识趣味答题竞赛”，助推“科普中国APP”基本实现全覆盖，各级科普阵地通过信息化的手段普及科学知识、倡导科学方法、传播科学思想、弘扬科学精神。

【科普投入】2019年，开福区科协围绕长沙市建设国家中心城市要求，结合全区实施的科技投入倍增行动计划，完善科普投入机制，对街道投入实施绩效考核，加大对活动实施、培训组织、学术交流等工作的投入，明确科协项目和创新创建的配套扶持。2019年，全区科普支出370万元，其中科普专项60万元，用于保障活动开展、培训宣传、设施设备维护采购及学习交流，对采购的科普E站屏媒配套10.8万元，对中民筑友、联合餐厨、文盾信息的市级院士工作站区级配套提高到每家100万元，充足的经费投入保障科协工作的有序开展。

【科普宣传】2019年，开福区科协围绕“科技活动周”“科技工作者日”“科普日”重要节点，组织实施校园科普展示、社区科普宣传、专家企业行等科普活动20余场次，承办全国科普日长沙主场活动，召开科技创新表彰大会，举办四方坪小学校园科技节、科大佳园科普互动展等特色活动。开展社区科普示范创建，陈家湖社区、精英路社区获评市级科普示范社区。充分发挥社区广场、科普画廊和宣传栏等阵地作用和企事业单位、科普场馆的宣传主导作用，加强与有关成员单位协作，加大对食品安全、垃圾分类、防灾减灾等热点知识的普及，拓宽活动覆盖面，提升全民科普素质。

【科技交流合作】2019年，开福区科协围绕科技助力精准扶贫、激活科技创新动力、推动产业升级等主题，开展各种形式的学术交流、研讨、考察学习等活动，提高学术交流实用性和影响力，开展湘雅医学技术政产学研对接、湖南省物联网行业协会年会等对接活动，落实湖南省水产研究所专家来到开福区开展培训讲座。凝聚各级学会、广大科技工作者，依托湖南省博物馆、长沙市三馆一厅、长沙市市青少年宫、开福区少年宫等优势资源开展科普共享服务，构建大协作大联合的科普新格局。

【服务科技工作者】2019年，开福区科协发挥职能优势，在街道、社区和企事业单位筛选热心科普事业的100余人成立科协志愿者服务队。依托驻区科技特派员、科研机构专家教授等高层次人才成立开福区科技专家顾问团。结合市“人才新政22条”和区“人才新政11条”，加强科技人才服务力度，举办科创沙龙活动35期，为重大科技产业化项目、高成长性科技企业及科技创新平台等，引进高层次科研团队和人才。

【实施创新驱动计划】2019年，开福区科协推进创新创业，服务产业创新发展，为企业与科研院所、科技工作者牵线搭桥。加强创新平台建设，文盾信息、天剑海洋分别获批省级、市级院士工作站，指导远璟生物与中南大学湘雅医学院联合创建湖南省免疫检测工程技术研究中心，协助草莓V视开展国家级众创空间备案，马栏山智创园、湘域创新创业基地等4家单位获评省级众创空间。此外，在区内众创空间和科技孵化器开展技术咨询、技术诊断、技术服务活动，促进企业提高自主创新和技术攻关能力，为科技成果向现实生产力转化服务。

【实施乡村振兴战略】2019年，开福区科协落实“科普惠农兴村计划”和“精准扶贫”相关要求，促进农村科普阵地建设，依托“开福区生态农业协会”“湖南渔歌养殖农民专业合作社”“湖南顺腾种植农民专业合作社”等农业组织开展农业科技培训、技术指导、咨询服务等活动，其中开福区生态农业协会获评“湖南省农村专业技术协会科普奖”；为引导涉农企业开展产业创新项目、技术推广攻关提供配套扶持，协助竹坡农业、甚好农业等农业企业获批省级引智项目4项，指导海博种业、海天山庄成功创建市级现代农业科技示范基地，推进农业现代化，助力新农村建设。

（邓　军）

文化·旅游·体育

CULTURAL TOURISM SPORTS

综述

2019年3月，政府机构改革，原开福区文化体育新闻出版局更名为开福区文化旅游体育局（加挂区文物局牌子）。开福区文化旅游体育局行使文化、旅游、体育、文物管理、文化市场综合执法等工作职能。局内设3个二级机构（一局两馆），文化市场综合执法局（正科级参公事业单位）、文化馆（副科级事业单位）、图书馆（副科级事业单位），5个科室（办公室、旅游科、体育科、文物科、市场科。全局共有20个核定编制，由6个行政编制，5个执法局参公编制，5个文化馆事业编制，4个图书馆事业编制构成。实有在编干部19人，核定临聘人员8人。2019年，开福区文化旅游体育局荣获“湖南省文明单位”、湖南省“扫黄打非”先进集体，创建1个全国“扫黄打非”基层示范点；“弘扬国歌精神，牢记初心使命”主题党日活动被评为市直机关基层党支部主题党日优秀案例。

公共文化

【概况】2019年，开福区文化馆为国家二级馆，全区有街道综合文化站16个、社区（村）综合文化服务中心107个，其中市级示范标准的街道综合文化站8个，市级示范标准社区（村）综合文化服务中心82个。2019年，围绕区委、区政府“项目建设年”，着力“一圈两场三道”和文化惠民工程，创建江滨、双河、鹅羊山等13个市级示范性社区（村）文化服务中心。推动文体设施“建管用”一体化，区文化馆、图书馆坚持“门常开、人常来、

1月23日，区文化科技卫生“三下乡”活动在沙坪街道檀木岭村举行
（区委宣传部　供图）

活动常在”，全年推出“文化大篷车”“五进五送”等活动100余场，开办文艺培训200余场，免费向基层送电影1300余场，送戏20余场，开展文化志愿服务30余场；推出“百姓大舞台、有艺你就来”“文艺轻骑队”“校园文化进社区”“非遗文化进校园”等惠民活动100余场。在“欢乐潇湘”全省群众文艺会演中，开福区原创节目少儿群舞《鸡咯咯鸭嘎嘎》、群口快板《盛世中华好日子》获特等奖，女声小组唱《母亲的故事》获一等奖；在长沙市“欢乐潇湘，品质长沙”展演中，开福区选送的节目荣获特等奖3个、一等奖1个；选送的电影《正正的世界》《犬爱》、花鼓音乐剧《少年毛泽东》、广播剧《红色传家宝》等6部作品获评长沙市第十三届精神文明建设“五个一工程”奖，《正正的世界》入选国家精品电影项目。

【“城北欢歌祖国颂”庆祝中华人民共和国成立70周年合唱比赛】9月20日，由中共长沙市开福

9月20日，“城北欢歌祖国颂”开福区庆祝中华人民共和国成立70周年合唱比赛
（区文旅体局　供图）

5月9日，第三届"中国福"城市文化交流活动在开福区举行
（区文旅体局　供图）

区委、区人民政府主办，区委宣传部、区文化旅游体育局承办的庆祝中华人民共和国成立70周年"城北欢歌祖国颂"合唱比赛在湘江风光带风帆广场举行。长沙市文旅广电局党组副书记、局长杨长江，开福区委书记曹再兴等领导出席。开福区16个街道选送合唱代表团1000余人参加，是开福区近几年来参演人数最多的一场群众性专场合唱比赛。活动邀请《星光大道》冠军湘籍歌唱家刘赛现场献唱，共同用欢歌礼赞中国的辉煌成就，用文化表达满腔的爱国情怀。整场演出气氛热烈、掌声不断，充分展现开福区群众文化的丰富多彩和人民蓬勃向上的精神面貌，开福区居民群众3万余人通过现场和网络直播观看这场"线上线下"双模式的艺术盛宴。洪山街道选送的金鹰社区芒果树艺术团、新河街道选送的开福区老干部大学春晖合唱团、青竹湖街道选送的青竹湖合唱团获得金奖。

【第三届"中国福"城市文化交流活动】5月9日，第三届"中国福"城市文化交流活动在长沙市开福区清水塘中共湘区委员会旧址举行。活动为期两天，包括开幕仪式、福地参观、夜看开福、主题论坛等环节。全国8个以"福"命名的城市嘉宾代表齐聚开福，共同挖掘中国"福"文化，开展"福"文化交流活动，畅享"福"文化盛宴，推动各城经济与文旅融合发展。长沙市政协党组书记、主席文树勋出席并宣布第三届"中国福"城市文化交流活动正式开幕，开福区委副书记、区长刘拥兵致欢迎辞，开福区委副书记谢伟峰作开福区城市推介。开幕式中，演出原创情景剧《福地往事》、花鼓新唱《开福身边好人多》、音诗画《文化同心、圆梦幸福》等文艺节目，来自江西安福县、福建福鼎市、云南福贡县、新疆福海县、贵州福泉市、山东福山区、广西永福县的嘉宾代表与开福区"身边好人"、道德模范、群众代表共同观看演出，共话福文化。文艺演出后，"福"文化城市联盟举行交接仪式，接旗方为第四届"中国福"城市文化交流活动举办单位新疆维吾尔自治区福海县。

【图书馆】2019年，开福区图书馆为国家一级馆，全区建有24小时自助图书馆7家，长沙市图书分馆11家，农家书屋31家。2019年，新建

8月23日，区图书馆发布24小时自助图书馆地图，市民可按图索骥，寻找离自己最近的自助图书馆
（区文旅体局　供图）

东风路欧波港湾1家24小时自助图书馆，形成以烈士公园为中心，月湖、秀峰、湘江世纪城、万达广场、马栏山、东风路“一中心六网点”的“互联网+”公共阅读圈。全力打造“读书之城”，提供优质化阅读服务，举办“开福阅读者”“神奇的图书馆”“圈圈故事会”“读者微沙龙”等系列阅读活动100余场，服务读者30万余人。

【文物管理】2019年，全区有不可移动文物点124处，其中全国重点文保单位2处、省级文保单位14处、市级文保单位44处、一般不可移动文物点60处。坚持创造性转化、创新性发展，加强文物监管。2019年，新增1处国家级文物保护单位（湘雅医院早期建筑群），2处省级文物保护单位（金九活动旧址、潮宗街教堂）。抢抓有机更新、历史步道建设等契机，加强文物传承保护，推出“三个一批”举措，激活九如里公馆群、西园北里民居群等一批闲置文物，修缮中共湘区委员会旧址、开福寺、潮宗街教堂等一批重点文物，抢救文昌庙、学宫旧址等一批濒危文物，保护开福区历史文化遗存，挖掘文化底蕴，提升老城区宜居品质。

（刘莎莎）

史志档案

【概况】2019年3月，按照中央、省、市及区委、区政府对机构改革的统一安排，原区史志档案局承担的行政职能划入区委办公室，更名为开福区档案馆，对外加挂区委党史研究室、区地方志编纂室牌子，为区委办公室所属正科级公益一类事业单位。全额拨款事业编制6名，设馆长1名（正科职），副馆长2名（副科职）。区档案馆内设办公室、档案科、史志科3个科室。

【党史工作】2019年，开福区档案馆以编研为重点，开展党史课题研究。完成市委党史馆资料征集和湖湘红色遗址收录工作，按要求提供相关资料和物品；按照省、市要求，参加“中华人民共和国70年党的建设成就与经验”笔谈活动，推荐文章《粼粼清水塘，映红一条街》；为庆祝中华人民共和国成立70周年，完成上报“我和我的祖国”征文4篇。以平台为依托，加强党史宣教工作。开展党史“六进”活动，普及党史知识。完成《毛泽东在湖南》《邓小平年谱》《中国共产党湖南历史》《中国共产党的九十年》等40余种党史书籍及党史期刊《湘潮》征订发行任务。为庆祝中华人民共和国成立70周年，结合“不忘初心，牢记使命”主题教育，以“弘扬党史文化，构筑中国精神”为主题，开展“开福记忆”故事讲述活动。以活动为载体，丰富党史联络活动。为做好党史编研和党史联络组工作，组织党史联络组到铜官窑古镇、长沙党史馆、张百熙纪念馆、农耕博物馆及广州市、珠海市、中山市等相关革命遗址参观学习。长沙市委党史研究室主任宋俊湘和长沙市委党史联络组副组长刘耀杰到开福区调研，对开福党史工作给予充分肯定。

【地方志】2019年，开福区档案馆完成《长沙市开福区志》修改工作。根据2018年省、市、区评审意见，对区志送审稿进行全面的修改梳理。通过调整结构、新增篇章、内容修改、文字修正等工作，对志稿内容进行查漏补缺。2019年底出样书并送方志出版社审阅。做好《开福年鉴》编撰工作。2019年1月下发《开福年鉴（2019）》组稿通知，设29个编目大纲，按照编（类）、分目、条目逐一安排设置。3—8月编辑部组稿改稿，经过三审三校，形成《开福年鉴（2019）》终审稿送方志出版社进行评审。2019年年底完成评审及后续修改工作。做好省市年鉴组稿工作。配合省、市做好《湖南年鉴》《长沙年鉴》组稿发行及“双十”年度人物、年度事件评选工作。根据《长沙年鉴》组稿要求，通过组稿修改，上报《长沙年鉴》编辑部5000余字的年鉴组稿，含概况1条，条目12条。上报《湖南年鉴》编辑部3500余字的年鉴组稿，含概述1条，条目8条。完成《长沙市志·人物》开福篇任务。根据长沙市志办关于编纂《长沙市志（1988—2012）》人物篇的要求，配合市志办开展人物篇修改工作。加强志鉴业务培训，提高业务水平。组织修志骨干参加省、市、区举办的各种业务培训班和理论研讨会，提升业务水平，掌握扎实的编纂知识、方法和技能，把脉修编区志存在的困难和问题，从资料收集、语言表述、图片选择等方面学习县志书编纂要点，提升撰稿人员的撰稿水平。开展方志宣传，拓展方志服务。组织开展“5·18”地方志宣传活动，本着“修志为用”的原则，推动方志文化“进机关、进农村、进社区、进校园、进企业、进军营”，有效传承、保存和共享地方志文化资源。

【档案管理】2019年，开福区档案馆以国际档案日为契机，开展档案宣传活动。围绕2019年“6·9”国际档案日宣传主题“新中国的记忆”，开福区档案馆联合区文明办在月湖公园东广场开展一系列宣传活动，从国家、社会、家庭3个方面展示开福区70年来所取得的成就。推进档案信息化，发挥档案服务实效。以文书档案、工程档案、声像档案为重点，加大档案进馆力度。涉改单位档案进馆。对区安监局等11个涉改单位的档案工作进行指导，接收区城乡建设局、区财政局投资评审中心、区法制办等单位档案6626卷进馆。工程项目类档案进馆。加强建设工程项目档案、土地确权档案进馆指导，接收丝茅冲项目档案、土地确权档案11439卷。推进馆藏档案信息化。截至2019年年底，馆藏档案有全宗115个，档案99675卷（盒），档案管理系统数据库条目93万条，全文扫描数据267万幅。做好档案利用和查询服务工作。全年接待查阅婚姻登记、公证书、拆迁协议等档案的群众2689人次，查阅卷宗3523卷次。同时为开福区编写区志、年鉴及领导决策提供一手资料，为开福区的经济建设及民生服务。对库房进行清理，确保档案安全规范。对库房内的档案柜、密集架、照明设施、温湿度设备等硬件设施进行排查整改，将馆藏档案进行全面清理规划，理顺全宗案卷的摆放，合理利用空间。按时放置防虫、防鼠药等，确保库房达到“九防”要求，坚持库房每日安全检查，确保库房安全。做好项目档案的指导验收。2019年，对农贸市场提质改造项目、沙坪秀坊街项目、企业退休人员社会化管理档案进行业务指导，以便后续进馆。

6月9日，开福区档案馆举办“新中国的记忆”档案宣传活动

（区档案馆　供图）

【开福区率先全市为“好人”家庭建档案】6月12日，长沙市开福区在月湖公园东广场举行“新中国的记忆”2019年国际档案日宣传活动，普及档案知识，提高民众档案意识，并率先在全市为“好人”家庭建立档案，树立榜样力量，让良好家风更好地传承。本次活动由开福区委、开福区人民政府主办，开福区文明办、区档案馆、洪山街道承办。湖南省档案馆副馆长蔡振武，湖南省文明办副主任熊科文，长沙市委办公厅副主任、档案局局长吕发祥，长沙市文明办副主任丁德喜，长沙市档案馆副馆长陈艳芳，开福区委常委、区委办主任张春雄，开福区委常委、宣传部部长舒全球等领导参加活动。围绕中华人民共和国70周年以及第12个国际档案，开福区将1949年至2019年全区的重大事件以图文的形式进行展览，并邀请专家学者等讲述洪山地区70年发展史、教育发展变化以及马栏山视频文创园未来展望等，展

示长沙大域北70年来所取得的发展成就。2019年，开福区首次在长沙为“好人”建立家庭档案。活动现场，开福区8户“好人”家庭代表向民众展示其日常工作、学习和生活有关的具有保存价值的各种文字、图片、声像等。

【“开福记忆”故事讲述活动】10月24日，长沙市开福区在长沙市博物馆举行“开福记忆”故事讲述活动。活动由街道选派的8位志愿者采取故事讲述的方式，根据街道实际，推选一个长沙最具特色、代表性的地名、建筑、名胜古迹、人文景观、近现代大事件及革命老党员、老战士的故事，以“弘扬党史文化，构筑中国精神”为主题参与讲述。本次活动由长沙市委党史研究室、长沙市博物馆指导，中共开福区委办公室、开福区委宣传部主办，开福区档案馆、开福区文明办、新河街道承办。

（陈　蓉）

旅游

【概况】2019年，全区有A级景区6家、星级酒店8家、星级农庄7家、旅行社71家。其中AAAA景区3家（世界之窗、海底世界、湖南省博物馆），AAA景区3家（长沙园林生态园、沙坪湘绣小镇、汉回景区）；五星级酒店3家（圣爵菲斯、运达喜来登、潇湘华天）、四星级酒店3家（延年世纪、黄金海岸、华悦）、三星级酒店2家（留芳、陋园）；五星级农庄7家（和道源、大明、河村非洲文化园、良家庄、海天、园林生态园、山鹰潭）。2019年，全年接待国内外旅游者1579.9万人次，旅游总收入190.7亿元。其中接待国内旅游者1565.8万人次、国内旅游收入186.13亿元；接待入境旅游者14.1万人次，入境旅游收入4.57亿元。坚持“以文促旅、以旅彰文”的理念，以宣传开路，融合长沙市“三馆一厅”、湖南省博物馆、世界之窗、海底世界等文旅资源，在《长沙晚报》专版推介“相约夜开福，满屏文艺范”，国庆长假期间，开福区旅客量突破137.12万人次，较2018年同期增长10%；组织沙坪湘绣、捞刀河刀剪等企业参加“一乡一品国际博览会”，天利湘绣、善禧文化等企业申报《长沙市2019年度引导和扩大文旅消费提升行动项目》。完成对国家AAA级以上旅游景区、三星级以上宾馆饭店、旅行社的等级复核评定和信誉等级评估。实施“文化+”“旅游+”“体育+”战略，成功举行“幸福向北”马栏山芒果汽车全民跑暨开福区全民健身节启动仪式，省内外3000名跑步爱好者参赛，整场活动通过《都市大直播》在湖南都市频道进行直播，芒果TV全程同步网络直播；承办“厚德之城，开启幸福”第三届“中国福”城市文化交流活动，国内外福文化研究专家、学者和全国8个以“福”命名的城市嘉宾代表齐聚一堂，共话福文化、共谋新发展；举办“城北欢歌，祖国颂”开福区庆祝中华人民共和国成立70周年合唱比赛，16个街道选送合唱代表团1000余人参加，是开福区近几年来参演人数最多的一场群众性专场合唱比赛，邀请《星光大道》冠军湘籍歌唱家刘赛现场献唱，开福区居民群众3万余名通过现场和网络直播观看这场“线上线下”双模式的艺术盛宴。

公共体育

【概况】2019年，开福区有体育健身场地面积158.5万平方米，人均体育场地面积2.48平方米。其中公共体育场地省级（含市级单位）全民健身中心2个，其他单项训练场馆6个，市级（含市级单位）综合体育场馆1个。有区级及区级以下体育主题公园1个、健身步道12.5千米、街道全民健身中心（健身驿站）8个、全民健身基层工程点（健身房、健身路径及篮球场、羽毛球场、网球场、门球场等）680个。学校体育场地高校及中小学体育场地设施286处，其中在篮球、羽毛球、排球、乒乓球、网球及击剑、跆拳道等室内体育场馆19个；青少年后备体育人才培训基地5个。社会经营性体育场地有综合性体育馆12个、健身馆18个，足球场18片、篮球场26片、羽毛球场82片、游泳场所42处、乒乓球馆6个、武术馆（拳击、跆拳道）6个、卡丁车赛道3处、高尔夫球场及练习场3个、网球场2个、蹦床馆2个、台球馆2个、围棋馆2个、攀岩馆1个、滑冰场1个、体操馆1个、击剑馆1个、丛林越野基地1个。2019年，落实体育民生实事工程，推动健身驿站、健身步道、体育健身器材配备等公共体育阵地建设，为基层配送102套健身器材，建设湖畔、左岸、科大景园3个全民健身驿站、罗汉庄村伍家岭片区1个多功能运动站场，打造湘江东岸至捞刀河南岸一条10千米的健身步道。以群众需求为导向，组织策划“幸福向北运动季”全民健身节，举办“北富杯”篮球赛、社区趣味运动会、气排球教学赛、全民健身大展演、“欢乐总动员”迪卡侬全民健身社区推广等系列活动。以政府购买服务组织游泳场馆、体育场所暑期免费开放，服务人数1万余人，全民健身“每季有主题，每月有赛事，每周有活动”。

【“2019·幸福向北”马栏山上芒果汽车全民跑活动】4月20日，“2019·幸福向北”马栏山上芒果汽车全民跑暨开福区全民健身节启动仪式在“中国V谷”马栏山文创园举行，省内外3000名跑步爱好者参加。整场活动通过《都市大直播》在湖南都市频道进行现场直播，芒果TV全程同步网络直播。本次活动由长沙市开福区人民政府、中国（长沙）马栏山文创产业园主办，开福区文化旅游体育局、马栏山文创园招商合作局、开福区月湖街道承办，芒果汽车独家运营执行。跑道全程7千米，分为男子组和女子组，来自湘潭大学的林鑫和甄燕南分别获得男子组、女子组冠军。连续2年举办的“幸福向北”全民跑马拉松成为开福区一大文体IP，此次活动开启“幸福向北·运动季”2019年开福区全民健身节帷幕。全民健身节期间，区属机关、街道、社区及辖区企业、体育健身社团100余场群众性体育健身赛事活动将贯穿全年，做到全民健身“每季有主题，每月有赛事，每周有活动”，开福区全年参与健身运动的市民群众10万人次以上，全民健身正在成为越来越多“开福人”的生活新常态。

【2019年开福区“北富杯”篮球赛开赛】7月22日，2019年开福区“北富杯”篮球赛在长雅中学篮球馆开赛。开福区政府机关、街道、园区8支代表队，138名篮球爱好者参与比赛，用运动展现出“幸福开福”建设者的激情和活力。比赛由开福区委、区人民政府主办，区文化旅游体育局承办，长沙市篮球协会和长雅中学协办。经过为期6天16场精彩的比拼，最终青年金霞联队获得冠军，政府部门联队获得亚军，党委系统联队获得季军，东方力量、湘江北上联队获得最佳组织奖，文教卫联队、公检法联队、马栏山联队获得道德风尚奖。

开福区北富杯篮球赛开赛，用运动展现“幸福开福”建设者的激情和活力

（区文旅体局　供图）

【“幸福向北·运动季”社区趣味运动会举行】8月30日，由开福区人民政府主办，区文化旅游体育局承办的“幸福向北·运动季”开福区社区趣味运动会暨湖南省首届社区趣味运动会开福区排位赛在富兴时代广场开赛。开福区16个街道社区居民群众200余人参加比赛，丢沙包、赶球跑、踩砖过河等活动让大家尽情享受运动的快乐。经过5个项目激烈比拼，捞刀河街道中岭社区、月湖街道舟桥路社区、浏阳河街道史家坡社区分别获得比赛团体总分前三名。

文化市场管理

【概况】2019年，全区有网吧119家、KTV娱乐场所19家、演出经营场所3家。深化“放管服”改革，提升政务服务效能，梳理审核权力清单、公共服务事项清单等“六类清单”，公布审批流程和办理时限，推动“互联网+政务服务”一体化平台建设，让企业和群众少跑腿、办好事、不烦心。全年“一站式办理”审批171件，12345市民服务热线满意率、商事信息平台办结率、印刷企业核验合格率均为100%。强化文化市场常态监管，突出重点时段、重点地段和重点领域，开展“2019清源·净网·秋风·护苗”等“扫黄打非”专项整治及“春雷”“三考静音”“安全生产月”等重点整治行动，严厉打击文化市场违法违规行为。全年出动执法人员4026人次，查办行政罚案件6起，处置12345市民投诉案件314件。全区网吧、歌舞游艺娱乐、互联网文化、艺术品市场、旅游景区、星级酒店等多个领域企业500余家，全年未发生安全责任事故。

（刘莎莎）

重点旅游景点

【开福寺】开福寺位于长沙市湘江之滨，是一座殿宇宏伟、气势夺人的千年古寺。开福寺是禅宗临济宗杨岐派的著名寺院，始建于五代十国时期，历宋、元、明、清各代，数经修缮，有著名的内外16景，是湖南省重点文物保护单位，也是汉族地区佛教全国重点寺院，长沙市佛教协会的所在地。每年春节，

开福寺山门外都会举行盛大的庙会。除祈福和赏灯，还有看戏、猜灯谜、舞龙狮、品美食。此外，湘绣、剪纸、面塑、糖画等级能手也在庙会展示传统手艺，尽显开福寺庙会质朴的民风民俗。

【沙坪湘绣文化旅游景区——沙坪小镇】沙坪风情小镇是开福区沙坪湘绣文化旅游景区的核心景区，是中国湘绣的发源地，国家AAA级旅游景区。景区依托沙坪湘绣产业和自然资源基础，融合当地特有的湘绣文化、民俗文化，成为国内外知名的以湘绣产业、现代农业、旅游产业为核心的文化旅游特色小镇。

沙坪小镇的核心景区为沙坪绣坊街。街区全长1.3千米，总建筑面积13.3万平方米。沙坪绣坊街是湖南首席湘绣文化旅游商业步行街，集休闲娱乐、湘绣体验、非遗展示为一体，分布有旅游工艺品展览区、湖湘特色餐饮区、湖湘文化展示区等景点，让广大游客充分领略湘绣文化的无穷魅力。

【沙坪湘绣文化旅游景区——汉回民族村】汉回民族村是开福区沙坪湘绣文化旅游景区中的特色景区，为国家AAA级旅游景区。汉回民族村是长沙市唯一的少数民族聚居村。全村2000多名居民中，1/3是回族，回族在此生活有300多年历史。景区内有民族团结广场、回民清真寺和铁炉寺知名景区，是佛教、伊斯兰教宗教活动场所，尤其是村内保存有具有鲜明回族特色的民居、风俗和独特的饮食文化。在这个山水相映的村庄，汉族和回族村民和睦相处，共同居住，是个以汉回文化为依托、以民俗体验、生态农业、休闲度假为主体，以宗教、

美食为配套的新型旅游示范区。

【沙坪湘绣文化旅游景区——长沙园林生态园】长沙园林生态园是开福区沙坪湘绣文化旅游景区中的重要景区，景区总规划面积为200公顷，截至2018年年底，开放一期园区66.67公顷，景区内植物资源丰富，森林覆盖率90%，空气质量极佳，负氧离子丰富。景区把文化、旅游生态的理念与园林融为一体，

形成独有的生态文化品牌。是集园林科研生产、花卉展示、科普教育、休闲旅游、户外拓展等多种功能于一体的现代生态园。自2009年开园以来，接待游客突破100万人次，是长沙市科普示范场馆、市青少年素质教育基地。

【长沙世界之窗】长沙世界之窗坐落于长沙市金鹰影视文化城，占地40万平方米，是全国首批AAAA级旅游景区之一，中南地区最有影响力的大型文化主题乐园；湖南省最大的旅游、影视、文化、娱乐基地，也是湖南省重要的精神文明建设基地。

长沙世界之窗是由湖南电广传媒股份有限公司、深圳华侨城控股股份有限公司和香港中旅集团共同投资兴建的大型文化主题公园。1997年10月1日试营业以来，长沙世

界之窗发展成为一个融世界各国建筑奇观、五洲风情歌舞表演、大型儿童游乐、先锋时尚活动、水上活动乐园、影视拍摄基地于一体的综合性大型主题乐园。

【长沙海底世界】长沙海底世界坐落于浏阳河畔金鹰影视文化城内，占地7公顷。被国家海洋局、中国海洋协会授予“海洋科普教育基地”，也是湖南电视台的影视拍摄基地。海底世界的游览区域由海洋馆（包括极地馆）、科教馆、水上乐园、儿童乐园、儿童乐园五大功能区组成。是一个集观赏、休闲、娱乐、科普于一体，中南地区展示物种最多、节目内容最丰富、参与性最强、最具时尚感的海洋主题公园。先后获得“湖南省最佳旅游景点”“长沙市文明示范窗口”等荣誉称号。被国家旅游局授予“国家AAAA级”旅游景区（点）。

【铁炉寺】铁炉寺位于开福区沙坪街道汉回村，距长沙市区7.5千米。相传南宋初年有禅师来此结庐静修，得天人散花、猿猴献供。岳飞出兵洞庭湖时，慕名谒师，宾主谈禅论道，纵论国策，行前植茶树两株而去。康熙年间（1662—1722年），百隆普振禅师（1654—1735年）平江颜氏子，幼时见羊跪

乳，悟母恩难报，遂发离尘之志，依开福寺心辉世祖出家，25岁负钵远游，朝礼名山，广参善士。32岁始居金山，勤修苦参十五载，彻底神悟。康熙四十年（1701年）辞返星沙，见铁炉冲云烟缭绕，古茶蔚起，遂发愿于宋禅师结庐处，开山建寺。该处四面环山，西边低阔，中为腹地，形状酷似古人烧饭用的铁炉锅，故禅师为寺命名铁炉。铁炉寺原为和尚主持，1931年正式改为尼庵。

【洪山寺】洪山寺位于长沙市开福区山鹰潭自然风景区，紧靠风景如画的捞刀河，依山傍水，风景秀丽。该寺始建于明代，寺庙建筑宏

伟，气势非凡，佛光塔高达9层，供奉地藏菩萨。

【潮宗街历史文化街区】潮宗街是长沙市著名的老街巷，位于长沙湘江中路与黄兴路两条主干道之间，长约1000余米。明清时长沙县署就在潮宗街上。民国时期，出潮宗街、过潮宗门，便到长沙码头，长沙是中国四大米市之一，潮宗街又

为长沙著名米市。走进麻石铺路的潮宗街，有大韩民国临时政府旧址、时务学堂等著名景点，书社、教堂、戏台、公馆、牌楼、文化比比皆是，让广大游客和市民感受到老长沙历史的记忆。

【西园北里历史步道】西园北里是长沙市重点塑造的5条特色街巷之一，也是长沙市首条历史步道示范区的首发段，于2016年10月正式启动，2018年初完成改造。西园北里因唐宰相裴休在此修建西楼而得名，属长沙六大公馆群聚集区之一

的文化街区，街区全长约560米，以古朴、沧桑、静谧、慢行为主题，串起左宗棠祠、李觉公馆等7处不可移动文物和15处历史人文景点，打造留住长沙记忆的历史街巷。

【中山亭】中山亭位于长沙市开福区黄兴北路与中山路交汇处。始建于1930年，辟有辛亥革命陈列馆，陈设孙中山、黄兴、蔡锷、宋教仁等革命党人史迹。中山亭是湖南省会近现代标志性文物建筑之一。

【湖南省博物馆】湖南省博物馆位于长沙市开福区，与烈士公园毗邻，占地面积5.1万平方米，筹建于1951年，1956年正式对外开放。2012年闭馆改扩建，2017年新馆建成并对外开放。湖南省博物馆是湖南省最大的历史艺术博物馆，也是首批国家一级博物馆、中央地方共建国家级重点博物馆、全国优秀爱国主义教育示范基地和湖南省AAAA级旅游景点。

湖南省博物馆藏品18万余件，尤以马王堆汉墓文物、商周青铜器、楚文物、历代陶瓷、书画和近现代文物等最具特色，并以此打造6个展示人类优秀文化遗珍的基本陈列。

【长沙市博物馆】长沙市博物馆旧馆位于市中心八一路538号，占地4.26公顷，面积40000平方米。1986年，长沙市博物馆在中共湘区委员会旧址纪念馆的基础上正式成立。长沙市博物馆新馆于2015年12月底搬迁至长沙滨江文化园长沙市“三馆一厅”。

长沙市博物馆作为一座中型综合性的地方志博物馆，它承担着收藏、保管和展示长沙市以及周边地区各类文物、照片、图书、文献资料的重任。为国家征集收藏了各级各类文物、照片、图书、文献资料共85000余件。其中出土文物10500余件，流散文物28000余件，字画和近现代文物6500余件；各种历史图书文献资料20000余件，各类照片20000余张。经专家鉴定，共有一级文物87件套，二级文物101件套，三级文物2750件套。

【长沙市滨江文化园——“三馆一厅”】长沙滨江文化园——“三馆一厅”位于长沙北辰三角洲，西滨湘江、北临浏阳河，包括长沙市博

物馆、长沙市图书馆、长沙市规划展示馆、长沙市音乐厅以及景观塔和周边配套设施在内的长沙滨江文化园建筑群，“三馆一厅”总建筑面积约15.5万平方米，其中博物馆3.42万平方米，图书馆3.13万平方米，音乐厅2.76万平方米，景观塔650平方米，地下架空层5.75万平方米。整组建筑象征湖南人勇往直前、迎难而上、自强不息的群体性风格。长沙“三馆一厅”位置十分优越、环境优美清新，是广大游客和市民休闲、阅读、养性、欣赏的最佳场地。

【烈士公园】烈士公园是长沙市最大的公园，位于长沙城东北部东风路1号，是座集纪念、游览和娱乐的综合性公园。1950年动工兴建，1953年正式开放。占地118公顷，其中水面约40%。东面浏阳河环绕，其他三门面向闹市。

【大明山庄】长沙大明生态休闲山庄位于长沙市开福区沙坪街道大明村，占地面积36.67公顷，环山抱水，风光旖旎，原始生态和人工雕琢浑然一体，既保留了自然生态美景，又体现出现代建筑之大气和风韵。大明山庄是一个集会务、

住宿、餐饮、飞越丛林、垂钓、农事体验、拓展训练、休闲娱乐、手工DIY、种植养殖于一体的生态农业示范基地，由商务会所、康体中心、垂钓中心、生态手工坊、农耕文化园五大板块组成，山庄拥有三星级酒店1栋，雅韵别墅4栋，总建筑面积6000平方米，集餐饮、住宿、会议、茶楼、商务洽谈于一体的特色休闲山庄，是推广农业科技的示范基地。

【和道源农庄】和道源农庄位于长沙市唯一一个少数民族聚集村—汉回村，特色浓郁的回族民居，满眼浓郁的伊斯兰风情，距离市区12千米，交通便利，环境优美，杨柳排行，亭立湖央构成一幅大自然的生态美景。和道源农庄自2009年组建

以来，形成集高科农业、生态农庄、休闲体育、茶道文化、茅台酱酒文化、绿色文化、亲子文化为一体的国家级生态农庄。

和道源农庄原位于沙坪街道板塘村，为配合开福区乡村发展，支持家乡建设，农庄搬迁到汉回村，2016年8月5日重新对外运营。农庄分为休闲观光区、农庄餐饮区、会议娱乐区、体育运动区、垂钓休闲区、酱酒品鉴区、水上游乐区、员工生活区八大功能区。

【海天山庄】五星级休闲度假山庄——海天山庄位于长沙市开福区沙坪街道海棠村境内，山庄依山而建，占地面积约21.8公顷。山庄各类配套服务设施齐全，是一个

集生态苗木种植、农业观光、休闲娱乐、团体会务、修养健身为一体的乡村度假胜地。山庄设有标准套房、豪华套间，46间98个床位。房内安装有卫星电视及空调让您享受温馨惬意的假日时光；山庄在乌溪村拥有13.33公顷无公害农产品基地供应自产自销的纯原生态家禽和蔬菜，拥有年出栏600头生态养猪场，2公顷原生态土鸡饲养园，让您与健康同在；高档次KTV、乒乓球室、健身器材、台球、羽毛球、双人自行车、商场、垂钓让您与娱乐相伴。

【河村山庄】河村山庄是位于长沙市开福区沙坪街道茶子山村的一家休闲生态园，其环境优美，空气清

新。河村山庄投资400万元，占地23.33公顷，是以休闲垂钓、餐馆住宿、棋牌娱乐、会议培训等项目于一体的休闲农庄。优美的自然风光、粉色的浪漫小屋，古朴的农家四方小院，10公顷自然水域，吸引众多游客流连忘返。

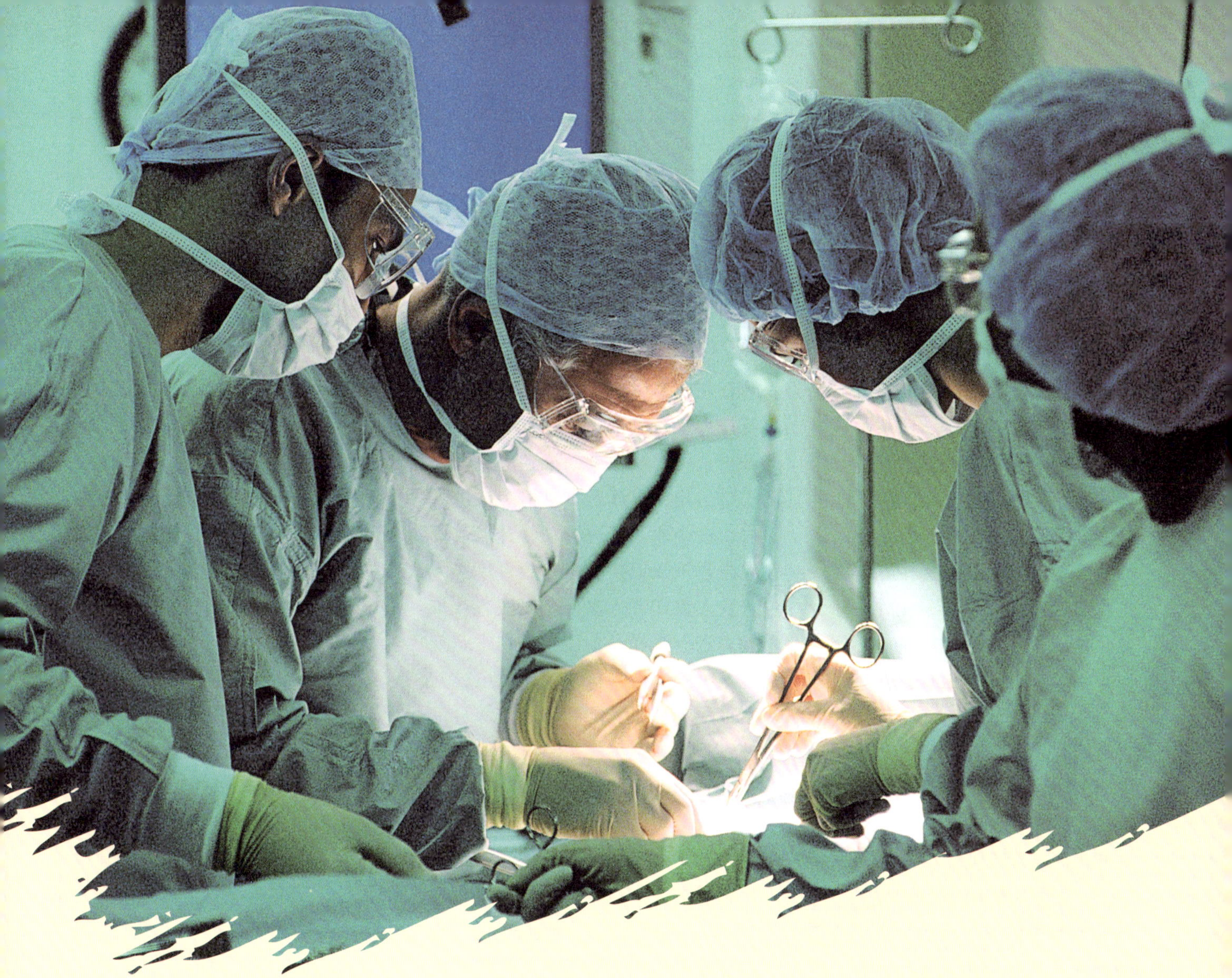

卫 生

HEALTH

卫生健康

【概况】开福区卫生健康局于2019年3月挂牌成立。区卫生健康局内设办公室、党建宣传科、规划发展与信息化科、财务科（要务政策与基本药物制度科）、行政审批与政务服务科（法规科）、医政医管科（中医药管理科）、基层卫生健康科、人口监测与家庭发展科8个职能科室。下设财务集中核算中心、区妇幼保健计划生育服务中心、区疾病预防控制中心、区卫生计生综合监督执法局、区人民医院（转型为通泰街、望麓园街道社区卫生服务中心）5个二级机构，其中前4家为全额拨款单位，后1家为差额拨款单位。开福区作为一个医疗大区，辖区内有丰富的医疗资源。2019年，驻开福区省部级医院4家，市级医院4家，其他各类医疗机构448家。包括政府举办的基层医疗卫生事业单位15家、社区卫生服务站29家、村卫生室40个。2019年，开福区基本公共卫生均等化工作考核荣获全省一类地区区县排名第一。

【基本公共卫生服务】开福区基本公共卫生均等化工作在2019年3月考核中荣获全省一类地区区县排名第一。艾滋病、结核病和血吸虫病等重点传染病防控取得阶段性成效，托幼机构、学校等重点单位学生结核病筛查工作全面启动。2019年，开福区累计完成免费流感疫苗接种2.3万人次，全区流感病例报告人次同期下降27%。截至2019年年底，全区组建家庭医生服务团队87个，签约人口22.6万人，重点人群签约10.5万人。

【健康民生保障工作】2019年，开福区超额完成省市健康民生实事项目全年任务。孕产妇免费产前筛查完成率169.17%，农村和城镇低保适龄妇女“两癌”免费检查完成率107.52%，新生儿多种遗传代谢病筛查完成率184.09%，0~6岁儿童眼及视力筛查完成率207.46%。应急救护全民普及。全面推动应急救护“进学校、进社区、进机关、进农村、进企业”五进活动，开展普及应急救护知识技能培训数百场次，普及人数10万人次，全民应急救护能力进一步提升。计生工作常态推进。实施全面二孩政策，健全公共政策配套和服务配套，推进综合治理，基层基础工作不断巩固。2019年计生年度全区出生人口5374人，人口自然增长率5.01‰，符合政策生育率98.85%，办理一孩、二孩生育服务证6181本，审批再生育证148本。超额完成无偿献血任务。全市无偿献血促进委员会下达开福区2019年任务数3600人次，实际完成4450人次，完成123.6%。

【健康开福建设】盘活辖区优质医疗资源。2019年，区卫生健康局贯彻“健康开福”建设既定部署，重点加强与驻区三甲医院的互联互通，以优质资源下沉为导向，优化居民群众看病就医的资源配置，相继与湖南省妇幼保健院签订战略合作协议并落实4大方面8个项目的合作内容，长沙市第一医院托管清水塘街道社区卫生服务中心共建项目并签订相关协议，进入实施阶段。深度调研瑞康、千麦与微医集团等民营医疗资源，推进开福区“互联网+医疗健康”建设。同时与长沙市第一医院打造远程心电中心试点，并逐步在全区推广。

【基层送卫能力提升工程】强化顶层设计。9月，区委常委会、区政府常务会议专题研究基层卫生工作，审议通过《开福区基层医疗卫生服务能力提升三年行动计划（2019—2021年）》，围绕解决基层医疗卫生服务资源配置不均、运行机制不活、技术人才匮乏等问题，增加财政预算2.24亿元，努力实现“人民群众得实惠、医务人员受鼓舞、健康事业有发展”的良好局面。加强基础提升。沙坪卫生服务中心、区公共卫生大楼建设整体推进顺利，清水塘卫生服务中心内部装修项目、捞刀河卫生服务中心提质改造项目、四方坪卫生服务中心装修扩建项目等拟纳入区重点项目，4家数字化预防接种门诊启动建设，新一轮基层医疗卫生机构设备配备进入采购程序。推进“四个一批”人才队伍建设。注重内部管理。建立并完善区医疗质控体系，启动新一轮改善医疗服务行动；开展“十行状元、百优工匠”系列评选，强化对全区卫生健康系统先进典型的宣传推介力度；全面推行6S精益化管理和医疗卫生机构生活垃圾分类管理，营造全系统整洁有序的就医环境和严谨规范的服务秩序；对39项职权事项清单进行全面梳理，对45项“不见面”“跑一次”“就近办”事项进行统一规范，方便群众办事。

【卫生健康对口帮扶】9月17—18日，开福区卫生健康局党组书记方云南率局机关及相关单位医务人员一行20人到湖南省城步苗族自治县开展卫生健康对口帮扶工作。双方从结对帮扶、人才帮扶、技术培训、民生实事等四个方面开展深入交流。9月17日，开福区卫生健康局一行与城步县卫生健康系统相关人员召开精准脱贫攻坚行动座谈会，签订结对帮扶协议，捐赠价值2万余元的药品。湖南省中医院内科副主任医师江建锋博士为城步县中医院同行就经方（经典医药著作中记载的方剂）在基层医疗中的应用探索进行详细讲解、授课。9月18日，区卫生健康局组织医务人员，并协调微医集团（湖南）有限公司到城步县长安营镇开展免费义诊咨询活动，现场义诊困难群众100余人。

（曹　妍）

妇幼保健

【概况】开福区妇幼保健计划生育服务中心是开福区卫生健康局的二级机构，属全额拨款全民事业单位，地处开福区新河路217号。主要负责全区婚前医学检查、孕前优生健康检查、妇女保健、儿童保健、生殖保健、出生缺陷综合防控以及计划生育技术服务等工作。区妇幼保健计划生育服务中心有专业技术人员34人，其中，副高级职称3人，中级职称16人，初级职称15人。全区16个街道，15家社区卫生服务中心，配备妇幼专干83人，其中妇保专干44人，儿保专干394人；40个行政村卫生室全部承担相应的妇幼保健工作；辖区助产机构均配备有妇幼信息专干。2019年，全区孕产妇死亡率为0，5岁以下儿童死亡率3.72‰，婴儿死亡率2.61‰，新生儿死亡率1.86‰。孕产妇免费产前筛查（湖南省政府重点民生项目）完成率207.3%，农村适龄妇女和城镇低保适龄妇女“两癌”免费检查（湖南省政府重点民生项目）完成率107.52%；新生儿多种遗传代谢病筛查（长沙市为民办实事项目）完成率184.09%，0~6岁儿童眼保健和视力筛查（长沙市为民办实事项目）完成率207.46%。辖区助产机构上报活产出生缺陷发生率206.48/万，新生儿听力筛查率100%；婚前医学检查率92.33%，孕妇叶酸服用率99.61%，叶酸服用依从率93.36%；孕前优生健康检查目标人群覆盖率104.76%；孕妇外周血胎儿游离DNA检测完成6835人，新生儿多种遗传代谢病筛查完成7456人，新生儿遗传性耳聋基因检测完成7066人。孕产妇系统管理率96.80%，早孕建册率94.08%，产后访视率96.93%；0~3岁儿童系统管理率92.12%，新生儿访视率99.01%，0~6岁儿童健康管理率95.82%。辖区医疗机构剖宫产率为49.27%，首次剖宫产率27.56%。

【健康开福建设】2019年，开福区以推进“健康开福”和医疗卫生现代化强区建设为契机，将妇幼体系建设、出生缺陷防治、妇幼民生实事等纳入“健康开福”建设重点推进项目。强化协作机制。区直各相关部门、各街道加强协作，在妇幼健康服务的组织协调、宣传引导、财政保障、工程建设和民生项目实施等方面形成强力高效的协同机制，不断巩固妇幼健康优质服务示范工程创建成果。加强经费保障。重点提升全区妇幼健康服务保障水平，区妇幼保健计划生育服务中心一般公共预算由2018年的842.64万元上升到2019年的1054.52万元（增幅25.14%），孕产妇免费产前筛查、新生儿疾病筛查、适龄妇女“两癌”检查、孕前优生健康检查、地中海贫血筛查诊断、计划生育技术服务、围绝经期妇女取环等项目经费纳入财政常规预算。推进机构建设。区妇幼保健计划生育服务中心（区公共卫生大楼）启动建设。加强基层妇幼健康服务网络建设，启动实施全区社区卫生服务中

9月12日，开福区举行预防出生缺陷宣传活动　　（区卫健局　供图）

心房屋建设、设备配置、人员配置、服务功能、运行管理五个标准化建设，开福区基层卫生服务质效稳步提升。

【母婴安全工作】2019年，开福区明确责任目标。认真落实国家、省、市母婴安全文件要求，坚守安全底线，将孕产妇和5岁以下儿童死亡率控制纳入全区卫生健康工作重点考核指标。抓好重点环节。严格按照《开福区孕产妇妊娠风险评估与管理工作规范》，对孕产妇进行妊娠风险评估分级，实行5色分类管理，落实高危专案管理，对不宜继续妊娠的孕妇，及时终止妊娠，保护孕产妇生命。2019年，全区新增孕妇7841人，新增产妇8308人，新增高危孕产妇4356人，累计专案管理妊娠风险红色孕产妇19人，紫色72人，橙色749人。巩固救治通道。加强危重孕产妇和新生儿救治中心建设与管理，健全红色预警及危急重症孕产妇转诊三级网络，完善应急预案，加强多学科协作，确保危急重症孕产妇急救、会诊、转诊绿色通道的畅通。组织全区各级助产机构在全市率先开展危重孕产妇和新生儿急救演练和新生儿复苏培训，提升医疗机构产科、儿科等多学科应急抢救能力。规范开展评审。全年共完成危重孕产妇评审5例，新生儿死亡评审19例，每项评审均邀请辖区省部级医疗机构专家参与指导，对危重孕产妇案例、妊娠风险顺位靠前的高危因素、新生儿死亡原因等进行重点分析，及时发现医疗保健处理与管理过程中的问题，总结经验教训，发挥评审实效，促进医疗保健质量持续改进。强化能力培训。举办母婴安全管理、基本公共卫生项目、高危孕产妇管理等培训班，基层医疗机构妇幼健康服务能力不断提升。

【省市重点民生实事项目】2019年，省委省政府继续将孕产妇免费产前筛查、农村和城镇低保适龄妇女“两癌”免费检查项目纳入省重点民生实事项目；市委市政府将新生儿多种遗传代谢疾病筛查、0~6岁儿童眼保健和视力检查项目纳入市政府为民办实事项目。开福区将4项省市重点民生实事作为工作重中之重，按照省市统一部署，精心组织，强化措施，全力推进。制定项目实施方案和技术规范，召开项目推进专题会议，举办2期项目专题培训班，培训覆盖到辖区各街道和所有的项目参与机构。开展省市民生项目专项督导并下发通报，及时指出存在的问题，明确改进措施和工作要求。全年全区为2258名35~64岁农村和城镇低保适龄妇女提供“两癌”免费检查服务，宫颈癌早诊率100%，乳腺癌早诊率100%，查出宫颈CIN1级28例，CIN2~3级18例，乳腺癌前病变1例，乳腺癌2例；为6219名孕产妇进行免费产前筛查服务，产前筛查高危孕产妇1568人，干预诊断1537人，干预诊断率为98.02%；完成新生儿多种遗传代谢性疾病检测7456例，筛查可疑阳性360人，确诊先天性甲状腺功能减低症4人，G6PD（蚕豆病）18人、其他遗传代谢病2人；为41492名0~6岁儿童提供眼保健和视力检查服务，发现0~6岁儿童各种眼及视力异常4271人。

【出生缺陷防控】2019年，开福区严格落实出生缺陷综合防治措施，强化全生命周期和全生育过程服务，做到出生缺陷一、二、三级预防有机衔接，构建出生缺陷综合防控长效机制。保障防治经费。建立稳定的经费投入保障机制，2019年，开福区按照“应做尽做”原则，将孕前优生健康检查、婚前医学检查、免费产前筛查、新生儿疾病筛查等出生缺陷防治区级配套经费纳入财政常规预算。完善工作体系。辖区各街道公共服务办、社区卫生服务中心以及各助产机构、产筛（产诊）机构在出生缺陷防治的统筹组织、宣传引导、专家支撑、精准服务等方面发挥很好的作用。实现服务优化。区妇幼保健计划生育服务中心为服务对象提供婚前医学检查、孕前优生健康检查结果查询等线上服务，优化服务效率；各服务机构均开展产前筛查、新生儿疾病筛查项目扫码直补，优化院内服务流程，加强项目的宣传，增配工作人员。按照技术服务规范要求，落实免费检测，强化知情同意，规范各项登记，定期核对数据，健全质量管理，真正做到惠民利民。2019年，全区完成婚前医学检查5137人，检出疾病490人；完成孕前优生健康检查3562人，查出风险人群347人；完成地中海贫血初筛5688人，初筛阳性免费进行基因检测162人，确诊地贫患者116人；完成NIPT检测6835人，发现21、18、13三体高风险和其他染色体异常51例，确诊24例染色体病胎儿；完成新生儿遗传性耳聋检测7066人，发现新生儿先天性重度感音耳聋、先天性迟发性耳聋、药物性耳聋和其他异常基因携带者350例。

【妇幼均等服务】2019年，开福区

落实基本公共卫生项目。全区各基层医疗卫生机构坚持服务优先，按照《国家基本公共卫生服务规范（第三版）》要求，全面做好妇幼基本公共服务，区级加大质控力度，定期开展孕产妇及0~6岁儿童健康管理电子档案抽查，确保基本公卫服务规范、真实。2019年，孕产妇系统管理率96.80%，产后访视率96.93%，早孕建册率94.08%，0~6岁儿童健康管理率95.82%，新生儿访视率99.01%。落实重大公共卫生项目。加强全区预防艾滋病、梅毒和乙肝母婴传播项目工作的管理，全面落实综合干预措施。2019年，艾滋病、梅毒和乙肝孕期检测率100%，孕早中期检测率99.82%，艾滋病感染孕产妇所生儿童抗艾滋病病毒用药率100%，梅毒感染孕产妇治疗率96.25%，梅毒感染孕产妇所生儿童接受预防治疗率100%，乙肝感染孕产妇所生新生儿乙肝免疫球蛋白注射率100%。落实计划生育基本技术服务。推进爱心助孕特别行动，将符合条件的夫妇纳入爱心助孕免费或优惠服务范围，全年出具介绍信172张，完成移植79人，移植成功63人；落实计划生育四项手术和围绝经妇女免费取环项目，全年开展免费计划生育结扎术31例，人工流引产114例，放置宫内绝育器58例，取环382例（其中围绝经期免费取出宫内节育器281例）。

【规范服务和监督管理】2019年，开福区严格母婴保健技术服务机构和人员准入，严格依法执业、持证上岗。严格规范出生医学证明管理工作，提高首次签发率，严格废证管理，按照国家省市相关规定按序做好新旧出生医学证明更替工作。2019年，全区助产机构签发出生医学证明2.47万张，首发率97.91%，废证率0.14%。加强妇幼健康服务工作质量控制与评估。2019年，对全区5家助产机构，开展妇幼健康信息质量控制4次，出生医学证明和预防艾梅乙项目工作专项督导2次。对15家社区卫生服务中心，每季度组织开展妇幼健康综合质控与评估，发现问题及时整改，推动工作持续改进。

（曹　妍）

疾病预防控制

【概况】开福区疾病预防控制中心（以下简称区疾控中心）是政府全额拨款事业单位，隶属开福区卫生健康局，位于四方坪街道德雅路891号。主要负责全区急性传染病防控、传染病网络报告管理、卫生应急事件处置、结核病管理、慢性病防控管理、癌症早诊早治、重性精神病管理、死因监测、卫生监测、免疫规划管理、学校卫生管理、健康教育与健康促进、地方病与寄生虫病监测、艾滋病管理等工作。2019年，区疾控中心荣获中国健康科普大赛演讲类作品三等奖、湖南省基本公共卫生服务项目绩效一类地区区县排名第一名、湖南省肿瘤登记工作优秀奖、湖南省城市癌症早诊早治项目优秀管理单位奖、湖南省疾控系统健康科普大赛最佳贡献奖、湖南省免疫规划工作先进单位、湖南省血吸虫病监测诊断网络实验室现场评估为优秀单位、长沙市疾控系统洪涝灾害卫生应急模拟演练二等奖（第二名）、选送摄影作品“把健康带回家”“整装待发”“万步有约齐头并进”被评为“健康长沙新时代”优秀摄影作品等。湖南都市频道、长沙新闻频道等电视媒体、《长沙晚报》《大众健康报》、新湖南、红网等新闻媒体宣传报道200余次。

【急性传染病防控】2019年，区疾控中心急性传染病防控工作坚持以网络直报为载体、以重点传染病监测为依托、以结核病/艾滋病防治为核心、以学校卫生为关键、以卫生应急为底线，多措并举确保疫情防控的及时性、规范性、高效性。2019年，出动机动队处置疫情90余次，派出机动队员150人次，处置突发公共卫生事件5起、学校和托幼机构聚集性疫情46起。通过严格落实流行病学调查和现场处置，加强病例隔离、卫生消毒、健康教育等防控措施，将疫情积极控制在早期阶段。

【慢性病管理】2019年，区疾控中心通过居民健康档案清查、集中核查、督导培训多项工作开展，慢性病防控管理工作得到提质提档。2019年，全区高血压患者管理31859人，规范管理率70.58%；糖尿病患者管理11893人，规范管理率70.83%；严重精神障碍患者管理2464人，在管2583人（96.96%），规范管理2553人（95.83%）。2019年，完成肺、肠、肝、乳、胃、口腔癌临床筛查847人次，完成高危问卷评估2952份，实现癌症早诊早治。肿瘤登记报告粗发病率为244.89/10万，粗死亡率149.7/10万。

【免疫规划管理】2019年，区疾控中心严格按照《预防接种工作规范》要求，开展预防接种工作。

12月20日，开福区疾控中心开展生物安全演练　　（区卫健局　供图）

常规免疫接种管理方面，全年全区接种疫苗44.74万剂次，同比上升0.37%，其中一类疫苗接种18.78万剂次，二类疫苗接种25、96万剂次，二类疫苗同比上升9.09%。疫苗针对性疾病监测方面，全年累计报告疑似麻疹、风疹病例95例，确诊36例，报告本地AFP病例1例，报告疑似乙脑病例4例。预防接种门诊规范化建设方面，2019年起，按照长沙市卫健委的统一部署，开福区实施预防接种数字化门诊建设三年行动方案，2019年开福区建成数字化门诊6家。特定人群流感疫苗免费接种方面，2019年，开福区继续实施特定人群流感疫苗免费接种惠民政策，并将特定人群由两类扩大到四类，截至2019年年底，免费接种流感疫苗2.88万人次。

【健康教育】2019年，区疾控中心坚持以健康教育为先导，以“知—信—行”模式为抓手，提升群众疾病防控水平。2019年，全区开展系列宣传活动100余场次，受益人数5万余人次，主要覆盖社区、机关、家庭、农村、学校等重点场所，慢病、艾滋病、结核病等重点疾病，学生、妇女、儿童等重点人群达到全面覆盖。开展健康科普大赛，开福区获得湖南省“最佳贡献奖”，推送作品分别获得国家、省、市级多项荣誉；组建健康教育宣讲员团队，开展的“健康大巡讲系列活动”，覆盖辖区16个街道107个社区，40余场，受益逾万人。

【卫生监测】2019年，区疾控中心按照省市相关监测方案要求，以服务群众为宗旨，推进监测工作优质化。全年监测餐具样80批次，水质样308批次，63家公共场所环境样133批次，133家医疗机构消毒效果检测353批次，监测食品样174批次；高风险样品24批次，监测中小学校、托幼机构71所；监测二次供水和末梢水88批次；辖区22家哨点医院共上报食源性病例1238例，食源性疾病事件8起，受理并处置群众及12345平台投诉事件15起，及时进行水质卫生检测17批次，同时针对性地开展食品安全和水质卫生健康知识培训。开展“护苗行动”，对全区138所大中小学和托幼机构的饮用水进行监测。

【地寄疾病监测】开福区2018年通过长沙市、湖南省血防消除达标评审，2019年进一步巩固消除成果，开福区疾病预防控制中心在湖南省血吸虫病监测诊断网络实验室现场评估，评估结果为优秀；完成辖区内200名学生、100名孕妇进行盐碘和尿碘的监测及录入工作；完成1009名不同年龄层次的居民进行肝吸虫病和土源性线虫病的监测和系统录入工作；完成488名不明原因发热病人疟疾血检工作（任务数317人，超出任务数171人），复核境外感染疟疾病例数15例。

【职业病监测】2019年，区疾控中心根据《2019年长沙市工作场所职业病危害因素监测工作方案》要求，完成20家用人单位危害因素监测。分两批次对2005年之前确诊的623名尘肺病患者和2005年至2017年确诊的16名尘肺病患者进行随访调查，形成基线数据予以上报。完成49家医疗机构及15家非医疗机构的放射卫生调查，并对其开展职业防护技术指导。以统筹兼顾为重点，综合有序推进死因监测、病媒生物防治、卫生检验等各项业务，助推疾病防控体系建设。

【流感疫苗特定人群免费接种惠民项目实施】2018年，长沙市开福区在湖南省率先唯一实施特定人群流感疫苗免费接种项目。2019年，开福区继续实施免费接种惠民政策，并将特定人群由两类扩大到四类，除中小学生和65周岁及以上老年人外，将开福区55周岁及以上退役军人和计划生育特殊家庭成员纳入免费接种对象。截至2019年年底，开福区免费接种流感疫苗2.88万人次。通过实施特定人群流感疫苗的免费接种，开福区流感报告发病率居市内五区最低（报告发病率为1415.39/10万）。实施流感疫苗的免费接种，极大程度保障居民身体健康，减轻居民患病医疗负担，强化政府的公信力，提高居民的获得感和幸福感。开福区的特定人群流感疫苗免费接种工作得到省、市的高度认可，开福区正在参与全国《流感疫苗公费接种实施专家共识》的撰写工作。

【湖南省2019年“全国儿童预防接种日”宣传活动】4月25日，长沙市开福区承办的湖南省2019年“全国儿童预防接种日”大型主题宣传活动在洪山街道社区卫生服务中心举行。活动围绕“防控传染病、接种疫苗最有效”的宣传主题开展。湖南省、长沙市卫生健康行政部门和疾控机构、开福区有关职能部门、预防接种机构和居民群众代表300余人参加活动。通过儿童健康操和舞台情景剧表演、预防接种妈妈班课堂、免疫规划科普长廊展示、数字化预防接种门诊开放等形式，普及预防接种的小知识，展示免疫规划政策实施41年来预防接种工作取得的重要成就，号召大家积极行动起来，维护个人和公众的健康权利，为家庭和全民健康筑起一道免疫屏障。

（曹　妍）

卫生计生监督执法

【概况】2019年，开福区有监管对象1799家，其中公共场所单位1121家，二次供水单位87家，医疗机构376家，学校、幼儿园179家，放射诊疗单位11家，母婴保健服务机构25家。全年查处非法行医19起，立案19起，结案14起，罚款12.34万元，没收违法所得1.26万元。全年办理投诉举报127起，其中医疗投诉61起，公共场所投诉61起，生活饮用水5起；查实18起，立案13起，罚款3.34万元，没收违法所得2502元。所有投诉举报及时处理率100%，反馈率100%，群众满意率100%。

【医疗服务市场监管】2019年，区卫生计生综合监督执法局开展打击非法行医专项整治行动，全年查处非法行医19起，立案19起，结案14起，罚款12.34万元，没收违法所得1.26万元。联合街道公共服务办对辖区内城乡接合部的非法行医行为进行整治，取缔“黑诊所”2家。

【公共场所监管】2019年，区卫生计生综合监督执法局加大专项整治力度，保障公共场所卫生安全。2019年，加强公共场所卫生监督管理，加大公共场所监督执法力度，加强卫生规范指导和服务。结合文明指数测评总体要求，配合街道、社区做好迎检工作。

【学校卫生监管】2019年，区卫生计生综合监督执法局开展学校监督专项检查2次。检查出动执法车辆300余台次，执法人员610余人次，检查学校73所，其中高等院校1所、职业中专2所、中学17所、小学53所、托幼机构134所（含军队幼儿园4所）。

【医疗废物和医疗污水监管】2019年，区卫生计生综合监督执法局严查严办医疗废物和医疗污水领域违法违规行为，依托区人大开展医疗卫生现代化强区专题询问和检察院对医疗废物处置下达的检察建议契机，规范区内医疗机构的医疗废物和污水处置。据统计，2019年，全区对8家在医疗废物、医疗污水方面存在问题的医疗机构予以立案查处，罚款2.75万元。

【投诉举报办案】2019年，区卫生计生综合监督执法局完善投诉举报处置流程，加强对投诉举报信息和案件办理质量的分析和总结工作，实行24小时值班制。全年办理投诉举报127起，其中医疗投诉61起，公共场所投诉61起，生活饮用水5起；查实18起，立案13起，罚款3.34万元，没收违法所得2502元。所有投诉举报及时处理率100%，反馈率100%，群众满意率100%。

【依法打击】为有效维护全区人民群众合法权益，开福区加大行政处罚力度，有力打击各类行政违法现象，截至2019年年底，区卫生计生综合监督执法局立案58件，其中简易程序2件，结案2件；一般程序56件，结案44件，罚款金额24.07万元，没收违法所得1.54万元、违法物品若干。

（曹　妍）

人民生活

PEOPLE'S LIFE

民　政

【概况】2019年，开福区民政局根据《中共长沙市开福区委办公室长沙市开福区人民政府办公室关于长沙市开福区民政局机构编制调整有关事项的通知》，进行职责调整，将涉军所有职责划入区退役军人事务局，救灾救济职责划入区应急管理局，医疗救助职能划入区医疗保障局，老龄工作委员会办公室相关职责划入区卫生健康局。加强慈善事业促进和儿童福利相关工作，增加困难残疾人生活补贴和重度残疾人护理补贴资格审定和资金发放职责。2019年，开福区有城乡低保3825户、6418人，全年发放保障金81838人次、3617.32万元；特困对象492户、504人，全年发放特困供养金6119人次、483.22万元；全年发放困难残疾人生活补贴和护理补贴“两项补贴”77961人次、793.99万元。2019年，全区慈善助学97人，36.5万元；新增社会组织23家。

【最低生活保障】2019年，开福区有城乡低保3825户、6418人，全年发放保障金81838人次、3617.32万元。2019年10月1日起，低保标准由550元/月提高到650元/月，提标后，城市低保人均补差468元/月，农村低保人均补差377元/月。依照《湖南省社会救助和保障标准与物价上涨挂钩联动机制实施细则》，开福区于4月启动困难群众价格临时补贴发放机制，为低保、特困供养等特殊困难群体发放每人每月20元的物价补贴，9月标准提高到每人每月25元，全年共计发放物价补贴106.94万元，保障困难群众基本生活。

【特困人员供养】2019年，开福区有特困对象492户、504人，全年发放特困供养金6119人次、483.22万余元。2019年10月1日起，特困供养标准由715元/月提高到845元/月。全面落实特困人员住院护理保险和护理补贴制度，全年发放护理补贴1749人次、65.2万元，提高特困人员的供养水平。

【基层政权和社会建设】2019年，开福区落实“湖南省优秀村规民约（居民公约）”创建工作，指导社区（村）充分发挥优秀村规民约（居民公约）在提升基层社会治理水平和文明程度中的重要作用，建立“大事共商、好事共享、难事共帮”自治机制。西园社区的《西园邻里公约》获选湖南省优秀居民公约，有机更新和居民公约成效得到湖南经视新闻专题报道。打造社区品牌特色。推进市和谐社区、“三社联动”示范项目等创建工作，坚持因地制宜、彰显特色，社区服务百花齐放。清水塘社区“三七联盟”、王家垅社区“庭院自治”、风亭社区“三维立体管理”、富雅坪社区“红色富雅、暖心家园”、福城社区“幸福1时间”等等，社区品牌特色鲜明、亮点纷呈。开福区的员额管理、全岗通、365天不打烊、社区帮代办、三社联动等城市社区治理工作经验在《中国社区报》宣传报道，得到民政部认可。2019年9月18日，副区长朱江代表开福区人民政府在民政部举办的全国城市社区治理经验交流暨培训会上做典型发言，推介开福区创新社区治理的经验。完善社会治理体系。社区年平均工作经费由2018年的60万元增加到2019年的95万元，社区办公服务用房平均面积由2015年的500平方米增加到2019年的975平方米，竹隐社区为全区社区办公服务用房面积最大的社区，面积4200平方米。功能齐全的服务阵地为开福区社会治理创新提供强有力的硬件保障。

【社会组织管理】2019年，开福区完善“三社联动”机制。2019年，新增社会组织23家。投入专项资金用于鼓励和支持“三社联动”示范项目，全年投入专项资金124万元，创建区级“三社联动”示范社区22个；投入专项资金36万元，创建区级“三社联动”示范社会组织7个。投入专项资金56万元，创建市级

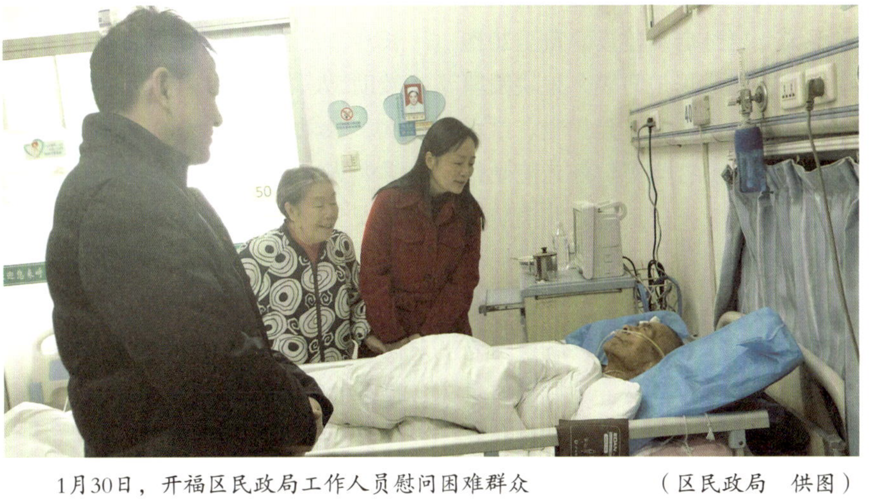

1月30日，开福区民政局工作人员慰问困难群众　　（区民政局　供图）

10月18日，区领导检查区福利中心建设情况　（区民政局　供图）

"三社联动"示范社区9个；投入专项资金26万元，创建市级"三社联动"示范社会组织4个。组织社区、社会组织参加长沙市第四届"三社联动"供需对接会，现场签订合作意向书201个。

【社会福利】2019年，开福区新增居家养老服务中心7家，正在筹备建设的养老机构1家、居家养老服务中心6家。拓展养老服务内涵，探索老年人助餐配餐服务试点工作。区福利中心项目建设有序推进。2019年，完成立项、可研批复等前期报建手续，11月启动建设，截至2019年年底，完成场地清表、地块围墙圈砌、临时道路、基建用电、给水管网、工地门楼施工。敬老院硬件设施全面升级，完成敬老院消防设施改造和照料护理区建设。开展城区困难老年人家居适老化改造，全年帮助230名老年人改善居家养老环境。连续三年开展养老服务质量专项行动，开展养老服务质量和安全生产专项督查，规范养老服务管理。2019年，全区发放困境儿童助学金690人次、69万元；慈善助学金97人次、36.5万元；孤儿助学金4人次、4万元；孤儿生活补助12人、18.7万元。2019年，全区困难残疾人生活补贴和重度残疾人护理补贴发放标准提高到120元/人·月和80元/人·月，全年发放残疾人"两项补贴"77961人次、793.99万元。推进移风易俗，全区殡葬火化率100%。全年发放惠民殡葬补助692人、73.89万元。

【慈善及福彩】2019年，开福区向长沙市慈善会申报特大病医疗慈善救助2人、低保户尿毒症患者182人次，救助金额21.48万元；慈善助学97人，36.5万元。为保障福彩厅的安全运营，经常性组织全体员工开展公共安全应急知识培训。2019年，中福在线盛世路销售厅、松桂园销售厅、四方坪销售厅完成销售额合计8650.4万元。

【救助管理】2019年，开福区生活无着人员救助管理站严格执行省、市民政部门相关文件要求，组织开展"夏季送清凉""冬季送温暖"、文明创建、开福寺祈福安保等多项救助专项整治工作。2019年，全区救助2194人次，其中未成年人14人次，医疗救助20人次，发放救助物资1000余份。开展全国救助管理机构"开放日"活动，对站外托养机构和定点医疗机构进行检查及整改，对站内进行安全隐患排查整改。

【婚姻登记】2019年，开福区加强婚姻登记"窗口"建设，做好婚姻登记工作，规范登记程序流程，全员统一着装配牌上岗，提高服务水平。婚姻登记依法、规范，全年办理结婚4125对，离婚登记1979对，补办结婚证702份，补办离婚证199份，登记合格率准确率100%。

【地名普查】2019年，开福区为深入推进地名普查的成果转化，逐步完成图、录、典、志的编纂和出版工作，收集1.6万条有效条目。对全区的齐龙港巷、学雅巷、湖坎上街、德景巷4条道路按省、市级要求进行命名工作，并即时在政府网站予以公示，提高社会地名意识，营造良好的地名环境，实时更新地名信息。开展办结检查，查看界碑字迹是否清晰，界碑是否松动，界碑是否移动或有无人为破坏，并有专职的管护员看护界碑、界桩和界点，确保界线地区清晰。

【"5+3"城市特殊困难群体帮扶】2019年，开福区民政局作为困难群众帮扶的牵头单位，根据市委、市政府、区委、区政府的安排部署，结合“不忘初心、牢记使命”主题教育活动，组织对本市户籍和非户籍常住人口中的因疾病、突发事件或其他原因造成生活困难的群体，开展急难、医疗、住房、就业与基本生活等5个方面的帮扶。2019年，区民政局牵头召集各相关部门负责人和街道公共服务办主任多次进行业务商讨，条线调度，业务归总指导，并派出3组专人到各街道公共服务办督导。2019年，入户走访24126户，其中本市户籍17485户、外地户籍6641户，帮扶4001户，发放帮扶资金1113万元。在完成规定动作的同时，区民政局根据实情拓展3项帮扶措施。为低保人群购买补充保险，实行低保户再帮扶，保障低保户意外死亡、意外伤残等困难，全年投入资金90万元；将重度残疾人的住院、康复纳入城市特殊困难帮扶的摸排范围，投入130万元为重度残疾人购买家政服务；为开福区高中、大学困难学生每年补助3000元、4000元，全年发放补助金46.8万元。开福区“5+3”城市特殊困难群体帮扶工作经验在长沙市委《督查通报》《人民日报》《湖南日报》《长沙晚报》、红网等媒体正面宣传报道。

（胡杜豆）

退役军人事务

【概况】区退役军人事务局是开福区2019年机构改革新组建的政府工作部门，2019年3月13日正式挂牌成立。全区16个街道、107个社区（村）退役军人服务站实现全覆盖。局核定行政编制6名。局内设4个科室，即综合办公室（计划财务室）、移交安置科、军休服务管理科（军转干部服务科）、双拥优抚科（思想政治和权益维护科）。下设二级机构区退役军人服务中心，核定全额拨款事业编制6名，实际到位3名。6月25日，中华人民共和国退役军人事务部办公厅主任王志明、11月20日中央退役军人事务局工作领导小组办公室秘书局副局长张进一行分别到湖南省调研时，对开福区的退役军人服务保障体系建设及退役军人事务工作给予肯定。

【双拥优抚】2019年，区退役军人事务局开展“双拥模范城”创建工作，根据省市要求，开福区成立“双拥”工作领导小组，设立办公室，配备专职人员、专项经费。召开迎检工作部署会，围绕一条路（双拥路）、一座桥（长沙大学附属中学人行天桥、星联路周南中学人行天桥、沿江大道北辰人行天桥）、一个社区（科大佳园社区）为宣传重点有序开展创建工作，加强军地共建。开展走访调查。2019年4—6月份，开展全区大走访，实地调查退役军人服务站工作开展情况，以走访促站点建设；2019年，以各街道、相关单位为主体，以社区（村）为基础，采取上门走访、座谈会等方式对辖区内退役军人及优抚对象进行全面慰问；“八一”期间开展普遍走访慰问。落实各项优抚待遇。2019年，区财政落实重点优抚对象各项待遇4460万余元，退役士兵安置、义务兵优待等各项待遇1850万余元，再就业帮扶岗位专项资金1730万余元，无军籍职工各项政策待遇1.33亿元。创新军休服务管理。率先在全市采取政府购买服务的方式开展军休工作，在此基础上，进一步细化服务内容和标准，压实承担军休服务的社会组织责任，满足服务对象多元化需求，落实组织生活，保障政治待遇，满意度高。提供系列专属金融服务。开福区与长沙银行、招商银行签订战略合作协议，推出“拥军优抚一卡通”，为退役军人提供包括绿色通道、退役军人理财产品等64项专属服务，并在开福区现役军人、自主择业军转干部、无军籍退休退职职工相对较集中的科大佳园附近开设二级支行，实现“零距离”服务。

【就业创业】2019年，区退役军人事务局开展“双带双促”活动，帮扶鼓励退役军人创办小微企业，并给予奖励及政策优惠，培养自主创业示范典型。退役军人陈利军创办的湖南鑫盾保安服务有限公司及参战老兵严义军创建的“长沙市沙利文食品厂”，先后吸纳退役军人就业100余名。通过摸底，联合区人武部实地走访调查，考察各个企业的规模、纳税情况、安置退役军人等情况，表彰先进企业15家、个人13人。推荐7家退役军人创办企业获评2019年度长沙市创新创业带动就业项目，获得市级奖励资金50万元。组织转业士兵开展为期三天的适应性培训，适应地方提升自身能力进行专题授课，并对转业干部和退役士兵逐一调查摸底，了解其就业创业和技能培训需求，组织专场招聘会，为退役军人及随军随调家属提供就业岗位500余个。对下岗（失业）转业志愿兵（士官）、参战参试符合政府安排工作条件的退役士兵进行再就业帮扶。

【移交安置】2019年，全区为营职以下军转干部提供安置岗位22个，其中行政和参公岗位10个，占比45%，其余全部为全额拨款事业单位岗位。为符合政府安置的转业士官提供安置岗位，均为街道全额拨款事业单位岗位。安置随军随调家属9人。召开工作推进会，就退役士兵保险工作进行专题研究部署，建立开福区退役士兵社保专项工作联席会议制度并设立工作专班，做好政策宣传，全年受理符合政府安排工作条件退役士兵的社保接续业务。

12月31日，区委区政府为十位“最美退役军人”颁奖 （区委宣传部 供图）

【思想宣传】2019年，区退役军人事务局在各平台载体开辟专栏、积极投稿，并建立完善退役军人服务管理工作宣传考评机制，全年宣传报道70余篇，其中，国家级媒体报道1篇，省级媒体报道5篇，《长沙晚报》4篇，电视媒体报道9次，其他新型媒体50余篇。利用光荣牌悬挂、送喜报以及上门慰问走访的机会，宣传优秀典型，挖掘榜样模范，推荐王健当选为“湖南省模范退役军人”。联合区委宣传部、区人武部政工科，自7月8日起在全区范围内开展首届“最美退役军人”评选活动，对58名推荐人选的申报材料进行评选，并于12月31日对评选出来的10名开福区“最美退役军人”向社会进行发布。

【工作调研】6月25日，中华人民共和国退役军人事务部办公厅主任王志明带领调研组到开福区调研退役军人服务工作。王志明一行实地考察开福区伍家岭街道退役军人服务站、科大佳园社区退役军人服务站、开福区退役军人事务局、区退役军人服务中心，听取开福区退役军人工作开展情况和全区“一中心两站”退役军人三级服务保障体系建设及运转情况。为给全区退役军人更好的服务，加快推进退役军人服务保障体系建设，全面夯实退役军人工作基层基础，推动退役军人工作持续发展，开福区委、区政府按照中央、省、市关于退役军人服务保障体系建设的决策部署，多次召开会议，进行全面铺排，全区按照“有机构、有编制、有人员、有经费、有保障”的标准，将退役军人服务中心（站）组建到位，形成横向到边、纵向到底，覆盖全员，专业规范的区、街道、社区（村）退役军人服务保障体系。王志明对开福区退役军人服务工作给予充分肯定以及高度评价，并就相关工作提出指导意见。

【“最美退役军人”】12月31日，长沙市开福区“最美退役军人”发布会举行。刘四桥、吴智敏、张巧玲（女）、陈利军、胡丹、龚介雄、谢跃明、鲁胜、熊鹏、戴华章10位优秀的退伍军人获评开福区首届“最美退役军人”荣誉称号。颁奖仪式前，开福区委书记曹再兴与“最美退役军人”座谈，对他们所做出的杰出贡献表示充分肯定。发布仪式上，开福区委副书记谢伟峰代表区委、区政府向获奖的10名“最美退役军人”表示祝贺。这10名“最美退役军人”有的在战场上浴血奋战、立下赫赫战功；有的坚守基层一线，竭诚为民贴心服务；有的攻坚克难创业，成功之后不忘服务大众、回报社会；有的立足本职岗位，默默奉献，以奋斗姿态践行初心使命。他们的光辉事迹让现场观众感受到退役军人忠诚于党、奉献于民的优秀品质以及砥砺前行、顽强拼搏的精神风范。区领导张春雄、舒全球、张贻龙、廖勇、谢勇与区属各部门分管负责人，各街道退役军人事务工作分管负责人、服务站站长，现役军人代表，退役军人代表参加发布会。

（皮惠敏）

民族宗教

【概况】开福区民族宗教和外事侨务局在2019年机构改革中外事职能划分至区委办，侨务职能划分至区委统战部（侨联），更名为开福区民族宗教事务局，升格为行政单位，由区委统战部统一管理。2019年，开福区民族宗教事务局全面贯彻落实党的民族宗教政策，加强民族融合，促进宗教和谐，确保全区民族宗教领域的和谐、团结。

【民族工作】2019年，开福区民族宗教事务局深化团结进步创建，加强民族融合。对全区范围内的清真企业全面摸底并建档，开展清真食品“去三化”（去宗教化、去神秘化、去庸俗化）专项整治工作，对不符合要求的门店进行全面整改。组织16个街道分管领导召开“去三化”工作专题部署会，按照属地管理原则，对54家清真食品门店开展“去三化”排查整治以及对汉回村、海尔巴格新疆餐厅两处重点场所的穹顶、星月标识等宗教元素的去除行动。做好少数民族考生高考民族成分审核工作，为全区150多名参加高考的少数民族考生审核民族成分。与区教育局沟通对接，落实外来务工少数民族子女上学事宜，维护外来务工少数民族合法权益。开展民族团结进步创建进机关、进企业、进社区、进乡镇、进学校、进宗教活动场所等的“七进”工作，联合区卫健局、民进区工委，与周南中学新疆班师生联谊，组织举行“民族团结一家亲，同心共筑中国梦”——贯彻落实习近平总书记讲话精神开展团结进步创建主题活动。指导湘雅路街道新湘路社区参与省级民族团结进步模范单位的创建申报。组织开展新疆籍人员古尔邦节庆祝、少数民族聚居区汉回村主题党课等活动。为少数民族经商务工人员举办技能培训班，探索与少数民族流动人口流出地政府共同服务管理新机制。全年妥善处理涉及少数民族突发事件4起。

【宗教工作】2019年，开福区民族宗教事务局依法管理宗教事务，促进宗教和谐。全面压实工作责任，建立健全宗教“三级网络两级责任制”，落实街道党工委宗教工作主体责任，将责任制落实情况，纳入区绩效考核体系。组织举办开福区统战（民宗）工作能力提升培训班，全区统战系统干部、街道分管、社区专干150人参训。及时更新区、街、社区三级网络信息工作人员，街道、社区宗教工作两级责任具体事项在全区8处宗教场所全面上墙公示。引导各场所严格按照党的宗教政策开展宗教活动，对开福寺观音法会和新年祈福活动，基督教潮宗街聚会点灵恩会等活动进行备案和全程参与。开展各场所“大排查、大体检、大整治”行动，对消防、房屋、人员、活动、食品安全情况进行全面检查，发现问题限期整改。对滥塑露天宗教造像、擅自建设小庙小庵和违规投资建庙行为，组织各街道、社区全面摸底，建立台账，对违建情况全面综合整治。推行宗教领域安全隐患“一单四制”管理，强化全区宗教活动场所的财务监管。加强宗教界思想政治引领，开展“五进五好”主题活动，举办“中共十九大精神、统一战线知识抢答赛”“国旗飘扬迎盛世、五教同城沐党恩”五大宗教集中升国旗仪式，开福寺“我和我的祖国‘五进五好’爱国诗词大会”，基督教城北堂“抒写时代精神、讴歌爱国情怀”书法影像作品展等一系列主题活动。

【意识形态工作】2019年，开福区民族宗教事务局筑牢意识形态阵地，维护领域安全。宗教作为意识形态七大阵地之一，事关国家长治久安，全体班子成员签订意识形态工作责任书，制定网络舆情、信息发布管理、应急事件处置等相关制

2月2日，区长刘拥兵（右三）到开福寺调研　　（区民宗局　供图）

9月6日，开福区举行宗教界“五进五好”爱国诗词大会　（区民宗局　供图）

度。鼓励各场所积极参加长沙市民族宗教局组织开展“展宗教界风采，讲宗教界爱国故事”活动，北正街教堂、东岳宫、洪山寺报送的优秀故事通过初选进入讲演竞赛环节。加强综合执法，将原青竹湖、秀峰街道两处基督教聚会点实行以堂代点管理。建立完善驻开福区高校长沙学院统战工作联席会议机制，成立工作领导小组，召开多次沟通协调联席会议，与学院携手举办高校宗教工作专题培训会，形成区地和驻区高校联合开展宗教工作的合力。

【宗教界“五进五好”爱国诗词大会】9月6日，由中共开福区委统战部、开福区民族宗教事务局主办，开福寺承办的“我和我的祖国——开福区宗教界‘五进五好’爱国诗词大会”在开福寺举行。湖南省委统战部常务副部长谭平，省委统战部民宗处副处长王志刚，湖南省书协副主席、秘书长胡紫桂，长沙市委统战部副部长刘佳勇，长沙市民宗局党组书记、局长罗伟，区委常委、统战部长何惠风等领导，中国佛教协会副会长、湖南佛教协会会长、长沙古麓山寺方丈圣辉等嘉宾受邀出席活动。开福区民族宗教工作领导小组成员单位、16个街道的分管领导及8个宗教场所的负责人和场所的参赛队员、信众计100余人参加活动。诗词大会有全区八大宗教场所的8支代表队参赛，内容为中华传统经典爱国诗词，以诗歌朗诵、知识抢答的形式传承国学经典，讴歌伟大祖国。

【工作调研】11月16日，国家民委经济发展司司长张志刚一行到开福区沙坪金球湘绣有限公司和汉回村调研少数民族特色村镇和民贸民品工作。湖南省民宗委党组副书记、副主任赵仁秀，长沙市民宗局党组成员、副局长彭晓军等领导陪同调研。张志刚一行先考察沙坪金球湘绣有限公司，实地参观湘绣手工作品，体验湘绣刺绣工艺，了解湘绣的起源、传承、发展，以及湘绣博物馆的建设和藏品来源等。到开福区汉回村听取关于少数民族特色村镇建设的情况汇报，并参观皇菊生产基地、民族团结广场等。张志刚对开福区民族工作和少数民族特色村镇建设给予充分肯定。

（王　花）

开福区残疾人联合会

【概况】截至2019年年底，全区有持证残疾人7874人。全年为95户困难残疾人发放残疾人困补资金178万元，为3583人落实残疾人两项补贴793万元，为全区138名残疾人学生和贫困残疾人子女发放助学补贴42.2万元。为70户贫困残疾人家庭和2个社区实施无障碍改造，为全区333名残疾人适配450件辅助器具；全年完成白内障、胬肉、低、弱视力手术190例。全年组织招聘会提供岗位300余个，服务残疾人求职者200余名，9人实现成功就业。

【全面推行惠残民生工程】2019年，开福区筹措资金实施电动轮椅适配，为33名下肢重度残疾的贫困残疾人发放电动轮椅。为湖南省城步苗族自治县603名低保重度精神、智力、肢体残疾人发放日间照料护理补贴24.12万元；两批次为龙山内溪乡11名残疾学生和困难残疾人子女发放扶残助学帮扶经费3.5万元。

【依法维护残疾人合法权益】2019年，开福区全年办理残疾人爱心公交卡160张，为146名肢体残疾人申请机动车燃油补贴，为70户贫困残疾人家庭和2个社区实施无障碍改造。

【推进残疾人康复工作】2019年，开福区为全区255名自闭症、脑瘫、智力障碍、听力障碍的残疾儿童提供康复训练，经过10个月的康复训练，有效率、完成率和满意率均为100%，并为全区65名7~14岁残疾少儿实施康复救助。落实“辅助器具进家庭”工作。区残联在全区范围内进行全面摸底，为有辅具需求的残疾人免费适配，2019年，为全区333名残疾人适配450件辅助器具。全年为26名缺肢残疾人适配个性化需求的假肢，全部装配到位。推进“光明·关爱”项目。全年完成白内障、胬肉、低、弱视力手术190例。

【促进残疾人培训就业】全面拓宽残疾人就业渠道，帮扶贫困残疾人就业。2019年，开福区全年组织招聘会提供岗位300余个，服务残疾人求职者200余名，9人实现成功就业。提升残疾人就业能力，开展残疾人职业技能和实用技术培训。开设办公自动化、电子商务广告设计等创业培训班，26人参加职业技能培训班后顺利结业。推进残疾人自主创业，做好残疾人创业扶持工作。2019年，全区有3人申报残疾人创业扶持资金，发放扶持资金4.4万元。加大机构监管力度，打造特色品牌托养服务。规范全区5家日间照料托养机构的管理，为216名智力、精神和重度肢体残疾人提供日间照料服务，为160名智力、精神和重度肢体残疾人提供居家托养服务。

【强化基层基础工作】2019年，开福区规范和强化残疾人专职服务队伍建设，全区有80名残疾人专职委员通过考核，持证上岗。精准化了解需求，推进动态更新工作。区残联结合工作实际，科学筹划部署，层层分解任务，严格落实责任，上下联动落实，广泛动员多方力量将工作做细、做实，确保动态更新数据科学、准确、及时。2019年，动态更新登记对象7894人，动态更新录入率100%，入户率96.94%，手机APP录入率100%。开展活动，丰富残疾人生活。区残联全年组织“全国助残日”“国际残疾人日”等残疾人活动30余场次，参与人数6000余人次。

5月21日，开福区在长沙市滨江文化园举办主题为“同心同向促北富·共建共享奔小康”的全国助残日大型庆祝活动
（区残联 供图）

【“同心同向促北富·共建共享奔小康”全国助残日活动】5月21日，开福区为迎接第29个“全国助残日”，大力弘扬中华民族“扶弱助残”的传统美德，营造扶残助残的社会新风尚，助力打造强盛、精美、幸福、厚德的新开福，长沙市开福区残疾人联合会在长沙市滨江文化广场举办主题为“同心同向促北富·共建共享奔小康”的全国助残日活动。长沙市残联副理事长左锡涛，开福区委副书记谢伟峰，开福区政协副主席林永红，区政府副调研员乐俊旺等领导出席，全区16个街道、24家爱心单位和爱心机构负责人，残疾人志愿服务工作者及残疾人代表1000人参加活动。活动现场，各残疾人爱心机构开展残疾人作品爱心义卖，残疾人朋友开展文艺节目公演，爱心企业为贫困残疾人发放爱心物资，活动形式多样，氛围浓厚。残疾人活动，为残疾朋友们提供一个展示才艺、互相沟通交流的平台，同时，活动也提高居民的助残意识，在全区形成良好的扶残助残氛围。

【“生活小秘书APP”】2019年，开福区在全市首创的“助残小秘书APP”实现全区推广，覆盖全区1500余户低保户重度残疾人家庭。开福区在全市率先引进的残疾人“生活小秘书”服务项目，项目为残疾人建立“互联网+信息平台+专业化+社区本土化”信息共享平台，通过第三方服务平台APP端口，提供医疗、健康、就业、创业培训、资源匹配、心理辅导、精神慰藉等助残服务。该项目2017年在建湘新村和营盘街社区进行试点，对2个社区29名低保对象中、重度残疾人家庭开展线下服务。2018年，扩大到望麓园和伍家岭等街道120名低保中、重度残疾人家庭。2019年，区财政增加专项工作经费100万元，全面推广“助残小秘书APP”服务项目，覆盖全区1500余户低保中重度残疾人家庭。

（陆　蓉）

社会保障

人力资源管理

【概况】开福区人力资源管理中心是开福区人力资源和社会保障局下设二级机构，有工作人员16人。开福区人力资源管理中心主要业务窗口10个，主要业务涵盖就业、创新创业、培训、创业担保贷款、军转干部、档案管理、人才新政、人力资源市场、人力资源和社会保障基层平台等24项工。2019年，全区实现城镇新增就业人数8830人，失业人员再就业5170人，就业困难对象再就业2400人，分别完成目标任务的116.18%、110%、133.33%。新增农村劳动力转移就业350人，完成目标任务的175%，龙山县劳动力转移就业人数44人，完成目标任务的110%，城镇登记失业率控制在3%以内（目标任务是控制在4%以内）。开福区认定高校毕业生就业见习基地16家，其中2019年新增12家见习基地，完成目标任务的240%；新增见习人员110人，完成目标任务的157%，全年实际拨付见习补贴11.85万元。

【劳务协作对口扶贫专场招聘会】2月13—15日，开福区“开启幸福号”就业直通车率20家企业的招聘负责人赴株洲市茶陵县、常德市石门县、邵阳市城步县三地，举办2019年开福区“春风行动”劳务协作对口扶贫专场招聘会。本次招聘会前，组织方对企业资质、岗位要求、待遇水平等进行筛选。特别是考虑到外地来长务工人员的实际情况，尽量选择有条件为劳动者提供食宿的，信誉良好的企业。最终，开福区人力资源管理中心共组织20家优质企业参加活动，提供岗位2000余个，涵盖技师、普工、育婴、家政、文员等50余个工种。三场招聘活动吸引6000余名求职者，达成就业意向1500余人。招聘会现场，开福区人力资源管理中心工作人员向企业和参会求职者发放《湖南省内贫困劳动力来长就业政策服务口袋书》，重点介绍随迁子女读书、公租房申请、居住证办理等政策。自2018年以来，为促进农村劳动者转移就业，帮扶建档立卡贫困劳动力就业脱贫，也为更好地满足长沙市内企业日益增长的用工需求，开福区人力资源中心与劳务协作地人社部门积极对接，通过举办专场招聘会、开办技能培训班等方式为贫困劳动力就业提供支持，取得一定成效。

【“春风行动”暨优化营商环境招聘会】3月8日，由长沙市人力资源和社会保障局、长沙市开福区人民政府、长沙市开福区人力资源和社会保障局主办，长沙市开福区人力资源管理中心承办的2019年开福区“春风行动”暨优化营商环境之万达广场招聘会，在开福区万达广场举行。长沙市人力资源和社会保障局党委委员、副局长陈英庶等领导出席。该次活动吸引140家企业进场招聘，提供岗位3000余个，涉及医药、地产、制造、服务等50多个行业，其中超过80%的岗位工作地点在开福区。为更好地服务居民，开福区人社局专门在招聘会现场设立政策咨询处，为居民宣传和解答社保、医保、就业创业、社会保险、劳动维权等方面的政策。招聘会吸引超过1500名求职者参加，当天接受求职者现场咨询400余人次，派发各类宣传资料2000余份，现场达成就业意向213人。

【开福区退役军人创业培训】为促进开福区退役军人就业创业，帮助他们拓宽就业创业渠道，6月26日，开福区人力资源和社会保障局在开福区就业服务中心举办2019年开福区退役军人创业培训班，全区有32名退役军人参加培训。培训班特别邀请培训界资深老师从挖掘企业构思、评估市场、财务核算等方面开展培训，帮助学员了解创业环境，培养创业激情和风险意识，掌握企业经营和管理方面的知识。为提升培训的实用性，培训在标准SYB课程基础上专门增加创业交流见面会环节，邀请市场上能提供热点较高、投资较小、前景较好的企业与退役军人进行现场交流，为退役军人提供多个合适的创业项目。

【长沙学院校园招聘会】10月25日，由长沙市开福区人力资源和社会保障局主办，长沙市开福区就业服务中心承办的“2019年开福区走进长沙学院校园招聘会”在长沙学院举行。本次招聘会的成功举办，畅通用人单位和毕业生的双选渠道，实现供需双方的零距离对接。长沙学院是开福区内唯一一所综合性大学，专业设置全面，毕业生能力强、素质高，其校园招聘活动历来受到区内用人单位的青睐。为确保本次活动的招聘效果和影响力，开福区就业服务中心加大宣传力度，积极联系区内企业，广泛收集岗位需求，最终筛选出46家优质企业参加活动，提供建筑工程、算法工程、平面设计、外贸、物流等各类岗位900余个。同时，提前通过校园网络社群等渠道广发招聘信息，使学生广泛知晓和了解该次活动，现场吸引500余名应届毕业生前来求职，达成就业意向人数317人。

（胡杜豆）

社会保险服务

【概况】长沙市开福区社会保险服务中心为副科级参照公务员法管理的全额拨款事业单位，编制10名，是长沙市开福区人力资源和社会保障局下设的二级机构，负责全区养老保险、失业保险、工伤保险等社会保障工作以及企业退休人员管理工作。2019年，开福区企业养老保险基金征缴收入10.08亿元，完成2019年目标任务6.5亿元155%。离退休人员基本养老金按时足额发放，社会化发放率100%；全年基本养老保险覆盖率100%。区财政于2019年5月将企业养老保险2019年度同级财政补助160万元拨付到位，完成2019年同级财政补助的目标任务160万元的100%。2019年，开福区城乡居民基本养老保险参保人数43055人，完成2019年目标任务40482人的106%。全区社会保障卡持卡人数20.65万人，完成2019年目标任务20.65万人的100%

【社保征收职能划转】2019年，开福区社会保险服务中心稳步推进社保职责划转，将机关事业单位养老保险和城乡居民基本养老保险征收职能划转至税务部门，按照国务院和省政府关于社会保险费征管职责划转的要求，根据《国家税务总局湖南省税务局湖南省人力资源和社会保障厅湖南省医疗保障局关于机关事业单位和城乡居民社会保险费交由税务部门征收的公告》精神，为维护用人单位和参保人权益，方便缴费单位（个人）缴费，自2019年1月1日起，长沙市范围内参加机关事业基本养老保险的机关事业单位的社会保险费（不含职业年金和机关事业单位应当缴纳的企业职工基本养老保险费）和城乡居民基本养老保险由税务部门征收；跨年度征收的城乡居民基本医疗保险，自2019年4月1日起交由税务部门征收。区社会保险服务中心配合税务部门，将开福区机关事业单位等社保征缴移交税务部门，并积极处理险种划转过渡期内出现的问题，完成机关事业基本养老保险的机关事业单位的社会保险费（不含职业年金和机关事业单位应当缴纳的企业职工基本养老保险费）和城乡居民基本养老保险费、城乡居民基本医疗保险费征管职责移交的工作。

【企业养老保险缴费费率过渡试点】2019年，开福区社会保险服务中心根据《湖南省人力资源和社会保障厅湖南省财政厅关于完善企业养老保险单位缴费费率过渡试点工作的通知》《长沙市人力资源和社会保障局长沙市财政局关于印发〈长沙市养老保险缴费费率过渡试点实施细则〉的通知》等有关文件精神，开福区于1月31日、3月16日在金霞经开区、马栏山文创园分别召开养老保险费率试点政策专场宣讲会，并积极组织企业申报。2月–4月，高新经开区、金霞经开区、马栏山文创园有嘉德集团、国药控股等118家企业成功申请费率过渡试点。该118家企业从申请当月开始养老保险单位缴费费率由19%降到14%，第一年按14%执行，此后每年度养老保险单位缴费费率增加1%，直到过渡到全省统一费率。

（王　琼）

住房保障

【概况】2019年3月政府机构改革后，原区住房保障局合并到区住房和城乡建设局。2019年，区住房和建设局加大住房保障力度，健全住房保障体系，科学调配房源，服务棚改征收，着力解决城市居民住房困难家庭的住房问题。2019年，全区管理的保障性住房3748套，总建筑面积17.78万平方米，入住率99%，全年发放租赁补贴833户76.12万元，保障人口6643人；实物配租3720户，保障人口5964人。

【保障性住房】2019年，全区管理的保障性住房3748套，总建筑面积17.78万平方米，入住率99%。全年发放租赁补贴833户、76.12万元，保障人口6643人；实物配租3720户，保障人口5964人。为全区80家单位5982人发放职工住房补贴7977.8万元。做好退役军人住房保障工作。为6名退役军人提供绿色通道安排公租房，4名退役军人优先选购山语城商品房；全区摸底112户，实物配租48户，发放租赁补贴34户、3.57万元。

【棚改房源】2019年，为开福区棚户区改造共安置房源716套，其中经适房77套，限价房48套，商品房551套（含定向商品房），公租房40套。

【公租房管理】加强日常巡查、强化安全培训、严格违规整改、推进管理服务外包等举措，提高公租房后续管理服务正规化水平。2019年，开展保障性住房违规整治行动3次，整治公租房违规经营5户，处理违规装修1户，腾退取消保障资格住户20户。

【中低收入群众以及园区企业职工住房困难问题专题调研会召开】10月21日，长沙市开福区住房和城乡建设局召开专题调研会，研究解决中低收入群众和园区企业职工住房困难问题。湘雅路街道、通泰街街道分管住房保障工作领导、住保专干及社区专干参加会议。会议还邀请园区自建公租房项目企业代表以及部分低收入无房群众代表参加。区住建局部分班子成员参加座谈会。会上，区住建局住房保障登记管理科负责人介绍全区住房保障相关情况，企业代表对自建公租房项目情况进行介绍，并对如何保障园区企业职工住房问题提出建议。街道分管负责人及社区专干反映住房保障工作在政策运用、工作机制、个案处理方面存在问题，并结合日常工作经验提出建议。参会人员围绕会议收集的问题逐个研究解决方案，重实对保障对象轮候时间长、住房补贴申请难度大、政策宣传不到位等问题提出切实可行的解决方案。

（周懋钊）

医疗保障

【概况】开福区医疗保障局于2019年3月挂牌成立，为正科级政府工作部门，核定行政编制5名。区医疗保障局主要负责全区城镇职工和城镇居民基本医疗保险、生育保险、新型农村合作医疗、药品和医疗服务价格管理、医疗救助等。下设办公室、医药保障科（行政审批和政务服务科）、基金监管科3个科室，以及1个二级事业单位医疗保障事务中心，核定全额拨款事业编制6名。2019年，全局有工作人员17名。

【全民医保】2019年，开福区以职工医保和城乡居民医保为主体，生育保险、大病互助、大病保险、公务员医疗补助、离休人员医疗统筹为补充的全民医保制度运行稳定。2019年，全区参保人数66.72万人，参保覆盖率95%以上；区职工医疗保险共征缴3.43亿元，城乡居民基本医疗保险征缴3266.5万元（另区财政补助1358.85万元），生育保险累计征缴1699万元。

【门诊统筹和“两病”待遇】2019年，开福区城乡居民门诊统筹报销比例从60%提高至70%；将高血压、糖尿病医保政策范围内的门诊费用纳入医保报销范围，不设起付线，高血压最高支付限额为360元/人/年，糖尿病最高支付限额为600元/人/年，统筹基金支付70%，个人自付30%。

【大病保险】2019年，开福区实施“一增一降三提高”，大病筹资标准增加15元至65元每人每年，降低大病保险起付线，0~3万元和3万~8万元两个支付段报销比例提高5个百分点，年度最高补偿额从20万元提高至30万元。

【特殊病种门诊】2019年，开福区特殊门诊病种从原来的28种增加至45种，首次将苯丙酮尿症等罕见病纳入特殊门诊范围，城乡居民报销比例从50%提高至70%，精神病月度报销标准从200元提高至500元，尿毒症职工医保报销比例提高5%，城乡居民提高10%左右，特殊门诊待遇申报种类从1种扩大至3种。

【医疗救助和健康扶贫】2019年，开福区全面实施贫困人口参保全额资助政策，农村低保、特困人员参保率实现100%，落实大病保险起付线降低50%，全面取消贫困人口大病保险封顶线，8万元及以下支付段报销比例在原基础上再提高5个百分点。2019年，通过健康扶贫“一站式”结算，全区为1176人次农村低保和特困人员报销1141.35万元（医疗总费用1259.19万元），其中基本医疗支付635.43万元、大病保险支付130.38万元、医疗救助支付212.22万元、财政兜底支付92.04万元，综合报销比例90.6%；办理城乡居民医疗救助1858人次，发放医疗救助金1007.54万元；精神障碍患者药物救助5002人次、救助金额91.1万元。

【异地就医结算】2019年，开福区实现市内、省内、跨省异地就医费用医保直接结算，群众就医便捷性和可及度大大提高。2019年，办理医疗保险异地报销772人次，报销金额432.67万元；城镇职工医保生育费用异地报销329人次，报销金额56.29万元；办理跨市医疗关系转移619人次。

【打击欺诈骗保】2019年，开福区围绕“六个一”开展打击欺诈骗保专项行动，守好群众“救命钱”。2019年，区医疗保障局检查全区医保协议医疗机构22家（二级以下）、门诊协议医药机构165家，协议医疗机构经自查自纠主动退还医保基金30.48万元；检查住院协议医疗机构20家、门诊协议医药机构103家。检查住院病人324人，抽查病历512份，电话回访252人，现场抽查POS机刷卡单据628份，移送司法机关案件1起，解除医保协议4例，形成对医保基金监管高压态势。

【打击欺诈骗取医疗保障基金专项行动】4月18日，开福区医疗保障局组织召开开展打击欺诈骗取医疗保障基金专项行动推进会，专题部署2019年开福区打击欺诈骗取医疗保障基金专项行动。专项行动从4月份开始至12月31日结束，围绕“六个一”开展工作（“六个一”即畅通“一个渠道”，通过网络、媒体公布医保举报电话、举报邮箱等，建立举报机制；坚持“一个原则”，按照“双随机一公开”原则，重点打击涉黑涉恶、诱导住院、过度医疗、违规收费、弄虚作假、滥用中医治疗、滥用检查化验等行为；完善“一个出口”，对定点医药机构实行“负面清单”管理，并向社会公示，定点医药机构出现负面清单所列情形之一的，一律解除协议；组建“一批力量”，向社会聘请一批打击欺诈骗保社会监督员，形成全方位的有效监管；强化“一起监管”，联合纪委、卫健、公安等部门建立联合监管机制，加强信息交流；建立“一个机制”，主动曝光查实的典型欺诈骗保案件，打击医疗机构欺诈骗取医疗保障基金和定点药店欺诈骗取医疗保障基金行为，规范参保人员就医购药。通过宣传造势、自查自纠和现场检查三个行动阶段，广大人民群众对欺诈骗保的知晓率、参与度明显提高，协议医药机构和参保群众的守法意识、底线意识明显提高，营造全社会关注并自觉维护医疗保障基金安全的良好氛围。此专项行动被新湖南、掌上长沙、华声在线、红网手机报等新闻媒体宣传报道。

【医保业务培训】11月22日，开福区医疗保障局组织召开2020年度城乡居民参保缴费工作部署暨医保业务培训会，全区各街道、社区、社区卫生服务中心等200余名医保专干参加。此次会议目的是全面安排部署全区2020年度城乡居民基本医疗保险参保缴费工作，进一步提高医保干部的医保政策掌握水平和业务经办能力，持续提升医保工作效能，推动全区医保事业再上新台阶。培训内容涵盖居民医保征缴政策解读、城乡居民医保政策解读、城镇职工医保政策解读、生育保险及异地联网结算政策解读、基金监管等医保核心业务。

【医保异地联网结算、业务经办和村（社区）卫生室门诊刷卡调研】9—11月，开福区医疗保障局围绕异地联网结算、业务经办和村（社区）卫生室门诊刷卡等3个重点、难点问题开展专题调研。调研组成员通过发放调查问卷、召开座谈会

11月20日，区医疗保障局工作人员围绕村（社区）门诊刷卡情况开展实地调研

（区医保局　供图）

和实地走访等方式，认真听取调研对象意见和建议，梳理分析基本情况、存在问题和对策措施，撰写《关于医保异地联网结算存在的问题研究》《关于如何推进医保业务便捷办快速办，优质实现“最多跑一次”目标的调研报告》和《关于村（社区）卫生室门诊刷卡现状的调研报告》，为政府决策提供依据。

（管　辉）

开福区一名志愿者在人体器官捐献登记后与工作人员合影

（区红十字会　供图）

开福区红十字会

【概况】开福区红十字会为正科参公单位。2019年，开福区完成无偿献血4450人次，被评为长沙市红会造血干细胞工作先进单位。

【红会宣传】2019年，开福区红十字会组织开展“5·8”世界红十字日、“世界急救日”宣传活动，各街道红会拓宽宣传渠道及方式，宣传《中华人民共和国红十字会法》、红十字精神及红十字在人道领域、应急救护等方面的典型事例或人物，树立红十字运动的公信力，提升社会公众对红十字运动的认知程度。

【“三献”工作】2019年，无偿献血长沙市下达开福区指标为3600人次，开福区实际完成4450人次，完成市定指标的123.6%，在全市区县中排在前列。开展造血干细胞捐献、遗体器官捐献宣传，自愿登记者逐年增多，开福区被长沙市红会评为造血干细胞工作先进单位。

9月2-6日，沙坪街道开展应急救护培训进学校进社区活动

（区红十字会　供图）

【应急救护培训】2019年，区红十字会成功举办全区首届红十字应急救护大赛，16个街道和区教育局共组成21支队伍参与，以赛促训、以赛促宣传，提升应急救护培训的全面覆盖。区教育局代表开福区参加长沙市红会应急救护大赛荣获第一名和优秀组织奖两项殊荣；作为湖南省唯一区县代表接受中国红十字会总会应急救护培训现场评估组的现场评估，获得充分肯定。加强基层应急救护阵地建设，为全区各社区、学校配置心肺复苏模型、AED训练机、救护包等培训器材。完成救护师资注册38名，选送培训红十字救护师资13名，对原有师资强化管理与评价；完成救护员培训165名，普及培训5万人次。

【精准帮扶】2019年，区红十字会落实中国红十字会总会、省市“博爱送万家”的部署，对最易受损害的群体摸底造册，在争取上级资金物资的同时，自筹资金购置大米、食用油走访慰问300户困难家庭，发放慰问金和物资价值10万元。

（曹　妍）

街　道

DISTRICT

望麓园街道

【概况】望麓园街道地处长沙市开福区南端，东起芙蓉中路，西至黄兴北路，北抵湘春路，南起中山路，总面积1.2平方千米。街道辖荷花池、水风井、营盘街、富雅坪及中山路等5个社区居民委员会。2019年，望麓园人口总数45588人，19136户。街道辖区内有长沙市财经职业中专、田家炳实验中学等2所中学，有一师二附小、长师附小、望麓园、营盘街等4所小学，有长师附幼、小杜鹃幼儿园、长沙市直机关荷花幼儿园、省少儿图书馆幼儿园、望麓园社区幼儿园等5所幼儿园。2019年4月，望麓园街道完成机构改革，形成“五办二中心一站”（“五办”即党政综合办、基层党建办、城市管理办、公共服务办、公共安全办，“二中心”即政务服务中心、网格化综合服务中心，“一站”即退役军人服务站。）的机构格局。在职在编工作人员43人。2019年，望麓园街道获得开福区项目建设、优化营商环境考核一类单位。

【经济发展】2019年，望麓园街道全年完成全口径税收5.85亿元，其中区级税收1.17亿元；完成限上社会消费品零售总额52亿元，占全区社零总额的25%；完成全社会固定资产投资19.35亿元，为全年任务的146%；完成其他营利性服务业收入4.84亿元，增长24.2%。新增“四上”企业5家，其中服务业2家，房地产1家，建筑业1家，商贸业1家，各项指标位居全区前列。推进老项目扫尾和新项目建设。望麓园巷棚改项目一期101户实现100%签约腾房，六堆子棚改项目完成签约49户，总体签约率97%；湘江宾馆、S16地块华润置地等项目建设稳步推进。加大招商引资力度，成功引进湖南人保、美克美家等200家企业，辖区楼宇空置率5%以内。优化营商环境，在全区率先试点“楼宇企业综合服务站”，为企业提供“全生命周期服务”，新湖南大厦获评全省首批文化创意类专业特色楼宇。帮助企业破解难题，全市首创“共享停车”，促成省妇幼、湖南日报整合资源，盘活600余个车位资源，破解困扰湘春路多年的拥堵“瓶颈”，缓解松桂园商圈交通压力，该做法获全国优化营商环境经验交流现场会推介。

【城市管理】2019年，望麓园街道坚守“最严城市管理”，落实精细化、常态化管控。打好蓝天保卫战。持续推进排气、油烟污染整治，全年为100余家餐饮门店、7300户居民家庭安装厨房油烟净化器，在全市首创以液化气灶置换煤炉，稳步推进锅炉低氮改造。做好“垃圾分类”。全面推动生活垃圾减量化、资源化和无害化，投入150万元经费，建立垃圾分类点64个，垃圾分类屋6处，免费发放5000个分类垃圾桶，在公共投放点设置“桶外监督员”和“桶边指导员”，并开展“红黑榜”评选活动，确保垃圾准确分类投放。荷花池社区自主探索“提篮买菜”等可复制的有益做法，成效明显，获得市、区肯定和推广。做好社区提质提档，街道以建设更加“宜居宜业、精致精美、人见人爱”的品质街区为引领，自筹资金，主动铺排60个城管建设项目，重点解决200个楼栋单元脏乱、56处地下管网堵塞、5个社区线网凌乱、16处背街小巷路面破损、1000户居民生活油污严重等问题。抓好文明创建，承办全市首场“满天星”文明共建活动，在2019年文明创建国检中，街道迎检项目占全区1/3，全部顺利完成任务，街道连续9年保持“长沙市文明标兵单位”荣誉称号。

【民生服务】2019年，望麓园街道城镇新增就业人数683人，失业人员再就业人数533人，就业困难对象再就业人数204人，新增创业主体602家，企业养老保险基金征缴3840.2万元，城乡居民养老保险参保502人，社会保障卡持卡9019人。加大社会救助力度，升温民生福祉，全年最低生活保障累计救助2556户次，3996人次，发放救助金164.12万元；特困供养206户次，206人次，发放特困补助金15.02万元。统筹做好退役军人、老龄、妇女儿童等群体服务保障工作。推进“一圈两场三道”建设，街道工作经验作为全市三个“基层样本”之一获长沙市市长在《长沙调研参考》批示并向全市推广。落实为民服务“工作哨”，圆满解决荷花池社区荷园小区外墙脱落、水风井社区化粪池改造、富雅坪社区紫东园2号环境绿化提质等群众“急难愁盼”问题20余件。常态化做好人口监测，全年全街婴儿出生403人，其中常住人口出生283人，流入人口出生120人，符合政策生育率100%。推动公共医疗服务，加强与街道社区卫生服务中心的交流和融合，组织召开工作研讨会2次，推出12项公共卫生服务，举办社区义诊22次，发放中医药、妇幼健康、公共服务等宣传资

5月25日，“望麓园杯”气排球赛　　（望麓园街道　供图）

料1.4万份。促进妇幼健康服务，全年共办理生育服务证354本，办理再生育证5本。帮助申请“爱心助孕”项目10对，孕前优检113对，“两癌筛查”709人，孕产妇免费产前筛查260人，新生儿疾病筛查320人，无创DNA检测288人，耳聋基因筛查318人。组织开展无偿献血活动，全年共有220人参与团体无偿献血活动，街道获得全市无偿献血组织工作先进单位。

【安全生产】2019年，望麓园街道采取“3+1”网格化区域覆盖和“点、片、线、面”责任落实相结合监管模式，根据辖区企业、单位、居民等实际情况全街划分为34个安全生产单元小网格的三级网格化管理模式，依托天网工程，建成安监、城管、综治资源共享的“智慧安全”平台，对街道主次干道、背街小巷进行全天候、无死角的全方位监管。认真落实安全生产责任，在全区街道率先开展消防、电梯、触电、有限空间4类应急救援“大比武”，全市首创《企业应急救援处置卡》，获长沙市应急管理局肯定；开展“打非治违”专项整治行动16次，取缔非法液化气站2个，行政拘留2人，网上行政处罚23家企业，安全生产目标管理考核位居全区第一。以“零容忍”态度推进食品药品监督检查，对全街1316家食品药品门店进行常态化监管，执法办案居全区前列。投资300万元，对荷花池农贸市场进行提质改造，打造成长沙市首个省级示范性市场，并在全年全市农贸市场考核中排名第一。完成小餐饮“透明厨房”提质改造136家，针对食品小作坊、农贸市场、小餐饮、酒类产品、农兽药残留、私屠滥宰、食品小摊贩及店外经营等开展“利剑行动”“护苗行动”食品安全专项整治行动，街道保持食品安全“零事故”，连续三年获“长沙市食品安全先进单位”。

【综合治理】2019年，望麓园街道开展“综治大走访”“看门守栋、邻里守望”“红袖章”工程、出租房屋“三治三防三优”及社会治安重点整治等综治行动。加大信访遗留问题化解力度，落实领导包案制度，全年完成5户信访遗留问题化解。织牢“群治网”，开展“扫黑除恶”专项斗争，在辖区范围内广泛宣传，动员辖区单位、群众参与，全街悬挂“扫黑除恶”宣传横幅15条，宣传显示屏9块，橱窗5期，设置“扫黑除恶”举报信箱6个，发放宣传资料2万余份及宣传海报500余份，召开“扫黑除恶”专项斗争专题会议3次，做到家喻户晓、人人皆知，群防群治力量不断壮大，辖区治安发案率同比下降15%。

【“党建领航，聚力发展”气排球赛】5月25—26日，望麓园街道在长沙市青少年宫举办为期两天的“党建领航，聚力发展”望麓园杯气排球赛。街道与驻区单位300余人参加活动。湖南日报社党组副书记、总经理邹继红，中国人民健康保险股份有限公司湖南分公司总经理桂奋，湖南省总工会党组成员、副主席李铁华，湖南省体育局副巡视员、省排球协会主席曾伟，湖南省妇幼保健院院长盛小奇，开福区委副书记谢伟峰，开福区委常委、政法委书记黎明，开福区委常委、组织部部长晏成方、副区长杨光华等领导出席开幕式。湖南省农业农村厅、湖南省总工会、湖南日报社、湖南省妇幼保健院、湖南省疾病预防控制中心、华声在线新闻网站、长沙市青少年宫、长沙财经职业中专学校、湖南第一师范学院第二附属小学、长沙市人民政府机关荷花幼儿园、中国石化湖南石油高速分公司、中国人民健康保险股份有限公司湖南分公司、望麓园街道办事处等14支代表队伍参加比赛。该活动旨在增强区域党建合力，融洽

“邻里”关系，牢固联系纽带，丰富街区干部群众文化生活，促进区域共同发展。经过两天比赛，共产生一等奖3名，二等奖3名，三等奖8名。

【首试“易地共享停车”服务模式】8月26日，开福区望麓园街道在全市首试“易地共享停车”服务模式，协调新湖南大厦地下停车位低价包租给湖南省妇幼保健院，腾出400个车位方便就诊市民，缓解看病停车难问题。望麓园街道在优化营商环境调研中发现，与湖南省妇幼保健院一墙之隔的新湖南大厦，招商尚未完结，其地下负4层停车位252个车位空置。湖南省妇幼保健院的职工面临每天上班见缝插针寻车位的难题，愿意易地停车。街道、社区在听取双方意见后，联络人大代表、政协委员多次协商，促成双方就共享停车顺利签约。易地共享停车带来“三赢”，医院职工、就诊市民停车更方便，而新湖南大厦的闲置车位也得到利用。湖南省妇幼保健院首批登记有395台私车，分早晚班停靠新湖南大厦地下停车场，腾出的医院车位得到循环利用，既达到公益目的，又盘活闲置资源。

【小区居民享免费车位错时服务】2019年，开福区望麓园街道荷花池社区探索服务老旧小区居民的新方法——选聘物业公司整体盘活社区76个公共车位，用所得收入让居民免费享受到优质物业服务，实现物业企业、社区、居民三方共赢，为创新社区治理以及提质改造后的老旧小区管理提供宝贵经验。荷花池社区位于繁华的闹市区，高档写字楼和大医院包围着两个棚户区和35栋老旧宿舍楼，5000户居民，没有物业服务，没有安防保障。街道、社区在摸底调查中发现，茅亭子老旧小区居民的116台私车大多白天外出，划出的76个公共车位此时闲置。与此同时，周围写字楼、商场超市和长沙市第一医院有着巨大的停车需求，如果把闲置车位共享出租，将带来一笔可观收入。2019年8月，望麓园街道荷花池社区通过民主决策、公开招标，选聘物业公司运营这些共享车位，用停车费为老旧小区居民享受的“管家”服务买单。小区实行24小时保安巡逻，监控全覆盖无死角，智能道闸管好进出的每一台车，电器坏了、下水道堵塞，一个电话，小区“管家”免费上门服务。这一举措不仅治理老旧小区乱停车现象，还让居民免费享受到优质物业服务，作为老旧小区文明共建经验在全区推广。

【长沙“满天星”文明共建主题活动举行】11月15日，长沙“满天星”文明共建主题活动在开福区望麓园街道运达国际广场前坪举行。长沙市委副书记朱建，长沙市委宣传部副部长、市文明办主任郭润葵，开福区委书记曹再兴，开福区委常委、区委副书记谢伟峰出席。本次活动由长沙市文明办和长沙市城管执法局主办，开福区委宣传部、开福区文明办、开福区城管执法局、开福区市容环境卫生中心和望麓园街道承办。开福区作为长沙市“满天星”文明共建主题的首站，在活动现场，开福区经营门店代表上台签订并展示《门前三包承诺书》。现场还对10位积极履行门前三包义务的优秀经营户进行表彰，为他们授予“门前三包”优秀门店标识。随后各行业青年志愿者现场发出活动倡议，号召大家从“门前三包”做起，守护好自己的“责任田”、扫净自家“门前雪”，为共建最美长沙出一份力、尽一份责。活动现场还向党员志愿者、门店业主、居民群众发放志愿者标志和清扫工具，组织大家一起参加“清洁长沙行动”志愿服务活动。该活动旨在引导广大经营门店业主和居民群众，支持和参与“门前三包”工作，增强广大居民和商家创建文明、优美、整洁的城市环境意识，从身边小事做起，从自己做起，从现在做起，形成文明健康的生活方式，为生态文明城市建设做贡献。

（周佳凡）

清水塘街道

【概况】开福区清水塘街道地处长沙市开福区南端，南接八一路，北抵德雅路，西临芙蓉路，东达迎宾路。因辖区内中共湘区委员会旧址而得名，素有“红色发祥地”之称。街道辖清水塘、芙蓉路、便河边、四季花城4个社区居民委员会，总面积2.45平方千米，总人口5.6万人，街道办事处驻清水塘路152号。辖区内有中国银行湖南省分行、中国邮政储蓄银行湖南省分行等金融机构；湖南省体育局、湖南省新闻出版局、湖南省出版集团、湖南省博物馆、湖南省展览馆等文化产业单位；中共湘区委员会旧址、烈士公园等红色旅游景点；湖南省政协、湖南省委统战部、湖南省交通厅、湖南省公路局等机关大院汇聚于此。街道辖区内有中学1所，小学

11月20日，清水塘街道开展保健食品“五进”专项科普宣传活动
（清水塘街道　供图）

2所，幼儿园1所。2019年4月，街道完成机构改革，设置党政综合办公室、基层党建办公室、城市管理办公室（含区域建设服务办公室）、公共服务办公室（含行政审批服务办公室、优化营商环境办公室）、公共安全办公室。街道设一类事业单位3个，分别为街道政务服务中心（街道党群服务中心）、街道网格化综合服务中心、街道退役军人服务站。在职干部职工49人（其中行政编13人，事业编31人）。2019年，清水塘街道荣获湖南省妇联系统宣传工作先进单位、长沙市社会科学教育普及基地、长沙市示范性社区学习中心、省级特色教育课程第一名、开福区产业发展工作先进集体、开福区优化营商工作先进集体、开福区财源建设一类街道、全区党委信息工作先进单位。

【街域经济】2019年，清水塘街道全街完成财政税收1.81亿元，完成固定资产投资20.04亿元，完成其他营利性服务业收入15.4亿元，完成社会消费品零售总额3.4亿元，完成实际到位省外境内资金12.95亿元，完成实际利用外资资金1006万美元，完成外贸进出口3522.47万美元。全年新引进企业230家，其中注册资金在1000万以上的企业有35家。绿地中心入驻企业247家，其中包括新华保险、华夏保险、科勒、中梁地产、伟光汇通、红牛湖南分公司、西兰蒂亚酒店等有影响力的企业。

【项目建设】2019年，清水塘街道炮后街项目累计完成私房签约628户，签约率96.3%；完成公房签约32户，签约率100%；完成单位签约9个，签约率100%。2018年，全面启动清水塘小学改扩建和炮后街定向房项目建设，截至2019年年底，清水塘小学完成建设，炮后街3栋定向房完成主体封顶。汽电项目累计完成私房签约245户，签约率97.2%；项目内房屋全部倒地清零。完成华远·华时代项目C塔主体建设，A塔、B塔分别建至47、34层。深业项目启动基坑建设。

【城市管理】2019年，清水塘街道推行城市管理精细化。全面对标文明创建国家标准，全面完成4个社区提质提档，全街“四纵四横”8条主干道“九位一体”全面完成升级改造，姚正街、物贸宿舍等一批背街小巷、老旧小区完成提质改造；组织单位、门店、沿街住户成立门店自治协会，开展“星级门店”“精美楼栋”“文明餐桌”等评选活动，凝聚市民维护城市管理的共识。落实环境保护常态化。围绕“三个月治标、三年治本”的目标要求，以“六控十严禁”为抓手，打赢蓝天保卫战，建立日督查、周调度、月点评、双月一通报的工作机制，加强对违章建筑、违规夜市、流动摊担等问题的日夜巡查，整治餐饮门店油烟、露天烧烤、渣土扬尘、居民餐厨油烟，严格落实燃煤禁烧全覆盖、餐饮门店和家庭油烟净化器全覆盖，创建长沙市无油烟示范街道。落实河长制，打赢碧水保卫战，全面推进湖长制工作规范化建设，建立健全以党政领导负责制为核心的责任体系，每旬对年嘉湖、清水塘进行监管巡查，争创样板湖建设，年嘉湖水质全年保持良好。将垃圾分类试点打造成亮点。新建全市首个智慧分类驿站，通过线上线下相结合的方式，提升群众知晓率和参与度，探索建立“四位一体”垃圾分类工作“清水塘模式”，在全市垃圾分类工作大会上做典型发言。

【平安建设】2019年，清水塘街道以“红袖章”为抓手，推进“平安街道”建设，全年出动义务巡逻队1900人次，防范力量建设显著增强，刑事案件发案率得到有效遏制。以校园安全为底线，在长沙市一中、花城小学等校园周边增设护岗亭，建全校园外道路交通标志、标识、减速带。开展扫黑除恶和禁毒工作，以“11”类黑恶势力作为重点摸排线索，及时收集涉黑涉恶违法犯罪线索，对十二兽酒吧黄赌毒和湖南省展览馆非法集资、传销行为等进行排查整治，对吸毒人员进行全面摸排走访，街道无新增吸毒人员，无制毒、贩毒行为。做好炮后街、汽电项目遗留问题化解，及时处理来信、来访50余条。开展“与信访群众交朋友，创居民零上访社区”暖心活动，深入落实“五个必访”，通过不断“消肿化瘀”，确保街域平安平稳。

【安全监管】2019年，清水塘街道按照“管行业必须管安全，管业务必须管安全，管生产经营必须管安全”的原则，形成全街安全生产“全员有责、全员负责、全员担责”的工作格局。制定出台《安全生产监管月度测评办法》，对街道日常监管提供规范化的“工作模板”，并采取定期检查、通告公示、奖励现金的月度测评方式，带动街道各部门、各社区安全监管责任意识不断提高。制定《清水塘街道夯实企业主体责任行动》，对企业体检表的落实，以及“班前会”“应急救援卡”“危险作业卡”的普及和推广进行重点强调。成立“三大行动”工作领导小组，按照行业监管和属地监管的原则，集中开展安全生产隐患“大排查、大体检、大整治”。街道安委会全年累计开展安全生产检查360余次，发现并处理各类隐患380余起。开展“打非治违”整治行动，对辖区20余家违法企业进行处罚，罚款金额1.46万元。组织特种设备停用大排查，共查实辖区内超期停用的场内机动车、锅炉、电梯等特种设备8台；对有限空间作业、粉尘防爆作业、防雷安全工作、醇基燃料等多项专题工作开展专项排查整治，有效杜绝相关风险隐患点。建设社区微型消防站14家，各社区均建立“社区安全专干+企业义务消防员”的应急消防队伍，承担起对辖区微型消防站的日常使用维护职责，共开展应急消防演练15次。全年未发生生产安全、消防安全及食品药品安全责任事故。

【民生保障】2019年，清水塘街道全街有低保对象79户104人，全年发放低保金61万元；特困供养对象11人，其中集中供养3人，分散供养8人，低收入认定12户；针对城市困难群众分三批次救助261户，发放救助金35万元；为17户困难家庭申办医疗救助，发放医疗救助金8.4万元，帮助6户困难家庭申领医疗救助金3.9万元。办理小额临时救助3人，发放救助金1800元；区级临时救助2人，发放救助金6000元。为符合条件的高龄老人发放生活补贴143.4万元，办理公交爱心卡400人次。对辖区内14名符合条件的老人提供居家养老上门服务，并为3位老人申请厕所安装扶手、防滑垫等改造设施。为符合条件的134名残疾人发放两项补贴32万元。办理廉租房实物配租5户、廉租房租赁补贴5户、公共租赁住房1户。2019年，新增城镇居民医保办理人数189人，累计缴费人数2428人，征缴基金总计182万元。新增城镇居民养老保险15人，累计缴费人数77人，征缴总金额16万元。全年城镇下岗失业人员再就业455人；帮助就业困难人员再就业199人；街道腾出17个公益性岗位，分三批安排20名符合政府安排工作退出现役的下岗困难退役军人再就业；创业担保贷款还款180万元；扶持大学生创业20人；新增创业主体407户，带动城乡就业1598人，其中带动城镇就业1451人；对口帮扶龙山县劳动力就业4人；申报社保补贴41人；人力资源和社会保障基本情况调查23户；举办现场招聘会2场，职业技能培训40人；办理“就业失业登记证”104本。

【社会事业】2019年，清水塘街道有文化馆（站）1个，文化活动中心4个；公共图书馆4个，建筑面积500平方米，藏书6000册；“夕阳红”等群众性艺术团队3个；建成清水塘社区公园1个。辖区内有省级体育馆1个，游泳池1个。设有全民健身路径、羽毛球场、篮球场等文化活动设施，体育场所建设面积6.7万平方米。社区全部安装健身器材，经常参加体育活动的人员占常住人口的51.8%。辖区内有幼儿园1所（双爱幼儿园）教职工数18人，幼儿275人。小学2所（花城小学、清水塘小学），花城小学，教职工数20人，1个年级1个班6个班，学生300人。清水塘小学，教职工数40人，6个年级13个班，学生579人。中学1所（长沙市一中）。清水塘社区联合常德市鼎城区志愿服务队和浏阳市万众志愿服务队开展一系列慰问困难户、爱心护考、垃圾分类宣传以及庆祝中华人民共和国成立70周年等志愿服务活动；建立“中国好人”汤国清工作室，专注居民邻里纠纷、教育、心理咨询和青少年道德引导进行帮教，获得“省级最美志愿服务社区”“省级侨胞之家”“省级教育基地”等荣誉称号。清水塘社区在全区率先推出“零距离办公”服务试点，芙蓉路社区推行“全岗通”，创建3个“零距离办公点”。便河边社区联合辖区单位结合垃圾分类、文明劝导、慰问帮扶等工作开展文明创建、结对共建等志愿服务活动。四季花城社区创建2个“零距离办公点”，联合辖区鑫晨婚姻家庭中心、飞翔教育中心、绿地中心等公益组织、企业，开展文明创建、安全知识、教育宣传等公益行动，联合开福区党建声音馆拍摄庆祝中华人民共和国成立70周年“我为祖国献声”宣传片，在学习强国APP上播放。

【首个红色文化历史故事街区落成】7月1日，随着中国共产党长沙历史馆全新亮相，长沙首个“红色文化历史故事街区”在开福区清水塘街道落成。清水塘街道积极挖掘资源，统筹规划设计，加强区域合作，以中国共产党长沙历史馆为核心，串联起辖区内中共湘区委员会旧址、湖南省博物馆、烈士公园、长沙市一中校史馆、便河边步道、奥运湘军展示厅等11处红色历史建筑和文博展馆，形成一条红色历史文化公益观光线路，定期制定不同的参观路线对外公布，市民可预约报名，在专业解说员陪同下，邀市民免费观光体验。“红色旅游链”的形成，让一个个红色景点焕发出新的生命力，同时，红色基因也在清水塘街道传承发扬。在开福区新时代学习社，党员干部认真学习贯彻习近平新时代中国特色社会主义思想；在红色摇篮党建声音馆，湖南英烈的故事回响在耳边；在清水塘红色服务站，志愿服务开展得风生水起，居民“点单”、志愿者“接单”的服务模式广泛推行。

【工作调研】8月9日，住建部城建司处长金浩带队到长沙市开福区清水塘街道清水塘社区调研督导垃圾分类工作。在清水塘社区智慧分类驿站，金浩一行参观清水塘社区智慧垃圾分类宣传展板，了解社区关于做好垃圾分类“12345”工作法和运用新技术来引导居民群众理解支持、参与垃圾分类工作。清水塘社区党委书记汤国清重点介绍清水塘社区利用红色资源、发挥党员志愿者模范作用，推动社区垃圾分类和倡导资源无害化倡议等工作成效，并就清水塘社区垃圾分类工作典型案例和成功经验进行详细介绍。金浩一行对开福区清水塘社区垃圾分类工作的开展给予充分肯定，希望社区能将垃圾分类成功经验和案例梳理出来，普及到更多的社区中。

【保健食品“五进”专项科普宣传活动】11月20日，长沙市开福区清水塘街道开展以“科学认知保健食品，明白理性放心消费”为主题的保健食品“进社区、进企业、进网络、进校园、进商超”专项科普宣传活动。街道、社区、经营户、志愿者、党员群众等150余人参加活动。“五进”活动采取发放宣传资料、开展现场咨询、落实校园食品安全辅导员制度、设立保健食品安全消费提问及新媒体科普等多种形式，宣传普及保健食品安全知识、防骗指南及注意事项，提高广大消费者特别是中老年朋友对保健食品的科学认知、识假能力和维权意识。开福区清水塘街道结合辖区实际，统一部署、统一行动，充分发挥企业、媒体、消费者、专业机构、专家等各方作用，有针对性地全方位、多层次、多角度开展保健食品“五进”专项科普宣传活动，取得良好效果。

（周小微）

湘雅路街道

【概况】开福区湘雅路街道地处长沙市开福区西南部，东至芙蓉北路，与开福区清水塘街道相邻；南到湘春路，由东向西依次与开福区望麓园街道、通泰街街道接壤；西临湘江，与岳麓区银盆岭街道隔江遥对；北部接竹山园，与开福区新河街道搭界，辖区总面积1.47平方千米。街道办事处驻湘江中路一段118号，距开福区人民政府5.1千米。辖上麻园岭、留芳岭、新湘路、三角塘、百善台、文昌阁6个社区居民委员会、202个居民小组，总人口数5.8万人。2019年4月，街道完成机构改革，街道办事处设置“5办”，即党政综合办公室、基层党建办公室、城市管理办公室（含区域建设服务办公室）、公共服务办公室（含行政审批服务办公室、优化营商环境办公室）、公共安全办公室；“2中心”即街道政务服务中心（含街道党群服务中心、街道退役军人服务站）；“1队”，即街道城市管理执法中队；“1所”，即街道财政所。在职人员58人，其中行政编12人，事业编32人；临聘人员23人。辖区内有中南大学湘雅医院、湖南科学技术出版社有限公司、留芳宾馆等驻街单位，有泊富国际广场、华尔街中心等商务楼宇。辖区内有小学3所，幼儿园6所。

【街域经济】2019年，湘雅路街道全年完成区级税收1.4亿元；完成固定资产投资28亿元，为全年任务的103%；完成社会消费品零售总额25.5亿元，为全年任务的101%；完成其他营利性服务业收入4479万元，同比增长20%。街道现有商业楼宇8栋，分别为泊富国际广场、凯乐国际城、华尔街中心、复地崑玉、金色屋顶、宏建大厦、凯达园大厦、宇成广场，商业总面积37.7万平方米，企业入驻率93%，入驻企业数量位居前三的楼宇为泊富国际广场、凯乐国际城、华尔街中心。泊富国际广场全年完成全口径税收2.7亿元，入驻企业135家，商业品牌200多个，入驻率88%，入驻企业有中国银联、平安养老险、永康生物、新华书店等。凯乐国际城全年完成全口径税收2000万元，入驻企业92家，入驻率95%，入驻企业有新华卓越健康管理有限公司、长沙银行、道道全等。华尔街中心全年完成全口径税收2500万元，入驻企业69家，入驻率84%，入驻企业有日本大金集团、华鑫证券、广发银行等。

【项目建设】2019年，湘雅路街道实施征收的政府重大基础设施项目有3个。其中地铁6号线项目需征收房屋于6月3日全部拆除倒地。花鸟虫鱼停车场项目于2017年10月正式启动征收，涉及街道负责私房65户。截至2019年年底，签约62户，腾房61户，拆除倒地59户，完成未签约未拆除2户私房的征收补偿决定。湘雅路过江通道项目于2019年10月30日发布征收五公告，需征收湘雅路沿线私房162户（楼栋107户、独栋55户）。截至2019年年底，湘雅路过江通道项目签约99户（楼栋82户、独栋17户），签约率61%（楼栋77%、独栋31%）；协议过审68户，腾房41户（楼栋40户、独栋1户）。

【综合治理】2019年，湘雅路街道将湘雅医院及周边地区作为街道社会治安重点地区开展综合整治，联合市区巡警大队、湘雅路派出所、城管执法中队、综治办、城管办、食安所等多部门执法整治。2019年4月，街道联合湘雅路派出所对辖区黑猫旅馆、按摩店、网吧等人员密集场所开展联合整治行动，此次行动共检查8家金融投资公司，79家家庭旅馆、27家按摩店、网吧等人员密集场所。发现7家消防设备过期，13家无消防通道，1家热水器接燃气软管不合格，2家电线乱搭。在全面排查基础上，根据排查出来的安全隐患，按照“技术改造为主，强制关停为辅”的原则逐一提出书面整改意见，会同湘雅路派出所上门进行整改，并制订整改方案及整改期限，对长沙兴贷科技公司勒令关门，关停按摩店14家，训诫4人。

【城市管理】2019年，湘雅路街道推进生活垃圾分类，投资17万元建设6个分类屋，投资12万元搭建40个分类投放点，投资8万元采购650个分类垃圾桶，入户宣传率98%。街属6个社区全部通过市级验收，第三季度城市管理考核列全区第二。2019年，拆除违章23处、面积3800平方米，完成年度拆违任务。取缔S13地块违规搭建的钢制集装箱夜宵点（世达公司），拆除6个伸缩钢架棚、840平方米，32个集装箱、416平方米。推进“蓝天保卫战”，结合街道实际，重点在“禁烧”“减排”“降尘”上下功夫，开展专项执法行动300余次，环境质量明显好转。落实文明创建要求，提升精细化管理水平。街道全面完成小区提质改造，对小区水电气路、绿化、亮化、停车位、单车棚等设施改造升级。加强日常保洁，维护好主次干道和小区环境卫生，定期开展集中整治。完善文明创建网络，充分发动党员代表、楼栋长、群众骨干、中小学生、企事业单位、区直部门参与文明创建工作，通过基层触角传递文明创建信息，圆满完成文明创建迎国检工作。

【民生保障】2019年，湘雅路街道新增城镇就业人数688人，城镇下岗失业人员再就业427人，帮助就业困难人员实现再就业205人，新增创业主体413户，带动城镇就业人数1931人，居民养老保险缴费人数277人，缴费金额59.05万元，办理就业创业证112本，协助失业人员签到400余人次。配合国家审计署审计低保资金工作，全年累计发放低保户4261户，按政策取消低保96户、减标34户，新增62户、普惠提标及单独提标398户。住房保障落实棚改安置补贴44户，办理经适房货币补贴2户、经适房2户、廉租房补贴26户、非定向公租房32户、低收入认定68户。街道成立退役军人服务站和6个社区退役军人服务站，悬挂“光荣之家”1450块。完成优抚对象年度优抚补助发放和优抚对象年检工作70人。退伍再就业上岗52人，退役生活解困1人。2019年，打造上麻园岭“幸福小巷”和华盛新外滩小区“邻里中心”等党建特色品牌。成立泊富商圈党委，凯乐国际城、华盛新外滩2个小区党支部。

【华盛新外滩小区邻里中心成立】开福区湘雅路街道三角塘社区以党建为引领，以邻里中心的建设为契机，于2018年成立华盛新外滩小区党支部，2019年打造面积1000余平方米的邻里中心。该邻里中心在小区党支部的带领下，通过司法调解、邻里活动、公益服务等方式，与邻里需求和服务直接对接。通过设置“回声墙”楼栋公示牌，对楼栋党员和党群志愿者进行身份亮相，增强党员自身身份荣誉与居民认识认可的双重认同感，同时收集、聆听身边的群众心里话。以居民需求为服务导向，建立4支党群志愿服务队，发挥党群力量，促进邻里关系的和谐和小区治安的管理。截至2019年年底，邻里中心议事平台议事36次，化解矛盾25起，收集居民意见24条，迎接省内外多批次领导考察调研交流。

【文昌古阁文物形象推介片在掌上长沙上线】6月14日，开福区湘雅路街道文昌阁社区自拍的文昌古阁8大文物点形象推介片在掌上长沙上线，市民可通过掌上长沙APP在线观看。同时，社区扫码买单，邀请市民骑共享单车走街串巷，打卡8大文物点，宣传低碳环保，为长沙网红文物巷“打CALL”。文昌阁地处长沙市城北老城区，面积0.15平方千米，集聚任理卿公馆、文昌庙花厅、李炳初公馆、大王家巷原水电八局职工宿舍楼、任邦柱公馆、十间头35号民居、77号民居和孙常钧公馆等8处不可移动文物点，文昌阁源自长沙仅存的300年文庙。随着长沙历史文化街区和有机更新建设的推进，文昌阁8大文物点，渐渐成为众多长沙文史爱好者扎堆打卡的网红地。如何让网红更“红”，延续文脉，湘雅路街道文昌阁社区聘请专业团队拍摄8大文物点形象宣传片，在掌上长沙APP播放。社区通过人防、技防、物防三结合的方式，打造文昌阁社区文物综合安防体系，增设天网摄像头28个，实施24小时监控。社区党员自发组成文物保护志愿队伍对文物点进行巡查，加强文物保护。

4月，百善台社区将拆违留下的废墟改造成共享书角，图为社区居民在书角阅读
（湘雅路街道　供图）

【拆违废墟成共享书角】4月19日，长沙市图书馆共享图书角项目落户开福区湘雅路街道百善台社区，社区将拆违留下的废墟建设成共享书角。共享书角设在油铺街，命名为“堂燕书角”，这里曾是拆违后空置三年的一片废墟。百善台社区依托长沙市图书馆百善台分馆，建设藏书逾5000册的“善邻书楼”，同时，将社区第一网格内一处拆违未修复的废弃点，改造成藏书300余册的“堂燕书角”，设置书柜、讲台、市民公约牌、石桌凳等，方便市民阅读。社区相继在6个网格内建设品牌形象统一的“堂燕书角”，通过网格党支部党员主动捐书、自助借阅、自我管理的方式，形成流动、交换阅读的氛围。

（刘　银）

伍家岭街道

【概况】伍家岭街道地处长沙市开福区中部，东邻开福区四方坪街道，南连东风路街道，西接新河街道，北抵浏阳河与芙蓉北路街道、浏阳河街道隔河相望，总面积6.01平方千米。2019年，街道总人口51613人，其中常住人口39127人，流动人口12486人，辖科大佳园、浏阳河、蒋家垅、紫荆园、建湘新村、陡岭和花城7个社区居民委员会。2019年3月，街道完成机构改革，形成“五办”即党政综合办公室、基层党建办公室、城市管理办公室、公共服务办公室、公共安全办公室，“二中心”即街道政务服务中心和街道网格化综合服务中心，“一站”街道退役军人服务站。在职在编人员44人，其中行政编15人，事业编29人。2019年，伍家岭街道荣获长沙市总工会“楼宇商圈工会工作典型”、开福区项目建设工作先进单位、开福区优化营商工作先进集体、开福区党委信息工作先进单位。

【街域经济】2019年，伍家岭街道全年完成区级财税收入1.26亿元，实现规模以上工业产值5000万元，完成社会消费品零售总额1.75亿元，完成固定资产投资34.68亿元，完成其他营利性服务业收入1.4亿元，外贸进出口4500万美元。截至2019年年底，街道辖区政府投资项目陡岭路两厢棚改项目（西片区）一期完成私房签约194户、腾房193户，签约率、腾房率分别为100%、99%；神箭花苑小区棚改项目9月启动，完成签约207户，签约率为94%。征收签约进度屡破纪录，创造新的“开福速度”，工作经验在全区推介，打造“开福样板”。精英路北段、佳园路项目均按计划进度实施。完成四方文化中心项目地下室和主体6层建设，正进行内部装饰和附属设施建设。社会投资项目里悦荟生活广场1#、2#、3#、4#栋主体均封顶，内外装修、安装工程基本完工，项目部分投入使用；凯乐微谷商务楼1#栋A、B、C座和2#栋、洋房5#-12#栋的主体、内外装修均完工，有部分投入使用和交房；新力紫园项目1#栋、2#栋、3#栋、4#栋主体封顶，完成内外墙

11月20日，中央退役军人事务工作领导小组一行到伍家岭街道科大佳园社区调研退役军人服务站工作
（伍家岭街道　供图）

抹灰，正在进行外墙施工和精装施工；9#栋主体施工中。

【城市管理】2019年，伍家岭街道以打造“高、美、严、精”的城市管理和更高水准全国文明城市建设的要求，促进全街城市管理水平再上新台阶。2019年，组织开展城市管理集中整治行动180余次，教育各类违章行为1.11万起，办理行政处罚案件229起，罚款金额4.12万元。开展静态交通联动执法，抄牌1084台次，其中手动抄牌116台，机抄968台。拆除芙蓉路、三一大道、双拥路、双拥街、万煦园商业街以及红色商贸城等违规广告招牌190余块，面积500余平方米、违规横幅80余条、电子显示屏10余个，清除玻璃贴字300余处。开展集中拆违行动，组织拆除陡岭路、沙湖桥街违章建筑157余平方米。截至2019年年底，全街拆除市下发违建任务55处，拆除面积284.91平方米，完成2019年任务量的100%。全面推进餐饮门店油烟净化器及居民家庭油烟净化器安装工作，全街200家中大型餐饮门店全部安装油烟净化器，完成率100%。全面推进“一圈两场三道”行动计划，对双拥街两厢人行道全面提质，打造更高品质的宜居环境。全面贯彻市区“厕所革命”的重要精神，鼓励和引导符合条件的单位加入“厕所开放联盟”。全面推进生活垃圾分类工作，建成大件、家装垃圾暂存点24个，四分类投放点106个，两分类投放点174个，湿垃圾集中收集点29个。配合完成凯乐微谷地下停车场及伍家岭城市综合停车场的土建主体工作，凯乐微谷地下停车场预计增加435个停车位，伍家岭城市综合停车场预计增加1056个停车位。街道在区对街农贸市场季度考核中，连续第二、三季度排名第二。

【社会稳定】2019年，伍家岭街道推进扫黑除恶专项斗争，全年发放宣传手册4200余份、制作横幅100余

条、电子显示屏10余块、动漫卡通宣传300余份，通过微信朋友圈、街道、社区公众号等平台大力宣传，达到良好的宣传效果，社会治安形势稳定。加大社会矛盾的化解力度，全年开展各类整治行动20余次，排查矛盾纠纷300余次，街道调处各类矛盾纠纷86件，其中疑难问题1件，驻所调解18件，社区调解67件，各社区调处简易纠纷56件，调处成功率均为100%。2019年，街道安委办坚持“安全第一，预防为主”的方针，强化安全生产责任意识，狠抓安全管理，开展安全生产大排查6次，“打非治违”专项行动5次。在定期排查的基础上，开展安全生产隐患排查专项整治行动9次，吸取“5·2”事故教训，对长沙市纸包装厂、长沙市金属包装厂、长沙市建筑安装工程公司第五工程处3家停产困难企业的安全隐患，采取“十条实打实的硬措施”，较大程度地降低消防安全隐患；组织对万煦园、听香水榭、佳阳瑞景馨都3个物业小区外墙砖脱落安全隐患的治理。对长泰大厦的消防安全重大隐患进行整治，优化陡岭支路与伍岭路的交通秩序。全年未发生一起安全生产责任事故。

【民生保障】2019年，伍家岭街道做实做优“365天不打烊”、社区“全岗通”“岭哥岭姐帮代办”等便民服务；全街低保户数332户529人，累计发放低保金279.79万元；严格按政策落实特困户大病救助，全年实施大病医疗救助175人次，发放救助金85.77万元；临时救助50人次，救助金额19.03万元；开展为期两年的城市特殊困难群体帮扶活动，累计帮扶200户，发放帮扶资金44.72万元；特困供养294人次，累计发放供养金21.99万元；残疾人两项补贴全年累计3840人次。办理住房保障低收入认证99户；出具无房证明85份，2019年住房保障租赁补贴启动重新申办程序，截至12月底有24户家庭成功申办住保租赁补贴，完成补贴对象每季度认证。街道有57人享受政府购买居家养老上门服务；高龄津贴全年累计5000人次，发放津贴146.36万元。组织55名失业人员参加技能培训，为435名失业人员办理“就业创业证”，办理小额贷款20万元，按时还款率100%，为71家单位发布268个岗位招聘信息；全街城镇新增就业人数650人，失业人员再就业人员594人，困难人员再就业275人，带动城镇就业人数2190人，新增创业主体1284户，均超额完成全年任务。

【社会事业】2019年，伍家岭街道全面宣传落实市、区“十免十优”服务工作，全年为114对夫妇做免费孕前优生健康检查，随访服务100%。爱心助孕特别行动帮助14对困难夫妻；报销绝经取环费用29人，报销金额1.76万元；报销计划生育四项手术费6人，报销金额1200元；与街道卫生服务中心合作，为辖区内35~64岁妇女做免费两癌检查，共计638人；街道投入经费，为210名35岁以下妇女做妇科病查治。全年全街家庭医生签约1857人，其中计划生育特殊家庭医生签约154人，发放金额147.84万元，计生特殊家庭覆盖率100%；城市低保奖扶新增9人，通过年审66人，发放金额3.72万元；独生子女保健费发放713人，发放金额16.56万元；计划生育特殊家庭（失独家庭）门诊医疗补助154人(按每人530元发放)，补助金额8.16万元。独生子女父母奖励街道人社系统发放人数6100余人，计生发放165人。组织街道干部和社区志愿者参加无偿义务献血，献血人数252人。建立“1+7+61+N”大党建工作网，成立街道党建服务“智囊团”，开展“学习新思想、礼赞新中国、奋进新时代”微宣讲竞赛、“好人进社区”宣讲活动、“百姓大舞台、有艺你就来”“党的十九届四中全会精神”宣讲等主题教育活动，举办“争当家园主人·同享佳园幸福”“服务党群企、幸福华创里”幸福社区节活动2场。2019年，中央、省、市新闻媒体正面宣传报道291次。圆满完成文明创建迎国检任务，代表长沙市顺利迎接中央文明委入户调查，获得好评。

【工作调研】6月25日，中央退役军人事务部办公厅主任、第五调研组组长王志明率队到开福区调研街道和社区退役军人服务工作。先后实地考察伍家岭街道退役军人服务站、科大佳园社区退役军人服务站，详细了解街道退役军人服务工作开展情况和“一中心两站”退役军人三级服务保障体系建设及运转情况，对街道退役军人服务工作给予充分肯定，并就相关工作提出指导意见。省、市相关单位负责人及开福区领导刘拥兵、蔡冰、廖勇参加。11月20日，中央退役军人事务工作领导小组办公室秘书局副局长张进、全国党建研究会原秘书长陈东平、中央退役军人事务工作领导小组办公室秘书局参谋王文亮等领导到街道科大佳园社区调研退役军人服务工作。通过实地查看、听取汇报、查阅资料等形式，详细了解社区退役军人服务保障体系建设、退役军人权益维护、退役军人就业创业帮扶等方面工作开展情况。湖南省退役军人事务厅副厅长邓燕飞，长沙市退役军人事务局副局长詹萍萍，开福区副区长、公安分局局长廖勇等领导陪同调研。

【华创楼宇工会联合会获2019年度长沙市楼宇商圈工会工作建设示范典型】伍家岭街道华创楼宇工会联合会获2019年度长沙市楼宇商圈工会工作建设示范典型，楼宇工会经验交流材料列入湖南省总工会《基层工会工作建设典型暨典型案例》。2019年9月，伍家岭街道华创楼宇工会联合会正式成立，同时选举产生工会委员会、经费审查委员会、女职工委员会等机构，将更多的25人以下的小型企业纳入楼宇工会组织的统一管理和服务，使工会组织和会员服务进一步延伸，覆盖更多企业和职工。截至2019年年底，华创国际广场写字楼进驻企业105家，在册职工2000余人，楼宇工会联合会的服务基本实现全覆盖。伍家岭街道坚持党建引领，依托区域化党建格局，形成党建带工建、工建促党建、党工共建的运行机制，保障阵地、人员、经费。重点是阵地保障，共享华创党群服务中心阵地，建设“职工之家”，其中包括职工书吧、职工培训室、职工洽谈室、职工活动室、工会办公室等。2019年10月，华创楼宇工会联合会还在华创C座22楼建成一个集职工用餐、休息、锻炼、学习于一体的活动场地。

【“优秀工作法”入选全市城乡社区治理服务创新品牌】2019年，开福区伍家岭街道浏阳河社区“优秀工作法”入选长沙市城乡社区治理服务创新品牌。浏阳河社区总面积0.78平方千米，驻社区单位6个，居民2660户，8332人。社区在开展基层社会治理工作中积极探索“五+”社区工作法，即“党建+”“社区+”“网格+”“民生+”“智慧+”社区治理新路径，开展“五个红旗手”评比活动，结合党员积分管理，鼓励党员以实际行动值换取红旗手积分。通过“社区+企业、贤达人士、业委会、楼栋长”的创新，探索整合社区资源、条块结合，让基层治理力量规范、有序、有力延伸到社区每个角落。让所有居民群众参与到社区治理中，争做“五零社区”创建领跑人，形成别具特色的社区工作法。

（余　旭）

新河街道

【概况】开福区新河街道东临芙蓉北路与伍家岭街道相连，南接百年湘雅医院与湘雅路街道相连，西至湘江与岳麓区隔江相望，北抵浏阳河与芙蓉北路街道隔河相对。街道总面积6.14平方千米，常住人口6.5万人，其中户籍人口5.5万人，流动人口1万人。2019年4月，街道完成机构改革，形成“五办”即党政综合办公室、基层党建办公室、城市管理办公室、公共服务办公室、公共安全办公室，“二中心”即街道政务服务中心和街道网格化综合服务中心，“一站”即街道退役军人服务站。辖幸福桥、开福寺路、华夏路、紫凤、三角洲、栖凤、陈家湖等7个社区居民委员会。辖区有千年古刹开福寺、碧湖书社、鸳鸯古井、沈家大院等历史文化古迹，长沙市文化地标“三馆一厅”；地铁1号线、城际铁路在黄兴北路与开福寺路口交汇；有1所中学（长雅中学）、3所小学（清水塘北辰小学、紫凤小学、长沙师范附属天健小学）、5所幼儿园、1所区妇幼保健院；有湖南粮食集团、湖南交通规划勘察设计院等驻街单位。2019年，新河街道获评开福区产业发展工作先进集体、开福区优化营商环境工作先进集体。

【经济建设】2019年，新河街道全年完成区级财政总收入5827.37万元，完成规模以上工业产值1368万元，完成社会消费品零售总额8.81亿元，完成固定资产投资29.21亿元，连续两年税收突破10亿元。致力于北辰商圈楼宇经济发展，将其打造成为企业总部和现代服务业的重要载体和平台，建成招商运营的商业、商务楼宇17栋，全年新入驻企业87家，包括永辉超市、彭立珊慈善基金总会、中华医疗等全国500强企业，累计入驻企业600多家，其中中信时代广场入驻企业80家，税收3亿元，北辰文创园入驻企业232家，税收近千万元，形成“三馆一厅”文化带动，金融证券、房产建筑、文化创意、商贸酒店等服务产业多轮驱动的现代楼宇经济产业体系。正在改造和建设的商业、商务楼宇5栋，即北辰三角洲项目、君悦新天地项目、湘商大厦项目、天健三期项目、新河大厦，项目建设有序推进。积极优化营商环境，“零距离”为企业服务。打造“北辰企业之家”“北辰学院”服务品牌，开展政策解读、银政企对接会和各类文体活动10场；成立开福区首个街道企业服务中心和栖凤社区服务站，为北辰商圈内22栋商务楼宇的8000家小微企业提供保姆式服务，使政策宣传到产业、服务下沉到企业。帮助企业申报科技小巨人奖励3家共奖励资金35万元，帮助2家企业申报科技项目的申报认定，帮助企业申报高新企业认定8家。完成第四次全国经济普查，对全街各经济活动单位和个体户进行入户登记，登记单位2429个、个体户6957个，统计数据通过国家统计局的抽检。

【城市管理】2019年，新河街道围绕“一圈两场三道”建设，完成动力北苑提质改造，“五共”（共商、共建、共评、共管、共享）新模式被住建部通报表扬；完成新河农贸市场改造，新增停车位500余个；组织区域安全风险评估，完成天福市场、新唐家巷重大安全隐患整改。推动垃圾分类工作，推广长沙市首个无垃圾桶小区——紫凤社区人造板厂宿舍点位设置便民化、定时投放规范化、督导分类自治化、垃圾清运专业化的“四化”垃圾分类模式，7个社区全部通过长沙市城管局的达标验收。打好“蓝天保卫战”，紧扣“六控”“十个严禁”，完成23家企业、门店餐厨油烟净化设施安装，燃煤全部清零，黄土裸露问题全部覆盖复绿；辖区内17家烟花爆竹出售点清零。完成中央环保督察回头看交办件办理，全部办结销号。常态落实水环境治理，对河岸堆积物进行清理，对居民进行安全提醒与卫生环保劝导，确保3.1千米水岸线干净整洁。街道践行“满天星”文明共建主题活动，不断深化文明城市创建内涵，将日常生活与社区活动紧密结合起来，组织辖区单位持续开展文明劝导志愿服务。街道城管工作体制和日常管理更加完善，重点对开福寺周边环境、开福寺路城际铁路绿化带及建筑垃圾、毛家桥市场进行综合整治，通过“铺点、联片、布线”，实现辖区执法力量全覆盖。

【综合治理】2019年，新河街道以平安创建活动为重点，调动各方面积极性，开展平安社区、平安家庭、平安楼栋等创建活动，构建新河稳定的治安环境。落实社会管理创新目标管理责任制，与各部门、各社区、辖区单位签订《社会管理综合治理目标管理责任书》，签约率100%。落实“周研判、月调度、季讲评”工作制度，利用法律服务工作站、宣传资料、进门入户等方式发动和引导群众，配合公安部门开展社会治安治理、维护社会稳定专项行动，推动扫黑除恶工作向纵深发展，向全街道群众发放宣传资料1.53万余份，在全街主要道路和各行政社区醒目位置悬挂横幅、设置LED宣传屏、设置固定宣传牌，出动宣传车等，对扫黑除恶专项行动工作进行宣传。开展对突出问题和重点地区的排查整治行动，街道、派出所联合出动加大安全隐患排查整治力度，对扳砣子赌博、小按摩场所涉黄、地下六合彩等群众反映大的治安问题采取限时整治。街道及社区调委会全年调解矛盾纠纷206起，其中疑难纠纷1起、一般纠纷29起，简易纠纷176起，调处成功205起，成功率为100%。新河街道在全市率先开展安全生产风险评估制度，制订安全监管“强执法防事故”行动实施方案和安全生产行政执法工作计划，全年开展执法行动114次，立案处罚29家，罚款1.5万元；取缔非法经营单位及违章建筑22处。对辖区内176个单位进行安全检查，排查安全隐患114处，企业整改隐患98处。全年未发生生产安全、消防安全、食品药品安全责任事故。

【社会事业】2019年，新河街道全年城镇新增就业724人，失业再就业413人，就业困难再就业185人，安置外来务工人员182人，对口龙山县帮扶就业5人；接收离校未就业大学生90人。办理就业创业证133本，其中困难对象认定113人。城乡居民养老保险缴费197人、52.37万元。市区两级社保返还142人次，补贴金额104.12万元。街道与凤凰海购物公园联合举办专场招聘会，入场单位80余家，提供岗位1500余个，求职人员400名，现场达成就业意向74人；建设二十一世纪幼儿园、百思特商业公司、点银电子商务公司等3家区级见习基地，吸纳10名见习生就业。全年向低保家庭、残疾人家庭、重病家庭、优抚对象、孤寡老人、企业困难下岗职工发放各类救助资金300万余元。退休人员社会化管理平台认证8134人，特殊认证86人；欧葆庭北辰养老中心建成运营，建立社区快乐老年大学5个；新河街道被评为长沙市城乡居民养老保险服务示范点。全年办理住房保障53户，其中非定向公租房33户（廉租房25户，公租房8户），租赁补贴20户。扶持退役军人再就业58人。做好流动人口儿童疫苗补种、居民家庭健康档案建立、家庭医生签约服务工作；完成严筛、新筛、孕前优检、“两癌”查治等工作；完成产前筛查和新生儿疾病筛查报销工作，街道辖区内对象应报尽报。全年完成免费孕前优生健康检查184人，35~64岁适龄妇女免费“两癌”查治367人。落实湖南省补助计划生育特殊家庭重病大病住院护理补贴，增强独生子女家庭、失独家庭、计生残疾家庭及流动人口抵抗风险的能力。组织全街志愿者参与无偿献血活动231人次。

【“中国梦·福汇新河”2019长沙第六届琼花艺术节】4月13—14日，由中共开福区委组织部、中共开福区委宣传部、中共开福区新河街道大工委、开福区园林绿化维护中心主办的“中国梦·福汇新河”2019长沙第六届琼花艺术节在新河街道紫凤公园举行。艺术节分为公益篇、精美篇、党建篇、文化篇、幸福篇等主题，开展“七彩琼花”艺术展、“幸福新人”摄影大赛、群众文艺节目会演、全民健身趣味运动会、《琼花赋》诗歌会、家风文化论坛、优化营商环境讲座等系列子活动。作为琼花主题园区的紫凤公园，其琼花系列有聚八仙、天目琼花、木绣球、蝴蝶花、欧洲荚蒾等8个品种300余株，20年以上树龄的琼花60株，最珍贵的琼花树龄40年，是全省琼花品种最齐全的主题公园。新河街道通过琼花文化品牌的推广，让琼花艺术节成为湘江产城融合带上的一张精美文化名片，同时成为社会组织展示的大舞台，既宣传党的政策，又丰富群众的精神文化生活，中国文明网、湖南卫视、《湖南日报》《长沙晚报》等20多家媒体宣传报道。

【工作调研】7月19日，长沙市委副书记、市人民政府市长、湖南湘江新区党工委书记胡忠雄到新河街道紫凤社区人造板厂小区现场调研推进垃圾分类工作，长沙市人民政府副市长刘明理、廖建华参加。胡忠雄一行实地察看长沙首个无垃圾桶小区——开福区新河街道紫凤社区人造板厂小区，对该小区垃圾分类点位设置便民化、定时投放规范化、督导分类自治化、垃圾清运专业化给予充分肯定。他指出，长沙垃圾分类工作步入“快车道”，2019年将实现全市633个社区生活垃圾分类全覆盖。要加快完善分类投放、分类收集、分类运输、分类处置的垃圾分类体系，确保责任落实到位，养成垃圾分类习惯，提升市民文明素养，做到可持续发展，实现2021年长沙城区生活垃圾“零填埋”目标。

【首个小微企业服务中心落户北辰商圈】11月1日，开福区首个小微企业服务中心在开福区新河街道成立。新河街道以街道办事处为中心、社区为站点，划出一个“楼保姆”服务圈，小微企业服务中心为北辰商圈内22栋商务楼宇8000家小微企业，提供建立政策、企业、专家数据库，政务代理、招商引资等从线上到线下免费服务。新河街道企业服务中心建立以街道办事处为总部核心，以社区半径为服务站点的服务圈，将政策宣传到产业，服务下沉到企业。以社会服务站为窗口，以门户网站为载体，以呼叫热线为桥梁，以线下服务活动为支撑，为辖区小微企业提供信息咨询、融资担保、创业辅导、管理咨询、人力资源、技术创新、法律维权、知识产权等相关功能模块公共服务。服务站建立金融财务、法律、税务、人力资源、企业管理等专家库，由政府埋单定期邀请专家为企业开展顾问讲座。

【湖南留学人员创业园北辰文创基地落成】12月20日，作为泛马栏山文创高地板块之一的湖南（省直）留学人员创业园北辰文创基地落户开福区北辰文创园，园区与湖南省动漫游戏协会现场签约，对符合条件入驻的海归创新创业人才给予政策和培训、融资、土地、厂房、办公场地等系列优惠。该基地由省留学人员管理服务中心与开福区委统战部和区侨联、侨办及北辰文创园联合发起成立。开福区依托湖南广电集团、北辰文化创意园、滨江文化园、沙坪湘绣产业园，致力于打造泛马栏山文创高地。其中北辰文创园利用4栋商业写字楼，通过整合形成动漫游戏+旅游、婴童、教育、影视等全产业链，通过线上线下平台汇聚全省上千个优秀动漫游戏作品、数千产品及企业资源，形成动漫游戏聚集楼、影视体育聚集楼、文化教育及文化养老聚集楼等专业楼宇。湖南（省直）留学人员创业园北辰文创基地为海归人才提供创新创业辅导、搭建青年海归交流平台、提供职业规划建议、落实国家对海归的优惠政策等，以产业发展集聚优秀人才，以高端人才提升产业层次，实现开福人才集聚与产业发展的双向互动。

（周　涛）

东风路街道

【概况】东风路街道位于长沙市开福区东南部，东邻车站北路，南接德雅路，西至芙蓉中路，北达三一大道，总面积5.6平方千米，辖东风路、精英路、王家垅、砚瓦池、德雅路、蚌塘、浏河、国防科大等8个社区居民委员会，351个居民小组。2019年，街道总人口47742人，其中常住人口42088人、流动人口5654人。辖区有新时代广场、好来登酒店、华府一航线、观园国际、欧波港湾、富兴时代、湘域智慧广场、上园等楼宇；有新韩银行、平安财险等金融企业；有湖南省民政厅、湖南省社会科院、湖南省招标局、湖南省长线局、湖南省电视台、湖南省电影公司、长沙市综合开发公司等驻街单位。2019年4月，街道完成机构改革，街道办事处内设办事机构5个，分别为党政综合办、基层党建办、城市管理办、公共服务办（民政、卫计、经济）、公共安全办。下设公益一类事业单位3个，分别为政务服务中心、街道网格化服务中心、街道退役军人服务站。在职人员48人，其中行政编14人，事业编31人。

【街域经济】2019年，东风路街道完成区级财税收入8125万元，为全年任务的106%；完成社会消费品零售总额1.82亿元，为全年任务的105%；完成其他营利性服务业收入1.21亿元，为全年任务的111%；完成实际到位省外境内资金13.2亿元，为全年任务的110%；完成实际利用外资1130万美元，为全年任务的113%；完成全社会固定资产投资24.81亿元，为全年任务的136%；完成研发经费1700万元，新增高新技术企业11家。截至2019年年底，全街商业主体有5468家，其中企业1848家。2019年，新增企业501家，其中注册资金1000万元以上企业42家，全街纳税额5万元以上的企业287家，纳税额10万元以上的企业175家。全街规上企业38家，其中新增规上的企业7家。全街有商务楼宇11栋，商业和商务总面积为56.25万平方米，其中商务面积42.9万平方米。截至2019年年底，楼宇入驻企业950家，其中2019年新引进企业416家，注册资金在1000万元以上32家。

1月24日，东风路街道德雅路社区组织党员开展送春联活动

（区委组织部　供图）

【项目建设】2019年，东风路街道在建项目2个，拟建项目1个。在建项目分别为富兴二期、湘域智慧广场，拟建项目怀通大厦。富兴二期公寓、住宅正在建设中；湘域智慧广场竣工，正在进行商铺和写字楼的招商及各项配套施工；完成怀通大厦项目前期手续办理，正在进行招标中。圆满完成蔬菜公司模拟征收，签约24户，腾房24户。东风二村地块（二期）征收项目涉及征收房屋578户，其中楼栋房576户、独栋私房2户。截至2019年年底，签约517户，其中2019年签约64户，签约率89%；腾房453户，其中2019年腾房123户，腾房率78%。双鹤药业成功爆破拆除，该地块将由长房集团联手长沙市城投进行开发，打造开放式情景商业、时尚酒店等高端商业项目。

【城市管理】2019年，东风路街道围绕常态长效打好蓝天保卫战，全年各类新闻媒体对街道开展的蓝天保卫战活动宣传报道18次。区交办的环保案件9件，全部整改到位，其中黄土裸露未覆盖3件、露天焊接2件、建筑垃圾未及时清理4件。网格化案卷12处，全部完成整改，结案率100%。按照“围、盖、洒、洗、硬、绿”等工程管理措施要求，对街道所有在建工程进行重点监管，坚持每周不定期到工地进行巡察，要求施工方严格按8个100%

的要求进行整改施工；对冷库、富兴工地、湘域智慧、湘江涂料厂、双鹤大楼的拆迁工地进行重点监管，严格落实项目施工扬尘污染防治要求。整治覆盖黄土裸露问题共11次，面积1万平方米。对辖区内11家印刷厂和13家汽修厂进行废气污染物的专项治理，13家汽修企业完成安装VOCs治理设施。对辖区内农贸市场、背街小巷、老旧居民点开展燃煤整治行动75次，查收煤炉12个，煤球若干，清除德雅路一洗浴宾馆内的燃煤锅炉1个。完成门店油烟净化装置114家，打造“东风路绿色餐饮一条街”。查处垃圾焚烧现象1起，查处违规燃放烟花爆竹2处，对辖区内的医院、工地、宾馆、酒店和餐馆等进行暗访调查，督促办理排污许可证75家。街道成立业委会，规范社区的业主大会和业主委员会的工作，组织并指导完成广电德雅村院、爱尚大厦、南航宿舍3个小区业主委员会选举和成立工作。指导蚌塘社区解决爱尚大厦成立业主委员遇到的居民与物业公司和开发公司的矛盾，协调华府一航线启动维修资金的问题。对辖区内146台电梯进行定期、定时巡查，建立台账；对外包单位的电梯每年进行一次审核；严格执法电梯安全管理标准。垃圾分类效果显著。小区物业成立日常巡查小组，结合日常考核工作对辖区物业小区垃圾分类工作进行日常考核，全面推广垃圾分类工作。

【社会事业】2019年，东风路街道贯彻落实《关于加强和完善城乡社区治理的实施意见》文件精神，推动社区、社会组织、社会工作专业人才“三社联动”，国防科大社区的“绿色环保入人心、垃圾分类我先行”和砚瓦池社区的“国学乐读”项目分别被评为市级“三社联动”示范项目，以典型示范项目推动街道“三社联动”工作全面展开。街道和8个社区均建立退役军人服务管理站，全年为61名优抚对象累计发放补助60万元，为40余名退役军人推荐安置到公益性岗位就业。加大对民办教育机构的管理督查，对不符合条件的机构严格督促整改到位。推荐优秀文艺团队参加市、区各类比赛，“爱心妈妈艺术团”在百姓大舞台和全民健身广场舞大赛中均获得一等奖。做优“党建+服务”文章，解决服务联系群众“最后一公里”问题，营造“小社区、大党建、微治理、大和谐”的社区治理格局。王家垅社区在43号庭院、76号庭院、30号庭院党建的基础上，创新“老邻舍”系列庭院党建品牌，推出“庭院四季”系列党建活动、成立志愿巡逻服务队伍等。砚瓦池社区成立“红雁领航”系列品牌，搭建六个服务平台，提供家庭温暖服务。即：“红雁驿家”便民服务平台、“新时代颐养之家”为老服务平台、“书记之家”管理服务平台、“蓝结之家”帮教服务平台、“先锋之家”载体服务平台、“乐龄之家”文娱服务平台，有效拓展服务渠道，提供细致精准的社区服务。深化“最多跑一次”便民服务改革，坚持落实365天开放社区服务、帮代办制度，推行社区政务服务全岗通制度，安排社区工作人员当“全科医生”，实行“首问接待，一口负责”，实现“一专多能、全岗都通”“一人在岗、事项通办”，提升服务质量和水平。截至2019年年底，全街在《人民日报》《中国组织人事报》《湖南日报》《长沙晚报》《长沙党建》、开福党建、开福手机报等媒体宣传报道90余次。

【民生保障】2019年，东风路街道精准救助，足额发放民生资金。核准最低生活保障保户数，确保应保尽保。截至2019年年底，全街低保户450户，708人，全年累计发放低保金5621户，8897人，389.33万元。特困供养51户，51人，全年累计发放金额45.12万元；街道80岁以上的高龄老人1952人，全年发放高龄补贴250.04万元；残疾人787名，全年发放残疾人两项补助88万元。走访特殊困难群体6217户，摸排统计各类帮扶对象977户，确定特殊困难户164户（其中9户为住房帮扶），集中审批发放扶贫资金44.71万元。组织对城步苗族自治县捐款2.8万元，药品价值3.1万元。组织技能培训60余人，新办创业就业证365人。全年新增创业主体813家，带动城乡就业3114人。2019年，全街出生人口322人，孕前“优检”完成率100%。全年发放计划生育奖励扶助资金298.55万元。开展“关注母婴健康，建设幸福家庭”活动、“口腔小牙医”亲子体验活动、老年眼健康行巡诊与老年人健康身体检查活动，为居民群众送上实在的健康服务。

【综合治理】2019年，东风路街道挂牌运行8个“互联网+群防群治”巡逻防控推广服务站，利用“星城园丁”APP引导居民参与巡逻防控、违法举报等问题，取得较好成效。王家垅社区创建“邻里守望”庭院治理模式及“老妈妈巡逻队”，社区荣获“全省和谐建设示范社区”“省级充分就业星级社区”“长沙市先进基层党组织”等多项荣誉，其“庭院治理”模式为基层社会治理探索出一条行之有效的途径。持续开展扫黑除恶专项斗争，在辖区悬挂横幅202条、制作宣传展板15块，发放宣传手册、宣传单2.5万份，采用LED显示屏播放、电喇叭等方式宣传，营造强大的防控和打击氛围。全年为辖区富兴商业广场化解合同纠纷4次、门面劳务纠纷2次，为三真医院化解医患纠纷1次。对辖区绸厂和冷库2个改制企业，加强沟通协调，及时化解各类负面情绪，未发生因企业改制引起的群体事件。2019年，接收网络信访件52件，全部按要求进行答复，处理率100%。街道司法所调解法律纠纷192起，调解简易民事纠纷276起，一般民事纠纷27起，调解成功率100%。东风路司法所是全区16个司法所中唯一一个承接禁毒工作的司法所，争取专项经费对外购买服务，引进专业力量提升禁毒品质。截至2019年年底，街道涉毒人员364人，其中在控82人，人户分离78人，死亡25人，出国1人，关押16人，戒断三年未复吸18人，经查未在管控系统内66人，强戒4人，失控37人，社区戒毒19人，社区康复13人，均逐一建档，成立帮教小组，定期评估，走访，报到率和措施处置率均达标。2019年，新增矫正对象15名，期满解矫15名，累计在册服刑人员39人。

【安全监管】2019年，东风路街道落实企业全员安全生产责任制，与80余家企业签订安全生产承诺书，推广“一会三卡”、隐患治理台账，提高安全事件初始阶段止损能力。开展“打非治违百日行动”“春雷行动”“飓风行动”“霹雳行动”“清剿行动”，推行“强执法、防事故”，落实“五个一批”。全年责令整改3起，行政处罚34起，处罚金额2.45万元；取缔“黑”液化气站点1家，停业整顿安全生产管理不到位、安全条件不达标企业9家；清除消防通道杂物10余车，面积2万余平方米。开展主题为“提高灾害防治能力，构筑生命安全防线”的“5·12”全国防灾减灾日活动，发放宣传资料600余份，组织防灾逃生疏散撤离演练、防灾减灾知识抢答赛，提高辖区居民群众安全防范意识。开展形式多样、内容丰富的食品安全宣传周活动，发放宣传资料1000余份，张贴宣传画500余份。严格执法监管，落实隐患整改，全年立案20起，结案20起，罚款9.99万元。全年未发生安全责任事故。

【垃圾分类“红黑榜”管理模式在全区推广】7月14日，开福区出台生活垃圾分类投放点建管制度，试点从源头规范垃圾分类投放点的设置管理，同时，东风路街道创新的垃圾分类“红黑榜”管理模式在全区推广。东风路街道德雅路社区的教师村小区是垃圾分类样板小区，小区垃圾分类投放点旁，设置一面白底红字的垃圾分类“红黑榜”，每户户主榜上有名，督导员每天分早中晚巡查，垃圾分类投放做得到位，名字旁边打“红√”，做得不好的，名字旁边打“黑×”，每日一评，上红榜有奖励。在小区“红黑榜”制度鞭策下，居民群众自觉养成垃圾分类好习惯。

【“我们在一起，携手敬夕阳”敬老月专题活动】2019年11月是全国第10个“敬老月”。11月21日，开福区东风路街道联合长沙市开福区喜寿康然养老服务中心在德雅路社区开展“我们在一起，携手敬夕阳”敬老月专题活动，辖区79名老年人及47名志愿者参加活动。此次活动采用文艺表演和捐款慰问的形式。群芳艺术团表演《欢聚一堂》、育德小学表演《童谣伴我成长》、南郊55连队表演《吉祥+阿西里西》等节目。活动现场，5位开福区政协委员代表对参与三社联动项目“微笑扶老”的失独、残障、低保、退役、空巢老人进行慰问。开福区以此为契机，组织社区、志愿者陆续开展关爱社区困难老年群体活动，让身边老人真切感受到政府和社会大家庭的关怀和温暖，营造全社会孝老敬老的良好氛围。

（贺平美）

通泰街街道

【概况】开福区通泰街街道位于长沙市中心城区，东部由北向南，依次与开福区望麓园街道、芙蓉区府后街街道相邻；南部与天心区坡子街街道接壤；西部濒湘江，与岳麓区望月湖街道隔江遥对；北部与开福区湘雅路街道搭界，总面积1.05平方千米。截至2019年年底，辖区总人口41216人，其中常住人口29692人，流动人口11524人。辖轩辕殿、盐道坪、吉福街、连升街、寿星街、湘春路、西园7个社区居民委员会。2019年4月，街道完成机构改革，形成“五办”即党政综合办公室、基层党建办公室、城市管理办公室、公共服务办公室、公共安全办公室，“二中心”即街道政务服务中心和街道网格化综合服务中心，“一站”即街道退役军人服务站。2019年，街道获评“开福区产业发展先进集体”“开福区重点民生实事先进集体”，街道统计站获评长沙市目标管理综合考评一类单位，街道武装部获评开福区优秀街道武装部，万达商圈党委、西园社区党委等4个党组织分别荣获市级、区级示范化“五化”党支部，西园社区获评湖南省和谐社区。

【经济发展】2019年，通泰街街道全年财税收入8788万元，完成固定资产投资26.6亿元，完成限上社会消费品零售总额6.08亿元，完成外贸进出口1.98亿美元，完成规上其他营利性服务业收入18.4亿元，9家规上其他营利性服务业全年月增速均在15%以上，位居全区前列。开展“优化营商环境服务年”工作，万达商圈党委成功举办优化营商环境“十六条”措施进楼宇商圈活动，惠企政策落地落实。开展万达广场金融领域“扫黑除恶”专项整治，累计核实企业581家，约谈企业法人201人次，整顿搬离涉嫌非法集资“套路贷”企业164家，万达商圈金融犯罪发案率同比下降30%。开展全国第四次经济普查，代表长沙市和开福区接受两轮国家“第四次经济普查”事后质量抽查，圆满完成抽检任务并获上级好评。

【项目建设】2019年，通泰街街道作为开福区有机更新主战场，稳步推进西园、潮宗街、吉祥巷三个片区的有机更新，让老城区焕发新的生机活力。潮宗街自棚改征拆转向有机更新以来，街道、社区全力维护有机更新施工环境，做好居民群众思想工作，潮宗街征拆遗留问题基本扫尾，居民新增违建控制为零。遵循政府引导、居民自愿、自主实施、财政补贴的原则，以消除“危积漏”、改厨改厕、完善居住功能为重点，全街三个片区受理房屋功能性改造1661户（西园片区771户、潮宗街片区492户、吉祥巷片区398户）。为加快吉祥巷片区零星棚改模拟征收工作，对部分破旧、设施老化的房屋采取模拟征收。吉祥巷片区模拟征收分为2个项目，即吉祥巷片区（中山亭西南角）棚户区改造项目和太平路片区棚户区改造项目。作为2019年开福区第一个内城区模拟征收项目，独栋房屋全部采用电子协议，吉祥巷片区模拟征收项目在一个月内共签订独栋房屋征收协议50户。西园片区多次接待省、市、区内外现场调研和观摩，具有人文特色的业态门店相继入驻，成为长沙市新晋“网红打卡”地。潮宗街历史文化街区经历一年多的修复修缮和节点再造，街区品质全面提升，以长沙老字号聚集发展的北正街全面开街营业，有机更新示范街福庆街建设完工。潮宗街历史街区签约成为联合国人居署指导项目，湖南师大专家联合街道、社区在连升街社区成立“潮宗街历史文化街区共同营造社”。通泰街街道作为长沙第一批城市体检国家试点街道，2019年，对全街居民开展两次城市体检调查。

12月7日，潮宗街历史文化街区“共同营造社”揭牌　（通泰街街道　供图）

【城市管理】2019年，通泰街街道加快推进长沙市五一商圈提质建设，开展黄兴中路、五一西路立面改造、广告招牌清理整治，严格落实“门前三包”责任制，营造五一商圈良好氛围。常态开展日常整治，对吉祥巷市场、西长街水产市场、中山西路劳务市场、草墙湾、202大厦、潮宗御苑进行集中整治和常态管控，对流动摊担、店外经营、门前三包违规行为实行最严城管执法，杜绝店外经营，规范市场经营行为。以“践行垃圾分类，创建文明之城”为主题全面推行垃圾分类，设置“二分类”和“四分类”垃圾投放点120余个，投放分类垃圾桶270余个，基本做到全覆盖。巩固蓝天保卫战工作成果，联合街道城管执法中队针对露天烧烤问题进行多次专项整治，收缴露天烧烤、违规夜市、店外经营者的烧烤车和经营工具56个；油烟净化器安装台账完成10批次，年度计划全部完成；开展强有力的燃煤专项整治，收缴煤炉210个，燃煤3000千克。结合有机更新拆违，打通多条微循环，解决多项历史遗留违建问题，全年完成项目外历史违建拆除3处225.28平方米，项目内2处117.5平方米，完成年度拆违任务。营造浓厚文明创建氛围，成功推举周海明入围第七届全国见义勇为模范候选人，西园社区书记程蓉获评“开福好人”。

【民生事业】2019年，通泰街街道全年办理就业创业证433人，认定就业困难对象129人，新增失业保险金领取147人，城乡居民养老保险参保916人，城乡居民医疗保险征缴151万元。带动城乡就业人数2487人，扶持大学生创业20人，城镇新增就业550人，失业人员再就业569人，就业困难对象再就业268人，城镇登记失业率控制在2.8%以内，对口帮扶龙山劳动力转移就业5人。新增创业担保货款40万元，新增创业主体带动就业1419人。低保工作做到应保尽保、应补尽补、应退尽退。低保、低收入家庭申报、认定实行民主评议、上墙公示，做到公开、公正、公平，档案资料齐全。特困供养对象56人，累计发放低保金45.88万元；低收入认定126户，大病救助192户，发放金额70.2万元。全街有残疾人993人，其中重残人员326人。街道一级临时救助30人次，救助资金1.7万元。开展对城市特殊困难群体大走访，走访基层群众6820户，建立特困群体档案956户，发放帮扶资金27.23万元。街道设立退役军人管理服务站，制定服务管理制度和台账，通过谈心交流、排忧解难活动，做好退役军人结对交友帮扶工作，优先照顾下岗转业志愿兵和转业士官及参战涉核困难退役军人就业转岗38人，社保接续16人。人口与计划生育工作有序推进，全年出生346人（常住出生208人、流动人口出生138人），人口自然增长率为0.003‰，性别比102.34%，网上办理一孩、二孩生育证256本；全面落实妇幼健康“十免十优”服务和民生实事项目，完成孕妇免费孕前筛查196人，免费产前筛查185人，35~64岁妇女“两癌”筛查694人，新生儿多种遗传代谢筛查226人；发放独生子女保健费437户，金额9.95万元，发放城市低保奖励扶助194人，金额10.8万元，发放计划生育特别家庭扶助212人，金额17.6万元。

【社会治理】2019年，通泰街街道重点整治西长街水产市场、长沙汽附一厂、天福商城、四纺厂房等，拆除堤下街违章建筑，搬离粉尘防爆企业“海之依”，关停明月商贸城下夹层旧货市场。以“大排查、大体检、大整治”活动为契机，全面整改安全隐患167处，关停无证废品店4家。开展安全生产执法检查，行政处罚22件，处罚金额1.26万元。开展安全警示教育，组织应急演练活动25次，650人参加，全街安全形势持续稳定。维护辖区和谐稳定，综合施策化解遗留问题，化解潮宗街项目信访案件20余件，信访救助化解6户。在全区率先公开招考专职禁毒工作人员，组织所有街道社区工作人员开展涉毒尿检；创新思维，利用新媒体、新形式和新场地在万达广场、中央领域广场组织2次文艺会演，用小品、相声等方式进行禁毒工作宣传。在连升街社区调剂建设街道武装阵地，安排两层共10间办公室作为武装部阵地，配齐办公室、器材室、退役军人之家等“三室一站一家”，实现全街武装阵地跨越式发展。推进民兵整组，按照队伍结构、质量比例等要求，完成街道30名基干民兵、2304名普通民兵整组任务。开展“扫黑除恶”专项斗争，悬挂宣传横幅400余条，制作“扫黑除恶”专项斗争专题宣传栏、橱窗20余处，设置“扫黑除恶”举报箱8个，粘贴“扫黑除恶”举报方式公告100余份，向居民群众发放“扫黑除恶”宣传册、公开信2万余份，收集万达广场小区业主匿名信线索1条；通泰街派出所共核查上级交办、群众举报的各类线索73条，其中无犯罪43条，其他犯罪11条，涉恶2条，移交管辖3条，阶段反馈14条。筑牢“大安全”格局，做实司法、社区矫正、“万人巡逻”等常规工作，坚持联动调解常态化和长效化，构建共享共治共建综治格局。

【西园社区获评湖南省和谐社区建设示范社区】2019年，开福区通泰街街道西园社区获评湖南省和谐社区建设示范社区。西园社区总面积0.12平方千米，常住人口1192户、3000余人，暂住人口1000人，是典型的老旧城区社区。2019年，西园社区完成和谐社区阵地建设，整体办公阵地达到1000平方米，按照规范化要求，分别建设各具特色的3个支部党建活动阵地、2个学习阵地、1个党群活动中心和1个邻里互助活动中心，做到服务居民最大化。创新和谐舞台，浓厚睦邻氛围，以“奉献、友爱、互助、进步”的志愿服务精神，组建社区志愿者服务团队，参与社区内的空巢老人帮扶、公共设施维护、环境绿化治理、社区安全巡逻、为游客讲解西园北里的故事等，为社区邻里提供多形式、全方位的服务。西园社区通过不断创新工作方法，结合特色打造“睦邻西园 德润北里”品牌，通过搭建新的载体、创造新的环境、培育新的力量，提升和谐社区服务的精度和深度，获评湖南省和谐社区建设示范社区。

【接受国家“第四次经济普查”事后质量抽查】6月9—10日，开福区通泰街街道代表长沙市和开福区接受两轮国家“第四次经济普查”事后质量抽查，抽检单位52家，个体13家，圆满完成抽检任务并为市、区赢得荣誉，街道统计站获得长沙市目标管理综合考评一类单位。全国第四次经济普查覆盖通泰街街道7个社区，21个普查小区。为确保数据真实有效，街道广泛宣传，在辖区街巷范围内张贴宣传海报和横幅，在楼宇电梯显示屏滚动播放经济普查宣传视频，采取一周一调度的工作机制，召开会议进行业务指导、进度推进，共计普查单位3158户，个体8300户，全部按时按质完成。

【“红韵厨房”志愿者服务夜间经济】9月27日，由开福区通泰街街道湘春路社区举办的“红韵厨房”志愿服务滨江餐饮夜间经济活动正式启动。通泰街街道联合滨江餐饮联合党支部，发挥党员先锋模范作用，以党建为引领，以餐厅为阵地，以服务辖区困难居民、弱势群体为目的，打造“红韵厨房”志愿服务品牌，成立由80余名党员组成的“红韵厨房”志愿者服务队。滨江10余家餐饮企业员工亲手制作食物，定期向辖区困难群众免费发放爱心盒饭，以美食送温暖，以服务暖民心。街道从“食物送温暖”这一理念出发，通过征集秦皇食府、毛家饭店、七彩江南、徐记海鲜等辖区大型餐饮企业的意见，依托湘春路社区滨江风光带，力争壮大一批特色餐饮企业，形成时尚休闲的夜间餐饮美食街，辐射带动整个区域商圈夜间经济发展。随着“红韵厨房”志愿服务队的成立，志愿者将为发展夜间经济提供停车引导、文明就餐、卫生清洁、噪声控制等贴心服务。

【西长街水产畜禽市场关停】2019年10月，按照市委、市政府和区委、区政府关于“推进五一商圈高质量发展”的决策部署，通泰街街道认真履行属地责任，举全街之力推进西长街水产畜禽市场的关停搬迁工作。10月24日，区商务局、区城市管理和综合执法局、区农业农村局和区市场监督局联合下发《关于依法关停搬迁西长街水产畜禽市场的通知》，街道依托“街道吹哨、部门报道”工作机制，成立由区交通运输局、区城管执法大队、区市场监督局、区农业农村局、区交警大队、区城管公安大队、通泰街派出所、街道城管办、街道城管执法中队、街道市场监督所、盐道坪社区组成的70余人的综合整治队伍，开展两个月全天候、昼夜不间断的集中整治行动，督促企业清租户、退押金，联合区城投开展回租洽谈。截至2019年年底，西长街沿线49家水产畜禽、6家冻货店和红卫市场内85家摊位全部关停搬离，实现西长街水产畜禽市场全面取缔，彻底消除这个盘踞中心城区几十年的历史“顽疾”和城市“斑点”，为长沙市“五一商圈”开福段发展营造良好周边环境。

【“3+”“4式”帮教戒毒模式在全区推广】10月12日，开福区召开社会禁毒协会工作会议，通泰街街道盐道坪社区在会上做“3+”“4式”戒毒帮教模式的经验介绍，并在全区推广。通泰街街道盐道坪社区引进长沙蓝宇社会工作服务中心，帮助社区戒毒康复人员提高心理健康水平、提高社会适应能力，创建“3+”“4式”帮教戒毒模式。具体为以“社区+专业团队+志愿团队”的“3+”团队模式，以“感化式”“动态式”“跟踪式”“超前式”的“4式”帮教措施，给社区戒毒对象提供心理测评、个案服务、家庭探访、宣传教育等心理咨询服务。通过全社会参与，各部门齐抓共管的禁毒工作新机制，服务社戒对象，以满足社区多元化需求，提升社区特殊群体的幸福度。盐道坪社区作为典型的老旧城区社区，有在册戒毒人员69人，其中社区戒毒4人，强制戒毒3人。2019年，社区创新采取“3+”“4式”戒毒帮教模式，以电话访谈以及入户走访等形式对社区涉毒人员开展社工服务172人次，取得显著效果。

【“潮宗街历史街区共同营造社”揭牌】12月7日，开福区“潮宗街历史街区共同营造社”揭牌仪式在通泰街街道连升街社区举行。潮宗街是长沙市仅存的三条麻石老街之一，潮宗街面临湘江，宋代时是老长沙商贸繁盛地，明朝建潘王府，清朝时紧邻湖南巡抚衙门，是长沙县署和临湘驿站所在地。时务学堂、金九故居、民国戏楼等历史遗存丰富，潮宗街历史文化街区保留着市级文物保护单位12处、不可移动文物3处、历史建筑12处。开福区人民政府和湖南师范大学工程与设计学院在通泰街连开街社区成立“共同营造社”，引进湖南师范大学的“社区营造社”，由高校专业智囊团为老街规划建设提供技术指导和智力支持，为对外环境打造、居民房屋功能性改造、商户门店装修等提供创意指导，为社区居民提供文化保护、历史教育、科学普及等社区营造服务，通过社区营造，浓厚社区的文化氛围，深化基层民主自治，构建和谐融洽的邻里关系，打造街区的特色亮点。“共同营造社”将社区治理和社会创新结合，创建具有党建、科研、技术、社区建设、志愿服务等功能的科研和服务平台，开展历史街区与建筑文化遗产保护和研究。湖南师范大学、湖南省文史馆、湖南省文物局等单位专家、学者与省市区相关负责人参加揭牌仪式。

【《西园邻里公约》获选湖南省优秀居民公约】2019年，开福区通泰街街道西园社区《西园邻里公约》获选湖南省优秀居民公约。西园社区结合长沙首条历史步道（西园北里）文化传承、和睦融洽的邻里氛围、居民需要解决的实际问题和普遍关心的事项以及社区基础性等工作，向居民征求意见，拟定《西园邻里公约》初稿交由党员、居民代表组成的西园邻里议事会讨论，修改完善形成定稿交党员大会和邻里议事会全票通过，多形式、多渠道公开公布实施。线上通过“睦邻西园，德润北里”微信服务号公示，线下在西园北里历史步道以及街巷入口处张贴，做到《西园邻里公约》全知晓；在街巷邻里中定期开展“社区达人”“灭火达人”等评选表彰，鼓励邻里积极参与社区事务、推进移风易俗以及社会文明行为的规范遵守；在全市首个社区抖音号发起“幸福西园”话题，全体党员、邻里发布充满创意活力的抖音作品120余个，展示千年西园的红色资源以及历史步道和城市有机更新建设后社区的新形象、新变化。

【万达商圈“树洞吧”开课】7月6日，开福区万达商圈党委开办的首期“树洞吧”咨询培训班开课，免费为志愿服务者传授心理咨询服务知识。第一期培训班吸引30余名企业青年志愿者参与，通过心理辅导和讲解，让大家在心理调适与治疗方面可以达到熟练掌握的程度。“树洞吧”心理辅导培训班每年授课十二场，采取现场授课、现场答疑、实操模拟、社会实践的方式开展，由省内知名高校老师授课。通过助人自助的方式，培训一批志愿者，熟练掌握专业技能，推进万达商圈党委“树洞吧”心理辅导、咨询工作，缓解企业员工心理压力。

（赵莉莉）

四方坪街道

【概况】开福区四方坪街道地处开福区中南部，东部及东南部临浏阳河，与开福区月湖街道一衣带水；南部以浏阳河为界接芙蓉区；西部以车站北路为界与东风路和伍家岭街道毗连；北部濒浏阳河下游，与开福区浏阳河街道隔河相望。街道辖科大景园、丝茅冲、李家冲、金帆、四方、四季美景、左岸、滨江、胜利9个社区居民委员会，总面积3.91平方千米，总人口11万余人，其中城镇常住人口5万余人，流动人口6万余人。2019年4月，街道完成机构改革，形成“五办”即党政综合办公室、基层党建办公室、城市管理办公室、公共服务办公室、公共安全办公室，“二中心”即街道政务服务中心和街道网格化综合服务中心，“一站”即街道退役军人服务站。辖区内有小学1所（四方坪一小），中学1所（国防科大附属中学）。2019年，四方坪街道获得湖南省计生协“计划生育基层群众自治先进单位”，湖南省统计局“统计基层基础示范性建设单位”，开福区“安全生产工作优秀单位”，开福区“2019年度民生实事工作先进集体”，开福区“2019年度项目建设工作先进街道”，开福区“2019年度产业发展工作先进集体”。

【经济建设】2019年，四方坪街道全年完成区级税收1.5亿元，为全年任务100%；完成限上社会消费品零售总额18.1亿元，为全年任务100.5%；完成实际到位省外境内资金4亿元，为全年任务100%；完成固定资产投资24.6亿元，完成工业总产值3.6亿元。加强对永通商邸、鑫政大厦、君泰大厦、华龙公馆等楼宇“二次招商”的服务指导。2019年，新引进“四上”企业给力建设工程有限公司以及注册资金5000万元的湖南威高骨科医疗器械有限责任公司等2家。截至2019年年底，全街8座商务楼宇总体租售率95.5%，入驻各类楼宇企业280多家。

【项目建设】2019年，四方坪街道有区公卫大楼项目、德雅路片区改造项目（毛巾厂地块一期）、海洋半岛三期项目、胜利村大屋山安置房项目、德雅路片区改造项目（丝茅冲地块一期）、德雅路片区改造项目（丝茅冲地块二期）、德雅路片区改造项目（丝茅冲地块三期）等7个重大项目。截至2019年年底，丝茅冲一期签约率95.58%，腾房率97.63%；丝茅冲二期签约率98.6%，腾房率97.7%；大屋山项目签约率83%；丝茅冲一期剩余19户私房未签约，丝茅冲二期剩余4户私房未签约，大屋山项目剩余2户未签约，项目进入扫尾阶段。全年拆除楼栋11栋、独栋34栋，毛巾厂地块一期全部拆除，拆除面积超7万平方米。公卫大楼项目1号栋完成主体封顶，2号栋完成基坑支护及桩基施工；德雅路片区改造项目（毛巾厂地块一期）签约清零，腾房倒地；完成海洋半岛三期项目初步设计和报建图审批，正在向规划部门申请办理规划许可证。

【城市管理】2019年，四方坪街道联合环保、城管等部门对辖区内燃煤使用、油烟防治、禁限放烟花爆竹、垃圾焚烧、道路洒水降尘、项目工地扬尘防治等开展综合整治行动，累计出动人员1万余人次，执法车、运输车2000余台次，收缴燃煤炉1000余个，收缴露天烧烤炉200余个，整治裸露黄土50余次，整治焚烧垃圾10余次，处罚垃圾焚烧典型案件2起，处罚金1000余元，整治乱倒渣土垃圾10余次，下达限期责令整改通知单1000余份。召集辖区65家汽修企业负责人召开专题会议，就如何规范汽修行业VOCs气体排放以及危、固、废的处理进行培训，提出整治和规范要求。抓好餐饮店油烟管控工作，通过举办环保知识培训班、工作人员上门做工作，与辖区餐饮门店签订安装油烟净化器承诺书等措施，辖区295家餐饮门店全部纳入管控范围，完成符合安装条件的企业和餐饮门店安装236台油烟净化装置，实时监控油烟处理情况的大中型企业和餐饮门店38家。浏阳河黑石渡水质自动站与空气监测微站均投入运行，为实时监测辖区内水质、空气质量提供前期预警。修复水毁设施、维护泵站机械，对河道沿岸的违章搭建、挖翻种植等进行专项整治。2019年，经多方协商，报请中央军委相关部门同意，将科大景园岸线受损的原长沙工程兵学院舟桥连的教学楼顺利拆除，并完成周边绿化、地面硬化和护坡修护，为周边居民提供休闲娱乐场所100平方米。通过政府采购模式购入“4分类垃圾桶”1100个，在9个社区布置74个生活垃圾分类投放点，组织开办10期生活垃圾分类培训班，1200人参与培训；举办生活垃圾分类主题文艺晚会2场，派发《长沙市生活垃圾分类指导手册》1300余册。9个社区均通过市、区两级的检查验收。针对毛家桥水果市场、四方商贸城、金帆社区大道等重点部位开展多次专项整治。2019年，处理各类数字化案卷3409起、拆除修复违章广告牌15块、办理健康证751人次。盘活闲置资源，新建四方社区公益停车场、胜利社区生态停车场，建设胜利社区市民休闲广场。通过拆违、修缮漏水房屋、疏通更换下水管网、增设路灯、宣传栏、分类垃圾点等措施，对胜利社区全面提质改造，提升人居环境品质和居民幸福感。

【综合治理】2019年，四方坪街道组织摸清全街遗留问题底子，建立分类台账，形成周结周报模式；有序推动四方坪街道农民安置房处遗工作。全面完成红色一期不动产首次登记，红色二期、先福安置房A、B、E区和雅雀湖共73栋完成首次登记进窗。针对胜利村按《长沙市征地补偿安置条例实施办法》第103号令实施征拆存在遗留问题的19户个案，全部进行约谈，其中12户签订征拆协议，化解方案全部审批通过，正在办理指标申购和资金申报手续。2019年，街道协助派出所接收、处置辖区行政案件498起，刑事案件390起，抓获违法嫌疑人286人，净化社会治安环境，确保辖区安定。2019年，全街组织安全生产集中执法行动552次，检查生产经营单位2306家，执法总件数64件，辖区落实企业安全生产主体责任67家，开展警示教育56场次，开展各类应急救援演练活动53场次，在2019年举行的开福区应急技能比武竞赛中荣获三等奖。全年未发生安全生产、消防安全、食品药品安全责任事故。

【民生保障】2019年，四方坪街道全街发放各类救助金33万元；累计发放低保金189.52万元；发放特困救助金30万元，临时救助10.5万元；帮扶城市困难群众239户，帮扶金额46.26万元；慈善助学8人，救助金额3.8万元。扶残助学9人，救助金额2.7万元；困境儿童助学21人，发放助学金2.1万元；残疾人两项补贴发放3055人，金额57.25万元。严格按照程序完成卫计各项奖扶的统计发放。组织育龄妇女开展妇科病普查普治及“两癌”筛查工作，完成产前筛查、无创DNA检测、新生儿疾病筛查工作任务；利用元旦、春节、“三八”妇女节、“5·29”计生协会员活动日、全民健康生活方式日等节日，开展“流动人力均等化服务”“妇女健康关爱”“生育关怀——我们和你在一起”“家庭医生签约服务”“三减三健”等内容丰富、形式多样的群众性宣传教育活动。认真做好流动人口卫生计生基本公共服务均等化工作，与在建工地签订计划生育合同，全面落实农民工计划生育婚育台账，将流动人口管理服务纳入到户籍管理模式中，同宣传、同管理、同服务等多方面保障流动人口的合法权益。在全街9个社区施行“365天开放”服务，推行“全岗通”管理制度，实行综合服务窗口轮岗值守，推进“最多跑一次”政务服务和帮代办服务，确保周末及节假日社区服务阵地正常开放，方便群众办事，提升服务水平。

【社会事业】2019年，四方坪街道辖区有文化馆(站)1个，文化活动中心9处；公共图书馆(室)9个，建筑面积1200平方米，藏书2万册；有俏军嫂等群众性艺术团体2个；建成雅雀湖、先福、左岸、胜利、四方等5个社区公园。辖区有体育场地8个，运动场5个，游泳池2个。社区全部安装健身器材，经常参加体育活动的人员占常住人口的46.28%。辖区有幼儿园13所，在园幼儿2162人，专任教师164人；小学1所（四方坪小学），在校生1846人，专任教师101人，小学适龄儿童入学率100%；初中1所（国防科大附中），在校生1687人，专任教师99人，初中适龄人口入学率100%，小升初升学率100%，九年义务教育覆盖率达100%。辖区有各级各类医疗卫生机构30个，其中疾病预防控制机构1所，城市社区卫生服务中心1所，社区卫生服务站1所，有专业卫生人员50人，其中执业医师16人，执业助理医师4人，注册护士18人。在辖区内1所基层医疗卫生机构实施国家基本药物制度，实行基本药物零差率销售；城乡居民规范化电子健康档案建档率为77%。建设长城万富汇楼宇党群服务中心，建立“四季果先锋工作室”“两型先锋工作室”等党员先锋工作室，引进“快乐老人大学”“睦邻书院”，建立婚姻家庭服务站、“健康小屋”，推动区域发展共建、共享、共治。

【“我们和你在一起”“5·29”计生协会会员活动】5月24日，开福区“我们和你在一起”“5·29”计生协会会员活动日暨青春健康“沟通之道”家长项目启动仪式在四方坪街道举行。湖南省计划生育协会业务指导处副处长杨冰玲、长沙市计划生育协会秘书长张伟平、开福区副区长杨光华、开福区计划生育协会会长李正元等领导出席。活动旨在庆祝全国第21个协会会员活动日，纪念开福区计划生育协会成立33周年，宣传计生政策，发挥基层计生协会的作用，体现党和各级政府对困难群众的关怀，彰显计生协会各会员单位以及志愿团体的社会责任感。活动以文艺演出、表彰先进、集中宣传、现场义诊等形式开展。活动现场表彰全区10个优秀计生协会志愿者团队和10名优秀志愿者，慰问辖区计划生育困难家庭。现场文艺节目通俗易懂、以贴近群众生活的形式将国家政策、协会工作融入其中，赢得观众阵阵掌声。活动现场设置全区16个街道宣传、咨询服务台，开展生殖健康、优生优育、疾病预防等咨询服务，为现场群众发放宣传资料2000余份、避孕药具100余盒，免费义诊300余人次，接受计生政策咨询100余人次。通过这次计划生育协会“5·29”活动，充分发挥协会成员带头、宣传、服务、监督、交流的职能作用，充分体现“协会生命力在于活动，协会的凝聚力在于服务”，真正把“关注健康”“关心百姓生活”“关爱计生家庭”，送到百姓心中，得到群众好评。

【胜利社区实施全面提质改造】7月22日，湖南省委常委、长沙市委书记胡衡华实地调研开福区四方坪街道胜利社区基层党建、城市贫困人口扶贫等工作，并作出重要指示。胜利社区是按《长沙市征地补偿安置条例实施办法》第103号令征地开发后的“域中村”社区，拆迁遗留问题较多。街道严格按照胡衡华的重要指示以及区委、区政府的安排部署，从基层党建、城市贫困人员帮扶、遗留问题处理、人居环境整治等4个方面着手开展胜利社区全面提质改造工作。抓好基层党建。选优配齐队伍，2019年9月，通过考察、推荐、公示及街道“八联审”，推选8名“两委”候选人，10月完成“两委”补选工作及支部调整、支部换届选举，将社区骨干、优秀的年轻党员推选到社区3个支部；建好社区服务用房，通过与区政府办、城投公司的对接，租赁鑫利家园综合楼1600平方米的场地，建成集政务服务、党群活动于一体的党群服务阵地；打造特色品牌“党员先锋工作室”。抓好城市贫困人员帮扶。针对胜利社区贫困人员，街道和社区成立医疗、临时救助、就业、住房保障、扶残助残5个小组开展全面帮扶。全年帮扶胜利社区困难群众303人次，发放帮扶资金66万余元，解决群众困难100余个，帮助15人实现就业。抓好遗留问题处理。街道征求拆迁户意见，积极对接区征地办、区城投等职能部门，完成二、三期分房，涉及398户、1013人，完成安置指标数1268个；对按《长沙市征地补偿安置条例实施办法》第103号令实施征拆存在遗留问题的19户进行仔细梳理建档，逐户约谈，解决103号令个案遗留问题12户。抓好人居环境整治。建设市民休闲广场，社区通过与区园林中心进行对接，在鑫利家园西头绿化地打造一个1000平方米胜利社区市民休闲广场，正在进行相关手续办理；建设生态停车场，将北片安置房6栋前坪近1000平方米空地改造成生态停车场，缓解辖区停车难问题。基础设施提质改造。对胜利社区北开安置房1－4栋的人居环境进行全面提质改造，北开4栋周边路面实施“白改黑”，对下水管网、化粪池、自来水水压等设施进行改造，增设一批绿化设施，建设一批健身休闲设施，促进社区环境质量的根本改善。开展房屋修缮。针对北开4栋安置房屋漏水开裂等情况，街道组织工作人员逐户上门，收集问题，北开第四栋房屋开裂45户，需要维修的房屋96户。经湖南大学监测公司现勘检测，明确该两处房屋的渗水与开裂不影响房屋主体结构，街道、社区组织人员入户修缮，截至2019年年底，房屋公共部分修缮完毕。

【退役军人现场招聘会】12月6日，开福区四方坪街道退役军人服务站联合区人力资源和社会保障局、区退役军人事务局在四方坪鑫利家园举办一场“退伍不褪色，扬帆再起航”现场招聘会。招聘会有26家企业参加，提供就业岗位500余个。对退役军人创业就业、社会保险等方面的疑惑，街道专门设立政策咨询台，为退役军人解惑。招聘会现场，退役军人详细查看各展位的招工信息，比对自身条件，主动询问招工需求；企业工作人员细心为退役军人解答工作内容、薪酬福利等问题。招聘会有200余名退役军人参加，现场达成就业意向3人。退役军人是社会宝贵的人力资源，搭建退役军人就业平台，拓宽退役军人上岗渠道，是街道退役军人服务站的义务和责任。四方坪街道希望通过举办专场招聘会，提升退役军人就业率，从根本上解决退役军人的就业困难问题。

（赵　蓉）

芙蓉北路街道

【概况】芙蓉北路街道位于开福区治所在地，东起京广铁路，毗邻浏阳河街道；西至湘江东岸，与岳麓区观沙岭街道隔江相望；南抵浏阳河，与新河街道相邻；北滨捞刀河，与秀峰街道一水相隔。全街三面环水，又称“江湾半岛”。芙蓉北路街道办事处位于福城路与金马路交汇处，街道总面积3.45平方千米，辖江滨、欣城、福城、凤亭、金泰路、江湾、盛世路7个社区居民委员会。2019年4月，芙蓉北路街道办事处机构改革后设“五办两中心一所”，分别是党政综合办、基层党建办、城市管理办、公共服务办、公共安全办、政务服务中心、网格化综合服务中心、财政所。2019年年末辖区总人口数7.64万人，常住人口数6.07万人、流动人口数1.57万人，人口自然增长率13.7‰。辖区内有中学1所即北雅中学，小学2所即清水塘第二小学、江湾小学，幼儿园19所。

【经济建设】2019年，芙蓉北路街道全年财税任务1.58万元，累计完成1.48亿元，为全年任务的93.97%。社会销售品零售总额全年任务5.49亿元，累计完成5.5亿元，为全年任务的100.2%。累计完成固定资产投资33.2亿元，排名全区第5名。完成规上其他营利性服务业2.41亿元，增速7.3%，新增规模以上服务业企业2家，超任务完成。内联引资、外商投资、外贸进出口总额等商务指标均超额完成全年任务。街道共有商业楼宇3栋，总建筑面积22.88万平方米，其中商务面积5.5万平方米，商业面积17.38万平方米，入驻企业112家。通过第四次经济普查，共清查摸底街道辖区内单位2759家，个体9468家，中小微企业发展潜力较大。全年新增单位注册资金50万以上有252户，新增商贸业单位5家，全街共有规上企业36家，分布在楼宇内的“四上企业”6家。街道形成“三圈一带”夜经济业态，消费活力不断提升。辖区有2个在建项目，恒大御景半岛锦绣苑和翰林院项目，总建筑面积52万平方米，包含高层住宅、公寓与商业综合体，正在进行主体施工。

【城市管理】2019年，芙蓉北路街道强化重点区域、顽固地段的整治，规范经营秩序，划定特定区域，设置流动摊担疏导点，环境秩序大为改观。加强对江湾半岛片区提质改造的后期管理。打通湘江世纪城交通微循环，合理设置停车位、实施交通监控执法。新建一处综合型消防站，江湾路口过街天桥2019年底完成建设。辖区有伍家岭空气质量国控站点和浏阳河断面国家检测点，街道组织开展蓝天保卫战“六控”“十严禁”整治行动，为辖区259家经营门店安装油烟净化器，实现全覆盖。落实河长制要求，对街域内的湘江、浏阳河、捞刀河3条河流河段，5.8千米沿线堤岸线，根据“一河一档”“一河一策”安排日常巡查与整治工作，水质排放达标。建立党员群众垃圾分类宣讲团和督导队，以党建引领垃圾分类新时尚，党员家庭带头先行，实现全员知晓，全员参与，通过群众喜闻乐见的方式广泛宣传，从源头促进精准投放，7个社区通过市垃圾分类督导组考核验收。

3月5日，芙蓉北路街道盛世路社区开展“弘扬志愿精神，共铸厚德开福”学雷锋青年志愿服务活动　（芙蓉北路街道　供图）

【综合治理】2019年，芙蓉北路街道遗留问题处置。马厂为长沙市政府60号令《长沙市征地补偿安置条例实施办法》征地拆迁，拆迁安置农民存在集体收益分配问题，截至2019年年底，马厂算大账工作总签约户数完成974户，集体收益签约分配比例完成90%。辖区路灯维修整改一期全部完工并竣工验收，二期工程启动建设，待二期工程全部竣工验收后统一移交。加强辖区治安重点区域巡逻，规范“红袖章”巡逻防范队伍建设，坚持24小时街面巡逻；发挥专职巡防队作用，增加巡逻频率和密度，组织义务巡防员，加强对社区内安全巡逻，提高居民群众的“见警率”和安全感。开展打击“两抢一盗”、打击地下“六合彩”“扫黑除恶”专项斗争、打击传销等专项整治行动，全年共开展农贸市场周边环境整治、校园周边治安环境整治、湘江世纪城出租房屋和流动人口清理整顿、“扫黑除恶”等专项整治行动50余次。针对湘江世纪城湘江豪庭、黄金海岸、滨江美寓等居民群众反映问题较多的小区，从解决交通出入口、小区基础设施提质、业委会选举等问题入手，探索破解大型小区物业管理难题，通过妥善解决，实现由“乱”到“治”明显转变。截至2019年年底，街道治安发案率同比下降9%，案件类型以盗窃、诈骗为主，未发生大案要案及其他恶性案件，未发生较大以上安全事故，社会治安形势持续好转。

【民生事业】2019年，芙蓉北路街道深化网格化管理职能，按照1000户-1500户划分网格，全街41个网格按“1+2+X”模式，把党支部建到网格，设置党建指导员、网格长，配齐网格民情员等服务力量。在创新基层治理方面，街道试行“街道吹哨、部门报到”机制，截至2019年年底，街道网格收集和解决大小问题2.21万个，收到“12345”热线工单1708条，在全区率先实现服务零距离、安全零事故、环境零污染、治安零发案、居民零上访。街道严格执行“365天开放服务”，实行AB岗制和“首问接待制”，通过“互联网+政务服务”、社区帮代办服务等方式，实现政务办理快速便捷。芙蓉北路街道“首善通”“掌上世纪城”微信公众号关注量2万余人。街道与社区、综治部门、地区单位签订计生目标管理责任书，实行动态管理模式，明确卫健工作人员职责，实现卫计管理网格化、规范化，督导检查常态化、科学化。在扶贫帮困方面，街道实施社会救助，城市居民低保、临时救助、居民养老保险、残疾人补贴发放工作有序推进。开展各项活动，丰富居民生活。金泰路社区开展以“浓情冬季，爱在计生协，喜迎新年”为主题的计生系列宣传服务活动，为失独家庭、辖区流动人口、育龄妇女和居民群众送上新春的慰问和祝福。欣城社区全面推广和倡导垃圾分类工作，在暑期组织多场垃圾分类实践活动，中小学生参与人数300余人，让垃圾分类深入到每家每户。挖掘与培育辖区先进典型，街道共有“中国好人”1人，“湖南好人”2人，“长沙好人”1人。全年在省、市、区等新闻媒体正面宣传报道多次。

7月23日，芙蓉北路街道盛世路社区举办“党旗映商圈 盛世领华章”优化营商环境主题服务活动
（芙蓉北路街道　供图）

【首聘12家“企业河长”巡护母亲河】 10月9日，湖南十大环保杰出人物、长沙环保卫士章志标和开福区委书记曹再兴一起在浏阳河入湘江口放流鱼苗，启动“众企当河长、水美耀开福”巡护母亲河活动。湖南高岭建筑集团等12家公益企业被聘为长沙首批“企业河长”，章志标等18名环保标兵和道德模范被聘为“公众河长”，加入日常巡河护河。在芙蓉北路街道浏阳河入湘江口，由开福区政府购置的410万尾鱼苗，被放流湘江。开福区是水资源大区，全区水域面积2000公顷。通过源头、岸线、水面“三位一体”综合防治等系列治理举措，开福区辖区内水环境质量明显提升。曹再兴表示，首聘“企业河长”就是要建立政府、企业、公众共治体系，共同治理水污染、保护水资源、修复水生态。放流鱼苗有助于改善湘江水生态，丰富物种多样性。活动中，企业、“公众河长”和政府职能部门还开展无人机巡河、自行车环保宣传及河滩保洁系列活动。

【“街道吹哨、部门报到”现场推进会召开】 11月6日，长沙市开福区召开“街道吹哨、部门报到”现场推进会。长沙市委常委、组织部部长张宏益出席，区重点民生部门负责人和16个街道工委书记参加会议。张宏益一行现场观摩江湾社区、福城社区公共服务中心以及江湾小学人行天桥建设项目。从2019年年初开始，开福区在湘江世纪城所属的芙蓉北路街道进行试点探索，以“哨声”整合民生诉求，以“吹哨”回应民生诉求，以“应哨”化解民生问题，取得较好成效。1000余名小学生家长期盼的湘江北路江湾路口人行天桥启动建设；普惠幼儿园政策在有7万余名居民的湘江世纪城得到落实；长年梗阻的湘江世纪城负一楼消防通道彻底畅通，企业所在的写字楼停车费过高、用餐收费高等一系列物业问题得到解决等。自试点工作开展以后，芙蓉北路街道共收集问题及建议1.62万条，联合20个区直部门解决民生诉求1000余个、涉及面较广的重点民生难题26个，赢得居民群众的认可和好评。开福区按照“先试点后推行”的思路，在试点取得初步成效的基础上，形成《开福区“街道吹哨、部门报到”工作实施方案》。根据“吹哨报到”工作流程，分“哨如何来”“哨如何吹、如何应”“哨如何评”三个环节重点推进。

【工作调研】3月12日，湖南省民政厅厅长唐白玉率队到开福区芙蓉北路街道福城社区调研社区建设工作。长沙市民政局局长陈昌佳、开福区委书记沈裕谋等领导陪同调研。唐白玉一行实地察看芙蓉北路街道福城社区的一站式服务大厅、心悦居家养老、社会组织、老年大学，听取福城社区对社区养老服务工作举措的详细介绍。唐白玉指出，芙蓉北路街道福城社区的养老工作和社区建设工作充分结合社区实际，从老年人和困难人群的需求入手，特点鲜明。尤其是老年大学，不但充分整合社区资源，发挥老年志愿者服务精神，还开办丰富多彩的老年大学学习班，让老年人老有所学、老有所乐。唐白玉强调，社区养老是社区党组织服务民生的一个重要载体，是搭建党与人民群众的连心桥、暖心桥，应该为更多困难群众提供更细致、周到的服务，要依托“快乐老人大学”让他们的晚年生活变得更加丰富多彩。参观之后，唐白玉鼓励社区要在现有品牌基础上，打造更多更大的亮点，为推动基层民政工作做贡献。

【工作调研】10月12日，长沙市开福区委书记曹再兴到芙蓉北路街道江湾社区调研“不忘初心、牢记使命”主题教育暨基层党建工作开展情况。江湾社区主任李雪鹏汇报社区围绕“五零”社区创建目标，深挖党建资源，依托互联网平台开展“线上+线下”的服务管理模式。曹再兴对社区坚持党建引领，围绕服务布局，探索和运用“互联网+”的社会治理模式表示肯定。他要求，要推动基层党建、强化政治责任担当；要以政治建设引领基层党建，主题教育做到党员全覆盖，为民办实事，找问题补短板；要通过支部“五化”建设推动社区“五零”，依托支部核心，发挥堡垒作用；要依靠群众、服务群众，以人民为中心办好事；要加强村、社区党组织书记建设，抓好关键人。

11月12日，曹再兴实地走访芙蓉北路街道金泰路社区、欣城社区和福天兴业综合楼，详细了解街道社区阵地建设及提质提档工作、基层党建、楼宇经济发展情况，并在街道召开座谈会。座谈会上，曹再兴指出，芙蓉北路街道作为首善街区担当意识强、创新意识强、服务意识强。下一步要按照区委、区政府年初的既定目标和街道的工作重点，做好年底各项工作冲刺，圆满完成年度工作任务。

（吴文嘉）

洪山街道

【概况】开福区洪山街道地处长沙市开福区东南部，街道办事处位于东二环三段279号。东部与长沙县湘龙街道相邻；东南部与月湖街道接壤；西南部濒浏阳河，与四方坪街道隔河相望；西部与浏阳河街道毗连；北部临捞刀河，与捞刀河街道隔河相对。街道总面积9.05平方千米，常住人口5.7万人，辖洪西、金鹰、洪山桥、洪雅四个社区居民委员会。2019年3月，机构改革后，街道办事处机构设置为党政综合办、基层党建办、公共安全办、公共服务办、城市管理办、财政所、政务服务中心、网格化服务中心、退役军人服务站。辖区内有月畔湾、圣爵菲斯、藏珑·湖上国际花园、恒大雅苑等12个小区；湖南广播电视台、兴旺集团、洪山建筑有限公司等大小单位1500余家；幼儿园10所、小学3所、中学1所、大学1所；湖南省军区装备修理所、长沙民兵仓库2家军事管理单位；世界之窗、海底世界、洪山寺、月湖公园等旅游景点。2019年，洪山街道被评为马栏山视频文创园项目建设先进单位、开福区优化营商环境先进单位。

【街域经济】2019年，洪山街道紧扣“营商环境优化年”活动，服务水平稳步提升。现有楼宇中，广电大楼、圣爵菲斯、福天月畔湾均实现企业全入驻，马栏山众创园入驻办公企业45家，入驻率100%；联合税务、市场监管、城管等部门，走访4栋重点经济楼宇，调查52家“四上”企业和60家中小文创企业，帮助企业解决具体困难和问题。全年完成财政总收入2.18亿元；完成规模以上工业企业总产值5.27亿元，同比增长27.38%；完成固定资产投资项目39.06亿元；完成限额以上社会消费品零售总额17.6亿元，同比增长16.89%；完成其他营利性服务业营业收入176.85亿元，同比增长11.11%。探索街道“夜经济”发展模式，绘制街道“夜经济”地图；打造洪山经济数据分析中心，全面监测辖区经济数据运行情况。紧扣“产业项目建设年”活动，项目建设稳步推进。启动山鹰潭社保融资用地项目和明德金鹰中学项目，三公告截止前10天成功签约177户，签约率100%，顺利实现腾地46.67公顷，工作经验得到区委、区政府肯定。马栏山月湖文创小镇正式运营，恒大雅苑项目开始预售；第七期商业综合体启动建设，藏珑·湖上国际花园3.3期项目、财富大厦及地下室建安工程按计划推进。

【城市管理】2019年，洪山街道重点对世界之窗周边、洪西马路市场、花园路、长大夜市开展市容秩序专项整治行动，全年办理行政执法处罚案件318件，罚款5.24万元；规范店外经营200余户，取缔流动摊贩150余个，全面保障第一届中非论坛、“主题航天日”等重大活动顺利召开。生态环境质效提升。强化散煤污染整治，严控焚烧行为，制止焚烧40余次，处罚2起。推进燃气锅炉低氮改造，加强夜市管理，提质改造小餐饮“透明厨房”30家，辖区空气质量优良率位于全区前列。河堤河滩清扫工作常态化，协助上级部门对辖区内浏阳河、捞刀河河堤河滩所有排口进行技术截污。完成辖区内黄土裸露地块复绿10.8万平方米。垃圾分类效果显著。街属社区均通过市级检查验收，洪雅社区获评为开福区2019年垃圾分类“百日”劳动竞赛先进社区。配合联合餐厨启动环境省级技术改造工程，全面解决垃圾中转场多年臭气污染问题。

【社会事业】2019年，洪山街道全年为216户城乡低保户、48户特困供养户、22名重点优抚对象、184位重点对象、18名大病救助对象发放生活补助费、慰问金50万元。为40名灵活就业人员申报社保补贴29万元。挂牌成立“退役军人服务站”，全年发放慰问金2.76万元。深化行政审批。全年办结“放管服”政策梳理事项清单10项，为群众及企业办事审核盖章30余次；帮代办事项416件，互联网+政务受理业务3487件。培养“全科社工”，升级硬件设施，提升政务服务效能，增加服务指示牌12块。做好1806名按长沙市政府60号令《长沙市征地补偿安置条例实施办法》拆迁安置群众生产发展用地收益发放和朝正美苑122户，国防科大一期、二期及月湖山庄42户拆迁安置房分配；收集整理御景龙城处遗办证工作资料200余份，为居民群众处理产权遗留问题提供服务。落实“街道吹哨、部门报到”工作机制，化解国防科大扩征项目征拆遗留问题。调解学府华庭停水及美利新世界、恒大雅苑停车收费等问题。建设马栏山众创园党群服务中心，搭建“圆桌议事会”“民意直通车”等议事平台，探索“党建+统战”新模式，推动社区社区服务共商、共建、共享。

12月，洪山街道在众创园建立集党建、社会、企业“三位一体”的党群服务中心，图为选举成立马栏山众创园党总支

（洪山街道　供图）

【综合治理】2019年，洪山街道重点开展“打非治违”、两节期间安全生产大检查和非洲猪瘟等各类专项整治，排查安全隐患141处、重大安全隐患3处，责令停产整顿企业77家，立案处罚27家，罚款4.23万元。规范建设综合型、基础型消防站各2个。定期开展打击传销整治行动，查获、劝返涉传人员330名。常态化检查校外教育培训机构65家，关停8家。全年未发生安全生产、消防安全、食品药品安全责任事故，2019年，被评为区安全生产工作优秀单位。迎接中央扫黑除恶专项斗争督导工作组检查，摸排涉黑涉恶线索7条，成功侦办美利新世界专业物闹恶势力典型案件。全年开展禁毒宣传活动9次，采取技术措施动态管控36名在册吸毒史人员、28名社区矫正对象。全年处理矛盾纠纷45起，涉及金额796万元。网格化社会服务管理平台自办自结联动事件4667条，向网信部门上报舆情信息1360条，处理红网、问政湖南、市长信箱等舆情22起，被评为2019年度长沙市优秀舆情报送点。基本做到小纠纷不出社区，大问题不出街

道，被评为2019年度长沙市信访工作“三无”街道。

【“党建+统战”新模式】2019年，洪山街道按照楼宇商圈建党委（党总支），企业单位建支部的原则，积极与马栏山众创园进行对接，推进楼宇党建工作开展，在众创园建立“党建+统战”模式的集党建服务、社会服务、企业服务“三位一体”的党群服务服务中心，打造以“新”阶层学习社为交流阵地、以“星”数据中心、“星”网红直播间、“星”传媒体验区、“星”梦想助推站为活动平台的“1+4”E星实践创新基地，2019年12月选举成立马栏山众创园党总支。马栏山众创园党群服务中心建设，旨在围绕泛马栏山视频文创园，与月湖文创小镇、广电集团持续深入开展共建，实现资源信息共享，形成共商共建共享的区域化党建格局，加强对入驻企业的党建工作指导，在企业内深挖“口袋党员”，把分散的党员联合起来进行教育、管理，培养更多优秀党员。并利用场地影响力和品牌知名度，联合企业协会举办普惠性的群众活动，提升商圈党员干事创业的活力。马栏山众创园项目是马栏山（长沙）视频文创产业园的重要组成部分，是产业园重点打造的文创产业孵化器之一。众创园项目位于福元路与万家丽路交叉口西南角，为6层单体建筑，使用面积2.4万平方米，截至2019年年底，有15家企业入驻办公，45家企业签约入驻，全年完成产值超8亿元。

【山鹰潭片区拆迁项目启动】2019年，开福区洪山街道山鹰谭片区拆迁项目实现“当年启动，当年签约清零”目标。山鹰潭片区拆迁项目包含5个项目，即社保融资用地项目3个（分别为“293亩”“172亩”“178亩”），项目区域开发建设代征2个（分别为富兴夹缝地代征、明德金鹰中学项目代征），拆迁房屋177户，拆迁人口596人，征地面积46.67公顷。该项目是推进开福区福元路以北城市化进程，提升洪山片区整体形象，打造宜居安居工程的重点项目。项目于2019年10月28日启动签约，面对时间任务紧迫、历史遗留问题突出、社情民意复杂，洪山街道统筹谋划、综合施策，2019年12月21日，洪山街道山鹰潭片区拆迁项目实现签约率100%，提前10天（三公告截止日期为12月31日）全面完成签约任务，刷新征地拆迁的开福速度。

【“安全生产月”集中宣传】6月21日，长沙市开福区洪山街道在世界之窗广场举办“防风险、除隐患、遏事故”为主题的安全生产月咨询日活动。辖区100余家企业负责人、300余名辖区干部群众参加活动。活动现场，播放安全生产宣传片，街道文艺团队表演诗朗诵《安全，生命中永性的主旋律》等节目；为保障企业安全发展，100多位企业负责人上台郑重承诺“安全生产”；开展安全知识抢答、火灾应急救援知识演练。现场还设置交通、建筑、消防、文体、禁毒等部门业务咨询台，为居民群众释疑解惑，现场咨询300余人次。该次活动内容丰富，形式多样，通过寓教于乐的方式，让更多的人掌控安全应急知识，做到安全警钟长鸣。

【“蓝天保卫战”暨生活垃圾分类主题宣传】5月21日，开福区洪山街道为推进蓝天保卫战，深化垃圾分类理念，在月湖公园东门广场开展“垃圾分类从我做起，文明洪山因你而美”主题宣传教育活动。活动现场设置咨询台和宣传展板，悬挂宣传横幅，涉及污染防治、垃圾分类、露天焚烧、环保专项行动等方面内容，参与市民1000余人次。市民围绕在展台前咨询如何进行垃圾分类、怎样分类、分类后如何处理及各类环保小知识，参加有奖竞答和垃圾分类小游戏。活动现场发放宣传资料、各种环保知识手册和资料1000余份。

（毛　盾）

月湖街道

【概况】开福区月湖街道位于开福区东南部，北靠319国道，毗邻月湖公园，东面与长沙县和芙蓉区接壤，西、南面浏阳河蜿蜒而过，万家丽北路贯穿其中，辖月湖社区、鸭子铺社区、朝阳社区、马栏山社区、舟桥路社区、溪水湾社区6个社区居民委员会。辖区总面积6.56平方公里，总人口4.64万人，其中常住人口3.08万人，流动人口1.56万人（含马栏山视频文创园）。2019年3月，街道完成机构改革，调整为“五办一所，两中心一站”分别为党政综合办、基层党建办、公共安全办、公共服务办、城市管理办、财政所、政务服务中心、网格化服务中心、退役军人服务站，一个二级机构朝正水利管理所。辖区内有楼盘小区、农民安置小区10个，驻有武警湖南省总队、湖南省高速公路管理局、长沙市公共卫生中心等数十家企事业单位，有小学1所，幼儿园15所。

【经济运行】2019年，月湖街道全年完成全口径财政税收3.98亿元，比2018年增收2亿元，同比增长201%。全年实现国民生产总值26.71亿元，比2018年增长12%；人均国民生产总值10.81万元，人均可支配收入3.74万元；完成固定资产投资50亿元，其中产业类投资占62%；实现社会消费品零售总额11.8亿元，比2018年增长11%；完成内联引资4亿元，到位外资1000万美元，外贸进出口236万美元；实现高新技术产值13.9亿元；实现工业产值2710万元，比2018年减少53%，由于马栏山视频文创园建设，辖区工业企业外迁，工业产值下行明显。全年新引进企业604家，其中文创企业占86%，街道形成文创产业为核心的产业格局；新增“四上”企业7家，全街第三产业从业人员9976人；第三产业增加值12.54亿元，比2018年增长22%；住宿和餐饮业营业额1.12亿元，比2018年增长7%；银行各项存款余额19.9亿元，比2018年增长13%；人民币贷款余额56.9亿元，比2018年增长9%；保险公司原保险保费收入1.05亿元，比2018年增长11%。

【项目建设】2019年，月湖街道在建项目20个，包括马栏山创智园二期、中广天泽总部基地项目一期、宏坤云寓、绿洲花园、绿地V岛、长沙市轨道交通5号线二工区马栏山站和朝阳站、万家丽路220千伏电力隧道工程；九条道路（文创路、阳光路、向阳路、公园路、金鹰路、滨河联络道、朝正路、金马路、月岛路）、东二环立交桥改造工程、浏阳河环境景观整治工程一期和二期。其中投资规模上亿元的项目过半，所有项目都在施工中，大部分项目在3年内完成。

【城市管理】2019年，月湖街道城市管理工作以“助力马栏山视频文创园建设，提升市容环境品质”为主线，坚持问题导向，查漏补缺，加强辖区市容环境建设；以“月湖农安小区综合提质改造、月湖大市场雨污分流改造”为契机，拆违章、治乱象，重拳整治。全年拆除违章建筑3000余平方米，拆除违章广告及破损招牌200余处；开展垃圾分类工作，印发各类宣传手册1万余份，悬挂宣传横幅100余条，提高群众的知晓率、参与率，实现垃圾分类全覆盖；处理城管数字化案卷、“12345”市民投诉、城管110案件4000余条；开展农贸市场、店外经营、夜宵摊贩等各类专项整治行动30余次；街道城管办、街道城管执法中队对建筑工地工地进行不定时巡查180次，查处违规渣土车辆6台，累计罚款1.25万元。针对重点区域累计制作禁烧宣传横幅60条、警示牌40块，对辖区内重点区域、重点路段进行禁烧巡查，累计出动执法人员800人次、执法车辆200台次，及时制止燃烧垃圾秸秆现象12处，其中处罚1起；对辖区内餐饮门店进行燃煤“回头看”联合整治3次，累计出动执法人员190人次，收缴闲置煤炉23个；对辖区内露天烧烤、餐饮门店、夜宵摊开展专项整治行动20次，累计出动执法人员400人次，收缴烧烤炉7个，责令整改16家，督促安装油烟净化器23家；协调机关部门，在清水塘溪泉湾小学门口、街道办事处门前设置隔离栏、减速带、交通护栏、指示标志等；开展燃气使用专项整治，取缔黑窝点，收缴违规燃气瓶500余个，确保辖区用气安全。

【综合治理】2019年，月湖街道做好按《长沙市征地补偿安置条例实施办法》第103号令实施征拆居民的分房工作。全街涉及103号令拆迁群众7000余人，2019年，街道实现回购房源指标1000余个，房屋866套；完成分房4584套。完成长沙市政府60号令生产用地收益的第一次分配，协调处理原“金马美食城”项目开工问题。坚持把维稳工作与“扫黑除恶”专项斗争工作相结合，确保各项工作有序进行，街道辖区平安稳定。2019年，街道开展消防安全生产演习20余次，专项整治行动40余次，排查存在隐患单位70余家，对20家经营单位处罚金6800元。开展打击传销行动40次，出动执法人员700人次，执法车辆117台次，捣毁疑似传销窝点228个，遣散疑似传销人员900余人次。全年未发生安全生产、消防安全、食品药品安全责任事故。

【民生事业】2019年，月湖街道城镇新增就业人数462人，其中下岗失业人员再就业247人，就业困难人员再就业159人；创业带动就业人数1224人，扶持大学生就业10人；零就业家庭动态援助100%，城镇登记失业率2.8%，新增创业主体569个。街道组织开展春风行动招聘会暨退役军人专场招聘会，携手快乐公益在马栏山社区举办花艺、香道劳动就业培训班。全年居民养老保险新增98人，历年补缴人员235人，城镇居民医疗保险新增182人，居民养老保险生存认证912人。申请办理丧葬费18人，发放补贴4.75万元。申请办理失业期间生育补贴6人，经费2.42万元。街道有居民低保23户38人，每月发放低保金10884元，特困供养人员3人（长沙市第二福利院1人，散居三无3人），每月发放保障金2145元。街道在册精神病人44人，全年药物救助72人次，救助金额1.13万元；辖区内有90名一、二级重度残疾人享受生活补贴和护理补贴“两项补贴”，对辖区内21名困难残疾人进行慰问，发放慰问金8400元，1名大学在读孤儿享受每月孤儿补贴金及全年助学金。有在册困境儿童9名，为4名在学困境儿童申请助学金；开展地下通道、桥洞涵洞流浪人员排查，救助2名流浪人员，并得到妥善安置。开展“不忘初心、牢记使命”城市特殊困难群体帮扶工作，对辖区内居民进行大走访，走访常住及流动人口7000余户，摸底排查困难对象1000余户，实际慰问困难群众215户，发放慰问金38.38万元；街道发放老年人高龄补贴35.3万元；医疗大病救助五保三无、低保、特困户41人次，救助金额30.29万元。全街建成5个新时代学习苑，舟桥路社区、溪水湾社区成立小区功能型支部，将党组织延伸到居民小区。舟桥路社区探索“1+3”治理模式，形成党建引领，多方共治的基层治理新局面。

【IEF2019湖南·马栏山电子竞技产业论坛】11月22日，IEF2019湖南·马栏山国际数字娱乐嘉年华主体活动之一——电竞产业论坛在湖南国际会展中心(长沙市开福区)举行。湖南省委常委、省委宣传部部长张宏森，韩国IEF国际交流联盟会长、与时斋智库院长李光宰出席。张宏森在致辞中说，近年来，湖南省委、省政府大力实施创新引领开放崛起战略，加快文化强省建设步伐，在全国率先出台关于加快湖南文化创新体系建设的意见，着力打造文化创意基地，大力推进马栏山视频文创产业园区建设。电子竞技产业作为高科技体育运动和数字文化产业，湖南高度重视以电子竞技为代表的新型文化产业发展，确立第1个全国电竞行业协会年会，设立第1个全民电竞日，开办第1个电子竞技运动与管理学科和专业，在全国知名职业电竞选手中，湖南籍选手占30%。IEF国际数字娱乐嘉年华是一项国际性青少年数字娱乐活动，经过15年发展，成为中韩两国之间文化交流的重要平台，成为中韩两国青年互相了解、互相学习、互相借鉴的重要渠道。希望湖南与韩国有关方面加强合作，抓住国家推动文化和科技融合发展的难得机遇，发挥湖南在产业、人才、科技、技术等方面的优势，进一步营造开放共赢优质高效、健康向上的发展环境，推进电子竞技产业规范发展、融合发展、集聚发展、开放发展、创新发展。论坛上，韩国嘉泉大学田城旼教授、腾讯互娱KPL联盟秘书长黄承、成都龙渊网络科技有限公司总裁李龙飞、上海哔哩哔哩电竞信息科技有限公司副总裁张佳龙、华为云视频产品总监孙浩等行业精英先后发表演讲，就韩国游戏政策与游戏消费者保护措施的经验、电竞产业如何与中国优秀传统文化相结合、如何打造中国原创精品电竞游戏、电竞如何与其他产业跨界联动、5G技术对电竞产业的影响等论题进行阐述，为湖南电竞产业发展献计献策。

【花艺、香道劳动就业培训班】2019年11月，长沙市开福区月湖街道联合长沙市快乐公益事业发展中心，在马栏山社区开展花艺、香道两期劳动就业培训班，100等人参加培训。11月9–10日为花艺培训，邀请老师文丽详细讲解插花主题、基本造型、色彩搭配、插花技巧等方面的知识，并现场演示插花的步骤，精心指导学员们制作插花作品。11月15–16日为香道培训，邀请老师邓永忠进行现场香道制作及讲解，还现场教学车载香囊的制作，为学员开辟一条就业门路。通过职业技能培训，为下岗失业人员和外来务工人员拥有一技之长并实现再就业打下基础。

【中国新媒体大会“看见马栏山”分享盛典】11月30日，2019中国新媒体“看见马栏山”分享盛典在长沙马栏山视频文创产业园举行。湖南省委常委、长沙市委书记胡衡华，湖南省副省长吴桂英，长沙市委副书记、市长胡忠雄等领导出席。盛典现场，马栏山文创园与腾讯、华为、爱奇艺、快手、梨视频、北京文化、国家超算长沙中心现场签约。湖南日报社、中国移动公司、华为公司三方达成合作，发布视频生产、视频消费、广告营销、融合传播四项指数，聚焦视频文创产业价值生产到价值产出的核心环节，展示视频文创产业主体价值。国家网信办原副主任、北京大学教授彭波以“中国新媒体发展的历史经验”为主题，围绕新媒体行业历史、运营发展、产业趋势、创业方向、经验和预测、投资和转型思考等方面发表演讲。本次盛典围绕“有容乃大，深融致远”的主题，由长沙市人民政府主办，中国（长沙）马栏山视频文创产业园管委会承办。自2017年12月20日成立，截至2019年年底，马栏山视频文创产业园发展步入快车道，“三纵三横一环”的路网骨架全面铺开。下一步，园区将按照“文化+科技、内容+技术、国际+国内、研发+制作、视频+视听”的发展路径，着力打造“环境最优美、服务最高效、设施最先进、资源最集聚、生态最完整、国际有影响”的中国“V”谷。

（成雨景）

浏阳河街道

【概况】开福区浏阳河街道地处长沙市开福区“东大门”，位于浏阳河与捞刀河二水环绕自然湾区，金融生态区、金霞经开区和马栏山视频文创园“三金片区”结合部，东至东二环，南濒浏阳河，西邻京广铁路，北抵捞刀河。区域内“四横五纵”的路网格局基本成型，交通极为便利。街道办事处驻陈家渡社区滨河南路与开福大道交会处西北角，距开福区人民政府2.9千米，街道辖区面积6平方千米。2019年末，有家庭总户数20240户，总人口72687人。街道辖毛家垅、双河、陈家渡、史家坡、福元路、海棠湾等6个社区居民委员会。2019年4月，街道完成机构改革，街道内设6个党政机构：党政综合办公室、基层党建办公室、城市管理办公室、公共服务办公室（行政审批办公室）、公共安全办公室、财政所；设1个综合行政执法队；下设2个街道所属事业单位：政务服务中心（党群服务中心）、网格化综合服务中心。归口管理捞湖水利管理所。在编在岗工作人员48人。辖区内有建成楼盘小区、农安小区11个；有解放军921医院等数十家企事业单位；有中学1所、小学3所、幼儿园13所。

【经济建设】2019年，浏阳河街道坚持“稳中求进”总基调，深入开展“营商环境优化年”“产业项目建设年”活动，由班子成员定点联系辖区31家重点企业，实行走访全覆盖、政策全解读、问题全回应的“保姆式”服务，弗慧谷等一批项目成功落户，解决润和国际项目开工难、长丰能源经营秩序受干扰、沃尔玛超市福元路店无调头交通路口等问题，全街房地产、服务、商贸等优势产业发展态势良好。2019年，全街完成财税收入任务3.2亿元（全口径），为全年任务的102%；完成固定资产投资39.96亿元，为全年任务的101%；完成限上商贸业社会消费品零售总额4381.5万元，比2018年增长45.6%；完成其他营利性服务业收入1957.2万元；完成实际利用外资6206万美元；实现外贸进出口总额166.24万美元。新增“四上”企业9家，比2018年增长125%，顺利完成第四次全国经济普查工作。

【项目建设】2019年，浏阳河街道突出征地拆迁主抓手，新启动渔业分场农民安置用地“150亩”、前进小学征拆项目，在二公告截止期内实现签约率100%，在三公告期内全部倒房腾地。加快老项目扫尾攻坚，开展腾地行动20余次，涝湖垸社保融资用地项目“156亩”“439亩”项目顺利实现扫尾清零并交地挂牌。强化项目服务，维护良好施工环境，润和国际广场、珠江好世界、长房.雍景湾、五矿.沁园金城等重点项目加快建设，滨河嘉园农民保障房项目完成竣工验收，马厂站停车场2个项目完成建设并投入使用，新增停车位100个。全年发放拆

12月22日，浏阳河街道滨河嘉园举行公开分房大会，5000户拆迁群众圆安居梦（浏阳河街道 供图）

迁项目延期过渡费2200万余元，完成家园路等项目结算工作。配合做好第三次国土普查、卫片违法用地整治、低效用地开发利用等工作。

【城市管理】2019年，浏阳河街道坚决打赢蓝天保卫战，聚焦“六控”和“十个严禁”，健全责任落实、交办派单、周调度等工作机制，加强常态巡查管控，严格监管执法。督促辖区8个建筑工地按要求落实硬化、覆盖、喷淋等措施，累计覆盖裸土5.32万平方米，查处违规渣土车20余台次。新装油烟净化餐饮门店35个，劝离露天烧烤摊点100余次，取缔违规夜宵200多处。签订禁止露天焚烧承诺书1800余份，制止露天焚烧180余起，查处执法案例11个、行政处罚5300元，清理粉碎秸秆200余吨，陈家渡菜地露天焚烧现象基本得以遏制。加强“散污乱”企业监管，清退违规汽修企业2家，关停非法砂石场5家，整改印刷厂1家，完成13台燃气锅炉低氮化改造。整治环境乱象，对店外经营、流动摊担、违规广告、违规夜市等开展50余次专项整治行动，拆除违法建设59处、面积6534.15平方米，清理违规菜地4万余平方米，处理城管数字化案卷4596条。推进垃圾分类，发出倡议书6000余份，印制指导手册5万份，横幅、电子显示屏宣传500余条次，开展各类主题宣传和志愿服务活动80余次，全街共拆除清理散居区垃圾池18个，设置分类垃圾桶800余个、大型建筑垃圾和大件垃圾站2个，落实垃圾分类责任人和垃圾分类指导员120余人，实现全面覆盖、精准投放，创建区级珠江花城锦里垃圾分类示范小区。

【综合治理】2019年，浏阳河街道常态化开展安全隐患排查治理，持续推进安全整治“三大行动”，委托专业公司全程参与、会诊，对症下药督促整改，累计检查企业500余家次，排查整改隐患700余处，责令停产停业整顿企业5家，取缔非法生产经营建设单位24处，督促湖南省建六公司、振宇包装公司等高危租赁企业整改搬迁。辖区电动车充电私拉乱接现象整治到位，完成滨河南路沿线餐饮罐装液化气改燃气工程，开展涝湖一期、二期农安小区，校园周边等重点地域环境整治，6个社区微型消防站竣工验收，创建成市级“零酒驾示范街区”，组织安全演练和培训57次。狠抓食品安全，完成小餐饮“透明厨房”改造32家，依法查处违规小作坊2家。深入推进“扫黑除恶”专项斗争。全年未发生生产安全、消防安全、食品药品安全责任事故。

【民生保障】2019年，浏阳河街道全年城镇新增就业453人，失业人员实现再就业198人，就业困难对象再就业62人，申报社保补贴185人、计87.96万元，举办大型招聘会1次。新增城乡居民养老保险62人，居民医保参保人数7531人，享受医保待遇6216人次，统筹支出450.5万元。全街有低保户48户，特困户9户，困难群体实现应保尽保。殡改工作宣传到位，火化率100%。为退役军人13人补缴社会保险，全年发放优抚军人生活补贴23.5万元；发放临时救助8人次、救助金额5579元；发放高龄补贴23.48万元；大病救助11人次、金额2.58万元；精神病人免费看病6次78人，入院治疗3人。开展城市特殊困难群体帮扶工作，进行3轮累计169户，发放资金30万元。为低收入群体住房困难户申报住房补贴3户。完成妇女“两癌”筛查394人；发放计生奖扶资金90万元，组织重点人群开展集中就近免费体检，免费接种流感疫苗；走访帮扶失独家庭。组织无偿献血243人。严格政策，阳光操作，通过3批公开抽签，完成滨河嘉园分房工作，1404户拆迁群众分到新房3582套。

【社会事业】2019年，浏阳河街道实施“党建+中心工作”模式，践行“街道吹哨、部门报到”机制，协调解决辖区建成道路移交等群众诉求100余起。优化政务服务，全面推行“全岗通”“365天服务不打烊”和“帮代办”服务，实现群众办事“最多跑一次”。办理“12345”热线工单1400余件，“互联网+平台”办理群众问题诉求116个，满意率96%。指导洪山家园小区依法选举成立第一届业主委员会。落实河长制工作，全年共计巡河300余次，完成2条河流、3处小微水体的日常保洁整治工作，确保2019年度安全度汛。完成生猪退养和非洲猪瘟防控工作。持续开展大调研活动，《关于加强铁路沿线“飞地”整治工作的调研报告》荣获区调研活动二等奖。深化“七五”普法，开展“6·26”禁毒宣传日，“12·4”宪法日等法治宣传活动，完成街道司法所规范化建设。深化更高水平文明城市创建工作，推进移风易俗，组织开展“海选表彰浏阳河畔身边好人”等活动，弘扬正能量。深入开展禁毒人民战争，84名涉毒人员稳控帮扶到位。严厉打击传销和非法集资，提高群众防范和辨识投资风险意识。

充分整合资源，促进公共文体服务优质均衡发展，双河社区综合文化服务中心被评为长沙市2019年度100个示范性村（社区）综合文化服务中心。

【安全专家“会诊”安全隐患】2月23-25日，开福区浏阳河街道组织对辖区各领域生产经营单位开展安全生产大排查、大体检、大整治行动。“三大行动”特别邀请安全专家全程“会诊”。检查人员检验各单位相关证照、安全组织机构、安全培训记录；现场检查安全用电、设备及人员作业、安全警示标志设置等，全面排查安全隐患，并提出整改建议。该次会诊检查辖区企业20余家，排查整治隐患50余处。2019年，浏阳河街道投入20万元，聘请安全生产专业机构开展安全培训，参与安全隐患排查，开展安全生产示范社区创建，培育安全生产标杆企业，提升街道安全生产监管水平。

【“海选浏阳河畔身边好人”】6月27日，开福区浏阳河街道在龙湾一号商业广场举行“浏阳河畔好人多，献礼祖国七十载”暨身边好人故事宣讲主题活动。10位经过群众海选产生的浏阳河畔身边好人亮相，讲述自己的故事，展现城北好人的风采。2019年2月，浏阳河街道组织开展“海选浏阳河畔身边好人”活动，辖区6万居民群众纷纷从身边点滴小事中发掘典型，寻找好人，经基层党支部评议、社区党委推选等多种形式评选出康利兵等10位身边好人和先进典型。辖区党员群众、“两新”党组织和企业单位代表等300余人参加活动。

【创建“零酒驾城市”】8月20日，以“生命无价，酒后禁驾”为主题的长沙创建“零酒驾城市”活动启动仪式在长沙市开福区浏阳河街道举行。活动由长沙市文明办、长沙市交警支队联合开福区文明办、浏阳河街道共同发起举办。同时，开福区创建“零酒驾街区”活动也以浏阳河街道为示范点全面推进。滴滴代驾公司与长沙交管部门签署警企战略合作协议，推进警企酒驾共治；社区居民群众和餐饮行业代表分别表演“拒绝酒驾”的快板节目和情景剧，引导市民将“开车不喝酒、酒后不开车”作为安全文明出行的铁律，共建文明畅通城市。

【第五届“睦邻社区节”】11月10日，开福区浏阳河街道在开福区第一小学举行第五届“睦邻社区节”暨“牢记初心使命，共护平安福元”文艺会演。本次演出节目全部由来自社区内各苑区的“草根明星”自编自导自演，涵盖红歌合唱、广场舞、民乐演奏等，并穿插消防安全、主题教育、垃圾分类等知识抢答竞赛，贴近居民，寓教于乐，深入推动消防安全进学校、进社区、进家庭、进单位，不断提高各单位和居民群众的安全责任意识和自防自救能力，动员全社会力量共抓消防安全，共建共享平安社区。浏阳河街道连续五年举办“睦邻社区节”，坚持深耕细作，破立并举，搭建“大邻里”互动平台，相继推出“环境卫生”“移风易俗”“垃圾分类”红黑榜，积极动员社区居民从自己做起，从小事做起，珍爱生命，安全用电用火用气，预防火灾事故，保障家人平安健康。

【完成滨河嘉园分房工作】12月22日，开福区浏阳河街道最大的《长沙市征地补偿实施办法》103号令农民安置小区——滨河嘉园分房工作启动。滨河嘉园房源3759套，涉及长沙市国营综合农场农民安置用地、滨河南路建设等18个项目近5000户被征地农民，待安置拆迁群众在外过渡最长10年时间。街道认真准备，精心组织，分两个批次三天时间，在开福区第一小学多功能报告厅举行滨河嘉园小区集中抽签分房大会，在区纪委、湘江公证处及拆迁群众代表的全程监督下，完成分房工作。

（曾令文）

秀峰街道

【概况】开福区秀峰街道位于捞刀河以北，三环线以南，西接湘江，东临开福大道，辖区面积21.5平方千米。2019年，辖区总人口为67441人，其中常住人口38829人，流动人口28612人，辖宿龙桥社区、戴家河社区、兴联社区、新大塘社区、竹隐社区、鹅羊山社区、湘民社区、湘荷村8个社区（村）居民委员会。2019年4月，街道完成机构改革，形成“五办”即党政综合办公室、基层党建办公室、城市管理办公室、公共服务办公室、公共安全办公室，“二中心”即街道政务服务中心和街道网格化综合服务中心，“一站”即街道退役军人服务站。2019年，秀峰街道获得长沙市综治工作考核“红旗等次乡镇”、开福区“优化营商工作先进集体”“污染防治工作先进集体”及开福区目标管理考核一类街道。

【街域经济】2019年，秀峰街道全年完成税收2.54亿元，为年度任务的100%，同比增长40%，财税考核全区排名一类；完成规上社会消费品零售总额50.6亿元，为年度任务的100%；完成其他营利性服务业收入5942万元，为年度任务的102%；完成市外境内资金固定资产投资10.98亿元，为年度任务的109.8%；完成外贸指标796.18万美元，为年度任务的151.37%。截至2019年年底，辖区纳税额10万以上企业207家，比2018年增加17家；100万元以上企业50家，比2018年增加7家。全街企业总数量1454家，其中规上企业49家。长沙榔梨建设、湖南中欣建筑等7家企业将税收关系迁入街道，商务楼宇企业入驻率上升到84%。落实“优化营商环境年”工作要求，制定班子成员联系企业制度，营商环境得到较大改善。

【项目建设】2019年，秀峰街道全年完成征地16.5公顷，动迁人数209人、拆迁房屋55栋；完成水利投、湘粤安置地、湘粤农民安置地补征、2016第五批次（华勤）项目的协议清零；落实安置指标88.5个，26户；服务1094二期、高岭统征地二期、旺东物流、苏托垸排污管线4个重点项目建设；保障湘粤统征地一期、开福长郡、兴联地块、福利中心、滨江三期、天都补征、雨污分流等7个项目顺利开工建设；处置涉及六水厂、捞刀河路二期、香江二期、香江一期等项目遗留问题27个。

【城市管理】2019年，秀峰街道坚持精细化管理，营造宜居宜业的城乡环境。全力治乱，街道对违法建设、乱倒渣土、露天焚烧保持重拳整治，全年拆除违章建筑24处、9730平方米，私搭乱建现象得到遏制；处理违规运输渣土车66辆，罚款15.6万元，处罚金额同比增长200%，对违法人员刑拘1人，行政拘留1人；办理禁烧案件14起，罚款7000元。全力治脏，围绕农安小区、物业小区、拆迁区域、湖湘文化市场开展常态化整治，清理“牛皮癣”4000余处，清洗乱贴广告2600余处，惩戒乱贴广告人员2起；对积存垃圾和裸露垃圾进行集中整治，清理垃圾23吨、清理堆物110余车；全面整治违法占道摊点910余次，店外经营及门前堆物850余处，罚款1.26万元；覆盖裸露黄土6万平方米，160余处；实现垃圾分类全覆盖，街域环境卫生有所提升。全力治差，超额完成农村改厕，启动大塘基和大塘安置小区自来水改造，开展麻田磷矿小区提质提档，成立党员志愿队维护小微水体，率先全区实施民间河段长工作，一批群众反映强烈的问题得到解决。

9月29日，秀峰街道举办庆祝中华人民共和国成立70周年文艺晚会

（秀峰街道　供图）

【民生保障】2019年，秀峰街道全街累计低保户数126户，累计人数244人，累计发放低保金额98.8万元；各项优抚政策都落实到位，优抚款及时足额发放，全年发放优抚对象、参战人员补贴、节日慰问等优抚款60.27万元；按政策落实特困户大病救助，全年实施大病医疗救助81人次，发放救助金60.5万元；实施精神病人药物救助34人次，精神病人强制住院救助5人；临时救助11人次，累计发放救助金1.53万元；高龄津贴全年累计1414人次，发放津贴45.71万元；特困供养11人次，发放供养金10.7万元；残疾人两项补贴全年累计1820人次；街道下岗失业人员实现再就业241人，完成全年计划的120%，就业困难人员再就业124人，完成全年计划的124%；社保补贴返还280人，金额152.1万元；为486名失业人员办理就业失业证。

【综合治理】2019年，秀峰街道以防范和化解重大风险为目标，深化社会治理，化解矛盾问题，街道大局平稳可控。街道成立遗留问题工作组，化解116户渔民遗留问题，化解拆迁遗留个案27个。深入推进“扫黑除恶”专项斗争工作，从基层组织建设、信访维稳、综合治理、营商环境等方面狠抓落实，排查涉黑涉恶线索3条，收回被侵占集体资产2处，追缴违规资金13.4万元。筑牢安全防线，全年开展集中执法行动14次，检查生产经营单位、五小门店等98家，排查重大隐患6处，整改6处，责令停产整顿企业2家，取缔非法生产经营单位10家，实施经济处罚24起，罚款6.76万元，全年未发生较大以上安全生产事故，居民群众安全感较大提升，综治民调全区第一。8个社区（村）全部建立社区微型消防站，并投入使用。

【社会事业】2019年，秀峰街道以社会主义核心价值观为指引，发动居民群众共建共治共享，选树“开福好人”屈刚、“最美家庭”马子骏、“万能哥”黄雪等一批先进典型，新组建志愿服务队9支，扩充志愿者250余人。所有社区（村）推行“一老一小”公共服务，实现老有所乐，幼有所教。新建社区综合文化站2个，邻里中心5个，老年大学2个，每个社区（村）成立广场舞队、合唱队和篮球队，开展丰富多彩的文体活动，丰富群众文化生活，融洽城乡居民感情。深入推进全岗通和“365天不打烊”工作，选派8名村居两委干部到内街挂职学习社区服务，在湘江一号、极目楚天等楼盘试点政务服务进小区，打通服务群众“最后一公里”。

【“送优惠进企业”活动】11月18-22日，长沙市开福区秀峰街道联合中石化长沙分公司，开展为期5天的“送优惠到企业”活动。“送优惠进企业”活动是秀峰街道为优化营商环境、加强企业服务的一项新举措。通过此次活动，帮助中石化长沙分公司拓展业务，提升消费额，成功吸引更多优质客户。活动期间，参与办卡人员1923人，充值金额200万余元。2019年是长沙市“营商环境优化年”，为进一步优化营商环境，服务街内企业，秀峰街道积极开展企业大走访活动，倾听企业需求，解决矛盾困难，切实为企业发展助力。

【工作调研】11月29日，开福区委书记曹再兴到秀峰街道友谊咨询大厦、湘民社区和华勤地块走访调研，对楼宇经济发展、社区阵地建设和项目征拆等工作情况进行全面了解。区领导许振勤、黎明、张春雄及相关单位负责人参加。2019年，秀峰街道成立遗留问题工作组，坚持全力保障和改善民生，在遗留问题的化解、服务金霞经济开发区、社会治理等工作上取得明显的工作成效。12月5日，开福区委书记曹再兴到秀峰街道视察“1094”项目情况。实地查看项目地块情况，随后，曹再兴主持召开“1094”项目开发建设专题会议。会上听取保利集团湖南分公司负责人工作情况介绍；针对项目开发建设情况，金霞建设集团、区征地服务中心、区自规局、区城管局、秀峰街道等相关单位和部门分别发言。曹再兴强调，要统一认识，要把保利项目作为开福区最重要的建设项目、最重要的商业项目、最重要的财源项目来抓；要优化定位，在项目建设和运营过程中，要在建筑品质、产业定位、运作模式上下功夫，要成为开福的新标杆；要突破瓶颈，各部门在项目审批、服务对接、结算交地、维护环境方面主动对接、积极作为。

（周　琴）

捞刀河街道

【概况】开福区捞刀河街道地处开福区东北部，东部与长沙县搭界；南部濒临浏阳河，由西向东依次与芙蓉北路街道、浏阳河街道、洪山街道隔河相望；西部由南向北，依次与秀峰街道、青竹湖街道毗连；北部与沙坪街道相邻。街道办事处驻高岭社区捞霞路68号，距开福区人民政府7.38千米。捞刀河街道总面积41.5平方千米，常住人口4.3万人。街道辖3个社区（捞刀河社区、中岭社区、高岭社区）、3个村（凤羽村、白霞村、罗汉庄村）。2019年4月，按照机构改革要求，街道设置5个党政机构：党政综合办公室、基层党建办公室、城市管理办公室（加挂区域建设服务办公室、农业农村办公室）、公共服务办公室（加挂行政审批服务办公室、优化营商环境服务办公室、退役军人服务站牌子）、公共安全办公室。设置1个执法机构：综合行政执法队。设置 2个街道所属事业单位：街道政务服务中心（街道党群服务中心）、街道网格化综合服务中心。驻街二级机构为捞刀河街道水利管理所，由1个万亩大垸苏托垸和3个千亩大垸（工农垸、乌溪垸、双湖垸）组成，全线防洪大堤长15.74千米，沿堤机电设备21处，2943千瓦，内湖渠道15条，52.76千米。辖区内有6所学校，其中1所中学（沅丰坝中学）、5所小学（高源小学、大星小学、中岭小学、凤羽小学、清水塘实验小学），1所幼儿园（开福区第三幼儿园）。

【经济建设】2019年，捞刀河街道完成财税收入9196万元；完成固定资产投资29亿元；完成限上社会消费零售总额3.2亿元，同比增长33.88%；完成规模以上其他营利性服务业营业收入5893.7万元，同比增长16.95%。新增“四上”企业5家，分别为长沙恒高房地产有限公司、湖南泰达建设有限公司、长沙城通能源有限公司、长沙博恒星机械制造有限公司、湖南极维再生资源有限公司。2019年，完成外贸进出口500万美元，内联引资17亿元，实际利用外资2000万美元。新增高新科技企业3家，完成工业企业的R&D经费2348.1万元。启动并全面完成白霞医专和苏托垸污水干管项目的征拆签约和倒房清零工作，中岭安置保障房竣工即将分房。推进香江2-2期、省疾控中心、储备“186亩”、工农垸等项目攻坚扫尾，完成14户合法户、8户违章户签约倒房。推动乡村振兴，打造苏托垸荷花观光走廊，高源红、沁泽园葡萄种植基地，白霞村龙虾养殖基地等现代农业基地；启动罗汉庄、高岭两个片区的“两安”用地盘活建设工作。

【环境整治】2019年，捞刀河街道围绕蓝天保卫战“六控十严禁”，实施“雷霆大整治”污染防治集中整治，建立有奖举报机制，组建控违巡控和禁烧、渣土夜间巡查专门队伍，开展“两违”图斑、散乱污企业、渣土乱倾乱倒以及露天焚烧垃圾秸秆等重点整治，解决“疑难杂症”117个，整改村居自查问题161个，办结省市区环保交办件37个，清退禽畜养殖户1771户、砂场23家。全年开展各类执法行动300多次，出动执法人员3000多人次，其中开展燃煤整治联合执法4次，取缔清退散煤制作点5处；开展散煤禁烧专项行动7次，排查170家餐饮门店，收缴煤炉300余个，煤块6000余块、散煤10余吨，全部改用清洁能源。督促85家规模以上餐饮门店安装油烟净化设备，12家餐饮门店安装油烟在线监测设备。查处露天焚烧垃圾秸秆行为92起，罚款7.25万元。查处车辆带泥上路问题11起，罚款1.6万元；查处违规渣土车114台，罚款25.3万元。开展裸露黄土专项整治，整改自查和交办裸露黄土问题400余处，面积200公顷，全部播撒草籽、覆盖绿网，累计撒草籽3吨，盖绿网160多万平方米。联合区生态环境局开展执法行动80余次，整改清退散乱污企业86家，行政处罚7家，行政拘留3人，刑事拘留1人。全面开展农村生活垃圾分类减量村示范创建，建设垃圾分类投放点127处，垃圾分类屋12个，4个社区（村）通过市级垃圾分类工作验收。新建高源垃圾分类分拣中心和宣教基地，兔子坡小区“垃圾分类红星榜”赏识教育模式获市区推广观摩；完成改厕391座，城乡环境大幅改善。

【民生保障】2019年，捞刀河街道全街有城乡居民低保336户630人，发放保障金315万元。全街特困供养人员67户69人，其中集中供养3户3人，散居64户66人，发放保障金70万元。为16户因病住院三无人员办理免费住院治疗。82名符合居家服务对象，由康乐年华养老公司开展上门养老服务。2019年，全街有94人次申报大病医疗救助，救助金额63万元；开展临时救助12人次，救助金额1.5万元。建立完善的精神病人药物救助管理工作体系，全街登记在册精神病人121人，累计发放精神病人药物救助255人次，办理肇事精神病人强制入院治疗3人次。2019年，全街城乡居民养老保险参保11689人，其中到龄领取待遇3669人，100%进行生存认证。城乡居民养老保险缴费86万元。城乡居民医保参保18278人，居民缴纳医保资金326万元。组织辖区内未就业劳动力参加区人社局举办的广场招聘会360余人次，街道举办就业招聘会2场，为辖区居民提供就业岗位250个，累计发放各类宣传资料6600余份。全年城镇新增就业379人次，失业再就业110人次，就业困难对象再就业56人次，扶持大学生创业19人次。开展创业培训20人次、农民工培训100人次，督促企业开展培训100人次。完成农村劳动力转移1151人次。完成退休职工认证2965人次。全街有各类优抚对象163人，及时发放在乡老复员军人、带病回乡退伍军人、病故军人遗属等优抚对象定期补助资金和60周岁农村退役士兵生活补助资金等，建立人员沟通平台制度，落实优抚政策，全年发放优抚资金79万元。全街有领证残疾人574人，为符合政策规定的262名城乡重度残疾人，申报办理重度残疾人两项补贴48万元，为重度残疾人配置实用器具53件。

【综合治理】2019年，捞刀河街道全面开展安全生产“大排查、大管控、大整治”，组织企业开展安全生产集中培训3次，检查企业109家，发现纠治隐患358处，清退隐患较大企业63家，实施行政处罚39起，处罚金额10.41万元。新建微型消防站6个，微型消防站队伍6支，开展技能培训，在区“应急救援技能大比武”活动中获得第一名。落实“五包一”工作措施，调处矛盾纠纷，化解历史遗留问题。深入开展“扫黑除恶”专项整治，组织“扫黑除恶”专斗争会议调度19次，悬挂宣传横幅449条、电子显示屏20块，发放宣传手册2.2万份，出动宣传车8次，制作宣传海报、宣传展板、喷漆标语共535张。开展各类娱乐场所扫黄专项行动，震慑黑恶势力，打掉“保护伞”。推选新乡贤100余名，依托新乡贤理事会、工作室，构建推进德治、自治、法治相结合的乡村善治新格局，淳化乡风民风。

【社会事业】2019年，捞刀河街道健全党员冬春训、基层书记轮训等制度；坚持党建工作月调度推进、季讲评考核，打造“五化”支部标准阵地18个，开展“三大一小一实事”主题党建活动，解决群众生产生活问题100余件。探索将支部建在项目上，充分发挥党员先锋模范作用，实现苏托垸50天签约159户（含4个单位）、倒房同步清零。推进捞刀河社区“三管理一发挥”、白霞村“阳光党建”、罗汉庄村“8+1”党员服务模式等党建品牌，创建健全工艺党支部、开福区书画家协会集装箱党建阵地、唯壹刀剪党支部等“两新”党组织亮点品牌，其中健全工艺党支部被评为长沙市“两新”党组织“两争一创”先进单位。

【苏托垸污水处理厂项目拆迁工作经验在全市推广】开福区苏托垸污水处理厂一期工程项目纳污范围109.94千米，服务人口67.67万人，是改善河流水质、提升居住环境的基础设施工程，也是惠及千家万户的民生工程。项目占地10.07公顷，涉及拆迁房屋121栋153户461人，征地补偿概算资金2.1亿元。该项目于2018年12月29日发布征地一公告，于2019年3月11日正式启动签约。针对项目内拆迁对象户口性质、房屋结构、人口信息等前所未有的复杂性，捞刀河街道片区指挥部靠前指挥，随时组织个案分析、政策方案研究调度会，为拆迁户制定相应的政策方案；设立项目临时党支部，邀请新乡贤力量加入工作组，多方位为拆迁群众提供政策上的咨询服务和情感上的疏导支持。这项民生项目得到拆迁群众的高度配合和支持，仅用50天，苏托垸污水处理厂项目一期155户全部实现签约倒房同步清零，创下长沙市民生项目的高效率和加速度。该项目拆迁工作经验刊发于长沙市委办公厅《内情参考》第七期在全市推广。

【推进砂场整治】11月26日，开福区捞刀河街道牵头协调区城管执法大队、区生态环境局、区市场监管局、区城管公安大队、区自然资源和规划分局、湘江公证处等多部门联合执法，开展为期一周的砂场专项整治行动，清退违规砂场23家，暂扣砂石2000余吨，以实际行动助力人居环境建设。街道吹哨，部门报到，清退一批。位于捞刀河街道凤羽村6组的龙级华堆砂场，占地500余平方米，环境恶劣，严重影响周边老百姓出行。街道于2019年4月对该堆砂场下发限期整改告知书，督促该砂场经营者限期自行清退。但该经营者心存侥幸，一拖再拖。由于未在规定时间内完成自行清退，街道吹起重点哨，11月26日，组织联合执法，依法将砂场予以整治清退。保持高压，先易后难，劝退一批。捞刀河街道坚持“宣传先行、动员疏导、执法促退”工作措施和“先自行清退，后强力执法”工作步骤，全力推进砂场整治工作。从4月开始，全面调查摸清砂场情况，逐一建立台账。随后，对砂场分门别类、逐户上门督促经营业主自行清退。11家砂场于11月初完成自行清退。线下执法，线上宣传，震慑一批。12月2日，80余名执法人员连同民工等设备拆除人员在砂场整治执法现场，拆除砂石设备4台，清运砂石400余吨，形成强大的震慑力。捞刀河街道将对清退后的砂场加强日常监管，落实属地管理职责，迅速对整治后的空地进行复绿，严防砂场回潮。

【高源红葡萄合作社科技创新项目通过验收】12月11日，长沙市妇联、开福区妇联对捞刀河街道高源红葡萄合作社科技创新项目进行验收。高源红葡萄合作社科技创新项目负责人胡新辉，是开福区捞刀河街道高岭社区原高源村新塘基组居民。从2008年起，她开始学习葡萄种植和酿葡萄酒技术，并带领村民共同种植葡萄，一道发家致富。通过科技创新，种植葡萄主要品种有巨峰、玫瑰香、夏黑、黑珍珠、赤霞珠、金手指等20余个。她本人被长沙市和开福区妇联评为“学雷锋标兵”“三八红旗手”“巾帼建功带头人”“双学双比女能手”。

（刘　恋）

沙坪街道

【概况】开福区沙坪街道地处开福区东北部，东、北与长沙县搭界，南接捞刀河街道，西连青竹湖街道。沙坪有“中国湘绣之乡”的美誉，是“湘绣原产地，星城后花园”，是开福区重点打造的集旅游休闲、文化产业、健康养生的综合旅游景区。街道辖2个社区居委会（沙坪社区、中青社区）、5个行政村（钟石村、檀木岭村、汉回村、竹安村、双塘村），总面积47.5平方千米，是开福区面积最大的街道。2019年，全街人口总数为25006人，出生人口179人，流出已婚育龄妇女194人，流入已婚育龄妇女926人，人口自然增长率2.05‰，性别比80.8%。境内有长沙地区唯一的少数民族村——汉回村，村中总人口数2760人，回族人口约占三分之一。辖区有幼儿园2所，小学4所，中学2所（含现代职业中专）。2019年4月，街道完成机构改革，街道内设机构5个：党政综合办公室、基层党建办公室、城市管理办公室、公共服务办公室、公共安全办公室。设置街道所属事业单位2个：街道政务服务中心、街道网格化综合服务中心。在职在编干部职工45人。2019年，沙坪街道荣获“长沙市文明标兵单位”“长沙市卫健工作先进单位”“开福区目标管理综合考评一类单位”“开福区污染防治先进单位”、开福区第七届“百团、百品、百星”优秀团队、“开福区红十字会先进单位”“开福区无偿献血组织工作先进单位”。

2019年，沙坪街道生态环境治理后的沙坪“蓝”　　（沙坪街道　供图）

【经济建设】2019年，开福区沙坪街道全年完成税收1.11亿元；完成规模工业总产值36.65亿元；完成社会固定资产投资34亿元；完成限上社会消费品零售总额1.57亿元；新增“四上”企业13家，在建社会投资类重大项目11个；有规模工业企业47家。2019年3月，湖南湘绣产业集群基地、沙坪湘绣产业服务中心在沙坪街道沙坪社区挂牌成立。2019年，在建项目11个，大安西路等2个基础设施项目，沙坪公共卫生服务中心等2个民生工程项目，深国际一期、顺鑫金属、天力管业、家家红物流、金六谷、夸特纳斯等7个产业项目。4个新项目签约腾地，建设完成220千伏袁捞Ⅰ线2座塔基，500千伏望城—鼎功线路建设于2019年4月启动建设。

【城市管理】2019年，开福区沙坪街道规范分类垃圾桶颜色、标识、宣传指引和标语口号，配发1900套两分类垃圾桶；建设社区垃圾分类集中投放点19个，村（社区）垃圾分类收集点11个。全街1个物业小区、4个开放式小区、11个机关企事业单位以及7个学校等全部纳入垃圾分类范畴，配备分类设施设备，实行垃圾分类。全年开展垃圾分类活动65场次，组织入户宣传230余次，垃圾分类知晓率100%。2019年，全街拆除新旧违章建筑36处、1.3万平方米，其中拆违摸底计划拆除任务23处，全部拆除，面积5720平方米；拆除新建在建违法建设7处，面积2950平方米；拆除历史违建2处。按照“8个100%”管理措施要求，处置第20–22期规划卫片567处；整改辖区内建筑工地问题59处，渣土问题5处，道路扬尘污染41处，其他工地问题72处；治理裸露黄土面积19.57万平方米，发放《长沙市人民政府关于全面防治大气污染的通告》600余份。开展文明祭祀，严禁焚烧垃圾、秸秆工作，制止露天焚烧10例、鞭炮燃放4处。街道城管部门开展辖区内餐饮门店油烟净化器使用情况执法行动80余次，办理行政处罚案件102件，督促安装油烟净化器52家，关转停9家，无油烟14家。

【农业农村工作】2019年，全街组织各村（社区）在种植机构调整的140公顷农田范围内开展冬季农业生产种植油菜。街道5个村、2个社区确权面积1354.4公顷，地块数19352块，确权农户数4281户，截至2019年9月底，确权资料存档工作完成100%，颁证工作完成70%。全年开展联合行动2次，清退违法违章生猪养殖场20余处，拆除养殖猪圈3000平方米。全面查清非洲猪瘟的风险隐患，排查养殖户1011户，生猪12655头，消除非洲猪瘟病毒，全面堵死非洲猪瘟病毒的输入渠道，管住非洲猪瘟病毒的传播途径，完善非洲猪瘟的防控体系。森林防火工作，火险高危时段播放流动广播20余次、悬挂宣传横幅100余条、发放宣传资料5000余份，森林防火“户户知晓，人人参与”；巡查督导，确保工作落实，对全街各村（社区）森防重点区域开展巡查，消除火源隐患，督查值班巡山情况，保证人员到位，责任落实。全街全年火警受灾率远低于1‰，无人员伤亡和财产损失。农村人居环境整治“治水”工作，沙坪河、白沙河16.8万平方米河堤河滩保洁常态化，基本消除黑臭水体，监管污水处理站3个。沙坪河、白沙河水质从2019年年初的劣Ⅴ类水质逐步改善至2019年年底的Ⅲ类水质。打造檀木岭村小微水体示范片区，实行生态治水。美丽乡村建设，竹安村两个片区完成水库渠道疏通、打造景观节点、民居项目改造、人居环境整治等基础设施建设和产业项目推进，改善村域环境，提升产业发展水平。

【综合治理】2019年，开福区沙坪街道全年接待来访群众153人次，调处各类纠纷32起，涉案金额1119万元，调解率、调结率均为100%，无一起因调解不力而引发民转刑案件。全街有义务联防小组13个，参加义务防范的居民200多户。有社区矫正对象10人，社区戒毒人员7人，成立帮教小组17个，帮教17人。全年未发生生产安全、消防安全、食品药品安全责任事故。

【民生事业】2019年，开福区沙坪街道全街有城乡居民低保257户、528人，全年发放低保资金212.5万元。特困供养人员116户、124人，发放保障金105万余元，对89户因病住院“三无”人员办理免费住院治疗。大病医疗救助71人次，发放大病救助金额53万余元；对部分有帮扶需求、符合帮扶条件的家庭进行摸排登记，确定帮扶对象，帮扶人数122人，发放帮扶资金20.7万元。建立完善精神病人药物救助管理体系，全街登记在册精神病人121人，累计发放药物救助545人次，办理肇事精神病人强制入院治疗4人次。全街领证残疾人有463人，对其中重度、低保残疾人197人发放“两项补贴”，资金合计40万元。申报残疾人及子女扶残助学17人，补贴资金5.1万元。全街4名大学生、77名低保家庭困境儿童申请慈善助学，共发放慈善助学款9.1万元。社保参保10473人，其中到龄领取待遇3338人，认证率100%。完成城乡居民养老保险缴费73.5万元，为目标任务的100%。2019年，城乡医保参保14111人，缴纳居民医保资金310万余元。举办各类专场招聘会10余次，参加人员600余人次，全年街道新增就业1077人次，推进就业、再就业、创业工作，无零就业家庭，城镇登记失业率控制在2.47%。全年企业退休人员养老金领取资格认证完成400余人次。完成湖南省以政府安排工作方式退出现役士兵社会保险参保补缴的资料收集和系统录入8人。汉回村成立开福区首个村级居家养老服务中心。全年购买居家养老服务1060人次。

【2019年“春风行动”招聘会】3月22日，长沙市开福区沙坪街道在沙坪区举办“春风送岗稳就业，精准服务惠民生”现场招聘会。辖区的康程物流、德荣医疗、伊飞湘绣、益工工程等34家企业提供物流、财务、销售、物业、焊工、普工等500个岗位供求职者选择。现场还专门设立服务咨询台，为广大求职者提供社保、维权、小额担保贷款等公共咨询和服务，并帮助有意向的居民及时了解企业政策。该次招聘会，发放各类宣传资料1000余份，接受居民咨询100余人次，与企业达成就业意向50余人。

【湖南湘绣产业集群基地、沙坪湘绣产业服务中心举行揭牌仪式】3月20日，湖南湘绣产业集群基地、沙坪湘绣产业服务中心在开福区沙坪街道沙坪社区前坪举行揭牌仪式。湖南省工业和信息化厅湖南省中小企业公共服务平台总经理魏民，长沙市导游协会会长黄武等领导出席，长沙市导游协会代表及部分湘绣企业代表参加。揭牌仪式上，沙坪湘绣产业服务中心和长沙市导游协会互赠合作牌。揭牌仪式后，在沙坪社区举办第一批导游培训，中国工艺美术大师江再红及长沙市导游协会副会长丁佳胤分别为100余名导游讲授湘绣基本知识、湘绣销售技巧。湖南湘绣产业集群基地及沙坪湘绣产业服务中心的成立，将进一步推动沙坪湘绣特色小镇建设，完善产业服务体系，促进产镇结合，打造集湘绣艺术、乡村旅游、休闲度假、商贸购物为一体的湘绣文化综合体，延伸沙坪湘绣产业链，推动湘绣产业的转型升级和创新发展。

【沙坪老街成立功能型党支部】12月1日，长沙市开福区沙坪街道沙坪社区党总支部召开沙坪老街党员大会，成立功能型党支部——沙坪社区老街支部委员会。沙坪老街1000余名居民，其中有党员55名，结合“不忘初心、牢记使命”主题教育，街道联合社区在老街开展走访调研，收集意见、建议100余条。成立沙坪老街功能型党支部是以老街党员为主体，服务沙坪老街住户和商户为宗旨，社区定期开展交流会，听取意见诉求；同时，实行党员包路段不留空、党员联系群众户全覆盖等举措，不仅让党员有归属感，也让商户有主心骨，通过支部引领、党员带头、群众参与的模式，提升居民自治水平，推动老街治理共建共享。

（莫　晶）

青竹湖街道

【概况】青竹湖街道地处开福区北大门核心地段，东临沙坪街道，西濒湘江，南抵秀峰街道和捞刀河街道，北靠龙飞岭与望城区桥驿镇相连，东北部毗邻长沙县北山镇，西北部与望城区丁字湾街道隔沙河相望，总面积41平方千米，常住人口4.2万人。街道下辖青竹湖畔、金霞新村、新安寺、霞凝港、金盆丘、新太安、植基、天胜、彩霞、霞凝、新源11个社区居民委员会。2019年4月，街道完成机构改革，形成“五办”即党政综合办公室、基层党建办公室、城市管理办公室、公共服务办公室、公共安全办公室，“二中心”即街道政务服务中心和街道网格化综合服务中心，“一站”即街道退役军人服务站。辖区内有青竹湖森林公园、星月湖生态湿地公园、白石山生态绿地和青竹湖高尔夫球会等公园；有晚清教育重臣张百熙故居、道龙山佛教遗址等人文景观；有长沙新港、长沙火车货运新北站等交通枢纽，有湖南进出口商品展示交易中心（嘉德保税店）、芒果汽车、长沙市第二驾考中心、湖心岛软件园、新亚胜、湖南三新、中建混凝土、湖南粮食集团、国药控股、青苹果数据中心等企业；有绿城·青竹园、恒大·林溪郡、太阳星城、青竹湖·曦园、中铁·水映加州等小区。辖区有中学2所、小学5所、幼儿园5所。2019年，青竹湖街道荣获开福区“产业发展工作先进街道”“项目建设工作先进街道”等。

【街域经济】2019年，青竹湖街道完成区级税收1.6亿元；完成规模以上工业总产值44.8亿元；完成社会固定资产投资160亿元（全年任务136亿元），同比增长126%；完成社会消费品零售总额22.6亿元，同比增长14.7%；完成其他营利性服务业收入1.8亿元，同比增长6%。2019年，青竹湖街道新增四上企业11家，其中包括规模以上工业企业4家，建筑房地产企业1家，限上服务业3家，限额以上批零住宿餐饮企业3家，辖区经济辐射能力不断增强。

【项目建设】2019年，青竹湖街道新启动征拆项目3个［中青路北延线项目、长沙市第六批次统征储备（关公湖606）项目、丰树物流（恒昌医药）项目］，涉及全街5个集体经济组织，拆迁总面积49.99公顷，拆迁人口929人。其中长沙市第六批次统征储备项目，拆迁面积40.4公顷，涉拆群众225户，30天内实现签约率98%。截至2019年年底，所有项目基本实现结算交地。2019年，街道完成路丝塘加油加气站、湘郡培源、深国际二期、和明路和汤家湖路西段等5个项目拆迁扫尾清零。

【城市管理】2019年，青竹湖街道整治人居环境，提升城乡品质。落实乡村振兴战略，抓垃圾分类减量。在巩固金霞新村省级美丽乡村示范村的基础上，加快推进新源社区乡村振兴战略示范村建设，新源社区办公用房装修改造工程和粟家坝景观提质改造工程全面完成。推进垃圾分类减量，引进专业公司进行垃圾分类运输处置，街道完成8个农安小区垃圾分类屋建设。推进污水治理减排，抓厕所改造降害。梯次推进污水治理，加大畜禽养殖污染防治、生活污水管网建设、乱排乱倒现象排查，完成星月湖水库周边水系的整治，辖区内苏家托污水管网的建设顺利推进。完成改厕任务，在区人居环境考核中，连续两个季度获评一类街道。深化“三清”治理，坚持清家园、清水源、清大气，以蓝天保卫战为契机，全年巡查治理裸露黄土47处6万平方米，取缔违规砂场8家，劝导搬离散煤制销点3处。

【民生事业】2019年，青竹湖街道推进乡村振兴。实施产权制度改革。按照《开福区关于开展农村集体产权制度改革工作的实施意见》的要求，推进13个集体经济组织的产权制度改革，完成清产核资改革方案制定和成员认定，完成股权配置。推动美丽乡村建设。在巩固金霞新村省级美丽乡村示范村的基础上，推进新源社区市级示范村的创建工作，金竹河源头提质和粟家坝景观改造等工程全部竣工。做好民生保障。开辟农村贫困人员、低保户健康扶贫“一站式”转诊结算服务，联合区人社局、区退役军人事务局举办招聘会3场，提供就业岗位320个。全年街道和社区投入惠民资金220万元，为居民群众解决一批民生问题。按照主题教育要求，开展特困群众走访帮扶活动，走访群众687户，对87户特困户进行帮扶，其中教育帮扶23人、急难帮扶3户、医疗帮扶18户、生活帮扶43户，发放帮扶资金21.38万元。抓好退役军人服务。悬挂“光荣之家”荣誉牌650张，建立街道、社区退役军人服务之“家”，解决2名退役军人再就业安置工作，为全街优抚对象和农村籍退役老兵发放生活补助费40万余元，组织辖区内涉核和老龄退伍军人进行免费体检和流感疫苗接种，浓厚拥军优属、拥政爱民的良好氛围。

【综合治理】2019年，青竹湖街道坚实综合治理，维护社会安定。安全生产常抓不懈。以社区居民、企事业单位员工为主要群体，开展安全生产知识培训、知识竞赛和应急

12月4日，青竹湖街道举办国家宪法日主题宣传活动　　（青竹湖街道　供图）

演练等57次，受宣教人数2万人次。敢于顶真碰硬，强化物流仓库、建筑施工工地、交通运输等领域以及人员密集场所施工安全、消防安全，全年组织集中执法行动和安全生产检查190次，出动执法人员1000人次，排查安全隐患217处，取缔非法生产经营22处，形成抓安全、管安全的高压态势。化解征拆遗留问题，完善未倒房户档案，一户一表，一户一方案，针对不同情况采取不同的解决办法。成立拆迁法务小组，专门对接相关业务部门，成功化解新强洗煤厂、恩瑞物流等拆迁遗留问题。抓实扫黑除恶工作，区委巡查三组启动对街道及下属11个社区党组织的扫黑除恶专项巡察，收到涉恶涉乱线索12条（含区公安分局指派办案线索2条），其中立案侦查1条，报请开福公安分局以其他案件立案侦查1条，报请开福区检察院批捕线索1条。落实“五包一”责任制、法律顾问指导制以及情况信息动访机制，做好涉军、涉拆等群体的安抚慰问工作。对群访集访问题迅速响应、及时核查、跟踪处理，并公示处置信息。根据群众反映，完成星月湖水库湿地修复、霞凝社区部分居民用水困难等信访问题，得到群众一致好评。街道社会治安稳定可控。

【查处一家“三合一”加工厂】岁末年关，开福区青竹湖街道开展安全生产隐患大检查大排查。1月10日，社区安全专干信息员在巡查时发现，开福区车净汽车用品厂从邻近街道悄悄搬到辖区金霞新村社区周家冲组一处私人棚屋内进行生产经营活动。接到社区上级的信息后，街道安监站立即联合环保站、社区赶到现场。经取证，该厂经营场所为私人水泥砖棚屋，正在生产汽车尾气控制催化剂等车用化学制剂，且生活、居住和生产都在一栋房屋内，卧室、厨房与生产区域仅一层木板分隔，生产原料也堆积其间，属典型的“三合一”（将厂房、仓库、居住场所设置在同一幢建筑内的企业）场所；作业现场无

任何安全生产配置设置，不具备生产经营条件。执法人员依据《中华人民共和国安全生产法》第十七条规定，立即下达《现场处理措施决定书》，现场果断采取断电处理，责令该企业停止生产作业等措施，并责令限期搬离。

【“春风行动”专场招聘会】2月28日，长沙市开福区青竹湖街道举行以“和煦春风送岗位，就业扶贫惠民生”为主题的2019青竹湖街道“春风行动”专场招聘会。此次招聘会旨在促进农村劳动者特别是农村贫困人口就业，切实解决被征地农民、失业人员、高校毕业生和退伍军人的就业困难，满足企业和各类单位用人需求。近几年来，随着青竹湖街道的开发建设，辖区农民支持配合街道项目拆迁建设工作，失去耕种的土地，加之身份的转变，就业问题成为街道时刻关注、着力解决的一项重要工作。青竹湖街道统筹城乡，帮助困难群体就业，开展各项就业创业技能培训、政策宣传、点对点职业推介等就业援助工作。招聘会有40余家招聘单位参与，提供物流、网络、机械制造、电工、文员、会计、餐饮服务、保安、保洁、管理人员等工作岗位200余个，吸引400多人前来竞聘。现场发放就业政策资料500余册，宣传资料1000余份，解答咨询政策200余人次，达成就业意向62人。

【“湘江韵律，幸福开福”群众文艺会演】8月9日，开福区青竹湖街道在湘一立信实验学校礼堂举办庆祝中华人民共和国成立70周年“欢乐潇湘，品质长沙”暨“湘江韵律，幸福开福”群众文艺会演活动，活动现场1000余人参加活动。金盆丘社区合唱《我的祖国》、霞凝港社区萨克斯演奏《歌唱祖国》、新太安社区快板《我为开福话新篇》等节目精彩纷呈。活动过程中，青竹湖街道在学校及社区组织开展“安全宣教进社区，平安幸福千万家”“扫黑恶净环境、促稳定、保平安暨健康人生、绿色无毒”主题宣传活动，街道工作人员通过播放安全警示教育片，发放安全知识手册、有奖抢答、文艺表演等丰富多彩的形式宣传安全知识，提高社区居民的安全防范意识和自我保护意识。

【“培训+普法”模式推进普法宣传工作创新】11月7日，开福区青竹湖街道在太阳山社区学校开展人民调解员培训及集中普法宣传活动。青竹湖街道12个人民调解委员会专（兼）职调解员、社区干部、居民群众代表80余人参加活动。该次培训活动创新形式，增添现场模拟人民调解庭环节，融入“进门普法、上街讲法”元素，旨在通过“培训+普法”新模式，提升辖区广大专（兼）职人民调解员业务能力素质，强化普法主人翁意识，推进“七五”普法宣传活动深入开展。活动中，湖南弘天律师事务所律师邱建雄、青竹湖街道司法所兼职调解员刘让平分别从各自的从业经历，围绕婚姻家庭、邻里关系、征地拆迁等常见矛盾纠纷进行以案说法。青竹湖街道市场监管办、青竹湖街道司法所工作人员与学员们一道走上街道、进入社区、走进辖区居民家，发放并宣讲《中华人民共和国食品安全法》《中华人民共和国物权法》，以及《不可不知的法律常识800问》等法律书籍和宣传手册680份，营造良好的普法宣传氛围。

（林　芝）

附　录

APPENDIX

资料文献

区委全会工作报告

在区委五届十五次全体会议暨经济工作会议上的讲话

开福区委书记　曹再兴

（2020年1月3日）

一、2019年全区经济稳中有进、稳中提质，“升级发展、成就北富”取得新成效

2019年，面对宏观环境多变、经济下行压力加大的复杂形势，区委常委会团结带领全区各级党组织和广大党员干部，坚持以习近平新时代中国特色社会主义思想为指导，深入贯彻落实中央、省委、市委工作部署，聚焦打赢四场硬仗，推动高质量发展，扎实做好“六稳”工作，“升级发展、成就北富”取得新成效。预计全年地区生产总值增长8%，社会消费品零售总额增长10%，固定资产投资增长10%，规模以上工业增加值增长8%，地方一般公共预算收入增长12.5%、税收占比达62.2%。入选2019年中国城区综合竞争力百强区。

一年来，我们聚力打赢产业建设硬仗。以“产业项目建设年”“营商环境优化年”为抓手，全年铺排重大产业项目83个、完成投资335亿元，新引进过10亿元项目8个、过亿元项目25个。金霞经开区抢抓长沙获批陆港型国家物流枢纽契机，聚焦医药物流抓突破，新引进湖南医药、重庆医药等项目17个，医药物流完成销售额过200亿元，占全市1/2、全省1/3；国家跨境电商综试区建设加快推进，新签约引进百事泰、环金科技等总部企业5个；中欧班列全年发运411列、发运量跃居全国城市第五。马栏山视频文创产业园“三纵三横一环”路网骨架基本形成，超高清视频制作共享云平台、下一代互联网宽带应用国家工程实验室马栏山研究院等平台相继落地，全年新注册企业600余家。金融商贸区新引进金融总部机构6家，全区税收过亿元楼宇11栋。营商环境作为样本区成功接受国家发改委测评，市场主体突破10万户，年均增速达30%。积极盘活“三资”，盘活闲置商务商业楼宇近20万平方米；完成城市棚改征拆2878户、16万平方米、腾地19.8公顷；实现农村拆迁腾地200余公顷。荷兰·夸特纳斯项目36天完成43户、15.13公顷土地征拆交地，苏托垸污水处理厂项目仅用49天实现159户、10.07公顷签约腾地同步清零，山鹰潭地块53天签约腾地近46.67公顷，蔬菜公司宿舍项目7天完成24户私房签约清零，积极对接市城投化解黄兴北路两厢征拆问题，彰显了开福担当、开福速度。

一年来，我们聚力打赢污染防治硬仗。以打好蓝天、碧水、净土“三大保卫战”为重点，认真抓好中央生态环保督察“回头看”反馈问题的销号，持续开展污染防治攻坚。严格落实“六控”“十严禁”要求，蓝天保卫战成果进一步巩固。严格落实“河湖长制”，浏阳河、捞刀河水质稳定在Ⅲ类以上。深入实施乡村振兴战略，稳妥推进农村集体产权制度改革，扎实推进“五治”，小微水体治理“檀木岭经验”获全市推广，完成改厕1216座，清理整治“大棚房”问题25个，打造新源社区、竹安村2个市级乡村振兴示范村，农村人居环境持续改善。

一年来，我们聚力打赢民生改善硬仗。投入民生资金65.8亿元，占一般公共预算支出的85.4%。全年新改扩建中小学校15所、新增优质学位4620个，公办和普惠性幼儿园占比提升至87%，入园难、入园贵问题有效缓解。城镇登记失业率控制在3%以内。完成朝正美苑、双河湾等安置房分房工作，累计分房9356套、4586户。安排资金近4000万元，对口帮扶城步、龙山等地，带动8000余人脱贫。落实“五帮扶”措施，为3000户困难户提供帮助；区领导带头，发动981个基层党支部与1078户城市特殊困难户结对帮扶。扎实开展扫黑除恶专项斗争，按时办结中央督导组交办线索135条，查处天胜社区原主任利用职权敲诈勒索等涉黑涉恶案件16起、224人。严格落实安全生产责任制，总体形势平稳向好；开

展“四联四帮”，全面落实退役军人服务管理“16条措施”；积极化解征拆遗留问题88户，成功退出省信访工作重点县市区行列，连续15年保持全省“平安区县”称号。

一年来，我们聚力打赢全面从严治党硬仗。坚持把“不忘初心、牢记使命”主题教育作为重大政治任务来抓，一体推进学习教育、调查研究、检视问题、整改落实，围绕发展所需、改革所急、稳定所忧、群众所盼的问题搞调研、抓整改，八个方面专项整治取得实效，一批突出问题得到有效解决，党员干部受到触及灵魂的教育，人民群众看到实实在在的变化。认真落实省委全面加强基层建设“1+5”文件及市委配套措施，在全市率先全面推行“街道吹哨、部门报到”工作机制，解决湘江世纪城交通微循环等基层治理难题68个。出台《关于进一步激励基层干部新时代新担当新作为的十条措施》，面向社区（村）党组织书记、街道事业编制人员、选调生选拔副科级领导干部12名。落实意识形态工作责任制，全区意识形态领域继续保持向善向好、整体安全有序。推进厚德开福建设，全区“中国好人”达30人。始终保持正风肃纪高压态势，开展“四治四提”“提篮子、打牌子”“红包礼金”等专项整治，全年立案126件，给予党纪政务处分113人。

一年来，区委总揽全局，支持人大及其常委会依法履职，支持政府依法依规行政，支持政协开展政治协商、民主监督、参政议政，加强党管武装和群团工作，关心重视老干部工作。总体来看，开福干部敢担当、重实干、有作为，区“四大家”班子齐心协力、精诚团结、奋发进取，面对风险挑战明显上升的复杂局面，全区上下埋头苦干、真抓实干，取得了令人振奋的发展成就。在此，我代表区委常委会，向全体委员和广大党员干部群众表示衷心的感谢。

在肯定成绩的同时，也要看到我们仍然存在一些不容忽视的问题：一是经济高质量发展的基础还不牢固，支柱产业不强，缺少具有引领性的大项目和龙头企业，部分产业较为低端、粗放，税收贡献率偏低，长效财源培植和产业转型升级任务较重；交通物流发展离市委、市政府要求还有较大差距；园区基础设施配套还跟不上产业发展的需求。二是风险隐患依然存在，大气污染防治有待进一步加力，信访基数仍然较大，一些地方、一些领域安全生产责任落实不到位、隐患排查不到位、问题整改不到位。三是干部队伍抓经济、抓产业、抓财源的意识和能力有待进一步提升。对这些问题，我们要高度重视，采取有力措施，切实加以解决。

二、把握大局大势，科学谋划2020年经济工作

2020年是全面建成小康社会和“十三五”规划收官之年，是实现第一个百年奋斗目标关键之年，也是完成区第五次党代会目标任务关键之年，做好经济工作意义重大、责任重大。我们要科学把握经济形势，主动抢抓重大机遇，从容应对风险挑战，努力推动开福高质量发展。

要从“稳”的发展态势中坚定信心。当前全球经济增长持续放缓，但从国内来看，经济稳中向好、长期向好的基本趋势没有改变。2019年全国GDP将接近100万亿元、预计增长6%，在全世界人均GDP超过1万美元国家中发展最快，全省预计增长7.5%左右，全市预计增长8%左右。事实证明，我们有以习近平同志为核心的党中央的坚强领导，有中国特色社会主义制度的显著优势，有雄厚的产业基础、超大的内需市场、庞大的人才资源，完全有条件、有能力、有信心战胜各种风险挑战、解决各种矛盾问题。特别是2020年国家宏观政策逆周期调节力度加大，积极的财政政策大力提质增效，减税降费巩固拓展、专项债券增加发行、财政支出结构优化等政策将会叠加发力，社会融资成本有望降低，这些都是我们的重大机遇。

要从“强”的发展后劲中坚定信心。这些年，在历届区委、区政府的接续奋斗下，开福经济总量迈过千亿大关，主要经济指标保持高基数下的中高速增长，国家广播电视产业园、国家跨境电商综试区、陆港型国家物流枢纽等一批国家级平台在长沙落地，开福都是主战场，形成了很好的发展局面。尤为重要的是，我们的发展空间还比较大，核心城区还有266.67公顷土地未开发建设，城北苏托垸还有14平方千米待开发，1094地块和关公湖片区共400公顷土地开发建设有望近期启动，未来几年将释放巨大的经济效益、社会效益，形成新的经济增长点。这是相较于其他中心城区不可比拟的发展优势。

要从“进”的动能转换中坚定信心。目前，全市的产业布局基本成型，我们的定位也更加清晰，就是在“三金”片区布局现代物流、视频文创、金融商贸、智能制造四大支柱产业。现代物流中的医药物流和医疗器械正处于发展的黄金期，集聚了国药控股、湖南医药、老百姓等一批龙头企业。视频文创产业有国家、省、市、区四级政策叠加，经过两年多来蓄力建平台、打基础，将进一步加速产业集聚。市委在开福布局大型消费类电子产品研发生产基地，是我们发展智能制造的窗口

期，要抢抓机遇、乘势而上。金融商贸也有很好的基础，芙蓉中路已成为高端楼宇集聚区，未来几年随着芙蓉路、黄兴北路两厢的开发建设，楼宇经济优势将会更加明显。我们要把这些优势转化为生产力、竞争力、影响力，推动经济发展形成更大势能。

做好2020年经济工作，要以习近平新时代中国特色社会主义思想为指导，全面贯彻党的十九大和十九届二中、三中、四中全会及中央、省委、市委经济工作会议精神和市委十三届八次全会精神，深入贯彻习近平总书记在推动中部地区崛起工作座谈会上的重要讲话和对湖南工作的重要讲话指示精神，增强“四个意识”、坚定“四个自信”、做到“两个维护”，坚持稳中求进工作总基调，坚持新发展理念，坚持以供给侧结构性改革为主线，坚持以改革开放为动力，以省委“全面小康决胜年”为引领，深入实施创新引领开放崛起战略，加快建设现代化经济体系，坚决打赢三大攻坚战，全面做好“六稳”工作，持续推进产业项目建设、营商环境优化，咬住“升级发展、成就北富”目标，凝心聚力抓产业、精耕细作育财源，强力实施“433”攻坚（4大支柱产业，30个重大项目，3个以上500亿到1000亿产业集群），推动产业高质量发展，确保全面建成小康社会和“十三五”规划圆满收官。

区委提出，2020年全区地区生产总值增长8%左右，地方一般公共预算收入增长7%，固定资产投资增长7%以上，社会消费品零售总额增长8%，规模以上工业增加值增长8%，单位GDP能耗下降2%，城市空气质量优良天数比例达80%。确定这样的预期目标和约束性指标，主要是贯彻新发展理念，体现高质量发展要求，既提振发展信心，又做到切实可行。

实现以上目标，必须把握以下几点：一是坚持稳中求进。突出稳字当头、积极进取，全力以赴做好“六稳”工作，推动高质量发展取得新成效，以稳中求进应对稳中有变、巩固稳中向好。二是坚定不移贯彻新发展理念。新时代抓发展，不再是粗放式的发展，要紧紧扭住新发展理念推动发展。我们提出升级发展、成就北富，关键是要按照省委、市委对开福的发展定位，聚焦“三金”片区，强力实施“433”攻坚，瞄准产业链和价值链中高端，以龙头企业为引领，以培植长效税源为重点，实现产业业态升级、规模升级、技术升级、管理升级，成就高质量、可持续、基本均衡的北富。三是更加注重存量优化。突出抓好“三资”存量优化，加快盘活土地资源、沉淀资金、存量资产。突出抓好产业存量优化，加快推动传统产业转型升级，促进已布局的产业项目早日达产达效，围绕核心项目吸引配套项目入驻，鼓励企业技术改造、资产重组、制度变革和加强管理。突出抓好园区存量优化，加快推动园区集约化、专业化、特色化发展和二次开发。四是着力抓重点、补短板、强弱项。抓牢产业高质量发展这个重中之重，补齐支柱产业不强、龙头企业不多、产业配套不足等短板，解决亩均税收偏低的问题，让发展动能更强、后劲更足。五是坚守底线。强化忧患意识、斗争精神，坚决守住安全生产、社会稳定、环境保护、民生保障、廉洁从政工作底线，防范化解重大风险，集中精力办好开福的事，牢牢把握工作主动权。

三、聚焦高质量发展，确保“十三五”规划圆满收官

做好今年的工作，要立足全局，突出重点，统筹推进，推动高质量发展行稳致远。主要任务是五个方面。

1.聚焦产业高质量发展。这次全会审议的《关于大力推动产业高质量发展的实施方案》，是开福未来三年抓产业发展和财源建设的纲领性文件，核心内容就是“433”。方案出台后，各级各部门要严格按照责任分工，找准工作定位，认真抓好落实。要紧盯产业链建设。围绕四大支柱产业，以产业链的思维尽快建立完善四个产业链的“两图两库两池两报告”，把每条产业链的现状、特点、趋势研究透，聚焦产业价值链、新业态和核心竞争力，把产业指标体系建立起来，找准工作的发力点。要坚持项目为王，全力推进30个重大产业项目建设，确保每年围绕四大支柱产业引进一批项目、开工一批项目、建成一批项目、达产一批项目。要强化拼的意识和抢的速度，抢抓引进培育项目的窗口期，精准招引一批龙头企业、总部企业、上市公司，培育壮大现有企业，力争用三年时间，打造3个以上500亿到1000亿产业集群：视频文创总营收要达到500亿元以上，税收收入超过25亿元。现代物流业产业规模要达到1000亿元，税收超过15亿元，其中医药物流销售额突破500亿元。金融商贸税收要超过60亿元，金融方面，金融业增加值要达到146亿元，并围绕金融业建立相关指标体系；商贸方面，社会消费品零售总额要达到1000亿元左右。智能制造业总产值要超过200亿元，力争通过大项目带动，达到500亿元产值。就2020年来说，视频文创要围绕采集、编辑、传输、呈现、应用等环节，聚焦5G+8K、VR/AR、云计算、大数据等视频技术，引进HTC等头部企业；发挥广电优势，发展版权交易、视频消费、融合传播、文创金融等新业态，2020年要引进企业1000家以上，形成产业集群。现代物流要更加聚焦医药物流和医疗器械，支持现有龙头企业升级装备、扩大生产、完善网络，建设区域性和全国总部，以此为基础，加速集聚一批龙头企业，在全省形成绝对优势。今年要举办全国有影响力的医药物流和医疗器械高端会议会展。要积极发展交通物流、快递物流，支持物流企业申报网络货运平台资质，开展“代开增值税专用发票”试点。金融商贸要提升楼宇经济质效，突出招引总部企业，新增税收过亿元楼宇3栋以上。智能制造要加快引进消费类电子产品生产研发基地，力争一期上半年投产，二期年内开工。要紧盯税源培植。《实施方案》明确了四大支柱产业税收年均增长20%以上的目标，突出了凝心聚力抓产业、精耕细作育财源的工作导向。园区要对项目引进和培育实行以亩均投资、亩均产值、亩均税收为主的评价机制，提升亩均效益。发展楼宇经济要以每平方米税收作为衡量标准，各街道要切实担负起抓楼宇经济的主体责任。加大对大型产业平台的支持力度，鼓励其为中小企业提供税务服务、政务服务、财务服务，形成“虹吸效应”。要紧盯产业配套。要将名校、医院、公交、公寓、商业中心等公共基础设施和生活设施优先向四大支柱产业配套，推进“产城人”融合发展。金霞经开区要尽快启动“1094”地块、关公湖片区开发，加快建成一批城市综合体。启动鹅羊山公园建设，推进秀峰山公园提质改造，加快秀峰商圈、青竹湖商圈建设，带动人流、物流向城北集聚。马栏山视频文创产业园要加快创智园、众创园、月湖小镇等文创基地建设，提质改造月湖公园、月湖大市场和周边环境。金融商贸区要加快芙蓉中路、黄兴北路两厢地块征拆扫尾腾地和土地招拍挂，做好招商引资，建设一批高端商务商业楼宇；加速推进大悦城（北辰）商业中心建设。要紧盯存量优化。加快推动园区二次开发，抓好企业二次招商，挖掘存量项目潜能，打造更多“核心+配套”项目组合。实施腾笼换鸟行动，对小、散、乱、差的低端业态和落后产能进行集中清理，置换为高端业态；实施产业智能化升级行动，提质改造一批建安、食品、工程机械等行业传统企业。要紧盯要素保障。强化服务保障，确保拆迁项目快扫尾、闲置土地快出让、引进项目快落地、新建项目快开工、建设项目快达产。强化用地保障，坚持地等项目，城市征拆要完成550户以上、8万平方米，农村征拆要实现腾地200公顷以上。强化人才保障，用好“长沙人才新政22条”“开福人才新政11条”，为产业发展集聚一批高端专业人才。强化政策保障，结合《实施方案》出台相应奖励扶持政策，确保力度不减、精准有效、及时兑现。

2.聚焦打好三大攻坚战。在精准脱贫攻坚上，抓好城步、龙山两地对口帮扶；统筹低保、临时救助等政策，完善“五帮扶”专项措施，做实全区基层党支部与城市特殊困难户结对帮扶工作，确保小康路上一个也不掉队。在污染防治攻坚上，要继续把蓝天保卫战和碧水攻坚战摆在重中之重的位置，完善相关治理机制，抓好源头防控。大气方面，要严格落实“六控”“十严禁”，强化科技支撑，聚焦工地扬尘、渣土扬尘、高排车辆、汽修行业VOCs排放、散煤燃烧、烟花爆竹、餐饮油烟、垃圾焚烧、秸秆焚烧等重点问题，紧盯重要时段、区域、指标，加强调度、从严执法，确保空气质量优良天数达到80%。蓝天保卫战没有退路，必须背水一战、全力达标、坚决打赢。水环境方面，要严格落实“河湖长制”，强化“一江四河”治理，推进桃花溪流域水环境整治，抓好苏托垸污水处理厂配套管网及污水干管、雨污分流等工程建设，进一步提升水环境质量。扎实推进净土保卫战，抓好土壤污染治理与修复，保障土壤环境安全。积极配合中央第二轮生态环保督察和省级环保督察“回头看”，确保交办问题整改到位。在风险防范攻坚上，要遏制隐性债务增量，确保政府债务风险可控。要以盘活“三资”为抓手，盘活闲置楼宇20万平方米左右，下大力气盘活高岭商贸城、沙坪绣坊街，提升万达广场品质和产业业态；深入开展闲置土地“支帮促”，力促光前影视等22个项目266.67公顷土地开工建设。要积极向上争取专项资金和债券额度，切实保障重大项目资金需求。牢固树立过“紧日子”思想，坚决压缩一般性支出，从严控制“三公”经费，切实保障重点领域财政支出。

3.聚焦改革开放创新。持续优化营商环境。深入推进“放管服”改革和“最多跑一次”改革，推动政务事项“一件事一次办”全覆盖。完成市发改委对企业开办提出的“7410”的目标，即整个审批材料不超过7个、审批环节不超过4个、审批时间不超过1天、零收费。落实好国家各项减税降费政策，进一步清理涉企收费，降低企业用电、用气、物流等成本，让企业轻松上阵、轻装前进。持续做强市场主体。抓实企业“入规、升高、上市、扩面”四大行动，针对“四上”企业存在的资金不足、技术薄弱、市场不畅、销路不通等难题，分类解难，因企施策，提升企业抗风险能力。全年新增“四上”企业112家以上。持续激发创新活力。拓展创新平台，争取国家、省级实验室和重大科技基础设施布局，建强马栏山“2+2+4”视频产业技术底座，加快5G、区块链、物联网等应用场景打造。大力支持医药企业孵化平台建设，支持医疗器械企业获取二类、三类医疗器械注册证。持续打造开放高地。抢抓长沙获批陆港型国家物流枢纽契机，加快长沙国际铁路港、长沙新港、传化智能公路港、恩瑞物流等平台建设，打通发展瓶颈，推动多式联运。积极参与创建中国（湖南）自贸试验区，积极申报铁路一类口岸（临时口岸）和综合保税区。加快推进荷兰·夸特纳斯项目建设，确保项目早日投产达效。招引集聚一批跨境电商全国二十强总部或第二总部，打造跨境电商第三城。

4.聚焦城区品质提升。优化城市规划。完成城市国土空间规划编制，按照城市副中心标准，全面优化城北规划布局，加快完善交通路网、教育服务、商业综合体、公园景观等公共基础设施配套和生活配套。推进老城区有机更新。以宜居宜业宜游为目标，全面完成潮宗街片区有机更新，启动文昌阁片区改造，抓好吉祥巷、望麓园片区建设，加快推进西长街两厢提质改造，与万达广场融合发展，融入“五一商圈”，打造乡愁记忆地、网红打卡地。提升承载功能。围绕“停车难、行车难、买菜难”等突出问题，推进“一圈两场三道”建设，打造5个“15分钟生活圈”，完成马栏山、幸福桥等9个老旧小区提质改造。围绕富兴、北辰、万达、华创等重点楼宇，改善楼宇周边交通组织。推进乡村振兴。以“五治”为抓手，统筹推进农村厕所革命、垃圾分类减量、污水综合治理、农村违建整治，促进乡村环境净化、民风淳化。坚持“因地制宜、因村施策”，积极探索村级集体经济发展模式，大力推广荷花、菊花等特色种植，盘活用好“两安”用地，打造更多集体经济富裕村（社区）、发达村（社区）。

5.聚焦社会治理创新。突出惠民生。突出抓好下岗失业人员、退役军人、城市困难人员等重点群体就业，确保零就业家庭动态清零。围绕四大支柱产业，做好供需对接，实现更充分更高质量就业。落实学校建设新三年行动计划，加快推进史家坡、北辰实验小学等15所学校的新建、改扩建。深入推进基层医疗卫生机构规范化建设，抓好清水塘街道、捞刀河街道等4个卫生服务中心建设，提升基层医疗水平。加快推进安置房建设，完成福竹园、福鑫美苑2个项目主体建设，增加安置指标2231个；启动湘粤、九龙等4个新建项目，增加安置指标4830.5个。全力保稳定。以平安开福、法治开福建设为抓手，纵深推进扫黑除恶专项行动，落实好各项维稳工作机制，确保社会大局和谐稳定。深入开展安全生产风险隐患排查治理，严守安全生产底线，坚决遏制重特大事故。创新抓治理。深入贯彻落实党的十九届四中全会精神，创新社会治理体制机制，构建共建共治共享社会治理新格局。深化“街道吹哨、部门报到”工作机制，推动一批基层“看得见、管不了”的问题化解。坚持党建引领基层治理，聚焦征拆转户居民就业生活、退役军人服务管理、城市小区物业管理、征拆遗留问题化解等重点课题，积极探索社会治理新模式，创造“开福经验”。

坚持党对经济工作的集中统一领导，是中国特色社会主义制度的一大优势，也是推动经济高质量发展的必然要求。要把党的领导贯穿到经济工作全过程、各方面、各环节。一是要提升能力水平。要主动适应治理体系和治理能力现代化要求，勤于学习、善于钻研、勇于实践，学深悟透习近平新时代中国特色社会主义经济思想，掌握其中蕴含的科学思维、科学方法，提高推动高质量发展的能力。要围绕四大支柱产业，大兴学习之风、调查研究之风，在学中干、在干中学，坚持目标导向、问题导向、结果导向，在实践探索中把握经济规律、推动产业建设、促进民生改善。要加强对经济社会发展重大问题的研究，高标准编制“十四五”规划。二是要强化责任担当。当前，开福正处于不进则退、慢进亦退的发展关口，要以“功成不必在我、建功必须有我”的责任担当，推进升级发展、成就北富各项事业。要树立“争”的意识、“比”的精神，干就干最好、争就争第一。对看准的产业方向、定下的攻坚目标，要按下快进键、跑出加速度，争分夺秒、大干快上。要严格落实激励干部担当作为“十条”措施，健全干部考核评价机制，真正让敢担当、善担当、能担当的干部流汗不流泪、受用不受伤、吃香不吃亏。三是要坚持实干兴区。要把主题教育激发出来的精气神转化为抓改革、促发展、保稳定的强大动力，引导广大干部察实情、出实招、办实事、求实效，把既定的目标任务一项一项抓到位。要坚决克服经济工作中的形式主义、官僚主义，继续落实基层减负措施，使广大干部从无谓事务中解脱出来，真正把注意力集中到抓产业、促发展上来。

一代人有一代人的际遇，一代人有一代人的使命。在开福这片热土上，我们的使命已经不是在平地起高楼，而是要在历届区委政府努力打下的坚实基础上，推动高质量发展。让我们紧密团结在以习近平同志为核心的党中央周围，在市委、市政府的坚强领导下，只争朝夕、不负韶华，万众一心加油干，越是艰险越向前，为强力实施“433”攻坚、推动产业高质量发展，加快建设强盛精美幸福厚德的现代化新开福而努力奋斗。

开福区人民代表大会常务委员会工作报告

在长沙市开福区第五届人民代表大会第五次会议上的讲话

开福区人大常委会主任　许振勤

（2020年1月13日）

2019年主要工作

刚刚过去的2019年，是新中国成立70周年，也是地方人大设立常委会40周年。这一年，在中共开福区委的坚强领导下，区人大常委会牢牢把握“两个机关”的政治定位，围绕中心、服务大局、关注民生、践行法治，顺利完成了区五届人大四次会议确定的各项目标任务。全年共召开区人民代表大会1次，常委会会议6次，主任会议24次；听取和审议“一府两院”专项工作报告20项，作出决议、决定6项；组织常委会组成人员和人大代表开展视察、调研32次；依法补选市十五届人大代表2名，区五届人大代表11名。

一、始终坚持党的领导是人大工作的生命线，在彰显制度优势上保持定力

人大作为权力机关、政治机关，根本要求就是旗帜鲜明讲政治。一年来，常委会始终把坚持党的领导贯穿于人大工作各方面、全过程，牢牢把握正确政治方向。

以更高的思想自觉强化理论武装。常委会坚定不移地把思想建设作为统领，认真组织常委会组成人员、人大代表、机关干部深入学习习近平新时代中国特色社会主义思想，尤其是习近平总书记关于坚持和完善人民代表大会制度的重要思想和对地方人大及其常委会工作的重要指示精神，准确把握、深刻领会蕴含其中的理论观点、精神实质和科学方法；及时学习党的十九届四中全会精神和习近平总书记对湖南工作的重要指示精神，认真贯彻党的十八大以来中央和省、市、区委关于人大工作的一系列部署要求，不断提高政治站位，增强政治定力，坚定中国特色社会主义道路自信、理论自信、制度自信和文化自信。

以更高的政治自觉接受区委领导。常委会坚决维护区委统揽全局、协调各方的领导地位，认真贯彻区委决策部署，全面落实请示报告制度，就人民代表大会的召开、年度监督工作计划的确定、代表学习培训、市人大代表补选等重要事项向区委请示报告，自觉将监督、重大事项决定、人事任免等各方面工作置于区委领导之下，确保人大工作与全区中心工作相适应、相协调、相促进。

以更高的行动自觉履行职责使命。常委会以高度的责任感、使命感，不断增强贯彻中央大政方针和省、市、区委决策部署的自觉性、主动性和坚定性。按照区委安排，常委会领导班子成员在金霞、金鹰片区等征拆和项目建设一线担当重任，主动融入关公湖储备用地、苏托垸污水处理厂、夸特纳斯、朝正美苑分房等项目征拆和安置工作，推动破解发展中的难题，为区域经济发展贡献力量。围绕审查批准计划和预算、加强民主法治建设等重大举措依法作出决议决定，及时把区委的意志主张通过法定程序转化为全区人民的共同行动。坚持党管干部与人大依法选举任免有机统一，认真领会和把握区委人事意图，严格任命程序，全年对1名区人民政府副区长、1名区监察委员会副主任、1名区人民检察院副检察长、4名人大系统干部、20名政府工作部门“一把手”及120名人民陪审员进行了任命。

二、始终坚持服从服务大局是人大工作的基本取向，在履行监督职权上精准发力

坚持服从服务党和国家工作大局，是坚持党对人大工作领导的基本前提。一年来，常委会紧扣全区改革发展稳定大局，自觉担负起宪法法律赋予的监督职责，注重监督与支持相统一，寓监督于支持之中，寓监督于服务之中，以更加有力的举措把区委部署、百姓愿望、代表期盼变成现实。

聚焦党委重大决策部署开展监督。深入贯彻落实市委十三届八次全会精神，聚焦制造业高质量发展，实地调研、发现问题、研究讨论，为区委决策提供参考。紧

扣“营商环境优化年”活动，深入调研全区在建项目推进、现代服务业及楼宇经济发展等情况，用实际行动和工作成效体现人大担当。立足“产业项目建设年”要求，专题调研融资平台转型发展及政府债务化解情况，督促政府打基础、蓄势能、谋长远，提升发展质量和效益。

聚焦经济运行情况开展监督。认真贯彻落实中央关于加强人大对国有资产监督的决策部署，基本摸清国有资产“家底”，协助区委出台《区人民政府向区人大常委会报告国有资产管理情况制度》，将人大加强国有资产监督上升为制度性安排。加强财政预算审查监督，听取和审议财政预算、预算执行、预算调整、决算等报告，启动人大预算联网监督系统建设，进一步完善预算审查监督机制，提升预算管理约束力。推动审计问题整改落实，听取和审议区人民政府关于审计工作及审计查出问题整改情况的报告，紧盯查出问题的跟踪督办，推动应改尽改。

聚焦建设医卫强区开展监督。聚焦人民群众普遍关心关注的看病难、看病贵问题，以“建设医疗卫生现代化强区”为主题开展专题询问。重点抓住那些带有普遍性和倾向性、经过努力可以解决的突出问题作为专题询问切入点，指出10个方面的具体问题，助力《开福区基层医疗卫生服务能力提升三年行动计划（2019-2021）》的落实。

聚焦依法治区进程开展监督。紧盯法律贯彻实施难点，以《中华人民共和国老年人权益保障法》《中华人民共和国河道管理条例》为切入点开展执法检查，协助市人大常委会就《中华人民共和国防洪法》《中华人民共和国中小企业促进法》《中华人民共和国反家庭暴力法》等法律法规实施情况开展执法检查，切实维护法律尊严。围绕执法规范化建设，听取和审议2018年庭审评议工作情况报告、区人民法院执行工作情况报告、区人民检察院公益诉讼情况报告，视察全区公共法律服务体系建设，促进营造公平正义的法治环境。紧扣让人民群众在每一个司法案件中都感受到公平正义，集中听取法检公工作情况汇报，围绕重点、热点、难点问题，提出工作建议，让法检公相互配合制约的格局更加稳固。注重运用法治思维和法治方式做好信访工作，一年来共受理群众来信来访28件，通过积极协调处理，帮助群众解决了一批实际问题。

聚焦民生重点领域开展监督。牢牢把握人民群众对美好生活的向往，坚持把民生小事、难事当作履职大事。面对全面放开二孩以及科学照护带来的新期盼，开展0~3岁婴幼儿托育专项调研，促进政府汇聚更多资源回应民生需求。紧扣老百姓过好日子的最朴素愿望，围绕民办教育、就业、食品安全等问题开展调研，推动补缺补短、改善民生。立足基层治理难点痛点，对社区建设、交通畅通、防汛抗旱、农村人居环境整治等工作提出建议。关注机构改革后的依法行政，听取退役军人服务、统计执法、住房保障、应急管理等专项工作报告，推动相关工作落到实处。

三、始终坚持代表工作是人大工作的活力源泉，在密切联系群众上深挖潜力

人大代表来自人民，植根于人民群众之中，代表工作是人大工作的基础和活力源泉。一年来，常委会坚持突出代表主体地位，支持和保障广大代表忠诚履职，让代表履职更有底气、更聚人气、更接地气。

履职保障落实落地。深化代表活动室、代表履职服务网络平台建设，打造线上线下齐发力的工作架构。出台《关于进一步加强和规范我区人大代表活动经费使用管理的通知》，调整增加代表活动经费，并对使用范围、开支标准、使用要求进行规范，为代表依法履职提供服务和保障。高度重视代表履职能力提升，通过“请进来、走出去”相结合的方式，分别组织常委会组成人员、人大干部、基层一线代表进行多层次培训，先后举办了湖南大学、哈尔滨工业大学履职能力提升班，并邀请区委书记亲临授课，为代表及干部们“充电蓄能”，为人大工作指明方向。

代表活动有声有色。持续推进“成就北富我要给力，厚德开福向我看齐——人大代表在行动”主题活动，对活动中涌现出来的优秀代表进行评选和表彰，进一步激发代表履职热情。丰富代表闭会期间活动，组织国家、省、市三级代表集中视察长沙医药健康产业园、马栏山视频文创园，组织全体区人大代表参加“一府两院”上半年工作情况通报会，邀请代表列席区人大常委会会议，参加视察调研、执法检查、专题询问等活动，拓宽代表知情知政渠道，今年以来共组织154名国家、省、市、区人大代表参加了常委会组织的各项工作和活动。

建议督办从严从实。坚持专题会议交办、政府部门承办、人大跟踪督办的办理制度，切实加强对代表议案、建议的督办。听取和审议区人民政府关于代表建议、批评和意见办理情况的报告，要求强化办理责任，完善办理机制，提高办理实效。采取实地视察、听取专项工作报告等方式，对区五届人大三次会议作出的《关于推进桃花溪流域绿色发展的决定》进行重点督办。

区五届人大第四次会议期间收到的64件建议、批评和意见，闭会期间收到的2件建议均全部办结，并答复代表。

四、始终坚持自身建设是人大工作的永恒课题，在提升履职能力上持续用力

加强自身建设是做好人大工作的内在要求和永恒课题。一年来，常委会立足新时代、把握新要求，坚持把强化自身建设摆在突出位置，努力建设忠诚、干净、担当的人大干部队伍。

在主题教育上下功夫。按照区委统一安排和部署，扎实开展“不忘初心、牢记使命”主题教育，坚持在学习上用心、在调研上用智、在检视上用功、在整改上用力，在抓好规定动作的同时，结合区人大代表履职培训班，开展集中学习，围绕提升基层医疗卫生服务水平、桃花溪流域绿色发展、民办教育发展、外向型经济发展等课题，开展调查研究，并形成调研成果供区委参阅，切实体现主题教育人大特色。

在能力作风上促提升。坚持常委会党组成员带头讲党课、带头参加理论中心组学习，定期举办主题党日活动、进行专题研讨，自觉用新思想新理论指导和推进人大工作。有序推进常委会组成人员、人大代表、机关干部业务培训，积极参加省、市人大组织的学习培训，熟练掌握宪法、组织法、代表法、监督法等法律法规和人大工作程序，全面提升常委会组成人员和机关干部的法律素养与能力水平。严格执行全面从严治党若干规定，扎实开展“提篮子”“打牌子”问题专项整治，在机关全体党员领导干部中开展警示教育和“以案促改”工作，严格落实《常委会会议议事规则》《主任会议议事规则》，坚持每周工作例会、重大事项集体决策等制度，营造干事创业、风清气正良好氛围。

在工作联动上聚合力。通过长沙人大网站、开福人大微信公众号、《开福代表工作》杂志等各类载体，及时反映工作动态、工作成效和代表风采，打造思想交融、工作交流、代表交往的坚实阵地。实行常委会领导班子成员联系街道制度，加强对街道人大工作的指导。加强与“一府一委两院”的联系，自觉接受省、市人大的指导，坚持邀请街道人大工委主任列席常委会会议，组织街道人大干部参加视察调研、执法检查和外出考察培训等活动，注重上下联动，协调配合开展工作。

这一年成绩的背后，铭刻着党中央和省、市、区委的坚强领导，倾注着“一府一委两院”的密切配合，饱含着社会各界的关心支持，凝聚着全体区人大代表、常委会组成人员及机关工作人员的辛勤打拼，承载着全区66万人民的力量托举。在此，我谨代表区五届人大常委会，向大家表示崇高的敬意和衷心的感谢。

在肯定成绩的同时，我们也清醒地认识到，常委会的工作与形势的发展、人民的期望、代表的要求相比，还有不少差距，如：锲而不舍抓落实的韧劲不足，监督成效有待进一步提升；走进基层、融入百姓的载体不宽，形式过于单一；搭建代表履职平台的办法不多，代表作用发挥不够充分等等。在今后工作中，我们将自觉接受人民监督，虚心听取代表意见，切实改进工作，更好地发挥地方国家权力机关作用。

2020年主要任务

2020年是全面建成小康社会和“十三五”规划收官之年，今年区人大常委会工作的总体要求是：以习近平新时代中国特色社会主义思想为指导，深入学习贯彻习近平总书记关于坚持和完善人民代表大会制度的重要思想，全面落实党的十九大和十九届二中、三中、四中全会精神，坚持党的领导、人民当家作主、依法治国有机统一，以围绕中心、服务大局为主线，做到“五个围绕”，将区人大常委会建设成为区委领导地位的维护者、开福事业发展的推动者、全区中心工作的参与者、“一府一委两院”工作的监督者、凝聚代表力量的服务者，为强力实施“433”攻坚、推进产业高质量发展，加快建设强盛精美幸福厚德的现代化新开福作出新的更大的贡献。根据上述总体要求，今年区人大常委会的主要工作任务是：

围绕党领导下的政治机关站位，切实担负起宪法法律赋予的职责。常委会将坚持从政治和全局的高度出发，依照法定原则、限于法定范围、遵守法定程序，切实担负起宪法法律赋予的各项职责，确保人大工作沿着正确政治方向前进。始终站稳政治立场，自觉把党的领导贯穿于依法履职的全过程、落实到人大工作的各方面，坚持重大事项请示报告制度，人大开展的重点工作、召开的重要会议、组织的重要活动、作出的重大决定，经区委批准后再组织实施，做到准确把握大局、自觉服从大局、全力服务大局。依法行使重大事项决定权，准确把握重大事项范围，严格执行讨论决定程序，不断提高讨论决定重大事项的科学化、民主化、法治化水平，确保党委的主张经过人大的法定程序，变为国家权力机关的决议决定，变为全区人民的共同意志。依法行使人事任免权，坚持党管干部与人大依法选举任免相统一原则，保障任免工作依法依规按程序进行，确保党组织推荐的人选经过人大的法定程序，成为国家政权机关的领导人员。

围绕强力实施“433”攻坚，突出经济运行监督。按照中央以及省、市、区委经济工作会议精神，坚定不移贯彻新发展理念，把监督重点放在推动经济平稳健康发展上。加大对产业高质量发展的监督，坚决落实区委《关于大力推动产业高质量发展的实施方案》要求，把经济监督重点放在视频文创、现代物流、金融商贸、智能制造四大支柱产业上，助推高质量、可持续、基本均衡的北富目标的实现。深化政府重大项目监督，立足区委全力推进30个重大产业项目建设的要求，关注政府投资项目绩效，把监督着力点放在项目安排、项目实施和项目资金使用上，加强对项目建设的全过程监督。强化计划执行监督，对计划执行中的重大问题进行视察调研，对涉及的经济指标和安排的重点项目，听取政府及有关部门工作汇报，了解影响和制约计划执行的困难和问题，提出可行性意见建议，促进年度计划全面完成。关注政府性债务风险防控，高度重视政府债务化解以及融资平台整合转型情况，从严从紧规范政府举债行为。进一步推动营商环境优化，促进法检公依法保护民营企业健康发展。

围绕人民群众关心的热点难点，抓好民生民本监督。民心之所盼，监督之所向。常委会将继续把工作重点落脚于民生实事上，主动回应社会关切，推动增进民生福祉。以物业管理难题为切入点开展监督，立足当下日益增多的物业管理纠纷与矛盾，以“解剖麻雀式”调研小区业主委员会成立难题，围绕调研发现以及物业管理中其他痛点、难点问题，综合运用集中视察、专题调研、执法检查、专题询问等多种监督方式，选准切入点，发挥人大优势，推动物业管理中“急、难、愁”问题的解决，真正让百姓住得舒心、住得安心。以“推进桃花溪流域绿色发展”为主题开展专题询问，以专题询问为抓手，大力推进议案的落实，切实保护好开福重要生态廊道。以推动法律法规实施为目标开展执法检查，进一步发挥法律监督职能，以《湖南省物业管理条例》《宗教事务条例》为重点开展执法检查，保证法律法规正确实施。

围绕“代表机关”职责定位，支持和保障广大代表忠诚履职。坚持突出代表主体地位，抓好代表履职引导、服务和管理工作。把代表工作深化到畅通民意渠道上，探索推行“代表挂牌亮身份”制度，把代表履职活动纳入公众视野，架起代表和选民之间的“连心桥”；有主题、有计划、有重点地组织代表开展闭会期间活动，推动区级领导中的人大代表每年至少参加一次代表小组活动，让代表小组活动更加规范、更具成效；探索组建专业代表小组，让更多熟悉相关行业专业的代表参与执法检查、专题调研和重点督办等活动，创新联系方式，丰富联系内容。把代表工作深化到丰富履职平台上，更有针对性地组织开展代表培训，上半年组织常委会组成人员、机关干部、各街道人大工委主任赴中组部指定高校培训，下半年在长沙举办由全体代表和人大工作者参加的履职能力提升班，使代表不断适应转型发展新任务、人大工作新要求；进一步推进代表活动室提质增效，发挥省、市、区三级代表联动作用，让代表工作“动”起来、“活”起来；正确处理依法与创新的关系，改进半年度“一府两院”工作情况通报会方式，组织召开区人大常委会（扩大）会议，通报全区社会经济发展中的重大事项，进一步拓展知情知政渠道。把代表工作深化到强化建议督办上，采取重点督办、定期督办、跟踪督办等方式，抓好代表建议督办，努力提高代表建议办理实效；持续聚焦桃花溪流域绿色发展议案督办，将办理情况向代表反馈、向社会公布，确保议案按期办结、质量提升，保障代表履职成效。

围绕依法履职能力的提升，持续加强常委会自身建设。着眼新形势、新任务对人大工作的新要求，全面加强自身建设，切实打牢履职根基。坚持把政治建设摆在首位，加强对专门委员会和人大机关的领导，巩固深化“不忘初心、牢记使命”主题教育成果，突出政治教育，强化理论学习，充分发挥党组在人大工作中把方向、管大局、保落实的重要作用。持续完善常委会机关管理制度，按照党章党规党纪要求，建立并不断完善党组工作、议事、决策等制度规则，大力倡导求真务实，切实改进会风文风，力戒形式主义、官僚主义，严格落实党风廉政建设各项规定，为人大机关全面规范运行提供制度保障。进一步加强人大新闻宣传工作，办好《开福代表工作》杂志和开福人大微信公众号，拓展宣传阵地，讲好人大故事，传递人大声音，把中国特色社会主义制度、人民代表大会制度的生动实践展示好、宣传好。切实加强纵向工作指导与交流，深化上下协同联动，积极引导街道人大开展规范化建设，不断夯实履职基础，切实增强履职能力，实现区、街人大同步发展。

历史画卷在砥砺前行中展开，时代华章在奋斗征程中书写，让我们紧密团结在以习近平总书记为核心的党中央周围，在中共开福区委的坚强领导下，为强力实施“433”攻坚、推进产业高质量发展，加快建设强盛精美幸福厚德的现代化新开福而努力奋斗。

政府工作报告

在长沙市开福区第五届人民代表大会第五次会议上的讲话

开福区人民政府区长　谢伟峰

（2020年1月12日）

一、2019年工作回顾

2019年，我们在市委、市政府和区委的坚强领导下，以习近平新时代中国特色社会主义思想为指导，认真贯彻落实党的十九大和十九届二中、三中、四中全会精神，自觉践行新发展理念，坚决落实高质量发展要求，深入实施创新引领开放崛起战略，全力推进“产业项目建设年”“营商环境优化年”活动，奋力建设强盛、精美、幸福、厚德的现代化新开福，较好地完成了区五届人大四次会议确定的各项目标任务。全区地区生产总值增长8%（预计数，下同）；规模以上工业增加值增长8%；固定资产投资增长10%；社会消费品零售总额增长10%；地方一般公共预算收入增长12.7%；全体居民人均可支配收入增长8.2%；单位地区生产总值能耗下降3%，成功入选2019年中国城区综合竞争力百强区，高质量发展取得明显进展，为庆祝新中国成立70周年交出了合格答卷。

——开福市场主体突破10万户，年均增速超过25%，新增“四上”企业109家，总数达653家，市场活力充分释放。

——开福获评国家知识产权强县工程试点区，每万人有效发明专利拥有量达52.5件，居全市前列，高新技术企业达193家，研究与试验发展（R&D）经费投入增长31%，创新驱动大步向前。

——开福作为长沙样本接受国家发改委营商环境测评，包容普惠创新服务经验在全国推介，企业和群众在开福“办事不求人，办事不出圈，最多跑一次”成为常态，营商环境成为靓丽新名片。

——开福名列全省外贸先进县市区首位，外贸进出口总额增长87%，中欧班列（长沙）全年发运411列，增长189%，跃居全国第5，对外开放向更高水平迈进。

——开福苏托垸污水处理厂项目10.07公顷49天实现签约、腾地同步完成，山鹰潭片区46.67公顷53天实现签约清零，夸特纳斯项目15.13公顷90天实现从签约到开工建设，不断刷新开福速度。

——开福新增潮宗街、北正街、西园北里等“网红”地标，五一商圈全面提质，西长街水产畜禽市场关停搬迁，月湖等5个老旧社区美丽“蝶变”，城市有机更新持续稳步推进。

——开福创新开展城市特殊困难群体帮扶，发放专项资金1100余万元，帮扶困难群众4000多户，人民日报专题报道推介。

——开福国控、省控监测考核断面水质优良率首次全部达到100%，“一江三河”水质稳定在Ⅲ类以上，浏阳河三角洲水质自动监测站获评全国“最美水站”，河湖长制全面落实，碧水攻坚效果显著。

——开福在全市率先推行“街道吹哨、部门报到”机制，社区治理经验在全国推介，连续15年保持全省“平安区县”称号，群众获得感、幸福感、安全感持续提升。

一年来，我们着重抓了九个方面的工作：

（一）聚焦三大攻坚战，守住发展底线。防控风险扎实有效。坚决落实“一增二减一转移”要求，有序推进“三资”盘活，优化调整财政支出结构，“撤并转”9家平台公司，政府债务风险基本可控。严格金融监管，重拳整治套路贷、校园贷、非法高利贷，依法打击各类违法违规金融行为。精准脱贫稳步推进。坚持“输血式”救助和“造血式”帮扶有机结合，持续做好邵阳城步县、湘西龙山县内溪乡和茨岩塘镇、长沙县上杉市村、宁乡市鸿富村的对口帮扶工作，安排资金近4000万元，带动8000余人脱贫。污染防治成效明显。中央生态环保督察及“回头看”、省级环保督察反馈问题扎实整改。投入环保资金5.7亿元，62个年度污染防治项目全面完成。严格落实“六控十严禁”措施，完成餐饮单位油烟净化2188户，全年空气质量优良率75%，沙坪站点$PM_{2.5}$、PM_{10}浓度全市最低。推进“一江三河”综合治理及小微水体专项保洁行动，加快湘江东岸防洪工程建设，启动苏托垸污水处理厂项目建设，清理取缔湘江沿岸“僵尸船”247艘，小微水体治理“檀木岭经验”在全市推介。有序推进土壤污染状况调查，认真落实生态保护红线勘界定标，积极开展“绿盾”专项行动，土壤污染得到有效管控。

（二）聚焦产业项目建设，提升发展质效。招商引资精准有效。坚持招商以落地为中心，深化招商体制改革，配强招商专业队伍，新引进湖南医药、绿地V岛、智能物流装备制造产业示范园等投资过10亿元项目8个，大悦城、新天地、蔚来汽车等投资过亿元项目25个，红牛总部、九牧集团湖南总部等重点产业项目顺利落户。项目建设推进有序。全区83个重大产业项目完成投资335亿元，夸特纳斯、拓沃重工、芒果总部大厦等一批新项目启动建设，华远华时代、中广天择总部、高岭智慧物流园等续建项目稳步推进，老百姓大药房物流枢纽与电商基地、绿色安全食品展示交易中心、中部家居建材博览中心、创智园等项目建成达产。重点片区支撑有力。金霞经开区高歌猛进，成为长沙陆港型国家物流枢纽的重要承载地，多式联运工程取得新进展，完成税收27亿元，增长20.2%，实现物流业主营业务收入468亿元，增长15.8%，其中医药物流完成260亿元，占全省总量的1/3、全市总量的1/2。马栏山视频文创产业园精彩纷呈，成功举办2019中国新媒体大会、IEF2019湖南·马栏山国际数字娱乐嘉年华，成立马栏山新媒体学院，发布中国视频文创产业“马栏山指数”，完善“三纵三横一环”路网骨架，实现税收22亿元，增长21%，完成固定资产投资65亿元，超年度任务30%，获评国家文化和科技融合示范基地、中国创新创业典型示范基地。金融商贸区创新发展，在全市率先启动专业特色楼宇评定和设立楼宇企业综合服务站，新引进华金证券、银盛支付等金融机构区域总部6家，金融业实现税收23.4亿元，增长29.8%，占全区税收总量的20.7%，全区税收过亿元楼宇达11幢，获评中国楼宇经济十大潜力城区。

（三）聚焦营商环境优化，增强发展活力。行政效能持续增强。以“放管服”改革为抓手，深入推进简政放权，编制公布权力、公共服务事项清单等6个清单，区级权限84项高频事项全部实现“一件事一次办”，依申请类政务服务事项“一次办”“网上办”均达99%，政府核准投资目录以外项目备案控制在1个工作日，政府投资项目立项缩减至3个工作日，证明材料精简60%以上，开福成为全省唯一实现特种设备行政审批（备案）事项全部不见面网办的区县。全面完成政府机构改革，稳步实施街道体制改革，明确街道八项主要职责以及“五办两中心一队一站”基本设置，属地对经济社会事务的综合管理能力进一步增强。惠企政策坚决兑现。全面落实减税降费政策，全年为市场主体减税25亿元，为企业社保降费0.58亿元，一般工业用电在2019年基础上再降7.5%；搭建涉企政策发布平台，全面公开惠企政策，累计兑现产业扶植财政奖励资金2.3亿元，惠及企业数同比增长22.6%。服务水平全面提升。落实落细优化营商环境“五更十六条”政策，始终秉持“四到”服务理念，扎实推进企业“入规、升高、上市、扩面”活动，在园区设立出口退税资金池和企业信贷风险补偿基金，引导推动区内金融机构与企业进行全方位合作，市场信心不断提振，企业家合法权益有效保护，全年新增市场主体1.88万户，新增“四上”企业109家，10家企业纳入省市拟上市（挂牌）企业库。

（四）聚焦加快创新开放，积蓄发展动能。创新驱动不断增强。全省首个超高清视频三维声技术联合实验室挂牌成立，国家广电工程技术研究分中心、下一代互联网宽带业务应用国家工程实验室相继落户，文盾信息成功创建省级院士工作站，新增省级众创空间4家，普奇地质研发项目获省科技进步二等奖。在全市率先发布紧缺急需人才目录，认定高层次人才44名。全年新增认定高新技术企业90家，增长32%，高新技术产业增加值占GDP比重达27%，为企业争取各级科技扶持资金5500万元，创新活力竞相迸发。开放格局加速拓展。平台提质升级，港区一体化建设有序推进，长沙国际铁路港海关监管区二期封关运行，港口铁路专用线启动建设，长沙新港汽车滚装码头投入运营，结束了湘江不能运输汽车的历史。通道有效延伸，邮政跨境业务金霞操作中心、“9610+国际邮路”操作中心建成使用，金霞跨境电商生态产业联盟和直播基地签约落户，跨境电商生态体系逐步形成。开放主体壮大，新引进百事泰、有棵树等跨境电商头部企业，新增外贸实绩企业95家，全年实际利用外资8亿美元，增长8.3%。

（五）聚焦宜居开福建设，优化发展空间。城市功能更加完善。地铁1号线北延工程启动征拆，地铁3号线、5号线通车试运行，大明大道、竹隐路全线拉通，中青路北延线加快建设，朝正路等瓶颈路、断头路实现通车。电力“630攻坚”加快实施，完成电力建设项目16个。“海绵城市”建设纵深推进，完成月湖、朝正垸等片区雨污分流改造，疏浚管道52万米、化粪池4375座。“公交都市”加快建设，中心城区、建成区公交站点500米覆盖率分别超过95%、98%，城市血脉更加畅通。城市环境更加宜居。持续推进“一圈两场三道”建设，望麓园经验成为全市“基层样本”，全区打造“15分钟生活圈”33个，新建停车场21个、停车位8171个，新建提质农贸市场和生鲜门店12个，新改建自行车道43.9千米、人行道32.6千米、历史文化步道3.9千米。深入推进城市有机更新，启动吉祥巷、望麓园片区建设，改造国有企业职工生活小区36万平方米，完成城市棚改2878户、16万平方米，实现农村拆迁腾地200公顷。全面开展城市体检，对269个老旧小区进行调查摸底。新建公园、小游园12个，新增绿地40公顷，绿化覆盖率提升至44.43%。城市管理更加精细。全面深化“最严城管”，大力整治城区主次干道、出入城口、公园景区等区域市容乱象，持续开展渣土扬尘、餐饮油烟、户外广告、拆控违等专项治理，拆除历史违建320处、7万余平方米。全面推进垃圾分类减量，在全市率先建立家装垃圾、大件垃圾处理场，创新实施“4+2”分类法，生活垃圾减量15%以上，紫凤社区创建为全省首个“零垃圾桶”小区。全面实施“厕所革命”，新建提质公厕45座、垃圾站76座，创新推出“百度搜公厕”。城市文明更加提升。“厚德开福”建设成果丰硕，好人精神深入人心，全区各级道德模范、“中国好人”增至30人，“开福好人馆”累计接待群众25万人次，城市驿站增至8个，累计服务群众15万人次，城市更有温度、生活更有温情、百姓更有温暖。

（六）聚焦乡村振兴战略，汇聚发展合力。基础设施持续加强。新改建农村公路39.1千米，实施3座农村公路危桥改造，新建6处小型一体化污水处理设备，农村居民饮水安全率100%。现代农业发展壮大。新引进湖南玖花高科、子非鱼等精细农业企业，调整种植结构420公顷，打造苏托垸荷花莲藕、沙坪蔬果花卉等2个千亩示范片区。加快农村集体产权制度改革，探索“四型”增收模式，集体经济“薄弱村”全面消除，集体资产增收能力持续增强。人居环境逐步改善。以农村“五治”为抓手，完成改厕1216座，垃圾分类减量行政村覆盖率达到100%，清理整治“大棚房”问题25个，“一约三会一队”全面覆盖，打造新源社区、竹安村2个市级乡村振兴示范村（社区）。

（七）聚焦增进民生福祉，共享发展成果。坚持以人民为中心的发展思想，全年安排民生民本支出64.48亿元，占一般公共预算支出的85.42%。省、市民生实事全面完成。就业水平不断提升。坚持就业优先，新增就业近9000人，城镇登记失业率控制在3%以内。切实维护劳动者合法权益，根治拖欠农民工工资工作得到国家部委充分肯定。教育事业普惠均衡。新改扩建长郡开福中学、清水塘鹅秀小学等学校15所，新增学位4620个，化解大班额工作走在全市前列；公办和普惠性幼儿园占比提升至87%，入园难、入园贵等问题有效缓解；开展“三点半”课后服务；建立编外教师待遇增长机制，推行教师“幸福工程”，获评全省“平安校园建设先进区”。健康开福深入实施。沙坪中心、区公卫大楼加快建设，基层医疗卫生服务体系不断完善，基本公共卫生均等化工作在“省考”中名列首位；推动驻区优质医疗资源持续下沉，组建家庭医生服务团队87个，签约服务人数22.6万人，重点人群签约达10.5万人。多彩文体品牌彰显。四方文化中心建成使用，新建全民健身工程102处，提质社区（村）文化服务中心13个，24小时自助图书馆增至7个，图书流通量超过40万册次；承办中日韩青少年运动会、全国第三届“福文化”城市文化交流会等重大活动，举办“幸福向北”全民跑、“北富杯”篮球赛等系列赛事，群众精神文化生活更加丰富。幸福养老持续发展。有序推进区福利中心建设，新增居家养老服务中心7家，开办快乐老人大学12所，探索设立“老年人餐桌”4个，城乡居民养老保险待遇实现“十四连调”。住房保障有序推进。坚决落实“房住不炒”政策，低房价有力托起老百姓的“安居梦”。滨河嘉园、中岭等项目完成建设，新增农民安置房6200余套，80万平方米，朝正美苑、鑫利家园等安置项目累计分房6000余套，3662户群众喜迎新居。着力解决低收入群体住房困难问题，完成房屋功能性改造824套，农村危房实现动态清零。

（八）聚焦社会和谐稳定，巩固发展基础。基层治理成效明显。深化网格化管理和服务，创建“互联网+群防群治”体系，扎实做好信访维稳、综合治理等工作，在全市率先成立区级人民调解员协会和商圈调解委员会，富雅坪社区“1234”、江湾社区厚德赋能工作法获评全省首批优秀社区工作法。公共安全持续强化。深入开展食品安全示范城市创建。扎实推进安全隐患专项整治，依法关闭取缔非法生产经营单位455家，安全生产形势持续向好。全面实施农村道路城市化管理，整治清零铁路安全隐患问题36个。坚决打好非洲猪瘟防控攻坚战。全面打赢防汛抗旱保卫战。社会稳定有力巩固。不断深化“平安开福”建设，持续开展“扫黑除恶”专项斗争，坚决打好禁毒人民战争，有序推进二维码标准地址建设，在全市率先建立区级社区矫正指挥中心，百善台社区获评全国“扫黄打非”进基层示范点，司法所阵地建设和社区矫正工作经验在全省推介，东风路司法所获评“全国模范化司法所”。

（九）聚焦政府自身建设，强化发展保障。政治建设全面加强。严守政治纪律和政治规矩，坚决贯彻落实中央、省、市和区委的各项决策部署，扎实开展“不忘初心、牢记使命”主题教育，以改革发展的成果检验主题教育的成效。法治建设持续深化。累计清理规范性文件210件次，审查重要涉法事务200件，依法办理行政复议、应诉案件327件。开展行政执法案卷集中评查。深化政务公开，办理“12345”热线3.3万余件，满意率达99%，区数据资源中心获评全国智慧社区建设先进单位。作风建设不断加强。力戒形式主义官僚主义，会议、文件数量精简32%以上，督查考核事项减少30%以上。持续开展“四式”调研活动，推动“先调研后决策”成为工作常态。廉政建设扎实推进。压实党风廉政建设主体责任，严格落实中央八项规定及实施细则精神。强化审计监督，突出预算绩效评价和投资评审，审计区本级项目31个，财政资金使用更加高效规范。

同时，我们全面开展了第四次全国经济普查。国防动员、国防教育等工作得到加强，兵役征集、民兵整组和基层武装阵地建设等工作质量提升，退役军人各项政策有效落实，双拥活动深入开展。各民主党派、工商联、无党派人士围绕中心、服务大局，参政议政、建言献策，有力推动开福发展。积极支持工青妇等群团组织开展工作，老龄老干、关心下一代、残疾人等事业健康发展，民族宗教、外事侨务、史志档案、机关后勤等工作取得新成效。

一年来，我们自觉接受区人大及其常委会法律监督、区政协民主监督和社会监督，积极回应区人大常委会关于“打造现代医卫强区”专题询问，办理区人大代表建议66件、政协委员提案60件，办复率100%。针对人大代表和政协委员提出的加快潮宗街片区活化、完善医药产业园公共交通配套、清理“僵尸政策”、推进智慧校园管理、整治医院周边小旅馆乱象、新建江湾路人行天桥等建议提案，我们全部做到定人、定责、定时，严格落实“办前沟通、办中会商、办后回访”办理制度，力求让代表和委员满意。针对区五届人大三次会议确定的桃花溪流域绿色发展议案，我们坚持不搞大开发、共抓大保护，在全域治理的基础上，正抓紧编制《桃花溪流域总体概念规划》和《桃花溪流域保护条例》，努力将清溪碧水留给开福群众。

过去一年，全区上下同心同德、筑梦奔跑，城北大地政通人和、万众一心，凝聚起强大的开福力量，开福的发展欣欣向荣、行稳致远。这些成绩的取得，得益于市委、市政府和区委的坚强领导，得益于区人大及常委会和区政协的监督支持，得益于广大干部群众、两代表一委员的奋力拼搏。在此，我谨代表区人民政府，向全区人民、全体人大代表和政协委员、离退休老同志、各民主党派、工商联、无党派人士及人民团体，向驻区部队、武警官兵、政法干警、消防救援和民兵预备役人员，向所有关心支持参与开福发展的社会各界人士，表示诚挚的感谢并致以崇高的敬意。

问题是时代的声音，更是实践的起点。需要向各位代表说明的是，受国内市场需求增速放缓和社会心理预期等因素影响，全区地区生产总值增速虽高于全省，与全市持平，但低于预期1个百分点。同时，我们也清醒地看到，当前工作还存在许多不足，经济社会发展还面临不少困难和挑战。主要是：高质量发展的产业基础还有待夯实，产业链现代化水平仍有待提高；行业龙头企业、重大引领项目的招引还亟待重点突破；长效财源税源的巩固和培育需更加精细与加强；“三资”存量盘活还有较大优化空间；城市管理精细化水平还有待提升；大气、水、土壤等污染治理任务仍然任重道远；优质的教育、医疗、养老、帮扶等公共服务供给离人民群众期待还有差距；少数工作人员担当精神、法治意识、工作效率有所欠缺，政府治理现代化水平还需进一步提高。对此，我们将高度重视，直面问题，采取有力措施，切实加以解决。

二、2020年工作安排

2020年是全面建成小康社会的决胜之年，是“十三五”规划的收官之年。今年政府工作的总体思路是：以习近平新时代中国特色社会主义思想为指导，全面贯彻党的十九大和十九届二中、三中、四中全会及中央、省委、市委经济工作会议精神和市委十三届八次全会精神，深入贯彻习近平总书记在推动中部地区崛起工作座谈会上的重要讲话和对湖南工作的重要讲话指示精神，增强“四个意识”、坚定“四个自信”、做到“两个维护”，坚持稳中求进工作总基调，坚持新发展理念，坚持以供给侧结构性改革为主线，坚持以改革开放为动力，以省委“全面小康决胜年”为引领，深入实施创新引领开放崛起战略，坚决打赢三大攻坚战，全面做好“六稳”工作，咬住“升级发展、成就北富”目标，强力实施“433”攻坚，持续推进产业项目建设、营商环境优化，加快建设现代化经济体系，推动经济社会高质量发展，确保全面建成小康社会和“十三五”规划圆满收官。

全区经济社会发展主要预期目标是：地区生产总值增长8%左右；规模以上工业增加值增长8%；固定资产投资增长7%以上；社会消费品零售总额增长8%；地方一般公共预算收入增长7%；城镇登记失业率控制在3%以内；居民人均可支配收入高于省市平均水平，主要污染物减排完成约束性指标。同时，按照高质量发展要求，更加注重以下指标：研究与试验发展（R&D）经费投入增长30%以上；产业投资占固定资产投资总额比重40%以上；单位地区生产总值能耗下降2%。

实现上述目标，重点抓好以下九个方面的工作：

（一）全力推进产业高质量发展。坚持新发展理念，深耕“三金”片区，进一步定型产业布局，夯实产业基础，提升产业链现代化水平，强力实施“433”攻坚，即围绕视频文创、现代物流、金融商贸、智能制造4大支柱产业，推进30个重大产业项目建设，用3年时间，形成3个以上500亿元到1000亿元产业集群。聚焦“433”攻坚年度任务。完善4大支柱产业链“两图两库两池两报告”，建立产业指标体系，出台配套扶持政策，形成常态调度机制，推动各支柱产业税收增长20%以上。构建“科技+文化”“技术+内容”视频文创产业生态体系，建强“2+2+4”视频产业技术底座，加快引进HTC、爱奇艺等头部企业，大力发展版权交易、视频消费、融合传播、文创金融等新业态，新引进企业1000家以上，完成投资100亿元以上，实现产值380亿元。着力招引医药物流和医疗器械龙头企业，举办全国性高端医药物流和医疗器械会议会展，大力发展交通物流、快递物流，支持物流企业申报网络货运平台资质，开展“代开增值税专用发票”试点。瞄准金融新业态，提升楼宇经济质效，着力引进“三类500强”和行业领军企业，新引进总部企业4家以上，新增税收过亿元楼宇3幢以上。加快引进消费类电子产品ODM龙头企业，年内实现投产达效，引导新一代信息技术、智能装备、新材料、高新技术企业融入智能制造产业链条，形成产业聚集。加强项目过程管理。紧盯项目全生命周期，着力保障221个重大项目实施，完成投资320亿元以上。优化审批流程，开辟重大项目审批绿色通道，压减可研审批、施工许可证等手续办理时间，实现工业建设项目审批时限40个工作日以内。强化用地保障，坚持“地等项目”，加快丝茅冲、六堆子、东风二村等征拆项目清零腾地，实现伍家岭东南角、汽电一期、毛巾厂等地块挂牌出让，完成城市棚改征拆550户、7.8万平方米以上，实现农村拆迁腾地200公顷以上。加快项目推进，发扬钉钉子精神，紧盯项目建设强责任、通堵点、抓进度，确保金六谷、绿地星城光塔、华南光电等新项目启动建设，推动夸特纳斯、华润置地、芒果马栏山广场等续建项目加快进度，实现顺新金属、平瑞医药、湖南创意设计总部大厦等项目竣工达产。优化园区产业配套。推动名校、医院、公交、公寓、商业中心等公共基础设施和生活设施优先向园区配套，加快“产城人”融合发展。新建鹅羊山公园，提质秀峰山公园，启动“1094”地块、关公湖片区招商开发，加快打造秀峰商圈、青竹湖商圈；高标准建设马栏山新媒体学院，重点推进“空中巴士”、月湖文创小镇等建设，提质改造月湖公园、月湖大市场和周边环境。培植长效财源税源。坚持“亩产论英雄”，不断提升单位面积产出效益，园区项目实行以亩均投资、亩均产值、亩均税收为主的评价机制，楼宇经济实行以平元米税收、平元米租金为主的衡量标准。加快存量优化，着力推动闲置土地、低效用地等“二次开发”，加快闲置厂房、空置楼宇等“二次招商”，开展园区企业亩产、楼宇平米税收效益评价，盘活闲置低效用地146.67公顷以上、空置商务商业楼宇20万平方米左右，打造更多“核心+配套”项目组合。加快“腾笼换鸟”，坚决清退一批小、散、乱、差的低端业态和落后产能，置换高端业态，提质改造传统制造企业20家以上。

（二）全力打赢三大攻坚战。扛起政治责任，坚持底线思维，突出精准施策，以决战决胜之势打赢三大攻坚战。全面完成脱贫帮困任务。区外对口脱贫帮扶、区内困难群众帮扶“两个战场”统筹推进，加大“两业”扶贫力度，全力支持城步县、龙山县内溪乡等五个对口帮扶单位“脱贫摘帽”。统筹低保、临时救助等政策，持续开展“五帮扶”“三项帮扶”和结对帮扶活动，更加精准地保障和改善城市特殊困难群体基本生活，确保小康路上一个都不掉队。扎实推进污染防治攻坚。突出精准治污、科学治污、依法治污，持续改善生态环境质量。积极配合中央第二轮生态环保督察和省级环保督察“回头看”，抓好三轮环保督察反馈问题整改落实。坚决打赢蓝天保卫战，紧盯臭氧、PM2.5等重点因子，聚焦工地扬尘、散煤燃烧、餐饮油烟、垃圾焚烧等难点问题，强化科技支撑，完成燃气锅炉低氮改造任务，强力实施柴油货车、挥发性有机物等污染治理，严格落实“六控十严禁”措施，始终保持高压态势，确保全年空气质量优良率提升至80%。着力打好碧水保卫战，深入落实河湖长制，狠抓“一江三河”和小微水体综合治理，实现区管河流干支流同步治理、水质同步达标；加快开福污水处理厂改扩建，完成苏托垸污水处理厂新建工程，推进桃花溪流域水环境综合整治，持续提升水环境质量。稳步推进净土保卫战，建立健全土壤环境风险调查评估制度，加强土壤污染地块管控和治理修复。扎实开展静音保卫战，重点加强交通、工地、社会生活等噪声污染防治。有效防范化解重大风险。突出政府投资项目监管，坚决遏制隐性债务增量，全面完成年度政府性债务化解目标，确保政府债务风险可控。科学统筹、多措并举推进“三资”存量优化，促进资源科学配置、资产保值增值、资金稳健运行，重点盘活高岭商贸城、沙坪绣坊街等体量大、影响大、难度大的资产。积极向上争取专项资金和债券额度，切实保障重大项目资金需求。深入推进网贷机构清理，加大非法集资防范教育、案件预防和打击力度，持续整治非法金融活动，坚决守住不发生区域性金融风险的底线。

（三）全力提升创新能力和开放水平。坚持以创新增动力、以开放添活力，破解发展难题、厚植发展优势。持续激发创新活力。争取国家、省级实验室和重大科技基础设施布局，加快马栏山创智园、山河生物医学技术孵化中心等创新平台发展，支持医药企业孵化平台建设，鼓励社会资源创办科技企业孵化器、众创空间，引导区内企业与科研院所建立协同创新平台，新增市级以上创新平台7家以上。突出企业创新主体地位，持续开展高新技术企业培育行动，新增高新技术企业45家以上，高新技术产业增加值占GDP的比重提升至28%。积极对接国防科大、长沙学院，助力科研教学成果就地转化，搭建校地合作新桥梁。严厉打击知识产权侵权违法行为，筑牢创新创造“保护网”。落实落细人才新政，突出“高精尖缺”导向，完善人才服务体系，拓展人才培养平台，加大高层次人才、技术技能人才和高水平创新团队招引力度，让更多人才在开福开启幸福人生、成就美好未来。稳步提升开放水平。以陆港型国家物流枢纽建设为总揽，建成霞凝港区三期工程南片区并投入运营，加快推进霞凝货场一级铁路物流基地、传化智能公路港、长沙新港铁路专用线建设，进一步完善整合水、铁、公物流平台资源，打造金霞国际物流枢纽。积极参与创建中国（湖南）自贸试验区，抓紧推进铁路临时开放口岸、综合保税区申报等工作。推进智慧口岸建设，压缩通关时间，降低通关成本，推动国际贸易“单一窗口”功能向全链条延伸。提升中欧班列（长沙）运行效益，形成更加稳定的国际物流通道。拓宽跨境出口通道，完善跨境电商监管体系，建好跨境电商生态产业园，引进一批跨境电商全国二十强总部或第二总部，打造跨境电商第三城。深化中荷现代农业、食品加工、进出口贸易等领域国际合作，吸引更多出口生产加工型企业落户开福。

（四）全力推动营商环境持续优化。坚决贯彻国务院《优化营商环境条例》，全面落实优化营商环境“双对标、指标长”制度，着力打造更具吸引力、创造力和竞争力的营商环境。加快重点改革攻坚。纵深推进供给侧结构性改革，巩固“三去一降一补”成果。持续深化国资国企改革和财政管理体制改革，扎实推进“湖南省资本市场县域工程”试点，统筹抓好综合医改、司法体制综合配套和学前教育等改革。提升政务服务效能。深入实施“放管服”改革和“最多跑一次”改革，着力推进“四个一”“四个办”，基本实现政务事项“一件事一次办”。落实政府权责清单制度，推动行政审批事项应减尽减、审批权限应放尽放。强化“三集中三到位”，推进“综合窗”改革全面落地，实现个人和法人事项“任意窗口无差别受理”。大力推广“三即”承诺制，力求实现企业开办审批材料不超过7份、环节不超过4个，时间压缩到1个工作日以内和“零收费”。激发市场主体活力。持续推进企业“入规、升高、上市、扩面”行动，大力培育和引进“独角兽”企业、行业领军企业、原生头部企业，做强大企业、培育小巨人，新增“四上”企业112家以上，力争1~2家企业进入省拟上市企业后备库，智能化改造企业20家，市场主体总量达到11.5万户以上。支持民营经济发展。深入落实中央支持民营企业改革发展“28条”，坚决落实国家各项减税降费政策，进一步降低企业制度性交易成本和用电、用气、融资、物流等要素成本。依法保护企业合法权益，建立政府部门和国有企业拖欠账款问题约束惩戒机制。坚持和完善“四到”服务机制，帮助企业解决发展中的困难和问题，让民营企业家在开福放心投资、舒心创业、安心发展。

（五）全力激活市场消费潜力。以优质供给激发市场活力，充分发挥消费在经济运行中的“稳定器”作用。提升消费环境。着力发展高档酒店、连锁超市、高端餐饮等商贸业态，持续优化富兴、北辰、华创等重点楼宇周边交通组织，推动万达广场等传统商圈向体验式智慧商圈转型升级，加快芙蓉中路、黄兴北路、福元路两厢已拆地块招商开发，打造一批高端商务商业楼宇，加速推进大悦城（北辰）商业中心和国际会议中心建设，激发输入性消费潜力。大力实施放心消费行动，进一步优化市场秩序，净化市场环境，让消费者没有“后顾之忧”。扩大消费需求。以新消费引领新供给，以新供给创造新需求，培育壮大定制消费、时尚消费、智能消费等新业态，大力发展夜间经济、节会经济等新增长点，推动潮宗街、北正街、中山路、黄兴北路等传统商业街实现文化、旅游、餐饮、休闲融合发展，打造业态多元、文化多样、百姓喜爱的特色消费目的地；依托“三馆一厅”、开福寺、省博物馆等湖湘文化核心景点，利用马栏山的视频文创优势，促进文化旅游、VR体验、虚拟娱乐、AI购物等消费新业态快速发展，打造“文化+”“智能+”的体验式消费新空间。优化消费结构。推动生产性消费向专业化和价值链高端延伸、生活性消费向高品质和多样化升级，以大型高端小区为中心，大力发展社区商业，积极推进“线上+线下”新零售模式；继续办好开福金秋经贸文化节、汽车消费节等促销活动，拓展汽车、信息产品等耐用品消费深度和广度；支持泊富、新湖南大厦等高端楼宇引进一线商业品牌、全国首店等，推动芙蓉中路片区成为消费提档升级的示范引领区。

（六）全力推动品质开福建设。加快完善城市功能，不断提升宜居水平，着力打造更具承载力、吸引力和综合竞争力的品质开福。增强城市承载能力。抢抓《长沙市国土空间规划（2019—2035）》编制机遇，积极推动金霞片区规划由“组团级中心”升级为“长沙城市副中心”，全面优化城北规划布局。启动地铁1号线北延线一期和兴联路过江通道建设，加快推进湘雅路过江通道和万家丽北延线快速化改造，实现双河北路、滨河北路、中青路北延线等主次干道通车，打通家园路、翠城路等断头路、瓶颈路，推进新一轮电力“630攻坚”行动，进一步提升城市功能。推进城市有机更新。紧扣宜居目标，坚持共享理念，围绕“菜食住行购、教科文卫体、老幼站厕园”等重点，全面优化片区配套设施，提质改造雅泰花园等老旧小区9个，扩面提质“15分钟生活圈”12个，新增停车位5856个，新建农贸市场2个，新建提质人行道9.4千米、自行车道3.6千米、历史文化步道1千米，打造“一圈两场三道”建设升级版。延续城市历史文脉，像对待“老人”一样尊重和善待城市中的老建筑，纵深推进城市体检，加强城市更新和存量住房改造提升，实施优化城市人居环境三年行动计划，加快吉祥巷、太平路、望麓园等片区建设，推进西长街两厢提质改造，全面完成潮宗街二期工程，争创“中国人居环境范例奖”和“联合国人居署可持续发展范例奖”。加强城市精细管理。持续开展“城市管理提升”行动，综合整治市容市貌，集中整治道路交通问题顽瘴痼疾，强化主次干道重点部位、重点时段管理，着力解决乱搭乱建、乱停乱占及夜市规范、停车管理等顽疾。进一步完善生活垃圾分类“分、收、运、处”模式，着重提升垃圾分类投放准确率。持续推进“厕所革命”，建设4座高标准站厕。持续推进“厚德开福”建设，深化群众性精神文明创建活动，巩固文明城市创建成效。

（七）全力实施乡村振兴战略。坚持因地制宜、步步为营，深入推进“五个振兴”和农业农村现代化，让乡村振兴成果惠及最广大农民群众。让农业更强。立足农业优势特色产业，高起点规划、高标准建设一批荷花、菊花等绿色生态农产品基地。完善高标准农田和水利基础设施建设，实施耕地质量保护和农业综合开发，着力提升农业发展经济收益。让农村更美。以“五治”为抓手，统筹推进农村厕所革命、垃圾分类减量、污水综合治理、农村违建整治等工作，实现小型集镇生活污水“全截污、全收集、全处理”，继续实施农村饮水安全巩固提升工程，无害化厕所覆盖率达95%，打造1个省级精品乡村。让农民更富。实施发展壮大新型村级集体经济三年行动计划，引导发展“四型”经济，推动新型村级集体经济与文旅、康养、电商等产业深度融合。深化农村集体产权制度改革，完善产权明晰、运转高效的管理机制。用好用活村级集体经济收益和资源，盘活“两安”用地，培育更多集体经济富裕村（社区）、发达村（社区）。

（八）全力保障和改善民生。突出群众需求，补齐民生短板，全面完成省市民生实事，不断提高群众幸福感和满意度。优先发展社会事业。坚持教育优先发展战略，加快史家坡学校、四方坪二小等15所学校建设，探索创新公办园开办形式，逐步提高公办幼儿园占比，提升校园智慧化水平，打造“15分钟优质教育圈”；持续推进义务教育高质量发展，深入实施教师“幸福工程”，着力减轻中小学教师、学生和家长负担，争创全国义务教育优质均衡发展区。以“健康开福”建设为总揽，实施基层医疗卫生机构规范化建设三年行动，加快区公卫大楼、沙坪中心建设，新改建街道社区卫生服务中心5个，确保每个社区卫生服务中心配备2名全科医生；实施“互联网+卫生健康”服务，推进分级诊疗和医联体建设，加快构建以人民健康为中心的卫生健康工作新格局。坚持公共文化服务多元供给，强化区、街、社区（村）三级文化基础设施标准化建设，新建70处全民健身工程；深化“书香开福”建设，新建1家长沙市图书分馆，实现与市图书馆“通借通还”。着力提升保障水平。加强就业基层服务平台建设，抓好高校毕业生、下岗失业人员等重点群体和残疾人、低保对象等困难群众就业，确保零就业家庭动态清零，新增城镇就业0.76万人。落实国务院《保障农民工工资支付条例》，巩固清欠成果，根治欠薪行为。坚持“房住不炒”定位不动摇，确保房地产市场平稳有序健康发展；加快福竹园、福鑫美苑等工程进度，启动湘粤、九龙、大屋山等项目建设，加强老旧房屋功能性改造，重点保障特困户住房需求。实施社区养老服务三年行动计划，提高城乡居民养老保险基础养老金，新建社区居家养老服务中心4个，深入推广“老年人餐桌”服务试点，加快区社会福利中心建设。统筹抓好其他事业。加强国防动员和国防教育工作，深入开展双拥共建活动，全面提升兵役征集、民兵整组和基层武装阵地建设等工作质效，做好退役军人服务管理工作，维护军人军属合法权益，全面落实“军人依法优先”政策，大力营造尊崇军人的浓厚氛围。加强民族宗教、外事侨务、对台事务、史志档案、老龄老干、机关后勤、关心下一代等工作，大力支持工会、共青团、妇联、工商联、残联、侨联、科协等群团组织开展工作。

（九）全力构建社会治理新格局。推进区域社会治理现代化，构建共建共治共享社会治理新格局。创新基层治理。完善以党建为引领、以网格化为支撑的基层治理体系，全面推广“街道吹哨、部门报到”机制，持续提升社区管理和物业服务水平，切实保障城郊转户农民安居乐业。加强社区员额管理，推进社区服务用房达标提质，加快街道社工站建设。坚持和发展新时代“枫桥经验”，加强居民自治和协商共治，推广落实人民调解、行政调解、司法调解“三调联动”新机制。集中攻坚化解一批信访积案。加强综合执法。加快街道综合执法改革试点，逐步构建统一指挥、权责一致、权威高效的基层综合执法体系。扎实推进“互联网+监督”信息化平台建设，推动“双随机、一公开”监管规范化、常态化。深入开展特种设备领域“打非治违”专项行动。以涉企收费、医药价格、教育收费等为重点，深入整治违法违规价格收费行为。全力创建国家食品安全示范城市，切实保障好老百姓“舌尖上的安全”。强化应急管理。深化应急管理体制改革，着力加强基层应急管理救援能力建设，加大“全灾种”消防救援装备配置，完成2个消防站建设。牢牢守住安全生产底线，深入开展安全生产风险隐患“大排查、大管控、大整治”行动，严格落实企业主体责任，坚决防范遏制较大以上生产安全事故发生。建设平安开福。深入推进扫黑除恶专项斗争。坚决打赢禁毒人民战争。进一步加强社区矫正工作。整合“天网”“雪亮”等资源，推进平安乡村视频、二维码标准地址、“大钥匙工程”建设，深化“互联网+群防群治”，提升立体化治安防控能力。

三、着力加强政府治理能力现代化建设

各位代表，当前开福正处在转型升级的关键期，机遇与挑战并存，新形势新任务对政府自身建设提出了更高的要求。“越是形势严峻复杂越需要领导机关和领导干部保持定力、一往无前，越是任务艰巨繁重越需要领导机关和领导干部奋勇当先、实干担当。”新的一年，我们将从以下四个方面着力提升政府治理体系和治理能力现代化水平，建设人民更加满意的政府。

（一）坚持忠诚担当。天下大德，莫过于忠。政府及其工作人员要铸牢忠诚之魂。要忠诚于党。牢固树立“四个意识”、坚定“四个自信”、做到“两个维护”。要忠诚于人民。坚持把群众呼声作为第一信号，把改善民生作为政府工作的出发点和落脚点，始终保持谦虚谨慎、戒骄戒躁的作风，全心全意为人民办实事、做好事、解难事，让开福人民群众感受到党和政府更多的温度。要忠诚于事业。保持清醒定力，对事业多一些执着，对名利少一些热衷。树立“无功就是过，平庸就是错”的干事理念，敢闯风险，善谋利弊，会解疑难，甘当铺路石，多积尺寸功，勇为担当事，越是艰险越向前。

（二）坚持阳光法治。法令行则国治，法令弛则国乱。政府及其工作人员要崇尚法治精神。依法履职行权。认真落实政府法律顾问、公职律师制度，对重大决策事项严格落实公众参与、专家论证、风险评估、合法性审查、集体讨论决定等程序。严格按照法定权限和程序履行职责、行使权力，坚决纠正不作为、乱作为和执法不公、违规执法等问题。强化法治思维。规范办事服务程序，提高运用法治思维和法治方式深化改革、推动发展、化解矛盾、维护稳定的能力，形成办事依法、遇事找法、解决问题用法、化解矛盾靠法的良好法治氛围。注重阳光透明。加强政务公开，推进重大决策部署、重要民生事项、重大投资项目和公共资源交易等领域的信息公开，提高工作透明度。习惯在受监督和约束的环境中工作生活，自觉接受人大及其常委会法律监督和工作监督、政协民主监督以及监察、司法、社会、舆论等各方面监督，主动接受人民群众的评判。

（三）坚持科学高效。不作无用功，不为无益事。政府及其工作人员要勇于善作善成。致力于决策科学。持续推进“四式”调查研究，坚持民主集中制，规范决策程序，评估决策影响，提升决策效率，强化政策协同，及时回应社会关切。致力于落细落实。建立健全“清单管理、跟踪督办、销号验收”的闭环落实机制，

突出目标导向、问题导向和结果导向。要把抓落实、求实效作为一切工作的生命线，对制定的政策、部署的任务，必须一抓到底，做到事有专管之人、时有限定之期，真正把小事做精致、把大事做精彩。致力于科技支撑。以数字化引领政府治理现代化，统筹政务和社会数据资源归集、融合、共享，加快人口、法人、经济信息、地理空间等基础数据库建设，打破“数据壁垒”“信息孤岛”。以互联网、大数据、人工智能、区块链等技术手段为支撑，切实增强政府及其工作人员利用数据推进工作的本领，优化完善“互联网+政务服务”一体化平台，推广运用“我的长沙”APP，实现政务服务、公共服务和社会服务“指尖办”，打造整体协调、高效运行、24小时“不打烊”的数字政府。

（四）坚持正风肃政。多植荷花塘自清，勤肃腐败政自明。政府及其工作人员要落实全面从严治党要求。防范任性用权。严格用制度管权管事管人，对权力集中的部门和岗位，实行分事行权、分岗设权、分级授权，加大审计、财政监督力度，强化重大项目投资、政府采购、国有资产经营管理等重点领域和关键环节廉政风险防控。严格遵规守纪。把纪律和规矩挺在前面，加强纪律教育，强化纪律执行，筑牢廉政防线，坚决贯彻中央八项规定及实施细则精神，强力整治“提篮子”“打牌子”“收送红包礼金”等顽疾。树立高尚政德，明善恶、知羞耻，以清正的公仆形象、廉洁的政府形象取信于民。锻造过硬作风。带头过紧日子，大力压缩一般性支出，严控“三公”经费预算，取消低效无效支出。坚决破除形式主义官僚主义，最大限度削减“文山会海”“材料报表”。改进和规范督查工作，严控总量和频次，不搞运动式轮番督查、机械式对照检查。下气力解决不知敬畏、满不在乎、只喊口号、爱装样子等干部作风问题，让“雷厉风行马上办、锲而不舍钉钉子、义不容辞敢担当”成为政府及其工作人员的鲜明标识。

初心如磐，使命如山，让我们在习近平新时代中国特色社会主义思想指引下，在市委、市政府和区委的坚强领导下，以更加强烈的使命担当、更加稳健的发展步伐、更加坚毅的斗争精神、更加务实的工作作风，抢抓宝贵发展机遇，冲刺关键发展节点，为加快建设强盛、精美、幸福、厚德的现代化新开福而努力奋斗。

名词解释：

1.“四上”企业：即规模以上工业企业、资质等级建筑业企业、限额以上批零住餐企业、规模以上服务业企业。

2.一江三河：湘江、捞刀河、浏阳河、沙河。

3.三资：即资源、资产、资金。

4.六控十严禁：“六控”，即控尘、控煤、控车、控油、控排、控烧。“十严禁”，即严禁渣土车、混凝土搅拌车、运砂车等各类车辆带泥上路，严禁违法倾倒渣土，严禁工地裸露黄土，严禁重污染天气下土石方施工，严禁燃烧散煤，严禁燃放烟花爆竹，严禁露天焚烧垃圾，严禁露天烧烤，严禁露天焚烧秸秆，严禁拖拉机等高排放车辆进城。

5.多式联运：由水路港、铁路港、公路港相互衔接、转运而共同完成的运输过程。

6.“放管服”改革：即简政放权、放管结合、优化服务改革。

7.一件事一次办：“一件事”是指企业、群众需办理的一个事项，既可以是单独的“一件事情”，也可以是需到多个部门办理或多件相关的“事”“一揽子事”，经过梳理整合、流程再造后，变成企业、群众眼中或窗口统一办理的“一件事”；“一次办”是指一次告知、一次表单、一次联办、一次办好，线上一次登录、一网通办，线下只进一扇门、最多跑一次。

8.五办两中心一队一站：“五办”即党政综合办公室、基层党建办公室、城市管理办公室、公共服务办公室、公共安全办公室；“两中心”即政务服务中心、网格化综合服务中心；“一队”即综合行政执法队；“一站”即退役军人服务站。

9.四到：随叫随到、不叫不到、服务周到、说到做到。

10.入规：即引导培育规模以下企业纳入规模以上企业，包括当年产品销售收入2000万元以上（含）的工业企业、年主营业务收入2000万元以上的限额以上批发业企业、年主营业务收入500万元以上的限额以上零售业企业和年主营业务收入200万元以上的限额以上住宿餐饮业企业。

11.升高：即小微企业升级为高新技术企业。

12.电力“630攻坚”：即《长沙市电网供电能力提升三年行动计划（2018—2020年）》明确的电网

“主干网架”提质、“骨干网架”补短、“城乡配网”升级三大工程建设，确保到2020年，长沙电网建设改造投资规模约150亿元，满足1000万千瓦负荷下安全供用电需求。

13.海绵城市：指城市能够像海绵一样，在适应环境变化和应对雨水带来的自然灾害等方面具有良好的弹性，也可称之为“水弹性城市”。

14.一圈两场三道：“一圈”即15分钟生活圈；“两场”即停车场、农贸市场；“三道”即人行道、自行车道、历史文化步道。

15.“4+2”分类法：“4”即可回收垃圾、有害垃圾、干垃圾、湿垃圾；“2”即家装垃圾、大件垃圾。

16.四型：即土地合作型、资源开发型、物业经营型、乡村服务型。

17.五治：即治厕、治垃圾、治房、治水、治风。

18.一约三会一队：村民公约、红白理事会、村民自治理事会、禁毒协会、社会风气监督队。

19.“四式”调研：蹲点式、体验式、比较式、联合式调研。

20.六稳：即稳就业、稳金融、稳外贸、稳外资、稳投资、稳预期。

21.两图两库两池两报告：即产业全景图、现状图，产业链客商库、项目库，资金池、人才池，产业发展报告、产业招商报告。

22.“2+2+4”视频技术底座：2个平台：超高清视频制作共享云平台、国家超级计算长沙中心创新应用平台；2个研究院：区块链技术应用研究院、马栏山计算媒体研究院；4个创新实验室：电广传媒高新视频应用实验室、下一代互联网宽带应用国家工程实验室马栏山研究院、北京大学互联网研究院视频技术研究中心、国家电视技术工程中心马栏山分中心。

23.三类500强：指世界500强、中国500强和民营500强三类企业。

24.“两业”扶贫：即就业扶贫和产业扶贫。

25.五帮扶：即对特殊困难群体实施基本生活帮扶、医疗帮扶、急难帮扶、住房帮扶和就业帮扶等。

26.三项帮扶：即教育帮扶、低保群体再帮扶、重度残疾人帮扶。

27.单一窗口：指参与国际贸易和运输的各方，通过单一的平台提交标准化的信息和单证以满足相关法律法规及管理的要求。

28.“双对标、指标长”制度：即对标杭州、对标国家营商环境评价指标标杆城市，建立营商环境指标长负总责制度。

29.三去一降一补：去产能、去库存、去杠杆、降成本、补短板。

30.“最多跑一次”改革：是指通过“一窗受理、集成服务、一次办结”的服务模式创新，推进审批服务“马上办、网上办、就近办、一次办”，让企业和群众到政府办事实现“最多跑一次”的行政目标。

31.“四个一”“四个办”：“四个一”即只上一张网、只看一张表、只进一个厅、最多跑一次；“四个办”即网上办、一次办、就近办、帮代办。

32.三集中三到位：即一个行政机关的审批事项向一个处室集中，行政审批处室向政务服务中心集中，审批事项向网上办理集中；保障进驻政务服务中心的审批事项到位，审批权限到位，办理事项网上电子监察到位。

33.综合窗：即推进“前窗综合受理、后台分类审批、综合窗口出件”的政务服务新模式，达到分类整合办事窗口、人员、业务，优化办事流程、提高窗口办事效率的目的。

34.“三即”承诺制：即“拿地即开工”“开户即开业”“交房即交证”。

35.独角兽企业：指成立时间不超过10年、估值超过10亿美元的未上市创业公司。

36.枫桥经验：20世纪60年代初，浙江省诸暨市枫桥镇干部群众创造了“发动和依靠群众，坚持矛盾不上交，就地解决。实现捕人少，治安好”的“枫桥经验”，为此，毛泽东同志亲笔批示在全国推广。“枫桥经验”由此成为全国政法战线一个脍炙人口的典型。之后，“枫桥经验”得到不断发展，形成了具有鲜明时代特色的“党政动手，依靠群众，预防纠纷，化解矛盾，维护稳定，促进发展”的枫桥新经验，成为新时期专门工作与群众路线相结合的典范。

37.双随机、一公开：即在监管过程中随机抽取检查对象，随机选派执法检查人员，抽查情况及查处结果及时向社会公开。

政协长沙市开福区第五届委员会常务委员会工作报告

在开福区政协五届五次全体会议上的讲话

政协开福区第五届委员会主席　熊建伟

（2020年1月11日）

2019年工作情况

2019年是新中国和人民政协成立70周年，是开福区政协砥砺前行、锐意进取的奋进之年。一年来，区政协在区委的坚强领导下，紧扣区委"升级发展、成就北富"的发展战略，以时不我待的紧迫意识，以拼搏赶超的精神气质，以争创一流的坚定决心，以走在前列的自我担当，高举团结、民主两大旗帜，履行政治协商、民主监督、参政议政三大职能，为区域经济和社会发展贡献了"政协智慧""政协力量"和"政协作为"，圆满完成全年各项工作任务。

一、不忘初心，坚持政治引领把航向

人民政协首先是政治组织，必须旗帜鲜明讲政治。区政协坚持把政治建设摆在首位，坚持党建工作和业务工作一体部署、一体推进，带头树牢"四个意识"，坚定"四个自信"，坚决做到"两个维护"。

1.深入开展主题教育，在确保政治方向上坚定不移。认真落实区委"不忘初心、牢记使命"主题教育统一部署，聚焦"守初心、担使命，找差距、抓落实"总要求，以"真学真检查、真查真整改、真改真行动"的决心和信心，深入组织学习习近平新时代中国特色社会主义思想、党章党规、习近平总书记关于政协工作等系列讲话精神，全面查找和整改各种违背初心使命的问题，先后组织集中学习、研讨交流、警示教育、民主生活会、组织生活会、主题党日活动、志愿服务活动10余次，党组成员带头讲党课6次，完成调研报告5篇，进一步坚定了政治立场、锤炼了党性修养、提升了精气神，各项工作推动更加有力。

2.认真落实学习制度，在强化理论武装上坚持不懈。以习近平新时代中国特色社会主义思想为重点内容，制定《区政协党组中心组2019年理论学习计划安排》，落实党组中心组理论学习制度，以主席会议集中学习、履职动员大会集体学习、委员培训轮流学习相结合，形成内容丰富、方式多样的学习形式，确保在政协组织和政协委员中党的政治理论学习全覆盖。8月底，我们联合区委统战部，组织100名政协委员与党外人士在四川大学开展"不忘初心、牢记使命"主题教育暨能力素质提升培训班，强化政治理论学习，增强政治意识，提升政治素质，履职更加积极。

3.注重抓实学以致用，在推进履职尽责上坚守担当。及时传达学习上级重要会议和重要文件精神，确保政协履职始终紧扣区委中心任务，与区委同频共振，展现政协担当作为；及时传达学习习近平总书记关于加强和改进政协工作的系列讲话精神，特别是针对习总书记"920"讲话精神和十九届四中全会精神，我们组织原文学习，作为政协工作的根本遵循，在深化、消化、转化理论知识上见成效，悟出思想方法、学出具体举措、找出解决办法，并紧扣区委中心工作谋划和指导具体工作实践，推动理论学习与中心工作相融合、两促进。

二、精准议政，聚焦服务中心促发展

区政协始终坚持"围绕中心，服务大局"的履职导向，紧扣区委"打赢四场硬仗，推动高质量发展"的整体思路，为开福经济社会发展精准议政。

1.协商视察服务发展大局。根据区委点题，聚焦区委中心工作和民生福祉，组织40多个区直相关单位，100余位党内外政协委员，足迹踏遍省内外50多个点，开展"进一步推动开福内陆开放新高地建设""小区

业委会依法履职的思考”“加强我区闲置土地支帮促”“推进开福区实体工业差异化发展”“加强我区公办和普惠幼儿园建设”5个专题协商和“马栏山视频文创园建设”“全面落实乡村振兴战略工作”“高岭国际商贸城可持续发展”“水质自动监测站建设”“高新技术产业发展”5个主席会议视察，向区委、区政府提交意见建议200余条，得到了区委主要领导高度重视和重要批示，力促了一大批区域经济发展痛点、难点问题的解决。如，时隔两年我们再次对“开福内陆开放新高地建设”进行调研，围绕外向型经济对区域的贡献度，内陆开放新高地建设的方向、重点和措施等方面深入调研，为开福发展注入新动力，增添新活力，拓展新空间。调研报告《进一步推动开福内陆开放新高地建设》获评省政协二等奖。

2.社情民意实现高产优质。反映社情民意信息工作历来是区政协的一块金字招牌，开福政协是全省唯一可以破例直报省政协的区县。我们坚持“核心小组、集体研修、考核评优”三驾马车并驾齐驱，为政府决策和民生改善提供了高效的决策参考，贡献了政协智慧。全年，共收到78位委员撰写的社情民意信息稿件213篇，上报115篇，李劲松秘书长《关于完善政协章程第五十条的建议》、田承明主任《关于将县级政协专门委员会主任全部纳入政协常委的建议》和徐大建委员《关于完善职业兽医制度的建议》3篇被全国政协采用，省政协采用18篇，市政协采用18篇，采用数居全省125个区县（市）第一，连续7年蝉联全市第一。如，龚耀武委员撰写的社情民意信息《尽快设立长沙城市原点的建议》，受到了省委常委、市委书记胡衡华，市政协主席文树勋的高度重视，并做了重要批示，市长胡忠雄签发《关于提请审议长沙市城市原点规划选址的议案》，提交市人大常委会审议。

3.提案办理坚持多措并举。提案是委员协商议政的重要方式，内容涉及经济、政治、文化、社会管理方方面面。全年，共收到提案113件，立案60件，其中有41件提案办理为A案，A案率68.3%；B案14件，B案率23.3%。我们围绕群众最关心、最直接、最现实的热点问题，精选10件重点提案，报请区委同意，由区委政府领导亲自领办6件；我们创新性地将提案办理纳入“协商监督一体化”中，对提案办理情况进行民主监督；我们首次对3件提案办理效果实行第三方评估等举措，很好地解决了提案办理中“落实率不高、委员被满意”等问题，提案办理日趋规范化。

4.凝聚共识突出协商民主。区委领导亲自参加全会和分组讨论，听取意见建议，为协商民主、凝聚共识树立了典范。区政协组织的调研、座谈、视察、民主监督等协商活动，特别安排不同党派、不同界别的委员主题发言，安排参会的区直部门回应发言，使协商过程成为发扬民主、集思广益、统一思想的过程，凝聚多方智慧，使建言献策更加精准。2019年，全区各民主党派、工商联和无党派人士参加政协各类协商活动上百次，共提交提案31件，反映社情民意信息89篇，在参政议政中发挥了不可替代的作用。此外，各民主党派和知联会开展“中山希望书屋”“烛光行动”“为星星保驾护航”“同心健康社区”“凤凰欲飞”“一座城帮一个村”“物联世界、共创未来”高峰论坛等系列活动，在服务经济社会发展、助力厚德开福建设、维护社会和谐稳定等方面贡献了不可或缺的力量。

三、务实举措，推动委员履职见成效

区政协围绕激发委员履职活力，积极搭建平台，创新载体，务实举措，有效提升履职水平和履职实效。

1.联通线上线下，回应群众期盼。按照“互联网+政协”要求，依托16个街道和5个专委会共21个委员工作站（室），通过政协云、微信公众号等履职新载体，构建“线上线下委员工作站”，打造时刻在线，永不落幕的委员之家。各委员工作站依托自身资源，开展形式多样的履职活动，服务民生民利。如，提案委法润江湾委员工作室，全年开展法律服务“进机关、进学校、进企业”活动12次，受益2000多人次，助力法治开福建设。全年，共有206名委员到街道和社区进行值班走访，收集居民关注的民生问题700余条，并在第一时间进行处置回复，为理顺情绪、化解矛盾、维护社会大局稳定展现了政协作为。

2.立足基层协商，坚持民生导向。区政协继续打造基层协商这一特色品牌，聚焦社区群众民生热点，把民生领域的急事、短板、痛点作为基层协商题目，先后开展基层协商64次，协商解决民生问题50余个，让幸福在家门口升级。如，伍家岭波隆立交桥交通优化整治，望麓园街道打造“共享停车”，通泰街万达物业提质降费，沙坪街道农村聚餐规范点等成功协商案例，获得居民群众的点赞，社会反响很大。7月19日，我们组织召开半年度基层协商推进会，现场观摩了湘雅路街道“百善台社区2至6栋天然气改造”协商会议，使基层协商更加制度化、规范化、程序化。

3.强化民主监督，提升工作实效。我们重点打造“协商监督一体化”，确保协商成果落地落实，让民主监督更实、作用更好。我们与区纪委监委联合成立民主评议工作组，对区住建局的工作，通过拍摄暗访短片找问题，切实达到改进作风的目的；我们委派10名政协委员受聘开福交警大队“形象监督员”，对开福交警执勤执法、警民关系等方面进行全方位的监督，效果明显；我们组织召开政协常委会专题视察和协商，将2019年“我区不可移动文物保护”协商成果的落实情况，作为重点监督内容进行监督；我们组织委员首次走进区纪委监委，全方位感受“阳光下的纪检监察”，促进双方监督职能有机融合，形成强大监督合力。

4.接轨云端履职，保持领先优势。通过实施“百人计划”，采取月通报、季讲评、年度评比等手段，全区共有236名政协委员和机关工作人员参与政协云，政协云登录和参与综合排名全市第一、全省第八。同时，为让委员们的辛勤履职成果落到实处，我们将政协云平台委员微建议转交“12345”热线办理，区绩效办将其纳入年度绩效考核目标体系，确保微建议年度办复率达到100%，满意率在95%以上。区政协撰写的《建言的准度，处置的速度，提高了群众的满意度》《多方联动畅通微建议办理快车道》两条经验材料被省政协云报道推广。

5.坚守为民初心，致力扶贫帮困。“民生无小事，枝叶总关情”，区政协时刻将群众的冷暖放在心上，在“双百帮扶”“爱心助学”等活动中，展现政协服务民生的温度和履职为民的情怀。全年，区政协委员共捐助善款38.79万元，在春节、端午节、中秋等节日，组织委员前往结对帮扶的困难群众家中送祝福，送上委员们的爱心，为全区100名品学兼优的贫困学子发放助学金。10月24日至26日，落实区委对口扶贫攻坚工作会议精神，我们赴湘西龙山县开展爱心助学、专家义诊等活动，为119名贫困学生捐赠助学金20万元，与15名特困家庭学生一对一长期结对帮扶，协商研讨对口产业扶贫长效机制，向区委提交了建议报告。此外，利用委员自身优势，牵头组织开展“相知相伴、童心同行”“龙华上品·三湘阳光助学”“用画叩开心门，点亮家庭希望”“守护天使”“看望抗战老兵”“与爱同行，暖心助残”“颜值从齿开始”等社会公益活动300多个，为居民群众送钱、送医、送药、送书，让居民在家门口获得实惠。

四、作风过硬，干出政协工作新样子

区政协围绕习总书记提出的“懂政协、会协商、善议政，守纪律、讲规矩、有品行”要求，把握新方位，牢记新使命，干出新时代政协工作的新样子。

1.“不分一线二线，都在前线火线”，彰显政协担当作为。区政协紧密团结在区委周围，按照区委的统一安排，积极投身全区中心工作。在黄兴北路、金霞片区、火车北站等棚改、拆迁项目中，始终奋战在最前线；在抗洪抢险、拆违控违、信访维稳、城市管理、文明创建等工作中，始终坚持靠前指挥；在助力营商环境优化年和产业项目建设年上，为项目招商牵线搭桥，为留商安商稳商主动作为，为产业做大做强深入调研，贡献政协力量，彰显政协担当。

2.“不可复制，难以超越”，展现政协干事谋事成事力度。5月8日至10日，区政协承办了第三届“中国福”城市文化交流活动，邀请江西安福、贵州福泉、福建福鼎等8个“福城市”代表齐聚开福，增进文化交流，促进地域交往，推介开福名片。此次活动在区委的坚强领导下，以“厚德载福·开启幸福”为主题，通过文艺会演、福地参观、夜看开福、主题论坛等多种形式，全方位展示开福厚德文化理念和丰硕发展成果，努力实现区委“不可复制、难以超越”的目标，在福文化交流活动中画出了开福浓墨重彩的一笔。

3.“激发动力，点燃热情”，提升政协委员资政建言能力。我们重点做好委员“进出把关、职责明确、学习提升、走访帮扶、人文关怀、严格考核”六个方面的工作，激发内生动力。全年，共走访委员29批次，帮助解决华悦酒店交通微循环、家家红项目、邮储银行银政企对接、洪山寺综合楼建设等许多具体问题。我们通过双庆文艺晚会、游泳比赛、摄影协会采风等联谊活动，联络感情，凝聚人心，更好地激发委员履职的热情。特别是在市政协篮球赛中，区委领导和委员们发扬敢于拼搏、团结协作的精神，历史上首夺第三名的好成绩。此外，我们通过组织开展“重点履职大会”“社情民意研修会”“现场观摩推进会”等举措，提升委员资政建言的能力水平。

4.打造“四型机关”，锤炼政协机关干部综合能力素质。区政协致力于打造“学习型、创新型、效能型、和谐型”四型机关，提升自身能力素质。我们充分发挥“海绵精神”，虚心学习省内外先进经验，提升创新能力。全年，外出学习调研20余次，共有26批次兄弟单位来我区学习交流，增长了知识，拓展了视野；我们积极投身文明创建工作，开展各类志愿服务活动，助力全区文明创建迎检工作。同时，区政协机关积极创建市级文明单位；我们在“双庆”活动中，群策群力，自编自导自演，领导班子带头集体亮相，委员们尽情施展才华，奉献了一场精彩纷呈的晚会，献礼新中国和人民政协成立70周年；在省、市政协各类工作座谈会上，开福多次作为发言单位，推介开福经验。如，9月27日市委政协工作会议上，开福作为唯一区县代表向市委汇报特色亮点工作；我们自行编印《开福政协》，出版《区政协履职成果汇编》《社情民意信息汇编》等书籍资料，制作《2019年履职工作纪实片》，如实记录区政协一年工作的全景全貌，留住政协记忆、留住精彩瞬间。

区政协一年来所取得的成绩，离不开中共开福区委的坚强领导，离不开区人大、区政府、离退休老同志以及社会各界的大力支持，离不开全体政协委员和老委员咨询团的精诚团结和努力奋斗。在此，我谨代表区政协第五届委员会，向关心、支持区政协工作的各级领导和各界人士，以及所有同志们、朋友们致以崇高的敬意和衷心的感谢。

今年是五届开福政协的第四个年头，我们现在所处的，是一个船到中流浪更急、人到半山路更陡的时候，是一个愈进愈难、愈进愈险而又不进则退、非进不可的时候。在总结成绩的同时，我们也应该清醒地认识到工作中存在的委员政治意识有待增强、履职积极性有待提高、履职水平不均衡、建言献策质量还需提升、履职成果没有充分转化等不足和问题，还需要我们认真研究，全力加以改进，也真诚希望广大政协委员和社会各界人士，群策群力，多建睿智之言，多献务实之策，唱响主旋律、增添正能量、共画同心圆。

2020年工作思路

2020年是全面建成小康社会和“十三五”规划收官之年。2020年，区政协工作的总体思路是：以习近平新时代中国特色社会主义思想为指导，全面贯彻党的十九大和十九届二中、三中、四中全会精神及中央、省委、市委政协工作会议精神，深入贯彻习近平总书记在中央政协工作会议暨庆祝中国人民政治协商会议成立70周年大会上的重要讲话精神，高举团结、民主两大旗帜，紧扣区委“升级发展、成就北富”目标，紧紧围绕“强力实施‘433’攻坚，推动产业高质量发展”，积极履行政治协商、民主监督、参政议政三大职能，努力做到定位更加准确、选题更加精准、监督更加有效、特色更加鲜明、履职更加到位，为建设强盛、精美、幸福、厚德的现代化新开福聚合力、添动力、增活力。

一、新思想、新要求、新定位，强化政治引领

区政协要始终把对党忠诚摆在开福政协人的首位，以政治建设引领各项工作，做到区委有号召、政协有行动，区委有部署、政协有落实。

1.学习新思想，自觉坚持党的领导。在区委的坚强领导下，不断强化思想政治理论学习，发挥政协党组的领导核心作用、机关党支部的战斗堡垒作用和党员干部的先锋模范作用，引导政协机关干部和政协委员作政治上的明白人、工作中的实干家、生活上的正派人。

2.践行新要求，时刻不忘初心使命。时刻牢记成立人民政协的初心所在，不断巩固深化“不忘初心、牢记使命”主题教育成果，始终把为人民谋幸福作为政协工作的初心使命，提高政治站位、提升理论素养、强化责任意识、拓宽视野格局，推动政协工作更好更快地服务区委总体发展需求。

3.把握新定位，精心筹划工作布局。坚持把习近平新时代中国特色社会主义思想作为开福政协的总纲，将习近平总书记“9·20”讲话精神作为当前和今后一个时期工作总定位，紧扣区委中心工作，精心筹划好具体工作实践。

二、献实策、创实绩、重实效，服务发展大局

坚持把“党政所想、群众所盼、政协所能”作为政协选题的基本原则，围绕党政中心工作更好地履职。

1.精准选好题目。协商视察聚焦营商环境、产业发展、社会治理等百姓关注的热点问题，根据区委点题，今年重点做好“加大社会治理，让被征地农民安居乐业，促进城乡融合发展”和“老旧小区有机更新”2个专题协商，做好加强社区综合性居家养老服务1个对口协商和法院执行工作、生活垃圾分类、城郊结合部学校安全用水、医药健康产业园发展、社区卫生服务中心建设5个主席会议视察活动，邀请区委、区政府主要领导参加专题协商会议，邀请区政府分管领导参加对口协商

和主席会议视察。

2.打造协商监督一体化。继续探索与区纪委监委联合开展民主评议工作的长效机制，进一步增加民主监督的力度，形成强大的监督合力。采取与区纪委监委联合评议的方式，对“医药物流产业发展规划和招商策略的落实情况”进行民主评议，对区住房和城乡建设局民主评议工作组织“回头看”。此外，对区市场监督管理局进行民主监督，把协商监督纳入提案办理等具体工作，进一步增强监督实效。

3.创新全会方式。在今年全会中，我们新增大会发言议程，安排4名委员和民主党派代表围绕“打造品牌夜食经济”“社区综合性居家养老服务”“加强基层医疗队伍培训”“破解企业入园用地瓶颈”等区委中心工作和重点民生问题在大会上发言。今后，要将大会发言作为全会的规定内容，早准备、早调研，争取更多民生问题的解决。

三、解民忧、汇民意、谋民利，践行民心导向

区政协始终坚守“为民初心”，决心用履职成效和工作实绩为人民交出一份满意的答卷。

1.坚持为民发声。重点加大涉及教育、医疗、住房、卫生等人民群众反映强烈的部门民主监督力度；继续抓好社情民意信息和政协云微建议等委员履职工作，在服务社会和人民中用好话语权、扩大参与面、提高数与质，确保在省、市中继续保持领先优势。

2.坚持为民协商。基层协商坚持“重民生、重质量、重实效”的基本原则，以政协为主体，与“街道吹哨、部门报到”相结合，利用“委员接待日”“委员联点社区”等制度收集好居民群众的迫切民意，运用“圆桌议事会”“三诊工作法”等形式，发挥委员和各方人士的智慧，在区直部门的支持下，把人民群众热切期盼的呼声用协商的办法解决好，为推进国家治理体系和治理能力现代化展现政协作为。全年，由街道政协联络处主任牵头，与政协委员一起，每个街道扎实开展2次基层协商。

3.坚持为民解忧。继续开展“双百帮扶”“爱心助学”“扶贫帮困”等活动，为困难群众慷慨解囊、雪中送炭；充分发挥委员资源，继续助力区委对口扶贫攻坚工作；组织委员开展“进社区、进学校、进企业”大型公益活动，帮助更多需要帮助的困难群体。

四、强队伍、创机制、出特色，狠抓自身建设

政协工作优势在委员，重点在机关，关键在干部。按照凝心聚力第一线、决策咨询第一线、协商民主第一线、国家治理第一线“四个一线”要求，切实发挥开福政协的“一线作为”。

1.激发活力，打造魅力四射的委员队伍。用事业、活动、爱心、制度来凝聚人心，激发活力。按照本届政协任期内走访所有委员的既定目标，帮助委员及委员单位解决实际问题，用真帮换真诚，用真情换真心。上半年，我们将召开重点履职动员大会，并请区委、区政府领导和政协工作专业人士为全体委员授课；与区委统战部在南开大学联合举办政协委员和党外优秀人士能力素质提升班，提升委员履职水平。

2.注重锤炼，打造担当有为的基层干部。主动给街道政协联络处主任和联络员交任务、压担子，精心打磨，锤炼过硬能力素质，在社情民意信息、提案撰写、云端履职等方面率先一步，在委员工作站建设等方面打造出各具街道和界别特色的品牌亮点。主要落实好“一站四活动”，一站：即线上线下委员工作站规范运作；四活动：即线上线下委员值班活动、结合

街情的委员牵头主体履职活动、街情通报和结合“街道吹哨、部门报道”委员参加的基层协商。

3.精益求精，打造能力过硬的机关干部。树立甘于奉献、甘当绿叶的思想，倾政协之力、展政协之长、尽政协之责，在福文化的传承、社情民意信息、基层事务协商、线上线下委员工作站、政协云登录、微建议办理等方面，一是持续巩固开福政协的特色亮点，继续保持领先优势。二是不断提高谋划特色亮点工作的能力，做到重点工作有亮点，亮点工作有特色。三是加大宣传工作的力度，编印《开福政协》月刊，在党报党刊和《人民政协报》、《湘声报》、政协云上传播开福政协好声音，为开福扩大影响力增光添彩。

“好风凭借力，扬帆正当时。”如果说开福政协的昨天是“雄关漫道真如铁”，开福政协的今天是“人间正道是沧桑”，那么开福政协的明天必定是“长风破浪会有时”。让我们更加紧密团结在以习近平同志为核心的中共中央周围，在中共开福区委的坚强领导下，以梦想为岸、以团结作帆、以奋斗为桨，众志成城、携手并肩、砥砺奋进，为加快建设强盛、精美、幸福、厚德的现代化新开福做出新的更大的贡献。

统计资料

中共长沙市开福区委2019发文一览表

表4

3 月 13 日 开发〔2019〕1 号关于长沙市开福区区级党政机关机构设置的通知
5 月 10 日 开发〔2019〕2 号印发《关于落实农业农村优先发展要求加快推进乡村振兴的实施方案》的通知
6 月 21 日 开发〔2019〕3 号印发《区人民政府向区人大常委会报告国有资产管理情况制度》的通知
8 月 28 日 开发〔2019〕4 号印发《开福区关于庆祝中华人民共和国成立 70 周年活动总体方案》的通知
9 月 16 日 开发〔2019〕5 号印发《关于开展“不忘初心、牢记使命”主题教育的实施方案》的通知
12 月 20 日 开发〔2019〕6 号关于涉机构改革区委党内规范性文件和相关文件专项清理的决定

开福区人大常委会2019发文一览表

表5

开常发〔2019〕1 号关于表彰“成就北富我要给力，厚德开福向我看齐—— 人大代表在行动”主题活动“十佳”人大代表的决定
开常发〔2019〕2 号关于开展“不忘初心、牢记使命”主题教育的实施方案
开常人发〔2019〕1 号关于提请决定陈殷等同志职务任免的议案
开常人发〔2019〕2 号关于陈殷等同志职务任免的通知
开常人发〔2019〕3 号关于徐路明等同志职务任免的通知
开常人发〔2019〕4 号关于李建科等同志职务任免的通知
开常人发〔2019〕5 号关于曹露等同志任职的通知
开常人发〔2019〕6 号关于张胜良同志任职的通知
开常人发〔2019〕7 号关于杨赞同志任职的通知
开常人发〔2019〕8 号关于许文杰等同志职务任免的通知
开常人发〔2019〕9 号关于免去宋宽馀等同志职务的通知
开常办发〔2019〕1 号关于召开开福区第五届人大常委会第十七次会议的通知
开常办发〔2019〕2 号关于印发《2019 年“司法公正长沙行”活动实施方案》的通知
开常办发〔2019〕3 号关于印发《关于做好 2019 年人大代表参加庭审评议工作的实施方案》的通知
开常办发〔2019〕4 号关于召开开福区第五届人大常委会第十八次会议的通知

续表5

开常办发〔2019〕5 号关于建设医疗卫生现代化强区专题询问实施方案》的通知
开常办发〔2019〕6 号关于印发《开福区人大常委会开展〈中华人民共和国老年人权益保障法〉执法检查工作方案》的通知
开常办发〔2019〕7 号关于召开开福区第五届人大常委会第十九次会议的通知
开常办发〔2019〕8 号关于印发《长沙市开福区人民代表大会常务委员会关于推进预算联网监督工作实施方案》的通知
开常办发〔2019〕9 号关于进一步加强和规范我区人大代表活动经费使用管理的通知
开常办发〔2019〕10 号关于印发《开福区人大常委会开展〈中华人民共和国河道管理条例〉执法检查工作方案》的通知
开常办发〔2019〕11 号关于开展“不忘初心、牢记使命”主题教育的实施方案
开常办发〔2019〕12 号关于召开开福区第五届人大常委会第二十次会议的通知
开常办发〔2019〕13 号关于召开开福区第五届人大常委会第二十一次会议的通知
开常办发〔2019〕14 号关于召开开福区第五届人大常委会第二十二次会议的通知

开福区人民政府2019发文一览表

表6

开政发〔2019〕1 号　关于 2019 年《政府工作报告》主要目标任务实施责任管理的通知
开政发〔2019〕2 号 关于调整长沙开福城市建设投资有限公司董事会、监事会成员的通知
开政发〔2019〕3 号 关于调整长沙市城北投资有限公司董事会、监事会成员的通知
开政发〔2019〕4 号 关于调整长沙开福城投控股有限责任公司董事会、监事会成员的通知
开政发〔2019〕5 号 关于对航线大厦重大火灾隐患单位实行挂牌督办整改的通知
开政发〔2019〕6 号 关于同意继续保留长沙市开福区四方坪街道办事处红色渔场管理委员会、长沙市开福区四方坪街道办事处先福村管理委员会集体经济组织机构的批复
开政办发〔2019〕1 号　关于 2018 年度财政性资金（第一批）奖励政策兑现的通知
开政办发〔2019〕2 号 关于取消一批区政府及其部门规范性文件设立的证明事项的通知
开政办发〔2019〕3 号 关于区政府领导干部分工调整的通知
开政办发〔2019〕4 号 关于表彰 2018 年度安全生产目标管理先进单位（企业）和个人的通报
开政办发〔2019〕5 号 关于印发《省委巡视反馈意见有关问题整改实施方案》的通知
开政办发〔2019〕6 号 关于印发《开福区 2019 年企业“入规、上市、升高”及智能制造企业培育工作方案》的通知
开政办发〔2019〕7 号 关于印发《开福区 2019 年度国民经济和社会发展主要预期目标》的通知

续表6

开政办发〔2019〕8 号 关于印发《开福区违建别墅问题清查整治专项行动工作方案》的通知
开政办发〔2019〕9 号 关于印发《开福区国民经济和社会发展第十四个五年规划纲要编制工作方案》的通知
开政办发〔2019〕10 号 关于印发《加快推进长沙市开福区教育现代化三年行动计划（2020–2022 年）》的通知
开政办发〔2019〕11 号 关于印发《开福区基层医疗卫生服务能力提升三年行动计划（2019—2021 年）》的通知
开政办发〔2019〕12 号 关于进一步明确河长职责和规范巡河内容的通知
开政办发〔2019〕13 号 关于区政府领导干部分工调整的通知
开政办发〔2019〕14 号 关于印发《开福区推进“一件事一次办”改革进一步提高行政审批政务服务效能考核办法》的通知
开政办发〔2019〕15 号 关于区政府系统“不忘初心、牢记使命”主题教育调研活动优秀调研报告评选结果的通报
开政办发〔2019〕16 号 关于印发《长沙市开福区全面推行行政执法公示制度执法全过程记录制度重大执法决定法制审核制度的实施方案》的通知
开政办发〔2019〕17 号 关于印发《开福区驻外招商人员管理办法》的通知

开福区政协2019发文一览表

表7

开政协〔2019〕1 号 关于区委、区政府领导领衔办理重点提案的请示
开政协〔2019〕2 号 关于印发《开福区政协委员履职管理与考核办法（修订稿》的通知
开政协〔2019〕3 号 《政协长沙市开福区委员会关于印发各委员活动小组分组名单》
开政协〔2019〕4 号 《政协长沙市开福区委员会关于任命专门委员会兼职副主任的通知》
开政协〔2019〕5 号 《政协长沙市开福区委员会关于调整专门委员会设置的决定》
开政协〔2019〕6 号 《政协长沙市开福区委员会关于李新民等同志职务任免的通知》
开政协〔2019〕7 号 关于全面落实乡村振兴战略工作的视察建议
开政协〔2019〕8 号 政协长沙市开福区委员会关于加强反映社情民意信息工作的办法
开政协〔2019〕9 号 关于高岭商贸城可持续发展的视察建议
开政协〔2019〕10 号 关于举办区政协委员与党外代表人士“不忘初心、牢记使命”主题教育暨能力素质提升班的请示
开政协〔2019〕11 号 政协长沙市开福区委员会关于“小区业委会依法履职的思考”专题协商建议（报区委）
开政协〔2019〕12 号 政协长沙市开福区委员会关于“小区业委会依法履职的思考”专题协商建议（报政府）

续表7

开政协〔2019〕13 号 关于推进开福区实体工业差异化发展专题协商建议（报区委）
开政协〔2019〕14 号 关于推进开福区实体工业差异化发展专题协商建议（报政府）
开政协〔2019〕15 号 政协长沙市开福区委员会关于推进马栏山视频文创产业园建设的视察建议（报区委）
开政协〔2019〕16 号 政协长沙市开福区委员会关于推进马栏山视频文创产业园建设的视察建议（报政府）
开政协〔2019〕17 号 关于我区水质自动监测站建设工作的视察建议（报区委）
开政协〔2019〕18 号 关于我区水质自动监测站建设工作的视察建议（报政府）
开政协〔2019〕19 号 关于进一步加强闲置土地支帮促的专题协商建议（报区委）
开政协〔2019〕20 号 关于进一步加强闲置土地支帮促的专题协商建议（报政府）
开政协〔2019〕21 号 政协长沙市开福区委员会关于区政协主席会议视察开福区高新区的视察建议（报区委）
开政协〔2019〕22 号 政协长沙市开福区委员会关于区政协主席会议视察开福区高新区的视察建议（报政府）
开政协〔2019〕23 号 政协长沙市开福区委员会关于“进一步推动开福内陆开放新高地建设”
专题协商建议（报区委）
开政协〔2019〕24 号 政协长沙市开福区委员会关于“进一步推动开福内陆开放新高地建设”
专题协商建议（报区政府）
开政协〔2019〕25 号 关于加强我区公办和普惠幼儿园建设的专题协商建议（报区委）
开政协〔2019〕26 号 关于加强我区公办和普惠幼儿园建设的专题协商建议（报政府）
开政协〔2019〕27 号 关于古波等同志职务任免的通知
开政协〔2019〕28 号 关于印发《政协长沙市开发区委员会提案工作实施细则的通知》
开政协办〔2019〕1 号 关于召开区政协办委 2018 年度党员领导干部民主生活会的请示
开政协办〔2019〕2 号 政协长沙市开福区委员办公室关于印发 2019 年重点履职工作方案的通知
开政协办〔2019〕3 号 关于康万强等同志职务任免的通知
开政协办〔2019〕4 号 关于印发《开福区政协微信工作群管理规定》的通知
开政协办〔2019〕5 号 关于区政协一办六委对口联系区属单位和部门的通知
开政协办〔2019〕6 号 政协长沙市开福区委员办公室关于开展“不忘初心、牢记使命”主题教育的实施方案
开政协办〔2019〕7 号 关于将政协委员“微建议”办理情况纳入区直部门和街道年度绩效考核的建议
开政协办〔2019〕8 号 关于成立区五届政协提案审查委员会的通知

开福区2019年重大

表8

序号	项目名称	项目单位	所在街道	建设性质	建设内容
共 203 个，其中新建项目 104 个，续建项目 99 个，不含预备项目 63 个					
一、政府投资类项目：共 120 个（其中新建项目 80 个，续建项目 40 个，不含预备项目 39 个）					
（一）“一圈两场三道”项目（15 分钟生活圈，停车场、农贸市场，人行道、自行车道、历史文化步道）（说明：本板块按任务进行汇总打包，但其中有多个项目单体投资较大，单列在后面各板块的，在项目前方标注“★”。）					
1	“15 分钟生活圈”社区	区民政局	相关街道	新建	打造 33 个生活圈，计划新建及改造项目 27 个
2	新改扩建公办幼儿园	区教育局	相关街道	新建	新改扩建公办幼儿园
3	垃圾分类减量小区	区城管局	相关街道	新建	收集、投放设施及宣传、居民激励等
4	公共厕所垃圾站提质改造及新建	区环卫局	相关街道	新建	公共厕所垃圾站提质改造及新建
5	社区品质提升（支路街巷改造）	区市政局	相关街道	新建	对下水道、道路、绿化及配套设施等进行综合提质改造
6	绿色示范社区	区园林局	相关街道	新建	对枯萎植物进行修剪，铺设大面积草皮，休闲广场，完善相关配套设施；开展环境整治
7	群众性体育设施	区文体新局	相关街道	新建	健身驿站建设
8	中心城区停车场（公共场所）	区建设局	相关街道	新建	建设停车场 19 个，停车泊位 7754 个
9	农贸市场新改扩建	区商务和旅游局	相关街道	新建	新建农贸市场 4 个
10	自行车道新改建	区市政局	相关街道	新建	改建自行车道 43.6 千米
11	人行道新建及改造	区市政局	相关街道	新建	新建人行道 10 千米、改建人行道 22.62 千米
12	历史文化步道	区建设局	相关街道	新建	打造历史文化步道 4.916 千米。其中历史步道 3.116 千米，文化步道 1.8 千米
此外，项目单体投资较大、单列在各板块的政府投资：					
（二）城市基础设施项目（市政道路、桥隧、供排水、污水处理、园林等）：共 29 个，其中新建项目 14 个，续建项目 15 个					
新建项目：共 14 个					
1	开福大道捞刀河桥匝道（长阴路匝道）	区工务局	浏阳河	新建	开福大道捞刀河桥引桥至滨河北路两厢，长 212 米，宽 13.5 米（暂不含拆迁）

项目投资计划一览表

起止年限	项目预估总投资（万元）	2019 年预估投资（万元）	资金来源	2019 年主要建设内容	用地需求（公顷）	开 / 竣工月份
	14532980	3331779	—	—	—	—
	2784441	706204				
	62757	38469	区财政	—	—	—
		16488	社会资本	—	—	—
		7800	棚改资金	—	—	—
2019—2020	1840	1840	区财政	完成建设	—	12 月
2019—2020	19250	19250	区财政	完成建设	—	12 月
2019—2020		（除公共厕所垃圾站提质改造及新建项目外，其他任务尚未下达，资金参照 2018 年投资额）		完成建设	—	12 月
2019—2020				完成建设	—	12 月
2019—2020				完成建设	—	12 月
2019—2020				完成建设	—	12 月
2019—2020				完成建设	—	12 月
2019—2020				完成建设	—	12 月
2019—2020	110	110	区财政	完成建设	—	12 月
	12548	12548	社会资本	完成建设	—	
2019—2020	2300	2300	社会资本	完成建设	—	12 月
2019—2020	2372	2372	区财政	完成建设	—	12 月
2019—2020	2457	2457	区财政	完成建设	—	12 月
	1640	1640	社会资本	完成建设	—	
2019—2020	12440	12440	区财政	完成建设	—	12 月
	7800	7800	棚改资金	完成建设	—	
	27068	20368	—	—	—	—
	123458	56601	—	—	—	—
	35544	19404	—	—	—	—
2019—2020	2200	1500	区财政	启动项目建设	—	10 月

续表8

序号	项目名称	项目单位	所在街道	建设性质	建设内容
2	滨河北路	区工务局	浏阳河	新建	双河北路至开福大道，长约 800 米，宽 26 米
3	胜利街（D-1，德雅路—车站北路）	区工务局	东风路	新建	德雅路至车站北路，长约 380 米，宽 12 米
4	星沙联络道辅道辅助市政工程	区工务局	捞刀河	新建	改造连接打通星沙联络道两厢南北两侧辅道及相关排水、市政、交安等（暂不含拆迁）
5	B-1 路	区城投集团	洪山	新建	花园路至山月路段，万家丽高架以西，福鑫美苑东南侧，总用地面积 15 亩，长 497 米，宽 20 米
6	佳园路	区城投集团	伍家岭	新建	佳园路至学堂园路，长 260 米，宽 10 米
7	谭湾路	金霞发展集团	青竹湖	新建	龙杉路至鹤杉路，长 451 米，宽 14 米
8	龙杉路	金霞发展集团	青竹湖	新建	中青路东辅道至广胜路，长 487 米，宽 24 米
9	纸笔塘路东段	金霞发展集团	青竹湖	新建	广胜路至荷莲路，长 530 米，宽 18 米
10	松林路	金霞发展集团	青竹湖	新建	天井路至庙塘路，长 435 米，宽 26 米
11	戴家河路西段（次干道六）	金霞发展集团	秀峰	新建	湘江北路至兴隆路，长 407 米，宽 26 米
12	高岭路东段	金霞发展集团	捞刀河	新建	明秀路至中青路，长 276 米，宽 36 米
13	天井路南延线	金霞发展集团	沙坪	新建	大明大道至梅杉路，长 269 米，宽 36 米
14	人行立体过街设施建设项目	区市政局	相关街道	新建	在渔业路珠江花城路段、湘江大道江湾路口 1 ~ 2 处位置新建人行天桥
续建项目：共 15 个					
1	双河北路	区工务局	浏阳河	续建	福元路至滨河北路，长 850 米，宽 40 米，含中心绿化带
2	家园路	区工务局	浏阳河	续建	福元路至滨河北路，长 780 米，宽 16 米
3	渔南路	区工务局	浏阳河	续建	双河北路至家园路，长 330 米，宽 16 米
4	渔北路	区工务局	浏阳河	续建	双河北路至家园路，长 380 米，宽 16 米
5	金河路	区工务局	芙蓉北路	续建	北一路至芙蓉北路涵洞，长 150 米，宽 12 米
6	滨河北路	区工务局	浏阳河	续建	双河北路至新欣路箱涵，长约 550 米，宽 26 米
7	大明大道	金霞发展集团	沙坪	续建	彭家巷北路至中青路，长 1113 米，宽 36 米
8	和明路	金霞发展集团	青竹湖	续建	枫树湾路至彭家巷路，长 809 米，宽 36 米，含下穿三 涵洞桥
9	汤家湖路上跨铁路工程	金霞发展集团	青竹湖	续建	在金霞粮库铁路专线与汤家湖路相交节点，新建跨线桥上跨金霞粮库专用线
10	汤家湖路西段	金霞发展集团	青竹湖	续建	粮四库回车坪至湘江北路，长 430 米，宽 36 米
11	中青路北延工程	金霞发展集团	青竹湖	续建	青竹湖大道至前塘路，长 1230 米，宽 46 米

起止年限	项目预估总投资（万元）	2019 年预估投资（万元）	资金来源	2019 年主要建设内容	用地需求（公顷）	开 / 竣工月份
2019—2020	7300	6000	区城投	启动项目建设	—	6 月
2019—2021	1400	1200	区财政	启动项目建设	—	11 月
2019—2020	1200	1000	区财政	启动项目建设	—	8 月
2019—2020	2240	870	城投自筹	启动项目建设	—	9 月
2019—2020	1620	1620	城投自筹	启动项目建设	—	6 月
2019—2020	1675	675	园区自筹	启动项目建设	—	8 月
2019—2020	3105	1105	园区自筹	启动项目建设	—	8 月
2019—2020	2255	875	园区自筹	启动项目建设	—	6 月
2019—2020	2864	804	园区自筹	启动项目建设	—	12 月
2019—2020	3136	806	园区自筹	启动项目建设	—	12 月
2019—2020	2765	965	园区自筹	启动项目建设	—	10 月
2019—2020	2584	784	园区自筹	启动项目建设	—	10 月
2019	1200	1200	区财政	启动项目建设	—	9 月
	87914	37197	—	—	—	—
2018—2020	12580	9080	区财政	完成部分工程	—	—
2018—2020	2948	1024	区财政	完成部分工程	—	—
2018—2019	1180	680	区财政	完成部分工程	—	10 月
2018—2019	1618	918	区财政	完成部分工程	—	10 月
2018—2019	1419	800	区财政	完成部分工程	—	8 月
2018—2019	8895	4915	区城投	完成部分工程	—	10 月
2018—2019	10482	3802	园区自筹	完成建设	—	8 月
2018—2019	12135	5035	园区自筹	完成建设	—	10 月
2018—2019	5952	2050	园区自筹	完成建设	—	12 月
2018—2020	4589	1509	园区自筹	完成部分工程	—	—
2018—2020	12179	3100	园区自筹	完成部分工程	—	—

续表8

序号	项目名称	项目单位	所在街道	建设性质	建设内容
12	芋坡路	金霞发展集团	青竹湖	续建	广胜路至荷莲路，长 563 米，宽 18 米
13	翠城路	金霞发展集团	秀峰	续建	芙蓉北路至鹅秀路，长 409 米，宽 16 米
14	彩霞路西段	金霞发展集团	青竹湖	续建	粮四库码头至湘江北路，长 291 米，宽 16 米
15	广胜路南段	金霞发展集团	沙坪	续建	钟石路至大明路，长 801 米，宽 36 米
（三）社会民生项目（包括文化、教育、卫生、体育、民政、街道社区环境整治等）：共 26 个，其中新建项目 20 个，续建项目 6 个					
新建项目：共 20 个					
1	630 电网土建工程	区工务局	相关街道	新建	对东风路沿线、芙蓉北路部分路段修建铺设电力管线土 部分（不含拆迁）
2	2019 年度公安基层站所建设及改造工程	区工务局	相关街道	新建	1、完成 2017-2019 三年行动计划 2019 年度公安基层站 提质改造任务，警务室派出所装修； 2、将老通泰街派出所提质改造为公安特勤用房； 3、完善新河派出所弱电系统及办公用品采购
3	区公安刑侦大楼	区工务局	月湖	新建	位于月湖大市场南侧，万家丽路与ird园路东北角，用地 积为 0.61 公顷（5450 平方米），建筑面积为 9600 平方米（ 含拆迁）
4	月湖二期农安小区幼儿园	区工务局	月湖	新建	项目位于月湖农安二期内，为农安小区规划幼儿园，占 面积 0.21 公顷（2150 平方米），建筑面积 1800 平方米（ 含拆迁）
5	区社会福利中心	区工务局	秀峰 青竹湖	新建	项目位于新太安社区及新大塘社区，占地 3.67 公顷，总 筑面积约为 2.5 万平方米，含民政福利中心、社会救助 等相关建筑。（拆迁费用含水田指标）
6	“蓝天保卫战”专项整治项目	区城管执法局 区两型办	相关街道	新建	1. 餐饮门店油烟整治、露天焚烧整治、露天烧烤整治 渣土扬尘整治和燃煤禁烧整治 5 个方面，主要是在线 测监控和相关设施的安装投入（预估投资 1500 万元） 2. 对东风路街道、清水塘街道等九个内城区 2.1 万户老 小区居民家庭厨房抽油烟设备进行更换（预估投资 20 万元）
7	★老旧社区提质改造项目	区城管执法局	相关街道	新建	拟对月湖街道马栏山社区老街、湘雅路街道上麻园岭社 团省委宿舍、望麓园街道营盘街社区省总工会宿舍小区 东风路街道浏河社区、左岸社区等 5 个老旧小区进行综 整治
8	城管综合整治项目	区城管执法局	相关街道	新建	1. 民生城管微项目：实施一系列惠及百姓、服务民生的 管微项目。市级补贴 300 万元，采取不定期申报形式， 个项目 30 万 -50 万元，市城管委每两个月下达一次任务 2. 开放式小区物业管理项目：重点对提质改造后的开 式小区进行服务和管理。原则上每个街道实施一个 全区 10-16 个。市里部分支持，结合垃圾分类实施 3. 人行道清理清障整治项目：选取几条主次干道，对 行道井座井盖、杆线等占用城市道路设施、构筑物等 响城市容貌现象进行综合整治（具体任务有待明确） 4. 乱停乱放综合整治项目：对机动车乱停乱放交通情况 行综合整治，增设人行道隔离设施等

起止年限	项目预估总投资（万元）	2019 年预估投资（万元）	资金来源	2019 年主要建设内容	用地需求（公顷）	开 / 竣工月份
2018—2020	2244	864	园区自筹	完成部分工程	—	—
2018—2020	3316	1156	园区自筹	完成部分工程	—	—
2018—2019	1458	388	园区自筹	完成建设	—	8 月
2018—2019	6919	1876	园区自筹	完成建设	—	8 月
	127297	67397	—	—	—	—
	94097	54397	—	—	—	—
2019—2020	3000	3000	区财政	启动项目建设	—	6 月
2019—2020	1350	1300	区财政	启动项目建设	—	3 月
2019—2020	2900	1000	区财政	启动项目建设	—	11 月
2019—2020	950	900	区财政	启动项目建设	—	9 月
2019—2022	18400	8200	区财政	启动项目建设	—	12 月
2019	3500	3500	市区财政	启动项目建设	—	9 月
2019	1900	1900	市区财政	启动项目建设	—	9 月
2019	700	700	市区财政	启动项目建设	—	9 月

续表8

序号	项目名称	项目单位	所在街道	建设性质	建设内容
9	夜景亮化维护项目	区城管执法局	相关街道	新建	对已招标的夜景亮化设施进行维护管理，对东风路、万丽路沿线、三一大道沿线进行维护招标
10	★老旧农贸市场周边市政设施提质项目	区市政管理局	相关街道	新建	围绕“一圈两场三道”重点区域确定4个老旧农贸市场对其周边市政设施进行提质。（具体任务待定）
11	老旧化粪池、大型管道疏浚	区市政管理局	相关街道	新建	1、对辖区内严重破损、沉塌，影响居民正常生活的老化粪池进行疏浚改造； 2、对湘江北路等沿线重点项目、房建项目周边大DN400的排水管道、高排、检查井井室进行清淤。（具任务待进一步明确）
12	★交通支路微循环改造项目	区市政管理局	相关街道	新建	1、对金龙路进行改造； 2、对老旧社区街巷进行交通组织优化，完善标识标牌增设停车位。拆除部分瓶颈位置、围墙，打通消防通道确保消防安全，重点改造金龙路交通拥堵问题，兼顾学周边道路。（具体任务以市里下达任务为准）
13	★人行道专项提质项目	区市政管理局	相关街道	新建	对教育街、北二环1段、沐霞路、东二环2段、双拥街浏阳河路共6条道路的人行道及空坪隙地进行提质
14	月湖片区雨污分流改造项目	区市政管理局	月湖	新建	对月湖大市场片区进行雨水分流改造，对外围错接漏接雨污管道进行整治
15	朝正垸片区雨污分流改造项目	区市政管理局	月湖洪山	新建	对马栏山小区、洪西社区等片区无物业管理的小区进行水分流改造，对外围错接漏接的雨污管道进行整治
16	开福区中小学校和幼儿园教室照明、学校运动场改造等工程	区教育局	相关街道	新建	开福区中小学校和幼儿园教室照明、学校运动场改造等程
17	四方坪二小改扩建	区教育局	东风路	新建	用地面积1.8公顷，建筑面积1.1万平方米，班级规模个班
18	史家坡学校	区城投集团	浏阳河	新建	总用地面积5.47公顷，总建筑面积5.2万平方米，办学模63个班
19	乡村振兴及美丽乡村建设	区农水局	相关街道	新建	对沙坪街道竹安村段、青竹湖街道新源村段、捞刀河街大星村段水系治理、亮化工程、环境整治、部分节点打
20	★通泰街道社区卫生服务中心提质改造项目	区卫计局	通泰街	新建	对5000平方米老旧房屋进行维修改造和内部环境改造建设规范化的门诊、公共卫生、住院病房、手术室、消供应、后勤保障、病案管理、远程诊疗会诊、重症病房功能区域，打造符合现代标准的街道社区卫生服务中心
续建项目：共6个					
1	月湖社区提质改造项目	区城管执法局	月湖	续建	对月湖安置小区一、二期78栋房屋范围进行社区综合质改造，包括下水系统、道路地坪、绿化景观、交通设施配套设施等
2	五一商圈综合整治	区城管执法局	通泰街	续建	根据市统一设计方案，对五一商圈及周边环境进行综合治
3	植基中学改扩建工程	区教育局	青竹湖	续建	用地面积3.59公顷，建筑面积2.87万平方米，班级规36个班

起止年限	项目预估总投资（万元）	2019 年预估投资（万元）	资金来源	2019 年主要建设内容	用地需求（公顷）	开 / 竣工月份
2019	1000	1000	市区财政	启动项目建设	—	9 月
2019	1700	1700	区财政	完成建设	—	9 月 / 12 月
2018—2019	500	500	区财政	完成建设	—	9 月 / 12 月
2019	600	600	区财政	完成建设	—	9 月 / 12 月
2019	2457	2457	区财政	完成建设	—	9 月 / 12 月
2019	3000	3000	区财政	完成建设	—	9 月 / 12 月
2019	4000	4000	区财政	完成建设	—	9 月 / 12 月
2019	3000	3000	区财政	启动项目建设	—	9 月
2019—2020	7000	500	区财政	启动项目建设	—	12 月
2019—2020	36000	15000	城投自筹	完成拆迁	—	—
2019	1200	1200	区财政	完成建设	—	4 月 / 12 月
2019	940	940	区财政	完成建设	—	6 月
	33200	13000			—	—
2018—2019	6100	600	市区财政	完成建设	—	6 月
2018—2019	以市级方案预算为准		区财政	完成建设	—	9 月
2017—2020	18000	10000	区财政	完成部分工程	—	—

续表8

序号	项目名称	项目单位	所在街道	建设性质	建设内容
4	★沙坪街道公办幼儿园	区教育局	沙坪	续建	用地面积0.39公顷，建筑面积3000平方米，班级规模9个
5	★双河湾农民安置房幼儿园	区城投集团	浏阳河	续建	用地0.57公顷，建筑面积5700平方米，规模15个班，增班级15个，新增学位450个
6	★中岭安置房配套幼儿园	区城投集团	捞刀河	续建	用地0.33公顷，建筑面积2480平方米，规模7个班，增班级7个，新增学位210个
（四）保障性安居工程及片区改造开发项目（包括棚户区改造、城市更新、城中村改造、保障性住房建设等）：共50个，其中新建项34个，续建项目16个					

新建项目：共34个

序号	项目名称	项目单位	所在街道	建设性质	建设内容
1	白霞统征地一（白霞医专）土地整理项目	金霞发展集团	捞刀河街道	新建	项目面积9.47公顷，位于白霞组团中岭路以北、杏林春东、长青路以西、岭白路以南
2	金霞丰树物流（恒昌医药）土地整理项目	金霞发展集团	青竹湖街道	新建	面积9.27公顷，位于金霞组团，汤家湖路以北、规划铁专线以东、霞凝路以西
3	板塘统征五（弘上三）土地整理项目	金霞发展集团	沙坪街道	新建	面积5.53公顷，位于青竹湖组团，罗家湾路以北、青环以东、李家冲路以西、曲湾路以南
4	红星美凯龙补征用地土地整理项目	金霞发展集团	秀峰街道	新建	面积1.4公顷，位于高岭组团，开福大道以西、谊信路南
5	青竹湖911地块土地整理项目	金霞发展集团	青竹湖街道	新建	面积约60.73公顷，位于青竹湖组团，开福大道（太阳山路以西、高尔夫路以北、青晨路以南、星月路以东
6	板塘统征六（金六谷）土地整理项目	金霞发展集团	沙坪街道	新建	面积20.8公顷，位于青竹湖组团，中青路以西、梅杉路南、桔林路以东、高压走廊以北
7	大明统征三土地整理项目	金霞发展集团	沙坪街道	新建	面积13.87公顷，位于沙坪组团，自明路以东、大明大以南、马湾路以北
8	井坡商住土地整理项目	金霞发展集团	秀峰街道	新建	面积4.27公顷，位于鹅秀组团，兴联路以南、芙蓉北路东、秀峰山公园以西北
9	大明统征地四土地整理项目	金霞发展集团	沙坪街道	新建	面积约3.87公顷，位于沙坪组团，成功路以西、油料厂南、湘通路以东、汤冲路以北
10	产业园二期土地整理项目	金霞发展集团	青竹湖街道	新建	面积36公顷，位于沙坪组团，青竹湖大道以北、广胜路以西中青路和金霞国科以东，高登路以南
11	保税二期606亩土地整理项目	金霞发展集团	青竹湖街道	新建	面积40.4公顷，位于金霞组团，芙蓉北路以西、柏曹路北、安顺路以南、嘉德公司以东
12	深国际二期土地整理项目	金霞发展集团	沙坪街道	新建	面积1.33公顷，位于青竹湖组团，曲湾路以北、李家冲以西、青环路以东
13	板塘统征六储备项目	金霞发展集团	沙坪街道	新建	面积20.8公顷，位于青竹湖组团，中青路以西、梅杉路南、桔林路以东、高压走廊以北
14	钟石统征三储备项目	金霞发展集团	沙坪街道	新建	面积8.2公顷，位于沙坪组团，沙坪路以北、自明路以西钟石路以东、白石路以南

起止年限	项目预估总投资（万元）	2019 年预估投资（万元）	资金来源	2019 年主要建设内容	用地需求（公顷）	开 / 竣工月份
2018—2019	2400	800	区财政	完成部分工程	—	6 月
2018—2019	4400	1000	区财政	完成部分工程	—	—
2018—2019	2300	600	区财政	完成部分工程	—	—
	2314580	436988	—	—	—	—
	1567651	329555	—	—	—	—
2019—2020	8101	7878	园区自筹	征地拆迁及清表	9.47	1 月
2019—2020	7898	7675	园区自筹	征地拆迁及清表	9.27	1 月
2019—2020	4723	4500	园区自筹	征地拆迁及清表	5.53	3 月
2019—2020	823	600	园区自筹	征地拆迁及清表	1.4	9 月
2019—2020	49338	49115	园区自筹	征地拆迁及清表	60.73	5 月
2019—2020	17373	17150	园区自筹	征地拆迁及清表	20.8	5 月
2019—2020	11063	10840	园区自筹	征地拆迁及清表	13.87	6 月
2019—2020	3573	3350	园区自筹	征地拆迁及清表	4.27	6 月
2019—2020	3115	3115	园区自筹	征地拆迁及清表	3.87	7 月
2019—2020	1423	1200	园区自筹	征地拆迁及清表	36	9 月
2019—2020	1423	1200	园区自筹	征地拆迁及清表	40.4	9 月
2019—2020	2223	2000	园区自筹	征地拆迁及清表	1.33	9 月
2019—2020	9984	3281	园区自筹	前期统征手续	20.8	9 月
2019—2020	3936	884	园区自筹	前期统征手续	8.2	9 月

续表8

序号	项目名称	项目单位	所在街道	建设性质	建设内容
15	竹隐统征三储备项目	金霞发展集团	秀峰街道	新建	面积1.6公顷，位于鹅秀组团，兴联路以南、植基路以东、京广铁路绿化带以西
16	潮宗街有机更新二期工程	区工务局	通泰街	新建	对潮宗街片区除一期及寿星街片区9.33公顷范围内进行有机更新，（暂不含拆迁）
17	★油铺街及毛家桥巷段历史步道	区工务局	湘雅路 新河	新建	五一商圈提质改造，北起开福寺，沿油铺街及毛家桥巷，南至湘雅路，对开福老城区内规划的油铺街及毛家桥巷段历史步道长930米，对街巷两厢进行提质改造建设历史步道，保留历史文脉、留存城市肌理（暂不含拆迁）
18	★藩城堤巷及接贵街历史步道	区工务局	通泰街	新建	北起中山西路，沿藩城提及接贵街，南至五一大道，对开福老城区内规划的藩城堤及接贵街段历史步道，对街巷两厢进行提质改造建设历史步道，保留历史文脉、留存城市肌理（暂不含拆迁）
19	板塘三期安置房	区城北投	沙坪	新建	位于中青路以东，广胜路以西，大安路以南，总用地面积7.4[illegible]公顷，有效用地面积5.47公顷，容积率2.0，总建筑面积15万平方米
20	福鑫美苑安置房	区城北投	洪山	新建	位于B—1路以西，御景龙城正门以东，总用地面积3.2公顷有效用地面积3公顷，容积率3.0。总建筑面积12.5万平方米
21	胜利村大屋山安置房	区城北投	四方坪	新建	该项目位于四方坪街道长沙羽毛厂以东，二环线以西，金帆小区以南。总用地面积4.73公顷，净用地面积4.27公顷容积率1.6~2.9、建筑限高24~100米、建筑密度25%、绿地率35%。预计总建筑面积约15.2万平方米，计容面积11.7万平方米
22	九龙安置房	区城北投	浏阳河	新建	项目位于浏阳河街道开福大道以西，渔业路以北，家园路以东，滨河北路以南。总用地面积7.87公顷，净用地面积5.7[illegible]公顷。容积率3.0、建筑限高100米、建筑密度24%、绿地率40%。预计总建筑面积22.5万平方米，其中计容面积约17.2万平方米
23	湘粤安置房	区城北投	秀峰	新建	项目位于秀峰街道开福大道以东，广顺路以北，枫树湾路以南。总用地面积4.67公顷，净用地面积3.83公顷。容积率2.5、建筑限高100米、建筑密度24%、绿地率40%。预计总建筑面积12.5万平方米，其中计容面积9.6万平方米
24	山鹰潭293土地整理	区城北投	洪山	新建	山月路以西，福元路以北，滨河北路以南
25	山鹰潭172土地整理	区城北投	洪山	新建	山鹰潭178地块以北，山月路以东，长沙县湘龙街道高沙社区以西，滨河北路以南
26	山鹰潭178土地整理	区城北投	洪山	新建	福元路以北，山月路以东，长沙县湘龙街道高沙社区以西滨河北路以南
27	环宇地块58补征及陈家渡137土地整理	区城北投	相关街道	新建	1. 陈家渡137地块位于滨河南路以北，广铁路以东，家园路以西； 2. 环宇地块位于洪山路与横冲路交界东北、西南角

起止年限	项目预估总投资（万元）	2019 年预估投资（万元）	资金来源	2019 年主要建设内容	用地需求（公顷）	开 / 竣工月份
2019—2021	768	271	园区自筹	前期统征手续	24	9 月
2019—2020	3000	2800	棚改自筹	启动项目建设	—	5 月
2019—2020	3500	3500	区财政	启动项目建设	—	5 月
2019—2020	3000	3000	区财政	启动项目建设	—	7 月
2019—2021	71215	19700	城投自筹	启动项目建设	—	9 月
2019—2021	63652	18316	城投自筹	启动项目建设	—	9 月
2019—2021	91410	23820	城投自筹	3 月完成拆迁 12 月启动建设	—	12 月
2019—2021	140900	24350	城投自筹	3 月完成拆迁 9 月启动建设	—	9 月
2019—2021	71750	19250	城投自筹	3 月完成拆迁 9 月启动建设	—	9 月
2019—2020	20510	20510	城投自筹	3 月启动拆迁 6 月完成拆迁	—	3 月
2019—2020	12040	12040	城投自筹	3 月启动拆迁 6 月完成拆迁	—	3 月
2019—2020	12460	12460	城投自筹	3 月启动拆迁 6 月完成拆迁	—	3 月
2019—2020	27850	27850	城投自筹	3 月启动拆迁 12 月完成拆迁	—	3 月

续表8

序号	项目名称	项目单位	所在街道	建设性质	建设内容
28	吉祥巷片区（中山亭西南角）地块棚改项目	区棚改投	通泰街	新建	东至黄兴北路，南至五一大道，西至接贵街两厢、藩城堤及西长街，北至中山路。占地面积 12 公顷，涉及房屋3283 户，面积 30 万平方米。一期征收范围、户数、面积以征收公告为准
29	太平路片区棚改项目	区棚改投	通泰街	新建	东至藩城堤巷、南至杨家巷、西至西长街、北至中山西路占地面积 6.87 公顷，涉及房屋 1200 户，面积约 12.5 万平方米。一期征收范围、户数、面积以征收公告为准
30	新风街周边地块棚改项目（一期）	区棚改投	通泰街	新建	东至寿星街，南至营盘路，西至湘江中路，北至明德中学。占地面积 4 公顷，涉及房屋 984 户，面积 7.5 万平方米
31	东风路汽电地块棚改项目	区棚改投	东风路	新建	项目包括东风路以东地块和东风路以西地块。其中东风路以东地块东至国防科大，南至东风路街道办事处，西至东风路，北至湖南汽车城；东风路以西地块为市蔬菜公司宿舍地块，东至东风路，南至工商巷，西至规划中精英路，北至金垅嘉园。占地面积 4 公顷，涉及房屋 1300 户，面积 7 万平方米。一期先期实施蔬菜公司宿舍征收
32	精英路北段建设项目	区棚改投	伍家岭	新建	广铁集团 7 栋宿舍
33	德雅路片区改造项目（丝茅冲三期）	区棚改投	四方坪	新建	丝茅冲地块内消防站
34	国有驻区企业职工生活小区提质改造	区经信局	相关街道	新建	小区的物业基础设施维修改造：楼宇间道路硬化；下水道化粪池及排水管改造；窨井盖、道板等市政设施；屋面、墙体防水处理，小区绿化等公共消防设施建设，公共照明设施建设等
续建项目：共 16 个					
1	中岭保障性住房项目	区城北投	捞刀河	续建	用地面积 6.47 公顷，总建筑面积 21.2 万平方米。建设 8 栋28 至 32 层住宅，1 栋 4 层商业，1 栋物管用房
2	双河湾农民安置房	区城北投	浏阳河	续建	项目位于浏阳河街道车站北路与福元路交叉西南角，家园路以东，滨河南路以北。项目总用地面积 19.4 公顷，总建筑面积 42 万平方米，一期建筑面积 22 万平方米，二期建筑面积 20 万平方米
3	天井农民安置房项目	区城北投	青竹湖	续建	用地面积 3.94 公顷，总建筑面积 8.7 万平方米
4	竹隐农民安置房	区城北投	秀峰	续建	用地面积 2.93 公顷，总建筑面积 8.4 万平方米。建设 4 栋28 至 32 层住宅，1 栋 4 层商业，1 栋幼儿园
5	公卫大楼	区城投集团	四方坪	续建	位于东二环与三一大道交汇处，总用地面积 1.03 公顷，净用地面积0.24 公顷，容积率 1.6。总建筑面积 1.58 万平方米，地上面积为 1.13 万平方米，地下面积为 4500 平方米
6	鹅秀消防站	区城投集团	秀峰	续建	项目位于芙蓉北路以西，天鹅大道以北，鹅羊路以南，总用地面积 1.24 公顷，净用地面积 1.01 公顷，容积率 1.0，总建筑面积 1.05 万平方米，其中地上 1 万平方米，地下500 平方米

起止年限	项目预估总投资（万元）	2019 年预估投资（万元）	资金来源	2019 年主要建设内容	用地需求（公顷）	开 / 竣工月份
2019—2020	450000	6000	棚改自筹	完成部分征收，推进修缮修复	—	9 月
2019—2020	200000	3000	棚改自筹	完成部分征收，推进修缮修复	—	9 月
2019—2020	120000	500	棚改自筹	完成部分征收，推进修缮修复	—	9 月
2019—2020	125700	2000	棚改自筹	完成部分征收	—	3 月
2019	16000	10000	棚改自筹	完成部分征收	—	9 月
2019	4500	3000	棚改自筹	完成征收，启动消防站建设	—	9 月
2019	4400	4400	签订移交协议的驻区企业筹集	启动项目建设	—	3 月
	746929	107433	—	—	—	
2017—2019	87100	4500	城投自筹	完成建设	—	12 月
2016—2019	184500	3000	城投自筹	完成建设	—	6 月
2017—2019	36246	2200	城投自筹	完成建设	—	12 月
2017—2019	39800	4200	城投自筹	完成建设	—	12 月
2018—2019	18185	8505	区财政	完成建设	—	12 月
2018—2019	7487	3187	区财政	完成建设	—	9 月

续表8

序号	项目名称	项目单位	所在街道	建设性质	建设内容
7	四方文化中心	区城投集团	伍家岭	续建	项目位于科大佳园小区南侧，北邻规划中的佳园路，总用地面积0.73公顷，净用地面积0.51公顷，容积率1.6，总建筑面积约7146平方米，其中地上面积5891平方米，地下面积1255平方米
8	交警大楼	区城投集团	沙坪	续建	项目位于中青路与规划高岭路交汇处西北侧，总用地面积0.73公顷，净用地面积为0.32公顷，容积率为2.5，拟建总建筑面积1.3万平方米，其中地上面积0.87万平方米，地下面积0.46万平方米
9	潮宗街街区（二期）地块棚改项目	区棚改投	通泰街	续建	项目东起黄兴北路、西至湘江大道、南起潮宗街、北至营盘路。占地面积6.67公顷，涉及房屋840户、面积6.98万平方米。2019年度项目具体征收范围、户数、面积以征收公告为准
10	晴佳巷片区棚改项目（一期）	区棚改投	湘雅路	续建	东至原长沙大学，南至晴佳巷，西至华盛新外滩，北至老八中．涉及房屋38户，2019年计划征收3户
11	望麓园巷及两厢地块改造项目（一期）1、2号地块	区棚改投	望麓园	续建	东起建湘路、南至中山路、西至蔡锷北路、北至营盘路。占地面积2.3公顷，涉及房屋876户，面积5.3万平方米。一期预计征收132户，具体征收范围、户数、面积以五公告为准
12	德雅路片区改造项目（毛巾厂地块一期）	区棚改投	四方坪	续建	项目范围为德雅路以东，规划中冲北路以南，湖南矿用橡胶公司以西，湖南丽臣实业有限责任公司以北
13	东风二村地块棚改项目（二期）	区棚改投	东风路	续建	项目位于精英路以东、工商巷以南，东风二村以西，福乐巷以北。占地面积3.07公顷，涉及改造户数696户，改造面积7.4万平方米
14	陡岭路两厢棚改项目（西片区）一期	大城北棚改投	伍家岭	续建	东至陡岭路、西至规划中的民生路、北至凯乐微谷、南至规划中的健康路，总占地面积3.23公顷，涉及户数400户，涉及建筑面积4.2万平方米。一期先期改造227户
15	清水塘炮后街棚改安置房源（潇湘华庭）	区棚改投	清水塘	续建	用地面积0.89公顷，总建筑面积9万平方米，建设2栋32层住宅及地下车库
16	清水塘小学改扩建	大城北棚改投	清水塘	续建	用地面积1.18公顷，总建筑面积1.35万平方米，办学规模24个班
（五）公路、水运、站场交通项目（包括公路、水运码头、综合交通枢纽、城际铁路市政配套、公交站场等）：共2个，其中新建项目2个，续建项目0个					
新建项目：共2个					
1	涉农街道道路提质改造及连通工程	区交通运输局	捞刀河 沙坪 青竹湖 秀峰	新建	农村公路新建或改建，对涉农街道4.7千米道路进行白改黑提质、4.7千米连通工程、18.8千米道路中小修

起止年限	项目预估总投资（万元）	2019年预估投资（万元）	资金来源	2019年主要建设内容	用地需求（公顷）	开/竣工月份
2018—2019	8195	2835	城投自筹	完成建设	—	12月
2017—2019	8836	4006	区财政	完成建设	—	12月
2017—2020	118000	4000	棚改自筹	完成部分征收，推进修缮修复	—	—
2018—2019	28600	3000	棚改自筹	完成征收	—	9月
2018—2019	30000	8000	棚改自筹	完成征收	—	9月
2018—2019	68900	20000	棚改自筹	完成征收	—	3月
2018—2019	57080	8000	棚改自筹	完成征收	—	9月
2018—2019	30000	20000	棚改自筹	完成征收，启动项目建设	—	10月
2017—2020	20000	10000	棚改自筹	完成部分建设	—	—
2017—2019	4000	2000	棚改自筹	完成建设	—	9月
	2583	2583	—	—	—	—
	2583	2583	—	—	—	—
2019	1783	1783	省市区财政	完成建设	—	1月/12月

续表8

序号	项目名称	项目单位	所在街道	建设性质	建设内容
2	涉农街道安保项目	区交通运输局	捞刀河 沙坪 青竹湖 秀峰	新建	1. 对开福区四个涉农街道 25 个村（社区）农村公路等危险路段设置波形梁护栏 18080 米，附着式轮廓标 2970 块，反光镜、标识、标牌 42 处； 2. 对涉农街道便民桥进行修建修缮
（六）农林水利基础设施（包括农村饮水、水库、河道堤防、灌区治理、农林补助类项目等）：共 2 个，其中新建项目 1 个，续建项目 1 个					
新建项目：共 1 个					
1	捞刀河街道部分片区安全饮水工程及园林生态园自来水改造工程	捞刀河街道办事处	捞刀河	新建	1. 在开福大道两厢多处安装自来水总表。 2. 在捞刀河街道部分片区居民集中居住区（含学校、卫生院）主道路铺设自来水主管、支管及附属设施等。 3. 新建园林生态园饮水工程
续建项目：共 1 个					
1	捞刀河南岸岸线整治及市政工程（入湘江口至开福大道段）	区工务局	芙蓉北路 浏阳河	续建	湘江大道捞刀河河大桥至开福大道跨捞刀河大桥沿线捞刀河岸线整治及市政工程，含滨河北路南侧绿化带、沿线绿化、金河路下穿匝道及京广线沿线堤防
（七）生态环保（包括固废物处理、水土保持及生态修复、流域治理、环境整治及提质改造、能源节约利用等）：共 11 个，其中新建项目 9 个，续建项目 2 个					
新建项目：共 9 个					
1	★厕所革命项目	区环卫局	相关街道	新建	在开福区范围内新建 4 座公共垃圾站和厕所，提质改造 7 座站厕（包含设备）
2	排口综合整治	区工务局	秀峰	新建	对双湾国际排口、高源传染病医院排口、中岭小区排口、彭家巷、沅丰坝撇洪渠污水排水进行综合整治
3	苏家托纳污区污水干管	金霞发展集团	捞刀河 秀峰 沙坪 青竹湖	新建	由青竹湖组团纳污干管、沙坪组团纳污干管、高岭组团纳污干管三部分组成，北起中青路北延线，南至苏垸路，最终接入苏家拖污水处理厂，管道全长 13.5 千米（其中经开区范围 12.2 千米），管径 D0.5~D2 米
4	桃花溪水系景观整治（红星美凯龙节点）	金霞发展集团	秀峰	新建	谊信路至铁港路，长约 780 米河道修复及两厢景观综合整治
5	园林生态园园内污水收集及周边提质工程	区工务局 区城管局	捞刀河	新建	1. 对园内污水管网、污水提升泵站、相关道路及绿化破除并恢复； 2. 对周边入口进行环境综合提质改造
6	农村农安房雨污分流改造项目	区市政局	青竹湖 秀峰 捞刀河	新建	对太阳山小区、大明小区、大塘安置小区、竹隐安置小区、龙塘小区中的 2–3 个小区实施雨污分流改造
7	沙坪河流域农村分散污水处理及江心洲整治工程	区农水局 区园林局	相关街道	新建	1. 对沙坪河流域两侧农村分散生活污水通过农村改厕、建立小型污水处理设施、湿地净化设施等实施改造 2. 对捞刀河入湘江口江心洲进行环境整治及绿化提质
8	捞刀河入湘江口段大堤整治工程	区农水局	秀峰	新建	堤顶防汛道路整修、照明及绿化

起止年限	项目预估总投资（万元）	2019 年预估投资（万元）	资金来源	2019 年主要建设内容	用地需求（公顷）	开 / 竣工月份
2019	800	800	省市区财政	完成建设	—	1 月 / 12 月
	48600	9000	—	—	—	—
	1000	1000	—	—	—	—
2019	1000	1000	区财政	完成项目建设	—	6 月 / 12 月
	47600	8000	—	—	—	—
2018—2020	47600	8000	区城投	完成部分工程	—	—
	132234	115534	—	—	—	—
	29921	24021	—	—	—	—
2019	3871	3871	区财政	启动项目建设	—	7 月
2019	4400	3700	区财政	启动项目建设	—	5 月
2019—2021	10200	8000	园区自筹	启动项目建设	—	6 月
2019—2020	5000	2000	园区自筹	启动项目建设	—	9 月
2019	550	550	区财政	启动项目建设	—	1 月
2019	1500	1500	区财政	启动项目建设	—	9 月 / 12 月
2019	1100	1100	区财政	完成建设	—	4 月 / 12 月
2019	800	800	区财政	完成建设	—	4 月 / 10 月

续表8

序号	项目名称	项目单位	所在街道	建设性质	建设内容
9	金竹河楚家湖段及中干渠至甘咀坨泵站连接段水体治理工程	区农水局	捞刀河	新建	金竹河楚家湖段捞刀河小区截污纳管，设置一体化污水处理设备；中干渠至甘咀坨泵站清淤疏浚
续建项目：共2个					
1	苏托垸污水处理厂	湖南北控水务发展有限公司	捞刀河	续建	规划总规模为40万吨/日，总占地面积35公顷，一期规模10万吨/日，占地面积10公顷
2	鹅秀组团黑臭水体治理工程	金霞发展集团	秀峰	续建	1. 将兴隆路、龙福路交叉口明渠雨污水出水口接入兴隆路雨、污水管道； 2. 沿北二环北侧、戴家河路中心线、湘江北路东侧绿化带新建雨水管接入戴家河泵站
二、预备项目：共39个					
1	月湖片区提质改造项目	区城管局	月湖	预备	对月湖大市场片区进行综合提质改造
2	骏豪路	区工务局	洪山	预备	含洪山路（骏豪路至万家丽路）及骏豪路（开元路至洪山路），总长1400米，宽30米
3	山月路	区工务局	洪山	预备	南起福元路，北至捞刀河南岸，长980米，宽20米（暂不含拆迁）
4	洪山路	区工务局	浏阳河	预备	南起福元路，北至长河路，长620米，宽30米（暂不含拆迁
5	横冲路	区工务局	浏阳河	预备	西起车站北路，东至东二环西辅道，长650米，宽20米（暂不含拆迁）
6	民生路	区工务局	伍家岭	预备	北起栖凤路，南至凯乐国际南向边线，长165米，宽12米
7	陡岭支路	区工务局	伍家岭	预备	西起民生路，东至陡岭路，长210米，宽12米（不含拆迁
8	金阳路	区工务局	四方坪	预备	位于大屋山片区周边，金帆路至冲北路，长约350米，宽20米。（不含拆迁）
9	冲北路	区工务局	四方坪	预备	位于大屋山片区周边，安置用地西边界至栖凤路，长约400米，宽12米。（不含拆迁）
10	陈家渡小学	区工务局	浏阳河	预备	用地面积4.03公顷，建筑面积3.2万平方米，班级规模3 个班，新增班级36个班
11	植基小学	区工务局	青竹湖	预备	用地面积1.81公顷，建筑面积1.5万平方米，班级规模2 个班，新增班级24个班
12	霞凝二小	区工务局	青竹湖	预备	用地面积2.08公顷，建筑面积1.7万平方米，班级规模2 个班，新增班级24个班
13	湘春路改扩建工程（湘江大道－黄兴北路）北侧（一期）	区工务局	湘雅路	预备	西起湘江大道，东至黄兴北路，拓宽北侧路幅，长450米 北侧路幅宽19米。拆迁费用暂估500万元
14	湘雅路派出所	区工务局	湘雅路	预备	项目位于油铺街S8地块东北角，总用地面积0.18公顷，拟总建筑面积4500平方米

起止年限	项目预估总投资（万元）	2019 年预估投资（万元）	资金来源	2019 年主要建设内容	用地需求（公顷）	开 / 竣工月份
2019	2500	2500	区财政	完成建设	—	1 月 / 12 月
	102313	91513	—	—	—	—
2018—2019	100000	90000	PPP 模式	完成建设	—	—
2018—2019	2313	1513	园区自筹	完成建设	—	10 月
2019—2021	5000	—	区财政	完善前期手续	—	—
2019—2021	11500	—	区财政	完善前期手续	—	—
2019—2020	4390	—	区财政	完善前期手续	—	—
2019—2020	4190	—	区财政	完善前期手续	—	—
2019—2020	2925	—	区财政	完善前期手续	—	—
2019—2020	500	—	区财政或凯乐国际	完善前期手续	—	—
2019—2021	550	—	区财政	完善前期手续	—	—
2019—2020	2500	—	区财政	完善前期手续	—	—
2019—2020	1500	—	区财政	完善前期手续	—	—
2019—2021	23000	—	区财政	完善前期手续	—	—
2019—2021	8500	—	区财政	完善前期手续	—	—
2019—2021	9800	—	区财政	完善前期手续	—	—
2019—2021	2300	—	区财政	完成拆迁及可研	—	—
2019—2021	7200	—	区财政	完成拆迁、完善前期手续	—	—

续表8

序号	项目名称	项目单位	所在街道	建设性质	建设内容
15	15012 工程	区人防办	相关街道	预备	1. 地面 1100 平方米；2、地下 1900 平方米
16	四方坪小学扩建（新建体育馆）	区教育局	四方坪	预备	用地面积 4 亩，建筑面积 2000 平方米
17	天井二期 88 亩	区城北投	青竹湖	预备	项目位于庙塘路以西，松林路以北，柳塘路以南，总用面积 5.87 公顷，有效用地面积 5 公顷。暂估容积率 2.0
18	金盆大道 65 亩	区城北投	青竹湖	预备	项目位于金盆大道以东，金海路以北，金椅路以西，柏路以南，总用地面积 4.33 公顷，有效用地 3.13 公顷。估容积率 2.0
19	植基路 51 亩	区城北投	青竹湖	预备	植基路以东，金海路以北，藕塘路西南角，总用地面积亩，有效用地 2.07 公顷。暂估容积率 2.0
20	源丰坝 51 亩	区城北投	捞刀河	预备	项目位于源丰坝中学以南，青环路以东，高源村安置小以西，总用地面积 3.4 公顷，有效用地面积 2.87 公顷。估容积率 2.0
21	荷叶美苑安置房	区城北投	秀峰	预备	项目位于秀峰街道植秀路以东，植基路以西，新岗路南两侧。总用地面积 6.87 公顷，净用地面积 5.47 公顷。容率 2.0、建筑限高 54 米、建筑密度 26%、绿地率 40%。计总建筑面积 13.9 万平方米，其中计容面积 10.9 万平方米
22	★秀峰文体中心	区城投集团	秀峰	预备	位于植基路与登铭路交叉口西南角，总用地面积 2.6 公顷净用地面积 1.9 公顷，容积率 2.0，总建筑面积约 4.82 万方米，其中地上面积约 3.28 万平方米，地下面积 1.54 平方米
23	双河商务中心	恒通置业	浏阳河	预备	位于滨河北路以南，双河路以西，净用地 0.4 公顷，容率 3.6。总建筑面积 1.8 万平方米，地上 1.44 万平方米，下 0.36 万平方米
24	限价商品房	恒通置业	四方坪	预备	位于东二环以西，栖凤路以北，净用地面积 1.47 公顷，积率 3.0，总建设面积 5.5 万平方米，地上 4.6 万平方米地下 0.92 万平方米
25	望麓园巷及两厢地块项目（二期）3、4 号地块	区棚改投	望麓园	预备	东起建湘路、南至中山路、西至蔡锷北路、北至营盘路占地面积 2.3 公顷，涉及房屋 876 户，面积 5.3 万平方米2019 年度预计征收 173 户，以征收公告为准
26	工农街周边地块棚改项目	区棚改投	湘雅路	预备	东至芙蓉路，南至湘雅路，西至黄兴北路，北至潘家坪占地面积 5.33 公顷，涉及房屋 800 户，面积 7.8 万平方一期征收范围、户数、面积以征收公告为准
27	德雅路两厢棚改项目（一期）	区棚改投	四方坪 东风路 清水塘	预备	项目西起东风路、东至东二环线，北起三一大道，南至士公园和浏阳河北岸（不含德雅路片区棚改项目丝茅冲毛巾厂地块）。占地面积 20 公顷，涉及房屋 3500 户，积 21 万平方米。2019 年度项目具体征收范围、户数、积以征收公告为准
28	陡岭路两厢棚改项目（西片区）二期	大城北棚改投	伍家岭	预备	东至陡岭路、西至规划中的民生路、北至凯乐微谷、南规划中的健康路，总占地面积 3.23 公顷，涉及户数约 400 涉及建筑面积 4.2 万平方米

起止年限	项目预估总投资（万元）	2019 年预估投资（万元）	资金来源	2019 年主要建设内容	用地需求（公顷）	开 / 竣工月份
2019—2021	4000	—	省市区财政	完善前期手续	—	—
2019—2020	2000	—	区财政	完善前期手续	—	—
2019—2022	71536	—	城投自筹	完善前期手续	—	—
2019—2022	61998	—	城投自筹	完善前期手续	—	—
2019—2022	29568	—	城投自筹	完善前期手续	—	—
2019—2022	41014	—	城投自筹	完善前期手续	—	—
2019—2021	92750	—	城投自筹	完善前期手续	—	—
2019—2021	46600	—	区财政	完善前期手续	—	—
2019—2021	17280	—	城投自筹	完善前期手续	—	—
2019—2021	45425	—	城投自筹	完善前期手续	—	—
2018—2019	60000	—	棚改自筹	完善前期手续	—	—
2019—2020	120000	—	棚改自筹	完善前期手续	—	—
2019—2020	450000	—	棚改自筹	完善前期手续	—	—
2019—2020	10000	—	棚改自筹	完善前期手续	—	—

续表8

序号	项目名称	项目单位	所在街道	建设性质	建设内容
29	三一大道—陡岭支路棚改项目	大城北棚改投	伍家岭	预备	项目东至梦泽园美美公馆，南至三一大道，西至上林紫君兴隆路，北至陡岭支路。项目涉及500户，房屋面积3平方米
30	德雅路片区改造项目（毛巾厂地块二期）	区棚改投	四方坪	预备	项目范围为德雅路以东，规划中冲北路以南，湖南矿用胶公司以西，湖南丽臣实业有限责任公司以北
31	开福区零星棚改项目（含危房）	区棚改投	相关街道	预备	开福区区划范围内危房、疑似危房、筒子楼等房屋征收
32	广厦园小区地块棚改项目	金霞发展集团	秀峰	预备	东至裕城路、南至金湾小学、西至楚天逸品小区、北至隆路
33	明秀路	金霞发展集团	捞刀河	预备	高岭路至玉轩路，长227米，宽18米
34	玉轩路	金霞发展集团	捞刀河	预备	明秀路至中青路，长290米，宽18米
35	高岭路中段	金霞发展集团	捞刀河	预备	明秀路至彭家巷路，长989米，宽36米
36	青环路	金霞发展集团	捞刀河	预备	兴联路至北二环，长1404米，宽36米
37	中青路拓宽改造工程	金霞发展集团	沙坪	前期研究	拓宽改造现在中青路，改造捞刀河收费站
38	蔡锷北路（湘雅路—湘春路）	区工务局	湘雅路	前期研究	北起湘雅路，南至湘春路，全长650米，宽26米
39	留芳岭路（芙蓉路—蔡锷路）	区工务局	湘雅路	前期研究	西起蔡锷北路，东至芙蓉中路，全长460米，宽12米
三、社会投资类项目：共83个（其中新建项目24个，续建项目59个，不含预备项目24个）					
（一）工业高新技术项目：共11个，其中新建项目8个，续建项目3个					
新建项目：共8个					
1	卓尔企业社区	卓尔发展（长沙）有限公司	青竹湖	新建	项目有效用地12.06公顷，总建筑面积28万平方米，主建设多层厂房、高层厂房及配套用房，打造集孵化、企总部、研发生产、生活配套等为一体的高科技产业园区
2	城际科技高铁动车组闸片项目	湖南城际科技有限公司	青竹湖街道	新建	项目有效用地面积3.07公顷，总建筑面积4.3万平方米主要建设总部基地、标准高铁动车组闸片系列产品的生线及生产基地
3	城际电子铝基板新材料项目	湖南城际电子有限公司	青竹湖街道	新建	项目有效用地面积2.8公顷，总建筑面积4万平方米，要建设综合楼办公用房、铝基板智能化生产线及生产地等
4	湖南智能物流装配产业园	东湖高新集团、中南集团、湖南金霞发展集团	青竹湖街道	新建	项目有效用地面积28.2公顷，总建筑面积17.6万平方米主要建设多层工业厂房、总部基地及研发中心等内容
5	金属材料生产加工配送基地	湖南顺新金属制品科技有限公司	沙坪	新建	项目有效用地面积5.19公顷，建筑面积4.3万平方米，要建设金属材料生产加工厂房和配套设施

起止年限	项目预估总投资（万元）	2019年预估投资（万元）	资金来源	2019年主要建设内容	用地需求（公顷）	开/竣工月份
2019—2020	46000	—	社会资本	完善前期手续	—	—
2019—2020	68900	—	棚改自筹	完善前期手续	—	—
2019—2020	159000	—	棚改自筹	完善前期手续	—	—
2019—2020	50000	—	棚改自筹	完善前期手续	—	—
2019—2020	1468	—	园区自筹	完善前期手续	—	—
2019—2020	2141	—	园区自筹	完善前期手续	—	—
2019—2020	9545	—	园区自筹	完善前期手续	—	—
2019—2020	21731	—	园区自筹	完善前期手续	—	—
2019—2022	25000	—	园区自筹	完善前期手续	—	—
2019—2022	待定	—	区财政	完成可研	—	—
2019—2022	待定	—	区财政	完成可研	—	—
	11748539	2625575	—	—	—	—
	650000	248000	—	—	—	—
	440000	163000	—	—	—	—
2019—2022	100000	30000	企业自筹	启动项目建设	—	9月
2019—2020	50000	8000	自筹	启动项目建设	—	9月
2019—2020	35000	5000	自筹	启动项目建设	—	9月
2019—2021	200000	100000	自筹	启动项目建设	—	9月
2019—2020	20000	8000	企业自筹	启动项目建设	—	6月

续表8

序号	项目名称	项目单位	所在街道	建设性质	建设内容
6	拓沃重工总部及工程机械生产基地	湖南拓沃重工科技有限公司	青竹湖	新建	项目有效用地面积3.26公顷，总建筑面积3.7万平方米，主要建设3栋生产厂房及配套办公楼等内容，打造成集研发、生产、物流配送于一体的现代工程机械制造生产基地
7	轨道交通仿真教学设备生产与研发中心	湖南高铁时代数字化科技有限公司	青竹湖街道	新建	项目有效用地1.33公顷，总建筑面积1.1万平方米，主要建设轨道交通仿真教学设备生产厂房、研发中心及配套办公等内容
8	罗莎蛋糕企业总部及生产配送基地	长沙罗莎食品有限公司	青竹湖	新建	项目有效用地面积3.1公顷，总建筑面积3.49万平方米，主要建设企业总部大楼及两栋生产厂房等内容
续建项目：共3个					
1	金健油脂加工配送中心	湖南粮食集团有限责任公司	青竹湖街道	续建	项目地块一有效用地面积6.53公顷，总建筑面积3.64万平方米，主要建设3栋物流仓库和配套用房；地块二有效用地面积6.55公顷，总建筑面积6.4万平方米，主要建设1000吨/天精炼车间、1000吨/天冬化车间、1000吨/天小包装车间、3.5万吨油罐以及6000货位自动化成品库
2	科技城	湖南金霞国科投资有限公司	青竹湖	续建	项目有效用地面积8.73公顷，总建筑面积16万平方米，主要建设1栋孵化大楼3.2万平方米、人才公寓280套、独栋厂房8.6万平方米，多层厂房2.5万平方米
3	佳海企业客厅	长沙佳海产业园建设投资有限公司	沙坪	续建	项目有效用地面积1.13公顷，总建筑面积3.6万平方米，主要建设1栋高层厂房，打造企业产品生产与展示交易中心
（二）服务业项目：共6个，其中新建项目2个，续建项目4个					
新建项目：共2个					
1	芒果总部大厦	湖南马栏山芒果实业有限公司	马栏山视频文创园	新建	数据版权交易中心、视频内容制作基地、快乐购视频电商总部
2	聚恒集团总部	湖南聚恒置业有限公司	马栏山视频文创园	新建	聚恒集团总部基地大楼
续建项目：共4个					
1	湘商经协招商楼	湖南湘商置业投资有限公司	新河	续建	项目占地面积0.67公顷，总建筑面积6.8万平方米。建设2栋超AAAAA滨江精品写字楼（含高端服务型公寓、公馆与高端精品商业MALL
2	节目生产基地	湖南广播电视台	洪山	续建	建设一个大型剧院演播厅，5个大型演播厅，1个美术馆，新型媒体数据中心，技术配套用房、道具库、服装室、公众参观通道等设施
3	湘域智慧广场	长沙域佳房地产开发有限公司	东风路	续建	酒店式公寓及办公楼

起止年限	项目预估总投资（万元）	2019 年预估投资（万元）	资金来源	2019 年主要建设内容	用地需求（公顷）	开 / 竣工月份
2019—2020	20000	7000	企业自筹	启动项目建设	—	3 月
2019—2020	5000	3000	自筹	启动项目建设	—	9 月
2019—2020	10000	2000	企业自筹	启动项目建设	—	1 月
	210000	85000	—	—	—	—
2017—2020	100000	20000	企业自筹	完成物流仓储建设，启动加工厂房建设	—	—
2018—2020	100000	60000	企业自筹	完成部分工程	—	—
2018—2019	10000	5000	企业自筹	完成部分工程	—	12 月
	740000	170800	—	—	—	—
	370000	80000	—	—	—	—
2019—2022	300000	50000	企业自筹	启动项目建设	5.53	9 月
2019—2021	70000	30000	企业自筹	启动项目建设	1.8	9 月
	370000	90800			—	—
2017—2019	50000	20000	企业自筹	完成部分工程	—	—
2016—2020	150000	20000	企业自筹	完成部分工程	—	—
2016—2019	20000	800	企业自筹	完成建设	1.13	6 月

续表8

序号	项目名称	项目单位	所在街道	建设性质	建设内容
4	中广天择总部基地	长沙视谷实业有限公司	马栏山视频文创园	续建	项目总投资 15 亿元，总建筑面积 26 万平方米，包含：地下室 8 万平方米、总部大楼 6 万平方米、演播厅 1 万平方米、孵化大楼 6 万平方米、人才公寓 4 万平方米、配套商业 1 万平方米
（三）文化教育等社会事业项目：共 12 个，其中新建项目 5 个，续建项目 7 个					
新建项目：共 5 个					
1	金隅桃园配套小学	湖南金隅阳光投资有限公司	青竹湖	新建	用地面积 1.6 公顷，建筑面积 6723 平方米，班级规模 1[illegible]个班
2	北辰实验小学	长沙北辰房地产开发有限公司	新河	新建	用地面积 2 公顷，建筑面积 20000 平方米，班级规模 3[illegible]个班
3	三一大道—潘家坪（天祥日杂公司宿舍）棚改项目	长沙市大城北棚户区改造投资有限公司	新河	新建	东至蛋制品仓库宿舍，南至雅泰花园，西、北至天祥公司，占地 0.18 公顷，涉及 98 户，建筑面积 5800 平方米
4	神箭花苑小区棚改项目	长沙市大城北棚户区改造投资有限公司	伍家岭	新建	项目东至陡岭路，南至三一大道，西至规划中的民生南路，北至佳阳悦景馨都。项目涉及 220 户，房屋面积 1.68 万平方米
5	兴联中石化定向房源	长沙恒通置业有限公司	秀峰	新建	芙蓉北路以西，兴联路以北，总用地 5.59 公顷，净用地 2.[illegible]公顷，综合容积率 4.0，总建筑面积 15.5 万平方米，其中地上 11.9 万平方米，地下 3.6 万平方米
续建项目：共 7 个					
1	中南大学湘雅医院教学科研楼	中南大学湘雅医院	湘雅路	续建	教学、科研和全科医生规范化临床培养基地等用房
2	湘一立信学校	湖南太阳山置业投资有限公司	青竹湖	续建	项目有效用地面积 4.49 公顷，一期建成；二期用地面积 1.33 公顷，总建筑面积 4.2 万平方米，主要建设学生公寓和教职工配套用房
3	芙蓉盛世小学	长沙市天健房地产开发有限公司	新河	续建	用地面积 1.37 公顷，建筑面积 11000 平方米，班级规模 2[illegible]个班
4	名苑小学（恒大御景天下配套小学）	长沙湘江名苑房地产有限公司	秀峰	续建	用地面积 3.49 公顷，建筑面积 23518 平方米，班级规模 4[illegible]个班
5	芙蓉盛世配套幼儿园	长沙市天健房地产开发有限公司	新河	续建	用地 0.25 公顷，建筑 1890 平方米，规模 6 个班，新增班级 6 个
6	水映加州配套幼儿园	湖南青竹湖置业有限公司	青竹湖	续建	用地 0.51 公顷，建筑 3429 平方米，规模 12 个班，新增班级 12 个

起止年限	项目预估总投资（万元）	2019 年预估投资（万元）	资金来源	2019 年主要建设内容	用地需求（公顷）	开 / 竣工月份
2018—2022	150000	50000	企业自筹	完成部分工程	70	—
	398688	148150	—	—	—	—
	254600	118950				
2018—2020	3000	2000	企业自筹	启动项目建设	—	9 月
2019—2021	84000	80000	企业自筹	完成拆迁，启动项目建设	—	12 月
2019	8700	5000	企业自筹	完成部分征收	—	9 月
2019—2020	30000	15000	企业自筹	完成部分征收	—	9 月
2019—2021	128900	16950	企业自筹	启动项目建设	—	9 月
	144088	29200			—	—
2016—2020	62888	9000	企业自筹	完成部分工程	—	—
2017—2019	60000	10000	企业自筹	完成部分工程	—	—
2018—2019	4500	3000	企业自筹	完成部分工程	—	6 月
2018—2019	6000	2500	企业自筹	完成部分工程	—	6 月
2018—2019	5000	3000	企业自筹	完成部分工程	—	9 月
2018—2019	2700	700	企业自筹	完成部分工程	—	6 月

续表8

序号	项目名称	项目单位	所在街道	建设性质	建设内容
7	恒大御景天下城项目配套幼儿园（1）	长沙湘江名苑房地产有限公司	秀峰	续建	用地 7.6 亩，建筑 3312 平方米，规模 12 个班，新增班级 12 个
（四）商贸物流项目：共 13 个，其中新建项目 4 个，续建项目 9 个					
新建项目：共 4 个					
1	香江高岭智慧物流园	长沙香江高岭商贸物流城开发有限公司	秀峰	新建	项目有效用地面积 42.73 公顷，总建筑面积 60 万平方米，分两期开发。其中一期用地面积 22.4 公顷，二期用地面积 20.3 公顷，主要建设“统仓统配、先进智能型高端物流仓储和转运分拨基地
2	高岭商贸城 B6 五金机电城	长沙香江高岭商贸物流城开发有限公司	秀峰	新建	项目有效用地面积 5.87 公顷，总建筑面积 10.8 万平方米，主要建设 1 栋 4.9 万平方米的五金机电产品交易中心、栋 3.8 万平方米的综合配套商务楼和地下停车场以及电商平台
3	湖南旺东铁路专用线物流园一期	湖南旺东物流有限公司	秀峰街道	新建	项目有效用地面积 9.8 公顷，主要建设一条铁路专用线，依托该铁路专用线运输，打造一个集商品汽车整车及零配件运输、仓储、配送、交易于一体的铁路物流基地
4	家家红商贸物流总部基地	湖南家家红实业有限公司	沙坪	新建	项目有效用地面积 6.07 公顷，其中一期用地 1.8 公顷，二期用地 4.27 公顷，总建筑面积 4 万平方米，主要建设单层和多层仓储及办公楼
续建项目：共 9 个					
1	香江红星美凯龙中部家居建材博览中心	湖南香江红星美凯龙商业地产开发有限公司	秀峰	续建	项目有效用地面积 22.27 公顷，包含 B1\B3\B5\B7\B8 地块，建筑面积 34 万平方米，主要建设中部家居建材博览中心、建材家居村以及配套商业街、酒店、公寓楼等内容
2	长沙国际铁路港（新北站二期）	广州铁路（集团）公司长沙工程建设指挥部	青竹湖	续建	项目规划用地面积 62.27 公顷，总建筑面积 23 万平方米，主要建设特货作业区、快运作业区、冷藏作业区、笨重作业区、整车作业区、集装箱作业区专线、办公区、仓储及配套设施
3	长沙绿色安全食品交易中心	湖南金霞粮食批发市场有限责任公司	青竹湖	续建	项目有效用地面积 10.93 公顷，建筑面积 17 万平方米，主要建设 11.2 万平方米多层批发市场、3.2 万平方米高层精品批发市场、以及地下室和多层停车库
4	老百姓大药房物流枢纽和电商基地	老百姓大药房连锁股份有限公司	青竹湖	续建	项目有效用地面积 9.93 公顷，建筑面积 10 万平方米，主要建设物流中心、综合办公楼、会议中心、值班公寓及配套用房、地下室等
5	中部进出口电子商务综合服务平台项目	湖南嘉德投资置业有限公司	青竹湖	续建	项目有效用地面积 6 公顷，总建筑面积 14.5 万平方米，主要建设跨境电商大楼“园中园”、出口商品展示馆、会议交流、仓储及加工分装区、软服务平台、设备和硬件采购等内容

起止年限	项目预估总投资（万元）	2019 年预估投资（万元）	资金来源	2019 年主要建设内容	用地需求（公顷）	开 / 竣工月份
2018—2019	3000	1000	企业自筹	完成部分工程	—	6 月
	1335000	311000	—	—	—	—
	465000	117000	—	—	—	—
2019—2021	100000	40000	企业自筹	启动项目建设	—	9 月
2019—2021	95000	30000	企业自筹	启动项目建设	—	9 月
2018—2019	250000	40000	企业自筹	启动项目建设	—	12 月
2019—2020	20000	7000	企业自筹	启动项目建设	—	9 月
	870000	194000	—	—	—	—
2017—2021	300000	80000	企业自筹	完成部分工程	—	—
2017—2019	210000	30000	企业自筹	完成部分工程	—	12 月
2017—2019	90000	10000	企业自筹	完成部分工程	—	6 月
2017—2019	100000	25000	企业自筹	完成部分工程	—	6 月
2018—2021	55000	20000	企业自筹	完成部分工程	—	—

续表8

序号	项目名称	项目单位	所在街道	建设性质	建设内容
6	长沙深国际现代综合物流港	长沙深国际综合物流港发展有限公司	沙坪	续建	项目有效用地面积 16.27 公顷，建筑面积 9.17 万平方米，主要建设 W1、W3、W4、W5、W6 五栋独栋仓库、1 栋宿舍、1 栋办公楼及地下室，打造集“总部商务、干线运输、仓储保管、分拨配送、电子商务、增值服务、配套齐全”为一体的现代城市物流综合体
7	平瑞医药电商产业园	长沙平瑞冷链物流有限公司	青竹湖	续建	项目有效用地面积约 5.07 公顷，主要建设 1 栋 6.8 万平方米的双层仓库和 1 栋 1000 平方米的双层配套用房
8	德亨物流总部基地项目	湖南长沙市德亨实业有限公司	沙坪街道	续建	项目有效用地面积 2.98 公顷，总建筑面积 1.46 万平方米，主要建设 2 栋多层物流仓库
9	江天国际广场项目	湖南江天物流有限公司	青竹湖	续建	项目有效用地面积 4.27 公顷，总建筑面积 7 万平方米，主要建设 1 栋交易展示中心和 2 栋物流仓库，打造以母婴产品为主进出口商品物流配送与展示交易中心

（五）城市商业综合体项目：共 9 个，其中新建项目 3 个，续建项目 6 个

序号	项目名称	项目单位	所在街道	建设性质	建设内容
新建项目：共 3 个					
1	升升商业综合体	长沙升升置业有限公司	通泰街	新建	主要建房 2.6 万平方米商业综合体
2	润和国际广场	湖南华城旭悦置业有限公司	浏阳河	新建	总建筑面积 26 万平方米，包括写字楼、酒店、购物街及配套工程
3	华润置地中心	长沙润置房地产开发有限公司	望麓园	新建	拟建高档写字楼、高档公寓和商业裙楼如一体的大型商业项目，其中有 3 栋超高层（1 栋 200 米、2 栋 180 米）耸立在交叉口重要节点，是项目的标志性建筑。项目总建筑面积 30 万平方米，其中计容面积 24 万平方米
续建项目：共 6 个					
1	阳光城湘江宾馆项目	阳光城集团湖南公司	望麓园	续建	项目占地面积 2.58 公顷，建筑面积 16 万平方米，其中商业面积 12.68 万平方米，住宅面积 3.31 万平方米。主要建设 1 栋为住宅；2–4 栋为酒店公寓，综合容积率为 5.94
2	华远华时代	长沙隆熙致远房地产开发有限公司	清水塘	续建	用地 1.92 公顷，总建筑面积 28 万平方米。主要建设 3 栋商务公寓楼
3	里悦荟生活广场	湖南健郡房地产开发有限责任公司	伍家岭	续建	项目总建筑面积 15.1 万平方米，主要建设酒店、公寓、写字楼
4	富兴世界金融中心二期	富兴置业发展有限公司	东风路	续建	用地面积为 4.4 万平方米，其中：规划商住用地面积 2.4 万平方米，规划绿地面积 1.0 万平方米，规划广场面积 1 万平方米。项目建设用地面积 2.4 万平方米，总建筑面积 4.2[illegible] 万平方米。主要建设住宅楼、公寓、裙房商业、地下汽车库配套设备用房
5	华英好世界	湖南珠江实业投资有限公司	浏阳河	续建	一栋 24 层办公楼，一栋 31 层公寓楼、一个地上 4 层购物中心，一个地上 3–4 层商业步行街，五栋住宅楼
6	旷代沁园三期	湖南旷代房地产开发有限公司	浏阳河	续建	三期总建筑面积 10 万平方米，建设商街、写字楼和酒店

起止年限	项目预估总投资（万元）	2019 年预估投资（万元）	资金来源	2019 年主要建设内容	用地需求（公顷）	开 / 竣工月份
2017—2019	50000	10000	企业自筹	完成部分工程	—	6 月
2017—2019	30000	10000	企业自筹	完成部分工程	—	12 月
2017—2019	5000	2000	企业自筹	完成项目建设	—	6 月
2018—2019	30000	7000	企业自筹	完成部分工程	—	6 月
	2050000	605142	—	—	—	—
	841600	326000	—	—	—	—
2019—2020	50000	26000	企业自筹	启动项目建设	0.33	1 月
2018—2019	120000	70000	企业自筹	启动项目建设	—	1 月
2019—2021	671600	230000	企业自筹	启动项目建设	2.83	9 月
	1208400	279142	—	—	—	—
2018—2021	160000	50000	企业自筹	完成部分工程	2.58	—
2017—2022	400000	34000	企业自筹	完成部分工程	1.92	—
2017—2019	52000	5000	企业自筹	完成部分工程	—	—
2018—2020	220000	100000	企业自筹	完成部分工程	—	—
2017—2019	243400	65142	企业自筹	完成部分工程	—	—
2016—2019	133000	25000	企业自筹	完成部分工程	—	—

续表8

序号	项目名称	项目单位	所在街道	建设性质	建设内容
（六）住宅房地产项目：共 32 个，其中新建项目 2 个，续建项目 30 个					
新建项目：共 2 个					
1	弘坤·云寓（宜居玉园）建安工程	湖南高广达置业有限公司	洪山	新建	用地面积 13457 平方米，总建筑面积 5.6 万平方米，结主体高度 149.80 米。本项目设有二层地下室，一栋超高塔楼，局部三层裙房，总层数34层。地下二层均为地下车库其中部分为设备用房，上部为商业、公寓
2	福地·雅宾利	长沙鸿荣源房地产开发有限公司	捞刀河	新建	项目有效用地面积 28.8 公顷，一期总建筑面积 16.8 万方米，主要建设高层、洋房、商业、幼儿园等 27 栋建筑
续建项目：共 30 个					
1	新力紫园	湖南新力湘房地产开发有限公司	伍家岭	续建	项目用地面积 1.87 公顷，总建筑面积 9 万平方米，其中宅 8.5 万平方米，配套商业 0.5 万平方米
2	君悦新天地	湖南君悦环球发展有限公司	新河	续建	用地 19519.21 平方米，总建筑面积 9.8 万平方米。主要设 3 栋
3	天健芙蓉盛世三期	长沙市天健房地产开发有限公司	新河	续建	总用地面积 86978 平方米，总建筑面积 448013 平方米，14 栋
4	北辰三角洲	长沙北辰房地产开发有限公司	新河	续建	建设 E6、E4、C2、C3、E7 区 5 个地块共 40 栋共 43 万方米的住宅
5	海洋半岛三期	湖南海洋环球置业有限公司	四方坪	续建	三期总建筑面积 65914 平方米，其中住宅面积为 46013 方米，商业面积为 8388 平方米，幼儿园面积为 2505 平方米社区面积为 500 平方米，地下室面积为 8322 平方米
6	长沙恒大御景半岛锦绣苑	长沙金霞开发建设有限公司	芙蓉北路	续建	总建筑面积 33 万平方米，拟建成高档住宅楼与高端精商业 MALL
7	长沙恒大御景半岛翰林苑	长沙金霞开发建设有限公司	芙蓉北路	续建	总建筑面积 19 万平方米，主要 4 栋住宅、2 栋公寓、3 小商业、1 个幼儿园
8	恒大雅苑	长沙宝瑞房地产开发有限公司	洪山	续建	用地 7 公顷，总建筑面积 150 万平方米。主要建设 84 栋住宅 6 栋商业公寓
9	理想房地产	理想房地产开发公司	洪山	续建	用地 0.53 公顷，总建筑面积 4.6 万平方米
10	藏珑 3.3 期	双瑞地产开发公司	洪山	续建	占地 1.33 公顷，建筑面积 7 万平方米
11	绿洲花园四期	湖南省友联置业有限公司	月湖	续建	建设 11 号栋酒店式公寓和 14 号栋商业楼
12	旷代沁园二期	湖南旷代房地产开发有限公司	浏阳河	续建	二期总建筑面积为 11 万平方米，建设 8 栋高层住宅楼
13	山语城三期	中铁房地产集团长沙置业有限公司	秀峰	续建	用地 7.59 公顷，总建筑面积 33.10 万平方米。主要建 1#—13# 栋住宅

起止年限	项目预估总投资（万元）	2019 年预估投资（万元）	资金来源	2019 年主要建设内容	用地需求（公顷）	开 / 竣工月份
	6574851	1142483	—	—	—	—
	102000	27000	—	—	—	—
2019—2020	12000	7000	企业自筹	启动项目建设	0.93	1 月
2019—2021	90000	20000	企业自筹	启动项目建设	—	6 月
	6472851	1115483	—	—	—	—
2018—2020	130000	20000	企业自筹	完成部分工程	—	—
2017—2020	15000	15000	企业自筹	完成部分工程	—	—
2017—2019	260651	43483	企业自筹	完成部分工程	—	—
2008—2023	3300000	200000	企业自筹	完成部分工程	—	—
2019—2021	15000	5000	企业自筹	完成部分工程	1.47	—
2015—2021	116000	20000	企业自筹	完成部分工程	8.53	—
2018—2022	68200	20000	企业自筹	完成部分工程	4.67	—
2016—2022	530000	70000	企业自筹	完成部分工程	—	—
2017—2020	10000	6000	企业自筹	完成部分工程	—	—
2018—2020	100000	40000	企业自筹	完成部分工程	1.33	—
2017—2019	20000	13000	企业自筹	完成建设	1	11 月
2016—2019	65000	5000	企业自筹	完成部分工程	—	—
2016—2019	132000	10000	企业自筹	完成部分工程	—	—

续表8

序号	项目名称	项目单位	所在街道	建设性质	建设内容
14	新城·和樾公馆	湖南中坤置业有限公司	秀峰	续建	项目有效用地面积 3.47 公顷，总建筑面积 17.5 万平方米，主要建设 6 栋高层住宅和 1 栋公寓楼
15	五矿·万境潇湘	湖南矿梦置业开发有限公司	秀峰	续建	项目有效用地面积 8.67 公顷，总建筑面积 26 万平方米，主要建设高层住宅及商业中心
16	鸿邦国际城	湖南鸿邦地产开发有限公司	秀峰	续建	项目有效用地面积 3.9 公顷，总建筑面积 17 万平方米，主要建设高层住宅、商务会所及商业配套设施等。一期主要建设 5 栋高层住宅，建筑面积 8 万平方米
17	楚天逸品 A 区	湖南宏吉置业发展有限公司	秀峰	续建	项目有效用地面积 1.56 公顷，总建筑面积 5 万平方米，主要建设 2 栋高层住宅和 1 所幼儿园
18	长沙雅居乐花园	长沙雅居乐房地产开发有限公司	秀峰	续建	项目有效用地面积 4 公顷，建筑面积 13 万平方米，分两期建设。二期主要建设滨江高档住宅 4 栋 5.4 万平方米
19	湘江东苑	长沙宾盛投资管理有限公司	秀峰	续建	项目有效用地面积 1.6 公顷，总建筑面积 5 万平方米，主要建设 5 栋高层住宅及配套商业
20	创远·湘江壹号	长沙创远置业有限公司	秀峰	续建	3-2 期有效用地 6.67 公顷，建筑面积 34.6 万平方米，主要建设 11 栋高层住宅；3-3 期有效用地 3 公顷，建筑面积 17.5 万平方米，主要建设 5 栋高层住宅；四期有效用地 1 公顷，建筑面积 6.5 万平方米，主要建设 64 栋别墅
21	恒大·御景天下	长沙湘江名苑房地产有限公司	秀峰	续建	项目有效用地面积约 37.87 公顷，总建筑面积 60 万平方米，一期已建成；二期占地 12.67 公顷，建筑面积 28 万平方米，主要建设高层住宅、商业中心；三期占地 4.8 公顷，建筑面积 9.3 万平方米，主要建设 3 栋高层、5 栋洋房；四期用地面积 4.67 公顷，建筑面积 8.6 万平方米，主要建设 栋高层，7 栋洋房；名苑小学占地 4.53 公顷，建筑面积 2. 万平方米，主要建设 48 个班
22	福晟·钱隆世家二期	湖南晟冉房地产开发有限公司	秀峰	续建	项目有效用地面积 12.07 公顷，总建筑面积 36 万平方米，其中二期有效用地 2.33 公顷，建筑面积 10 万平方米，主要建设 2 栋高层商业楼宇
23	福晟·钱隆国际二期	湖南晟冉房地产开发有限公司	秀峰	续建	项目有效用地面积 5.2 公顷，总建筑面积 25 万平方米，主要建设 6 栋高层住宅和 1 栋商业办公楼
24	万事达国际	湖南万事达房地产开发有限公司	秀峰	续建	项目有效用地 11.07 公顷，总建筑面积 30 万平方米，主要建设高层住宅及商业写字楼、酒店等
25	恒大·林溪郡	湖南亦成投资有限公司	青竹湖	续建	项目有效用地面积 35 公顷，总建筑面积 70 万平方米，主要建设别墅、高层。分三期（6 个地块）建设，一期已建成，二期主要建设 2 号、3 号地块，建筑面积 37 万平方米，主要建设高层住宅及洋房
26	恒泰 . 湘壹府	湖南国建置业发展有限公司	青竹湖	续建	项目有效用地面积 13.2 公顷，总建筑面积 28 万平方米，主要建设 20 栋高层住宅和配套商业体
27	金隅阳光·曦园三期	湖南金隅阳光投资有限公司	青竹湖	续建	项目总用地面积 50.4 公顷，有效用地 31.07 公顷，总建筑面积 38 万平方米。分五期开发建设，三期规划用地 7 公顷，主要建设高层住宅，建筑面积 17 万平方米
28	卓越·千山外	湖南联合房地产开发有限公司	青竹湖	续建	项目有效用地面积 10.4 公顷，总建筑面积 20.59 万平方米，主要建设 9 栋高层及 20 栋别墅

起止年限	项目预估总投资（万元）	2019 年预估投资（万元）	资金来源	2019 年主要建设内容	用地需求（公顷）	开 / 竣工月份
2018—2020	70000	30000	企业自筹	完成部分工程	—	—
2018—2020	240000	150000	企业自筹	完成部分工程	—	—
2018—2019	30000	20000	企业自筹	完成部分工程	—	—
2018—2020	29000	15000	企业自筹	完成部分工程	—	—
2018—2019	30000	15000	企业自筹	完成部分工程	—	—
2018—2019	15000	8000	企业自筹	完成部分工程	—	—
2015—2020	200000	90000	企业自筹	完成部分工程	—	—
2016—2020	320000	60000	企业自筹	完成部分工程	—	—
2016—2020	130000	30000	企业自筹	完成部分工程	—	—
2017—2020	90000	30000	企业自筹	完成部分工程	—	—
2019—2022	12000	10000	企业自筹	完成部分工程	—	—
2017—2020	15000	30000	企业自筹	完成部分工程	—	—
2017—2020	120000	30000	企业自筹	完成部分工程	—	—
2017—2020	80000	30000	企业自筹	完成部分工程	—	—
2018—2020	80000	30000	企业自筹	完成部分工程	—	—

续表8

序号	项目名称	项目单位	所在街道	建设性质	建设内容
29	绿城青竹园	湖南青竹湖国际商务社区开发有限公司	青竹湖	续建	项目有效用地面积 14.7 公顷，总建筑面积 5 万平方米，主要建设南、北片区五组团 133 栋别墅
30	旭辉·湖山赋	长沙恒高房地产开发有限公司	捞刀河	续建	项目有效用地面积 51.87 公顷，总建筑面积 110 万平方米，主要建设低密度高档住宅小区。一期用地 16 公顷，建筑面积 16.6 万平方米，主要建设别墅示范区，二期主要建设别墅及高层住宅

（七）预备项目：共 24 个

序号	项目名称	项目单位	所在街道	建设性质	建设内容
1	纽曼智能终端生产基地项目	湖南纽曼通信科技有限公司	青竹湖	预备	项目有效用地面积 3.33 公顷，总建筑面积 5 万平方米，主要建设多层工业厂房，打造互联网智能终端产品的研发及生产基地，并建立云服务中心
2	天力瑞家新材全国总部及生产基地	湖南天力瑞家新材料科技股份有限公司	沙坪	预备	项目有效用地 4.86 公顷，总建筑面积 5.8 万平方米，主要建设天力不锈钢管系列产品的生产、销售、仓储物流及办公总部基地等
3	瑞康（湖南）医疗大健康产业基地	湖南瑞康康达健康产业开发有限公司	青竹湖	预备	项目有效用地面积 10 公顷，主要建设高端医疗器械生产基地，瑞康系药品和医疗器械湖南省供应链平台体系、供应链配送中心、研发孵化中心、中医康复中心、第三方医疗器械检测检验中心
4	金六谷医药健康产业园项目	湖南金六谷医药有限公司	沙坪	预备	项目有效用地 3.33 公顷，主要建设医药物流配送中心、电商中心、结算中心和加工中心等内容，打造集研发、仓储配送、加工、展示交易于一体的现代医药产业园区
5	融城智慧冷链物流园项目	湖南融湘供应链有限公司	沙坪	预备	项目有效用地面积 6.52 公顷，主要建设智能化多温层库，打造集多层冷库、全程冷链、城市配送、跨境电商贸易为一体的智慧冷链物流园
6	正大集团湖南区农牧食品产业链项目	长沙正大有限公司	沙坪街道	预备	项目有效用地 6.53 公顷，主要建设饲料加工、食品生产基地及销售中心。
7	中南高科·长沙开福高新智造产业园	上海中南金石企业管理有限公司	青竹湖街道	预备	项目有效用地面积 9 公顷，总建筑面积 20 万平方米，主要建设工业厂房、孵化基地、工业配套等内容
8	湖南医专白霞校区项目	湖南医药职业中等专业学校	捞刀河	预备	项目有效用地面积 5.11 公顷，总建筑面积 8 万平方米，主要建设湖南医专新校区，包括教学楼、图书馆、食堂、宿舍及其他配套
9	湘之杰现代物流中心	湖南湘之杰物流有限公司	青竹湖	预备	项目有效用地面积 11.33 公顷，总建筑面积 10 万平方米，主要建设物流仓储、堆场及 1 个 2000 吨级泊位及配套设施等
10	弘上物流总部基地项目	弘上投资控股股份有限公司	沙坪	预备	项目有效用地面积 7.37 公顷，主要建设物流仓储、配送、结算中心及办公楼，打造集物流总部、仓储管理、物流金融、商务配套于一体的现代化物流平台
11	仟舍仓储项目	长沙星都公寓有限公司	青竹湖	预备	项目有效用地 1.34 公顷，总建筑面积 2.7 万平方米，主要建设仓库及配套设施
12	青竹湖中心片区商业综合体开发项目	浙江英冠控股有限公司	青竹湖街道	预备	项目有效用地 4.53 公顷，利用青竹湖环境、区位等优势，发展商业旅游地产、文化创意、总部经济等，建设城北特色综合商业聚集区

起止年限	项目预估总投资（万元）	2019 年预估投资（万元）	资金来源	2019 年主要建设内容	用地需求（公顷）	开 / 竣工月份
2016—2020	50000	20000	企业自筹	完成部分工程	—	—
2017—2020	200000	50000	企业自筹	完成部分工程	—	—
2019—2021	20000	—	企业自筹	完善前期手续	—	—
2019—2020	20000	—	企业自筹	完善前期手续	—	—
2019—2020	100000	—	企业自筹	完善前期手续	—	—
2019—2021	20000	—	企业自筹	完善前期手续	—	—
2019—2021	20000	—	企业自筹	完善前期手续	—	—
2019-2021	30000	—	自筹	完善前期手续	—	—
2019-2020	40000	—	自筹	完善前期手续	—	—
2019—2021	20000	—	企业自筹	完善前期手续	—	—
2019—2021	30000	—	企业自筹	完善前期手续	—	—
2019—2021	50000	—	企业自筹	完善前期手续	—	—
2019—2020	7000	—	企业自筹	完善前期手续	—	—
2019—2022	50000	—	企业自筹	完善前期手续	—	—

续表8

序号	项目名称	项目单位	所在街道	建设性质	建设内容
13	中国外运长沙 CFS 中心仓项目	中国外运华南有限公司	青竹湖街道	预备	项目有效用地面积 11.87 公顷，总建筑面积 7.9 万平方米，建设中国外运金霞集装箱拼箱中心，项目建成后将主营 际集装箱拼箱、合同物流（华为、石化等项目）、进口拆箱 跨境电商、中欧班列进出口等业务
14	宝能物流长沙金霞跨境保税供应链项目	宝能集团	青竹湖街道	预备	项目有效用地面积 9.33 公顷，总建筑面积 19 万平方米，建设 4 个实体业态：跨境电商产业园、冷链供应链中心、汽车配件保税物流中心、新零售仓储集散中心；2 个增 服务业态：智慧供应链金融服务和外贸综合服务平台
15	湖南凡森医疗科技生产基地项目	湖南凡森医疗科技有限公司	沙坪街道	预备	项目有效用地 3.33 公顷，主要建立高端医学影像与精准 疗设备生产、研发、销售及服务、办公大楼、生活配套、展示中心以及结算中心
16	观山林邸	长沙市开泰置业有限公司	秀峰	预备	项目有效用地面积 2.48 公顷，总建筑面积 9 万平方米， 要建设 5 栋高层住宅，酒店及地下车库等
17	马栏山创智园二期	长沙市水利投资建设管理有限公司	马栏山视频文创园	预备	二期拟选址滨河路、鸭子铺路、滨河联络道、公园路围 的 X06-A68 地块，用地面积 2.59 公顷，容积率 1.2，限 24 米。可建计容面积 3.1 万平方米。计划布局办公 2.6 平方米；食堂、机房等配套 5000 平方米
18	马栏山人才公寓	马栏山视频文创园管委会	马栏山视频文创园	预备	主要建设人才公寓
19	兴联中学（长郡开福中学）	湖南宏吉置业发展有限公司	秀峰	预备	用地面积 2.27 公顷，建筑面积 22652 平方米，班级规模 个班
20	恒高紫荆项目配套学校	长沙恒高紫荆开发有限公司	捞刀河	预备	用地面积 5.54 公顷，建筑面积 44320 平方米，班级规模 中 18 个班、小学 36 个班
21	恒大林溪郡项目配套学校	湖南亦成投资有限公司	青竹湖	预备	用地面积 3.27 公顷，建筑面积 26000 平方米，班级规模 个班
22	明德金鹰学校	长沙宝瑞房地产开发有限公司	月湖	预备	用地面积 1.2 公顷，建筑面积 10500 平方米，班级规模 个班
23	怀通大厦	长沙市德昌房地产开发有限公司	东风路	预备	占地 0.38 公顷，拟建设办公用房，一、二楼建设移动公 营业厅
24	城北新中心项目	中国保利集团公司	秀峰街道	预备	项目有效用地面积 57.6 公顷，定位为长沙北中心，着力 造非物质文化遗产群落、体验式商业街区、创意产业园区 长租公寓、国际品牌会员店、外资直投奥特莱斯购物中心 湖湘文化体验馆、湘江画廊、长沙樽、长沙之门地标建 等多元化业态建筑集群

起止年限	项目预估总投资（万元）	2019 年预估投资（万元）	资金来源	2019 年主要建设内容	用地需求（公顷）	开 / 竣工月份
2019—2021	48000	—	企业自筹	完善前期手续	—	—
2019—2022	60000	—	企业自筹	完善前期手续	—	—
2019—2020	30000	—	企业自筹	完善前期手续	—	—
2019—2021	36000	—	企业自筹	完善前期手续	—	—
2018—2019	14000	—	企业自筹	完善前期手续	2.59	—
待定	—	—	企业自筹	完善前期手续	—	—
2018—2021	15000	—	企业自筹	完善前期手续	—	—
2019—2021	17700	—	企业自筹	完善前期手续	—	—
2018—2020	11000	—	企业自筹	完善前期手续	—	—
2018—2020	8000	—	企业自筹	完善前期手续	—	—
2019—2021	6000	—	企业自筹	完善前期手续	—	—
2019—2024	2000000	—	企业自筹	完善前期手续	—	—

2019年度开福区扶持区级科技计划项目汇总一览表

表9

序号	项目名称	申报单位名称	项目类别	金额（万元）
1	智能安全的企业文库研发及推广	湖南文盾信息技术有限公司	重点	15
2	便携式黑飞无人机管控系统研发	湖南猎航电子科技有限公司	重点	15
3	全景红外搜索跟踪系统	湖南国科锐承电子科技有限公司	重点	15
4	超重防腐涂层材料的组分优化与海洋环境应用	长沙盾甲新材料科技有限公司	重点	15
5	多频点高精准光电安防雷达研究及产业化	长沙深之瞳信息科技有限公司	重点	15
6	含可控阻尼的武器柔顺缓冲机构的研发	湖南海擎智能科技有限责任公司	重点	15
7	水面吊放和拖曳通信设备的研究和产业化	湖南天剑海洋工程设备有限公司	一般	10
8	自主知识产权 32 位控制型 DSP 芯片 IP 核关键技术研究	湖南毂梁微电子有限公司	重点	15
9	高密度 100G 核心网络监测设备研制	湖南戎腾网络科技有限公司	重点	15
10	基于飞腾平台的自主可控高性能双控存储阵列研制及产业化	长沙瑞腾信息技术有限公司	重点	15
11	基于 Hadoop+HBase 舆情大数据处理和存储系统平台的建设及应用	湖南中周至尚信息技术有限公司	重点	15
12	PQWT-CL 城镇压力管道漏损自动分析仪的研究与应用	湖南普奇地质勘探设备研究院	重点	15
13	天气现象智能识别系统	湖南胜昊软件科技有限公司	重点	15
14	高可靠多功能人脸识别无线终端	湖南众智君赢科技有限公司	重点	15
15	“赤耳菌”青少年科普智慧运营平台	湖南趣科普科技文化传播有限公司	重点	15
16	发动机涡轮增压器用铁基粉末冶金轴承中试与产业化	长沙波德冶金材料有限公司	重点	15
17	汽车转向动力单元的 ECU 热压入工艺及设备研制	长沙纽泰自动化科技有限公司	重点	15
18	开福区中小微企业科技创新服务平台建设项目	长沙市开福区中小微企业服务中心	重点	15
19	MG7S PRO 高清交互智能屏研发与产业化	湖南新亚胜光电股份有限公司	重点	15
20	智能商业 WiFi 定位系统	湖南芒果车之家汽车销售有限公司	重点	10
21	IP 数字及实体衍生产品版权保护商用平台的建设及应用	湖南善禧文化股份有限公司	重点	15
22	复合型环保微生物除臭剂的研究与开发	湖南科美洁环保科技有限公司	重点	15
23	城镇污水处理厂提标改造关键技术研究	湖南鑫远环境科技有限公司	重点	15
24	金霞跨境产贸园智慧园区平台系统的研发与应用	湖南嘉德科技发展有限公司	重点	15
25	食品从业人员教育、培训平台建设	湖南国皓教育有限责任公司	重点	15
26	多功能湘绣音乐盒的研发与推广	湖南再红湘绣有限公司	重点	15
27	环保节能型配料搅拌泵车的研发及产业化	湖南拓沃重工科技有限公司	重点	15
28	铁路跨越施工防护装备及施工方法的研究	湖南长重机器股份有限公司	重点	15
29	禾花鲫、鲤新品种的研发与应用	湖南海博水产种业科技有限公司	重点	10
合计				420

2019年开福区收入完成情况一览表

单位：万元

表10

项目		累计完成	增幅	进度
省市税务局	省税务第二分局	19006	—	—
	市税务第二分局	6775	—	—
	小计	25781	—	—
区税务局		1103546	—	—
非税收入		170025	7.85%	—
全口径收入	全口径税收	1129328	-1.13%	—
	一般公共预算收入	1299353	-0.04%	—
	全口径税收占比	86.91%	-1.09%	—
区级收入	区级税收	280483	15.81%	—
	地方一般公共预算收入	450508	12.67%	104.33%
	区级税收占比	62.26%	2.79%	—

2019年开福区分税种情况一览表

单位：万元

表11

税　种	完成数	比重	增长率
增值税	532342	47.1%	4.8%
企业所得税	282083	25.0%	-3.2%
个人所得税	137050	12.1%	-37.8%
土地增值税	110047	9.7%	52.1%
房产税	33392	3.0%	1.0%
印花税	11462	1.0%	-12.9%
耕地占用税	22952	2.0%	444.9%
税收收入	1129328	86.9%	-1.1%
非税收入	170025	13.1%	7.8%
一般公共预算收入	1299353	100.0%	0.0%

以上数据均为同口径比较。

说明：2019年，纳入区级政府财税收入统计范围，并参与财力分享的税种共有7个，其中增值税、企业所得税、个人所得税是开福区三大主体税种，全年共计实现税收收入95.15亿元，占总税收的84.25%，较2018年同期下降5.4个百分点；其他4个税种土地增值税、房产税、耕地占用税、印花税2019年共计实现税收收入17.79亿元，占总税收的15.75%

长沙市市级重点生态公益林资金补偿发放一览表

表12

街道	总面积（公顷）	总金额（元）	集体报账支付							个人“一卡通”支付		
			村集体面积（公顷）	金额（元）	组集体面积（公顷）	金额（元）	管理资金（元）	金额小计（元）	备注	个人面积（公顷）	金额小计（元）	备注
青竹湖街道	258.55	112470.70	133.94	54247.59	60.6	24543.00	7756.60	86547.19		64.01	25923.51	林农个人补偿资金由乡镇财政“一卡通”支付，集体（街道、社区）补偿资金实行报账支付。
秀峰街道	115.45	50219.30	81.17	32872.50	18.07	7318.08	3463.40	43653.98		16.21	6565.32	
沙坪街道	223.59	97263.10	183.62	74367.18	1.78	720.90	6707.80	81795.88		38.19	15467.22	
捞刀河街道	112.39	48888.20	92.73	37556.73	0.53	215.73	3371.60	41144.06		19.12	7744.14	
区林业站	0.00	5324.85	0.00	0.00	0.00	0.00	5324.85	5324.85		0.00	0.00	
合计	709.98	314166.15	491.46	199044.00	80.98	32797.71	26624.25	258465.96		137.53	55700.19	

说明：

1. 根据2016年市级重点生态公益林规划调整修编开福区总面积709.98公顷（非绿心区）；
2. 根据长沙市财政局长财资环指〔2019〕25号《关于下达2019年度市级公共项目资金的通知》，附件：1、2019年市级重点公益林补偿资金分配明细表补偿资金总计319491元。其中市级留存5324.85元；开福区应发放补偿资金314166.15元，市级下拨补偿资金207800元，区级配套106366.15元；
3. 按规划集体、个人总面积709.98公顷、总资金314166.15元；发放405元/公顷，管理资金：街道、村级各15元/公顷，区林业站7.5元/公顷；
4. 集体报账支付258465.96元、个人“一卡通”支付55700.19元；
5. 各街道、社区（村）发放表详见附表

开福区行政区划调整后街道基本情况一览表

表13

街道名称	区域面积（公顷）	常住人口（万人）	下辖社区（村）	社区（村）面积（公顷）	备注（公顷）
清水塘街道	186.1	4.2	便河边社区	18.9	—
			芙蓉路社区	6	—
			清水塘社区	15	—
			四季花城社区	146.2	其中：烈士公园 138.8
通泰街街道	128.4	3.9	寿星街社区	43.5	—
			连升街社区	25	—
			吉福街社区	14.5	—
			轩辕殿社区	12	—
			湘春路社区	13	—
			盐道坪社区	7	—
			西园社区	13.4	—
望麓园街道	100.3	3.8	中山路社区	28.7	—
			荷花池社区	23.7	—
			水风井社区	23.5	—
			营盘街社区	5.7	—
			富雅坪社区	18.7	—
东风路街道	288.8	7.2	国防科大社区	55.8	—
			东风路社区	44	—
			蚌塘社区	11	—
			德雅路社区	35	—
			浏河社区	55	—
			精英路社区	41	—
			砚瓦池社区	27	—
			王家垅社区	20	—
湘雅路街道	169.1	4.3	百善台社区	85.6	—
			三角塘社区	15	—
			留芳岭社区	7	—
			文昌阁社区	25	—
			新湘路社区	12.5	—
			上麻园岭社区	24	—
伍家岭街道	250.6	5.2	蒋家垅社区	45	—
			建湘新村社区	36	—
			紫荆园社区	56	—
			浏阳河社区	38	—
			陡岭社区	29	—
			科大佳园社区	33.6	—
			花城社区	13	—

续表13

街道名称	区域面积（公顷）	常住人口（万人）	下辖社区（村）	社区（村）面积（公顷）	备注（公顷）
新河街道	476.4	4.8	三角洲社区	32	—
			开福寺路社区	131	—
			华厦路社区	47	—
			紫凤社区	45	—
			幸福桥社区	63	—
			陈家湖社区	76	—
			栖凤社区	82.4	—
四方坪街道	331	4.2	滨江社区	32	—
			李家冲社区	29	—
			左岸社区	35	—
			四方社区	33	—
			科大景园社区	43	—
			胜利社区	25	—
			四季美景社区	42	—
			金帆社区	13	—
			丝茅冲社区	79	—
月湖街道	652.9	4.0	鸭子铺社区	95	—
			朝阳社区	83	—
			月湖社区	94	—
			溪水湾社区	145	—
			马栏山社区	160	—
			舟桥路社区	75.9	—
洪山街道	867.3	2.0	洪西社区	217.3	—
			金鹰社区	250	—
			洪山桥社区	200	—
			洪雅社区	200	—
浏阳河街道	590.1	1.4	福元路社区	106	—
			史家坡社区	34.1	—
			毛家垅社区	120	—
			双河社区	180	—
			陈家渡社区	150	—
芙蓉北路街道	632.8	3.6	江滨社区	94	—
			欣城社区	114	—
			福城社区	94.8	—
			凤亭社区	108	—
			金泰路社区	72	—
			江湾社区	61	—
			盛世路社区	89	—
12	4673.8	48.6	75	4673.8	—

续表13

街道名称	区域面积（公顷）	常住人口（万人）	下辖社区（村）	社区（村）面积（公顷）	备注（公顷）
青竹湖街道	3892.3	2.7	植基社区	272	—
			金盆丘社区	266	—
			霞凝港社区	20.3	—
			新安寺社区	303	—
			彩霞社区	401.88	金霞 381、综合场 20.88
			新太安社区	564	太阳山 309、大安 255
			天胜社区	555	天井 289、广胜 266
			金霞新村社区	580	金霞 333、群力 247
			新源社区	463.12	—
			霞凝社区	358.5	—
			湖畔社区	108.5	—
沙坪街道	4519.8	2.2	中青社区	765	板塘 369、大明 396
			檀木岭村	777	成功 471、自安 306
			汉回村	730	汉回 358、乌溪 372
			双塘村	565	双湖 282、海塘 283
			竹安村	945	竹坡 547、告塘 398
			钟山村	553	茶子山 285、钟石 268
			沙坪社区	184.8	—
捞刀河街道	3337.8	2.6	高岭社区	693	高源 352、高岭 341
			捞刀河社区	571.3	捞刀河村 370.3、捞刀河社区 201
			中岭社区	640	中岭 440、彭家巷 200
			白霞村	334	—
			罗汉庄村	855	罗汉庄 230、大星 270、伍家岭 355
			凤羽村	244.5	—
秀峰街道	2277.3	1.8	新大塘社区	239	大塘村 235、大塘基社区 4
			湘民社区	2	该社区座落在兴联社区行政区域内
			戴家河社区	334.3	—
			鹅羊山社区	335	—
			湘荷村	510	荷叶村 226、湘粤村 284
			兴联社区	413	—
			宿龙桥社区	150	—
			竹隐社区	294	—
4	14027.2	9.3	32	14027.2	—
合计 16	18701	57.9	107	18701	—

说明：本表系根据“开福区行政区划调整后街镇基本情况一览表”，依照“长沙市开福区‘十二·五’森林资源规划设计调查数据集”、经与各街道、社区查访核实后所制。全区总面积18701公顷，区划成16个街道、107个社区（村）

开福区农村基本情况一览表

表14

	单位
一、农村乡（镇）个数	4 个
村（居）民委员会数	32 个
二、乡村户数	2.2 万户
乡村人口数	6.5 万人
乡村劳动力资源数	2.2 万人
三、年末耕地面积	2739 公顷
水田	2658 公顷
水浇地	120 公顷
旱地	690 千公顷
四、农业机械总动力	3000 千瓦

农村饮水安全工程一览表

表15

序号	工程名称	投入运行时间	设计供水能力（吨/日）	实际供水量（吨/日）	备注
1	2011 年中岭村安全饮水工程	2012・12	730	730	城市管网延伸
2	2012 年彭家巷农村饮水工程	2012・12	4350	4350	城市管网延伸
3	四方坪胜利村饮水工程	2013・6	510	510	城市管网延伸
4	2013 年高岭村农村饮水工程	2014・5	1800	1800	城市管网延伸
5	2013 年陈家渡饮水工程	2013・12	2200	2200	城市管网延伸
6	2014 年高源村农村饮水工程	2014・12	1280	1280	城市管网延伸
7	2014 年白霞村农村饮水工程	2015・1	1700	1700	城市管网延伸
8	2015 年沙坪社区农村饮水工程	2015・12	4600	4600	城市管网延伸
9	2016 年白霞村农村自来水项目	2016・12	600	600	城市管网延伸
10	2017 年板塘村农村自来水项目	2017・2	3800	3800	城市管网延伸
11	2017 年大明村农村自来水项目	2018・1	5000	5000	城市管网延伸

说明：

1. 统计范围为辖区内全部农村饮水安全工程，包括停产、被并网覆盖的工程等；

2. 按照1000吨万人以上工程、200~1000吨（不含）工程、200吨以下工程分类统计

开福区市级重点生态公益林到村（社区）面积小班户数情况一览表

表16

街道	村（社区）	面积（公顷）	小班（个）	村集体户	组集体户	个人户	合计	合同
4	19	709.98	136	18	17	737	772	23
青竹湖街道	金霞新村社区	129.67	8	1	4	218	223	1
	青竹湖街道	53.41	3	1	0	0	1	1
	天胜社区	22.89	5	1	0	9	10	1
	新太安社区—太阳山	26.75	8	1	1	2	4	1
	霞凝社区	22.37	4	1	0	0	1	1
	新太安社区—大安	3.47	4	1	0	16	17	1
	青竹湖街道	0	0	0	0	0	0	1
	小 计	258.56	32	6	5	245	256	7
秀峰街道	鹅羊山社区	20.73	1	1	3	0	4	1
	秀峰街道林场	71.36	5	1	0	2	3	1
	新大塘社区	12.04	5	1	1	45	47	1
	湘荷社区—湘粤	11.32	8	0	2	54	56	1
	秀峰街道	0	0	0	0	0	0	1
	小 计	115.45	19	3	6	101	110	5
沙坪街道	中青社区—大明	14.91	5	1	1	31	33	1
	汉回村—汉回	27.31	12	1	0	103	104	1
	汉回—乌溪	43.81	11	1	4	128	133	1
	檀木岭村—成功	83.07	23	1	0	0	1	1
	双塘村—双湖	54.49	13	1	0	0	1	1
	沙坪街道	0	0	0	0	0	0	1
	小 计	223.59	64	5	5	262	272	6
捞刀河街道	高岭社区 —高源	18.1	9	1	0	0	1	1
	罗汉庄村—大星	19.12	2	1	0	0	1	1
	罗汉庄村—伍家岭	67.19	11	1	1	129	131	1
	白霞村	7.97	1	1	0	0	1	1
	捞刀河街道	0	0	0	0	0	0	1
	小 计	112.38	21	4	1	129	134	5

取水工程（设施）

表17

序号	取水口所在行政区				所属流域	取水工程（设施）名称	取水工程（设施）类型	建设状态	运行状态	取水许可证是否申领
	省	市	县	乡镇						
1	湖南省	长沙市	开福区	青竹湖街道	长江区	长沙市麻田磷矿留守组水井	水井	已建	已报废	未申领取水许可
2	湖南省	长沙市	开福区	捞刀河街道	长江区	中国有色长沙勘探设计研究院有限公司基地水井	水井	已建	已报废	未申领取水许可
3	湖南省	长沙市	开福区	青竹湖街道	长江区	中建商品混凝土湖南有限公司开福区分公司取水泵站	泵站	已建	未报废	已申领取水许可
4	湖南省	长沙市	开福区	青竹湖街道	长江区	中建西部建设湖南有限公司金霞分公司长重环保型混凝土搅拌站取水泵站	泵站	已建	未报废	已申领取水许可
5	湖南省	长沙市	开福区	青竹湖街道	长江区	中建西部建设湖南有限公司霞凝分公司取水泵站	泵站	已建	未报废	已申领取水许可
6	湖南省	长沙市	开福区	青竹湖街道	长江区	开福区南城坡中心幼儿园水井	水井	已建	未报废	未申领取水许可
7	湖南省	长沙市	开福区	捞刀河街道	长江区	捞刀河街道办事处水井	水井	已建	未报废	未申领取水许可
8	湖南省	长沙市	开福区	青竹湖街道	长江区	新安寺小学水井	水井	已建	未报废	未申领取水许可
9	湖南省	长沙市	开福区	沙坪街道	长江区	深圳市高新食品技术有限公司湖南分公司水井	水井	已建	未报废	未申领取水许可
10	湖南省	长沙市	开福区	捞刀河街道	长江区	湖南乐水魔方旅游管理有限公司捞刀河取水泵站	泵站	已建	未报废	未申领取水许可
11	湖南省	长沙市	开福区	捞刀河街道	长江区	湖南圣德玺食品有限公司水井	水井	已建	未报废	未申领取水许可
12	湖南省	长沙市	开福区	洪山街道	长江区	湖南圣爵菲斯投资有限公司绿化鱼塘补水井	水井	已建	未报废	已申领取水许可
13	湖南省	长沙市	开福区	青竹湖街道	长江区	湖南外商国际活动中心有限公司取水泵站	泵站	已建	未报废	已申领取水许可
14	湖南省	长沙市	开福区	沙坪街道	长江区	湖南天天清茶叶有限公司水井	水井	已建	未报废	未申领取水许可
15	湖南省	长沙市	开福区	沙坪街道	长江区	湖南天泰服饰有限公司水井	水井	已建	已报废	未申领取水许可
16	湖南省	长沙市	开福区	青竹湖街道	长江区	湖南宏强混凝土有限公司湘江取水泵站	泵站	已建	未报废	已申领取水许可
17	湖南省	长沙市	开福区	沙坪街道	长江区	湖南普沃尔重型机械有限公司水井	水井	已建	未报废	未申领取水许可
18	湖南省	长沙市	开福区	青竹湖街道	长江区	湖南海众混凝土有限公司取水泵站	泵站	已建	未报废	已申领取水许可
19	湖南省	长沙市	开福区	青竹湖街道	长江区	湖南瑞丰混凝土有限公司取水泵站	泵站	已建	未报废	已申领取水许可
20	湖南省	长沙市	开福区	望麓园街道	长江区	湖南省农业委员会机关后勤服务中心空调绿化取水井	水井	已建	未报废	已申领取水许可

核查对象名录

申领情况	取水口坐标	取水单位（产权单位）	运行管理单位
证号		单位名称	单位名称
	112° 56′ 17.41″ ，28° 19′ 5.38″		
	112° 59′ 25.80″ ，28° 18′ 0.25″	中国有色长沙勘探设计研究院有限公司基地	中国有色长沙勘探设计研究院有限公司基地
取水（长水）字〔2015〕第 A0017 号	112° 55′ 27.84″ ，28° 19′ 33.96″	中建商品混凝土湖南有限公司开福区分公司	中建商品混凝土湖南有限公司开福区分公司
取水（长水）字〔2017〕第 A0001 号	112° 54′ 27.72″ ，28° 20′ 25.76″	中建西部建设湖南有限公司金霞分公司长重环保型混凝土搅拌站	长重环保型混凝土搅拌站（沙河）
取水（长水）字〔2018〕第 A0003 号	112° 54′ 31.18″ ，28° 20′ 31.92″	中建西部建设湖南有限公司霞凝分公司	中建西部霞凝分公司（杏林物流）
	112° 56′ 24.18″ ，28° 19′ 23.52″	开福区南城坡中心幼儿园	开福区南城坡中心幼儿园
	112° 59′ 11.80″ ，28° 18′ 0.50″	捞刀河街道办事处	捞刀河街道办事处
	112° 56′ 16.91″ ，28° 19′ 19.85″	新安寺小学	新安寺小学
	113° 0′ 11.05″ ，28° 20′ 27.20″	深圳市高新食品技术有限公司湖南分公司	深圳市高新食品技术有限公司湖南分公司
	113° 2′ 19.61″ ，28° 17′ 33.07″	湖南乐水魔方旅游管理有限公司	湖南乐水魔方旅游管理有限公司
	113° 0′ 1.22″ ，28° 17′ 30.44″	湖南圣德玺食品有限公司	湖南圣德玺食品有限公司
取水（长水）字〔2013〕第 B0001 号	113° 2′ 38.87″ ，28° 14′ 29.90″	湖南圣爵菲斯投资有限公司	湖南圣爵菲斯投资有限公司
取水（长水）字〔2014〕第 006 号	112° 57′ 27.00″ ，28° 22′ 16.90″	湖南外商国际活动中心有限公司	湖南外商国际活动中心有限公司
	113° 0′ 1.51″ ，28° 20′ 30.91″	湖南天天清茶叶有限公司	湖南天天清茶叶有限公司
	113° 0′ 1.33″ ，28° 20′ 14.75″	湖南天泰服饰有限公司	湖南天泰服饰有限公司
取水（长水）字〔2015〕第 A0016 号	112° 55′ 28.13″ ，28° 19′ 33.74″	湖南宏强混凝土有限公司	湖南宏强混凝土有限公司
	113° 0′ 10.12″ ，28° 20′ 30.62″	湖南普沃尔重型机械有限公司	湖南普沃尔重型机械有限公司
取水（长水）字〔2015〕第 A0019 号	112° 55′ 27.66″ ，28° 19′ 34.10″	湖南海众混凝土有限公司	湖南海众混凝土有限公司
取水（长水）字〔2015〕第 A0015 号	112° 55′ 27.73″ ，28° 19′ 34.57″	湖南瑞丰混凝土有限公司	湖南瑞丰混凝土有限公司（杏林旁）
取水（长水）字〔2016〕第 B0021 号	112° 58′ 24.64″ ，28° 12′ 24.44″	湖南省农业委员会机关后勤服务中心	湖南省农业委员会机关后勤服务中心

续表17

序号	取水口所在行政区				所属流域	取水工程（设施）名称	取水工程（设施）类型	建设状态	运行状态	取水许可证是否申领
	省	市	县	乡镇						
21	湖南省	长沙市	开福区	捞刀河街道	长江区	湖南金六谷药业有限公司水井	水井	已建	已报废	未申领取水许可证
22	湖南省	长沙市	开福区	青竹湖街道	长江区	湖南金霞粮食产业有限公司水井	水井	已建	已报废	未申领取水许可证
23	湖南省	长沙市	开福区	青竹湖街道	长江区	湖南顺天混凝土有限公司取水泵站	泵站	已建	未报废	已申领取水许可证
24	湖南省	长沙市	开福区	通泰街街道	长江区	长沙供水有限公司新河水厂	泵站	已建	未报废	未申领取水许可证
25	湖南省	长沙市	开福区	青竹湖街道	长江区	长沙华悦混凝土有限公司取水泵站	泵站	已建	未报废	已申领取水许可证
26	湖南省	长沙市	开福区	沙坪街道中青社区	长江区	长沙大明生态休闲山庄有限公司水井	水井	已建	未报废	未申领取水许可证
27	湖南省	长沙市	开福区	捞刀河街道	长江区	长沙市园林生态园绿化取水泵站	泵站	已建	未报废	已申领取水许可证
28	湖南省	长沙市	开福区	芙蓉北路街道	长江区	长沙市安庭物业管理有限公司绿化水井	水井	已建	已报废	未申领取水许可证
29	湖南省	长沙市	开福区	青竹湖街道	长江区	长沙市开福区植基小学水井	水井	已建	已报废	未申领取水许可证
30	湖南省	长沙市	开福区	捞刀河街道	长江区	长沙市开福区高源小学生活水井	水井	已建	未报废	未申领取水许可证
31	湖南省	长沙市	开福区	青竹湖街道	长江区	长沙市望城区霞凝港供销合作社水井	水井	已建	已报废	未申领取水许可证
32	湖南省	长沙市	开福区	捞刀河街道	长江区	长沙市金巢无纺布有限公司水井	水井	已建	未报废	未申领取水许可证
33	湖南省	长沙市	开福区	捞刀河街道	长江区	长沙开心吧农业科技有限公司水井	水井	已建	未报废	未申领取水许可证
34	湖南省	长沙市	开福区	沙坪街道	长江区	长沙欧伯莱木业有限公司水井	水井	已建	已报废	未申领取水许可证
35	湖南省	长沙市	开福区	沙坪街道	长江区	长沙统一企业有限公司取水井	水井	已建	已报废	已申领取水许可证
36	湖南省	长沙市	开福区	青竹湖街道	长江区	长沙绿蔬源餐饮管理有限公司水井	水井	已建	未报废	未申领取水许可证
37	湖南省	长沙市	开福区	沙坪街道	长江区	长沙金鼎交通构建公司水井	水井	已建	未报废	未申领取水许可证
38	湖南省	长沙市	开福区	捞刀河街道	长江区	长沙长度电度表有限责任公司水井	水井	已建	未报废	未申领取水许可证
39	湖南省	长沙市	开福区	青竹湖街道	长江区	开福区霞凝小学水井	水井	已建	已报废	未申领取水许可证

申领情况	取水口坐标	取水单位（产权单位）	运行管理单位
证号		单位名称	单位名称
	113° 0′ 25.67″，28° 18′ 5.80″	湖南金六谷药业有限公司	湖南金六谷药业有限公司
	112° 55′ 50.52″，28° 20′ 29.47″	湖南金霞粮食产业有限公司	湖南金霞粮食产业有限公司
取水（长水）字〔2018〕第 A0001 号	112° 54′ 32.87″，28° 20′ 32.86″	湖南顺天混凝土有限公司	湖南顺天混凝土有限公司（沙河）
	112° 57′ 47.74″，28° 12′ 3.56″	长沙供水有限公司	长沙供水有限公司
取水（长水）字〔2015〕第 A0018 号	112° 55′ 56.50″，28° 19′ 0.37″	长沙华悦混凝土有限公司	长沙华悦混凝土有限公司
	113° 0.22′ 0.45″，28° 20′ 0.26″	长沙大明生态休闲山庄有限公司	长沙大明生态休闲山庄有限公司
取水（长水）字〔2015〕第 B0010 号	113° 2′ 19.64″，28° 17′ 33.11″	长沙市园林生态园	长沙市园林生态园
	112° 58′ 31.84″，28° 16′ 8.08″	长沙市安庭物业管理有限公司	长沙市安庭物业管理有限公司
	112° 56′ 34.87″，28° 20′ 6.00″	长沙市开福区植基小学	长沙市开福区植基小学
	112° 59′ 55.68″，28° 18′ 58.03″	长沙市开福区高源小学	开福区高源小学
	112° 54′ 40.57″，28° 20′ 18.02″	长沙市望城区霞凝港供销合作社	长沙市望城区霞凝港供销合作社
	113° 0′ 37.01″，28° 18′ 20.05″	长沙市金巢无纺布有限公司	长沙市金巢无纺布有限公司
	112° 59′ 52.33″，28° 16′ 58.84″	长沙开心吧农业科技有限公司	长沙开心吧农业科技有限公司
	112° 59′ 59.17″，28° 19′ 50.05″	长沙欧伯莱木业有限公司	长沙欧伯莱木业有限公司
取水（湘长）字〔2013〕第 0004 号	112° 59′ 24.83″，28° 20′ 53.02″	长沙统一企业有限公司	长沙统一企业有限公司
	112° 57′ 53.46″，28° 22′ 44.94″	长沙绿蔬源餐饮管理有限公司	长沙绿蔬源餐饮管理有限公司
	113° 0′ 4.90″，28° 20′ 20.22″	长沙金鼎交通构建公司	长沙金鼎交通构建公司
	113° 0′ 26.78″，28° 18′ 22.90″	长沙长度电度表有限责任公司	长沙长度电度表有限责任公司
	112° 57′ 2.70″，28° 21′ 7.27″	霞凝小学	霞凝小学

长沙市2019年度

表18

序号	水库名称	总库容（万立方米）	水库所在流域	水库坝址所在地	坝型	坝高（米）	
							姓名
开福区：							
1	青竹湖	280	湘江流域	青竹湖街道新源社区	均质土坝	26.50	孙铁龙
2	立新	117	湘江流域	青竹湖街道群力社区	均质土坝	21.00	甘培虎
开福区：							
1	砂塘	20	湘江流域	青竹湖街道新源社区	均质土坝	14.00	陈贻勤
2	太阳山	12.49	湘江流域	青竹湖街道霞凝社区	均质土坝	8.00	张 纲
3	灰尘坡	24	湘江流域	青竹湖街道新太安社区	均质土坝	16.00	余 彬
4	星月	39.2	湘江流域	青竹湖街道湖畔社区	均质土坝	8.50	李 姣
5	白石塘	20	湘江流域	青竹湖街道镇霞凝社区	均质土坝	12.00	张 纲
6	大吉冲	20	湘江流域	青竹湖街道金霞新村社区	均质土坝	16.00	吴丽芳
7	枫树湾	10.3	湘江流域	秀峰街道新大塘社区	均质土坝	8.00	谢刚毅
8	何冲	23	湘江流域	沙坪街道钟山村	均质土坝	12	伍勇
9	成功	20	湘江流域	沙坪街道檀木岭村	均质土坝	12.5	周先觉
10	寒坡山	30	湘江流域	沙坪街道竹安村	均质土坝	16.00	杨建波
11	张山冲	23	湘江流域	沙坪街道双塘村	均质土坝	12.8	陈焰
12	师古塘	14	湘江流域	沙坪街道檀木岭村	均质土坝	7.50	周先觉
13	鱼婆塘	15	湘江流域	沙坪街道钟山村	均质土坝	12.8	伍勇
14	铁炉冲	10.2	湘江流域	沙坪街道汉回村	均质土坝	13.60	谢俊灿
15	鱼翅塘	14	湘江流域	沙坪街道双塘村	均质土坝	11.00	陈焰
16	烟坡	15	湘江流域	沙坪街道竹安村	均质土坝	10.8	杨建波
17	八字墙	13	湘江流域	沙坪街道双塘村	均质土坝	9.5	陈焰

水库防汛责任人名单

行政责任人		技术责任人			管护人员		
单位	职务	姓名	单位	职务	姓名	单位	职务
小（1）型（2座）							
青竹湖街道办事处	书记	王洪威	青竹湖水管所	所长	袁勇武	青竹湖国际高尔夫球会	经理
青竹湖街道办事处	主任	王洪威	青竹湖水管所	所长	魏晓明	青竹湖水管所	管理员
小（2）型（17座）							
青竹湖街道办事处	副主任	王洪威	青竹湖水管所	所长	李金刚	青竹湖街道新源社区	水利专干
青竹湖街道办事处	副主任	王洪威	青竹湖水管所	所长	魏晓明	青竹湖水管所	管理员
青竹湖街道办事处	副主任	王洪威	青竹湖水管所	所长	梁 红	湖南金隅阳光投资公司	经理
青竹湖街道办事处	工委委员	王洪威	青竹湖水管所	所长	魏晓明	青竹湖水管所	管理员
青竹湖街道办事处	副主任	王洪威	青竹湖水管所	所长	卢正国	青竹湖街道霞凝社区	水利专干
青竹湖街道办事处	纪委书记	王洪威	青竹湖水管所	所长	何勇	金霞新村	水利专干
秀峰街道办事处	工委委员	李民	秀峰街道农办	主任	李彬	新大塘社区	专干
沙坪街道办事处	人大工委副主任	袁果	沙坪水管所	所长	邵建强	钟山村	主任
沙坪街道办事处	副主任	袁果	沙坪水管所	所长	陶落金	檀木岭村	主任
沙坪街道办事处	纪工委书记	袁果	沙坪水管所	所长	罗胜华	竹安村	主任
沙坪街道办事处	人大工委主任	袁果	沙坪水管所	所长	杨志强	双塘村	书记
沙坪街道办事处	副主任	袁果	沙坪水管所	所长	周科亮	檀木岭村	书记
沙坪街道办事处	人大工委副主任	袁果	沙坪水管所	所长	邵建强	钟山村	主任
沙坪街道办事处	党工委副书记	袁果	沙坪水管所	所长	魏博	汉回村	书记
沙坪街道办事处	人大工委主任	袁果	沙坪水管所	所长	毛社伟	双塘村	主任
沙坪街道办事处	纪工委书记	袁果	沙坪水管所	所长	李海林	竹安村	书记
沙坪街道办事处	人大工委主任	袁果	沙坪水管所	所长	杨志强	双塘村	书记

2016—2019年开福区续存市场主体情况一览表

表19

年份	续存企业数（户）	同比增长	续存个体工商户数（户）	同比增长	合计（户）
2016 年	20414	35.25%	35500	30.77%	55914
2017 年	26554	30.08%	41605	17.20%	68159
2018 年	34957	31.64%	48940	17.63%	83897
2019 年	43621	24.79%	58704	19.95%	102325

2016—2019年开福区新增市场主体情况一览表

表20

年份	新增企业数（户）	同比增长	新增个体工商户数（户）	同比增长	合计（户）
2016 年	4590	48.30%	5761	19.08%	10351
2017 年	5429	18.28%	7523	30.58%	12952
2018 年	7431	36.88%	6491	-13.72%	13922
2019 年	8872	19.39%	8038	23.83%	16909

2019年开福区市场主体产业及行业分布情况一览表

表21

行业分布	私营企业户数		个体工商户数		合计（户）
	数量（户）	增幅	数量（户）	增幅	
第一产业	313	17.67%	206	7.29%	519
农、林、牧、渔	313	17.67%	206	7.29%	519
第二产业	4419	24.9%	1295	16.77%	5714
建筑业	2840	33.77%	71	54.35%	2911
制造业	1517	11.46%	1223	15.16%	2470
电力、热力、燃气生产和供应业	62	14.8%	1	0	63
第三产业	38646	28.8%	57089	22.28%	95735
批发零售	11712	24.9%	31872	19.49%	43584
文化、体育和娱乐业	2008	42.6%	365	31.29%	2373
金融商务	677	3.36%	7	40%	684
物流业	875	21.2%	3047	18%	3992
房地产	1295	26.59%	161	36.44%	1456
住宿餐饮	617	42.8%	12310	28.62%	12927
信息传输、软件和信息技术服务业	3659	43.5%	190	28.38%	3849
居民服务、修理和其他服务业	965	26.8%	5610	21.1%	6575
教育	161	62.62%	5	100%	166

续表21

行业分布	私营企业户数		个体工商户数		合计（户）
	数量（户）	增幅	数量（户）	增幅	
卫生和社会工作	181	27.46%	280	17.15%	461
租赁商贸	10674	29.33%	3007	34.36%	13681
科学研究和技术服务业	5822	26.92%	235	29.83%	6057
其他	243	20.37%	114	100%	305
合计	43621	28.88%	58704	22.32%	102325

开福区市场主体五大类分布情况一览表

表22

年份	存续总量（户）	占比	新增数量（户）	同比增长
内资企业	2812	2.75%	229	4.09%
外资企业	535	0.52%	53	-41.11%
私营企业	40241	39.33%	8584	20.66%
个体工商户	58704	57.37%	8037	23.83%
农民专业合作社	33	0.03%	5	-16.67%
合计	102325		16909	

开福区2016—2019年企业户均注册资本情况一览表

单位：万元

表23

年份	单位	第一产业	第二产业	第三产业	平均注册资本
2016	开福区	497	528.4	346.7	457.4
	省均水平	554	519.3	339.1	470.8
	市均水平	584	591.2	361.9	512.4
2017	开福区	503	536.8	358.4	466.1
	省均水平	567	528.7	347.8	481.2
	市均水平	597	607.4	412.9	539.1
2018	开福区	528	559.7	379.2	488.9
	省均水平	576	567.4	394.6	512.7
	市均水平	603	621.8	422.9	549.2
2019	开福区	531.9	574.8	384.6	497.1
	省均水平	552.5	581.6	386.8	506.9
	市均水平	577.4	601.1	397.2	525.2

2019年开福区新增注册资本前十的企业一览表

表24

序号	名　称	注册资本（万元）
1	湖南福乐建设集团有限公司	999999
2	湖南华天下实业集团有限公司	100000
3	湖南金霞国际贸易有限公司	100000
4	湖南医药集团有限公司	100000
5	长沙市医健建设发展有限公司	50000
6	湖南中农投供应链管理有限公司	28000
7	湖南华溪谷置业有限公司	26268
8	湖南琦景实业有限公司	22000
9	湖南博弈飞新材料有限公司	20000
10	湖南省锐正地产开发有限公司	17000

2019年开福区注吊销企业行业分布情况一览表

表25

行业类型	注销企业数（户）	吊销企业数（户）	合计（户）	同比增长
农、林、牧、渔业	65	41	106	27.71%
采矿业	7	11	18	0
制造业	460	496	956	6.1%
电力、热力、燃气及水生产和供应业	16	11	27	17.39%
建筑业	443	175	618	32.9%
批发和零售业	4034	2660	6694	14.54%
交通运输、仓储和邮政业	196	109	305	18.68%
住宿和餐饮业	257	157	414	17.95%
信息传输、软件和信息技术服务业	808	178	986	53.34%
金融业	246	133	379	13.47%
房地产业	400	192	592	22.31%
租赁和商务服务业	3003	909	3912	34.29%
科学研究和技术服务业	1295	417	1712	35.66%
水利、环境和公共设施管理业	96	38	134	10.74%
居民服务、修理和其他服务业	331	203	534	20.81%
教育	31	9	40	42.86%
卫生和社会工作	29	7	36	44%
文化、体育和娱乐业	329	99	428	35.87%
合计	12048	5897	17945	23.26%

开福区院士工作站一览表

表26

序号	建站企业	入站院士	类别	备注
1	中民筑友科技投资有限公司	缪昌文（中国工程院）（江苏省建筑科学研究院有限公司董事长、党委书记，高性能土木工程材料国家重点实验室主任兼首席科学家）	2017 年市级	
2	湖南联合餐厨垃圾处理有限公司	印遇龙（中国工程院）（湖南师范大学生命科学学院院长）	2018 年市级	2020 年拟撤销
3	湖南文盾信息技术有限公司	方滨兴（中国工程院）（国家计算机网络与信息安全管理中心名誉主任，广州大学网络空间先进技术研究院名誉院长）	2018 年市级 2019 年省级	
4	湖南天剑海洋工程设备有限公司	张仁和（中国科学院院士）（中国科学院声学研究所研究员、声场与声信息国家重点实验室学术委员会主任）	2019 年市级	

开福区“双创”平台一览表

表27

序号	空间名称	运营单位	认定类型	认定时间
		众创空间名单（17 家）		
1	菁芒众创空间	湖南卡拉赞信息科技有限公司	国家备案	2017
2	草莓 V 视众创空间	湖南智创视通企业管理运营有限公司	国家备案	2019
3	易．创大学生众创空间	湖南嘉德投资置业有限公司	省级	2018
4	西班国际跨境电子商务大学生创业孵化空间	湖南西班优生活电子商务有限公司	省级	2018
5	芒果视频文创园	湖南芒果视界传媒有限公司	省级	2019
6	国科开福创新创业基地	国科高精科技集团有限公司	省级	2019
7	马栏山视频文创产业园创智园	湖南马栏山商业管理有限公司	省级	2019
8	创客周末	湖南职予者文化传播有限公司	省级	2019
9	芒果视频文创孵化空间	湖南金蜂音像出版社有限公司	市级	2018
10	中健众创空间	湖南中健众创创业服务股份有限公司	市级	2018
11	湘君众创空间	湖南和湘君行咨询有限公司	市级	2018
12	开福区军民融合众创空间	湖南喜韵隆高端科技集群孵化有限公司	市级	2018
13	湖南山河生物医学技术孵化中心众创空间	湖南山河生物医学技术孵化中心（有限合伙）	市级	2018
14	万科教育众创	长沙市万科商业管理有限公司	市级	2018
15	智汇开福·湘域创新创业基地	湖南国科启航科技发展有限公司	市级	2019
16	百川汇智慧商贸电商众创空间	湖南百川汇供应链管理有限公司	市级	2019
17	V 谷众创	湖南喜安局商业管理有限公司	市级	2019
		科技企业孵化器名单（2 家）		
1	湖南山河生物技术医学孵化中心	湖南山河生物技术医学孵化中心	省级	2018
2	国科军融双创孵化基地	国科高精科技集团有限公司	市级	2019

主要组织机构及负责人

中共长沙市开福区委员会

书　记　　曹再兴（2019.8任）
　　　　　沈裕谋（2019.4止）
副书记　　谢伟峰
　　　　　刘拥兵（2019.12止）
常　委　　欧干军
　　　　　黎　明
　　　　　邹犇森（挂职）
　　　　　蔡　冰
　　　　　张春雄
　　　　　舒全球
　　　　　何惠凤（女）
　　　　　晏成方
　　　　　李国军（挂职）
　　　　　张贻龙（2019.5任）
　　　　　马运动（2019.5止）
　　　　　卜超峰
　　　　　（女，挂职，2019.1止）

开福区人大常委会

主　任　　许振勤
副主任　　王颂交
　　　　　李光华
　　　　　袁剑英（女）
　　　　　罗伟明
　　　　　周桂林
党组副书记　袁政国

开福区人民政府

区　长　　刘拥兵（2019.12止）
副区长　　蔡　冰
　　　　　廖　勇
　　　　　易文斌
　　　　　朱　江（女）
　　　　　杨光华
　　　　　李　扬
　　　　　张胜良（2019.10任）
　　　　　卜超峰
　　　　　（女，挂职，2019.1止）
　　　　　蒋　君（2019.10止）
副调研员　唐绍金
　　　　　陈再武
　　　　　贺福明
　　　　　刘新兰
　　　　　任新良
　　　　　乐俊旺
　　　　　陈世伟
　　　　　桂志华
　　　　　梁文胜
　　　　　刘志勇
　　　　　谢　勇

政协长沙市开福区委员会

主　席　　熊建伟
副主席　　杨　艳（女）
　　　　　焦　灿
　　　　　廖耀群（兼）
　　　　　林永红（女）
　　　　　鲁碧君（兼，女）

开福区纪律检查委员会
开福区监督委员会

纪委书记、监委主任
　　　　　欧干军
纪委常务副书记、监委副主任
　　　　　周朝旭
纪委副书记、监委副主任
　　　　　喻寄宏
纪委常委、监委委员
　　　　　刘　科
　　　　　蔡　亮
　　　　　彭　庆
　　　　　莫红宇（女）
纪委常委　刘　曦（女）
　　　　　熊　鹏
监委委员　陈广益
　　　　　黄　粮
党风政风监督室主任
　　　　　谭娟（女）
信访室主任　沈璋（2019.3任）
案件监督管理室主任
　　　　　何端泉
第一纪检监督室主任
　　　　　黄文健
第二纪检监督室主任
　　　　　郑雄健
第三纪检监督室主任
　　　　　刘亚武
第四纪检监督室主任
　　　　　周向东
第五纪检监督室主任
　　　　　叶胜宇
纪检监察干部监督室主任
　　　　　肖　霓
案件审理室主任
　　　　　吴辉勇

长沙金霞经济开发区

书　记　　李国军
主　任　　康镇麟
调研员　　袁政国
副主任　　刘熙宇
　　　　　曾　理
　　　　　杨　智
青竹湖生态（科技）产业园党工委书记　吴正豪
青竹湖生态（科技）产业园管委会主任、开福高新区党工委（筹）书记　宋奇志
金霞保税物流中心党工委书记
　　　　　斐文欢（女）
金霞保税物流中心管委会主任
　　　　　侯凌新
经开区纪工委书记
　　　　　荣爱华（2019.3止）
经开区纪工委副书记
　　　　　胡仕勇
湖南金霞发展集团有限公司董事长　范晓军
湖南金霞发展集团有限公司总经理　刘伟平
开福高新区管委会（筹）主任
　　　　　樊　伟（2019.12止）
经开区机关工会主席
　　　　　杨永达
经开区招商合作局局长、开福高新区管委会（筹）常务副主任
　　　　　张中文（2019.3止）
经开区总工程师
　　　　　梁文一
经开区社会事务局局长
　　　　　杨立志

经开区办公室主任
刘玉娥（女）
经开区产业发展局局长（安监局局长） 王宇州
经开区规划建设局局长
王 璀
经开区财政分局局长
张迎霞（女）
经开区企业党委专职副书记
刘 斌
经开区监察室主任、工务局副局长 曾好斌
经开区办公室副主任
胡 莎（女）
黄雁青
经开区绩效办主任
刘 扬
经开区招商合作局副局长
胡 果
范 真
周月娥（女）
邓 韵
经开区产业发展局副局长（安监局副局长）、办公室主任
申云峰
经开区产业发展局副局长
熊向阳
罗 珍
经开区规划建设局副局长、产业发展局副局长
刘 三
经开区规划建设局副局长
申 继
侯 希
经开区社会事务局副局长
苏湘杨
瞿雄伟
经开区财政分局副局长
蔡 虹
戴宗泽
经开区投评中心主任
吴善科

长沙市洪山管理局

书 记 朱旭东
局 长 李 智
副书记 杨兴高
副局长 黄忠球
黄长科
黄 勇
胡 波
殷建锋（2019.4止）
纪检组长 方 硕
综合管理科科长
苏建钧
办公室主任 陈 茂
财务科科长 王忠亮
综合管理科副科长
陈凤英（女）
办公室副主任
艾先进
凌高雄
建设管理科副科长
吴华东
黄 杰
段立新

长沙青竹湖生态科技（产业）园

书 记 吴正豪
主 任 宋奇志
产业发展局局长
周崇文
粟贵文
招商合作局局长
龙琼（女）
社会事务局局长
王文辉
吴智勇

长沙金霞保税物流中心

书 记 裴文欢（女）
主 任 侯凌新
纪检组长 王 湘（女）
副主任 李 燕（女）
杨 丹（女，2019.6任）
杨 剑（2019.4止）
招商部部长 周桂平（女）
办公室主任 谷向阳
财务部部长 刘宁湘（女）
办公室副主任
廖湘平

长沙园林生态园

书 记 宾小东
主 任 樊 伟（2019.12任）
副县级干部 帅承义
纪委书记 李明星
副主任 王伊春
胡佐胜
符仕君（女）
副主任、工会主席
欧阳芝（女）
人事科科长 刘 娟（女）
人事科副科长
陈 娟（女）
保卫科科长 邹京明
保卫科副科长
杨之盛
园林绿化科科长
谭 鸿
办公室副主任
裴杰华
监察室主任 谌 欣
经营科科长 彭 佳
计财科副科长
喻 皓

开福高新技术产业开发区

书 记 宋奇志
主 任 樊 伟（2019.12止）
常务副主任 张中文（2019.8止）
综合管理部部长
周崇文

开福区委办公室

主 任 张春雄
常务副主任 刘修平
副主任 喻 军
周立辉（女，2019.3任）
曾 嵘（2019.3止）
区委机委局局长、区保密局局长、副主任（兼）
张 燚

副主任、政研室主任
李宏波
办务会成员、接待服务中心主任
周玲利（女）
办务会成员、区直机关工委常务副书记　张志成（2019.3任）
纪检组长　侯瑜芳（女）
区委机要局副局长、区保密局副局长（兼）　董湘芬（女）
区委深改办专职副主任
朱洁桃
李朝理
区委督查室主任
徐 葱

区档案馆

馆　长　罗海嵩（2019.3任）
副馆长　任少文（2019.3任）
区史志档案局局长
周立辉（女，2019.3止）
区史志档案副局长
曾洁如（女，2019.3止）
王从福（2019.3止）

区直属机关工作委员会

书　记　盛　诺（女，2019.3止）
常务副书记　张志成（2019.3任）
副书记　李俊全（2019.3止）
陈振湘（2019.3止）
纪工委记　吴　玮（2019.3止）

区委组织部

部　长　晏成方
常务副部长　任功胜（2019.3任）
沈继红（女，2019.3止）
副部长　杨柳艳（女，2019.3任）
陈　俐
谭尚丰（2019.3止）
两新工委书记
樊思源（2019.3任）
区离退休工委专职副书记
陶劲凯
党员教育管理中心主任、干部科科长　丁　磊
老干部活动中心主任
刘雪莲（女）
两新工委专职副书记
陈思含（女）
基层党建办副主任、人才科科长
孙　鹏
绩效办副主任
陈　刚

区委宣传部

部　长　舒全球
常务副部长　李亚雄
副部长　甘　芳（女）
刘桐开（女）
副部长、文明办主任
罗海嵩（2019.3止）
文明办副主任
贺　喜（女）
新闻中心主任
李　香（女）
未成办主任　罗　银（女）
理教科科长　阳超斌（2019.3止）

区委统战部

部　长　何惠凤（女）
副部长　王　凤（女）
李　程
刘　川
侨联主席　成　娟（女）

区委政法委

书　记　黎　明
副书记　冯士文
袁亿华
汤伟平
林　实（女）
谢跃明
罗　毅
纪检组长　梁　棵
政工室主任　浣花媛（女）
委　员　王小明
方雄辉
唐艳彬

区委编办

主　任　戴紫艳（女）
副主任　浣　赛（女）
郭朝军
机构编制电子政务中心主任
黄　意（女）

区委网信办

主　任　陈　迎（女，2019.3任）
副主任　周　严（2019.3任）
阳超斌（2019.3任）

中共长沙市开福区委巡察工作领导小组

组　长　欧干军
副组长　晏成方
成　员　周朝旭
许文杰（2019.3任）
任功胜
陈　俐（2019.3任）
宋明明（女）
喻寄宏（2019.3止）
沈继红（女，2019.3止）

工作机构

办公室主任　宋明明（女）
副主任　张孟辉

区委巡察工作一组

组　长　曾跃文
副组长　孙杨克

区委巡察工作二组

组　长　艾延灿
副组长　刘　莎（女）

区委巡察工作三组

组　长　王众思
副组长　汤叶峰

区委巡察工作四组

组　长　张　澜（2019.3止）
副组长　杨　晓（女）

区人大及其常委会工作机构

副县级干部　李正元（女）
副调研员　吴劲松
　　　　　王建兵
办公室主任　陈志兴
副主任　龚平彰

环境与资源保护委员会

主　任　李炳庚（2019.3任）
副主任　周剑兰（女，2019.3任）

法制委员会

主　任　韦清燕

监察和司法委员会

主　任　韦清燕（兼，2019.3任）

教育科学文化卫生委员会

主　任　李少林（2019.11任）
　　　　杨全红（2019.5止）
副主任　伍　毅（2019.3任）

农业与农村委员会

主　任　杨　奔（女，2019.3任）
副主任　易　文（2019.3任）

财政经济委员会

主　任　陈　般（女，2019.3任）
　　　　罗放军（女，2019.3止）
副主任　戴　瑛（2019.3止）

预算工作委员会

主　任　陈　般
　　　　（兼，女，2019.4任）

选举任免联络工作委员会

主　任　张　华（2019.4任）
　　　　刘家伶（2019.4止）

社会建设委员会

主　任　周　砾（女，2019.3任）
副主任　刘水清（女，2019.3任）

民族华侨外事委员会

主　任　刘小鸥（女，2019.3任）

区政协办公室及各委

秘书长　李劲松
主　任　谭　栋
副主任　张　华
　　　　李　文（2019.3任）

提案委

主　任　夏圣猛

经济科技和外事委

主　任　李新民（2019.3任）
　　　　涂　浩（2019.3止）

文教卫体和文史委

主　任　田承明
农业农村和人口资源环境委
主　任　贺　滟（女）

委员学习联络委

主　任　周庆辉（女）

社会法制和民族宗教委

主　任　肖铁华

区法院

院　长　戴智明
副院长　王利兵
　　　　曹新凯
　　　　甘文韧
党组成员　朱　礼
执行局局长　艾文博
政治部主任　胡继红（女）
审判委员会专职委员
　　　　伍峥嵘（女）
　　　　佘志明

区人民检察院

检察长　杨　赟（2019.3任）
　　　　宋宽馀（2019.3止）
副检察长　宋义平
　　　　黄中玮（挂职）
　　　　廖耀群
　　　　刘　立
政工室主任　黄　宇（女）
党组成员　曾广军

区人民政府办公室

主　任　徐路明（2019.3任）
　　　　张　华（2019.3止）
副主任　袁　晖（女）
　　　　王治国（兼）
　　　　曹　雄（兼）
　　　　杨夏女（女）
　　　　莫　琳（女）
　　　　张文华
　　　　孟天知（2019.3任）
　　　　卓宁波（2019.3任）
　　　　刘勇红（兼，2019.3止）
　　　　周春雷（2019.3止）
　　　　王　丹（女，2019.3止）
　　　　刘小欧（女，2019.3止）
纪检组长　张正军
发展研究中心主任
　　　　李长春

区发展和改革局

局　长　缪　舜
副局长　肖　亮（2019.3任）
　　　　李志强（2019.3任）
　　　　申　波（2019.11任）
　　　　武华强（2019.3止）
　　　　蒋三阳（女，2019.3止）
　　　　孟天知（2019.3止）
两型办副主任
　　　　宁双飞
重点办主任　任　凭（2019.3任）
　　　　刘鹏举（2019.3止）

区教育局

局　长　谭树茗
副局长　龙　舟（女）
　　　　谭广林
　　　　吴展鹏（2019.3任）
　　　　王　平
　　　　彭　意（2019.3止）
主任督学　毛建高
纪检组组长　陆跃宁

区科学技术局（科协）

局　长　李红权（2019.3任）
　　　　周　砾（女，2019.3止）

副局长　　谭红星
　　　　　梁　景
　　　　　杨　艳（女，2019.3任）
　　　　　李　文（女，2019.3止）
科协副主席　郑晟晖

区工业和信息化局

局　长　　王晓文
副局长　　章异新
　　　　　陈　铭
　　　　　王雄球（2019.3任）
　　　　　何乐鸣（2019.3止）
党组成员　黄　杰

区民族宗教事务局

书　记　　潘　格
局　长　　彭　超
副局长　　邓森森（女）
　　　　　李　玲（女，2019.3任）
　　　　　李志强（2019.3止）

区民政局

局　长　　张　检
副局长　　张金华（女）
　　　　　黄　拉
　　　　　刘　玄（女，2019.3任）
党组成员　肖文中（2019.3任）

区司法局

局　长　　刘洪斌
党组成员　翁远斌
副局长　　邹小华（女）
　　　　　黄永革
　　　　　彭　娜（女，2019.3任）
　　　　　邵凤清（女，2019.3任）
政工室主任　龙　罡（女）

区财政局

副局长　　宁小群（女）
　　　　　严　霞（女）
　　　　　胡海飞
纪检组长　罗　丹（女）
总会计师　王晓莉（女）
乡镇财政管理局局长
　　　　　熊　静（女，2019.4止）
财政评审中心主任
　　　　　陈　建（女）
国库集中支付中心主任
　　　　　汤　杰
财政统发工资中心主任
　　　　　高　萍（女）
财政事务中心主任
　　　　　李思思（女）

区人力资源和社会保障局

局　长　　陈朝晖（女）
副局长　　周　惠（女）
　　　　　曲立秋（女）
　　　　　李印龙
　　　　　高成亮（2019.3任）
　　　　　陈　磊（2019.3止）
社会保险服务中心主任
　　　　　孔　飙
人力资源管理中心主任
　　　　　夏　颂（女）

区住房和城乡建设局（人民防空办公室）

局长、人防办主任
　　　　　王中柱（2019.3任）
党组成员　明国强（2019.3任）
　　　　　刘　杰（2019.3任）
　　　　　周　波（2019.3任）
　　　　　陈雪娅（女，2019.3任）
副局长　　黎伟军（2019.3任）
　　　　　尹志伟（2019.3任）
　　　　　熊更姣（女，2019.3任）
　　　　　刘石泉（2019.3止）
纪检组长　刘鸿冰（2019.3任）
总工程师　李　兵（2019.3任）
　　　　　徐建国（2019.3止）
建筑工程质量安全监督站站长
　　　　　刘　芳（女）
城市建设监察大队队长
　　　　　赵　威（2019.4任）
　　　　　沈　璋（2019.4止）
住房保障服务中心主任
　　　　　罗向妤（2019.12任）

区交通运输局

局　长　　骆　炬（2019.3任）
　　　　　彭　震（2019.3止）
副局长　　孙顺勇
　　　　　蒋向阳
　　　　　刘　平
　　　　　肖林生（2019.3任）
　　　　　文舜清（2019.3止）
　　　　　陈　越（2019.3止）

区农业农村局

局　长　　吕宏凯（2019.3任）
　　　　　李新民（2019.3止）
纪检组长　袁　晖（女）
副局长　　陈伏明
　　　　　范　卓（2019.3任）
　　　　　周新平（2019.3止）
总工程师　邹双七
农办副主任　李　浩（2019.3任）
　　　　　刘　彬（2019.3止）
动监所所长　朱绪英（女，2019.3任）

区商务局

副局长　　傅驰景
　　　　　李　巍（女）
　　　　　彭　葳（女，2019.3任）
　　　　　刘家庆（2019.3止）

区文化旅游体育局

局　长　　王　艳（女）
副局长　　陈　林
　　　　　邓雅心（女）
党组成员　郭云建
文化市场综合执法局局长
　　　　　龚　闯
文化市场综合执法局副局长
　　　　　黄建华
图书馆馆长　张婷婷（女，2019.3任）
　　　　　彭　葳（女，2019.3止）
文化馆馆长　阎　慧（女）

区卫生健康局

书　记　　方云南（2019.3任）
局　长　　廖紫君（女，2019.3任）
　　　　　陈　般（女，2019.3止）

副局长　　　晏　强
　　　　　　邓应荣
　　　　　　王湘虹（女）
　　　　　　李银华
计生协会常务副会长
　　　　　　杨国慈
红十字会常务副会长
　　　　　　曹群良

区审计局

局　长　　　潘建军
副局长　　　张　平（女）
　　　　　　金小钢（女）
总审计师　　肖亚琴（女）
政府投资审计中心主任
　　　　　　郑立雄（女）

区退役军人事务局

局　长　　　李建波
副局长　　　彭一举
　　　　　　彭　清

区应急管理局

书　记　　　杨万红（2019.3任）
局　长　　　王　海（2019.3任）
副局长　　　李晓庆（女，2019.3任）
　　　　　　欧阳丹（女，2019.3任）
　　　　　　薛宏杰（2019.3任）
　　　　　　黄　杰（挂职，2019.3任）
　　　　　　任少文（2019.3止）
　　　　　　黎伟军（2019.3止）
总工程师　　龙志福（2019.3任）
党组成员　　祖　向（2019.3任）

区市场监督管理局

书　记　　　杨国华（2019.3任）
局　长　　　黄雅晖（女，2019.3任）
副局长　　　黎　军（2019.3任）
　　　　　　宋世平（2019.3任）
　　　　　　谷任光（2019.3任）
　　　　　　刘金山（2019.3任）
　　　　　　戴海明（2019.3任）
　　　　　　沈　剑（2019.3任）
　　　　　　胡建军（2019.3任）
　　　　　　刘利军（2019.3任）
　　　　　　王登攀（2019.3任）
　　　　　　吴　韬（2019.3任）
稽查大队长　黄海花

区统计局

局　长　　　陈　新
副局长　　　胡纯洪
　　　　　　谢　桦（女）
　　　　　　唐宇翔（2019.11任）
　　　　　　陈　涛（2019.3止）
　　　　　　晏　昭（女，2019.11止）
统计普查中心主任
　　　　　　肖小冬

区城市管理和综合执法局

局　长　　　杨知强
副局长　　　李晓峰
　　　　　　雷　鸣
　　　　　　尹洪辉
　　　　　　安小龙
　　　　　　胡　丹（2019.3任）
　　　　　　何爱民（2019.3止）
纪检组长　　曹桃平（女）

区城市管理综合执法大队

大队长　　　杨知强
教导员　　　何世林（2019.3任）
　　　　　　聂新伍（2019.3止）
副大队长　　廖国强
　　　　　　唐国胜
　　　　　　蒋灵虎
　　　　　　胡　剑（2019.3任）
　　　　　　邓恒阳（2019.3任）
　　　　　　何世林（2019.3止）
　　　　　　胡　丹（2019.3止）

区市政设施维护中心

书　记　　　黄　伟（2019.3任）
　　　　　　龙亚雄（2019.3止）
主　任　　　陈　峰
副主任　　　刘正伟
　　　　　　郭天仆
　　　　　　戴晓金（2019.3任）
　　　　　　吴建红（2019.3止）

区园林绿化维护中心

书　记　　　李　智（2019.3任）
　　　　　　方云南（2019.3止）
主　任　　　贺华勇
副主任　　　才　源
　　　　　　吴建红（2019.3任）
　　　　　　陈　越（2019.3任）
　　　　　　肖林生（2019.3止）
　　　　　　戴晓金（2019.3止）
　　　　　　范　卓（2019.3止）

区市容环境卫生维护中心

书　记　　　周继元
主　任　　　陆学龙
副主任　　　彭　斌
　　　　　　陈　迪
　　　　　　敖　沙（女）

区行政审批服务局

局　长　　　彭　震（2019.3任）
　　　　　　刘　忠（女，2019.3止）
副局长　　　张端华（2019.3任）
　　　　　　邓继龙（2019.3任）
　　　　　　李　万（2019.3任）
　　　　　　罗　洋（女，2019.3任）

区信访局

局　长　　　曹　雄
副局长　　　唐立志
　　　　　　刘伏云
　　　　　　陈　茂
　　　　　　彭利元
　　　　　　陈怡祊（女，2019.3止）

区医疗保障局

局　长　　　沈继红（女，2019.3任）
副局长　　　朱　静（女，2019.3任）
　　　　　　朱海平（2019.12任）
　　　　　　柳义军（2019.3任）

区城市人居环境局

局　长　　　易松柏（2019.3任）
副局长　　　吴胜军（2019.3任）
　　　　　　王　特（2019.3任）
　　　　　　周　巍（2019.12任）

征收办主任　谢新飞
副主任　高晓红（女）
邓　霜（女，2019.3任）
王　特（2019.3止）

区委党校

校　长　谢伟峰
常务副校长　蹇敦波
副校长　胡晓峰
彭建如
办公室主任　黄　展（女）
教研室主任　肖　琴（女，2019.3任）

区机关事务中心

主　任　马子房
副主任　李　丹
姚　芳（女，2019.3任）
欧阳丹（女，2019.3止）

区征地服务中心

主　任　曹　希
副主任　李　艳（女）
杨科军

区金融事务中心

书　记　易德乾
主　任　陈　旻（女）
副主任　文　琼（女）
尹　超（女）

区数据资源中心

主　任　张　澜（2019.3任）
副主任　肖道刚（2019.3任）
舒海进（2019.3任）

区物流与口岸服务中心

主　任　严　禹（2019.3任）
副主任　朱妮莉（女，2019.3任）
张胜辉（2019.3任）

区公共工程建设中心

主　任　浣　琳
副主任　周　宇
罗礼芳

张明蓉
彭　意（2019.3任）
吴展鹏（2019.3止）
纪检组长　翁远斌（2019.3止）

区现代服务业发展中心

主　任　刘家伶（女，2019.3任）
陈　迎（女，2019.3止）
副主任　冯丹璐（女）
周　文（2019.3任）

湖南金霞发展集团有限公司

董事长　范晓军
总经理　刘伟平
副总经理　杨启军（2019.3任）
刘赛辉（女，2019.3任）
易建辉（女，2019.3止）
文　杰（女，2019.3止）
陈　亮（2019.3止）
汪　战（2019.3止）
夏泽文（2019.3止）
纪委书记　刘展宏
监事长　黄　维
党委委员　刘鹏举（2019.3任）

长沙开福城市建设区属国有企业投资有限公司

董事长　王晓阳
总经理　刘勇红（2019.3任）
易松柏（2019.3止）
副总经理　姜　慎
谭　鑫
吴建军（2019.3任）
刘红南（2019.3任）
张　杨（2019.3任）
杨启军（2019.3止）
监事长　杨铃达
纪委书记　马　浩

长沙市大城北棚户区改造投资有限公司

董事长兼总经理
刘勇红
副总经理　吴建军
刘红南

杨　斌（2019.3任）

区总工会

主　席　王辉君（女）
副主席　王晓工
张仕敏
纪检组长　廖莺燕（女）

共青团开福区委员会

书　记　赵潇枭（女）
副书记　陈　逍（女）
刘宇舟（挂职）
陈继辉（兼职）
张诗雨（兼职）
王　立（兼职）

区妇联

主　席　周海燕（女，2019.3任）
周庆辉（女，2019.3止）
副主席　李艳兰（女）

区残联

理事长　易献明
副理事长　李树平
唐春华

区工商联（总商会）

主　席（会长）
鲁碧君（女）
党组书记（第一副主席、第一副会长）　李　程
副主席（副会长）
刘日欣
副主席（副会长）、秘书长
袁玉宝（2019.11任）
宋　娜（女，2019.11止）

区侨联

主　席　成　娟（女）
副主席　周　戈（兼）
魏玛丽（女，兼）
喻米玲（兼）
陈　伟（兼）

区公安分局

局　长　　廖　勇
政　委　　杨　忠
纪委书记　刘海平
副局长兼政工室主任
　　　　　许耀华
副局长　　吴国旗
　　　　　张志高
　　　　　邓集锋
　　　　　谢一纲
　　　　　苏泗元（2019.3任）
　　　　　陈　洪（2019.12任）
　　　　　张哲辉
　　　　　姜　伟（2019.10止）

区税务局

局　长　　邓志荣
副局长　　陈学坚
　　　　　谭小卫
　　　　　侯才良
　　　　　宋绍斌
　　　　　邓康路
　　　　　肖晓华（女）
　　　　　方　勇
　　　　　范建革
　　　　　陈仕斌
　　　　　田晞由
　　　　　王中华
　　　　　王立新
纪检组长　罗颖莉（女，2019.10止）
工会主席　陈中笑（女）

区自然资源和规划分局

局　长　　刘　军（2019.7任）
副局长　　黄　宏（2019.7任）
　　　　　邓朝晖（2019.7任）
　　　　　袁如良（2019.7任）
　　　　　尹　忠（2019.7任）
　　　　　陈　立（2019.7任）
　　　　　张伏根（2019.7任）
党组成员　辜松柏（2019.7任）
规划监察执法大队大队长
　　　　　魏文玉（2019.9任）
国土执法监察大队副大队长
　　　　　孙银华（2019.9任）
规划监察执法大队副大队长
　　　　　李志强（2019.9任）

区交警大队

大队长　　何志华
教导员　　张　佳
副大队长　黄红社
　　　　　刘志强
　　　　　沈　冲
　　　　　周智文

区消防大队

大队长　　张　超
教导员　　苏　映

区生态环境分局

局　长　　肖　杨
副局长　　李鹤群
　　　　　胡　为
　　　　　邓集才
　　　　　刘　声
　　　　　高　勇（2019.3止）

望麓园街道

书　记　　陈红升
主　任　　谭尚丰（2019.3任）
　　　　　雷凌湘（2019.3止）
副书记　　陈　磊（2019.3任）
　　　　　杨贵忠（2019.3止）
人大工委主任
　　　　　胡　容
纪工委书记　张　博
副主任、政协联络处主任
　　　　　何爱民（2019.3任）
　　　　　刘　玄（女，2019.3止）
副主任　　任新臣
　　　　　黄永忠
　　　　　余松柏
　　　　　陈　香（女，挂职2019.12止）
组织委员　罗　芬（女）
人大工委副主任
　　　　　陈治坤（2019.3任）

清水塘街道

书　记　　曾　亮
主　任　　文琬莹（女）
副书记　　黄　巍（2019.3任）
　　　　　黄　伟（2019.3止）
　　　　　郑琛琛（挂职，2019.1任）
人大工委主任
　　　　　孙艳文（女）
人大工委副主任
　　　　　陈　军（2019.11任）
　　　　　欧文兵（2019.3止）
副主任、政协联络处主任
　　　　　廖连兵
副主任　　荣佳平
　　　　　欧文兵（2019.3任）
　　　　　陈　阳（2019.3任）
　　　　　黄　巍（2019.3止）
　　　　　邓恒阳（2019.3止）
纪工委书记　兰　涛
组织委员　袁　灿（女，2019.6任）
　　　　　杨　丹（女，2019.3止）

湘雅路街道

书　记　　易福龙
主　任　　任　伟（2019.3任）
　　　　　骆　炬（2019.3止）
副书记　　杨贵忠（2019.3任）
　　　　　李　智（2019.3止）
人大工委主任
　　　　　陈友俊（2019.3任）
　　　　　任　伟（2019.3止）
副主任、政协联络处主任
　　　　　陈芝社
副主任　　曹　宇
　　　　　侯胜台
　　　　　粟拱华（2019.3任）
　　　　　欧阳庆（2019.3任）
　　　　　黄　毅（2019.3止）
纪工委书记　王启蒙
组织委员　徐小妹（女，2019.3任）
　　　　　粟拱华（2019.3止）
人大工委副主任
　　　　　刘　韧（2019.11任）
　　　　　古　波（2019.11止）

伍家岭街道

书　记　　黎　琴（女）

主　任　　尹显亮
副书记　　范文波（2019.3任）
　　　　　李建波（2019.3止）
人大工委主任
　　　　　甘浩文
纪工委书记　龙文彪
副主任、政协联络处主任
　　　　　金星刚
副主任　　谢险峰
　　　　　赵红胜
　　　　　李良军（2019.3任）
组织委员　杨秋华（女）
人大工委副主任
　　　　　周莎莎（女，2019.3任）
　　　　　范文波（2019.3止）

新河街道

书　记　　梅文辉
主　任　　张　武
副书记　　杨　剑（2019.3任）
　　　　　李东海（2019.3止）
　　　　　陈　旷（挂职，女，2019.6止）
人大工委主任
　　　　　盘建华
副主任、政协联络处主任
　　　　　彭小布
副主任　　封新跃
　　　　　聂义平
　　　　　吴　怡（女，2019.11任）
　　　　　李　宏（女，2019.11止）
纪工委书记　贺迎春
组织委员　任洁琳（女）
人大工委副主任
　　　　　张宇虹（女，2019.11任）
　　　　　吴　怡（女，2019.11止）

东风路街道

书　记　　毛　毅
主　任　　彭　礼
副书记　　王伟华
副书记、政协联络处主任
　　　　　常　青
人大工委主任
　　　　　胡　蓉（女）
副主任　　周飞跃
　　　　　夏大石
　　　　　马雄辉
　　　　　高小军
　　　　　李爱华（挂职，2019.3止）
纪工委书记　王律策（2019.3任）
　　　　　陈鑫敏（女，2019.3止）
组织委员　金青山（2019.3任）

通泰街街道

书　记　　邓宜春
主　任　　王开文
副书记、人大工委主任
　　　　　吴新辉
副书记　　易海军
副主任　　毛善永
　　　　　范治东
　　　　　陈素婷（女）
副主任、政协联络处主任
　　　　　魏先科
纪工委书记　李　维（女）
组织委员　胡溶容
人大工委副主任
　　　　　刘胜昔

四方坪街道

书　记　　殷建锋（2019.4任）
　　　　　吕宏凯（2019.4止）
主　任　　杨　佳
副书记、人大工委主任
　　　　　周　强
副主任、政协联络处主任
　　　　　黄卫国
副主任　　罗战湘
　　　　　成亚伶（女）
　　　　　凌洁茹（女）
　　　　　黄格男（2019.3任）
　　　　　唐宇翔（2019.12止）
纪工委书记　滕双春
组织委员　张　颖（女，2019.12任）
　　　　　袁玉宝（2019.12止）
人大工委副主任
　　　　　曾昭武（2019.12任）

芙蓉北路街道

书　记　　张雄伟
主　任　　王　丹（男，2019.3任）
　　　　　廖紫君（女，2019.3止）
副书记　　李东海（2019.3任）
　　　　　严　禹（2019.3止）
人大工委主任
　　　　　黄伟斌
纪工委书记　龚莎莉（女）
副主任、政协联络处主任
　　　　　雷元喜
人大工委副主任
　　　　　陈鑫敏（女，2019.3任）
副主任　　王晓文
　　　　　唐爱民
　　　　　黄　毅（2019.3任）
　　　　　周　密（2019.3止）
　　　　　李良军（2019.3止）
组织委员　蔡惠君（女）

洪山街道

书　记　　朱旭东
主　任　　黄长科
副书记　　邱自力
人大工委主任
　　　　　罗小红
纪工委书记　唐伟胜
副主任、政协联络处主任
　　　　　古　波（2019.12任）
　　　　　李少林（2019.12止）
副主任　　朱有元
　　　　　黄思敏（女）
　　　　　苏　毅（2019.12任）
　　　　　张　颖（挂职，女，2019.12止）
　　　　　王永红（2019.3止）
人大工委副主任
　　　　　段立新（挂职，2019.3任）
组织委员　袁　露（女）

月湖街道

书　记　　李　智
主　任　　黄忠球
副书记　　申　波
人大工委主任
　　　　　黄　筠
纪工委书记　刘晓健

副主任、政协联络处主任
周可佳
副主任 肖军群
李东文（2019.3任）
蔡民仕（2019.3任）
隆井江（2019.3止）
胡 剑（2019.3止）
组织委员 罗 坚（女）
人大工委副主任
周志格（2019.3任）

浏阳河街道

书 记 杨兴高
主 任 周春雷（2019.3任）
殷建锋（2019.3止）
副书记、副主任、政协联络处主任 吴群辉（女）
副书记 颜康明
人大工委主任
李铜强
组织委员 陈怡礽（2019.3任）
许攀芳（2019.3止）
副主任 李 珊
刘学锋
隆井江（2019.6任）
肖 亮（女，2019.3止）
纪工委书记 严许锋
人大工委副主任
阳 洁（女）

秀峰街道

书 记 雷凌湘（2019.3任）
徐路明（2019.3止）
主 任 曾君湘
副书记 贺伟毅
人大工委主任
曾 嵘（2019.3任）
陈友俊（2019.3止）
纪工委书记 罗 军
副主任 刘 丹（女）
谢建阳
李 亮
姚 晶（女）
组织委员 谢刚毅

人大工委副主任
龙海波

捞刀河街道

书 记 于文韬
主 任 蔡 哲（女）
副书记、政协联络处主任
易建威
副书记 尹红霞（女）
人大工委主任
谢含滋
副主任 谢 俊
易 清（2019.3任）
黄艳红（女，2019.12任）
颜 艳（女，2019.12止）
纪工委书记 董 鹏
组织委员 胡恒帅（2019.3任）
易 清（2019.3止）
人大工委副主任
黄 兵

沙坪街道

书 记 邹 畅
主 任 胡 芳
副书记 谢俊灿
人大工委主任
陈 焰
副主任 王科林
梁为超
杜卫峰
杨 艳（女，2019.3止）
副主任、政协联络处主任
周先觉（2019.3任）
纪工委书记 杨建波
人大工委副主任
伍 勇（2019.3任）
周先觉（2019.3止）
组织委员 满一斐（女，2019.3任）
王雄球（女，2019.3止）

青竹湖街道

书 记 孙铁龙
主 任 甘培虎
副书记 周 密（2019.3任）

副主任、政协联络处主任
张 纲
人大工委主任
张再军
副主任 余 彬
陈贻勤
刘昌成
袁 波
孙建生（2019.3止）
纪工委书记 吴丽芳（女）
组织委员 李 姣（女）
人大工委副主任
袁 萍（挂职，女，2019.11任）

民革开福区工委

主 委 宋 娜（女）

民盟开福区工委

主 委 贺 滟（女）

民建开福区工委

主 委 顾 涛

民进开福区工委

主 委 彭 超

农工党开福区工委

主 委 谷任光

致公党开福区工委

主 委 陈 旻（女）

九三学社开福区工委

主 委 章异新

开福区党外知识分子联谊会

会 长 廖紫君（女）

索　引

INDEX

说明

一、本索引把年鉴的条目（特载、大事记、人物、统计资料、附录除外）用主题分析方法，按汉语拼音字母顺序排列。

二、类目、专稿标题用黑体字表明。

三、索引名称后的阿拉伯数字表示内容所在的页码。

A

B

C

D

E

F

G

H

I

J

K

L

M

N

P

Q

R

S

T

W

X